DCG
2e année

Tout l'entraînement

- **DCG 2** Droit des sociétés
- **DCG 4** Droit fiscal
- **DCG 5** Économie contemporaine
- **DCG 6** Finance d'entreprise
- **DCG 10** Comptabilité approfondie

2022
2023

Élise Grosjean-Leccia
Professeur agrégé d'économie et gestion
DCG 2, lycée Gaston Berger, Lille

Anaïs Brenot-Mérite
Professeur agrégé d'économie et gestion
DCG 2, lycée Le Castel, Dijon

Christine Ameloot
Professeur agrégé d'économie et gestion
DCG 4, lycée Les Eaux Claires, Grenoble

Josiane Coquet
Professeur agrégé d'économie et gestion
DCG 5, lycée Édouard Gand, Amiens

Gilles Meyer
Professeur agrégé d'économie et gestion
DCG 6, lycée Bréquigny, Rennes

Lucrèce Ganet-Mattei
Professeur agrégé d'économie et gestion
DCG 10, lycée Ozenne, Toulouse

Ida Holcblat
Professeur agrégé d'économie et gestion
DCG 10, lycée Henri Bergson, Angers

en partenariat avec
EDITIONS FRANCIS LEFEBVRE

DUNOD
leader de l'expertise comptable

Crédits iconographiques

p. 12 : © goal by LAFS from the Noun Project ; © Mission by Adrien Coquet from the Noun Project ; p. 14 : © firm by Nithinan Tatah from the Noun Project ; p. 16 : © Third Part by priyanka from the Noun Project ; © Partner by Alice Design from the Noun Project ; p. 40 : © law scale by DinosoftLab from the Noun Project ; © File by Bin Ching from the Nou Project ; © increase by dilayorganci from the Noun Project ; p. 41 : © Private Group by Gregor Cresnar from the Noun Project ; © Partner by Alice Design from the Noun Project © Judgement by Bruno Gätjens González from the Noun Project ; p. 42 et 44 : © Caution by Markus from the Noun Project ; p. 65 : © Percent by Fraser Ferguson from the Nou Project ; © complete by Adrien Coquet from the Noun Project ; © id by ibrandify from the Noun Project ; © Location by Three Six Five from the Noun Project ; © Processing by Adrie Coquet from the Noun Project ; p. 67 : © here by Leszek Pietrzak from the Noun Project ; © Agriculture by twist.glyph from the Noun Project ; © Agriculture by twist.glyph fron the Noun Project ; © Cow by Jhonatan from the Noun Project ; © Milk by Nhor from the Noun Project ; p. 70 : © Expansion by Alice Design from the Noun Project ; © democracy b Viral faisalovers from the Noun Project ; © foundational by priyanka from the Noun Project ; © rules by jngll from the Noun Project ; p. 72 : © responsibility by ProSymbols from th Noun Project ; © Common ground by Silviu Ojog from the Noun Project ; © management by Vectors Point from the Noun Project ; © exchange by Jonathan D'Mello from the Nou Project ; © Crowdfunding by Alice Design from the Noun Project ; © Dominant Leader by Egon Låstad from the Noun Project ; p. 98 : © insurance by Vadim Solomakhin from th Noun Project ; © cure by Ayub Irawan from the Noun Project ; p. 99 : © agreement by Gan Khoon Lay from the Noun Project ; © law scale by DinosoftLab from the Noun Project © agreement by faisalovers from the Noun Project ; © Planning by Justin Blake from the Noun Project ; © endless by Andrejs Kirma from the Noun Project ; © deadline by DinosoftLa from the Noun Project ; © Empty by Rflor from the Noun Project ; © Weight by styleku from the Noun Project ; © Europe Flag by Xinh Studio from the Noun Project ; p. 161 : © mor than or equal by Hasan from the Noun Project ; p. 167 : © calculate by AFY Studio from the Noun Project ; p. 183 : © Wood by Michael Senkow from the Noun Project ; p. 221 : © Valu by Adrien Coquet from the Noun Project ; p. 225 : © legislation by Silviu Ojog from the Noun Project ; © taxes by Larea from the Noun Project ; © progress by Gregor Cresnar from th Noun Project ; © rocket launch by Vectors Market from the Noun Project ; p. 249 : © Energy by Fahmi from the Noun Project ; © Agriculture by Vectors Point from the Noun Project ; © Pi Chart by leo-graph.com from the Noun Project ; © harvesting by Gan Khoon Lay from the Noun Project ; © field by Vectors Point from the Noun Project ; © progress 10% by Robert Chiaveri from the Noun Project ; © uncle by priyanka from the Noun Project ; © bill by luca fruzza from the Noun Project ; © Health by Delwar Hossain from the Noun Project ; p. 252 © Paris City by Hawraa Alsalman from the Noun Project ; © EU by Adrien Coquet from the Noun Project ; p. 257 : © euro coin by Alfredo @ IconsAlfredo.com from the Noun Project © Children Welfare Group by Gan Khoon Lay from the Noun Project ; © Ecology by BomSymbols from the Noun Project ; p. 287 : © enlarge by ProSymbols from the Noun Project ; © g in by Jordan Alfarishy from the Noun Project ; © goods by Adrien Coquet from the Noun Project ; © people by Wilson Joseph from the Noun Project ; © service by Aneeque Ahme from the Noun Project ; © Euro Circulation by Luis Bauer from the Noun Project ; p. 315 : © Check by Duncan Cleary from the Noun Project ; p. 317 : © care by Dev Patel from the Nou Project; © Candidate by Nubaia Karim Barsha from the Noun Project ; © Handicap by Delwar Hossain from the Noun Project ; p. 365 : © Value by Gregor Cresnar from the Noun Project © Value by Gregor Cresnar from the Noun Project ; p. 368 : © analysing chart by Weltenraser from the Noun Project ; © funding by Adrien Coquet from the Noun Project ; © simulatio by Eucalyp from the Noun Project ; p. 370 : © zero by Rflor from the Noun Project ; © transaction by Anagaja Design from the Noun Project ; © decrease by Lakshisha from the Nou Project ; p. 392 : © financial hierarchy by ProSymbols from the Noun Project ; p. 460 : © different by Adrien Coquet from the Noun Project ; © replace by Adrien Coquet from the Nou Project ; © Caution by Adrien Coquet from the Noun Project ; p. 462 : © management by Gerald Wildmoser from the Noun Project ; © Add User by Wilson Joseph from the Noun Project © Money by asianson.design from the Noun Project ; © increase by Wichai Wi from the Noun Project ; © Research by Richard from the Noun Project ; © development by Gregor Cresna from the Noun Project ; p. 554 : © buy by Arthur Shlain from the Noun Project ; © production by Adrien Coquet from the Noun Project ; © Free by Alice Design from the Noun Project p. 555 : © Refresh by Riccardo Biasibetti from the Noun Project

Maquette : Yves Tremblay
Mise en page : Nord Compo

Les liens proposés tout au long de ce livre sont des compléments d'information. Vous pouvez soit flasher les QR-codes, soit copier-coller les URL raccourcies dans votre navigateur. Ces liens resteront valables durant toute la période de commercialisation de l'ouvrage. Toutefois, nous ne pouvons en garantir la pérennité dans la mesure où les pages auxquelles ils renvoient sont la propriété des sites qui les hébergent.

11 rue Paul Bert, 92240 Malakoff
www.dunod.com

ISBN 978-2-10-084162-2

TABLE DES MATIÈRES

UE6 - Finance d'entreprise

AVANT-PROPOS

Bienvenue dans l'univers Expert Sup Dunod !

Conçue comme un complément aux manuels, livres de corrigés et fiches, la série « Tout l'entraînement » propose une préparation à 360° offrant aux candidats aux diplômes d'expertise comptable (diplôme de comptabilité et de gestion – DCG – et diplôme supérieur de comptabilité et de gestion – DSCG) toutes les clés pour réussir.

Découpés selon les trois années d'enseignement du DCG, les ouvrages d'entraînement ont été élaborés et rédigés par des enseignants expérimentés, membres des jurys d'examen, pour répondre aux besoins de tous les candidats.

1 Un entraînement complet...

Pour chaque unité d'enseignement (UE), les sujets inédits couvrent tous les savoirs et compétences au programme. Outre les énoncés et les corrigés des sujets types d'examen, des rappels de cours synthétiques et visuels sont systématiquement proposés. Pour certains sujets, une grille d'évaluation est téléchargeable.

2 ... dans l'esprit du programme...

Barème, base documentaire, nouvelles notions, compétences, missions... le contenu et la structure des sujets respectent scrupuleusement le format et les nouvelles exigences de chaque épreuve, pour une préparation en conditions réelles.

3 ... assorti de conseils des membres des jurys

Retrouvez toutes les recommandations des correcteurs, des explications ainsi que des compléments pour parfaire l'entraînement et être fin prêt le jour J.

Bonne préparation !

TABLE DE CORRESPONDANCE PROGRAMME-SUJETS

UE 2		UE 4		UE 5	
Partie ou sous-partie	Numéro du sujet	Partie ou sous-partie	Numéro du sujet	Partie ou sous-partie	Numéro du sujet
1. L'entreprise en société	1, 2, 3 et 4	1. Introduction générale au droit fiscal	1 et 3	1. Fondements et finalités de l'activité économique	1, 2, 3 et 4
2. Les principaux types de sociétés	1, 2, 3 et 4	2. L'impôt sur le revenu des personnes physiques	1 et 2	2. Le fonctionnement de l'économie de marché	1 et 2
3. L'économie sociale et solidaire et le monde des affaires	3 et 4	3. Prélèvements sociaux	1 et 3	3. Les contributions des acteurs financiers à l'activité économique	1, 2 et 4
4. Les autres types de groupements	3	4. Imposition du résultat de l'entreprise : BIC et IS	1, 2 et 3	4. La régulation publique dans une économie de marché	2, 3 et 4
5. Prévention et traitement des difficultés	4	5 et 6. Taxe sur la valeur ajoutée et taxes assises sur les salaires	1, 2 et 3	5. La croissance économique : origines et enjeux	1, 2 et 3
6. Droit pénal des groupements d'affaires	1	7. Imposition du patrimoine	3	6. Les déséquilibres sociaux : explications et enjeux	1, 2 et 4

UE 6		UE 10	
Partie ou sous-partie	Numéro du sujet	Partie ou sous-partie	Numéro du sujet
1. Le diagnostic financier des comptes sociaux	1, 2, 3 et 4	1. Profession et normalisation comptables	1, 2 et 4
2. La politique d'investissement	1, 2 et 3	2. Actif	1, 2, 3 et 4
3. La politique de financement	2 et 3	3. Passif	1, 2, 3 et 4
4. La trésorerie	1, 3 et 4	4. Charges et produits	1, 2, 3 et 4
		5. Entités spécifiques	2 et 4

UE 2. Droit des sociétés

Sujet type d'examen 1

Sujet

Les sociétés de François Prudent

Matériel autorisé : aucun

Document autorisé : aucun

3 h Durée de l'épreuve

1 Coefficient

Le sujet se présente sous la forme de **4 DOSSIERS** indépendants :

Dossiers

1. Raison d'être et entreprise à mission .... 3 points
2. Commissaire aux comptes et droit pénal .... 7 points
3. Responsabilité en SNC .... 4 points
4. Difficultés des entreprises .... 6 points

Le sujet comporte 6 documents :

Documents

Dossier 1

1. Raison d'être, entreprise à mission, intérêt élargi… quels engagements et risques ?
2. Article 1835 du Code civil, modifié par loi n° 2019-486 du 22 mai 2019 – art. 169
3. Article L. 210-10 du Code de commerce, création loi n° 2019-486 du 22 mai 2019 – art. 176

Dossier 2

4. Informations complémentaires sur le groupe Alter NRJ

Dossier 3

5. Arrêt de la Cour de cassation, chambre civile, 12 février 2013 (pourvoi n° 11-20.570)

Dossier 4

6. Statuts de la SNC Alter'O (extraits)

La méthodologie du cas pratique est exigée, sauf mention contraire.
Si le texte du sujet, de ses questions ou de la base documentaire vous conduit à formuler une ou plusieurs hypothèses, il vous est demandé de la (ou les) mentionner explicitement dans votre copie.
Il vous est demandé d'apporter un soin particulier à la présentation de votre copie.

Les sociétés de François Prudent

Voici près de vingt ans que François Prudent a créé le groupe Alter NRJ. Initialement positionné dans les énergies constituant des alternatives à l'électricité et au pétrole, le groupe s'est, au fil du temps et des opportunités de croissance, spécialisé dans l'installation des équipements suivants : petits barrages hydrauliques, micro-forages pétroliers, éoliennes individuelles, etc.

Le groupe Alter NRJ est aujourd'hui composé de plusieurs sociétés et, en marge de la branche principale, s'est développée une filière de nettoyage et de recyclage.

L'ensemble de ces entités clôturent leurs comptes au 31 décembre, à l'exception de la SARL Alter Oil (clôture au 30 juin). François Prudent est le seul mandataire social de chacune des entités. Alter NRJ compte trois autres actionnaires, minoritaires : Anne Mauduit, qui détient 12 % des actions (et qui est également associée dans la SNC Alter'O), ainsi que Xavier Aragon et Luc Beaurivage, qui détiennent tous les deux 3 %. Toutes les filiales sont détenues à plus de 90 % par leur associé direct, sauf la SAS SNG dans laquelle François Prudent détient personnellement 54 % des actions, et la SARL Alter Oil dans laquelle il détient 180 parts.

La SAS SNG est justement la dernière acquisition du groupe, réalisée en octobre 2018. Il s'agit d'une entreprise spécialisée dans la récupération et le recyclage de déchets industriels (des huiles et des boues), qui a remporté plusieurs marchés publics municipaux, ce qui la rend très attractive malgré sa taille modeste.

Structure du groupe Alter NRJ

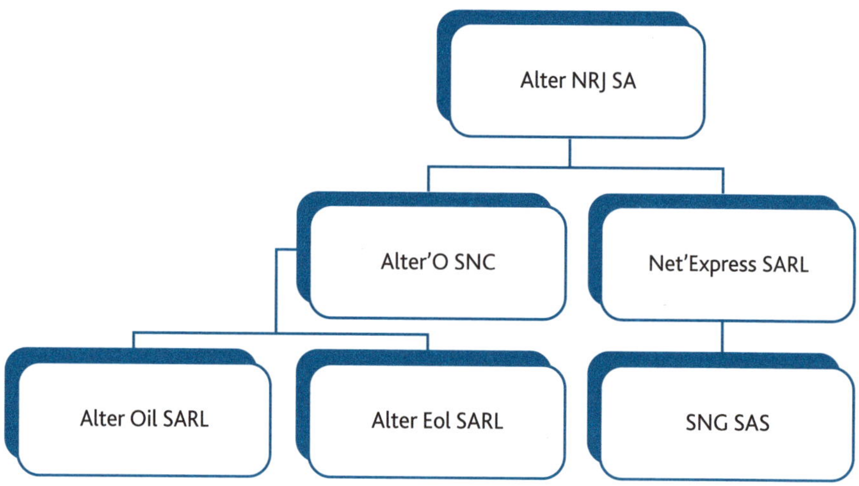

Dossier 1 Raison d'être et entreprise à mission

Base documentaire : documents 1, 2 et 3

En surfant sur le Web, l'attention de François Prudent est attirée par la lecture d'un article du quotidien *Les Échos*. Le groupe Alter NRJ évoluant précisément dans le domaine du développement durable, son dirigeant se pose la question de l'intérêt et des conséquences de l'adoption du statut d'entreprise à mission pour la SA Alter NRJ.

Mission

Vous êtes responsable administratif et financier d'Alter NRJ SA. François Prudent vous fournit une copie de l'article qu'il vient de lire (document 1). Vous disposez également, pour répondre à ses questions, d'extraits du Code civil (document 2) et du Code de commerce (document 3).

1.1. Apprécier les avantages et les inconvénients de l'adoption du statut de société à mission.

1.2. Schématiser le processus juridique permettant la mise en place du statut d'entreprise à mission (la méthodologie du cas pratique n'est pas exigée).

Dossier 2 Commissaire aux comptes et droit pénal

Base documentaire : document 4

François Prudent est soucieux car il vient de découvrir que la SAS SNG, loin de recycler les déchets d'origine industrielle, les a entreposés depuis 2018 sur un terrain vague lui appartenant. Les déchets ont suinté et, aujourd'hui, le responsable sécurité-environnement de Net'Express lui a indiqué que la nappe phréatique avait certainement été atteinte, causant de très graves dégâts à l'environnement, dégâts dont l'indemnisation n'a pas été provisionnée.

Le groupe est aujourd'hui en train de négocier des emprunts auprès de la banque, et François Prudent compte bien ne pas provisionner les sommes dans les comptes de la SAS SNG pour présenter des ratios acceptables, mais il craint que cela ne suffise pas. François Prudent s'interroge sur l'opportunité de déclarer la cessation des paiements de la société SNG. Cette déclaration ne pourrait être effectuée qu'après la présentation des comptes des sociétés du groupe au banquier (l'assemblée d'Alter NRJ étant prévue pour avril), mais aussi après la distribution d'un dividende dans la société SNG.

Mission

Vous êtes stagiaire auprès du procureur de la République de Reims. Votre tuteur de stage vous demande d'apprécier, au regard des documents 4 et 5, les éléments qui sont portés à votre connaissance :

2.1. Expliquer pourquoi il est concevable que, en dehors de la SA Alter NRJ, aucune entité ne dispose d'un commissaire aux comptes avant l'entrée de la SAS SNG dans le groupe.

2.2. Expliquer pourquoi l'entrée dans le groupe de la SAS SNG modifie sa situation sur ce point (la méthodologie du cas pratique n'est pas exigée).

2.3. Déterminer les trois qualifications pénales susceptibles de s'appliquer si les comptes de la SAS SNG sont arrêtés selon les orientations visées par François Prudent (absence de provision), présentés en assemblées d'associés, puis aux banques prêteuses, et que la distribution de dividendes est effectuée.

2.4. Après avoir rappelé les missions du CAC, indiquer quelle doit être sa réaction dans la situation de la SAS SNG.

Dossier 3 Responsabilités en SNC

Base documentaire : document 5

Depuis quelques mois, la SNC Alter'O connaît des difficultés de trésorerie en raison d'une concurrence sévère sur le marché. La SNC n'a pas honoré dans les délais la facture de son imprimeur, malgré la mise en demeure de celui-ci.

Ce dernier connaît bien Anne Mauduit et décide de lui demander de régler personnellement la facture à la place de la société.

François Prudent a par ailleurs pris un certain nombre de décisions dans la SNC : il a ainsi fixé seul sa rémunération, n'estimant pas nécessaire de déranger Anne Mauduit. Il a également décidé de vendre le fonds de commerce, estimant que cet acte était un arbitrage de gestion, dans la mesure où celui-ci est aujourd'hui très bien valorisé sur le marché. Enfin, il a négocié un emprunt auprès du Crédit de la Mutualité, la banque de la SNC, pour un montant de 15 000 €.

Mission

Vous êtes stagiaire auprès de Me Robinson, avocat de François Prudent. Me Robinson vous demande de préparer les réponses à apporter à son client.

3.1. Conseiller Anne Mauduit dans la situation qui l'oppose à l'imprimeur.

3.2. Déterminer le problème juridique posé à la Cour de cassation à l'occasion de l'arrêt du 12 février 2013 (document 5). Identifier les règles applicables et la réponse de la Cour (la méthodologie du cas pratique n'est pas exigée).

3.3. Vérifier si chacun des actes de François Prudent est valable.

Dossier 4 Difficultés des entreprises

Base documentaire : document 6

À la clôture des comptes de la SARL Alter Oil, le 30 juin 2022, les capitaux propres s'élèvent à 15 000 € alors que le capital est de 40 000 € (répartis en 400 parts). La prochaine assemblée des associés est prévue le 23 décembre 2022. La SARL n'a pas de commissaire aux comptes. Compte tenu les difficultés que traversent déjà la SNC Alter'O et la SAS SNG, François Prudent ne tient pas à la poursuite d'activité de la SARL.

Mission

Stagiaire auprès de Jean Cisco, expert-comptable de la SARL Alter Oil, vous devez préparer le dossier relatif à la prochaine assemblée générale. Vous vous appuyez sur le document 6 pour répondre aux questions de l'expert-comptable.

4.1. Décrire la procédure à suivre compte tenu de la situation comptable de la SARL Alter Oil au 30 juin 2022.

4.2. Rédiger la lettre de convocation de l'assemblée du 23 décembre 2022 (la méthodologie du cas pratique n'est pas exigée).

4.3. Indiquer de façon générale les formalités à effectuer à l'issue de l'assemblée, puis les appliquer compte tenu de la position de François Prudent au regard des difficultés de la SARL.

BASE DOCUMENTAIRE

Document 1

Raison d'être, entreprise à mission, intérêt élargi… quels engagements et risques ?

La Loi Pacte fixe de nouveaux enjeux aux entreprises afin de les inciter à considérer l'impact de leurs décisions, sans pour autant y attacher des sanctions tangibles en cas de manquement.

Jusqu'ici, une entreprise devait avoir un objet licite, c'est-à-dire être constituée pour réaliser des activités ne portant pas atteinte à l'ordre public. Depuis l'adoption de la loi Pacte et la modification de l'article 1833 du Code civil, la société doit désormais être **gérée « dans son intérêt social**, en prenant en considération les enjeux sociaux et environnementaux de son activité ». De quoi s'agit-il vraiment ? S'interroger sur le niveau des salaires pratiqués dans l'entreprise, l'égalité de traitement entre hommes et femmes ? Se questionner sur la localisation des implantations ? Difficile de déterminer la notion visée par la loi. « La rédaction de l'article est critiquée, car l'intérêt social n'est pas vraiment défini. Je ne suis pas certain que cela ait beaucoup d'incidence au quotidien d'un point de vue juridique, commente Nicolas Borga, professeur de droit à l'université Jean-Moulin-Lyon-III et membre du comité scientifique du cabinet Fiducial Legal by Lamy. D'autant qu'il est prévu dans l'article 1844-10 du Code civil qu'il n'est pas possible d'obtenir la nullité d'un acte en cas de contrariété au second alinéa de l'article 1833. » Il existe en revanche un risque que cela encourage les actions tendant à rechercher la responsabilité des dirigeants. « La prise en considération des aspects environnementaux et sociaux pèse au premier chef sur les dirigeants. Ne pas prendre en compte ces enjeux revient désormais à violer une règle légale, ce qui, nécessairement, constitue une faute », renchérit Nicolas Borga.

Une possible suppression du statut

Le **statut de société à mission**, également prévu par la loi Pacte, est plus engageant. Pour Bruno Dondero, avocat associé au sein du cabinet CMS Francis Lefebvre Avocats, la démarche est loin d'être anodine : « Si un dirigeant se contente d'inscrire sa démarche dans les statuts, et qu'il ne fait rien pour prendre en compte les enjeux sociaux ou environnementaux dans ses choix, ou que son comportement est contraire à ses engagements, le ministère public ou toute personne intéressée, comme un fournisseur, un client ou une organisation associative, pourra demander la suppression de la mention », prévient l'avocat.

Les risques qui pèsent sur le dirigeant sont-ils aussi importants pour la **raison d'être** ? Pas si sûr. « Les conséquences juridiques de cette nouvelle notion sont assez incertaines. Cela dépend en partie de la façon dont la raison d'être est rédigée dans les statuts, tout en sachant que les associés pourront la modifier ou la supprimer. **Plus elle est précise, plus elle sera contraignante** », estime Nicolas Borga. Mais une raison d'être définie de façon excessivement large pourrait également avoir des effets pervers tant son champ d'application serait vaste et tant elle donnerait prise à interprétation.

Des labels pour sortir du lot

Une entreprise, dont la raison d'être serait de promouvoir le travail en France, qui déciderait de fermer une usine et de la délocaliser dans un pays où les coûts de production sont moins élevés, pourrait être chahutée. « Une association pourrait se plaindre des effets d'une telle décision. Mais pourra-t-on reprocher à cette société d'avoir méconnu

•••

…

sa raison d'être lorsqu'elle sera en mesure d'établir qu'il en allait de sa survie et que son intérêt social commandait la prise d'une telle décision ? C'est improbable, poursuit Nicolas Borga. La raison d'être pourrait donc plus s'apparenter à un outil marketing. » Pour éviter qu'elle ne se limite à un effet de mode, sans lien avec la stratégie, les entreprises peuvent se toutrner vers des labels. Des agréments comme Esus (entreprise solidaire d'utilité sociale), le **label Lucie**, ou **B Corp**, dont l'objectif est d'identifier et de faire progresser les entreprises qui intègrent à leurs activités des objectifs sociaux et environnementaux, vont réellement prendre de l'ampleur et devenir le moyen le plus évident de repérer les entreprises qui s'engagent.

Mallory Lalanne, *Les Échos*

Document 2

Article 1835 du Code civil, modifié par loi n° 2019-486 du 22 mai 2019 – art. 169

Les statuts doivent être établis par écrit. Ils déterminent, outre les apports de chaque associé, la forme, l'objet, l'appellation, le siège social, le capital social, la durée de la société et les modalités de son fonctionnement. Les statuts peuvent préciser une raison d'être, constituée des principes dont la société se dote et pour le respect desquels elle entend affecter des moyens dans la réalisation de son activité.

www.legifrance.gouv.fr

Document 3

Article L. 210-10 du Code de commerce, création loi n° 2019-486 du 22 mai 2019 – art. 176

Une société peut faire publiquement état de la qualité de société à mission lorsque les conditions suivantes sont respectées :

1. Ses statuts précisent une raison d'être, au sens de l'article 1835 du Code civil ;
2. Ses statuts précisent un ou plusieurs objectifs sociaux et environnementaux que la société se donne pour mission de poursuivre dans le cadre de son activité ;
3. Ses statuts précisent les modalités du suivi de l'exécution de la mission mentionnée au 2°. Ces modalités prévoient qu'un comité de mission, distinct des organes sociaux prévus par le présent livre et devant comporter au moins un salarié, est chargé exclusivement de ce suivi et présente annuellement un rapport joint au rapport de gestion, mentionné à l'article L. 232-1 du présent code, à l'assemblée chargée de l'approbation des comptes de la société. Ce comité procède à toute vérification qu'il juge opportune et se fait communiquer tout document nécessaire au suivi de l'exécution de la mission ;
4. L'exécution des objectifs sociaux et environnementaux mentionnés au 2° fait l'objet d'une vérification par un organisme tiers indépendant, selon des modalités et une publicité définies par décret en Conseil d'État. Cette vérification donne lieu à un avis joint au rapport mentionné au 3° ;
5. La société déclare sa qualité de société à mission au greffier du tribunal de commerce, qui la publie, sous réserve de la conformité de ses statuts aux conditions mentionnées aux 1° à 3°, au registre du commerce et des sociétés, dans des conditions précisées par décret en Conseil d'État.

Document 4

Informations complémentaires sur le groupe Alter NRJ

Groupe Alter NRJ	SAS SNG
• Total au bilan : 15 000 000 € • Effectif : 104 salariés	• CAHT : 5 687 536 € • Effectif : 32 salariés

Document 5

Arrêt de la Cour de cassation, chambre civile, 12 février 2013 (pourvoi n° 11-20.570)

La Cour de cassation, troisième chambre civile, a rendu l'arrêt suivant :

Sur le premier moyen :

Vu l'article 1849, alinéa 1, du Code civil ;

Attendu, selon l'arrêt attaqué (Nîmes, 16 décembre 2010), que la société civile immobilière Le Jardin (la SCI), nue-propriétaire d'une maison sise à..., et les consorts X..., en leur qualité d'usufruitiers, ont signifié à Mme Y..., à laquelle avait été consenti un bail d'habitation, un congé de reprise pour vente ; que Mme Y... n'ayant ni accepté l'offre ni quitté les lieux, ceux-ci l'ont assignée aux fins notamment de voir ordonner son expulsion ;

Attendu que pour déclarer nul ce congé et débouter les propriétaires de leurs demandes, l'arrêt retient qu'en raison de la nature d'acte de disposition du congé comportant offre de vente, un tel congé pour être accompli par le gérant au nom de la SCI requiert l'autorisation des associés et que la maison d'habitation..., constituant le seul et unique immeuble de la SCI, son seul actif, sa vente excède incontestablement les pouvoirs reconnus au gérant d'une société civile ;

Qu'en statuant ainsi, par des motifs impropres à exclure que le congé de reprise pour vente entre dans l'objet social, et alors qu'elle avait relevé qu'au paragraphe « Pouvoir des gérants », les statuts de la SCI stipulaient que « de convention expresse, ne nécessiteront pas l'autorisation des associés, les achats, les ventes, l'apport ou l'échange d'immeubles », la cour d'appel a violé le texte susvisé ;

PAR CES MOTIFS, et sans qu'il y ait lieu de statuer sur le second moyen :

CASSE ET ANNULE, dans toutes ses dispositions, l'arrêt rendu le 16 décembre 2010, entre les parties, par la cour d'appel de Nîmes ; remet, en conséquence, la cause et les parties dans l'état où elles se trouvaient avant ledit arrêt et, pour être fait droit, les renvoie devant la cour d'appel de Nîmes, autrement composée ;

Document 6

Statuts de la SNC Alter'O (extraits)

Article 1. Forme

Il est formé entre les soussignés, une société en nom collectif régie par le Code du commerce et les textes subséquents ainsi que par les présents statuts. [...]

...

•••

Article 10. Représentation des parts sociales

Les parts sociales ne peuvent être représentées par des titres négociables.

Les droits de chaque associé dans la société résultent seulement des présents statuts, des actes modificatifs ultérieurs et des cessions de parts régulièrement notifiées et publiées.

Article 11. Revendication de la qualité d'associé par le conjoint commun en biens

Si, lors de l'apport de biens au moyen de bien communs ou d'acquisition de parts sociales au moyen de biens communs, le conjoint de l'apporteur ou de l'acquéreur demande à devenir personnellement associé pour la moitié des parts attribuées à son époux ou acquises par lui, en application de l'article 1832-2 du Code civil, le conjoint devra être agréé à l'unanimité des associés autres que l'époux ayant déjà la qualité d'associé.

En cas de refus d'agrément, le conjoint associé demeure seul associé pour la totalité des parts sociales communes. [...]

Article 14. Droits et obligations des associés

1. Chaque part sociale donne droit à une fraction des bénéfices et de l'actif social, proportionnelle au nombre de parts existantes.

2. Les droits et obligations attachés à chaque part la suivent dans quelques mains qu'elle passe.

3. Les associés ont la qualité de commerçant et à l'égard des tiers sont indéfiniment et solidairement responsable des dettes sociales. Entre associés, les pertes sont supportées par chacun d'eux proportionnellement au nombre de parts. [...]

Article 17. Gérance

La société est gérée par un ou plusieurs gérants, personne physique ou personne morale, associé ou tiers de la société. Lorsqu'une personne morale exerce la gérance, ses dirigeants sont soumis aux mêmes conditions et obligations et encourent les mêmes responsabilités civile et pénale que si elles étaient gérantes en leur nom propre, sans préjudice de la responsabilité solidaire de la personne morale qu'il dirige.

La personne morale gérante doit désigner son représentant permanent auprès de la société par lettre recommandée avec demande d'avis de réception. En cas de révocation du mandat de ce représentant, elle doit désigner son remplaçant dans les mêmes conditions.

Dans les rapports avec les tiers, le gérant unique, ou chacun des gérants, s'ils sont plusieurs, engage la société par tous les actes entrant dans l'objet social.

Dans les rapports avec la société et les associés, le gérant ou chacun des gérants ne pourra, sans avoir été préalablement autorisé par décision prise à l'unanimité des associés, acheter, vendre ou échanger tout immeuble ou fonds de commerce, constituer une hypothèque sur les immeubles sociaux ou un nantissement sur le fonds de commerce, concourir à la constitution de toute société ou faire apport de tout ou partie des biens sociaux à une société constituée ou à constituer, contracter des emprunts pour un montant supérieur à 10 000 €.

Le gérant consacre tout son temps et tous ses soins aux affaires sociales. Pendant toute la durée de son mandat, il lui est formellement interdit de s'intéresser ou de participer, de quelque manière que ce soit, y compris par personne interposée, à l'exploitation d'une autre entreprise commerciale ou industrielle. [...]

1 Raison d'être et entreprise à mission

Les notions de raison d'être et d'entreprise à mission sont également traitées dans le programme de l'UE 7 du DCG, en lien avec la responsabilité sociétale des entreprises (RSE).

Faculté de faire figurer une « **raison d'être** » dans les statuts d'une société, **quelle que soit sa forme juridique**

↓

Principes dont la société se dote et pour le **respect** desquels elle entend affecter des moyens dans la réalisation de son activité

→ *Dessein, ambition, considération générale (affirmation de valeurs ou de préoccupations de long terme)*

Base légale à l'existence d'« entreprises à mission »

↓

Sociétés commerciales : déclaration au RCS → Possibilité de faire publiquement état de la qualité **de société à mission**

↓

Création d'un comité de mission :
- distinct des organes sociaux
- composé d'au moins un salarié
- et chargé du suivi (rapport joint au rapport de gestion)

Vérification de l'exécution des objectifs sociaux et environnementaux par un organisme tiers Indépendant

RCS : registre du commerce et des sociétés.

2 La nomination et le rôle du CAC depuis l'entrée en vigueur de la loi Pacte

A) La nomination du commissaire aux comptes

Loi Pacte : nouveaux seuils de désignation des CAC : http://dunod.link/wycy9wm

Nomination du CAC dans les sociétés commerciales

Sociétés commerciales

Dépassant 2 des 3 seuils suivants à la clôture de l'exercice social →
- 4 M€ de total au bilan
- 8 M€ de CAHT
- 50 salariés

Nomination du CAC dans les groupes

Nomination d'un CAC : toute société qui contrôle une (ou +) autre société lorsque l'ensemble dépasse 2 des 3 seuils précédents (4/8/50)

→ Exception : sauf si cette société est elle-même contrôlée par une société ayant désigné un CAC

Désignation par les filiales contrôlées par ces têtes de groupe d'un CAC en cas de dépassement de 2 des 3 seuils suivants :

→
- 2 M€ de total au bilan
- 4 M€ de CAHT
- 25 salariés

→ Filiale significative

B) Les missions du CAC

Mission permanente : audit et conseil

Certification = **Audit**

Certification :

→ Que les comptes annuels sont **réguliers et sincères**

→ Que les comptes annuels donnent une **image fidèle** du résultat des opérations de l'exercice écoulé, ainsi que de la situation financière et du patrimoine de la société à la fin de cet exercice

Audit :

→ En application des **normes d'exercice professionnel** (NEP) arrêtées par la CNCC, en conformité avec les normes internationales de l'IFAC…

→ … sur les **comptes annuels**

Missions spécifiques

Révélation de faits délictueux	Prévention des difficultés
• Obligation de révéler au procureur de la République les faits délictueux dont le CAC a eu connaissance au cours de l'exercice de sa mission • Sanctions civiles et pénales. En principe absence de responsabilité pour avoir révélé, mais engagement de la responsabilité pour non-révélation délibérée de faits à caractère délictueux	• Si le CAC constate des faits de nature à compromettre la continuité de l'exploitation, il en saisit le dirigeant de la société qui doit lui répondre • La procédure peut aller jusqu'à la communication des faits au juge.

3 La responsabilité pénale

A) La responsabilité pénale des personnes physiques et morales

Principes	Auteurs
• Sont pénalement responsables les auteurs, personnes physique ou personnes morales, ainsi que leurs complices. • La responsabilité pénale est toujours personnelle.	• Personne physique ou personne morale qui exécute matériellement l'acte prohibé par la loi • Lorsque cette personne n'agit pas seule, on est en présence d'un ou de plusieurs coauteur(s).

B) La responsabilité pénale des personnes morales

Responsabilité pénale des personnes morales

- Infraction...
- ... commise, pour le compte de la personne morale, et dans son intérêt...
- ... par ses organes ou représentants (gérant, directeur général...)

C) Les principales infractions de droit des sociétés

Distribution de dividendes fictifs

Élément légal	Code de commerce
Élément matériel	Fait, pour les dirigeants de SARL et de sociétés par actions... ... d'opérer entre les associés la répartition de dividendes... ... sur la base de comptes annuels frauduleux.
Élément moral	Intention frauduleuse

Présentation ou publication de comptes annuels ne donnant pas une image fidèle

Élément légal	Code de commerce
Élément matériel	Fait pour les dirigeants de SARL et de sociétés par actions... ... de publier (société par actions) ou de présenter aux associés... ... des comptes annuels ne donnant pas une image fidèle.
Élément moral	Intention frauduleuse

Délit de non-révélation des faits délictueux au procureur de la République

Élément légal	Code de commerce
Élément matériel	Fait, pour le CAC... ... de ne pas révéler au procureur les faits délictueux... ... dont il a eu connaissance au cours de sa mission.
Élément moral	Intention frauduleuse

4 L'obligation des associés au passif social

Un créancier de la société demande aux associés de régler les dettes sociales

- Notion distincte de la contribution aux pertes
- Dette sociale
  - Société engagée en principe
- Procédure
  - Mise en demeure de la société par le créancier
    - par acte extra-judiciaire (huissier)
    - vaine (8 jours)

→ **Sociétés à risque illimité**

- SNC : responsabilité légale (clause contraire impossible)
  - Responsabilité indéfinie (ensemble du patrimoine de l'associé) et solidaire (un associé peut supporter toute la dette, à charge pour lui de se retourner contre ses coassociés ou la société)
- Sociétés civiles
  - Responsabilité indéfinie et conjointe (proportion-nellement à la part dans le capital social : le créancier doit diviser ses recours)

SARL et sociétés par actions

- Absence d'obligation au passif en principe

5 Les pouvoirs des dirigeants de SNC

Vis-à-vis des tiers : validité des actes ou de l'engagement de la société

Le ou les gérant(s) sont les représentants légaux :
- ils engagent la société
- dans la limite de l'objet social
- les clauses statutaires sont inopposables aux tiers

\+

Vis-à-vis des associés : responsabilité des gérants

- Le ou les gérant(s) accomplissent tous les actes de gestion dans l'intérêt de la société
- Les statuts peuvent limiter leurs pouvoirs

6 Le fonctionnement des SARL

A) Le rôle de l'assemblée générale

Organe souverain	• Associés obligatoirement réunis (au moins) une fois par an en assemblée pour : – délibérer sur les comptes de l'exercice écoulé : approbation ou non, – décider de l'affectation du résultat. • Convocation – dans les 6 mois de la clôture de l'exercice par le gérant, – 15 jours au moins avant, par LRAR, – au siège ou dans tout autre lieu prévu par les statuts.
Déroulement	• Les associés peuvent être : – soit présents, – soit représentés, – soit participer à l'assemblée par des moyens de télétransmission dans l'hypothèse d'une clause statutaire notamment. • L'assemblée ne peut en principe délibérer que sur les points à l'ordre du jour (sauf théorie des « incidents de séance »).
Suites de l'AG	• Si les règles concernant la convocation ne sont pas respectées, l'AG encourt la nullité. • Il est dressé un procès-verbal (PV) de l'assemblée qui doit être publié.

B) Le rôle du gérant de SARL

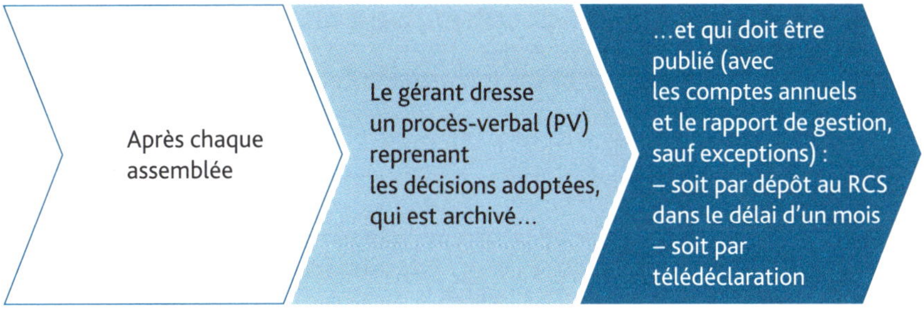

7 La dissolution des SARL et des sociétés par actions

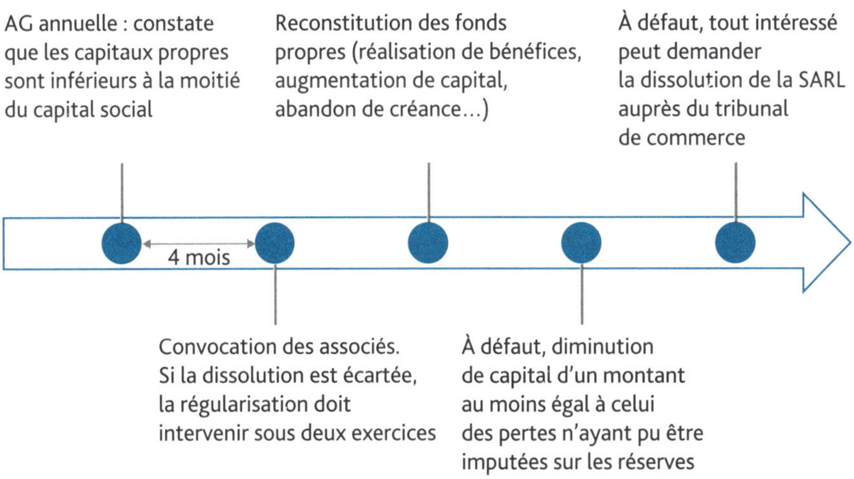

Dossier 1 Raison d'être et entreprise à mission

1.1 Apprécier les avantages et les inconvénients de l'adoption du statut de société à mission.

Compétences attendues

- **Analyser** l'impact du débat de la nature juridique de la société sur la notion d'intérêt social
- **Analyser** le fonctionnement interne d'une société et sa représentation vis-à-vis des tiers
- **Apprécier** les contrôles internes et externes de l'action du dirigeant et leurs conséquences

DÉCRYPTAGE

Cette question vise à vérifier que les savoirs du candidat sont à jour, puisqu'elle porte sur des aménagements législatifs récents. La base documentaire, notamment le document 1, doit être mobilisée sans paraphrase.

Quels sont les avantages et les inconvénients de l'adoption du statut de société à mission ?

Règles juridiques. Les associés ont la faculté de faire figurer une « raison d'être » dans les statuts d'une société, qui peut se définir comme un dessein, une ambition ou toute autre considération générale tenant à l'affirmation de valeurs ou de préoccupations de long terme. En outre, si les statuts mentionnent les enjeux sociaux et environnementaux de son activité – ainsi qu'une « raison d'être » –, la société ayant opéré ce choix pourra le valoriser en faisant publiquement état de son statut d'entreprise à mission. Les statuts doivent prévoir les modalités du suivi de l'exécution de la mission (création d'un comité de mission) et la société accepte de se soumettre à des vérifications effectuées par un organisme tiers indépendant.

Ce statut présente l'avantage de renforcer l'image positive de la société vis-à-vis des tiers. Il est également possible d'en espérer un atout à l'égard des concurrents. Enfin, cette qualité contribue au renforcement du pouvoir de contrôle des associés sur l'action des dirigeants : un dirigeant qui ne respecterait pas la raison d'être ou le statut de la société à mission pourrait voir sa responsabilité engagée en cas de préjudice pour la société.

Les inconvénients résident principalement dans la procédure d'adoption du statut et la soumission à un organe de contrôle externe. De plus, on peut se poser la question de l'utilité véritable de l'adoption de ce statut, dont les manquements ne sont pas réellement sanctionnés par la loi.

Application. La SA Alter NRJ évolue dans le secteur du développement durable, ce qui peut être considéré comme un enjeu environnemental. L'insertion d'une raison d'être (la préservation de l'environnement, par exemple) dans les statuts de la société permettrait à la SA Alter NRJ d'afficher publiquement un statut d'entreprise à mission, ce qui serait favorable à son image. Toutefois, cette qualité n'est pas dénuée de contraintes.

1.2 Schématiser le processus permettant l'adoption du statut d'entreprise à mission (la méthodologie du cas pratique n'est pas exigée).

Compétence attendue

Schématiser et **analyser** les règles de fonctionnement de chaque forme sociétaire étudiée

DÉCRYPTAGE

Cette question vise à apprécier la capacité du candidat à schématiser. La question ne présente pas de difficulté sur le fond, les documents annexés permettant de préparer les savoirs nécessaires à la réponse. Sur la forme, le schéma doit être complet, bien construit, comporter un titre et, le cas échéant, une légende.

Processus d'adoption du statut de société à mission

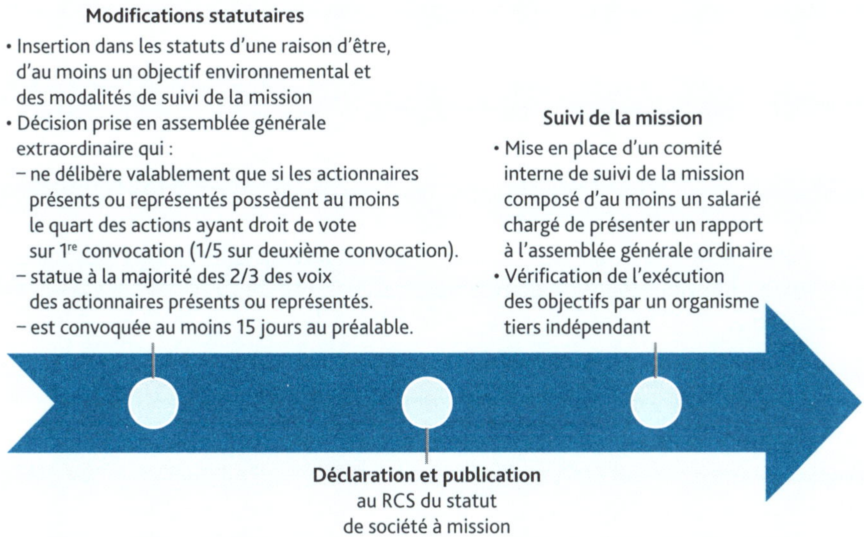

NOTRE CONSEIL

N'oubliez pas de prévoir un titre et, le cas échéant, une légende pour votre schéma.

Dossier 2 Commissaire aux comptes et droit pénal

2.1 Expliquer pourquoi il est concevable qu'en dehors de la SA ALTER NRJ, aucune entité ne dispose d'un commissaire aux comptes avant l'entrée de la SAS SNG dans le groupe.

Faut-il ou non utiliser la méthodologie du cas pratique ? Normalement, le sujet devrait vous guider. Si rien n'est mentionné, vous devez recourir à la méthodologie du cas pratique sous la forme problème juridique/exposé des règles juridiques/application. S'il est précisé que la méthodologie du cas pratique n'est pas exigée, vous pouvez ne pas y recourir et répondre directement à la question. Veillez alors à structurer votre réponse.

Compétences attendues

- **Apprécier** les contrôles internes et externes de l'action du dirigeant et leurs conséquences
- **Qualifier** les faits, **articuler** un raisonnement juridique et **proposer** une solution adaptée, dans le cadre d'une situation juridique donnée

DÉCRYPTAGE

Cette question vise à vérifier la capacité du candidat à repérer les situations où la nomination d'un commissaire aux comptes est obligatoire dans les sociétés commerciales et dans les groupes. Les connaissances doivent être à jour (la loi Pacte du 22 mai 2019 a profondément remanié les savoirs dans ce domaine).

Quelles sont les conditions de la nomination du CAC dans les sociétés commerciales ?

Règles juridiques. La nomination d'un CAC est obligatoire :

- pour toute société commerciale, ou toute société (commerciale ou non) qui contrôle une (ou plusieurs) autres sociétés,
- lorsque l'ensemble dépasse deux des trois seuils suivants : 4 M€ au total du bilan, 8 M€ de CAHT et 50 salariés, sauf si cette société est elle-même contrôlée par une société ayant désigné un CAC.

Les filiales contrôlées par ces têtes de groupe doivent elles-mêmes désigner un CAC si elles dépassent deux des trois seuils : 2 M€ de CAHT, 4 M€ de bilan, 25 salariés.

Les statuts peuvent prévoir la nomination d'un CAC.

Les associés peuvent sous conditions demander en justice ou à la société la nomination d'un CAC.

Application. Le groupe SNG dépasse le seuil du total du bilan et celui des salariés. La nomination d'un CAC dans la société mère est donc obligatoire (Alter NRJ n'étant pas contrôlée par une société ayant elle-même nommé un CAC). Aucune donnée chiffrée n'est avancée pour apprécier la taille des autres sociétés : on peut donc prendre pour hypothèse que les trois SARL et la SNC ne remplissaient pas les conditions pour nommer obligatoirement un CAC ; dans le cas contraire, le CAC d'Alter NRJ l'aurait signalé comme irrégularité révélée au ministère public.

2.2 Expliquer pourquoi l'entrée dans le groupe de la SAS SNG modifie sa situation sur ce point (la méthodologie du cas pratique n'est pas exigée).

Compétences attendues

- **Analyser** le fonctionnement interne d'une société et sa représentation vis-à-vis des tiers
- **Apprécier** les contrôles internes et externes de l'action du dirigeant et leurs conséquences

DÉCRYPTAGE

- Cette question vise à vérifier la capacité du candidat à repérer les situations où la nomination d'un commissaire aux comptes est obligatoire dans les sociétés commerciales et dans les groupes. Les connaissances doivent être à jour (la loi Pacte du 22 mai 2019 a profondément remanié les savoirs dans ce domaine).
- Cette question fait appel aux mêmes savoirs que la précédente, mais l'angle d'analyse change puisque la situation des sociétés a changé. C'est la raison pour laquelle on ne vous redemande pas de présenter les règles juridiques, puisque ce sont les mêmes qui s'appliquent.

Il est possible de répondre directement à la question puisque la méthodologie du cas pratique n'est pas exigée ici.

Avec l'acquisition de SNG, on constate l'entrée dans le groupe d'une SAS qui n'a pas de CAC, puisqu'elle ne dépasse pas les seuils de 4 M€ au total du bilan, 8 M€ de CAHT et 50 salariés. La taille de la société avant l'acquisition n'imposait pas la nomination d'un CAC, on peut en déduire la régularité de cette situation. En revanche, l'entrée de cette SAS dans le groupe rend désormais obligatoire la désignation d'un commissaire aux comptes à son niveau, puisque les données chiffrées du document 1 montrent que la SAS dépasse les seuils des filiales significatives concernant le nombre de salariés et le chiffre d'affaires.

2.3 Déterminer les trois qualifications pénales susceptibles de s'appliquer si les comptes de la SAS SNG sont arrêtés selon les orientations visées par François Prudent (absence de provision), présentés en assemblées d'associés, puis aux banques prêteuses, et que la distribution de dividendes est effectuée.

Compétences attendues

- **Identifier** la personne pénalement responsable, l'auteur et le complice
- **Apprécier** les contrôles internes et externes de l'action du dirigeant et leurs conséquences
- **Repérer** et **nommer** les éléments constitutifs de chaque infraction
- **Distinguer** les infractions de droit commun des infractions spécifiques
- **Qualifier** les faits, **articuler** un raisonnement juridique et **proposer** une solution adaptée, dans le cadre d'une situation juridique donnée

DÉCRYPTAGE

- Cette question vise à vérifier la capacité du candidat à identifier la personne pénalement responsable (le dirigeant, la société, le CAC) et à repérer différentes infractions spécifiques au droit des affaires (présentation et publication de comptes annuels ne donnant pas une image fidèle, distribution de dividendes fictifs, non-révélation des faits délictueux au procureur de la République). La question est rédigée de façon très large, il ne faut donc oublier aucun acteur, ni aucune infraction. Prendre le temps d'analyser des faits est donc important pour cette question.
- Il s'agit également de vérifier la maîtrise de la méthodologie du droit pénal pour vérifier l'existence d'une infraction : le candidat doit présenter chacun des éléments constitutifs de l'infraction : élément légal (pas le numéro de l'article mais le nom du code), éléments matériels, élément moral puis les sanctions. L'application doit vraiment vérifier l'existence de chaque élément, un par un, avant de conclure.
- La formulation que trois infractions doivent être identifiées.

Quels sont les éléments constitutifs des infractions de distribution de dividendes fictifs, de présentation ou publication de comptes annuels ne présentant pas une image fidèle, et de non-révélation des faits délictueux ?

Règles juridiques. L'auteur est la ou les personnes physiques ou morales qui exécutent matériellement l'infraction. Les personnes morales sont pénalement responsables si une infraction est commise pour leur compte (dans leur intérêt) et par leurs organes ou représentants. Lorsque l'infraction est commise par un dirigeant de droit ou de fait agissant, non pas pour lui-même mais en tant que représentant de la personne morale, il pourra être poursuivi et condamné personnellement. Le complice est celui qui, par son aide ou son assistance, a sciemment facilité la préparation ou la commission d'une infraction.

Pour les infractions de distribution de dividendes fictifs et la présentation de comptes ne donnant pas une image fidèle :

- Élément légal : le Code de commerce prévoit qu'est puni d'un emprisonnement de cinq ans et d'une amende de 375 000 €.
- Éléments matériels :
- le fait, pour les dirigeants de SARL ou de sociétés par actions ;
- d'opérer entre les associés la répartition de dividendes fictifs ;
- en l'absence d'inventaire ou au moyen d'inventaires frauduleux ou même en l'absence de toute distribution de dividendes ;
- ou de présenter aux associés des comptes annuels ne donnant pas, pour chaque exercice, une image fidèle du résultat des opérations de l'exercice, de la situation financière et du patrimoine à l'expiration de cette période, en vue de dissimuler la véritable situation de la société.

Dans les sociétés par actions, est également puni le fait, pour les dirigeants, de rendre publics ces comptes.

- Élément moral : pour ces infractions, la mauvaise foi est exigée (le dirigeant doit être conscient de la fictivité des dividendes et de l'absence d'image fidèle).

Par ailleurs, pour la non-révélation de faits délictueux :

- Élément légal : est puni de 5 ans d'emprisonnement et 75 000 € d'amende par le Code de commerce.
- Élément matériel : le fait, pour le CAC :
  - de ne pas révéler au procureur de la République les faits délictueux ;
  - dont il a eu connaissance au cours de sa mission.
- Élément matériel : la mauvaise foi du CAC est exigée (il doit avoir connaissance de l'infraction qu'il ne révèle pas).

Application

- Élément légal : Le Code de commerce réprime l'infraction de distribution de dividendes fictifs et de présentation de comptes infidèles dans les SARL et les sociétés par actions : la SAS est une société par actions, et vise le dirigeant : François Prudent en est le dirigeant (il est le mandataire social de toutes les sociétés du groupe).
- Éléments matériels :
  - François Prudent ne provisionne pas certaines sommes pour ne pas augmenter le passif de la société ;
  - ces comptes sont présentés aux associés.

L'élément matériel est bien constitué : il y a présentation aux associés de comptes qui ne donnent pas une image fidèle, par minoration du passif social. L'auteur est François Prudent (il est de mauvaise foi puisqu'il sait que les sommes n'ont pas été provisionnées) en tant que personne physique.

Si ces comptes sont présentés à la banque, il y aura également publication de comptes annuels ne donnant pas une image fidèle. L'auteur en sera encore François Prudent, en tant que personne physique, la personne morale étant coauteur (infraction commise pour son compte puisque c'est la société qui bénéficiera du prêt).

Enfin, si des dividendes sont distribués, ils le seront à partir de sommes non disponibles. Dès que les dividendes seront mis à la disposition des associés, le délit de distribution de dividendes fictifs sera consommé. François Prudent est de mauvaise foi puisqu'il sait que ces sommes devraient être provisionnées. Tous les éléments étant vérifiés, les infractions sont donc bien constituées.

De plus, le CAC de la SAS, s'il a connaissance de l'absence de provision, engage sa responsabilité pénale s'il ne révèle pas les infractions au procureur de la République (la non-révélation d'une infraction – élément matériel – dont il a connaissance – élément moral – constitue l'infraction réprimée par le Code de commerce).

Le CAC aurait-il pu être poursuivi en tant que complice pour les délits commis par François Prudent ? La réponse est positive si le CAC avait apporté son aide ou son assistance en connaissance de cause à François Prudent. Or, ici, le CAC n'avait eu connaissance de l'infraction qu'à l'issue de l'exercice. Sa complicité ne pouvait donc être recherchée.

2.4 **Après avoir rappelé les missions du CAC, indiquer quelle doit être sa réaction dans la situation de la SAS SNG.**

Compétences attendues

- **Analyser** le fonctionnement interne d'une société et sa représentation vis-à-vis des tiers
- **Apprécier** les contrôles internes et externes de l'action du dirigeant et leurs conséquences
- **Qualifier** les faits, **articuler** un raisonnement juridique et **proposer** une solution adaptée, dans le cadre d'une situation juridique donnée

DÉCRYPTAGE

Cette question vise à vérifier la capacité du candidat à présenter les différentes missions du CAC de façon générale et à identifier quelle mission s'applique à une situation donnée. La question présente un lien avec la question précédente sur les infractions pénales dans la SAS.

Quelle est l'étendue de la mission du CAC ?

Règles juridiques. Le commissaire aux comptes (CAC) a une mission légale. De façon permanente, le CAC doit vérifier la conformité des valeurs et des documents comptables et de la comptabilité aux règles en vigueur. Le commissaire aux comptes vérifie la sincérité et la concordance des informations données dans le rapport de gestion du conseil d'administration ou du directoire avec les comptes annuels, ainsi que les documents adressés aux associés sur la situation financière de la société. À toute époque de l'année, les commissaires aux comptes, ensemble ou séparément, opèrent toutes vérifications et tous contrôles qu'ils jugent opportuns et peuvent se faire communiquer sur place toutes les pièces qu'ils estiment utiles à l'exercice de leur mission.

Les CAC certifient, en justifiant de leurs appréciations, que les comptes annuels sont réguliers et sincères et donnent une image fidèle du résultat des opérations de l'exercice écoulé ainsi que de la situation financière et du patrimoine de la personne ou de l'entité à la fin de cet exercice. Les CAC rendent compte de leur mission aux associés lors des assemblées dans un rapport général qui présente les vérifications effectuées, les observations sur les comptes de l'exercice et qui, éventuellement, contient les motifs du refus de certification ou les réserves de certification.

Le CAC signale à la plus prochaine assemblée générale ou réunion de l'organe compétent les irrégularités et inexactitudes relevées par lui au cours de l'accomplissement de leur mission.

Le commissaire aux comptes contrôle aussi le respect de l'égalité entre les associés.

Le CAC a par ailleurs d'autres missions : obligations d'alerte, de révélation des faits délictueux au procureur de la République, de pallier la carence des organes sociaux et d'établir des rapports spéciaux.

Application. Le CAC de la SAS SNG doit prendre plusieurs mesures. Les comptes ne présentant pas une image fidèle, il doit tout d'abord s'abstenir de les certifier. Il doit ensuite informer les associés de l'irrégularité liée à l'absence de provision. Enfin, divers éléments appelant des qualifications pénales, il doit les révéler au procureur de la République.

Dossier 3 Responsabilité en SNC

3.1 Conseiller Anne Mauduit dans la situation qui l'oppose à l'imprimeur.

Compétences attendues

- **Analyser** le fonctionnement interne d'une société et sa représentation vis-à-vis des tiers
- **Différencier** les conditions et les conséquences de l'engagement de la responsabilité de la société, des dirigeants et des associés
- **Schématiser** et **analyser** les règles de fonctionnement de chaque forme sociétaire étudiée (SNC)
- **Qualifier** les faits, **articuler** un raisonnement juridique et **proposer** une solution adaptée, dans le cadre d'une situation juridique donnée
- **Rechercher** et **analyser** une documentation juridique fiable et actualisée

DÉCRYPTAGE

Cette question vise à vérifier la capacité du candidat à identifier les conditions de l'engagement de la responsabilité des associés de SNC. Le candidat doit repérer qu'il s'agit ici de l'obligation aux dettes sociales et montrer qu'il ne confond pas obligations aux dettes et contribution aux pertes.

Quelle est l'étendue de la responsabilité des associés de SNC ?

Règles juridiques. Les associés d'une société en nom collectif sont responsables indéfiniment et solidairement du paiement des dettes de la société, en cours de vie sociale. Ainsi, un seul associé peut être contraint de payer l'intégralité d'une dette impayée de la société, sur demande d'un créancier. Toutefois, cette action n'est envisageable que si le créancier a au préalable mis en demeure la société de payer sa dette, par acte d'huissier. La mise en demeure sera considérée comme vaine si dans les 8 jours qui la suivent la société n'a pas payé sa dette. En outre, l'associé qui a payé (associé *solvens)* pourra ensuite se retourner contre ses coassociés afin qu'ils assument la fraction de la dette qui leur incombe.

Application. Anne Mauduit est associée de la SNC Alter'O. La facture de l'imprimeur est une dette qui a été contractée par la société. L'imprimeur dont la facture n'a pas été honorée par la société peut donc tout à fait exiger d'être payé par Anne Mauduit. En conséquence, elle doit vérifier le délai et la forme de la mise en demeure avant de s'acquitter de la totalité de la dette sociale pour pouvoir ensuite se retourner contre ses coassociés.

NOTRE CONSEIL

Aidez-vous des statuts, notamment de l'article 14. Vous devez connaître les règles de la responsabilité indéfinie et ses conditions de mise en œuvre.
Vous devez vous mettre à la place de l'associé de la SNC à qui un créancier de la société réclame un paiement, et l'orienter en matière de recours éventuels.

3.2 **Déterminer le problème juridique posé à la Cour de cassation à l'occasion de l'arrêt du 12 février 2013. Identifier les règles applicables et la réponse de la Cour (la méthodologie du cas pratique n'est pas exigée).**

Compétences attendues

- **Analyser** le fonctionnement interne d'une société et sa représentation vis-à-vis des tiers
- **Schématiser** et analyser les règles de fonctionnement de chaque forme sociétaire étudiée (société civile)
- **Analyser** une décision de justice et en dégager la portée

NOTRE CONSEIL

Vous pouvez répondre directement à la question puisque la méthodologie du cas pratique n'est pas exigée. Vous pouvez également opter pour cette méthodologie. Dans tous les cas, la réponse doit être structurée par des sauts de paragraphe matérialisant le raisonnement et ses étapes.

DÉCRYPTAGE

- La question vise à vérifier la capacité du candidat à lire et comprendre une décision de justice. Les décisions de la Cour de cassation, dans leur rédaction ancienne (avant 2020), se présentaient en trois temps :
  - pour les arrêts de cassation : rappel des faits/positon de la cour d'appel/raisonnement et décision de la Cour de cassation ;
  - pour les arrêts de rejet : rappel des faits/position du demandeur (l'auteur du pourvoi)/raisonnement et décision de la Cour de cassation.
- Le candidat doit penser, en abordant la réponse de la Cour, à en dégager la portée, ce qui signifie qu'il doit être capable de tirer les conséquences et d'extrapoler l'arrêt.

Problème juridique : le gérant d'une société civile immobilière (SCI) peut-il céder l'unique immeuble de la société sans l'autorisation des associés ?

NOTRE CONSEIL

Vous devez recourir à des termes généraux pour formuler le problème juridique.

Règles applicables. Les décisions, qui n'entrent pas dans l'objet social excèdent les pouvoirs du gérant et doivent alors être prises selon les dispositions statutaires ou, en l'absence de telles dispositions, à l'unanimité des associés. Ainsi, lorsque se pose la question de la validité d'un acte accompli par un gérant en dehors de l'objet social, il convient d'emblée de se référer aux statuts. Cependant, les statuts peuvent donner tous les pouvoirs au gérant d'une SCI au point de lui permettre d'engager la SCI, de sa propre initiative et sans autorisation des autres associés, dans une opération pouvant aboutir à la vente du seul élément d'actif de la société.

Réponse de la Cour de cassation. La Cour de cassation a cassé et annulé l'arrêt d'appel compte tenu du fait que, dans le « paragraphe "Pouvoir des gérants", les statuts de la SCI stipulaient que "de convention expresse, ne nécessiteront pas l'autorisation des associés, les achats, les ventes, l'apport ou l'échange d'immeubles" ».

En d'autres termes, le congé de reprise pour vente signifié à un locataire par le gérant d'une société civile immobilière (SCI) est valable, dès lors que les statuts de cette SCI prévoient expressément que le gérant a le pouvoir d'engager la société sans autorisation des associés pour toutes les décisions ayant trait aux achats, ventes, apport ou échange d'immeubles. Il en résulte donc que le gérant d'une société peut vendre seul un élément d'actif essentiel de la société sans l'autorisation des associés, dès lors que les statuts le lui permettent.

Autrement dit, les pouvoirs du gérant n'ont de limites que celles prévues par les statuts, d'où l'importance de bien rédiger ceux-ci et de veiller éventuellement à ce qu'ils n'accordent pas des pouvoirs illimités au gérant, au détriment des droits des autres associés. Il convient toutefois de souligner qu'une telle limitation de pouvoirs n'est valable que dans les rapports internes à la société, c'est-à-dire entre les associés et le gérant, mais pas envers les tiers.

NOTRE CONSEIL

Analyser la portée d'un arrêt implique d'en tirer des conséquences générales.

Rendez-vous

MÉTHODE

Analyser une décision de justice

Une décision de justice peut être exploitée de deux manières :

• Soit au sein d'un cas pratique. Il s'agira alors d'introduire la solution de la Cour de cassation au sein d'une règle de droit puis de l'appliquer au cas d'espèce.

• Il est également possible que l'analyse de la décision de justice ne soit pas liée à un cas spécifique. Vous devrez alors identifier et formuler le problème de droit. Celui-ci doit être général, sans référence au cas précis, et prendre la forme d'une question. Le plus souvent, il vous sera demandé de transcrire la solution de la Cour de cassation. Vous devrez exposer cette solution en trois temps :

– commencez par indiquer si la Cour de cassation rejette le pourvoi ou bien casse et annule l'arrêt de la cour d'appel ;

– expliquez les arguments juridiques sur lesquels la Cour de cassation se fonde ;

– exposez l'application de la règle au cas d'espèce de l'arrêt.

3.3 **Vérifier si chacun des actes de François Prudent est valable.**

Compétences attendues

- **Analyser** le fonctionnement interne d'une société et sa représentation vis-à-vis des tiers
- **Schématiser** et **analyser** les règles de fonctionnement de chaque forme sociétaire étudiée (SNC)
- **Qualifier** les faits, **articuler** un raisonnement juridique et **proposer** une solution adaptée, dans le cadre d'une situation juridique donnée

DÉCRYPTAGE

La question vise à vérifier la capacité du candidat à analyser les pouvoirs du dirigeant de SNC et les conditions de l'engagement de la société vis-à-vis des tiers, la question portant sur la validité des décisions. Trois décisions du gérant sont à étudier, qui font chacune appel à des règles différentes.

NOTRE CONSEIL

Vous devez utiliser les statuts de la base documentaire, notamment la clause qui concerne les pouvoirs du gérant. Exploitez la réponse à la question précédente pour identifier l'étendue des pouvoirs du gérant.

Quelle est l'étendue des pouvoirs du gérant de SNC ?

Règles juridiques. Le(s) gérant(s) de SNC en est le représentant légal. Il engage la société par les actes entrant dans l'objet social. La société n'est pas engagée par les actes qui dépassent l'objet. L'acte hors objet est nul (sauf confirmation par décision des associés). Les clauses statutaires limitant les pouvoirs des gérants sont inopposables aux tiers. Le gérant doit respecter les pouvoirs des associés. La rémunération éventuelle des dirigeants est en principe décidée exclusivement par les associés.

Les éléments qui figurent en italique ne sont pas exigés. Leur mention témoigne de la maîtrise des règles par le candidat.

Application. François Prudent a outrepassé ses pouvoirs en fixant seul sa rémunération : il aurait dû consulter les associés. La vente du fonds de commerce constitue un acte hors objet, et donc nul. Enfin, le prêt outrepasse l'article 17 des statuts, par lequel le gérant doit demander l'accord des associés pour les actes supérieurs à 10 000 €. Cet acte viole les statuts mais, étant un acte de gestion, la société sera engagée vis-à-vis de la banque. *Pour l'ensemble de ces faits, François Prudent encourt donc une révocation justifiée et engage sa responsabilité si ces actes portent préjudice à la société.*

Dossier 4 Difficultés des entreprises

4.1 Décrire la procédure à suivre compte tenu de la situation comptable de la SARL Alter Oil au 30 juin 2022.

Compétences attendues

- **Schématiser** et **analyser** les règles de fonctionnement de chaque forme sociétaire étudiée (SARL)
- **Identifier** les causes de dissolution d'une société
- **Qualifier** les faits, **articuler** un raisonnement juridique et **proposer** une solution adaptée, dans le cadre d'une situation juridique donnée

DÉCRYPTAGE

La question vise à vérifier que le candidat maîtrise les règles de dissolution propre à la SARL.

Quelles sont les conséquences de capitaux propres inférieurs à la moitié du capital social en SARL ?

Règles juridiques. En SARL, lorsque les capitaux propres deviennent inférieurs à la moitié du capital social, une procédure doit être respectée pour éviter la dissolution. Le gérant doit consulter les associés dans les quatre mois suivant l'assemblée ayant constaté que les capitaux propres sont inférieurs à la moitié du capital social. À défaut, le gérant risque des sanctions pénales et tout intéressé peut demander en justice la dissolution. Les associés délibèrent sur la dissolution à la majorité extraordinaire. La SARL ayant été constituée après le 3 août 2005, les conditions de quorum et de majorité applicables sont les suivantes :

- Quorum :
  - sur première convocation : un quart des parts sociales ;
  - sur deuxième convocation : un cinquième des parts sociales.
- Majorité : deux tiers des parts sociales détenues par les associés présents ou représentés.

Si la dissolution est rejetée, des mesures d'assainissement doivent être adoptées avant la fin du deuxième exercice suivant celui au cours duquel les pertes ont été constatées. À défaut, tout intéressé peut demander en justice la dissolution de la SARL.

Application. Les capitaux propres de la SARL Alter Oil s'élèvent à 15 000 €, soit moins de la moitié du capital de 40 000 €. François Prudent doit consulter les associés au plus tard le 23 avril 2023. La dissolution doit être rejetée à la majorité de 267 parts si tous les associés participent au vote. François Prudent ne dispose donc pas de la majorité nécessaire pour imposer la dissolution. Si la dissolution est écartée, des mesures d'assainissement doivent être trouvées avant le 30 juin 2024.

4.2 Rédiger la lettre de convocation de l'assemblée du 23 décembre 2022 (la méthodologie du cas pratique n'est pas exigée).

NOTRE CONSEIL

Vous pouvez répondre directement à la question puisque la méthodologie du cas pratique n'est pas exigée. Veillez à traiter les éléments indispensables qui seront évalués à l'examen : qui convoque ? dans quel délai ? quels sont les documents à fournir ? L'ordre du jour, la date et le lieu de l'AG doivent être précisés dans la convocation.

Compétences attendues

- **Analyser** le fonctionnement interne d'une société
- **Schématiser** et **analyser** les règles de fonctionnement de chaque forme sociétaire étudiée (SARL)
- **Apprécier** les contrôles internes et externes de l'action du dirigeant et leurs conséquences

DÉCRYPTAGE

La question vise à vérifier la capacité du candidat à analyser le fonctionnement interne de la SARL, notamment s'il maîtrise l'organisation de ce rendez-vous incontournable qu'est l'assemblée générale ordinaire annuelle. Les règles relatives à la convocation, aux comptes annuels et à la prise de décisions doivent être maîtrisées. La question est originale, et elle permet aussi de vérifier la capacité du candidat à maîtriser la rédaction des écrits professionnels.

Monsieur François Prudent
Gérant

Madame, Monsieur X
Adresse
Code postal Ville
Lille, le 1er décembre N (toute date > 15 jours avant le 23 décembre)

Objet : convocation à l'assemblée annuelle de la société SARL Alter Oil. Lettre recommandée avec accusé de réception

Madame, Monsieur,

Nous vous prions de bien vouloir assister à l'assemblée générale annuelle de la société SARL Alter Oil, qui se tiendra le 23 décembre, à 14 heures, au siège social.

Les points suivants seront à l'ordre du jour de cette réunion :

- le rapport de gestion de l'exercice clos le 30 juin ;
- l'approbation des comptes ;
- l'affectation des résultats ;
- des questions diverses.

Par ailleurs, vous trouverez ci-joint :

- le rapport de gestion ;
- les comptes annuels ;
- les résolutions proposées.

Nous vous rappelons qu'il vous est possible de poser des questions à l'assemblée, par écrit. Des réponses y seront apportées au cours de la réunion.

Enfin, si vous ne pouvez pas répondre à cette convocation, vous pouvez vous faire représenter par un autre associé ou par votre conjoint, grâce au pouvoir ci-joint.

Nous vous prions d'agréer, Madame, Monsieur, nos respectueuses salutations.

François Prudent

4.3 Indiquer de façon générale les formalités à effectuer à l'issue de l'assemblée, puis les appliquer compte tenu de la position de François Prudent au regard des difficultés de la SARL.

Compétences attendues

- **Analyser** le fonctionnement interne d'une société
- **Schématiser** et **analyser** les règles de fonctionnement de chaque forme sociétaire étudiée (SARL)
- **Qualifier** les faits, **articuler** un raisonnement juridique et **proposer** une solution adaptée, dans le cadre d'une situation juridique donnée

DÉCRYPTAGE

La question vise à vérifier la capacité du candidat à analyser le fonctionnement interne de la SARL, en ce qui concerne les formalités postérieures à l'assemblée. La question doit être reliée aux deux précédentes. Le candidat ne doit pas oublier les formalités liées à la dissolution, le cas échéant.

Quelles sont les formalités à accomplir à l'issue de l'AG de SARL ?

Règles juridiques. Le gérant de SARL doit, à l'issue de l'assemblée générale d'approbation des comptes, dresser un procès-verbal qui reprend les décisions adoptées. Puis, il doit procéder à diverses formalités : publication des comptes, du rapport de gestion et du PV de l'AG au RCS dans le délai d'un mois (télédéclaration possible), sauf dispense.

Si l'approbation des comptes fait apparaître que les capitaux propres sont devenus inférieurs à la moitié du capital social, le gérant doit consulter de nouveau les associés pour statuer sur une éventuelle dissolution dans les 4 mois.

Si la dissolution est décidée, le gérant doit procéder à la publication de la décision de dissolution et de la nomination du liquidateur dans le délai d'un mois.

Application. Si François Prudent et ses coassociés décident de dissoudre la SARL, il faudra que François Prudent convoque les associés pour décider de la dissolution avant le 23 avril 2023. Dans le cas contraire, il devra simplement publier le procès-verbal de l'assemblée annuelle avant le 15 janvier 2023.

Sujet type d'examen 2

Sujet

Auditia

Matériel autorisé : aucun

Document autorisé : aucun

3 h Durée de l'épreuve

1 Coefficient

Le sujet se présente sous la forme de **3 DOSSIERS** indépendants :

Dossiers

1. Fonctionnement de la SARL .... 12 points
2. Cession de parts sociales .... 3 points
3. Composition du conseil d'administration .... 5 points

La méthodologie du cas pratique est exigée, sauf mention contraire.
Si le texte du sujet, de ses questions ou de la base documentaire vous conduit à formuler une ou plusieurs hypothèses, il vous est demandé de la (ou les) mentionner explicitement dans votre copie.
Il vous est demandé d'apporter un soin particulier à la présentation de votre copie.

Le sujet comporte 4 documents :

Documents

Dossier 1

1. Informations sur la SARL Montbleu
2. Comment se passe une campagne de *crowdfunding* ?

Dossier 2

3. Cession de parts sociales – Projet (document à remettre complété avec la copie)

Dossier 3

4. Proposition de courrier destiné aux Compagnons de l'acier

Auditia

Vous venez d'intégrer le cabinet d'expertise comptable Auditia. Il s'agit de votre premier emploi, et vous avez eu la chance d'être embauché(e) en CDI. Votre employeur, Alexandre Paire, expert-comptable associé, a toute confiance en la formation qui vous a été dispensée. Toutefois, il souhaite s'assurer de vos compétences, raison pour laquelle vous êtes en période d'essai pour une durée de 6 semaines.

Affecté(e) au service expertise, vous vous voyez confier par Alexandre Paire les dossiers de la SARL Montbleu et de la SA Compagnons de l'acier, deux clients historiques du cabinet, que vous découvrez et qui requièrent toute votre attention.

Montbleu est une société à responsabilité limitée (SARL) spécialisée dans la fabrication de stylos de luxe français. Elle a été immatriculée au RCS le 4 avril 2006. Implantée à Roubaix (Nord), elle connaît un développement important avec, à la dernière clôture, un chiffre d'affaires de 15 millions d'euros, en croissance de 20 % par rapport à l'année précédente.

Pour faire face à cette dynamique, Montbleu n'a pas cessé de recruter depuis sa création. Son effectif actuel est de 52 salariés. Elle n'a pas de commissaire aux comptes et son capital est de 350 000 €.

La gérance est assurée, depuis la création de la société, par Charlie David. Son fils, Théo David, titulaire d'un master de « Marketing et pratiques commerciales », l'a récemment rejoint à la direction de la société en qualité de cogérant.

Dossier 1 Fonctionnement de la SARL

Base documentaire : documents 1 et 2

Face au succès des stylos de luxe à l'étranger (États-Unis, Japon, Chine...), Charlie et Théo David ont décidé de créer un poste de commercial à l'international. Il est prévu que Théo David occupe ce poste.

Conscient que la croissance du marché asiatique est une opportunité, Charlie David envisage une augmentation de capital. Il contacte le gérant de la SARL Baliord. Cette dernière apporterait du matériel d'une valeur de 100 000 € pour souscrire à l'augmentation de capital de la SARL Montbleu en contrepartie de 1 000 parts. Pauline Loridant, associée, compte s'opposer au projet car elle n'est pas d'accord avec cette opération, qui est pourtant d'autant plus intéressante pour la SARL Montbleu qu'elle s'approvisionne auprès de la SARL Baliord, lui achetant des pièces intégrées aux stylos. Elle bénéficierait, à l'avenir, d'une ristourne commerciale sur ces pièces, du fait des nouvelles relations entre les deux sociétés.

Théo David a conclu différents actes : acquisition d'un matériel pour la société d'une valeur de 21 000 € et recrutement d'un salarié. Les dépenses ainsi engagées inquiètent Charlie David et Pauline Loridant.

Les associés ont pour projet d'accentuer le développement à l'international. Charlie David étudie actuellement les diverses sources de financement possibles. Parmi celles-ci, il envisage de recourir à un emprunt obligataire. Alternativement, Charlie David pense lancer une campagne de financement participatif (« *crowdfunding* ») pour collecter de l'argent directement auprès de du grand public qui s'intitulerait « J'investis dans la SARL Montbleu ». Cette campagne présenterait brièvement la SARL, son activité et ses perspectives de développement, afin de séduire des investisseurs (document 2).

Mission

Alexandre Paire vous charge de conseiller les associés sur les décisions stratégiques et les éventuelles mesures à prendre pour assurer la pérennité de la SARL Montbleu.

1.1. Vérifier si Théo David pourrait conclure un contrat de travail avec la SARL Montbleu.

1.2. Indiquer si Charlie David pourrait décider seul de l'augmentation de capital, en précisant les modalités de cette opération et en vérifiant si elle est réalisable.

1.3. Vérifier si les contrats relatifs aux achats de pièces de stylos doivent suivre une procédure particulière.

1.4. Déterminer si Pauline et Élise Loridant pourraient révoquer Théo David, et indiquer à quelles conditions.

1.5. Rédiger une proposition de clause statutaire permettant aux associés, à l'avenir, de contrôler l'action des gérants, au regard des deux actes effectués et qui inquiètent les associés.

1.6. Vérifier si les conditions légales du lancement d'un emprunt obligataire sont réunies.

1.7. Indiquer si le projet de campagne de financement participatif est réalisable.

Dossier 2 Cession de parts sociales

Base documentaire : document 3

Pauline Loridant ne partage plus les valeurs de la SARL Montbleu. En conséquence, elle souhaite se retirer de la société. Élise est prête à racheter les parts de sa sœur, persuadée que les orientations envisagées permettront des bénéfices significatifs à moyen terme.

Mission

En tant qu'associée de la SARL Montbleu, Pauline Loridant s'adresse au cabinet Auditia pour accompagner la cession de ses parts sociales. Alexandre Paire vous charge du dossier.

2.1. Préciser les conditions à respecter pour assurer la validité de la cession des parts de Pauline Loridant.

2.2. Préparer le projet de cession, en remplissant le document 3 à remettre avec la copie et en en justifiant l'article 4 (la méthodologie du cas pratique n'est pas exigée).

Dossier 3 Composition du conseil d'administration

Base documentaire : document 4

La société Compagnons de l'acier est une SA qui va procéder prochainement à l'absorption de la SARL Baliord. Les exercices de la société Compagnons de l'acier coïncident avec l'année civile. La société compte 312 salariés et a réalisé un chiffre d'affaires de 10 millions d'euros. Elle est dotée d'un conseil d'administration.

Naëlle Legendre, secrétaire générale de la société Compagnons de l'acier, a adressé au cabinet Auditia un courrier posant plusieurs questions sur le statut des administrateurs de la société en général ainsi que sur la composition et le fonctionnement du conseil d'administration après l'opération de fusion. La proposition de réponse au courrier de Naëlle Legendre, que vous avez préparée, figure dans la base documentaire (document 4).

Mission

Alexandre Paire a refusé de signer le projet de réponse à Naëlle Legendre que vous aviez préparé. Il vous demande d'analyser vos erreurs et omissions et de rédiger une nouvelle lettre que vous lui soumettrez pour signature.

3. Identifier les quatre erreurs commises dans ce projet de courrier, en prenant soin de justifier, pour chacune, la position adoptée. Indiquer pourquoi le paragraphe en gras est exact (la méthodologie du cas pratique n'est pas exigée).

BASE DOCUMENTAIRE

Document 1

Informations sur la SARL Montbleu

Les statuts contiennent, notamment, les articles suivants :

- Article 3 : « L'objet social est la fabrication et commercialisation de stylos en France et à l'étranger ».
- Article 14 : « Les cessions de parts sociales entre associés sont soumises aux conditions de l'agrément légal ».

Le reste des statuts est conforme à la loi.

Le capital est ainsi réparti depuis la création de la SARL Montbleu :

Associés	Nombre de parts sociales
Charlie David	17 000
Théo David	600
Pauline Loridant	8 700
Élise Loridant	8 700

Document 2

Comment se passe une campagne de *crowdfunding* ?

Grâce à Internet, le financement participatif est devenu un outil simple et accessible pour collecter des fonds. Sur une plateforme de financement participatif, le porteur de projet fait appel aux internautes pour l'aider à concrétiser son projet. Pour les convaincre, il élabore une page de présentation de son projet. Il fixe alors un objectif en montant ou en unités à atteindre pour amorcer et concrétiser son projet. La règle du jeu ? Atteindre cet objectif dans un temps imparti, déterminé à l'avance. S'il n'y parvient pas, alors tous ses contributeurs seront remboursés. Pour réussir sa collecte, le porteur de projet se lance dans une véritable campagne de communication (grâce aux réseaux sociaux, à des événements, à des e-mails...). Il doit d'abord convaincre les personnes les plus proches de son entourage (amis, famille...) avant d'étendre sa cible à ses connaissances pour, finalement, tenter de capter le grand public.

www.kisskissbankbank.com

Document 3

Cession de parts sociales – Projet

(document à remettre complété avec la copie)

Montbleu, SARL au capital de 350 000 €
RCS Lille n° 7698443
Siège social : 5 rue des bateliers, 59100 Roubaix
Ci-après dénommée « la société »

Entre les soussignés :

_______________________________________, ci-après « le cédant »

Et :

_______________________________________, ci-après « le cessionnaire »

Il a été convenu et arrêté ce qui suit :

Article 1. Autorisation

La présente cession a été autorisée par _________________________, dans les conditions prévues par_________________________.

Article 2. Cession

Par la présente, le cédant cède la totalité de ses parts dans la société, soit ____________, au cessionnaire, qui les accepte.

Le cédant certifie que les parts sont entièrement libérées à la date de la cession.

Par cette cession, le cédant subroge le cessionnaire dans tous ses droits et actions envers la société.

La propriété des parts est conférée au cessionnaire à la date de la cession.

Le cédant atteste avoir pris connaissance des statuts de la société.

Article 3. Prix

[...]

Article 4. Clause de garantie de passif

Le cédant garantit l'exactitude ____
____
____
____.

En conséquence, le cédant s'engage irrévocablement à supporter et à régler sur ses deniers personnels ____
____
____
____.

La garantie consentie est stipulée au profit de______________________________
____
____.

Le cessionnaire s'engage, à peine de déchéance de ses garanties, à informer le cédant de tout événement de nature ou susceptible d'avoir une incidence sur les obligations qu'il souscrit dans le cadre de la présente garantie.

•••

...

Toute somme due par les cédants en application des présentes garanties sera payable immédiatement.

La présente garantie est consentie pour une durée de ______________ ans commençant à courir à la date des présentes.

Article 5. Modification des statuts et publication

[...]

Fait à..., le...

Document 4

Proposition de courrier destiné aux Compagnons de l'acier

Société Compagnons de l'acier
Naëlle Legendre
Secrétaire générale
467 B, place de Parades
59000 Lille

Madame,

Je vous remercie de votre courrier en date du 15 décembre nous interrogeant sur la situation du conseil d'administration de la société Compagnons de l'acier notamment après la fusion envisagée avec la SARL Baliord.

Je me permets d'attirer votre attention sur le fait que de nouvelles dispositions font obligation aux sociétés telles que la vôtre de respecter des obligations de mixité et d'assurer la présence dans le conseil d'un pourcentage minimum d'hommes et de femmes, sous peine de sanctions.

Vous évoquez la situation personnelle de deux dirigeants. **Je suis en mesure de vous confirmer que M. Charlie David peut parfaitement accepter aujourd'hui le poste de directeur général de la société Compagnons de l'acier (bien qu'il soit déjà directeur général de la SA Dunord et membre du directoire de la SA Dusud, dont les sièges sont situés en France et qui n'ont aucun lien entre elles ni avec la société Compagnons de l'acier).** Je vous confirme que sa rémunération sera déterminée par l'assemblée générale qui procédera à sa nomination. Vous évoquez également la situation de M. Martin, administrateur en place, qui accepterait de reprendre la direction du Bureau des Méthodes pour trois ans et deviendrait donc titulaire d'un contrat de travail. Rien ne s'y oppose en effet dès l'instant où la proportion du tiers est respectée.

En revanche, vous ne pouvez pas imposer statutairement aux administrateurs de détenir un nombre minimum d'actions. Cela serait par ailleurs gênant pour les administrateurs les plus anciens dont la présence au conseil est indiscutable.

Notre cabinet demeure à votre entière disposition pour toute précision complémentaire sur cette question ou sur toute autre question et nous vous prions de croire, Madame, à l'assurance de notre parfaite considération.

Alexandre Paire
Expert-comptable

SAVOIRS ESSENTIELS

Sur le statut majoritaire ou minoritaire de la gérance en SARL, permettant d'apprécier si le gérant peut cumuler son mandat avec un contrat de travail, les interprétations divergent. Nous nous conformons ici à l'article L. 311-3 11° du CSS, qui ne permet l'affiliation des gérants au régime général de la sécurité sociale (et donc le statut de salarié) qu'à la condition que les cogérants, leurs conjoints et leurs enfants mineurs possèdent ensemble au plus la moitié du capital social. Si les gérants sont majoritaires, ils ne peuvent pas être affiliés au régime général, et donc avoir le statut de salarié au sein d'une SARL.

1 Le cumul du mandat social avec un contrat de travail salarié dans la SARL

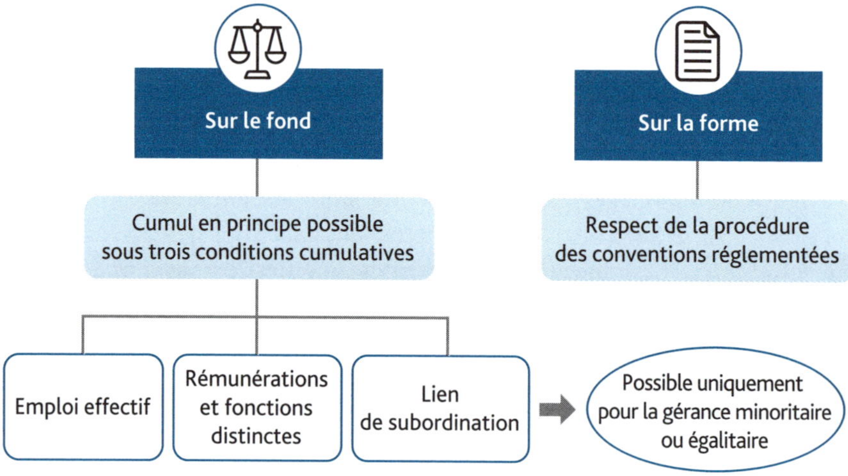

2 L'augmentation de capital par apport en nature dans la SARL

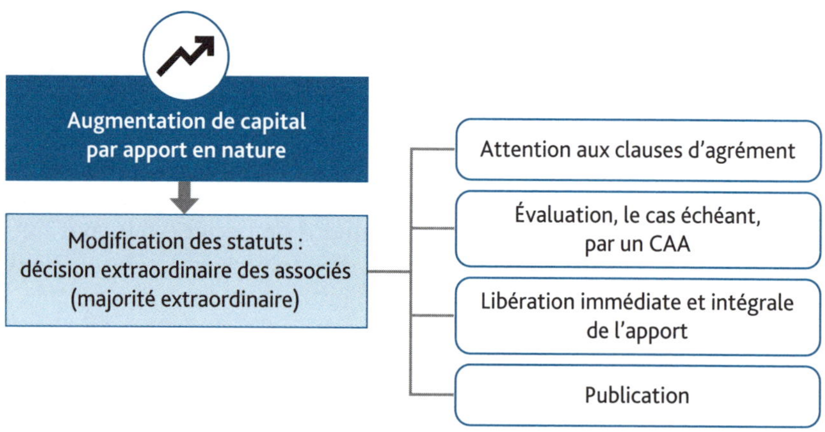

3 Le contrôle des conventions réglementées en SARL

Dans l'hypothèse d'un contrat conclu par la société, il peut y avoir un contrôle, ce qui implique deux questions :

- Qui sont les parties à la convention ?
- Quel est le contenu de la convention ?

SARL ⟷ Convention directe ou par personne interposée ⟷ Gérant ou associé

En présence d'une convention réglementée, la procédure de contrôle est mise en œuvre.

Constitue également une convention réglementée la convention, directe ou par personne interposée, passée entre une SARL et une société si le gérant ou l'associé de la SARL se trouve simultanément dans l'une des trois situations suivantes :

- il est associé indéfiniment responsable (SNC, société en commandite, SC) ;
- il est gérant (SARL, SNC, SC, SCA) ;
- il est directeur général, administrateur, membre du directoire ou du conseil de surveillance (SA).

4 Le gérant de SARL

A) La révocation du gérant

Révocation par les associés : décision à la majorité ordinaire

- Révocation à inscrire à l'ordre du jour
- Possibilité de dommages-intérêts pour le gérant en cas de :
  - révocation abusive
  - révocation dénuée de justes motifs

Décision de révocation prise par le juge pour cause légitime

B) Les clauses statutaires limitatives des pouvoirs du gérant

Clauses inopposables aux tiers — La société est donc engagée même si le dirigeant n'a pas respecté les clauses.

En cas de non-respect…

- … le gérant engage sa responsabilité.
- … le gérant s'expose à une révocation justifiée.

5 Les conditions légales d'émission d'un emprunt obligataire par une SARL

Pour plus de détails sur les seuils de nomination d'un commissaire aux comptes, se référer au sujet type d'examen 1.

En principe, émission d'obligations nominatives (sans offre publique de titres possible)

Conditions liées à la taille et à l'ancienneté de la société :
- SARL ayant désigné un CAC
- comptes des trois derniers exercices de 12 mois régulièrement approuvés par les associés

Décision ordinaire des associés

Élaboration de la notice et du document d'information obligatoires par le gérant

6 L'offre au public de titres

Communication adressée sous quelque forme et par quelque moyen que ce soit…

… à des personnes…

… et présentant une information suffisante sur les conditions de l'offre et les titres à offrir…

… de manière à mettre un investisseur en mesure de décider d'acheter ou de souscrire ces titres

Placement de titres financiers par des **intermédiaires financiers**

Il est interdit à une SARL de faire offre au public de ses titres, les parts sociales n'étant ni librement cessibles ni librement négociables

7 Les opérations sur titres entre associés de SARL

A) La cession de titres entre associés, conjoints ou la transmission à cause de mort

Principe

Cession entre associés ou conjoints ou transmission (conjoint, héritier, ascendant ou descendant) libre

Limites

- Agrément prévu par les statuts, sous conditions de délai et de majorité inférieures à la procédure d'agrément légal
- Droit au rachat dans tous les cas

B) La procédure d'agrément légal

Notification du projet de cession à un tiers étranger à la société :
– la société et à chaque associé
– acte d'huissier ou LRAR

Consultation des associés :
– convocation dans les 8 jours de la notification par le gérant (LRAR)
– sous 3 mois ; à défaut, agrément réputé acquis

Décision des associés :
– soit accord à la majorité des associés représentant au moins la moitié des parts sociales (sauf majorité statutaire supérieure)
– soit refus

Notification de la décision au cédant

Cession (écrit exigé)

C) Les effets de la cession ou de la transmission des parts sociales

Le cessionnaire est subrogé dans tous les droits du cédant attachés aux parts sociales, à compter du jour où la cession est opposable à la société

Une clause de garantie de passif permet au cessionnaire de faire supporter au cédant un passif apparaissant après la cession mais dont l'origine est antérieure à la cession

8 La composition du conseil d'administration d'une SA

A) L'équilibre femmes-hommes

Un principe général (toutes les SA)	Une obligation spécifique (SA cotées et grandes SA) : au moins 40 % d'administrateurs de chaque sexe
• Recherche d'une représentation équilibrée des hommes et des femmes • Absence de sanctions	• Sociétés dont les actions sont admises aux négociations sur un marché réglementé • Sociétés qui, pour le 3e exercice consécutif : – emploient un nombre moyen d'au moins 250 salariés permanents – présentent un montant net de CA ou un total de bilan d'au moins 50 M€ • Si CA ≤ 8 membres : écart entre le nombre d'administrateurs de chaque sexe ≤ 2 • Sanctions : nullité des nominations, suspension des rémunérations

B) La qualité d'actionnaire des administrateurs

Un administrateur n'est pas nécessairement actionnaire de la société mais les statuts peuvent imposer cette qualité. En cas de violation de la clause, l'administrateur est réputé démissionnaire d'office.

9 Le cumul des mandats et la rémunération du directeur général de SA

Principe

Application de la limite globale (5 mandats), dont 1 mandat de membre du directoire ou de DGU (SA dont le siège social est situé sur le territoire français)

Exceptions

• 2e mandat de DG, membre du directoire ou DGU dans une autre SA contrôlée par la société dans laquelle il exerce son premier mandat
• Autre mandat de DG, membre du directoire ou DGU dans une autre SA si aucune des SA n'est cotée

⚠ En cas de nomination à un mandat excédentaire, la personne dispose de trois mois pour se défaire de l'un de ses mandats. À défaut, elle est réputée démissionnaire d'office du dernier mandat accepté.

La rémunération du directeur général de la SA est fixée par le conseil d'administration (CA).

⑩ Le cumul d'un mandat d'administrateur et d'un contrat de travail dans la SA

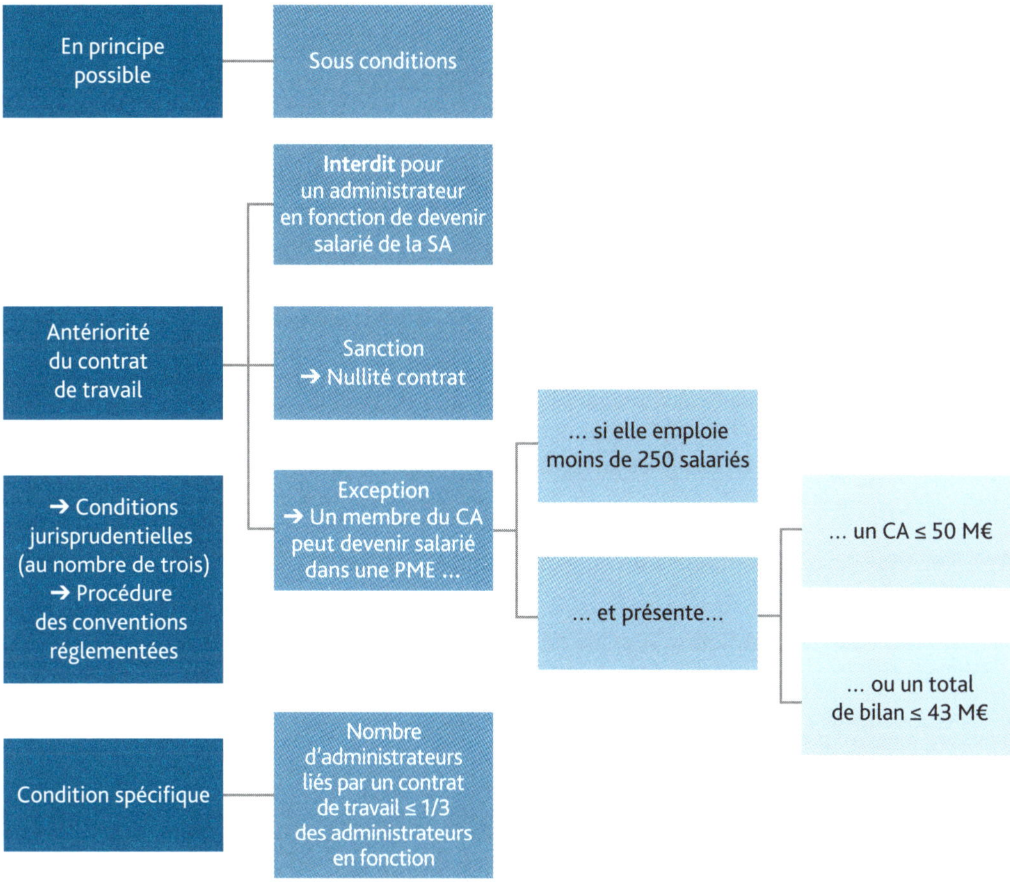

Dossier 1 Fonctionnement de la SARL

1.1 Vérifier si Théo David pourrait conclure un contrat de travail avec la SARL Montbleu.

Compétences attendues

- **Schématiser** et **analyser** les règles de fonctionnement de chaque forme sociétaire étudiée (SARL)
- **Distinguer** la rémunération liée au mandat du salaire lié au contrat de travail
- **Qualifier** les faits, **articuler** un raisonnement juridique et **proposer** une solution adaptée, dans le cadre d'une situation juridique donnée

DÉCRYPTAGE

Cette question vise à vérifier la capacité du candidat à repérer les situations où un gérant de SARL peut cumuler son mandat avec un contrat de travail dans la société. La difficulté réside dans le repérage de la situation majoritaire de la gérance.

NOTRE CONSEIL

Faut-il ou non utiliser la méthodologie du cas pratique ? Normalement, le sujet devrait vous guider. Si rien n'est mentionné, vous devez recourir à la méthodologie du cas pratique sous la forme problème juridique/exposé des règles juridiques/application. S'il est précisé que la méthodologie du cas pratique n'est pas exigée, vous pouvez ne pas y recourir et répondre directement à la question. Veillez alors à structurer votre réponse.

Le gérant d'une SARL peut-il cumuler son mandat social avec un contrat de travail ?

Règles juridiques. À peine de nullité :

- Le contrat de travail doit correspondre à un emploi effectif.
- Les fonctions techniques exercées en qualité de salarié doivent être distinctes des fonctions de dirigeant (dualité des fonctions) Les rémunérations doivent être distinctes.
- En tant que salarié, le gérant doit être dans un état de subordination à l'égard de la société. La gérance doit être minoritaire en parts sociales (un gérant appartenant à un collège majoritaire ne peut pas être salarié de la société – prise en compte des parts de tous les gérants, leurs conjoints et leurs enfants mineurs).

Sur la forme, la conclusion du contrat de travail doit suivre la procédure des conventions réglementées

Application. Théo David est gérant associé de la SARL. Le poste de commercial à l'international semble correspondre à un emploi effectif dans la mesure où la société y réalise des ventes et que ce marché est en expansion. Les fonctions de commercial à l'international sont distinctes de celles de dirigeant.

Il faut vérifier que Théo David est bien dans un état de subordination à l'égard de la société : il détient 600 parts sur les 35 000, et Charlie, également gérant, en détient 17 000. La gérance est donc majoritaire.

En conséquence, Théo David ne peut cumuler contrat de travail et mandat de gérant. Le contrat encourt la nullité.

1.2 **Indiquer si Charlie David pourrait décider seul de l'augmentation de capital, en précisant les modalités de cette opération et en vérifiant si elle est réalisable.**

Compétences attendues

- **Schématiser** et **analyser** les règles de fonctionnement de chaque forme sociétaire étudiée
- **Analyser** les opérations d'augmentation et de réduction de capital
- **Qualifier** les faits, **articuler** un raisonnement juridique et **proposer** une solution adaptée, dans le cadre d'une situation juridique donnée

DÉCRYPTAGE

Cette question vise à vérifier la capacité du candidat à distinguer les décisions qui relèvent du pouvoir du dirigeant de celles qui relèvent du pouvoir des associés, mais également d'être complet sur les modalités de l'augmentation de capital dans la SARL.

NOTRE CONSEIL

La difficulté réside dans le repérage de l'augmentation de capital par apport en nature. La question est par ailleurs double : vous devez donc la décliner en autant de problèmes juridiques.

1. Quel est l'organe compétent pour décider d'une augmentation de capital en SARL ?

Règles juridiques. Le gérant a les pouvoirs les plus étendus pour agir en toute circonstance au nom de la société. Ses pouvoirs sont limités par ceux reconnus aux autres organes. L'augmentation de capital est une modification des statuts. Elle est de la seule compétence d'une décision collective extraordinaire des associés.

Application. Seule une décision extraordinaire des associés peut modifier le capital. Charlie David, gérant de la SARL, n'est donc pas compétent pour décider de l'augmentation de capital. De plus, avec 17 000 parts, il ne détient par ailleurs pas la majorité extraordinaire.

2. Quelles sont les conditions de validité d'une augmentation de capital en nature dans une SARL ?

Règles juridiques. L'augmentation de capital est une modification des statuts qui relève d'une décision extraordinaire.

Pour les SARL créées après le 3 août 2005, les règles de quorum et de majorité sont les suivantes :

- première convocation : un quart des parts sociales ;
- seconde convocation : un cinquième des parts ;
- majorité : deux tiers des parts des associés présents ou représentés.

Des dispositions statutaires plus contraignantes sont possibles sans pouvoir exiger l'unanimité.

Aucune condition ne s'impose en matière de libération du capital.

Les personnes non associées souscrivant à l'augmentation du capital doivent être agréées. Si la souscription est faite par un ascendant, descendant, conjoint d'un associé, la souscription est libre, elle ne nécessite pas d'agrément, sauf dispositions statutaires contraires. La décision d'agrément est prise à la majorité des associés représentant au moins la moitié des parts sociales (double majorité) sauf dispositions statutaires contraires.

L'apport en nature doit être évalué. L'évaluation est faite par un CAA désigné à l'unanimité des associés ou par décision de justice à la demande d'un associé ou d'un gérant, quelle que soit la valeur des biens apportés. En l'absence de désignation d'un CAA ou si son évaluation n'est pas retenue par les associés, la responsabilité des gérants et des personnes ayant souscrit à l'augmentation du capital peut être engagée pendant une durée de 5 ans.

L'augmentation de capital doit être publiée.

Application. Charlie ou Théo David devra soumettre le projet d'agrément de la SARL. L'apport devra être évalué par un CAA. La décision d'augmentation du capital devra être prise conformément aux règles des décisions collectives extraordinaires en SARL. En conséquence, l'agrément nécessitera le vote d'au moins trois associés représentant au moins 17 500 parts sociales. Par ailleurs, l'augmentation de capital sera décidée par des associés représentant au moins 23 334 parts sociales (2 × 35 000/3, résultat arrondi à l'entier supérieur) si tous les associés sont présents. Pauline ne pourra s'opposer ni à l'entrée de la SARL Baliord, ni à l'augmentation de capital, puisqu'elle ne dispose pas de la minorité de blocage (plus du tiers du capital).

1.3 Vérifier si les contrats relatifs aux achats de pièces de stylos doivent suivre une procédure particulière.

Compétences attendues

- **Schématiser** et **analyser** les règles de fonctionnement de chaque forme sociétaire étudiée
- **Analyser** les opérations de contrôle au sein d'une société : commissaire aux comptes, conventions réglementées, contrôle interne, procédure d'alerte, etc.
- **Qualifier** les faits, **articuler** un raisonnement juridique et **proposer** une solution adaptée, dans le cadre d'une situation juridique donnée

NOTRE CONSEIL

La difficulté réside dans le fait que la question est rédigée de façon large. Dans la mesure où elle concerne une convention conclue entre deux sociétés, vous devez vérifier la situation dans chacune des deux sociétés.

DÉCRYPTAGE

Cette question vise à vérifier la capacité du candidat à repérer les situations dans lesquelles une convention peut faire l'objet d'une procédure de contrôle car elle relève du champ d'application des conventions réglementées. La procédure n'est pas exigée, simplement la détermination du champ d'application des conventions réglementées, et de leur exception, les conventions libres.

Quel est le régime des conventions ?

Règles juridiques. Toute convention intervenue directement ou par personne interposée entre la SARL et l'un de ses gérants ou associés est une convention réglementée.

Une telle convention est soumise à l'approbation *a posteriori* des associés quand le gérant est associé ou lorsqu'un CAC intervient. L'intéressé ne prend pas part au vote.

Toutefois, la convention est libre si elle porte sur des opérations courantes et conclues à des conditions normales. Elle n'est soumise, dans ce cas, à aucune procédure particulière.

Application. L'acte d'achat des stylos est conclu dans la SARL Montbleu entre la société et un de ses associés. Il entre donc dans le champ des conventions réglementées. Les achats sont des pièces pour stylos. En conséquence, il s'agit d'opérations courantes (l'objet de la SARL est la vente de stylos). La ristourne ne relève pas des conditions normales. Il ne s'agit donc pas d'une convention libre. En conséquence, la procédure devra être suivie dans la SARL Montbleu. Dans la SARL Baliord, cette convention ne rentre pas dans le champ d'application des conventions réglementées, à moins que le gérant ou qu'un associé de la SARL Baliord ne bénéficie de la convention en considérant la SARL Montbleu comme une personne interposée, ce qui ne semble pas être le cas.

1.4 Déterminer si Pauline et Élise Loridant pourraient révoquer Théo David, et indiquer à quelles conditions.

Compétences attendues

- **Schématiser** et **analyser** les règles de fonctionnement de chaque forme sociétaire étudiée
- **Différencier** les conditions et les conséquences de l'engagement de la responsabilité de la société, des dirigeants et des associés
- **Qualifier** les faits, **articuler** un raisonnement juridique et **proposer** une solution adaptée, dans le cadre d'une situation juridique donnée

DÉCRYPTAGE

Cette question vise à vérifier la capacité du candidat à identifier les conditions de la révocation du gérant de SARL. Le candidat doit maîtriser les modalités des décisions ordinaires des associés, afin de proposer une solution adaptée.

Quelles sont les conditions pour que les associés puissent révoquer le dirigeant de la société ?

Règles juridiques. Le gérant peut être révoqué par décision collective ordinaire des associés.

La décision est adoptée par un ou plusieurs associés représentant plus de la moitié des parts sociales sur première consultation. Elle peut être prise à la majorité des votes émis sur seconde consultation.

Si la révocation est décidée sans juste motif, elle peut donner lieu à des dommages et intérêts.

La révocation ne doit pas avoir lieu dans des conditions injurieuses ou vexatoires.

En outre, le gérant est révocable par le tribunal de commerce pour cause légitime, à la demande de tout associé.

La révocation du gérant doit être publiée au RCS pour être opposable aux tiers.

Application. Élise et Pauline Loridant ne représentent pas la majorité des parts sociales. Elles ne peuvent donc pas décider de la révocation de Théo David. En revanche, elles peuvent s'adresser au juge dans la mesure où les critères de définition d'une cause légitime (violation de la loi concernant la procédure des conventions réglementées) semblent réunis.

1.5 Rédiger une proposition de clause statutaire permettant aux associés, à l'avenir, de contrôler l'action des gérants, au regard des deux actes effectués et qui inquiètent les associés.

Compétences attendues

- **Schématiser** et **analyser** les règles de fonctionnement de chaque forme sociétaire étudiée
- **Rédiger** quelques clauses spécifiques des statuts (clause limitative de pouvoir, clause d'inaliénabilité, clause d'agrément)
- **Différencier** les conditions et les conséquences de l'engagement de la responsabilité de la société, des dirigeants et des associés
- **Qualifier** les faits, **articuler** un raisonnement juridique et **proposer** une solution adaptée, dans le cadre d'une situation juridique donnée

DÉCRYPTAGE

- Cette question vise à vérifier la capacité du candidat à repérer la possibilité de limiter les pouvoirs du gérant de SARL en insérant dans les statuts une clause limitative de pouvoirs. La difficulté réside dans l'identification des deux actes problématiques du dirigeant (conclusion d'un achat important et embauche d'un salarié), qui doivent apparaître dans la rédaction de la clause : limitation quantitative (subordonner à l'autorisation des associés les actes d'un certain montant), mais aussi qualitative (subordonner certains actes à l'autorisation préalable des associés).
- La capacité du candidat à rédiger un écrit professionnel sera également appréciée.

Quelles sont les conditions de validité d'une clause limitative de pouvoirs du gérant de SARL ?

Règles juridiques. En principe, le gérant de SARL dispose des pouvoirs les plus étendus pour engager la société en toute circonstance. Toutefois, les statuts peuvent contenir des clauses qui limiteraient les pouvoirs du gérant, par exemple en subordonnant la conclusion d'un acte (un montant ou un type d'acte) à l'autorisation préalable des associés. Toutefois, ces clauses sont inopposables aux tiers. Le gérant qui les outrepasserait engagerait la société, mais aussi, le cas échéant, sa responsabilité personnelle.

Application. Il est possible de conseiller aux associés l'insertion de la clause suivante, qui leur permettra de contrôler les actes du dirigeant, même si cette clause sera inopposable aux tiers : « Le gérant sollicitera l'autorisation préalable des associés pour tout acte engageant la société au-delà d'une somme de 10 000 € ; ainsi qu'en cas de conclusion d'un contrat de travail. »

1.6 Vérifier si les conditions légales du lancement d'un emprunt obligataire sont réunies.

Compétences attendues

- **Schématiser** et **analyser** les règles de fonctionnement de chaque forme sociétaire étudiée
- **Apprécier** les contrôles internes et externes de l'action du dirigeant et leurs conséquences
- **Différencier** les principales valeurs mobilières (actions, actions de préférence, obligations) et expliquer leur régime juridique
- **Qualifier** les faits, **articuler** un raisonnement juridique et **proposer** une solution adaptée, dans le cadre d'une situation juridique donnée

DÉCRYPTAGE

Cette question vise à vérifier la capacité du candidat à identifier les conditions légales du lancement d'un emprunt obligataire en SARL. Les savoirs doivent être à jour de la loi Pacte.

Quelles sont les conditions de l'émission d'un emprunt obligataire en SARL ?

Règles juridiques. La loi définit les conditions dans lesquelles une SARL peut émettre un emprunt obligataire :

- la SARL doit avoir désigné un commissaire aux comptes (dépasser deux des trois seuils suivants, à la clôture de l'exercice : bilan : 4 M€ ; CA HT : 8 M€, salariés : 50) ;
- les comptes des trois derniers exercices de 12 mois doivent avoir été régulièrement approuvés ;
- l'émission doit être décidée par les associés, porter sur des obligations nominatives et être réalisée sans offre au public.

Application. En l'espèce, la SARL n'a pas encore nommé de CAC. Toutefois, elle dépasse désormais deux des trois seuils (CA de 15 millions d'euros, 52 salariés). Si cette situation est antérieure à la clôture de l'exercice précédent, et si le gérant propose aux associés la nomination d'un CAC à la prochaine assemblée générale, les conditions légales de l'émission d'un emprunt obligataire seront réunies, la SARL ayant plus de 3 ans d'existence (création en 2006). Le financement du projet par émission d'un emprunt obligataire est donc envisageable, sous réserve de la nomination d'un CAC par l'assemblée générale.

1.7 **Indiquer si le projet de campagne de financement participatif est réalisable.**

Compétences attendues

- **Schématiser** et **analyser** les règles de fonctionnement de chaque forme sociétaire étudiée
- **Distinguer** les actions et les parts sociales et **justifier** les conséquences juridiques de cette distinction
- **Qualifier** les faits, **articuler** un raisonnement juridique et **proposer** une solution adaptée, dans le cadre d'une situation juridique donnée

Ne constituent pas une offre au public les offres qui ne dépassent pas un montant déterminé par l'Autorité des marchés financiers (AMF) et celles qui sont adressées à des investisseurs qualifiés (personne ou une entité disposant des compétences et des moyens nécessaires pour appréhender les risques) ou à un cercle restreint d'investisseurs (100), sous réserve que ces investisseurs agissent pour leur compte propre.

DÉCRYPTAGE

Cette question vise à vérifier la capacité du candidat à maîtriser le régime des parts sociales et à identifier les conditions d'une offre au public de titres.

L'offre au public de titres en SARL est-elle envisageable ?

Règles juridiques. Il est interdit à la SARL de faire offre au public de titres.

L'offre au public de titres financiers est constituée par l'une des opérations suivantes :

- Une communication adressée sous quelque forme et quelque moyen que ce soit à des personnes et présentant une information suffisante sur les conditions de l'offre et sur les titres à offrir, de manière à mettre un investisseur en mesure de décider d'acheter ou de souscrire ces titres financiers.
- Un placement de titres financiers par des intermédiaires financiers.

Application. Le projet n'est pas réalisable, le document 2 présentant une communication adressée à des personnes. Toutefois, il le serait si la campagne KKBB ne présente pas des informations suffisamment précises sur les conditions de l'offre.

Dossier 2 Cession de parts sociales

2.1 **Préciser les conditions à respecter pour assurer la validité de la cession des parts de Pauline Loridant.**

Compétences attendues

- **Schématiser** et **analyser** les règles de fonctionnement de chaque forme sociétaire étudiée
- **Distinguer** les actions et les parts sociales et justifier les conséquences juridiques de cette distinction
- **Qualifier** les faits, articuler un raisonnement juridique et **proposer** une solution adaptée, dans le cadre d'une situation juridique donnée

NOTRE CONSEIL

La difficulté de l'application tient au fait qu'il ne faut pas oublier qu'un nouvel associé est entré dans la société. N'hésitez pas à noter sur votre brouillon les évolutions du sujet liées à l'enchaînement des questions.

DÉCRYPTAGE

Cette question vise à vérifier la capacité du candidat à maîtriser le régime de la cession des parts sociales, et à identifier la validité d'une clause statutaire ainsi que son articulation avec les règles légales.

Quelles sont les conditions de la cession de parts en SARL ?

Règles juridiques. Si la cession est réalisée entre associés ou par un ascendant, descendant, conjoint d'un associé, elle est libre, elle ne nécessite pas d'agrément, sauf dispositions statutaires contraires. La décision d'agrément est prise à la majorité des associés représentant au moins la moitié des parts sociales (double majorité) sauf dispositions statutaires contraires. Le projet de cession devra être notifié à la société et aux associés. La décision de la société devra être prise dans le délai de 3 mois. À défaut, l'agrément sera réputé acquis. La cession devra faire l'objet d'un écrit.

Application. En l'espèce, les statuts (article 14, document 1) prévoient l'agrément entre associés. Il faudra donc obtenir l'accord de trois associés représentant au moins 18 000 parts (Baliord étant devenu associé).

2.2 Préparer le projet de cession, en remplissant le document 3 à remettre avec la copie et en en justifiant l'article 4 (la méthodologie du cas pratique n'est pas exigée).

Compétences attendues

- **Schématiser** et **analyser** les règles de fonctionnement de chaque forme sociétaire étudiée
- **Distinguer** les actions et les parts sociales et **justifier** les conséquences juridiques de cette distinction
- **Différencier** les conditions et les conséquences de l'engagement de la responsabilité de la société, des dirigeants et des associés
- **Qualifier** et **analyser** un contrat ou un document professionnel

DÉCRYPTAGE

Cette question vise à vérifier la capacité du candidat à analyser un contrat de cession de parts sociales, et à maîtriser les effets d'une cession de parts sur l'engagement de la responsabilité des associés.

L'article 4 du document 3 est une clause de garantie du passif, par laquelle le cédant certifie l'exactitude des renseignements fournis sur les documents comptables et les principaux engagements contractés à l'égard des tiers et l'exactitude du bilan ayant servi de base à la détermination du prix de cession. Le cédant s'engage à prendre en charge toutes les antérieures à la cession et qui se révéleraient postérieurement à la cession. Selon les stipulations de la clause, le bénéficiaire de la garantie est l'acquéreur des parts ou la société.

Cession de parts sociales – Projet

MONTBLEU, SARL au capital de 350 000 €
RCS Lille n° 7698443
Siège social : 5 rue des bateliers, 59100 Roubaix
Ci-après dénommée « la société »

Entre les soussignés :

Pauline Loridant, **ci-après « le cédant »**
Et :
Élise Loridant, **ci-après « le cessionnaire »**
Il a été convenu et arrêté ce qui suit :

Article 1. Autorisation

La présente cession a été autorisée par l'assemblée générale de la SARL Montbleu, dans les conditions prévues par les statuts.

Article 2. Cession

Par la présente, le cédant cède la totalité de ses parts dans la société, soit 8 700 parts, au cessionnaire, qui les accepte.

Le cédant certifie que les parts sont entièrement libérées à la date de la cession.

Par cette cession, le cédant subroge le cessionnaire dans tous ses droits et actions envers la société.

La propriété des parts est conférée au cessionnaire à la date de la cession.

Le cédant atteste avoir pris connaissance des statuts de la société.

Article 3. Prix

[...]

Article 4. Clause de garantie de passif

Le cédant garantit l'exactitude des postes d'actif et de passif de la société tels qu'ils ressortent de ses comptes au jour du 31 décembre 2021.

En conséquence, le cédant s'engage irrévocablement à supporter et à régler sur ses deniers personnels l'incidence de toute diminution d'actif ou augmentation de passif, si cet appauvrissement trouve sa cause ou son origine dans des faits antérieurs au 31 décembre 2021.

La garantie consentie est stipulée au profit de la société (ou de la cessionnaire).

Le cessionnaire s'engage, à peine de déchéance de ses garanties, à informer le cédant de tout événement de nature ou susceptible d'avoir une incidence sur les obligations qu'il souscrit dans le cadre de la présente garantie.

Toute somme due par les cédants en application des présentes garanties sera payable immédiatement.

La présente garantie est consentie pour une durée de 10 ans commençant à courir à la date des présentes.

[...]

Dossier 3 Composition du conseil d'administration

3 Identifier les quatre erreurs commises dans ce projet de courrier, en prenant soin de justifier, pour chacune, la position adoptée. Indiquer pourquoi le paragraphe en gras est exact (la méthodologie du cas pratique n'est pas exigée).

Compétences attendues

- **Schématiser** et **analyser** les règles de fonctionnement de chaque forme sociétaire étudiée
- **Qualifier** et **analyser** un contrat ou un document professionnel

DÉCRYPTAGE

Cette question vise à vérifier la capacité du candidat à analyser un courrier professionnel, à identifier des erreurs et à justifier des prises de position. Les savoirs relatifs à la composition et au fonctionnement du conseil d'administration et de la direction générale de la SA doivent être maîtrisés.

NOTRE CONSEIL

La méthodologie du cas pratique étant expressément écartée par la consigne, il est possible de répondre directement à la question.

- **Erreur n° 1**

« Je me permets par ailleurs d'attirer votre attention sur le fait que de nouvelles dispositions font obligation aux sociétés telles que la vôtre de respecter des obligations de mixité et d'assurer la présence dans le conseil d'un pourcentage minimum d'hommes et de femmes. »

Cette affirmation est inexacte dans le cas de la société Compagnons de l'acier. En effet, l'article la loi prévoit que « le conseil d'administration est composé en recherchant une représentation équilibrée des femmes et des hommes ». Le texte ne fixe aucun pourcentage. Le pourcentage de 40 % s'applique aux sociétés dont les actions sont admises aux négociations sur un marché réglementé ou qui, pour le troisième exercice consécutif, emploient un nombre moyen d'au moins 250 salariés permanents et présentent un montant net de chiffre d'affaires ou un total de bilan d'au moins 50 M€, ce qui n'est pas le cas de la société Compagnons de l'acier.

- **Erreur n° 2 et justification du texte en gras**

« Je suis en mesure de vous confirmer que M. David peut parfaitement accepter le poste de directeur général de la société Compagnons de l'acier (bien qu'il soit déjà directeur général de la SA Dunord et membre du directoire de la SA Dusud, dont les sièges sont situés en France et qui n'ont aucun lien entre elles ni avec la société Compagnons de l'acier). Je vous confirme que sa rémunération sera déterminée par l'assemblée générale qui procédera à sa nomination. »

La première partie de cette affirmation est exacte. M. David exercera trois mandats de direction dans des SA sans lien entre elles (le mandat de gérant de SARL n'est pas pris en compte dans la réglementation sur le cumul des mandats). M. David dépasse donc *a priori* le nombre de mandats autorisés : une même personne physique ne peut détenir plus d'un mandat de directeur général, membre du directoire ou DGU (directeur général unique). Ce principe admet néanmoins deux exceptions :

- deuxième mandat de DG, membre du directoire ou DGU dans une autre SA contrôlée par la société dans laquelle il exerce son premier mandat ;
- autre mandat de DG, membre du directoire ou DGU dans une autre SA si aucune n'est cotée.

Les SA n'ayant aucun lien entre elles Monsieur David ne peut bénéficier de la première dérogation. Toutefois, la sanction est qu'il dispose de trois mois pour régulariser, puis il sera réputé démissionnaire d'office du dernier mandat accepté. Il peut donc accepter ce mandat dans l'immédiat, et il disposera de 3 mois pour régulariser (se défaire de l'un de ses mandats).

La dernière partie de cette affirmation est inexacte. La nomination et la fixation de la rémunération du directeur général de la SA relèvent des pouvoirs du CA et non de ceux de l'AG.

- **Erreur n° 3**

« Réciproquement, sur cette même question, vous évoquez la situation de M. Martin, administrateur en place qui accepterait de reprendre la direction du Bureau des Méthodes pour trois ans et deviendrait donc titulaire d'un contrat de travail. Rien ne s'y oppose en effet dès l'instant où la proportion du tiers reste respectée. »

Deux cas doivent être envisagés :

- Si la société peut être qualifiée de PME (critères du droit européen : effectif < 250 salariés et total du bilan < 43 M€ ou chiffre d'affaires < 50 M€), la nomination d'administrateurs parmi les salariés est possible.
- À l'inverse, pour les autres sociétés, il n'est pas possible à un administrateur en fonction de devenir titulaire d'un contrat de travail.

En conclusion, la mention « Rien ne s'y oppose en effet » n'est pas correcte, dans la mesure où la société n'est effectivement pas une PME, puisqu'elle a un effectif de 312 salariés.

- **Erreur n° 4**

« En revanche, vous ne pouvez pas imposer aux administrateurs de détenir un nombre minimum d'actions. Cela serait par ailleurs gênant pour les administrateurs les plus anciens dont la présence au conseil est indiscutable. »

Cette affirmation est inexacte. Les statuts peuvent imposer que chaque administrateur soit propriétaire d'un nombre d'actions qu'ils déterminent.

Sujet type d'examen 3

Sujet

Chez mes sœurs

Matériel autorisé : aucun

Document autorisé : aucun

3 h Durée de l'épreuve

1 Coefficient

Le sujet se présente sous la forme de **4 DOSSIERS** :

Dossiers

1. La création de société .... 7 points
2. Le fonctionnement de la société .... 5 points
3. L'extension de la société et l'anticipation de difficultés financières .... 4 points
4. Renforcer l'équilibre des pouvoirs au sein de la SAS .... 4 points

Le sujet comporte 4 documents :

Documents

Dossier 1

1. Extrait du RCS : Chez mes sœurs
2. Extraits des statuts de la SAS « Chez mes sœurs » au 3 septembre 2017
3. Extrait de PV d'AG
4. Arrêt de cour de cassation, chambre commerciale, 9 juillet 2013

La méthodologie du cas pratique est exigée, sauf mention contraire. Si le texte du sujet, de ses questions ou de la base documentaire vous conduit à formuler une ou plusieurs hypothèses, il vous est demandé de la (ou les) mentionner explicitement dans votre copie. Il vous est demandé d'apporter un soin particulier à la présentation de votre copie.

Chez mes sœurs

« Chez mes sœurs », SAS située à Dijon en Côte d'Or, est une enseigne originale où la fraternité, la cuisine, le partage et la littérature solidaire font bon ménage depuis novembre 2017.

Anne-Claire, Anne-Sophie et Annabelle sont sœurs dans la vie. Elles ont créé une boutique, en famille. On y trouve une restauration nomade et saine, plutôt cuisine du monde, une librairie solidaire ainsi que des cours de français et d'anglais. Après des études universitaires différentes et des expériences professionnelles diverses, elles ont décidé de mutualiser leurs savoir-faire et de travailler ensemble. À l'origine, Anne-Sophie, Anne-Claire et Annabelle n'ont pas de formation culinaire. Elles ont appris à cuisiner en observant leur mère. Dans leur enfance, elles ont suivi leurs parents qui ont vécu dans différents pays. À chaque fois, les filles ont regardé faire leur mère et ont goûté les plats. Et les amis qui venaient des quatre coins du monde leur ont transmis les recettes des plats de leurs pays.

Au départ, seules Anne-Sophie et Annabelle ont créé la société. Anne-Claire est venue les rejoindre plus tard. Si Anne Sophie a trouvé le bonheur en se mariant dès 2015, les deux autres sœurs sont pour l'instant célibataires.

Vous vous préparez en ce moment pour le DCG. Vous êtes en stage au sein du cabinet d'expertise comptable qui suit le dossier de la SAS « Chez mes sœurs ».

Dossier 1 La création de société

Les formalités de création de la SAS « Chez mes sœurs » semblent avoir été un peu confuses. Votre tuteur de stage vous a demandé de vérifier si tout était conforme. En vous appuyant sur les annexes proposées, vous répondrez aux questions suivantes en ciblant bien vos réponses.

Mission

En tant que stagiaire au sein du cabinet d'expertise comptable qui suit « Chez mes sœurs », on vous propose d'étudier le dossier pour préparer le rendez-vous de l'expert-comptable avec les trois sœurs.

1.1. Identifier les formalités liées aux apports que les associés fondateurs ont dû accomplir.

1.2. L'apport d'Anne-Sophie a été fait avec le compte commun du couple. Analyser si son mari pourra revendiquer la qualité d'associé.

1.3. Anne-Sophie a signé un bail pour le local du magasin avenue de la Concorde au nom de la société le 5 septembre 2017. Analyser comment la société a pu reprendre l'acte.

Dossier 2 Le fonctionnement de la société

Le 31 octobre 2018, Anne-Claire est prête à rejoindre la société auprès de ses deux sœurs. Celles-ci lui ont donc cédé des actions pour qu'elle devienne également associée.

Mission

Vous avez entre temps obtenu votre DCG et êtes actuellement en apprentissage au sein du même cabinet. L'expert-comptable se souvenant que vous avez déjà eu en main le dossier, vous propose de le reprendre pour le mettre à jour suite à la cession de parts.

2.1. Déterminer la répartition du capital suite à l'assemblée générale du 31 octobre 2018.

2.2. Schématiser le fonctionnement de la société à partir du 31 octobre 2018, en faisant apparaitre les fondements juridiques de chaque pôle. Méthodologie non exigée.

Dossier 3 L'extension de la société et l'anticipation de difficultés financières

En septembre 2021, les sœurs ont décidé d'ouvrir un deuxième restaurant, rue Musette à Dijon. « L'espace épicerie sera plus conséquent avec des biscuits, guimauves, Petits-beurre et, le samedi, un bar à falafels et des mousses seront proposés », explique Anne-Sophie. Vous pourrez vous restaurer sur place sur la terrasse ou à l'intérieur (vingt places), ou emporter votre repas. Entre 150 000 et 200 000 € ont été investis dans ce nouveau projet qui nécessitera le recrutement de quatre personnes.

Annabelle a signé le bail pour le magasin au nom de la SAS.

Mission

Vous avez obtenu votre DSCG et vous êtes actuellement expert-comptable stagiaire, toujours au sein du même cabinet. Vous suivez le dossier et vous êtes chargé(e) de renseigner Annabelle sur les conséquences de son acte.

3.1. Analyser si la société est bien engagée par la signature de ce bail.

3.2. Analyser si Annabelle peut voir sa responsabilité engagée vis-à-vis de la société.

Les sœurs s'inquiètent de cet investissement relativement lourd. Certes, la situation financière de la SAS est pour l'instant plutôt bonne. Toutefois, plusieurs éléments pourraient la faire basculer. Tout d'abord, une visite d'inspecteurs de la direction départementale de la protection des populations, en charge de garantir le respect de la réglementation en matière de sécurité sanitaire de l'alimentation, a donné lieu à un rapport obligeant à une mise aux normes du système de ventilation des locaux avenue de la Concorde. Il va falloir investir 50 000 euros. De plus, une erreur est apparue dans les déclarations de TVA effectuées par Anne-Sophie et un redressement fiscal de 10 000 euros est à prévoir. Enfin, malgré les aides de l'État pendant la crise du COVID-19 et le maintien de l'activité grâce au click and collect, le chiffre d'affaires a toutefois diminué. Du fait de l'emprunt qu'a nécessité l'ouverture du restaurant rue Musette, la société est endettée. Sa capacité de remboursement à moyen et long terme n'est pas mise en question mais les quelques mois qui arrivent risquent d'être un peu difficiles.

3.3. Analyser si Anne-Sophie peut engager sa responsabilité fiscale et payer personnellement les 10 000 euros dus à l'administration fiscale.

3.4. Identifier une procédure adaptée à la situation de la SAS pour traverser sans encombre les prochains mois. Présenter les acteurs et les conséquences possibles de cette procédure tant sur la gestion de la société que sur l'issue de la procédure.

Dossier 4 Renforcer l'équilibre des pouvoirs au sein de la SAS

Les trois sœurs ont bien conscience que leur réussite vient aussi de l'harmonie de leur partenariat. Elles désirent donc sécuriser cet équilibre en anticipant d'éventuelles cessions des actions qu'elles détiennent. Elles voudraient donc intégrer aux statuts de la SAS une clause d'inaliénabilité d'une durée de cinq ans pour sécuriser la répartition du capital à moyen terme. Elles envisagent également de mettre en place une clause d'agrément pour, que par la suite, toute cession soit conditionnée à l'accord des trois autres associés.

Mission

Vous êtes chargé(e) de proposer une rédaction pertinente des clauses statutaires répondant aux désirs des trois sœurs.

4.1. Indiquer la procédure à suivre pour intégrer ces deux clauses aux statuts de la SAS.

4.2. Rédiger une proposition pour chacune des deux clauses envisagées.

Document 1

Extrait du RCS : Chez mes sœurs

Identification de la personne morale	
SIREN	831 823 672
Date d'immatriculation	2017-09-08
Dénomination	**CHEZ MES SŒURS**
Forme juridique	Société par actions simplifiée
Capital	1 000,00 Euros
Adresse	18 avenue de la Concorde 21000 Dijon
Activités principales	Restauration rapide sur place ou à emporter avec fabrication sans vente de boissons alcoolisées service traiteur service d'aide aux devoirs soutien scolaire et activités extra-scolaires dispense de cours de français langue étrangère réunion de lecteurs
Durée de la personne morale	99 ans à partir du 2017-09-08
Date de clôture de l'exercice social	30 juin
Gestion, Direction, Administration, Contrôle, Associés ou Membres	
Qualité	**Directeur général**
Nom, prénoms	KLEIN, Annabelle
Date et lieu de naissance	1994-09-03 21166 CHENOVE
Nationalité	Française
Adresse	12 rue des Magnolias 21000 Dijon
Qualité	**Directeur général**
Nom, prénoms	KLEIN, Anne-Claire
Date et lieu de naissance	1991-05-29 21166 CHENOVE
Nationalité	Française
Adresse	14 rue Victor Hugo 21000 Dijon
Qualité	**Président**
Nom, prénoms	KLEIN, Anne-Sophie
Date et lieu de naissance	1983-08-16 21166 CHENOVE
Nationalité	Française
Adresse	8 rue des fleurs 21000 Dijon
Renseignements sur l'établissement principal	
Adresse	18 avenue de la Concorde 21000 Dijon
Date début d'activité	2017-09-18
Type d'exploitation	Exploitation directe

Document 2

Extraits des statuts de la SAS « Chez mes sœurs » au 3 septembre 2017

Les soussignées,

Anne-Sophie Klein, demeurant 8 rue des fleurs 21000 Dijon, née le 16 août 1983, à 21300 Chenôve, de nationalité française, mariée sous le régime de communauté,

Annabelle Klein, demeurant 12 rue des Magnolias 21000 Dijon, née le 3 septembre 1994, à 21300 Chenôve, de nationalité française, célibataire, La société Société Bourgogne de Nettoyage (SBN), société à responsabilité limitée, au capital de 7 622,45 euros, ayant son siège social au 10 rue du Château 21380 Messigny-et-Vantoux, immatriculée au Registre du Commerce et des Sociétés de Dijon (2100) sous le numéro 323 244 756, représentée par Alain Rousset, agissant en qualité de gérant de la société SBN dûment habilité à l'effet des présentes, ont établi les statuts de la société par actions simplifiée qu'ils sont convenus d'instituer entre eux.

Capital social - Actions

Article 6 - Apports

À la constitution de la société, les soussignés ont fait apport de mille euros (1 000 euros), représentant des apports en numéraire.

- Anne-Sophie Klein, une somme en numéraire de quatre cent cinquante euros (450 euros),
- Annabelle Klein, une somme en numéraire de quatre cent cinquante euros (450 euros),
- la société SBN, une somme en numéraire de cent euros (100 euros).

Soit au total, une somme de 1 000 euros correspondant à 20 actions de 50 euros de valeur nominale chacune, souscrites en totalité et intégralement libérées, ainsi que l'atteste le certificat du dépositaire établi le 22 juillet 2017 par la banque Crédit Mutuel Dijon Théâtre Mirande.

Article 7 - Capital social

Le capital social est fixé à mille euros (1 000 euros), divisé en 20 actions de cinquante euros (50 euros) de valeur nominale chacune, de même catégorie.

Article 15 - Le président

La société est représentée à l'égard des tiers par un président, personne physique ou morale, associé de la société. Les associés peuvent désigner un président non-associé de la société. Le président est le représentant légal de la société. Il peut seul signer tous les actes inférieurs à 100 000 euros. Au-delà, il faut l'accord unanime des associés. Le DG peut engager la société vis-à-vis des tiers.

Document 3

Extrait de PV d'AG

PROCÈS-VERBAL DES DÉLIBÉRATIONS
DE L'ASSEMBLÉE GÉNÉRALE ORDINAIRE DU 31 OCTOBRE 2018

L'an deux mille dix-huit,

Le 31 octobre,

À 8 heures 30,

Les associés de la société CHEZ MES SŒURS se sont réunis en Assemblée Générale Ordinaire, 18 Avenue de la Concorde – 21000 DIJON, sur convocation faite par la Présidente à chaque associé.

Conformément aux dispositions statutaires, il a été établi une feuille de présence signée par les associés présents.

L'Assemblée est présidée par Madame Anne-Sophie KLEIN, en sa qualité de Présidente de la Société.

Première résolution

L'Assemblée Générale, après avoir entendu la lecture du rapport de la Présidente, décide d'agréer la cession par Madame Anne-Sophie KLEIN au profit de Madame Anne-Claire KLEIN de 3 actions sur les 9 lui appartenant dans la Société, moyennant le prix total de 150,00 euros, soit 50,00 euros par action.

L'Assemblée Générale, après avoir entendu la lecture du rapport de la Présidente, décide d'agréer également la cession par Madame Annabelle KLEIN au profit de Madame Anne-Claire KLEIN de 3 actions sur les 9 lui appartenant dans la Société, moyennant le prix total de 150,00 euros, soit 50,00 euros par action.

L'Assemblée Générale charge sa Présidente de veiller à l'accomplissement des formalités d'inscription des actions au compte du cessionnaire dans les registres de la Société à la date du transfert de propriété fixée par les parties et notifiée à la Société.

Cette résolution est adoptée à l'unanimité des voix des associés.

Document 4

Arrêt de cour de cassation, chambre commerciale, 9 juillet 2013

LA COUR DE CASSATION, CHAMBRE COMMERCIALE, a rendu l'arrêt suivant :

Sur le moyen unique, pris en ses troisième, quatrième et cinquième branches :

Attendu, selon l'arrêt attaqué (Douai, 29 mai 2012), que, faisant valoir que la société Swiss Post Solutions, venant aux droits de la société GBS Plus France (la société GBS), était débitrice à son égard de la somme de 59 800 euros, représentant le montant TTC de la rémunération que cette dernière s'était engagée à lui régler en cas d'aboutissement de la mission d'apporteur d'affaires qu'elle lui avait confiée, la société Newspring l'a fait assigner en paiement de cette somme ;

...

...

Attendu que la société Swiss Post Solutions fait grief à l'arrêt d'accueillir cette demande, alors, selon le moyen :

1°/ qu'il résulte des dispositions de l'article L. 227-6 du code de commerce que la société par actions simplifiée est représentée, à l'égard des tiers, par son seul président, si bien qu'en retenant que le défaut de pouvoir d'un directeur pour engager la société n'était pas opposable aux tiers dont il n'était pas démontré qu'ils en auraient eu connaissance, la cour d'appel a violé le texte précité ;

2°/ qu'il résulte des dispositions de l'article L. 227-6 du code de commerce que la société par actions simplifiée est représentée, à l'égard des tiers, par son seul président ; qu'il en découle qu'il appartient au tiers qui contracte avec un directeur de s'assurer que ce dernier détient une délégation de pouvoir du dirigeant, si bien qu'en retenant que la société était engagée par le prétendu engagement de payer émanant d'un directeur, faute pour elle de démontrer que le tiers avait connaissance du défaut de pouvoir de ce directeur, la cour d'appel a renversé la charge de la preuve, violant ainsi l'article 1315 du code civil ;

3°/ que la cour d'appel constate que, par la lettre du 17 juillet 2008 signée par M. X..., celui-ci a indiqué qu'il résiliait tous les contrats d'apporteurs d'affaires, dont celui de la société Newspring aux droits de la S. A. R. L. Spring Partners, et a précisé attendre les instructions du repreneur, d'où il résulte que la société Newspring ne pouvait ignorer que M. X... n'était pas habilité à conclure un contrat, si bien qu'en statuant comme elle l'a fait, la cour d'appel n'a pas tiré de ses constatations de fait les conséquences légales s'en évinçant nécessairement au regard de l'article L. 227-6 du code de commerce ;

Mais attendu qu'il résulte des dispositions de l'article L. 227-6 du code de commerce, lesquelles doivent être mises en oeuvre à la lumière de celles de l'article 10 de la directive 2009/ 101 du Parlement européen et du Conseil du 16 septembre 2009, que les tiers peuvent se prévaloir à l'égard d'une société par actions simplifiée des engagements pris pour le compte de cette dernière par une personne portant le titre de directeur général ou de directeur général délégué de la société ; qu'ayant constaté, d'un côté, qu'il était établi qu'en janvier 2009, M. X..., alors directeur général de la société GBS, avait conclu un accord verbal ayant pour objet de « forfaitiser « à hauteur de 50 000 euros hors taxes la rémunération de l'intervention de la société Newspring en tant qu'apporteur d'affaires et, de l'autre, que cette dernière avait rempli sa mission avec succès, la cour d'appel, qui n'a pas inversé la charge de la preuve, ni méconnu les conséquences légales de ses constatations, a, par ces seuls motifs, légalement justifié sa décision ; que le moyen n'est pas fondé ;

Et attendu que les première, deuxième et sixième branches ne seraient pas de nature à permettre l'admission du pourvoi ;

PAR CES MOTIFS :

REJETTE le pourvoi ;

1 Les apports au sein d'une société

	Bien propre	Bien commun
Régime légal de la communauté réduite aux acquêts	Tous les biens acquis avant le mariage + ceux acquis par donation, legs et succession après le mariage + ceux indiqués expressément	Tous les biens acquis après le mariage sauf ceux acquis par donation, succession ou legs.
Régime de la séparation des biens	Tous les biens sauf ceux indiqués comme étant des biens propres	Seuls les biens indiqués comment étant communs

BIEN PROPRE

Apport libre SAUF le logement familial et ses meubles

→ L'époux apporteur est seul associé ou actionnaire

BIEN COMMUN

SARL SNC SC : Apport libre avec information nécessaire du conjoint. Nullité possible dans les 2 ans sinon.
SAUF 4 cas où l'autorisation est nécessaire (immeubles, FDC, droits sociaux non négociables, meubles corporels dont l'aliénation est soumise à publicité).
Sociétés par actions : apport libre

→ **SARL SNC SC :**

L'époux peut
- Revendiquer la qualité d'associé pour la moitié des parts
- Ne rien faire et attendre mais les clauses d'agrément lui seront opposables par la suite
- Renoncer à la qualité d'associé

→ **Sociétés par actions**

L'époux apporteur est le seul actionnaire mais les actions restent des biens communs ainsi que les dividendes.

2 La société en formation

PRINCIPE :
Le signataire de l'acte est le seul responsable de l'acte.

EXCEPTION
Reprise rétroactive par la société possible si :

- Société immatriculée
  ET
- Acte conclu au nom de la société en formation
  ET
- Acte préparatoire à l'activité
  ET
- Acte conclu dans l'intérêt de la société

- État des actes annexés aux statuts
  OU
- Mandat **spécial**
  OU
- Reprise par décision expresse de la société

3 La direction de la SAS

Sont des dirigeants ceux qui participent activement à la gestion, qui fixent les orientations de la société ou qui autorisent le président à engager la société, quelque soit leur appellation.

Président de la société : organe obligatoire	**Directeur général / DGD : organe facultatif (statuts)**	**Tout autre organe imaginé par les statuts (CA, CS, comités…)**
PP ou PM, associé ou non, capable. Un seul président.	PP ou PM, associé ou non, capable.	PP ou PM, associé ou non, capable.
Engage la société vis-à-vis des tiers	Engage la société vis-vis des tiers si prévu par les statuts et publication au RCS	Il n'engage PAS la société vis-vis des tiers
Statuts fixent sa rémunération, la durée du mandat…	Statuts fixent sa rémunération, la durée du mandat…	Statuts fixent la rémunération, la durée du mandat…

Les dirigeants engagent leur responsabilité civile + leur responsabilité pénale + leur responsabilité fiscale.

4 Les clauses spécifiques de la SAS

	Clause d'inaliénabilité	Clause d'agrément	Clause d'exclusion
Définition	La clause d'inaliénabilité est une clause dont l'objectif est d'empêcher la transmission ou la cession des droits sociaux.	La clause d'agrément est une clause dont l'objectif est de soumettre l'entrée de nouveaux associés à l'agrément de la collectivité des associés.	La clause d'agrément est une clause dont l'objectif est d'exclure un associé à titre de sanction.
Modalités d'insertion dans les statuts	Unanimité de tous les associés.	Décision prise par les associés à la majorité fixée par les statuts.	Décision prise par les associés à la majorité fixée par les statuts.
Conditions de validité	N'excède pas 10 ans Précise le type de cession à laquelle elle s'applique.	Les statuts fixent les cessions visées et la procédure à suivre En cas de refus d'agrément, les associés doivent permettre au cédant de se retirer en lui rachetant ses actions.	L'associé doit pouvoir voter durant l'AG si le vote en AG est requis L'associé exclu doit pouvoir présenter sa défense. Les statuts indiqueront les modalités de calcul du prix du rachat des actions.

Dossier 1 La création de société

1.1 Déterminer les formalités liées aux apports que les associés fondateurs ont dû accomplir. Appuyez-vous bien sur une lecture attentive des statuts.

Compétences attendues

- **Analyser** le régime juridique des apports
- **Analyser** l'influence du régime matrimonial de l'associé sur le contrat de société.

DÉCRYPTAGE

La question propose au candidat d'exposer les règles liées aux apports. La difficulté de la question est de parvenir à bien la cerner. Les apports des associés ne concernant que les apports en numéraire, il est tout à fait pertinent de cibler le PJ sur ce type d'apport en excluant l'apport en industrie et en nature. Par contre, la difficulté de la question était de repérer que l'une des associées était mariée sous le régime de la communauté ce qui implique des formalités spécifiques. La question orientant le candidat en lui indiquant une lecture attentive des statuts : il y avait certainement là un indice.

Problème juridique :

Règle de droit : L'apport est le contrat par lequel l'associé affecte un bien ou un droit à la société en contrepartie de la remise de titres sociaux. La somme de ces apports, hormis l'apport en industrie, formera **le capital social.** On peut apporter de l'argent (apports en numéraire), un bien (apport en nature) ou son talant (apport en industrie). L'apport manifeste la volonté d'adhérer au contrat de société

Pour l'apport en numéraire, l'opération se réalise en deux étapes :

- **La souscription** de l'apport où l'associé s'engage à apporter l'argent. Il acquiert alors la qualité d'associé.
- **La libération** du capital où l'associé va effectivement verser le montant de l'apport. Le délai de libération du capital varie selon le type de société. En cas d'inexécution, l'associé est alors débiteur d'intérêts moratoires et peut être condamné au versement de dommages et intérêts. Si les dirigeants ne le réclament pas, tout intéressé peut demander en référé sous astreinte que les dirigeants procèdent à cet appel de fonds. L'associé qui n'a pas libéré les apports dans leur intégralité conserve quand même les prérogatives attachées à sa qualité d'associé. En SAS la libération doit être de la moitié à l'apport immédiatement, le reste sous 5 ans.

En SAS, les sommes doivent être déposées dans les 8 jours de leur réception sur un compte ouvert au nom de la société en formation dans une banque, chez un notaire ou à la caisse des dépôts et consignation. Le dépositaire se voit alors remettre un certificat de dépôt. Les fonds sont alors bloqués et ne pourront être débloqués que sur présentation d'un extrait K-bis, remis lors de l'immatriculation de la société.

Au sein du régime de la communauté des biens, le bien commun est tout bien acquis pendant le mariage sauf donation, legs ou héritage. L'époux apporteur d'un bien commun dans une société autre que par actions doit en avertir son conjoint sinon l'apport peut être annulé dans les 2 ans suivant sa découverte ou la dissolution de la communauté. Le conjoint a le droit de *s'opposer* à un apport commun seulement si celui-ci porte sur : un immeuble, un fonds de commerce, des droits sociaux non négociables, des meubles corporels dont l'aliénation est soumise à publicité (art 1424 et 1427 Cciv). Si le conjoint décide de ne pas s'opposer ou si le conjoint ne peut pas s'opposer, l'apport sera donc effectué.

Dans les sociétés par actions, la formalité d'avertissement n'est pas exigée.

Si le bien apporté est un bien propre, aucune formalité n'est à respecter sauf s'il s'agit du logement familial et de ses meubles. Une autorisation est alors nécessaire

Application. Les apports des deux sœurs et de la SNC sont des apports en numéraire. Il faudra donc déposer la moitié de la somme sur un compte en banque au nom de la société par exemple. En SAS, l'obligation d'information du conjoint en cas d'apport d'un bien commun n'existant pas, il n'y a aucune information nécessaire au conjoint.

1.2 L'apport d'Anne-Sophie Magnière a été fait avec le compte commun du couple. Vérifier si son mari pourra revendiquer la qualité d'associé pour la moitié des actions.

Compétence attendue

Analyser l'influence du régime matrimonial de l'associé sur le contrat de société.

DÉCRYPTAGE

Cette question est un prolongement de la suivante. Elle invite le candidat à tirer les conséquences de l'apport d'un bien commun au sein d'une SAS. La seule difficulté est de bien distinguer les conséquences au sein d'une société de personnes et au sein d'une société par actions.

Problème juridique : Un époux marié sous le régime de la communauté légale peut-il revendiquer la qualité d'actionnaires suite à l'apport d'un bien commun par son conjoint ?

Règle de droit : Dans les sociétés par actions (SA, SAS, SCA), seul l'époux ayant effectué l'apport aura la qualité d'associé (donc lui seul pourra voter) mais les actions sont des biens communs si l'apport est effectué au moyen de biens communs. Donc en cas de divorce, leur valeur sera intégrée au patrimoine à partager entre époux et les dividendes rentrent dans les biens communs.

Application : Le mari d'Anne-Sophie ne pourra pas revendiquer la qualité d'associé, même si l'apport est effectué au moyen de biens communs. Toutefois, en cas de divorce, la valeur des actions sera prise en compte pour calculer la part des biens communs qu'il recevra.

1.3 **Anne Sophie a signé un bail pour le local du magasin avenue de la Concorde au nom de la société le 5 septembre 2017. Déterminer par quel mécanisme juridique la société a pu reprendre l'acte à son compte.**

Compétence attendue

Analyser les conséquences d'un acte pris par une société en formation.

DÉCRYPTAGE

Cette question ne peut être traitée correctement que si le candidat est attentif à la chronologie. La date du 5 septembre 2017 doit être mise en relation avec la date de la création de la société présente dans le document 1. La qualification de société en formation était donc capitale pour ne pas faire de hors sujet.

Rendez-vous **MÉTHODE**

Attention à la chronologie

Lors de la lecture d'un sujet, il est impératif sur son brouillon de mettre en avant quelques dates clés : la signature des statuts, la création de la société puis les événements clés. Le contexte peut être complet, riche, et il est possible de passer à côté d'une chronologie importante.

Problème juridique : Qui est responsable d'un acte pris par une société en formation ?

Règle de droit : La société en cours d'immatriculation est une société en formation. Entre le moment où les associés conviennent de constituer la société et le moment de son immatriculation s'écoule un délai. Durant cette période, la société est qualifiée de société en formation et ne possède pas la personnalité morale

L'article L 210-6 C Com indique que les personnes qui ont agi au nom d'une société en formation avant qu'elle n'ait acquis la jouissance de la personnalité morale sont tenues des obligations nées des actes ainsi accomplis. Les personnes ayant agi sont indéfiniment et solidairement responsables si la société est commerciale (un débiteur peut s'adresser à n'importe quelle personne ayant agi pour la totalité de la dette). Les personnes ayant agi sont les personnes qui ont signé les actes en cause ou ceux qui ont donné mandat.

Par exception, il est possible de mettre en place une reprise rétroactive de l'acte par la société immatriculée. Pour cela, il faut utiliser l'une des trois modalités suivantes :

- **pour les actes conclus avant la signature des statuts : un état des actes annexé aux statuts**

Les actes accomplis pour le compte de la société en formation sont décrits dans un document qui sera annexé aux statuts. La signature des statuts emportera alors l'accord des associés pour une reprise par la société quand elle sera immatriculée.

- **pour les actes conclus après la signature des statuts : un mandat spécial**

Ce mandat est donné par les associés à une personne pour effectuer un ou plusieurs actes pour le compte de la société en formation. Le mandat doit être spécial pour un ou plusieurs actes. Cette personne peut être le dirigeant, un associé ou un tiers.

- **la reprise par décision expresse de la société**

C'est la décision prise à la majorité ordinaire des associés (sauf clause contraire des statuts) après l'immatriculation au RCS.

Il faut également remplir quatre conditions cumulatives :

- **L'immatriculation de la société**

Aucune reprise n'est possible si la société n'est finalement pas immatriculée.

- **Un acte juridique préparatoire à l'activité sociale**

Les actes accomplis sont les actes nécessaires à la création de la société. Ils sont occasionnels et n'ont pour but que de préparer le commencement des opérations sociales (achat de matériel, bail, recrutement, découverts bancaires...). Ces actes ne doivent pas correspondre au début effectif de l'exploitation, sinon on quitte domaine de la société en formation pour rejoindre celui de la société de fait.

- **Un acte conclu dans l'intérêt de la société**

Il ne doit pas s'agir d'un acte conclu dans l'intérêt personnel de celui qui agit mais bien dans l'intérêt de la société

- **Un acte conclu au nom de la société en formation**

L'engagement doit faire apparaître clairement qu'il a été passé au nom de la société en formation « *agit pour le compte de la société X* ». Il s'agit d'informer ici le cocontractant.

La reprise a un effet rétroactif. Les engagements sont réputés avoir été souscrits dès l'origine par la société. Seule cette dernière est engagée et non les personnes ayant agi pour son compte.

Application :

La société a été immatriculée le 8 septembre 2017. L'acte conclu le 5 septembre 2017 a donc été conclu par la société en formation. Les statuts ont été signés le 3 septembre 2017, il n'est donc pas possible que l'acte y ait été annexé. La conclusion d'un bail est bien une activité préparatoire. La société a été immatriculée et le sujet précise que l'acte a bien été conclu au nom de la société. Les conditions semblent donc réunies pour cette reprise. En l'absence de mandat spécial, que le sujet ne mentionne pas, c'est Anne-Sophie qui sera personnellement engagée, à moins que la société ne reprenne l'acte par décision des associés après l'immatriculation.

Dossier 2 Le fonctionnement de la société

2.1 En vous appuyant sur les annexes, exposer la répartition du capital suite à l'AG du 31 octobre 2018. La méthodologie du cas pratique n'est pas exigée.

Compétence attendue

Caractériser l'économie sociale et solidaire

DÉCRYPTAGE

La question est essentiellement destinée à vérifier la bonne lecture du document par le candidat. Il s'agit donc de mettre en lien la répartition initiale proposée par les statuts avec l'arrivée de la nouvelle associée actée par le PV d'AGO du 31 octobre 2018 (document 3).

Rendez-vous MÉTHODE

Utiliser un document professionnel

L'une des conséquences de la réforme du DCG est l'introduction plus régulière de documents professionnels à exploiter par le candidat. Ces documents peuvent être des statuts, des contrats ou tout autre document à caractère professionnel. Le candidat doit développer une certaine capacité d'adaptation et bien comprendre ce qui lui est demandé. On peut lui demander de les utiliser à l'intérieur d'un cas pratique. Ils seront alors mentionnés dans la règle de droit ou dans l'application de manière claire, en mentionnant le titre du document. Ils peuvent également venir à l'appui d'une analyse, comme c'est le cas dans la question 5. Le candidat doit donc repérer les informations utiles lui permettant de répondre à la question, puis ensuite structurer cette réponse sans faire une recopie sans intérêt. L'enjeu est de mettre en valeur la plus-value que la réflexion du candidat apportera aux informations du document. Enfin, il est possible que le candidat soit amené à remplir un document puis à le rendre avec sa copie. Il sera alors très important d'écrire lisiblement, sans rature et de bien comprendre ce qui est demandé. Pour ne pas être hors sujet, le candidat doit donc lire avec attention la question afin de comprendre ce qui est attendu.

Annabelle possède maintenant 6 actions de 50 euros chacune. Anne-Sophie également. Anne-Claire, la nouvelle associée, détient elle aussi 6 actions. La société SBN conserve ses deux actions.

2.2 Schématiser le fonctionnement de la société à partir du 31 octobre 2018 en faisant apparaître les fondements juridiques de chaque pôle (dirigeant, associé, contrôle). Méthodologie non exigée.

Compétence attendue

Analyser le fonctionnement interne d'une société et sa représentation vis-à-vis des tiers.

Les attendus

DÉCRYPTAGE

Il s'agit de vérifier que le candidat maîtrise les attendus suivantes, présents dans le guide pédagogique : le candidat doit être capable d'avoir une vision synthétique du fonctionnement d'une société en identifiant les trois grands pôles qui la composent : les mandataires sociaux, les associés, les organes de contrôle. Il doit être capable de repérer le fondement juridique de la fonction (mandat social, détention de titres de propriété, obtention d'un mandat de contrôle).

La lecture du guide pédagogique est importante car les questions posées à l'examen reprennent ce vocabulaire. En avoir eu une lecture attentive permet de comprendre la question et les attentes.

Rendez-vous **MÉTHODE**

Schématiser

Lorsque la question utilise le verbe « schématiser » il est attendu… un schéma. C'est-à-dire une représentation schématique d'un processus ou d'une situation.

Il s'agit donc d'utiliser par exemple des rectangles reliés entre eux par des flèches. Le titre est indispensable. La clarté et la propreté du schéma sont évaluées.

Lisez bien la question pour comprendre ce que le concepteur du sujet attend comme élément.

Schéma du fonctionnement interne de la SAS Chez mes sœurs

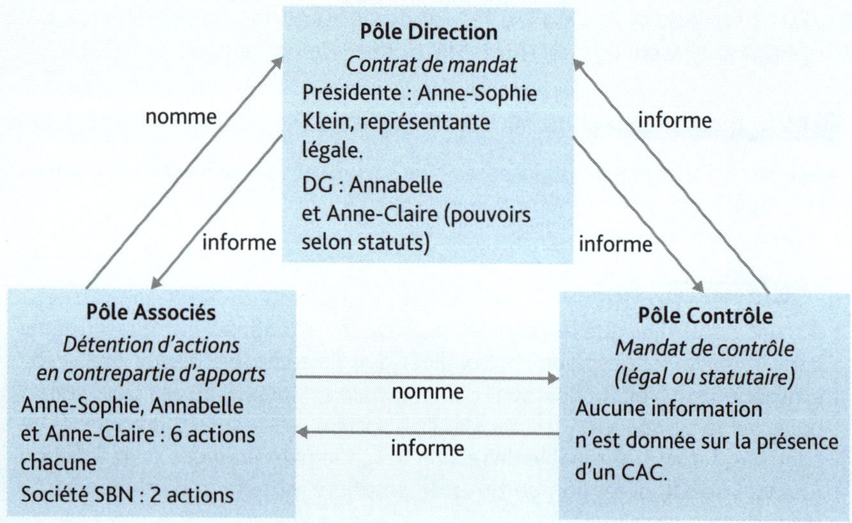

Dossier 3 L'extension de la société et l'anticipation des difficultés financières

3.1 Vérifier si la société est bien engagée par la signature de ce bail.

Compétence attendue

Analyser le fonctionnement interne d'une société et sa représentation vis-à-vis des tiers.

DÉCRYPTAGE

C'est une question très classique consistant à repérer le représentant légal d'une société et à analyser la portée de ses pouvoirs. Toutefois, elle est rendue plus complexe par l'utilisation des statuts, de l'arrêt de Cour de cassation et par la distinction en SAS de la fonction de Président (qui est le seul représentant légal de la société) et la fonction de DG.

Il s'agit donc d'articuler de manière rigoureuse les règles de droit liées à la représentation en SAS, celles liées aux clauses limitatives de pouvoir et l'apport de l'arrêt de Cour de cassation.

Problème juridique : Quels sont les pouvoirs d'un directeur général de SAS pour engager la société vis-à-vis des tiers ?

Règle de droit : Le président engage la société à l'égard des tiers. Il est investi des pouvoirs les plus étendus pour agir en toute circonstance au nom de la société dans la limite de l'objet social.

La société est engagée même par les actes ne relevant pas de l'objet social sauf si le tiers est de mauvaise foi. Les clauses limitatives de pouvoir sont inopposables au tiers. Les dirigeants portant le titre de DG ou DGD peuvent également engager la société vis-à-vis des tiers **si les statuts le prévoient**. Ils seront alors mentionnés au registre du commerce et auront le statut de représentant légal de la société.

L'absence de clause statutaire ou de clauses limitant leur pouvoir est inopposable aux tiers. Donc même s'ils n'ont pas reçu le pouvoir de représenter la société, ils engagent la société si les tiers sont de bonne foi.

L'arrêt de la Cour de cassation du 9 juillet 2013 indique qu'un tiers peut se prévaloir d'un acte pris par un directeur général de SAS s'il est inscrit au RCS.

Application : L'acte a été conclu par Annabelle qui est Directrice générale de la société. En tant que DG, les statuts lui donnent le pouvoir d'engager la société vis-à-vis des tiers à condition d'être inscrite au RCS, ce qui est le cas (Annexe 1). L'acte dépasse le montant fixé par la clause limitative de pouvoir présente dans les statuts et d'un montant de 100 000 euros. Mais les clauses limitatives de pouvoirs n'étant pas opposables aux tiers, la société est bien engagée.

3.2 Vérifier si Annabelle peut voir sa responsabilité engagée.

Compétence attendue

Analyser le fonctionnement interne d'une société et sa représentation vis-à-vis des tiers.

DÉCRYPTAGE

La question est classique et concerne la mise en œuvre de la responsabilité civile d'un mandataire d'une société.

Problème juridique : Quelle est la responsabilité civile d'une directrice générale de SAS qui a agi sans respecter les clauses limitatives de pouvoir présentes dans les statuts ?

Règle de droit :

La mise en œuvre de la responsabilité civile du directeur général envers la SAS nécessite la réunion de 3 éléments :

- Un fait générateur, c'est-à-dire une faute de gestion, une violation de la loi, des règlements ou des statuts.
- Un préjudice subi par la société
- Un lien de causalité entre le fait générateur et le préjudice

Si ces conditions sont réunies, il est alors possible de mettre en œuvre l'action sociale. Un dirigeant ou un associé au nom de la SAS peut mettre en œuvre l'action sociale destinée à réparer le dommage subi par la société. Cette action est prescrite par 3 ans à compter du fait dommageable.

Application :

Les statuts comprennent une clause limitative de pouvoirs exigeant l'accord des associés pour des montants supérieurs à 100 000 euros. Or, le montant du projet est ici supérieur à ce montant. De plus les statuts ne semblent pas donner de pouvoir d'engager la société au directeur général. Le fait générateur est donc établi. Cependant, rien ne prouve l'existence d'un préjudice. Le projet semble opportun. Il est donc peu probable de pouvoir engager la responsabilité d'Annabelle pour l'instant.

3.3 Vérifier si Anne Sophie peut engager sa responsabilité fiscale et payer les 10 000 euros dus à l'administration fiscale.

Compétence attendue

Analyser le fonctionnement interne d'une société et sa représentation vis-à-vis des tiers.

DÉCRYPTAGE

La question est assez simple si le candidat maîtrise les conditions de la mise en œuvre de la responsabilité fiscale du dirigeant.

Problème juridique : Quelle est la responsabilité fiscale d'un dirigeant de SAS ?

Règle de droit : Les dirigeants sont responsables du paiement des impositions et pénalités dues par la société lorsque par des manœuvres frauduleuses ou par l'inobservation grave ou répétée des obligations fiscales, ils ont rendu impossible le recouvrement de ces impositions ou pénalités.

Application : Anne Sophie a commis une erreur dans sa déclaration de TVA. Toutefois rien n'indique qu'il s'agisse d'une erreur répétée ni d'une manœuvre frauduleuse. Sa responsabilité ne semble donc pas pouvoir être engagée.

3.4 Proposer aux trois sœurs une procédure adaptée à leur situation pour traverser sans encombre les prochains mois. Présenter les acteurs de votre procédure et les conséquences possibles de cette procédure tant sur la gestion de la société que sur l'issue de la procédure.

Compétences attendues

- **Différencier** le mandat ad hoc de la conciliation.
- **Identifier** les conditions d'engagement d'une procédure collective.

DÉCRYPTAGE

Le candidat doit ici avoir en tête les différentes procédures possibles en repérant les éléments clés : il n'y a pas de cessation des paiements et la poursuite de l'activité semble possible. Le choix de la procédure doit être argumentée. Il n'y a pas une réponse unique. C'est vraiment la capacité du candidat à justifier son choix qui sera ici évalué.

Problème juridique : Quelle procédure est adaptée pour aider une société qui n'est pas en état de cessation des paiements à surmonter une difficulté ponctuelle ?

Règle de droit : L'état de cessation des paiements est défini par l'impossibilité de faire face au passif exigible par l'actif disponible. Une entreprise qui n'est pas en état de cessation des paiements et qui traverse des difficultés pouvant être surmontées peut se tourner vers le mandat ad hoc et la conciliation, qui resteront des procédures confidentielles ou vers la procédure de sauvegarde qui sera une procédure publique. Le mandat ad hoc est une procédure qui consiste à désigner un mandataire indépendant des parties dont la mission est d'assister un chef d 'entreprise pour résoudre les difficultés qu'il rencontre avec ses créanciers. La conciliation permet en plus d'aboutir à un accord homologué qui permettra aux signataires de bénéficier du privilège de conciliation mais qui sera alors publique.

Application : La situation marque une difficulté temporaire mais les perspectives de moyen terme sont bonnes. La société n'est pas en cessation de paiements. Il est peut-être préférable de rester sur une procédure confidentielle pour éviter d'inquiéter les autres partenaires de la SAS. Le mandat ad hoc semble donc une solution possible. La conciliation pourra être envisagée s'il s'agit d'offrir aux créanciers des garanties pour les inciter à accorder des délais de paiement par exemple.

Dossier 4 Renforcer l'équilibre des pouvoirs au sein de la SAS

4.1 Indiquer la procédure à suivre pour intégrer ces deux clauses au sein des statuts.

Compétence attendue

Analyser les règles de fonctionnement de chaque forme sociétaire étudiée.

DÉCRYPTAGE

> Intégrer des clauses dans les statuts nécessite une décision extraordinaire des associés. De plus, en SAS, des majorités spécifiques existent pour l'introduction de clauses statutaires.

Problème juridique : Quelles sont les conditions d'insertion d'une clause d'inaliénabilité et d'une clause d'agrément dans les statuts d'une SAS ?

Règle de droit : L'insertion dans les statuts de SAS d'une clause d'agrément ou d'une clause d'inaliénabilité relèvent du pouvoir des associés. La décision doit être prise à l'unanimité des associés pour la clause d'inaliénabilité. C'est une règle d'ordre public. Elle se fera dans les conditions prévues par les statuts pour la clause d'agrément. Une publicité de ces modifications statutaires devra être faite dans un support habilité à recevoir des annonces légales et au RCS.

Application : Il s'agira d'appliquer les règles précédentes. Nous ne disposons pas de l'ensemble des statuts. Aussi les conditions d'insertion d'une clause d'agrément ne peuvent être précisées. Pour l'insertion de la clause d'inaliénabilité, les quatre associés devront être d'accord.

4.2 **Proposer la rédaction de ces deux clauses.**

Compétence attendue

Rédiger quelques clauses spécifiques des statuts (clause limitative de pouvoir, clause d'inaliénabilité, clause d'agrément).

DÉCRYPTAGE

La rédaction de clauses statutaires est une compétence pouvant être demandée au candidat. La qualité rédactionnelle (clarté, syntaxe, orthographe) sera évaluée.

Si la méthodologie n'est pas exigée, alors la clause peut être rédigée directement. Sinon (comme c'est ici le cas), la règle de droit doit reprendre les conditions de validité et l'application permettra de rédiger la clause.

Problème juridique : Quelles sont les conditions de rédaction d'une clause d'agrément et d'une clause d'inaliénabilité en SAS ?

Règle de droit :

En SAS, les statuts peuvent prévoir de soumettre à agrément les cessions aux tiers, entre associés, au conjoint, à un ascendant ou à un descendant. Également, le transfert de propriété résulte d'une dévolution successorale ou de la liquidation d'une communauté de biens. Pour éviter tout conflit, il est conseillé de préciser les cessions concernées. La procédure sera celle fixée dans les statuts. La seule condition est qu'en cas de refus d'agrément, les associés doivent permettre au cédant de se retirer en lui rachetant ses actions.

Les statuts de la société peuvent prévoir l'inaliénabilité des actions pour une durée n'excédant pas dix ans. La clause doit préciser ce qu'on entend par cession, sinon l'inaliénabilité se cantonnera au seul cas de la cession (et non à la constitution d'usufruit, l'échange, la succession, la donation…). Toute cession passée en violation d'une telle clause serait nulle, même si le tiers n'avait pas connaissance de cette clause.

Application :

Clause d'inaliénabilité :

« Les statuts de la société prévoient que les actions appartenant à Annabelle Klein, Anne-Claire Klein, Anne-Sophie Klein et à la société SBN sont inaliénables pendant une durée de 5 ans. L'inaliénabilité vise la cession des actions à un tiers. Seule une décision unanime des associés permettra de lever cette inaliénabilité ».

Clause d'agrément :

« Les statuts soumettent à agrément les cessions des actions entre associés et à des tiers, y compris le conjoint ou les ascendants. L'agrément sera nécessaire y compris en cas de dévolution successorale ou de liquidation de communauté de biens. L'agrément sera donné par l'unanimité des associés. En cas de refus d'agrément, la société rachètera les actions ».

Sujet type d'examen 4

Sujet

Textiles de la Dunière (TLD)

3 h Durée de l'épreuve

1 Coefficient

Matériel autorisé : aucun

Document autorisé : aucun

Le sujet se présente sous la forme de **3 DOSSIERS** indépendants :

Dossiers

1. **Une SAS en difficulté** .... 6 points
2. **Une reprise de la société par les salariés : création d'une Scop** .... 6 points
3. **La SCI Fauquignon Bois Chéri** .... 8 points

Le sujet comporte 7 documents :

Documents

Dossier 1

1. Présentation de la SAS Textiles de la Dunière (TLD)
2. Présentation de la SARL Fauquignon & Associés (SFA)
3. Bilan 2016 de la SAS Textiles de la Dunière (TLD)
4. Annonces légales liées aux procédures collectives de TLD

Dossier 2

5. Vers une cession des Textiles de la Dunière

Dossier 3

6. Extraits des statuts de la SA coopérative TLD
7. Arrêt de la Cour de cassation, chambre civile, 28 juin 2007 (pourvoi n° 06-14.867)

La méthodologie du cas pratique est exigée, sauf mention contraire. Si le texte du sujet, de ses questions ou de la base documentaire vous conduit à formuler une ou plusieurs hypothèses, il vous est demandé de la (ou les) mentionner explicitement dans votre copie. Il vous est demandé d'apporter un soin particulier à la présentation de votre copie.

Textiles de la Dunière (TLD)

L'industrie textile française est en recul depuis de nombreuses années. Dans un secteur ne représentant plus que 2 % des emplois, il subsiste toutefois encore quelques entreprises qui tentent de s'adapter et de trouver des niches leur offrant un modèle économique viable. La diversité des structures juridiques utilisées traduit cette volonté d'adaptation. L'exemple des textiles de la Dunière est à ce titre intéressant.

Créée en 1937, l'entreprise les Textiles de la Dunière (TLD) SAS s'est développée principalement en vendant des tissus en maille à l'industrie de l'habillement. Elle a tout d'abord élu domicile à Brives-Charensac, à proximité du Puy-en-Velay (Haute-Loire), puis après un épisode d'inondations, elle s'est déplacée à quelques kilomètres, dans les années 1990, à Lantriac. Elle a alors acquis un parc de machines neuf. L'entreprise textile pratique à la fois le moulinage et le tricotage de jerseys, une association rarissime sur le marché français, qui séduit des acteurs-clés du luxe français et italien. Elle pilote également la teinture de ses tricots en lien avec des partenaires sous-traitants.

L'entreprise sélectionne ses matières premières chez les meilleurs filateurs mondiaux dans leur spécialité : viscose, polyester, polyamide, acétate, laine, soie ou encore mélanges avec élasthanne.

TLD est le seul acteur du marché à maîtriser les deux technologies (moulinage et tricotage), ce qui lui offre un véritable avantage concurrentiel.

En 2011, la société a été rachetée par Éric Fauquignon, lequel a réussi à en modifier le positionnement : d'une société de produits de moyenne gamme, ce spécialiste des textiles techniques l'a conduite vers une production haut de gamme, tournée à la fois vers le prêt-à-porter de luxe et les textiles techniques (automobile, aéronautique, secteur paramédical) ou ignifugés.

Dossier 1 Une SAS en difficulté

Base documentaire : documents 1, 2, 3 et 4

Des difficultés financières sont récemment apparues, contraignant la SAS à modifier radicalement son positionnement juridique, stratégique et managérial. Après une forte chute de l'activité de TLD liée à la crise de 2008-2009, elle a subi un nouveau coup dur avec la perte, en 2013, de son principal client, le groupe Promod, qui a choisi de délocaliser sa production au Portugal après qu'Éric Fauquignon a racheté TLD. Ne pouvant faire face à son endettement, la société a alors dû demander à bénéficier d'une procédure de redressement judiciaire, première étape d'un long parcours qui a abouti à la cession de l'entreprise afin de lui permettre de mieux rebondir.

Mission

Stagiaire auprès de la Dreets (Direction régionale de l'économie, de l'emploi, du travail et des solidarités) de Haute-Loire, vous êtes chargé(e) de suivre le

dossier de TLD pour comprendre l'impact des difficultés de cette entreprise sur l'emploi et la concurrence. Votre chef de bureau vous demande, en vous appuyant sur les documents 1 à 4, de répondre à ses interrogations afin de comprendre les évolutions et les perspectives des Textiles de la Dunière.

1.1. Identifier le représentant légal de la SAS et analyser l'évolution de ses pouvoirs vis-à-vis des tiers, de la création de la SAS jusqu'à sa liquidation.

1.2. Après avoir défini la notion de cessation des paiements, repérer les éléments qui, dans le bilan, laissent entrevoir l'existence ou l'éventualité d'une telle situation pour les Textiles de la Dunière (la méthodologie du cas pratique n'est pas exigée).

1.3. Présenter succinctement les finalités des deux procédures collectives dont la société TLD a fait l'objet et expliquer comment et pourquoi le tribunal a décidé de passer de l'une à l'autre (la méthodologie du cas pratique n'est pas exigée).

1.4. Déterminer l'issue de la procédure collective et analyser le sort des créances de TLD.

1.5. Présenter l'évolution du rôle de la SELARL Mandatum tout au long de ces procédures. Expliquer le rôle de la SELARL AJ UP et celui du juge-commissaire (la méthodologie du cas pratique n'est pas exigée).

Dossier 2 Une reprise de la société par les salariés : création d'une Scop

Base documentaire : document 5

L'idée d'une reprise de la société par les salariés s'est concrétisée un mois avant la date-limite de dépôt des propositions de reprise. Les salariés ont alors fait appel à l'Association régionale des Scop pour les aider à finaliser le montage financier auprès des banques et de divers organismes. Près de 550 000 € ont ainsi pu être rassemblés pour démarrer l'activité. Des clients ont, dès le départ, soutenu ce projet, de même que dirigeant, Éric Fauquignon. Ce dernier s'est d'ailleurs engagé à accompagner la reprise en demeurant salarié de l'entreprise. Il a été nécessaire de réduire légèrement l'effectif de l'atelier, lequel compte désormais quinze postes. La nouvelle société a été créée sous la forme d'une SA coopérative. En matière de stratégie commerciale, TLD souhaite renforcer sa présence en France et à l'international dans l'industrie du luxe et s'imposer comme un leader dans le secteur des fils et mailles techniques. « Le moulinage n'étant pas une activité très présente dans l'Hexagone, nous voulons défendre notre savoir-faire », souligne Marielle Peyrelon, directrice de TLD. Sans déterminer un budget prévisionnel précis, elle affiche néanmoins les ambitions de l'entreprise. « L'objectif est de dépasser 2 millions d'euros de chiffre d'affaires d'ici deux à trois ans. Il y a encore beaucoup de choses à mettre en place. Ce n'est même que le début », précise Marielle Peyrelon.

Mission

Vous êtes expert-comptable. Marielle Peyrelon vous sollicite afin de vérifier la légalité de certaines décisions. Vous vous appuierez, pour votre analyse, sur la base documentaire.

2.1. Représenter, sous une forme schématique, l'organisation de la SA coopérative TLD en mettant en évidence le pôle Direction, le pôle Associés et le pôle Contrôle (la méthodologie du cas pratique n'est pas exigée).

2.2. Vérifier si la SA TLD respecte les principes fondamentaux des sociétés coopératives.

2.3. Pour relancer l'activité de la société, Marielle Peyrelon souhaiterait signer, avec un groupe chinois, une commande pour un montant de 35 000 €. Vérifier, statuts de la SA TLD à l'appui, si elle peut signer seule ce contrat ou si elle doit se conformer à une procédure particulière.

2.4. En fin d'année, la société devrait être bénéficiaire pour une somme de 10 000 €. Expliquer à Marielle Peyrelon les options possibles pour répartir ce bénéfice ainsi que la procédure à suivre.

2.5. Expliquer en quoi consiste la révision coopérative prévue à l'article 26 des statuts de la SA (la méthodologie du cas pratique n'est pas exigée).

Dossier 3 La SCI Fauquignon Bois Chéri

Base documentaire : documents 6 et 7

Éric Fauquignon a gardé le contrôle de la SCI Fauquignon Bois Chéri qui possède les locaux et le terrain sur lequel se situe la SA coopérative. Il en est d'ailleurs le gérant. La SCI Fauquignon Bois Chéri loue ses locaux à la SA en contrepartie d'un loyer modéré qui permet de limiter les charges.

Mission

Vous êtes l'expert-comptable de la SCI. À ce titre, vous devez répondre à plusieurs questions.

3.1. Identifier ici l'intérêt de l'existence de la SCI Fauquignon Bois Chéri, pour Éric Fauquignon comme pour la SA (la méthodologie du cas pratique n'est pas exigée).

3.2. Vérifier si, lors de la signature du contrat de bail entre la SCI et la SA, il est nécessaire de se conformer à la procédure des conventions réglementées.

BASE DOCUMENTAIRE

Document 1

Présentation de la SAS Textiles de la Dunière (TLD)

Statut RCS	**Immatriculée au RCS le 23/12/1998**
Statut INSEE	Enregistrée à l'Insee le 16/12/1998
Dénomination	TLD
Adresse	ZI Bois Chéri 43260 Lantriac
SIREN	421 184 219
SIRET (siege)	42118421900010
Activité (code NAF ou APE)	Préparation de fibres textiles et filature (1310Z)
Forme juridique	SASU Société par actions simplifiée à associé unique
Date immatriculation RCS	23-12-1998
Tranche d'effectif	10 à 19 salariés
Capital social	600 000,00 €
Président	Société Fauquignon Associés SFA
Commissaires aux comptes titulaires	Gauzy audit et conseil

www.infogreffe.fr

Document 2

Présentation de la société Fauquignon & Associés (SFA)

Dénomination	**Société Fauquignon & Associés (SFA)**
Adresse	Zone industrielle Bois 43260 Lantriac
SIREN	53398933100012
Activité (code NAF ou APE)	Activités des sociétés holding (6420Z)
Forme juridique	SARL unipersonnelle
Date immatriculation RCS	05-08-2011
Capital social	140 000,00 €
Gérant	Éric Fauquignon

www.infogreffe.fr

Document 3

Bilan 2016 de la SAS Textiles de la Dunière (TLD)

cerfa N° 10937 * 20
Formulaire obligatoire (article 53 A du code général des impôts).

① **BILAN — ACTIF**

DGFiP N° 2050-SD 2018

1er EXEMPLAIRE DESTINÉ À L'ADMINISTRATION

Désignation de l'entreprise : TLD — Durée de l'exercice exprimée en nombre de mois * 12

Adresse de l'entreprise 43260 LANTRIAC — Durée de l'exercice précédent * 12

Numéro SIRET * 4 2 1 1 8 4 2 1 9 — Néant ☐ *

Exercice N clos le 31 12 2016

Section	Poste	Code	Brut 1	Code	Amortissements, provisions 2	Net 3
	Capital souscrit non appelé (I)	AA				
ACTIF IMMOBILISÉ * – Immobilisations incorporelles	Frais d'établissement *	AB		AC		
	Frais de développement *	CX	177 332	CQ	16 630	160 702
	Concessions, brevets et droits similaires	AF	370	AG	370	
	Fonds commercial (1)	AH		AI		
	Autres immobilisations incorporelles	AJ	578	AK	578	
	Avances et acomptes sur immobilisations incorporelles	AL		AM		
Immobilisations corporelles	Terrains	AN		AO		
	Constructions	AP	47 418	AQ	47 418	
	Installations techniques, matériel et outillage industriels	AR	1 322 369	AS	1 280 138	42 232
	Autres immobilisations corporelles	AT	148 657	AU	144 695	3 962
	Immobilisations en cours	AV		AW		
	Avances et acomptes	AX		AY		
Immobilisations financières (2)	Participations évaluées selon la méthode de mise en équivalence	CS		CT		
	Autres participations	CU		CV		
	Créances rattachées à des participations	BB		BC		
	Autres titres immobilisés	BD		BE		
	Prêts	BF		BG		
	Autres immobilisations financières *	BH	38 774	BI		38 774
	TOTAL (II)	BJ	1 735 498	BK	1 489 829	245 669
ACTIF CIRCULANT – Stocks *	Matières premières, approvisionnements	BL	340 339	BM	55 644	284 695
	En cours de production de biens	BN	345 448	BO	39 248	306 200
	En cours de production de services	BP		BQ		
	Produits intermédiaires et finis	BR	404 155	BS	125 791	278 364
	Marchandises	BT		BU		
	Avances et acomptes versés sur commandes	BV		BW		
Créances	Clients et comptes rattachés (3)*	BX	93 617	BY	35 230	58 386
	Autres créances (3)	BZ	162 825	CA		162 825
	Capital souscrit et appelé, non versé	CB		CC		
Divers	Valeurs mobilières de placement (dont actions propres : ....)	CD		CE		
	Disponibilités	CF	15 539	CG		15 539
Comptes de régularisation	Charges constatées d'avance (3)*	CH	8 777	CI		8 777
	TOTAL (III)	CJ	1 370 700	CK	255 913	1 114 787
	Frais d'émission d'emprunt à étaler (IV)	CW				
	Primes de remboursement des obligations (V)	CM				
	Écarts de conversion actif * (VI)	CN				
	TOTAL GÉNÉRAL (I à VI)	CO	3 106 198	1A	1 745 742	1 360 456

Renvois : (1) Dont droit au bail :		(2) Part à moins d'un an des immobilisations financières nettes :	CP	(3) Part à plus d'un an :	CR
Clause de réserve de propriété : *	Immobilisations :	Stocks :		Créances :	

* Des explications concernant cette rubrique sont données dans la notice n° 2032

N° 2050- SD – (SDNC-DGFiP) - Octobre 2017

•••

cerfa N° 10938 ✱ 20

Formulaire obligatoire (article 53 A du Code général des impôts)

② **BILAN — PASSIF avant répartition**

DGFiP N° 2051-SD 2018

1er EXEMPLAIRE DESTINÉ À L'ADMINISTRATION

Désignation de l'entreprise TLD — Néant ☐ *

			Exercice N
CAPITAUX PROPRES	Capital social ou individuel (1)* (Dont versé : ....)	DA	600 000
	Primes d'émission, de fusion, d'apport, ...	DB	92 725
	Ecarts de réévaluation (2)* (dont écart d'équivalence EK)	DC	
	Réserve légale (3)	DD	60 000
	Réserves statutaires ou contractuelles	DE	
	Réserves réglementées (3)* (Dont réserve spéciale des provisions pour fluctuation des cours B1)	DF	
	Autres réserves (Dont réserve relative à l'achat d'œuvres originales d'artistes vivants * EJ)	DG	157 558
	Report à nouveau	DH	–90 472
	RÉSULTAT DE L'EXERCICE (bénéfice ou perte)	DI	–232 347
	Subventions d'investissement	DJ	
	Provisions réglementées *	DK	
	TOTAL (I)	DL	587 464
Autres fonds propres	Produit des émissions de titres participatifs	DM	
	Avances conditionnées	DN	
	TOTAL (II)	DO	
Provisions pour risques et charges	Provisions pour risques	DP	
	Provisions pour charges	DQ	
	TOTAL (III)	DR	
DETTES (4)	Emprunts obligataires convertibles	DS	
	Autres emprunts obligataires	DT	
	Emprunts et dettes auprès des établissements de crédit (5)	DU	14 014
	Emprunts et dettes financières divers (Dont emprunts participatifs EI)	DV	34 814
	Avances et acomptes reçus sur commandes en cours	DW	
	Dettes fournisseurs et comptes rattachés	DX	606 049
	Dettes fiscales et sociales	DY	89 236
	Dettes sur immobilisations et comptes rattachés	DZ	
	Autres dettes	EA	28 879
Compte régul.	Produits constatés d'avance (4)	EB	
	TOTAL (IV)	EC	772 992
	Ecarts de conversion passif * (V)	ED	
	TOTAL GÉNÉRAL (I à V)	EE	1 360 456
RENVOIS	(1) Écart de réévaluation incorporé au capital	1B	
	(2) Dont Réserve spéciale de réévaluation (1959)	1C	
	(2) Dont Écart de réévaluation libre	1D	
	(2) Dont Réserve de réévaluation (1976)	1E	
	(3) Dont réserve spéciale des plus-values à long terme *	EF	
	(4) Dettes et produits constatés d'avance à moins d'un an	EG	
	(5) Dont concours bancaires courants, et soldes créditeurs de banques et CCP	EH	

* Des explications concernant cette rubrique sont données dans la notice n° 2032.

N° 2051- SD – (SDNC-DGFiP) - Octobre 2017

Infogreffe.fr

Document 4

Annonces légales liées aux procédures collectives de TLD

Jugement

Activité : moulinages et tricotage de textiles

Commentaire : jugement arrêtant le plan de cession.

Date de prise d'effet : 26/07/2019

Entreprise(s) émettrice(s) de l'annonce

Dénomination : TLD

Code Siren : 421184219

Forme juridique : Société par Actions Simplifiée

Adresse : zone industrielle Bois Chéri
43260 Lantriac

Annonce légale publiée dans le Bodacc n° 20190148 du 02/08/2019

Jugement

Activité : moulinages et tricotage de textiles

Commentaire : jugement prononçant la liquidation judiciaire désignant liquidateur SELARL Mandatum, prise en la personne de Me Raphaël Petavy, 10 rue de la Ronzade, 43000 Le Puy-en-Velay, et maintenant la mission de l'administrateur SELARL AJ UP, prise en la personne de Me Grégory Wautot, 9 place de Jaude, 63000 Clermont-Ferrand.

Date de prise d'effet : 29/05/2019

Annonce légale publiée dans le Bodacc n° 20190106 du 04/06/2019

Conversion de redressement judiciaire en liquidation judiciaire

Descriptif : tribunal de commerce du Puy-en-Velay, jugements du 29/05/2019 conversion en liquidation judiciaire – SAS TLD, zone industrielle Bois chéri, Lantriac. Moulinages et tricotage de textiles. RCS Le Puy-en-Velay 421.184.219. Maintien de l'administrateur judiciaire : SELARL AJ UP, prise en la personne de Me Grégory Wautot, 9, place de Jaude, 63000 Clermont-Ferrand. Liquidateur judiciaire : SELARL Mandatum, prise en la personne de Me Raphaël Petavy, 10 rue de la Ronzade, 43000 Le Puy-en-Velay – Le greffier 638419

Annonce publiée dans *Éveil de la Haute-Loire (L')* n° 43737 du 03/06/2019

Jugement

Activité : moulinages et tricotage de textiles

Commentaire : l'état des créances est déposé au greffe où tout intéressé peut présenter réclamation devant le juge-commissaire dans le délai d'un mois à compter de la présente publication.

Date de prise d'effet : 27/11/2018

Annonce légale publiée dans le Bodacc n° 20180229 du 30/11/2018

Redressement judiciaire

Descriptif : tribunal de commerce du Puy-en-Velay, jugements du 29 novembre 2017 redressements judiciaires – SAS TLD, zone industrielle Bois chéri, Lantriac. Moulinages et tricotage de textiles. Date de cessation des paiements le 1er novembre 2017. Les créances sont à déclarer, dans les deux mois de l'insertion à paraître au « BODACC », au mandataire judiciaire : SELARL Mandatum, prise en la personne de Me Raphaël Petavy, 10 rue de la Ronzade, 43000 Le Puy-en-Velay, ou sur le portail électronique à l'adresse suivante : https://www.creditorsservices.com

•••

...

Dénomination : TLD

Code Siren : 421184219

Adresse : zone Industrielle Bois chéri 43260 Lantriac

L'Éveil de la Haute-Loire, n° 43737, 4 décembre 2017

Document 5

Vers une cession des Textiles de la Dunière

La procédure de redressement a porté ses fruits en partie puisque les Textiles de la Dunière ont enregistré sur le dernier exercice une croissance de leur activité, avec un chiffre d'affaires passé de 1,90 M€ à 2,20 M€, et un résultat net positif, comme l'année précédente. L'entreprise de Lantriac (Haute-Loire), en redressement judiciaire depuis novembre 2017, a toutefois été placée en liquidation judiciaire le 29 mai dernier par le tribunal de commerce du Puy-en-Velay car, 18 mois après l'ouverture de la procédure collective, elle ne parvient pas à faire face à son endettement élevé. Un endettement notamment lié à son acquisition par son actuel dirigeant, Éric Fauquignon, qui l'avait rachetée à Guy Quéméner fin 2011.

La liquidation judiciaire a été assortie d'une autorisation de poursuite d'activité jusqu'à fin juillet pour favoriser un plan de cession. À la date-limite de dépôt des offres, le 20 juin, deux manifestations d'intérêts avaient été déposées auprès de l'administrateur judiciaire. L'une d'elle émane de plusieurs salariés de cette entreprise du textile présente à la fois sur le moulinage et le tricotage. L'offre de reprise qui n'a pas été retenue émanait de l'entreprise Bugis, située dans le bassin textile troyen, spécialiste du tissu-maille pour la mode et du tissu technique pour la protection de la personne et des équipements de haute technologie.

Le tribunal de commerce du Puy-en-Velay a validé, le 26 juillet, la cession des actifs de Textiles de la Dunière, en liquidation judiciaire depuis le 29 mai, à une société coopérative et participative (Scop) à statut de société anonyme à conseil d'administration créée pour l'occasion. Sa décision avait été mise en délibéré au terme de l'audience de procédure collective du 12 juillet. La nouvelle société, qui reprend la dénomination sociale, redémarre avec 15 salariés, dont la grande majorité travaillait déjà dans l'entreprise. Douze d'entre eux, qui investissement ensemble plus de 150 000 €, auront le statut de coopérateur. Et six constitueront le conseil d'administration présidée par Marielle Peyrelon, désignée PDG de l'entreprise et également responsable logistique salariée. Éric Fauquignon, jusqu'alors dirigeant et propriétaire de l'entreprise, fait partie des salariés de la nouvelle structure, sans pouvoir en être actionnaire. Il devrait plus particulièrement être en charge de la partie commerciale et du développement de la société qui prévoit un chiffre d'affaires prévisionnel de 1,7 M€ sur son premier exercice (contre 2,20 M€ l'an dernier). Le capital variable est d'un montant minimum de 18 500 €.

Quelque 550 000 € ont été mobilisés en vue du démarrage de l'activité fin août. Outre l'apport des coopérateurs, des prêts ont été souscrits auprès du Crédit Coopératif (200 000 €), de France Active (100 000 €) et de Transmea (100 000 €). Une trésorerie qui servira à financer l'acquisition des actifs repris (machines et stocks), à investir dans la maintenance du parc-machines et dans l'acquisition d'un logiciel de type ERP, ainsi qu'à financer les besoins en fonds de roulement. Le bâtiment de 4 300 m² reste la propriété d'Éric Fauquignon, *via* une SCI (la SCI Fauquignon Bois chéri).

Denis Meynard, *L'Essor 42*, 1er juillet 2019

Document 6

Extraits des statuts de la SA coopérative TLD

Le choix de la forme de société coopérative et participative constitue une adhésion à des valeurs coopératives fondamentales :
- la prééminence de la personne humaine ;
- la démocratie ;
- la solidarité et le partage.

En complément de ces valeurs fondamentales ou découlant de celles-ci, l'identité coopérative se définit par :
- la reconnaissance de la dignité du travail ;
- le droit à la formation ;
- le droit à la créativité et à l'initiative ;
- la responsabilité dans un projet partagé ;
- la transparence et la légitimité du pouvoir ;
- la pérennité de l'entreprise fondée sur des réserves ;
- l'ouverture du monde extérieur. [...]

Article 14. Associés

Les associés sont divisés en deux catégories :
- les associés employé dans la société ou considérés comme tels ;
- les associés non employés dans la société.

14.1. La société doit comprendre de façon permanente au minimum sept associés en activité dans l'entreprise.

14.2. Les associés employés doivent détenir au minimum 51 % du capital social. Les associés concernés sont ;
- les associés salariés en activité ;
- Les associés salariés retraites, licenciés pour motif économique ou pour inaptitude auxquels la rupture du contrat de travail ne fait pas automatiquement perdre la qualité d'associé.

14.3. Les associés employés doivent détenir au minimum 65 % des droits de vote. Les associés concernés sont :
- les associés salariés en activité ;
- les anciens salariés associés, quel que soit le motif de la rupture de leur contrat de travail, qu'ils soient restés associés ou aient été réadmis au sociétariat.

14.4. Les associés extérieurs, c'est-à-dire ceux qui ne sont pas visés par l'alinéa précédent, ne peuvent détenir plus de 35 % des droits de vote. Toutefois, lorsqu'au nombre de ces associés, figurent des sociétés coopératives, la limite ci-dessus est portée à 49 % sans que les droits des associés, autres que les coopératives, ne puissent excéder la limite de 35 %. [...]

Article 24. Président du conseil d'administration et direction générale

24.2. Direction générale

Conformément aux dispositions de l'article L.225-51-1 du Code de commerce, la direction générale de la société est assumée, sous sa responsabilité, soit par le président du conseil d'administration, soit par une autre personne physique nommée par le conseil d'administration et portant le titre de directeur générale.

•••

•••

C'est le conseil d'administration qui est compétent pour décider si les fonctions de direction générale sont exercées par le président du conseil d'administration ou par une autre personne physique.

24.3. Directeur général

Lorsque le conseil d'administration choisit la dissociation des fonctions de président du conseil d'administration et de directeur général, il procède à la nomination du directeur général, fixe la durée de son mandat qui ne peut excéder celle du mandat du président, détermine sa rémunération au titre de son mandat social et, le cas échéant, limite ses pouvoirs.

Le directeur général doit être associé et âgé de moins de soixante-cinq ans. Lorsqu'en cours de mandat cette limite d'âge est atteinte, il sera réputé démissionnaire d'office et il sera procédé à son remplacement.

Le directeur général est révocable à tout moment par le conseil. S'il est administrateur, ses fonctions de directeur général prennent fin avec l'arrivée de son d'administrateur.

Pouvoirs du directeur général

Le directeur général est investi des pouvoirs les plus étendus pour agir en toute circonstance au nom de la société. Il exerce ses pouvoirs dans la limite de l'objet social et sous réserve de ceux que la loi attribue expressément aux assemblées d'associés et au conseil d'administration.

Il représente et engage la société dans ses rapports avec les tiers. La société est engagée, même par les actes du directeur général qui ne relèvent pas de l'objet social de la société, à moins qu'elle ne prouve que le tires savait que l'acte dépassait cet objet ou qu'il ne pouvait l'ignorer compte tenu des circonstances, étant exclu que la seule publication des statuts suffise à constituer cette preuve. [...]

Article 26. Révision coopérative

Périodicité

La société fera procéder tous les ans à la révision coopérative prévue par l'article 54bis de la loi n° 78-763 du 19 juillet 1978 portant statut des sociétés coopératives de production, par le décret n° 2015-706 du 22 juin 2015 et le décret n° 2015-800 du 1er juillet 2015.

En outre, la révision coopérative devra intervenir sans délai si :

– trois exercices consécutifs font apparaître des pertes comptables ;

– les pertes d'un exercice s'élèvent à la moitié au moins du montant le plus élevé atteint par le capital ;

– elle est demandée par le dixième des associés ;

– elle est demandée par un tiers des administrateurs ou, selon le cas, par un tiers des membres du conseil de surveillance ;

– le ministre chargé de l'économie sociale et solidaire ou tout ministre compétent à l'égard de la coopérative en question. [...]

Article 28. Vote

28.1. Droit de vote

Chaque associé a droit de vote dans toutes les assemblées avec une voix.

Le droit de vote de tout associé en retard dans les versements statutaires de libération de ses parts sociales, ou qui n'aurait pas rempli leur engagement de souscription au capital, si les statuts le prévoient, est suspendu 30 jours après mise en demeure par le conseil d'administration et ne reprend que lorsque les versements statutaires sont à jour. [...]

•••

...

Article 35. Répartition des excédents nets

35.1. Réserve légale

15 % sont affectés à la réserve légale qui reçoit cette dotation jusqu'à ce qu'elle soit égale au montant le plus élevé atteint par le capital.

Ce montant atteint, cette dotation est affectée au fonds de développement.

35.2. Fonds de développement

Le fonds de développement doit être doté chaque année. [...]

35.3. Ristourne aux salariés

Il sera attribué à tous les travailleurs salariés ou non, employés dans la société et comptant, à la clôture de l'exercice, trois mois d'ancienneté dans la société, un pourcentage des excédents nets au moins égal à 25 %. Les droits des bénéficiaires sur cette répartition sont établis au prorata du temps de travail.

35.4. Intérêt aux parts sociales

Il pourra être attribué un intérêt aux parts sociales entièrement libérées. Le total des intérêts ne peut, chaque année, être supérieur ni au total de la répartition aux travailleurs ci-dessus définie ni au montant affecté aux réservées (réserve légale et fonds de développement). [...]

Article 38. Impartageabilité des réserves

Quelle que soit leur origine ou leur dénomination, les réserves ne peuvent jamais être incorporées au capital et donner lieu à création de nouvelles parts ou à l'élévation de la valeur nominale des parts ni être utilisées pour libérer les parts souscrites ni être distribuées, directement ou indirectement, pendant le cours ou au terme de la société, aux associés ou travailleurs de celle-ci ou à leurs héritiers et ayants droit.

Document 7

Arrêt de la Cour de cassation, chambre civile, 28 juin 2007 (pourvoi n° 06-14.867)

Donne acte à la société Banque Courtois de son désistement du pourvoi en ce qu'il est dirigé contre la SCI Salomon, Mme X... et la société Union de crédit pour le bâtiment ;

Attendu que M. X..., gérant et porteur de la majorité des parts de la société civile immobilière Salomon, s'est porté caution solidaire du remboursement d'un prêt consenti à celle-ci par la Banque Courtois ; qu'après que la résiliation de ce prêt eut été prononcée, la Banque Courtois a agi en recouvrement du solde de sa créance à l'égard de M. X..., lequel a reconventionnellement formé à l'encontre de cette dernière une demande en déchéance du droit aux intérêts conventionnels et une demande en paiement de dommages-intérêts ; que l'arrêt attaqué (Toulouse, 27 décembre 2005) a accueilli la première de ces demandes reconventionnelles et rejeté la seconde ;

Sur le moyen unique du pourvoi principal formé par la Banque Courtois [...]

Attendu qu'ayant constaté que la SCI avait pour objet l'achat, la vente et la gestion de tous biens immobiliers, les juges du second degré en ont exactement déduit qu'un tel objet conférait à celle-ci le caractère d'une entreprise au sens des dispositions de l'article L. 313-22 du code monétaire et financier ; que le moyen n'est donc pas fondé ;

...

...

Sur le moyen unique, pris en ses trois branches, du pourvoi incident formé par la M. X..., [...] :

Attendu que, procédant à la recherche invoquée par le troisième grief et répondant ainsi aux conclusions dont se prévaut le deuxième, la cour d'appel a retenu non seulement que M. X... avait mesuré la portée des engagements qu'il avait souscrits auprès de la Banque Courtois, mais encore que le prêt garanti par le cautionnement litigieux tendait à l'apurement de dettes antérieures sans entraîner une augmentation de l'endettement originel ; qu'elle en a déduit, sans encourir la critique du premier grief, que M. X... n'était pas fondé à imputer à faute à la Banque Courtois un quelconque manquement ;

PAR CES MOTIFS :

REJETTE les pourvois principal et incident ;

1 Entreprises en difficulté

A) Difficulté des entreprises : mode d'emploi

Qui est concerné ?	Qui repère les difficultés ?	Par qui être aidé ?
• Les personnes physiques exerçant une activité commerciale, agricole, artisanale ou une profession indépendante • Les personnes morales (sociétés commerciales, associations, etc.)	• Le responsable du signalement : dirigeant de la personne morale • À défaut, le CAC, le CSE, les associés ou le président du tribunal compétent	• Le tribunal compétent • Des personnes nommées (administrateur, conciliateur, mandataire *ad hoc*...) • Le juge-commissaire

B) De la prévention au traitement des difficultés

La **prévention des difficultés** consiste à résoudre au plus vite des difficultés naissantes pour éviter qu'elles ne s'aggravent et qu'elles ne menacent l'activité et l'emploi. Les procédures relevant de la prévention sont souples, rapides et confidentielles.

Le **traitement des difficultés** vise à trouver des solutions pour des entreprises en proie à des difficultés plus anciennes ou plus importantes. Les procédures relevant du traitement sont formalisées, plus contraignantes et publiques.

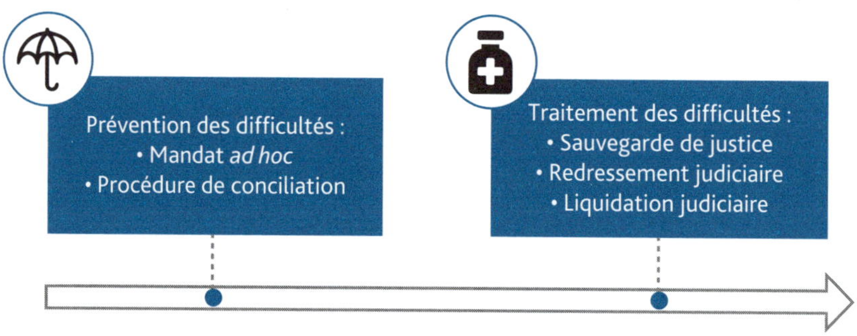

Caractéristiques des procédures

	Objectif	Nature de la procédure	Conséquences pour les créanciers	Conséquences pour les dirigeants
Mandat *ad hoc*	Désigner un mandataire indépendant dont la mission est d'assister le chef d'entreprise	Procédure confidentielle	Liberté des créanciers d'accepter ou non l'accord, de poursuivre le débiteur	Conservation de la gestion totale de l'entreprise par le dirigeant
Conciliation	Désigner un conciliateur qui sera chargé de négocier avec les principaux partenaires de l'entreprise	Procédure confidentielle sauf homologation finale	• Liberté des créanciers d'accepter ou non l'accord, de poursuivre le débiteur • Privilège de conciliation pour certains créanciers	Conservation de la gestion totale de l'entreprise par le dirigeant

	Objectif	Nature de la procédure	Conséquences pour les créanciers	Conséquences pour les dirigeants
Sauvegarde	Désigner un administrateur judiciaire qui sera chargé d'aider le chef d'entreprise réorganiser son entreprise	Procédure publique	Gestion collective des créanciers, représentation par le mandataire judiciaire	Maintien du pouvoir de gestion du dirigeant, sans possibilité de payer les créanciers antérieurs ni d'effectuer seul les actes de disposition (surveillance ou assistance de l'administrateur judiciaire)
Redressement judiciaire	Désigner un administrateur judiciaire chargé d'aider une entreprise en état de cessation des paiements mais dont le redressement paraît possible	Procédure publique	Gestion collective des créanciers, représentation par le mandataire judiciaire	• En principe, maintien du pouvoir de gestion du dirigeant, sans payer les créanciers antérieurs ni effectuer seul les actes de disposition (surveillance ou assistance de l'administrateur judiciaire) • Possibilité de dessaisissement du dirigeant au profit de l'administrateur judiciaire
Liquidation judiciaire	Désigner un liquidateur judiciaire chargé de liquider l'actif de la société pour régler le passif	Procédure publique	• Gestion collective des créanciers, représentation par le mandataire judiciaire • Indemnisation en fonction de leur ordre et de l'actif disponible	Dessaisissement du dirigeant au profit du liquidateur

La **cessation des paiements** survient lorsque l'actif disponible ne permet plus de faire face au passif exigible.

C) En l'absence de cessation des paiements

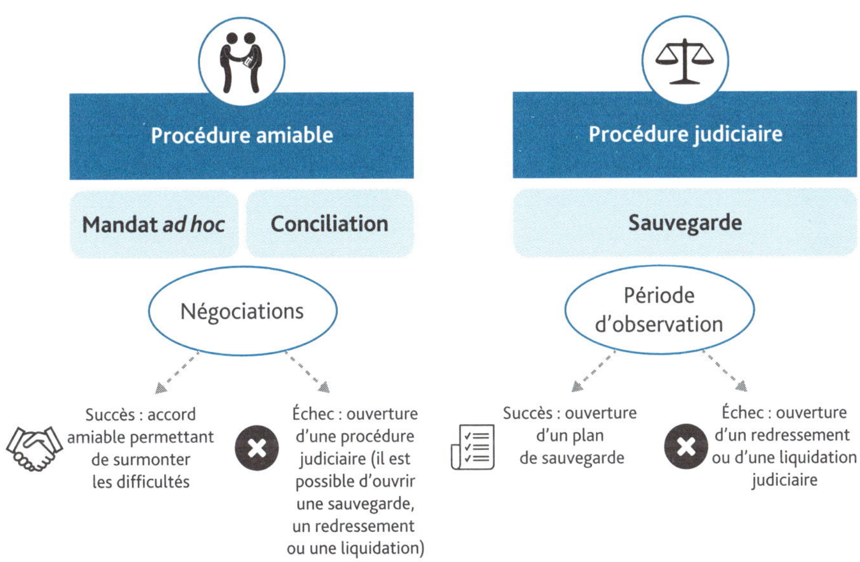

D) En cas de cessation des paiements

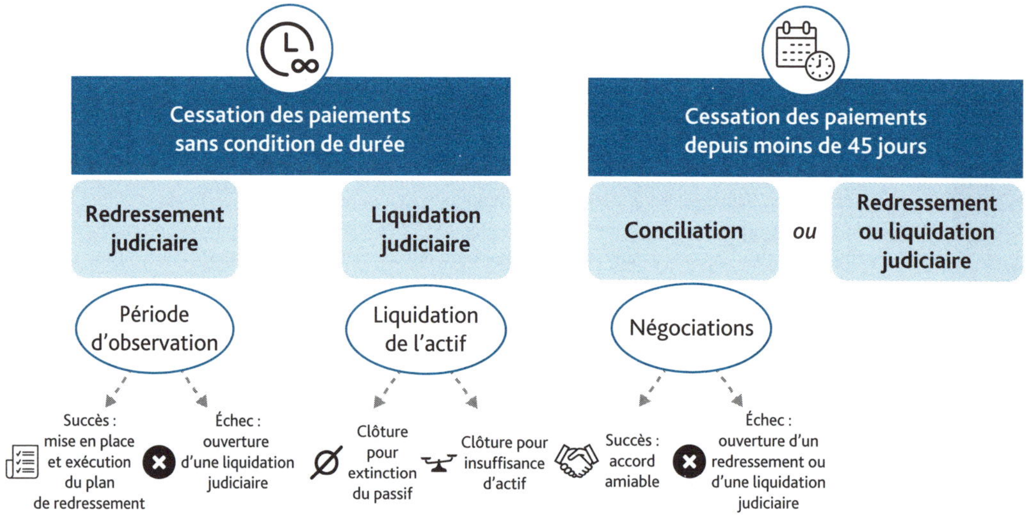

2 Économie sociale et solidaire (ESS)

Définition

L'**économie sociale et solidaire (ESS)** regroupe un ensemble de structures qui cherchent à concilier utilité sociale, solidarité, performance économique et gouvernance démocratique, avec pour ambition d'offrir à notre société davantage de cohésion sociale.

Principales caractéristiques des associations et sociétés coopératives

	Association	Société coopérative
Objet spécifique	contrat par laquelle deux ou plusieurs personnes mettent en commun de façon permanente leurs connaissances ou leur activité dans un but autre que de partager des bénéfices	Société constituée par plusieurs personnes volontairement réunies en vue de satisfaire à leurs besoins économiques ou sociaux par leur effort commun et la mise en place de moyens nécessaires
Partage des bénéfices	Interdiction absolue de distribuer aux membres une part quelconque de l'actif ou du bénéfice	Réserves obligatoires et impartageables (réserves légales et réserves statutaires) Intérêts liés à la détention des titres sociaux de manière limitée
Apports et capital social	• Absence de capital social. • Possibilité de réaliser des apports non rémunérés, avec ou sans droit de reprise	• Capital social variable • Apports obligatoires
Responsabilité face aux dettes sociales	Absence de responsabilité des membres	• Responsabilité des associés en fonction de la forme sociétaire choisie (SA, SARL, SAS). • Responsabilité limitée aux apports.

	Association	Société coopérative
Gouvernance	Liberté statutaire mais le plus souvent il y a un président assisté par un bureau et parfois par un CA	Application des règles spécifiques propres à chaque forme de société
Activité économique	Possible mais avec des conséquences juridiques, fiscales, sociales au-delà d'un certain seuil	Obligatoire
Fiscalité	• Exonération des activités non lucratives • Fiscalisation des activités lucratives	Passible des impôts commerciaux avec toutefois des déductions possibles
Contrôle	• CAC si activité économique importante *ou* si subventions importantes • Obligation légale de contrôle par un CAC pour certaines associations	• CAC sous condition de seuil • Révision coopérative en cas de CA supérieur à 30 000 €
Dissolution/ liquidation	• Possibilité pour les membres de reprendre leurs éventuels apports selon les dispositions statutaires. • Boni de liquidation non distribué mais dévolu conformément aux statuts	Dévolution de l'actif à d'autres sociétés coopératives

Dossier 1 Une SAS en difficulté

Commencez par prendre connaissance de l'ensemble du sujet avec ses différents dossiers et parcourez les documents proposés afin de les avoir en tête. Les dossiers sont certes indépendants mais il y a toutefois une progression indéniable. Il serait peut-être pertinent de traiter les dossiers dans l'ordre proposé. Le soin, l'orthographe sont des compétences évaluées.

1.1 Identifier le représentant légal de la SAS et analyser l'évolution de ses pouvoirs vis-à-vis des tiers, de la création de la SAS jusqu'à sa liquidation.

Compétences attendues

- **Analyser** le fonctionnement interne d'une société et sa représentation vis-à-vis des tiers
- **Présenter** les acteurs de la procédure collective (le dirigeant)
- **Analyser** une documentation juridique fiable et actualisée
- **Qualifier** les faits, **articuler** un raisonnement juridique et **proposer** une solution adaptée dans le cadre d'une situation juridique donnée

DÉCRYPTAGE

Cette question vise à vérifier la capacité du candidat à repérer le représentant légal d'une SAS mais aussi à repérer le rôle du chef d'entreprise lors d'une procédure collective en nuançant en fonction de la procédure concernée (redressement ou liquidation). La difficulté de la question est double. Ainsi, le candidat doit :

– parvenir à exploiter les deux premiers documents en les combinant ;

– connaître les modifications du pouvoir du dirigeant lors de l'ouverture des procédures collectives. Il s'agit donc d'une question de synthèse transversale.

Qui est le représentant légal d'une SAS et quels sont ses pouvoirs vis-à-vis des tiers lors d'une procédure collective ?

Règles juridiques. La SAS est une société par actions simplifiée. Le représentant légal de la SAS est le président, qui est investi des pouvoirs les plus étendus pour agir en toute circonstance au nom de la société dans la limite de l'objet social. Le président peut être une personne physique ou une personne morale. Si le président est une personne morale, c'est alors le représentant de cette personne morale qui encourra les mêmes obligations et les mêmes responsabilités que le président et qui sera soumis aux mêmes conditions. Seuls les dirigeants portant le titre de directeur général ou directeur général délégué peuvent également engager la société vis-à-vis des tiers si les statuts le prévoient. Ils seront alors mentionnés au registre du commerce et auront le statut de représentant légal de la société. Lors de l'ouverture d'une procédure collective judiciaire, le dirigeant d'entreprise voit ses pouvoirs limités. Dans le cadre du redressement judiciaire, le dirigeant peut conserver les pouvoirs de gestion sous certaines limites (il ne peut plus payer les créanciers antérieurs par exemple, il ne peut plus accomplir les actes de disposition sans l'accord du juge commissaire). Il sera assisté par l'administrateur judiciaire. Il peut également se voir dessaisit de tout ou partie de ses pouvoirs de gestion sur décision du tribunal. La gestion sera alors assurée par l'administrateur judiciaire. Lors de la liquidation judiciaire, le dirigeant est dessaisi de ses pouvoirs au profit du liquidateur qui accomplira alors les actes nécessaires à la liquidation.

Application. En l'espèce, la SAS est dirigée par un président personne morale, la société Fauquignon Associés (SFA), représentant légal de la SAS TLD. Jusqu'à l'ouverture de la procédure de redressement judiciaire, Éric Fauquignon par l'intermédiaire de la SARL Fauquignon détenait tous les pouvoirs pour engager la société vis-à-vis des tiers. Puis, à partir de novembre 2017, il faudrait avoir accès au jugement prononçant le redressement pour vérifier la répartition des pouvoirs entre Éric Fauquignon et l'administrateur judiciaire, la SELARL Mandatum, en la personne de Raphaël Petavy. À compter du 3 juin 2019, Éric Fauquignon n'a plus aucun pouvoir vis-à-vis des tiers puisque c'est le liquidateur, la SELARL Mandatum, prise en la personne de Me Raphaël Petavyn, qui devient le représentant légal de la société.

Rendez-vous

MÉTHODE

Traiter un cas pratique

Le cas pratique est une méthodologie en trois temps. Ces trois temps doivent être nettement distincts sur la copie. Il ne faut pas hésiter à inscrire en toutes lettres ces trois temps même si cela n'est pas une obligation. En revanche, sur la copie, il faut qu'apparaissent nettement ces trois temps (par exemple au moyen d'un saut de ligne) :

- Le **problème de droit** est une question générale (qui ne fait donc pas référence au cas) et qui permet de délimiter l'étendue de la règle de droit qui sera exposée dans le temps suivant.
- La **règle de droit** reprend les définitions des éléments clés, expose les principes et les exceptions destinées à répondre au problème de droit, énonce les conditions d'application puis expose les conséquences de la règle de droit.
- L'**application** consiste à utiliser la règle de droit pour résoudre le cas présenté. Il est ici nécessaire de réutiliser au maximum les éléments de faits fournis dans l'énoncé et dans la base documentaire.

Faut-il ou non recourir à la méthodologie du cas pratique ? En principe, le sujet devrait vous guider. Si rien n'est mentionné, il convient par défaut de recourir à la méthodologie du cas pratique sous la forme problème de droit/exposé des règles/application.

1.2 Après avoir défini la notion de cessation des paiements, repérer les éléments qui, dans le bilan, laissent entrevoir l'existence ou l'éventualité d'une telle situation pour les Textiles de la Dunière (la méthodologie du cas pratique n'est pas exigée).

Compétences attendues

- **Caractériser** la notion de cessation des paiements
- **Analyser** un document professionnel

DÉCRYPTAGE

Cette question vise à vérifier que le candidat non seulement maîtrise la définition de la cessation des paiements mais qu'il est capable de relever les données issues d'un bilan qui peuvent avoir un impact sur cette situation. La capacité du candidat à argumenter son idée en s'appuyant sur les données chiffrées du bilan est ici une compétence-clé.

Comment identifiez au sein d'un bilan les éléments permettant de caractériser une cessation des paiements ?

Règles juridiques. La cessation des paiements correspond à l'impossibilité pour une entreprise de faire face à son passif exigible au moyen de son actif disponible. Le passif exigible est l'ensemble des dettes certaines, liquides, exigibles restant impayées. Sont donc exclues les dettes échues mais pour lesquelles le créancier a accordé un moratoire. L'actif disponible est l'actif immédiatement réalisable (donc les sommes en caisse, les soldes créditeurs des comptes bancaires, les réserves de crédit).

Application. Ici, le bilan laisse apparaître un passif bientôt exigible relativement important : les dettes fournisseurs (donc généralement à court terme) sont de plus de 600 000 €, les dettes fiscales et sociales atteignent quasiment 90 000 €. L'actif disponible est assez faible avec des disponibilités d'un montant d'environ 16 000 €. Les créances clients représentant un montant de 94 000 €. Nous n'avons pas d'indication sur les délais de paiement mais de toutes façons elles ne permettent pas de compenser le montant des dettes fournisseurs, fiscales et sociales. La société recense certes un montant important en stock (matières premières, en cours de production produits intermédiaires et finis) mais il n'entre pas dans l'actif disponible.

Il semble donc assez probable que, à plus ou moins court terme (tout dépendra de la date d'échéance des dettes fournisseurs et des dettes fiscales et sociales), la société TDL soit en état de cessation des paiements. C'est d'ailleurs ce qui est arrivé le 1er novembre 2017. Le bilan de l'année 2016 laissait présager cette situation.

Certains éléments sont néanmoins positifs comme les réserves non légales qui atteignent quasiment 158 000 €.

1.3 Présenter succinctement les finalités des deux procédures collectives dont la société TLD a fait l'objet et expliquer comment et pourquoi le tribunal a décidé de passer de l'une à l'autre (la méthodologie du cas pratique n'est pas exigée).

Compétences attendues

- **Schématiser** les procédures applicables en fonction de degré de la difficulté rencontrée
- **Analyser** un document professionnel
- **Analyser** une documentation juridique fiable et actualisée

DÉCRYPTAGE

Cette question vise à vérifier que le candidat a compris l'enchaînement des procédures collectives par la lecture de deux documents : les annonces légales (document 4) et l'article de presse (document 5) qui contient également des indices. À partir de cette lecture, le candidat doit montrer qu'il a compris la nécessité des deux procédures en fonction de l'évolution de la situation économique de l'entreprise.

Le 29 novembre 2017, le tribunal de commerce du Puy-en-Velay a prononcé le redressement judiciaire de la SAS TLD. Cette procédure s'applique à toute entreprise se trouvant en cessation des paiements mais dont le redressement semble possible. La procédure de redressement judiciaire est destinée à permettre la poursuite de l'activité de l'entreprise, le maintien de l'emploi et l'apurement du passif.

La procédure de liquidation judiciaire est réservée aux entreprises en état de cessation des paiements et qui ne peuvent manifestement se redresser. Il s'agit ici de mettre fin à l'activité de l'entreprise, de liquider l'actif pour apurer, autant que possible, le passif. Ou bien de mettre en place la cession de l'entreprise pour préserver au mieux les emplois. C'est alors le prix de cession qui permettra de régler le passif.

Le Code de commerce indique qu'à tout moment de la période d'observation, le tribunal, à la demande du débiteur, de l'administrateur, du mandataire judiciaire, [...] peut ordonner la cessation partielle de l'activité ou prononcer la liquidation judiciaire si le redressement est manifestement impossible.

Il semblerait donc (ce que confirme le document 5) que le redressement judiciaire n'ait pas permis de mettre la société dans une situation lui permettant d'apurer son passif, notamment la dette liée au rachat de TDL par la société d'Éric Fauquignon. Ceci explique pourquoi, le 29 mai 2019, la liquidation judiciaire est prononcée par le tribunal de commerce afin de permettre d'établir un plan de cession. L'activité pourra ensuite redémarrer au sein d'une nouvelle structure juridique sans être pénalisée par des dettes trop lourdes.

NOTRE CONSEIL

Il est indispensable, lorsque vous vous référez à la base documentaire, de l'indiquer clairement au correcteur. Sur votre copie, indiquez systématiquement le nom ou le numéro du document sur lequel vous vous appuyez pour étayer votre analyse.

1.4 Déterminer l'issue de la procédure collective et analyser le sort des créances de TLD.

Compétences attendues

- **Déterminer** l'issue d'une procédure collective
- **Qualifier** les faits, **articuler** un raisonnement juridique et **proposer** une solution adaptée dans le cadre d'une situation juridique donnée

DÉCRYPTAGE

Cette question vise à vérifier que le candidat connaît les issues possibles des procédures et qu'il a compris comment se déroule l'indemnisation des créanciers (en fonction de l'actif, en fonction de leur ordre). Il doit aussi montrer qu'il a envisagé la possibilité d'une non-indemnisation en cas d'insuffisance d'actif.

Quelles sont les issues possibles d'une liquidation judiciaire et quel en est l'impact sur les créanciers sociaux ?

Règles juridiques. Après le prononcé du jugement d'ouverture de la liquidation judiciaire, deux situations sont possibles :

- Soit l'entreprise disparaît et le liquidateur va alors céder les différents éléments de l'actif isolément afin de pouvoir rembourser les créanciers. Il faut l'autorisation du juge commissaire pour céder ces actifs.

- Soit l'entreprise est destinée à continuer son activité en étant cédée, totalement ou partiellement. Un plan de cession est alors élaboré. Ce plan est approuvé par le tribunal de commerce. Le liquidateur répartit ensuite le prix de cette cession entre les créanciers.

La répartition va dépendre de l'ordre des créanciers. Sont indemnisés, en premier lieu, les détenteurs d'un super-privilège (les salariés par exemple) puis les détenteurs d'un privilège (le privilège de conciliation par exemple), puis seulement les créanciers chirographaires. Il est donc possible que tous les créanciers ne soient pas intégralement remboursés en fonction de l'actif disponible et du passif exigible.

Application. En l'espèce, le tribunal a confirmé le plan de cession de l'activité à la SA coopérative TLD qui reprend une grande partie de l'actif ainsi que la quasi-totalité des contrats de travail. Les créanciers seront donc payés avec le prix de cession mais il est peu probable que l'ensemble des créanciers soient indemnisés car a priori l'article semble indiquer que les fonds débloqués seront surtout utilisés pour le démarrage de l'activité et pas pour financer le prix de cession.

1.5 Présenter l'évolution du rôle de la SELARL Mandatum tout au long de ces procédures. Expliquer le rôle de la SELARL AJ UP et celui du juge-commissaire (la méthodologie du cas pratique n'est pas exigée).

Compétences attendues

- **Présenter** les acteurs des procédures collectives
- **Analyser** une documentation juridique fiable et actualisée

DÉCRYPTAGE

Cette question vise à repérer si le candidat maîtrise le rôle des différents acteurs d'une procédure collective et s'il est capable de comprendre leur évolution en fonction des modifications prononcées par le tribunal. Il est important de mêler de manière pertinente les notions de cours et l'utilisation des documents.

La SELARL Mandatum est tout d'abord nommée mandataire judiciaire par le jugement du TC du 29 novembre 2017. Le mandataire judiciaire est chargé de représenter les créanciers et de défendre leurs intérêts Sa principale mission est de recenser l'ensemble des dettes de l'entreprise et de trouver des solutions pour régler les dettes. Il propose ainsi aux créanciers un plan d'apurement des dettes. Le mandataire judiciaire assure également le règlement des salaires dus aux salariés. Si le redressement de la société s'avère impossible, le mandataire judiciaire peut alors devenir le liquidateur. Il est chargé de liquider les biens de l'entreprise ou de trouver un repreneur. C'est ce qui est arrivé dans le cas de la SAS TLD par le jugement du 29 mai 2019 confie la fonction de liquidateur à la SELARL Mandatum.

La SELARL AJ UP est administrateur judiciaire c'est-à-dire que, selon la mission fixée par le juge, qu'elle a assisté ou remplacé le chef d 'entreprise dans sa gestion et a établi pendant la période de redressement un bilan économique et social qui a permis au tribunal de prendre la décision de convertir ce redressement en liquidation.

Le juge-commissaire est le chef d'orchestre de la procédure. Il est chargé de veiller aux différents intérêts en jeu lors de la procédure collective et surveille la gestion de l'entreprise. Il arbitre également quand des intérêts contradictoires sont en jeu.

Dossier 2 Une reprise de la société par les salariés : création d'une Scop

2.1 Représenter, sous une forme schématique, l'organisation de la SA coopérative TLD en mettant en évidence le pôle Direction, le pôle Associés et le pôle Contrôle (la méthodologie du cas pratique n'est pas exigée).

Compétence attendue

Schématiser et **analyser** les règles de fonctionnement de chaque forme sociétaire étudiée

DÉCRYPTAGE

Il s'agit de vérifier que le candidat est capable d'aller rechercher les informations essentielles dans un ensemble de documents. Cet exercice teste les capacités de synthèse du candidat. Ce dernier doit ensuite parvenir à mettre en avant les éléments principaux de l'organisation de la SA coopérative pour parvenir à élaborer un schéma complet, clair et répondant à la question posée.

NOTRE CONSEIL

Vous devez maîtriser la structure organisationnelle d'une SA avec CA, mais aussi les grands principes de la société coopérative pour pouvoir les mettre en avant. La question est aussi complète que difficile.

Organisation de la SA coopérative TLD

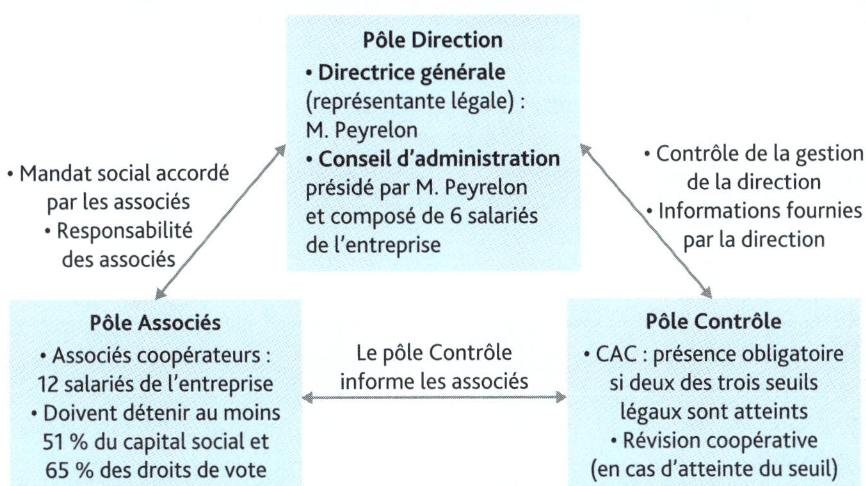

NOTRE CONSEIL

Dans une entreprise coopérative, la distinction entre associés salariés et associés non salariés est essentielle. Vous devez la mettre en avant.

Rendez-vous MÉTHODE

Schématiser une situation juridique

Le schéma est un tracé qui reprend les éléments essentiels d'un ensemble complexe, d'un processus.

Il s'agit donc ici de faire apparaître l'essentiel de l'organisation de la société. L'énoncé vous guide en vous invitant à faire émerger trois grands pôles. Votre schéma devra donc s'appuyer sur cette indication :

- Le pôle Direction doit toujours faire apparaître le représentant légal de la société en lui donnant le nom approprié. Si d'autres mandataires sociaux sont mentionnés, il convient de le préciser.
- Le pôle Associés doit faire apparaître la structure du capital social.
- Enfin, le pôle Contrôle doit faire apparaître le CAC s'il est présent (ici, nous n'avons pas assez d'éléments pour l'affirmer) mais aussi la révision coopérative, spécificité de la société coopérative abordée dans le document 6.

N'oubliez pas que tout schéma doit comporter un titre et, le cas échéant, une légende et qu'il doit être synthétique, lisible et soigné. Les traits sont tracés à la règle et non à main levée. N'hésitez pas à l'étoffer, voire à présenter le schéma en « mode paysage », si la densité des informations ou leur étendue le nécessite.

2.2 Vérifier si la SA TLD respecte les principes fondamentaux des sociétés coopératives.

Compétences attendues

- **Identifier** les principes généraux régissant les sociétés coopératives
- **Qualifier** les faits, **articuler** un raisonnement juridique et **proposer** une solution adaptée dans le cadre d'une situation juridique donnée

DÉCRYPTAGE

La difficulté de cette question, en dehors de la connaissance des principes d'une société coopérative, est de parvenir à les repérer dans les extraits des statuts et dans l'article de presse. L'application doit ici être particulièrement soignée pour bien mettre en relation la règle de droit et le document fourni et en tirer une conclusion claire.

Quels sont les principes régissant une société coopérative ?

Règles juridiques. La coopérative est une société constituée par plusieurs personnes volontairement réunies en vue de satisfaire à leurs besoins économiques ou sociaux par leur effort commun et la mise en place de moyens nécessaires.

La société coopérative doit respecter plusieurs principes : une adhésion volontaire et ouverte à tous, une gouvernance démocratique, la participation économique de ses membres, l'autonomie et l'indépendance de la coopérative, la formation et l'information des membres de la coopérative, la coopération avec les autres coopératives, l'intérêt à l'égard du bien-être de la communauté.

Application. En l'espèce, l'article 14 des statuts et l'article de presse (documents 5 et 6) montrent que 12 salariés (sur les 15 toujours en activité) ont volontairement adhéré à la société coopérative. La gouvernance semble démocratique puisque l'article 28 indique que chaque associé a droit de vote avec une voix, donc indépendamment de sa détention au sein du capital social. Ses membres participent bien au développement de la société puisqu'il s'agit majoritairement des salariés de la société. La société semble autonome puisqu'elle exerce l'activité sans être contrôlée par une société holding ou un actionnaire majoritaire autre que les salariés. Nous ne disposons que de peu d'informations pour vérifier le principe de la formation et de l'information des membres. L'article 14.4 des statuts (document 6) laisse penser qu'une coopération avec d'autres coopératives serait favorisée. De plus, l'article de presse montre que le projet de départ a été épaulé par l'association régionale des Scop et que le financement initial était en grande partie issu du crédit coopératif. La société semble dont parfaitement insérée dans l'économie sociale et solidaire (ESS). Le préambule des statuts indique un intérêt certain à l'égard du bien-être de la communauté par des références comme la reconnaissance de la dignité du travail, la solidarité, le partage… TLD semble donc bien respecter l'ensemble des principes coopératifs.

2.3 Pour relancer l'activité de la société, Marielle Peyrelon souhaiterait signer, avec un groupe chinois, une commande pour un montant de 35 000 €. Vérifier, statuts de la SA TLD à l'appui, si elle peut signer seule ce contrat ou si elle doit se conformer à une procédure particulière.

Compétences attendues

- **Analyser** le fonctionnement interne d'une société et sa représentation vis-à-vis des tiers
- **Analyser** les règles de fonctionnement de chaque forme sociétaire étudiée
- **Analyser** un contrat ou un document professionnel
- **Qualifier** les faits, **articuler** un raisonnement juridique et **proposer** une solution adaptée dans le cadre d'une situation juridique donnée

DÉCRYPTAGE

Cette question vise à vérifier que le candidat maîtrise la prise de décision en SA avec CA et qu'il a bien compris qu'une société coopérative sous la forme d'une SA est également régie par les règles de fonctionnement de la SA. Il s'agit également de vérifier que le candidat sait utiliser les statuts à bon escient.

NOTRE CONSEIL

Afin de montrer au correcteur que vous avez analysé et exploité les documents (ici, les statuts), indiquez-le expressément dans votre réponse (« en vertu de l'article 24.3 des statuts »/ « aux termes de l'article... »/ « conformément aux statuts... »).

Quels sont les pouvoirs du dirigeant de SA avec CA vis-à-vis des tiers ?

Règles juridiques. Le représentant légal d'une SA avec CA est le directeur général. Il est investi des pouvoirs les plus étendus pour engager la société vis-à-vis des tiers et donc conclure les contrats au nom de la société. Il doit le faire dans le cadre de l'objet social. Mais même dans le cas contraire la société demeurerait engagée. Le représentant légal mettrait toutefois en jeu sa responsabilité. Si des clauses limitatives de pouvoirs existent, elles sont inopposables aux tiers de bonne foi. Toutefois, le dirigeant qui contracterait sans les respecter, causant ainsi un préjudice à la société, pourrait voir sa responsabilité engagée.

Application. En l'espèce, Marielle Peyrelon est présidente du conseil d'administration et directrice générale de la société. En vertu de ce titre, comme le rappelle d'ailleurs l'article 24-3 des statuts, elle dispose des pouvoirs les plus étendus pour agir en toute circonstance au nom de la société dans la limite de l'objet social. Elle peut donc parfaitement signer le contrat avec le groupe chinois. Aucune clause limitative de pouvoir n'apparaît dans les extraits des statuts fournis, aussi Marielle Peyrelon n'est-elle pas tenue de demander l'autorisation aux associés ou au CA. Il n'y a donc aucune procédure particulière ou aucune autorisation à obtenir pour signer ce contrat.

2.4 En fin d'année, la société devrait être bénéficiaire pour une somme de 10 000 €. Expliquer à Marielle Peyrelon les options possibles pour répartir ce bénéfice ainsi que la procédure à suivre.

Compétences attendues

- **Analyser** le fonctionnement interne d'une société et sa représentation vis-à-vis des tiers
- **Identifier** les principes généraux régissant les sociétés coopératives
- **Analyser** un contrat ou un document professionnel
- **Qualifier** les faits, **articuler** un raisonnement juridique et **proposer** une solution adaptée dans le cadre d'une situation juridique donnée

DÉCRYPTAGE

Il s'agit encore une fois de mêler les règles propres à la SA dans la répartition du capital et les règles spécifiques de la société coopérative. Il faut donc que le candidat soit capable de maîtriser ces deux éléments pour permettre de construire une réponse complète. À cette fin, le candidat doit s'appuyer sur ses connaissances et sur les extraits des statuts. Une réponse chiffrée est attendue.

Quelles sont les règles de répartition du résultat au sein d'une SA coopérative ?

Règles juridiques. Les associés d'une société coopérative bénéficient de droits financiers qui sont très différents d'une SA classique. La répartition des bénéfices de la société coopérative n'est absolument pas libre. Elle doit en effet respecter certaines affectations :

Une fraction de 15 % doit être affectée à la constitution de la réserve légale.

Une fraction est affectée à une réserve statutaire dite « fonds de développement » (généralement 1 % des bénéfices) ;

La ristourne, qui ne peut être inférieure à 25 %, est attribuée à l'ensemble des salariés, associés ou non, comptabilisant, dans l'entreprise à la clôture de l'exercice, une certaine ancienneté.

Enfin, si les statuts prévoient la distribution de dividendes aux associés, le total de ces dividendes ne peut excéder, chaque année, ni le total des dotations aux réserves prévues ci-dessus, ni les sommes allouées aux salariés en application des dispositions ci-dessus.

Les décisions sont prises en AGOA. L'AGOA est convoquée une fois par an par le PCA par LRAR 15 jours avant la date prévue. La répartition est votée par les associés réunis en AGO à la majorité de la moitié des associés. En effet en SA coopérative chaque associé possède une voix, peu importe sa détention de capital social.

Application. Sir les 10 000 € de bénéfice, la PDG devra tout d'abord en affecter 1 500 € pour constituer la réserve légale qui ne peut encore être au maximum puisque la société vient d'être créée. 100 € minimum seront affectés au fonds de développement. 2 500 € minimum seront répartis entre tous les travailleurs ayant au moins 3 mois d'ancienneté en fonction de leur temps de travail. Enfin, une autre partie pourra être versée aux associés détenteurs de parts mais ce montant ne pourra pas excéder 1 600 €.

Il n'est pas rare, quand les données fournies sont comme ici un chiffre rond, que le sujet vous amène à effectuer des calculs simples. Ce n'est pas systématique mais il s'agit d'un indice…

2.5 Expliquer en quoi consiste la révision coopérative prévue à l'article 26 des statuts de la SA (la méthodologie du cas pratique n'est pas exigée).

Compétences attendues

- **Identifier** les principes généraux régissant les sociétés coopératives
- **Apprécier** les contrôles internes et externes de l'action du dirigeant et leurs conséquences

DÉCRYPTAGE

Cette question s'apparente à une question de cours. Le corrigé dépasse les attentes des examinateurs. Le candidat doit prouver qu'il connaît l'existence et les finalités de la révision coopérative. Il doit également montrer qu'il maîtrise l'articulation entre la révision coopérative et l'audit légal du CAC.

La révision est un mécanisme d'audit propre aux entreprises coopératives. Il a pour but de s'assurer du respect des règles relatives à la coopération, notamment la participation des associés à la gestion de la société. La révision permet aussi de porter une appréciation critique sur la gestion technique, administrative, financière et sociale de la coopérative. Il s'agit donc autant d'une procédure utile au pilotage de l'entreprise que d'une procédure de contrôle.

La révision s'applique aux sociétés coopératives d'un certain seuil (deux associés coopérateurs au moins et CA de plus de 30 000 € pendant deux exercices successifs). Elle est consacrée au contrôle de la conformité de l'organisation et du fonctionnement de la coopérative aux principes et aux règles de la coopération et à l'intérêt des adhérents.

La procédure de révision coopérative est organisée par des réviseurs agréés par les ministères compétents, après avis du Conseil supérieur de la coopération, qui procèdent à la révision obligatoirement tous les cinq ans à la demande de la coopérative. L'autorité administrative peut demander une révision en dehors du délai.

Le rapport de révision doit être transmis aux organes de gestion et d'administration de la coopérative. Si le rapport mentionne des imperfections, la société sera mise en demeure par le réviseur et peut encourir un retrait d'agrément du statut de coopérative ou une demande d'astreinte auprès du juge. Il est également possible que l'autorité administrative convoque l'AGE.

La révision coopérative ne remplace pas les fonctions du commissaire aux comptes. Il est toujours nécessaire, en fonction des seuils prévus, de nommer un CAC qui procédera à la certification des comptes par exemple ou qui mènera à bien les différentes missions qui lui sont confiées. Le réviseur, lui, se centre sur l'aspect coopératif de la société. CAC et réviseur sont donc complémentaires.

Dossier 3 La SCI Fauquignon Bois Chéri

3.1 Identifier ici l'intérêt de l'existence de la SCI Fauquignon Bois Chéri, pour Éric Fauquignon comme pour la SA TLD (la méthodologie du cas pratique n'est pas exigée).

Compétence attendue

Identifier l'utilité de ces groupements dans des situations spécifiques (la SCI)

DÉCRYPTAGE

Cette question vise à vérifier que le candidat a compris l'utilité d'une SCI dans plusieurs situations. Elle est assez difficile parce qu'elle ne s'appuie pas vraiment sur des documents mais sur la capacité de réflexion du candidat.

La société civile immobilière (SCI) est une société civile utilisée pour des opérations de construction, de commercialisation ou de gestion d'immeubles.

Le plus souvent la SCI permet de favoriser un investissement car elle offre les moyens à plusieurs personnes de réaliser un investissement immobilier en mutualisant leurs capacités de financement. Ce qu'ils n'auraient pas pu faire seuls, les associés vont pouvoir le faire ensemble.

Pour les sociétés, la SCI est également une formidable opportunité pour organiser une division du patrimoine. Tandis que la société commerciale assume les risques liés à l'exercice d'une activité commerciale (avec le risque d'une mise en liquidation), le bien immobilier est lui incorporé au patrimoine d'une SCI, la SCI louant ensuite le bien à la société commerciale. En cas de liquidation, les créanciers ne pourront pas demander la liquidation du bien immobilier pour se faire payer.

Éric Fauquignon a donc, lors de la liquidation de la SAS dont il était le propriétaire, perdu la valeur de son investissement mais il a pu conserver les parts de sa SCI qui détient l'ensemble du terrain et des immeubles dans lesquels s'exerce l'activité de la SA.

De la même manière, en restant propriétaire de la SCI, l'investissement initial nécessaire pour la reprise de la société par les salariés est moindre. En effet, au lieu de racheter l'ensemble des biens immobiliers, ils devront verser un loyer mensuel, ce qui en matière de trésorerie n'a pas le même impact.

Dans sa réponse du 21 juin 2018, le Haut Conseil du Commissariat aux comptes (H3C) est d'avis que le CAC d'une coopérative ne peut exercer concomitamment la mission de révision coopérative au sein de celle-ci quand bien même il serait agréé en qualité de réviseur coopératif, compte tenu des règles de déontologie applicables à la profession.

3.2 Vérifier si, lors de la signature du contrat de bail entre la SCI et la SA, il est nécessaire de se conformer à la procédure des conventions réglementées.

Compétence attendue

Apprécier les contrôles internes et externes de l'action du dirigeant et leurs conséquences

DÉCRYPTAGE

Cette question fait appel aux procédures des conventions réglementées. Le piège réside dans la formulation : rien n'indique qu'il faut se limiter à la SCI ou à la SA. Il s'agit donc de vérifier dans les deux sociétés si une procédure particulière doit être suivie.

Quelles sont les conventions devant faire l'objet du contrôle des conventions réglementées en SA et en SCI ?

Règles juridiques. En SA, toute convention intervenant directement ou par personne interposée entre la société et son directeur général, l'un de ses directeurs généraux délégués, l'un de ses administrateurs, l'un de ses actionnaires disposant d'une fraction des droits de vote supérieure à 10 % doit être soumise à l'autorisation préalable du conseil d'administration.

Il en est de même des conventions auxquelles une des personnes visées à l'alinéa précédent est indirectement intéressée.

Sont également soumises à autorisation préalable les conventions intervenant entre la société et une entreprise, si le directeur général, l'un des directeurs généraux délégués ou l'un des administrateurs de la société est propriétaire, associé indéfiniment responsable, gérant, administrateur, membre du conseil de surveillance ou, de façon générale, dirigeant de cette entreprise.

Sont libres les conventions portant sur des opérations courantes conclues à des conditions normales.

Dans les sociétés civiles, ayant une activité économique, sont des conventions réglementées les conventions passées entre la société civile et le gérant mais aussi les conventions passées entre la SC et une société dont un associé indéfiniment responsable, un gérant, un administrateur le directeur général, un directeur général délégué, un membre du directoire ou du conseil de surveillance, un actionnaire disposant d'une fraction des droits de vote supérieure à 10 % est simultanément gérant de la société civile.

Avoir une activité économique signifie pour la CNCC : « une personne morale de droit privé non commerçante a une activité économique lorsqu'elle collecte des fonds qu'elle redistribue et assure ce faisant un rôle d'intermédiaire dans un processus de redistribution des richesses » (norme du CNCC 5-103). La jurisprudence n'est pas très fournie pour le cas des SCI avec un seul bien donné en location. Toutefois, le document 7 tendrait à nous faire penser que le juge adopte une vision assez large de l'activité économique puisqu'est qualifiée d'entreprise toute société civile dont l'objet social consiste dans l'achat, la vente et la gestion de tous biens immobiliers (Cour de cassation, 28 juin 2007, pourvoi n° 06-14.867).

La jurisprudence n'étant pas totalement fixée, une réponse qui indiquerait qu'une SCI dont l'objet social ne mentionnerait pas la vente d'un immeuble loué ne serait pas sujette au régime des conventions réglementées serait bien entendu acceptée.

Application. En l'espèce, en ce qui concerne la SCI, on peut raisonnablement, en s'appuyant sur l'arrêt de Cour de cassation du 28 juin 2007 (document 7), supposer qu'elle entre bien dans le cadre de l'application des règles des conventions réglementées puisqu'il s'agit d'une SCI louant un bien immobilier à une autre société. Toutefois, il ne s'agit pas d'un contrat conclu entre la SCI et son gérant. Le contrat est bien conclu avec une autre société mais M. Fauqueron n'est ni dirigeant ni actionnaire à plus de 10 % de la SA TLD (le document 5 indique qu'il ne peut être que salarié).

De la même manière, au sein de la SA, aucune nécessité d'appliquer les règles des conventions réglementées ne semble s'imposer puisque M. Fauquignon, s'il est gérant et associé indéfiniment responsable de la SCI, n'exerce pas un rôle de direction au sein de la SA et n'est pas actionnaire à plus de 10 %.

UE 4. Droit fiscal

Sujet type d'examen 1

Sujet

SARL Infopro

Durée de l'épreuve 3 h

Coefficient 1

Matériel autorisé : aucun.

Document autorisé : aucun matériel n'est autorisé. En conséquence, tout usage d'une calculatrice est interdit et constituerait une fraude (le sujet est adapté à cette interdiction).

Le sujet se présente sous la forme de **3 DOSSIERS** indépendants :

Dossiers

1. Taxe sur la valeur ajoutée en régime partiel .... 7 points
2. Imposition des bénéfices .... 7 points
3. Impôt sur le revenu et gestion de la rémunération des associés ... 6 points

Le sujet comporte 11 documents :

Documents

Dossier 1

1. Formation du chiffre d'affaires du mois de décembre 2022
2. État des dépenses du mois de décembre 2022 ventilées par secteur
3. Déductibilité de l'achat de carburant
4. Évolution du coefficient de taxation de la SARL Infopro

Dossier 2

5. B-A-BA de droit fiscal à l'attention des dirigeants d'entreprise
6. Informations de l'exercice 2022 d'Infopro
7. Suivi des résultats de la SARL Infopro depuis 2018
8. Calendrier fiscal 2023

Dossier 3

9. Informations sur le foyer fiscal Tourron (2022)
10. Déduction forfaitaire de 10 %
11. Barème progressif applicable aux revenus de 2022

Si le texte du sujet, de ses questions ou de la base documentaire vous conduit à formuler une ou plusieurs hypothèses, il vous est demandé de la (ou de les) mentionner explicitement dans votre copie. Il vous est demandé d'apporter un soin particulier à la présentation de votre copie. Toute information calculée devra être justifiée.

SARL Infopro

La SARL Infopro a été créée il y a 20 ans à Provins (Seine-et-Marne) où se situent son siège social, son magasin et les locaux nécessaires à ses activités de formation et de commerce en ligne.

La société est détenue par ses deux associés fondateurs : Sylvain Tourron (50 % des droits) et Julien Pequen (50 % des droits), deux amis d'enfance. Ces professionnels de la vente de matériel informatique étaient tous les deux salariés dans une société du secteur jusqu'en 2002. À la faveur d'une restructuration économique de la société dans laquelle était employé Julien Pequen, ils ont décidé de s'associer pour créer la SARL Infopro.

Depuis l'origine, Infopro vend du matériel informatique de grandes marques (PC de bureau, PC portables, imprimantes, écrans et accessoires divers) qu'elle propose à la vente dans son magasin, uniquement à une clientèle de professionnels exigeants (cabinets d'expertise comptable, cabinets d'avocats et offices notariaux) installés autour de Provins.

En 2019, des services complémentaires ont été développés et proposés à la clientèle : audit des systèmes d'information, préconisations en matière d'architecture des réseaux et de management du risque informatique.

La SARL Infopro peut alors intervenir en qualité de maître d'œuvre pour le compte des clients qui souhaitent déléguer la gestion de leur système informatique. De telles offres rencontrent un succès grandissant auprès des professionnels de la région.

Début 2020, la société a également développé une activité de formation aux logiciels de dématérialisation et d'archivage numérique et, plus généralement, à la gestion électronique des documents (GED) auprès de ses clients locaux (experts-comptables et notaires). Sylvain Tourron intervient ponctuellement sur certaines formations mais l'essentiel des prestations est assuré par deux formateurs salariés de la SARL.

Afin de développer son courant d'affaires et de faire face à l'évolution des pratiques et attentes des clients professionnels (*B to B*), Infopro a lancé en janvier 2022 un site Internet permettant à ses clients de réaliser des commandes d'accessoires en ligne (souris, claviers, stations d'accueil, batteries, câbles, sacoches et étuis pour PC portables).

Le site d'e-commerce permet d'élargir le portefeuille client au reste de la France et à quelques pays proches (Belgique, Luxembourg et, à moindre échelle, la Grande-Bretagne). Les commandes sont expédiées par transporteur, par voie postale ou grâce aux camionnettes de livraison de l'entreprise selon les cas.

Fiche signalétique de la SARL Infopro

- La société a été créée le 15 mars 2002.
- Son capital entièrement libéré est de 40 000 € réparti égalitairement entre les associés.
- L'exercice comptable de la société coïncide avec l'année civile.
- La société n'a émis aucune option fiscale particulière (TVA et imposition des bénéfices).
- Une adhésion à un centre de gestion agréé a été effectuée dès la création de la société.
- La SARL bénéficie du taux d'imposition réduit en faveur des PME.
- À la fin 2022, l'effectif est de douze salariés, y compris les deux dirigeants.
- Le chiffre d'affaires hors taxes (CAHT) de l'exercice 2022 est de 1 800 000 € toutes activités confondues.
- Selon les premières analyses, le résultat comptable provisoire de l'exercice 2022 s'établit à 150 000 €.

Vous avez intégré la SARL Infopro le 20 décembre 2022 en qualité d'adjoint(e) au responsable administratif et financier, Fabien Lebourg. Vous êtes actuellement en période d'essai. À ce titre, Fabien Lebourg vous sollicite pour trois missions différentes.

Dossier 1 Taxe sur la valeur ajoutée en régime partiel

Base documentaire : documents 1, 2, 3 et 4

La diversité des régimes de TVA applicables aux activités exercées par la société Infopro impose une grande rigueur et des compétences techniques certaines, afin d'éliminer tout risque de redressement dans l'hypothèse d'un contrôle fiscal.

Fabien Lebourg vous fournit les informations à caractère général suivantes :

- la société dépose chaque mois une déclaration de TVA dans le cadre du régime du réel normal ;
- les livraisons sont toujours, sauf mention contraire, accompagnées d'une facture.

Dans un souci de conformité par rapport à la législation, la société a sectorisé ses activités :

- le premier secteur regroupe le commerce de matériel et d'accessoires divers et les prestations de conseil et d'accompagnement en matière de systèmes d'information ;
- le second secteur concerne les formations, services exonérés de TVA.

La plupart des achats de biens et services sont affectés à l'un ou l'autre des secteurs mais certains sont utilisés simultanément par les deux secteurs. L'analyse doit donc être menée au cas par cas.

Mission

Fabien Lebourg vous charge, dans un premier temps, d'analyser les particularités de traitement induites par le régime partiel de TVA auquel est soumise la SARL Infopro. Vous devrez ensuite réaliser la déclaration de TVA du mois de décembre 2022, mois dont l'activité est traditionnellement calme.

Pour mener à bien le processus de détermination de la TVA du mois de décembre, vous devrez, à l'aide des documents 1 à 4 :

1.1. Identifier les modalités d'exigibilité et de déductibilité en matière de TVA qui s'appliquent aux deux secteurs d'activité de la société Infopro.

1.2. Présenter les modalités d'utilisation du coefficient de déduction puis déterminer celui qui est applicable aux opérations enregistrées en 2022.

1.3. Analyser chacune des opérations en vue de l'établissement de la déclaration de TVA du mois de décembre 2022 en utilisant le modèle de tableau proposé.

Nature de l'opération	Qualification fiscale de l'opération	Analyse fiscale (règle de droit et application au cas d'espèce)	TVA déductible	TVA exigible

Dossier 2 Imposition des bénéfices

Base documentaire : documents 5, 6, 7 et 8

La SARL Infopro souhaite vous faire intervenir au plus tôt sur les travaux de détermination de son résultat fiscal. Concentrés sur le développement commercial de leur société, les deux fondateurs n'ont pas eu le loisir d'analyser les conséquences de l'évolution du chiffre d'affaires et des charges induites sur le futur montant d'impôts. Ils se contentent de suivre la trésorerie qui est excédentaire.

Fabien Lebourg, aux côtés duquel vous intervenez, a bien essayé de les sensibiliser à cet aspect mais il n'a pas reçu l'écoute attendue de la part des deux associés, ce qui le préoccupe, bien que ses premières analyses démontrent que la SARL est largement bénéficiaire, tant sur le plan comptable que fiscal.

Mission

Fabien Lebourg vous demande d'analyser certains points qui pourraient impacter le résultat fiscal 2022 de la SARL. Vos travaux lui permettront d'informer les associés des conséquences personnelles de la variation du résultat, tant en matière de charge d'impôt que de stratégie de rémunération.

Afin de répondre aux attentes de Fabien Lebourg, vous devez traiter les questions suivantes à l'aide des informations contenues dans les documents 5 à 8 :

2.1. Expliciter le traitement fiscal applicable aux différents points contenus dans le document 6 pour la détermination du résultat fiscal 2022. Chiffrer, à chaque fois que cela est opportun, les conséquences des retraitements préconisés en utilisant le modèle de tableau d'analyse fiscale ci-après.

Descriptif et référence de l'opération	Analyse fiscale (règle de droit, application au cas d'espèce)	Déduction	Réintégration

2.2. Rédiger une note de synthèse à destination des deux associés :

- expliquant les modalités de paiement de l'impôt sur les sociétés liquidé au titre de l'exercice 2022 ;
- présentant un échéancier des paiements d'impôt sur les sociétés que la SARL doit effectuer au cours de l'année 2023.

Dossier 3 Impôt sur le revenu et gestion de la rémunération des associés

Base documentaire : documents 9, 10 et 11

Très satisfaits des résultats de l'année 2022, les deux associés de la SARL, projettent d'augmenter rapidement et de façon substantielle leur rémunération au plus tard à la fin du premier semestre 2023.

En gestionnaire prudent, Fabien Lebourg a déjà suggéré aux associés la solution alternative qui consiste à leur verser des dividendes lorsque les résultats de l'exercice le permettent plutôt que d'augmenter les salaires, solution par nature peu réversible. Il leur laisse entendre que la fiscalité des distributions est en effet intéressante grâce au prélèvement forfaitaire unique (PFU).

Afin d'étayer son argumentaire, Fabien Lebourg vous demande de préparer une étude d'impact sur le montant de l'impôt sur le revenu de Sylvain Tourron, en retenant les deux hypothèses suivantes :

- attribution de 10 000 € de dividendes ;

ou

- augmentation du salaire de 10 000 €.

Sylvain Tourron a fourni toutes les informations nécessaires sur sa situation fiscale personnelle et a explicitement donné son accord pour que cette étude soit réalisée avant toute prise de décision.

Mission

À l'aide des documents 9 à 11, vous devrez :

3.1. Présenter, dans une note de synthèse, les mécanismes d'imposition des dividendes. Conclure en prenant en compte le taux marginal d'imposition du foyer fiscal de Sylvain Tourron qui est de 30 %.

3.2. Simuler les montants d'impôt sur le revenu du foyer fiscal de Sylvain Tourron selon :

- l'hypothèse 1 : versement de 10 000 € de dividendes (imposition au régime de droit commun) ;
- l'hypothèse 2 : augmentation de salaire de 10 000 €.

3.3. Conclure sous la forme d'une synthèse (10 lignes maximum).

BASE DOCUMENTAIRE

Document 1

Formation du chiffre d'affaires du mois de décembre 2022

Descriptif des opérations	Type de clients	Facturation de décembre 2022 (HT)	TVA	Encaissements de décembre 2022
Ventes d'ordinateurs et matériels informatiques – magasin	Professionnels France	62 000	12 400	114 000
Ventes d'accessoires – site Internet	Professionnels France	8 000	1 600	8 400
Ventes d'accessoires – site Internet	Professionnels UE	38 500	–	18 480
Prestations de conseil et d'accompagnement en matière de systèmes d'information	Professionnels France	3 500	700	4 800
Formations aux logiciels de gestion électronique de documents	Professionnels France	15 000	–	12 000

Les ventes soumises à TVA relèvent du taux normal.

Lorsque cela est nécessaire et sauf mention contraire, les numéros intracommunautaires ont été échangés et les factures sont systématiquement jointes aux expéditions.

Document 2

État des dépenses du mois de décembre 2022 ventilées par secteur

Secteur « Commerce de matériel et prestations de conseil et d'accompagnement »	Type de fournisseurs	Facturation de décembre 2022 (HT)	TVA	Décaissements de décembre 2022
Achats de matériels informatiques (ordinateurs de bureau, portables, écrans)	Grossistes ou fabricants – Belgique	31 000	6 200	79 000
Achats de matériels informatiques (ordinateurs de bureau, portables)	Grossistes ou fabricants – France	2 500	500	2 050
Achats d'accessoires (souris, claviers, batteries…)	Grossistes – Chine	40 000	8 000	65 000
Prestations de services (maintenance, avocat, transporteurs, société de nettoyage, téléphonie)	Professionnels France avec option d'après les débits	1 100	220	840
	Professionnels France sans option d'après les débits	2 350	470	1 800
	Franchisé en base	500	–	–

…

…

Secteur « Formation »	Type de fournisseurs	Facturation de décembre 2022 (HT)	TVA	Décaissements de décembre 2022
Achat de fournitures de papeterie	Professionnels – France	700	140	360
Prélèvement dans les stocks d'ordinateurs + accessoires permettant d'équiper une salle de formation (5 postes)	Stock de marchandises de l'entreprise	15 000	3 000	–
Achats mixtes	**Type de fournisseurs**	**Facturation de décembre 2022 (HT)**	**TVA**	**Décaissements de décembre 2022**
Achat de consommables divers (chocolats, dosettes de café)	Professionnels – France	450	25	–
Achat d'un véhicule particulier (carte grise VP) Clio 5, modèle 1.3 TCe 130	Professionnels – France	20 100	4 020	–
Gazole destiné aux véhicules de tourisme de la société	Professionnels – France	500	100	600

Document 3

Déductibilité de l'achat de carburant

Achat de carburant	Essence		Gazole	
	Véhicules de tourisme	Véhicules utilitaires	Véhicules de tourisme	Véhicules utilitaires
Jusqu'en 2016	0 %	0 %	80 %	100 %
2021	80 %	80 %		
2022	80 %	100 %		

https://www.legifiscal.fr, 2021

Document 4

Évolution du coefficient de taxation de la SARL Infopro

	Jusqu'en 2019 inclus	2020	2021
Coefficients définitifs	1,00	0,90	0,80

Document 5

B-A-BA de droit fiscal à l'attention des dirigeants d'entreprise

En principe, les SARL (société à responsabilité limitée), SA (société anonyme), SAS (société par actions simplifiée) sont imposées à l'impôt sur les sociétés (IS) bien qu'elles puissent opter sous certaines conditions pour l'impôt sur le revenu (IR). L'EURL (entreprise unipersonnelle à responsabilité limitée), qui est une société type SARL mais créée à partir d'un associé unique, et la SNC (société en nom collectif) sont en général soumises à l'impôt sur le revenu avec toutefois une option possible pour l'imposition des bénéfices à l'impôt sur les sociétés.

L'impôt sur les sociétés (IS) est un régime fiscal qui sépare le bénéfice de l'entreprise et la rémunération du dirigeant. Le chef d'entreprise paie alors des impôts personnels sur le salaire qu'il perçoit. Ainsi, vous devez déclarer votre rémunération et les dividendes reçus sur votre formulaire d'imposition des revenus. Le bénéfice net de votre entreprise déduction faite de votre rémunération (qui constitue une charge pour votre société) doit être en revanche déclaré sur votre formulaire pour l'impôt sur les sociétés.

Lorsqu'une société décide de répartir tout ou partie de ses bénéfices entre les associés, les bénéfices ou dividendes sont imposés au niveau de la société au titre de l'impôt sur les sociétés et au niveau des associés au titre du prélèvement forfaitaire unique (PFU) ou sur option au barème progressif de l'impôt sur le revenu.

www.economie.gouv.fr/entreprises/fiscalite-chef-dirigeant-entreprises

Document 6

Informations de l'exercice 2022 d'Infopro

Rémunération et charges sociales des deux associés

Les deux associés égalitaires disposent de la qualité de gérant salarié. Les éléments comptabilisés dans les charges de personnel au titre de l'exercice 2022 sont les suivants :

Éléments	Sylvain Tourron	Julien Pequen
Salaires bruts	50 000	50 000
Prime exceptionnelle	–	2 000
Charges sociales et fiscales sur salaires	20 100	21 700

Les rémunérations sont non exagérées et correspondent à des missions effectives à caractères commercial, technique et managérial.

Écarts de conversion à la clôture de l'exercice

Au cours de l'exercice 2022, la SARL Infopro a développé un courant d'affaires avec la Grande-Bretagne. Les données afférentes à ces opérations sont synthétisées ci-après.

Situations au 31 décembre 2022

Pertes latentes de change	**1 800 €**
Provision pour risque de change comptabilisée au 31/12	1 800 €

Au 31 décembre 2021, la SARL Infopro avait enregistré un gain latent de change de 200 € avec son seul client britannique de l'époque. L'opération a été soldée au cours de l'exercice 2022 ; elle s'est traduite par une perte réelle de change de 100 €.

•••

•••

État des amortissements au 31 décembre 2022

Immobilisations	Amortissement économique (€)	Amortissement fiscal (€)
Bâtiment Structure Composant de 1re catégorie	 45 000 7 500	 60 000 5 000
Clio 5 – modèle 1.3 TCe 130 (carte grise VP) Véhicule mis en service le 01/12/2022. Prix d'achat TTC : 24 120 € Base fiscale : 18 300 €. Durée d'usage : 4 ans, durée d'utilisation : 5 ans	400	500
Installations de stockage	8 260	8 260
Véhicules utilitaires	28 000	35 000

Subvention d'investissement

La SARL Infopro a perçu le 1er juillet 2022 une subvention d'investissement de 10 000 € qui a été régulièrement comptabilisée. Cette subvention est concomitante à l'acquisition d'un des véhicules utilitaires permettant de faciliter la livraison des commandes aux clients locaux. Fabien Lebourg a choisi d'étaler la reprise de la subvention.

Le véhicule, d'une valeur de 30 000 € HT est mis en service le 1er juillet 2022 et est amorti selon le mode linéaire sur 5 ans.

Produits financiers

Le portefeuille-titres inscrit à l'actif du bilan de la SARL Infopro (essentiellement des SICAV et quelques obligations issues des excédents de trésorerie) a permis de dégager, au titre de 2022, un produit net de 760 €.

Opérations exceptionnelles

La SARL Infopro a obtenu, le 15 septembre 2022, un dégrèvement d'un montant de 421 € concernant une amende pour infraction à la législation économique supportée à tort en 2020.

Les opérations mentionnées ont été correctement comptabilisées.

Document 7

Suivi des résultats de la SARL Infopro depuis 2018

	2018	2019	2020	2021	2022
Résultats comptables définitifs (€)	45 000	42 000	71 000	92 000	–
Résultats fiscaux (€)	61 000	63 000	89 000	138 120	152 000
IS (compte 695)	13 345	12 684	19 964	33 718	–

Document 8

Calendrier fiscal 2023

Liquidation de l'impôt sur les sociétés

La société après la clôture de son exercice, établit sa déclaration de résultat. Le solde d'IS est à verser au plus tard 3 mois et demi après la clôture (par exception, on retient le 15 mai pour les sociétés qui clôturent au 31 décembre).

Les redevables doivent procéder au versement spontané du solde de leur impôt sur les sociétés :

– ce solde correspond au montant de l'impôt calculé sur le résultat fiscal de l'exercice...

– diminué du montant des acomptes déjà versés...

– diminué de l'imputation des crédits d'impôt.

Exemples de calendriers

Date de clôture de l'exercice	Date de paiement du solde
31 décembre 2022	15 mai 2023
30 novembre 2022	16 mars 2023

Lorsque ce calcul fait apparaître un excédent de versement, le montant est en principe remboursé.

La société peut également en demander l'imputation sur le premier versement d'acompte de l'exercice suivant.

Montant d'IS par tranche

	Taux (%)	Montants d'IS (€)	Acompte correspondant (€)
Jusqu'à 38 120 €	15,0	5 718	1 430
Au-delà de 38 120 € jusqu'à 152 000 €	26,5	30 178	7 545

Document 9

Informations sur le foyer fiscal Tourron (2022)

Sylvain et Coralie sont mariés depuis 25 ans et n'ont plus d'enfant à charge.

Coralie est designer. Elle est salariée dans une agence parisienne.

Revenus 2022

Catégorie « Traitements et salaires »	Sylvain	Coralie
Salaires imposables déclarés par l'employeur	30 000 (1)	40 000
Allocation forfaitaire de frais de déplacement déclarée par l'employeur		5 000
Frais réels professionnels déductibles que Coralie est en mesure de justifier		4 000

(1) Ce montant correspond au salaire réel imposable de Sylvain pour 2022 et ne prend donc pas en compte l'hypothèse de l'augmentation de 10 000 €.

Catégorie « Revenus mobiliers »	Montant (€)
Intérêts du Livret A de la Caisse d'Épargne	400

Document 10

Déduction forfaitaire de 10 %

Dépenses couvertes par la déduction	Dépenses professionnelles courantes liées à l'emploi ou à la fonction : frais de déplacement du domicile au lieu de travail, de restauration sur le lieu de travail, de documentation professionnelle…
Montants minimum et maximum de la déduction	• 448 € minimum par salarié sauf si la rémunération déclarée est inférieure à ce montant. • 12 829 € maximum par salarié.
Régime fiscal des allocations ou remboursements pour frais d'emploi	Non imposables si les frais concernés, qui doivent avoir un caractère professionnel et avoir été réellement exposés, ne sont pas déjà couverts par la déduction forfaitaire de 10 %.
Modalités d'application de la déduction forfaitaire de 10 %	• Applicable automatiquement sans demande particulière. • Calculée séparément sur les salaires de chacune des personnes du foyer.

www.impots.gouv.fr

Document 11

Barème progressif applicable aux revenus de 2022 (barème adapté)

Valeur du quotient R/N	Tranche marginale (%)	Montant de l'impôt brut (€)
Jusqu'à 10 225 €	0	–
De 10 225 € à 26 070 €	11	(R × 0,11) – (1 100 × N)
De 26 070 € à 74 545 €	30	(R × 0,30) – (6 100 × N)
De 74 545 € à 160 336 €	41	(R × 0,41) – (14 300 × N)
À partir de 160 336 €	45	(R × 0,45) – (20 700 × N)

Adapté de www.service-public.fr

SAVOIRS ESSENTIELS

1 Régimes partiels en matière de TVA

A) Principe

Un régime partiel existe du fait de la cohabitation au sein d'une même entreprise d'un chiffre d'affaires sur lequel la TVA est exigible et de chiffres d'affaires sur lesquels cette même taxe ne l'est pas, ce qui correspond à différents secteurs d'activité (exonéré, hors champ…).

Or, nous connaissons la règle suivante : la TVA est déductible sur les achats si ces deniers concourent à créer du chiffre d'affaires taxable à la TVA, elle n'est pas déductible lorsque les achats concernent des activités non soumises à TVA.

Dès lors, se pose la question suivante : « Dans le contexte d'un régime partiel, quel est le montant de TVA déductible sur les achats réalisés ? »

B) Règle d'affectation

En tout premier lieu, les factures d'achat sont affectées aux secteurs concernés sauf pour les achats mixtes.

	Achats affectés au secteur soumis à la TVA	Achats affectés aux secteurs exonérés ou hors du champ d'application de la TVA	Achats mixtes ou communs à tous les secteurs
TVA déductible sur les achats ?	Oui	Non	Oui, à hauteur d'un coefficient de déduction
TVA exigible sur le CA ?	Oui	Non	• Oui, pour le secteur soumis • Non, pour les secteurs exonérés et/ou hors champ

TVA collectée, TVA déductible, qui paye quoi ?
http://dunod.link/bd0omkg

C) Modalités de déduction de la TVA sur les factures d'achat

Cas de figure	Activités soumises (TVA collectée)	Activités exonérées (pas de TVA collectée)	Activités hors du champ (pas de TVA collectée)	Coefficient de déduction
Assujetti total (ex. : activité commerciale)	Oui	Non	Non	100 % de TVA déductible (hors véhicules de tourisme, carburants, etc., qui sont régis par un coefficient d'admission – CoAdm)
Assujetti partiel (ex. : activité commerciale et gestion de dividendes)	Oui	Non	Oui	TVA déductible sur les achats mixtes à hauteur du coefficient d'assujettissement – CoAss

Cas de figure	Activités soumises (TVA collectée)	Activités exonérées (pas de TVA collectée)	Activités hors du champ (pas de TVA collectée)	Coefficient de déduction
Redevable partiel (ex. : activité commerciale et activité de formation)	Oui	Oui	Non	TVA déductible sur les achats mixtes à hauteur du coefficient de taxation – CoTax
Assujetti redevable partiel (ex. : activité commerciale + gestion des dividendes + activités de formation)	Oui	Oui	Oui	TVA déductible sur les achats mixtes à hauteur de CoAss × CoTax

D) Détermination des coefficients

	CoAss	CoTax	CoAdm
Modalité de calcul du coefficient	$\frac{\text{CA dans le champ (soumis + exonéré)}}{\text{(CA dans le champ + CA hors champ)}}$	$\frac{\text{CA soumis}}{\text{(CA soumis + CA exonéré)}}$	Déterminé par la loi

In fine, seuls les achats mixtes posent un problème de déductibilité de la TVA. La TVA sur les factures d'achat mixte ne sera déductible qu'à hauteur du :

Coefficient de déduction = CoAss × CoTax × CoAdm

Application des coefficients : exemples

Situation	CoAss	CoTax	CoAdm	Coefficient de déduction
Assujetti partiel (ex. : activité commerciale et gestion de dividendes)	0,8 ou 80 %	Sans objet donc = 1 ou 100 %	Déterminé par la loi Ex. : 0,8 ou 80 % (essence)	0,8 × 1 × 0,8 = 64 %
Redevable partiel (ex. : activité commerciale et activité de formation)	Sans objet donc = 1 ou 100 %	0,65 ou 65 %	1 ou 100 %	1 × 0,65 × 1 = 65 %
Assujetti redevable partiel (ex. : activité commerciale + gestion des dividendes + activités de formation)	0,8 ou 80 %	0,65 ou 65 %	1 ou 100 %	0,8 × 0,65 × 1 = 52 %

2 Qualification fiscale des opérations courantes en matière de TVA

Il est nécessaire de qualifier fiscalement les opérations qui vont être analysées dans une déclaration de TVA. Le nombre de cas est limité, d'où la possibilité de maîtriser aisément la terminologie.

Livraisons de biens (LB) ou prestations de services (PS)	Opérations réalisées exclusivement sur le territoire national pour lesquelles le fournisseur assujetti qui établit la facture doit collecter la TVA
Acquisitions intracommunautaires de biens (AIC)	• Opérations entre assujettis *(B to B)* • Achats de biens par un assujetti à la TVA (avec numéro d'identification) auprès d'une entreprise assujettie établie dans un autre pays de l'Union européenne (UE). Pour les services, on utilisera le terme « acquisition IC de services »
Livraisons intracommunautaires de biens (LIC)	• Opérations entre assujettis *(B to B)* • Ventes de biens à un assujetti (avec numéro d'identification) établi dans un autre État de l'UE. Pour les services, on utilisera le terme « livraison IC de services »
Ventes à distance (VAD)	Livraisons de biens ou de prestations de services à une personne établie dans un autre État de l'UE qui ne possède pas de numéro d'identification intracommunautaire (particuliers, PBRD)
Importations	Achats de biens ou de services par des ressortissants français en provenance de pays tiers à l'UE
Exportations	Livraisons de biens ou de prestations de services par des entreprises françaises à des ressortissants de pays tiers à l'UE
Livraisons à soi-même (LASM)	Livraisons à soi-même de stocks, de services ou d'immobilisations à des fins privées (autoconsommation) ou dans le cadre de l'exploitation (autofabrication)

• IC : intracommunautaire
• PBRD : personnes bénéficiant d'un régime dérogatoire

3 Subventions

Certaines subventions bénéficient de dispositifs d'imposition avantageux. Leur particularité tient au fait que les traitements sont réalisés en comptabilité et non de façon extra-comptable.

A) Traitement des différentes subventions

Subvention d'exploitation	Subvention dont bénéficie l'entreprise pour lui permettre de compenser l'insuffisance de certains produits d'exploitation ou de faire face à certaines charges d'exploitation. Elle figure en produit aux comptes 74 ou 77 et est imposable.	Aucune correction extra-comptable

Subvention d'équilibre		Subvention dont bénéficie l'entreprise pour compenser, en tout ou partie, la perte globale qu'elle aurait constatée si cette subvention ne lui avait pas été accordée. Elle figure en produit aux comptes 74 ou 77 et est imposable.	Aucune correction extra-comptable
Subvention d'investissement	**Immobilisations amortissables**	En vue d'acquérir ou de créer des valeurs immobilisées. Elle peut être, au choix de l'entreprise, soit prise en compte pour sa totalité en compte 77 et imposée dès l'exercice d'octroi, soit étalée et imposée au même rythme que les amortissements par le biais des comptes 139 et 777.	Aucune correction extra-comptable
	Immobilisations non amortissables avec clause d'inaliénabilité	Subvention dont bénéficie l'entreprise en vue d'acquérir des biens non amortissables assortie d'un délai au cours duquel l'immobilisation ne peut être cédée. Elle peut être, au choix de l'entreprise, soit prise en compte pour sa totalité en compte 77 et imposée dès l'exercice d'octroi, soit étalée et imposée sur la durée stipulée dans le contrat.	Aucune correction extra-comptable

B) Écarts de conversion

Comptabilité	Fiscalité	Déduction	Réintégration
Écart de conversion – Actif : compte 476	Perte latente de change : déductible mais non comptabilisée en classe 6	→	
Provision pour risque de change	Provision non déductible (écart de change déduit du compte 476, double déduction impossible)		→
Écart de conversion – Passif : comptes 477	Gain latent de change : imposable mais non comptabilisé en classe 7		→

4 Processus de calcul de l'impôt sur le revenu

1. Détermination des revenus catégoriels

- Traitements et salaires
- Bénéfices industriels et commerciaux
- Bénéfices non commerciaux
- Bénéfices agricoles
- Revenus fonciers
- Revenus des capitaux mobiliers

2. Détermination du revenu brut global (RBG) du foyer fiscal

3. Détermination du revenu net global (RNG) du foyer fiscal
RNG = RBG – Charges déductibles

4. Détermination du nombre de parts dans le foyer fiscal (N) :
1 personne = 1 part ; un couple marié ou pacsé = 2 parts ;
1 enfant = 1/2 part, puis 1 part à partir du 3e

5. Détermination du quotient familial (QF) :
QF = RNG / N

6. Détermination du taux marginal d'imposition

Le revenu net global d'une famille composée d'un couple marié et de deux enfants à charge est de 90 000 € pour l'année 2022
Nombre de parts : 1 + 1 + 0,5 + 0,5 = 3
QF = 90 000/3 = **30 000 €** → ❶
Taux marginal d'imposition : 30 %

Fraction du revenu imposable (pour 1 part)	Taux marginal d'imposition (%)
Jusqu'à 10 225 €	0
De 10 225 € à 26 070 €	11
❶ De 26 070 € à 74 545 €	30
De 74 545 € à 160 336 €	41
À partir de 160 336 €	45

7. Calcul de l'impôt brut (avant imputation des réductions et crédits d'impôt)

Fraction du revenu imposable (pour 1 part)	Taux marginal d'imposition (%)	Montant par tranche (€)
Jusqu'à 10 225 €	0	0
De 10 225 à 26 070 €	11	1 743 €
❷ De 26 070 à 30 000 €	30	1 179 €
Montant d'IR pour 1 part		2 922 €

→ Impôt pour le foyer fiscal : 2 922 € × 3 parts = 8 766 €

Dossier 1 Taxe sur la valeur ajoutée en régime partiel

1.1 Identifier les modalités d'exigibilité et de déductibilité en matière de TVA qui s'appliquent aux deux secteurs d'activité de la société Infopro.

Compétence attendue

Déterminer les mécanismes d'exigibilité, de déduction et de régularisation de la taxe sur la valeur ajoutée

DÉCRYPTAGE

Le candidat doit être en capacité d'identifier différents régimes d'exigibilité et de déductibilité au sein d'une même entité et de rédiger de façon concise et structurée les règles de droit.

- Dans le secteur « Commerce de matériel et prestations de conseil et d'accompagnement », toutes les activités sont situées dans le champ d'application de la TVA. La TVA est donc exigible au taux de 20 % :
- À la livraison pour les ventes de matériel (sauf LIC exonérées) ;
- Aux encaissements pour les PS car la SARL n'a pas opté d'après les débits.
- La TVA étant collectée sur le CA, alors elle est déductible à 100 % sur tous les achats, services ou immobilisations concourant à la formation de ce chiffre d'affaires (sauf lorsque le coefficient d'admission est différent de 1).
- Dans le secteur « Formation », les activités sont situées dans le champ d'application de la TVA mais sont exonérées. À ce titre, la TVA n'est pas collectée sur le chiffre d'affaires. La TVA sur les achats, services ou immobilisations concourant à la formation de ce chiffre d'affaires n'est donc pas déductible.

NOTRE CONSEIL

Pour cartographier les régimes fiscaux mentionnés dans le sujet, vous devez traiter les questions dans l'ordre.

1.2 Présenter les modalités d'utilisation du coefficient de déduction puis déterminer celui qui est applicable aux opérations enregistrées en 2022.

Compétence attendue

Mettre en œuvre, dans une situation donnée, les mécanismes d'exigibilité, de déduction et de régularisation de la taxe sur la valeur ajoutée.

DÉCRYPTAGE

- Le candidat doit être en capacité de retranscrire la règle de droit et ensuite de l'appliquer au cas d'espèce sous forme d'un écrit structuré de type « Constat – Règle de droit – Application au cas d'espèce ».
- Il n'est pas utile de faire figurer ces mentions sur la copie, elles apparaissent ici uniquement à titre de repères.

Constat. Le coefficient de déduction est le résultat du produit : Coefficient d'assujettissement × Coefficient de taxation × Coefficient d'admission (CoAss × CoTax × CoAdm).

Règle de droit. Ce coefficient est appliqué sur le montant de TVA figurant sur les factures d'achats de biens, immobilisations et services :

- qui font l'objet d'une **utilisation mixte**, c'est-à-dire utilisés dans des secteurs d'activité qui ne sont pas régis par les mêmes règles d'exigibilité (activités soumises, activités exonérées ou hors du champ d'application) ;
- qui font l'objet d'un coefficient d'admission différent de zéro (véhicules de transport de personnes, carburants…).

Le coefficient de déduction permet de déterminer le montant de TVA déductible sur les factures concernées.

Application. La SA Infopro a déterminé deux secteurs d'activité :

- une activité commerciale assujettie à la TVA ;
- une activité de formation exonérée de TVA.

NOTRE CONSEIL

Ce type de question vous permet de faire le point sur vos connaissances avant de les mettre en œuvre, dans la consigne suivante. À ne pas négliger donc !

La SA Infopro est un redevable partiel qui doit appliquer pour l'ensemble de ses achats mixtes, le coefficient de déduction provisoire pour 2022 de 0,80 (qui est le coefficient de taxation définitif de 2021).

La SA Infopro doit par ailleurs prendre en compte les coefficients d'admission qui s'appliquent aux acquisitions de véhicules de tourisme (coefficient = 0) et au gazole (coefficient = 80 % pour les véhicules de tourisme).

Une régularisation interviendra au plus tard le 25 avril 2023 afin de déterminer le coefficient définitif de 2022 et générer les régularisations nécessaires.

1.3 Analyser chacune des opérations en vue de l'établissement de la déclaration de TVA du mois de décembre 2022 en utilisant le modèle de tableau proposé.

Compétences attendues

- **Qualifier** les opérations et **justifier** les règles applicables en matière de taxe sur la valeur ajoutée
- **Déterminer** le montant de la taxe sur la valeur ajoutée due ou du crédit de taxe sur la valeur ajoutée

DÉCRYPTAGE

- Le candidat est attendu sur ses capacités à organiser l'analyse fiscale selon un processus structuré (qualification fiscale, règle de droit et application au cas d'espèce).
- Le candidat doit démontrer sa maîtrise du vocabulaire technique approprié : livraison de biens, prestation de services, livraison intracommunautaire, acquisition intracommunautaire, exportation, importation, vente à distance, livraison à soi-même.

Nature de l'opération	Qualification fiscale de l'opération	Analyse fiscale (règle de droit et application au cas d'espèce)	TVA déductible	TVA exigible
Ventes en France (magasin + Internet)	Livraison de biens (LB)	**Règle de droit.** La TVA est exigible lors de la livraison/facturation. **Application.** Les biens sont livrés en France et facturés en décembre donc TVA exigible : (62 000 + 8 000) × 0,2.		14 000
Ventes d'accessoires à des professionnels assujettis dans l'UE	Livraison intra-communautaire (LIC)	**Règle de droit.** Les biens sont livrés dans un état de l'UE et le numéro IC est communiqué : LIC exonérées. **Application.** Il s'agit de professionnels identifiés car le numéro IC est fourni, donc l'opération est exonérée.		–
Facturation et encaissement de prestations de conseil et d'accompagnement	Prestation de services (PS)	**Règle de droit.** La TVA est exigible sur les PS aux encaissements sauf en cas d'option d'après les débits, où l'exigibilité est ramenée au débit du compte client ou à la perception d'acomptes. **Application.** La SARL n'a formulé aucune option, la TVA est exigible aux encaissements : 4 800/1,2 × 0,2.		800
Facturation et encaissement des prestations de formation	PS	**Règle de droit.** Le secteur de la formation bien que dans le champ d'application de la TVA est exonéré par disposition de la loi. **Application.** Le CA est exonéré de TVA donc TVA non exigible.		–
Achats de marchandises en Belgique	Acquisition intracommunautaire (AIC)	**Règle de droit.** La TVA est autoliquidée par le client assujetti (numéro intracommunautaire) à la livraison des biens dans le cas où la facture accompagne la livraison, au plus tard le 15 du mois qui suit la livraison en l'absence de facture. La TVA est alors déductible dans les conditions de droit commun. **Application.** Il s'agit d'une AIC (Belgique) effectuée auprès d'un assujetti, les numéros intracommunautaires sont communiqués et la facture accompagne la livraison, donc la TVA est exigible et déductible en décembre : 31 000 × 20 %.	6 200	6 200
Achats de marchandises en France	LB	**Règle de droit.** La TVA est déductible à la livraison sur les biens nécessaires à l'exploitation et non exclus du droit à déduction. Le règlement n'impacte pas la déductibilité. **Application.** L'achat de marchandises destinées à la revente permet de déduire la TVA à la livraison : 2 500 × 20 %.	500	

Pourquoi doit-on collecter la TVA dans le cas de la LASM ? Les ordinateurs sont prélevés dans les stocks de marchandises comptabilisés HT puisque la TVA est déductible sur les achats de marchandises destinées à être revendues. S'il n'y a pas de régularisation (collecte) de cette TVA, alors l'immobilisation sera « consommée » HT dans un secteur d'activité exonéré, ce qui est contraire à la règle selon laquelle on déduit la TVA sur les seuls achats qui concourent à la production d'un CA soumis à la taxe. La TVA sera exigible au moment du prélèvement.

Nature de l'opération	Qualification fiscale de l'opération	Analyse fiscale (règle de droit et application au cas d'espèce)	TVA déductible	TVA exigible
Achat de marchandises en Chine	Importation	**Règle de droit.** Il s'agit d'une importation qui subit un dédouanement, concomitant avec l'exigibilité de la TVA qui devient déductible dans les conditions de droit commun. **Application.** La marchandise provient de Chine, le dédouanement est réalisé et la TVA devient déductible : 40 000 × 20 %.	8 000	
Achats de services (secteur soumis)	PS	**Règle de droit.** La TVA est déductible sur les services aux décaissements lorsque le fournisseur n'a pas opté pour les débits. En cas d'option, la TVA est déductible à la facturation. Lorsque le fournisseur est franchisé en base, il ne collecte pas la TVA, cette dernière ne peut être déduite. **Application** Fournisseurs avec option sur les débits : on retient le montant facturé du mois 1 100 × 20 %. Fournisseurs sans option : on retient les décaissements du mois 1 800 /1,2 × 0,2. Fournisssseur franchisé en base : aucune TVA facturée.	220 300	
Achat de fournitures de papeterie (secteur exonéré)	LB	**Règle de droit.** La TVA sur les achats est déductible si les achats concourent à la production d'un CA taxable. **Application.** Les formations sont exonérées de TVA donc la TVA n'est pas déductible sur les achats en lien : coefficient de déduction nul.		
Prélèvement dans les stocks d'ordinateurs + accessoires (secteur exonéré)	Livraison à soi-même (LASM)	**Règle de droit.** Les prélèvements dans les stocks (LASM d'immobilisation au titre des autofabrications) n'induisent pas de régularisation de TVA lorsque les biens prélevés ouvrent droit à déduction. **Application.** Les ordinateurs en stock HT sont destinés à un secteur exonéré pour lequel les achats ne permettent pas de déduire la TVA, il y a donc régularisation. TVA exigible : 15 000 × 20 %.		3 000

Nature de l'opération	Qualification fiscale de l'opération	Analyse fiscale (règle de droit et application au cas d'espèce)	TVA déductible	TVA exigible
Achat de consommables (utilisation mixte)	LB	**Règle de droit.** La TVA est déductible à la livraison sur les biens nécessaires à l'exploitation et non exclus du droit à déduction. **Application.** Les biens sont nécessaires à l'exploitation, la TVA est déductible à la livraison, les biens sont d'usage mixte, il convient d'appliquer le coefficient de déduction provisoire : 25 × 80 %.	20	
Achat d'un véhicule de tourisme (utilisation mixte)	LB	**Règle de droit.** La TVA est déductible à la livraison sur les biens nécessaires à l'exploitation et non exclus du droit à déduction. **Application.** Le coefficient d'admission sur l'acquisition d'un VT est nul, donc le bien est exclu du droit à déduction, la TVA n'est pas déductible.		
Achat de gazole pour le véhicule de tourisme (utilisation mixte)	LB	**Règle de droit.** La TVA est déductible à la livraison sur les biens nécessaires à l'exploitation et non exclus du droit à déduction. **Application.** Le coefficient d'admission du gazole est de 80 % lorsque celui-ci est destiné à un VT, auquel vient s'appliquer le coefficient de taxation puisqu'il s'agit d'un bien à usage mixte : TVA déductible à la livraison : 100 × 80 % × 80 %.	64	
TVA à décaisser de décembre 2022			**8 696 €**	

NOTRE CONSEIL

Le rappel des règles de droit vous permet de répondre à la question : « pourquoi ce traitement ? » Face à une consigne de ce type, vous devez occulter l'objectif strictement chiffré (déterminer le montant de la TVA).

Dossier 2 Imposition des bénéfices

2.1 **Expliciter le traitement fiscal applicable aux différents points contenus dans le document 6 pour la détermination du résultat fiscal 2022. Chiffrer, à chaque fois que cela est opportun, les conséquences des retraitements préconisés en utilisant le modèle de tableau d'analyse fiscale ci-après.**

Compétences attendues

- **Analyser** et **expliquer** le traitement fiscal des différentes opérations comptables et déterminer les retraitements nécessaires
- **Déterminer** le résultat fiscal

DÉCRYPTAGE

- Le candidat doit identifier et appliquer les retraitements spécifiques pour les sociétés soumises à l'IS dans le cadre de la détermination du résultat fiscal.
- Le candidat est attendu sur ses capacités à organiser l'analyse fiscale selon un processus structuré (règle de droit et application au cas d'espèce) et à en traiter les aspects calculatoires.

Descriptif ou référence de l'opération	Analyse fiscale (règle de droit, application au cas d'espèce)	Déduction	Réintégration
Résultat comptable provisoire	Produit imposable		150 000
Rémunération des associés	**Règle de droit.** Dans une SARL, la rémunération des associés est une charge déductible si elle correspond à un travail effectif et n'est pas exagérée. **Application.** La rémunération est déductible (y compris la prime qui constitue un élément du salaire) car les conditions de fond sont remplies (voir la mention dans le document 6), donc pas de retraitement extra-comptable.		–
Charges sociales sur rémunération des associés	**Règle de droit.** Les charges sociales sur les rémunérations en lien avec l'exploitation sont normalement déductibles. **Application.** Les charges sont des charges d'exploitation donc déductibles.		–
Écarts de conversion 2022	**Règle de droit.** Les écarts actifs et passifs sont déductibles et imposables fiscalement mais sont constatés dans des comptes de tiers. Afin d'éviter une double déduction des différences de conversion actif, la provision pour risques de pertes de change n'est donc pas déductible. **Application.** Les charges latentes 2022 sont déductibles et la provision ne l'est pas : Compte 476 : 1 800 € déductible Provisions : 1 800 € non déductible	1 800	1 800
Écarts de conversion 2021	**Règle de droit.** Les écarts Passif imposables enregistrés au 31/12/N sont extournés au 01/01/N+1. À ce titre, ils deviennent déductibles du résultat N+1. **Application.** Le gain latent de change 2021 imposé en 2021 devient déductible en 2022 (annulation).	200	
Perte réelle de change 2022	**Règle de droit.** Une charge constatée liée à l'exploitation est déductible. **Application.** La perte de change comptabilisée est normalement déductible, donc pas de retraitement extra-comptable.	–	–

Descriptif ou référence de l'opération	Analyse fiscale (règle de droit, application au cas d'espèce)	Déduction	Réintégration
Amortissements des immobilisations, sauf véhicule de tourisme	**Règle de droit.** Les amortissements sur des immobilisations d'exploitation calculés selon les règles fiscales constituent des dotations maximales déductibles. Selon les cas, la différence entre les amortissements économiques et fiscaux constitue soit des sommes non déductibles, soit des dotations aux amortissements dérogatoires. **Application.** Le bâtiment (structure) : AF > AE, donc dotation dérogatoire déductible de (60 000 – 45 000) = 15 000 €, pas de correction extra-comptable Le bâtiment (composant) : AF < AE, donc dotation non déductible de (5 000 – 7 500) = 2 500 €. Installations stockage : les AE et AF sont alignés. Pas de correction extra-comptable. Véhicules utilitaires : AF > AE, donc dotation dérogatoire déductible de (35 000 – 28 000) = 7 000 €, pas de correction extra-comptable.		2 500
Amortissement du véhicule de tourisme	**Règle de droit.** La déductibilité des amortissements sur véhicules de tourisme est plafonnée en fonction de l'émission de CO_2/km du véhicule. La quote-part d'amortissement excédent le plafond constitue une charge non déductible. **Application.** AF > AE, donc dotation dérogatoire déductible (100 €). La base amortissable maximale du véhicule est de 18 300 € alors que la valeur TTC du véhicule = 24 120 € La part non déductible des amortissements : (24 120 – 18 300) × 0,25 / 1/12		121
Subvention d'investissement	**Règle de droit.** Une subvention d'investissement relative à une immobilisation amortissable est un produit imposable, soit en une seule fois au titre de l'année d'octroi ou sur option par étalement de la reprise qui se réalise au prorata des amortissements constatés **Application.** La subvention finance l'acquisition du camion de livraison, la subvention fait l'objet d'un étalement, donc : • La quote-part de subvention reprise au compte de résultat en 2022 : 10 000 × 0,2 × 6/12 = 1 000 €. • Ce produit comptable est imposable, donc pas de retraitement extra-comptable.	–	–
Produits financiers	**Règle de droit.** Les produits issus d'éléments activés, constatés en comptabilité sont imposables. **Application.** Les produits financiers sont issus des placements inscrits à l'actif de la SARL et sont donc imposables.	–	–

Bon nombre de règles fiscales n'ont de conséquences qu'en comptabilité. Ainsi la gestion des amortissements dégressifs génère souvent des amortissements dérogatoires. Il s'agit bien d'une règle fiscale (méthode dégressive) qui n'a pas d'impact sur le tableau de détermination du résultat fiscal.

Descriptif ou référence de l'opération	Analyse fiscale (règle de droit, application au cas d'espèce)	Déduction	Réintégration
Dégrèvement sur amende	**Règle de droit.** Un produit relatif à une charge déductible est imposable et inversement. **Application.** Le dégrèvement est issu d'une amende qui est une charge non déductible, le produit est donc non imposable : à déduire extra-comptablement.	421	
Bénéfice fiscal 2022		**152 000**	

Rendez-vous

MÉTHODE

Comment traiter fiscalement les subventions d'investissement

Les subventions d'investissement concernant les immobilisations amortissables peuvent, au choix du contribuable :

- être imposées par le mécanisme de d'étalement (au même taux et même prorata que l'amortissement fiscal) ;
- être rapportées au résultat en une seule fois, l'année de leur octroi.

L'étalement n'est donc pas systématique.

Par ailleurs, quelle que soit la solution choisie, il n'y aura pas de retraitement extra-comptable, tout est affaire de comptabilisation.

Pour plus de détails sur la comptabilisation des subventions d'amortissement, se référer au programme de l'UE 10 du DCG.

2.2 Rédiger une note de synthèse à destination des deux associés :

- **expliquant les modalités de paiement de l'impôt sur les sociétés liquidé au titre de l'exercice 2022 ;**
- **présentant un échéancier des paiements d'impôt sur les sociétés que la SARL doit effectuer au cours de l'année 2023.**

Compétence attendue

Déterminer les modalités d'imposition du résultat fiscal

DÉCRYPTAGE

- Le candidat doit être capable d'exposer les conséquences de la réalisation d'un bénéfice.
- Le candidat doit pouvoir retranscrire la règle de droit et ensuite l'appliquer au cas d'espèce sous une forme structurée de type « Constat – Règle de droit – Application au cas d'espèce ». Le terme « cas d'espèce » est ici essentiel car il confirme la dimension juridique de la matière « Droit fiscal ».

Constat. Le résultat fiscal de l'exercice 2022 présente un bénéfice de 152 000 €.

Règle de droit. Le résultat fiscal est imposé à différents taux proportionnels en fonction du régime de droit qui s'applique à la société et en fonction du montant du résultat fiscal constaté. En l'espèce, la SARL bénéficie du régime des PME. Son résultat fiscal sera imposé selon le barème suivant :

Fraction du résultat imposable	Régime PME
Jusqu'à 38 120 €	15,0 %
Au-delà de 38 120 €	26,5 %

NOTRE CONSEIL

Il n'est pas utile de faire figurer les mentions « Constat – Règle de droit – Application au cas d'espèce » sur la copie. Elles sont ici proposées comme repères. Sur votre copie, un simple saut de ligne suffit à isoler visuellement les paragraphes.

La charge d'impôt sur les sociétés est constatée en comptabilité (695) mais n'est pas déductible fiscalement.

Le paiement de cet impôt suit le mécanisme suivant :

- **Au cours de l'année de référence, par exemple 2022, quatre acomptes sont versés spontanément au 15 mars, 15 juin, 15 septembre et 15 décembre**

Les acomptes sont calculés sur la base du résultat fiscal de l'année 2020 pour l'acompte du 15 mars et sur la base du résultat fiscal 2021 pour les trois autres acomptes, le second acompte faisant l'objet d'une régularisation. Ainsi au 15 décembre, le redevable aura versé à titre d'avance, 100 % de l'IS brut de l'année précédente.

- **Au moment du dépôt de la liasse fiscale 2022, début mai 2023**

Une régularisation sera effectuée (avec un versement complémentaire ou une restitution du trop versé) entre le montant réel dû de l'IS 2022 et le montant des acomptes versés en 2022.

Pour un repérage facilité, les montants des acomptes sont surlignés en bleu.

Application

- **Au 15 mars 2023 : 1er acompte d'IS**

Exercice de référence *2021*

Imposition au taux réduit des PME : (38 120 × 15 %) / 4 = 1 430 € (*voir document 8*)

Imposition au taux d'IS de 26,5 % : [(138 120 – 38 120) × 26,5 %] / 4 = 6 625 €

Montant du 1er acompte d'IS **8 055 €**

- **Au 5 mai 2023 – Solde de l'IS de 2022**

Éléments	Calculs	Montants
Imposition au taux réduit des PME Imposition au taux d'IS de 26,5 %	(38 120 × 15 %) [(152 000 – 38 120) × 26,5 %]	5 718 30 178
Montant de l'IS 2022		35 896
Acomptes versés en 2022	Correspondent à l'IS 2021	33 718
Solde à verser au plus tard le 05/05/2023		2 178

- **Au 15 juin 2023 : 2e acompte d'IS**

Exercice de référence *2023*

Imposition au taux réduit des PME : (38 120 × 15 %) / 4 = 1 430 € (montant fourni dans le document 8)

Imposition au taux d'IS de 28 % : [(152 000 – 38 120) × 26,5 %] / 4 = 7 545 € (montant fourni dans le document 8)

Total acompte : 8 975 €

Montant du 2e acompte d'IS : (8 975 × 2 acomptes) – 8 055 = **9 895 €** (régularisation du 1er acompte comprise)

- **Aux 15 septembre 2023 et 15 décembre 2023 : 3e et 4e acomptes d'IS**

Exercice de référence *2022*

Imposition au taux réduit des PME : (38 120 × 15 %) / 4 = 1 430 € (*voir le document 8*)

Imposition au taux d'IS de 26,5 % : [(152 000 – 38 120) × 26,5 %] / 4 = 7 545 € (*voir le document 8*)

Montant des 3e et 4e acomptes = **8 975 €**

NOTRE CONSEIL

Le calcul d'un échéancier de paiement d'IS peut, à première vue, paraître impossible sans calculatrice. Faites confiance aux concepteurs du sujet : cherchez dans la base documentaire les éléments qui sont de nature à faciliter vos calculs.

Dossier 3 Impôt sur le revenu et gestion de la rémunération des associés

3.1 Présenter, dans une note de synthèse, les mécanismes d'imposition des dividendes. Conclure en prenant en compte le taux marginal d'imposition du foyer fiscal de Sylvain Tourron qui est de 30 %.

Compétences attendues

- **Expliquer** les modalités de déclaration et de paiement des prélèvements sociaux
- **Calculer** et **justifier** le montant du revenu imposable selon sa catégorie
- **Proposer** des conseils et recommandations en matière fiscale

DÉCRYPTAGE

- Le candidat doit pouvoir effectuer les calculs nécessaires pour déterminer le montant imposable d'un revenu catégoriel.
- Le candidat est attendu sur sa capacité à apporter une réponse d'une grande clarté compte tenu de la technicité du sujet. C'est aussi sa capacité à organiser la réponse qui sera évaluée.
- La précision de la terminologie employée est importante dans cette question (PFNL, PFU).

L'imposition des dividendes fait l'objet d'un processus défini par plusieurs étapes qui se déroulent sur deux années civiles :

- **Au moment de la mise en paiement des dividendes par les sociétés distributrices courant N**

Les dividendes en provenance de sociétés françaises subissent un prélèvement forfaitaire non libératoire (PFNL) de 30 % de leur montant brut. Ce prélèvement comporte une avance sur l'IR de 12,8 % et le paiement des prélèvements sociaux à hauteur de 17,2 % de leur montant brut.

- **Au moment de la déclaration d'IR du foyer fiscal**

Le contribuable a le choix entre :

- Le régime de droit commun. Un prélèvement forfaitaire unique (PFU) de 30 % dont la composition est identique au PFNL. Dans le cadre de ce régime, l'IR est acquitté pour un montant de 12,8 % du montant brut des dividendes (déjà versé au moment du PFNL). Il n'y a donc pas d'imposition supplémentaire ;
- Le régime optionnel. Le montant brut des dividendes est déclaré dans la catégorie des revenus mobiliers. Ils bénéficient d'une réfaction de 40 % de leur montant brut. Le net est imposable au barème progressif. Le PFNL correspondant à l'IR (12,8 %) est imputé sur l'impôt brut du foyer fiscal en fin de processus.

- **Conclusion**

Afin d'optimiser la décision, il convient de prendre en compte la situation fiscale de l'ensemble du foyer fiscal *via* son taux marginal d'imposition.

Dans le cas du PFU, le montant d'IR est de 10 000 × 12,8 % = **1 280 €**

Dans le cas de l'option pour l'imposition au barème, le montant d'IR = 10 000 × 60 % (abattement de 40 %) × 30 % (taux marginal du foyer) = **1 800 €**

Le régime de droit commun doit par conséquent être préféré.

Le PFNL de 30 % comprend les prélèvements sociaux à hauteur de 17,2 %, dus dans tous les cas (PFU – *flat tax* – ou option pour le barème). Ceci explique que, lorsque l'on analyse les deux modes d'imposition (PFU et barème), on compare le taux marginal d'imposition du foyer – ici 30 % – avec le taux d'IR du PFU, soit 12,8 %.

3.2 Simuler les montants d'impôt sur le revenu du foyer fiscal de Sylvain Tourron selon :

- **l'hypothèse 1 : versement de 10 000 € de dividendes (imposition au régime de droit commun) ;**
- **l'hypothèse 2 : augmentation de salaire de 10 000 €.**

Pour un repérage facilité, le montant de l'impôt sur le revenu relatif aux dividendes est surligné.

Compétences attendues

- **Identifier** les composantes du revenu global (revenus catégoriels)
- **Déterminer** et **justifier** l'impôt sur le revenu d'un foyer fiscal
- **Proposer** des conseils et recommandations en matière fiscale

DÉCRYPTAGE

Il est attendu du candidat qu'il maîtrise le processus complet de détermination de l'IR à l'aide d'informations nombreuses et dans le cadre d'une double hypothèse. Il est ici fondamental de bien comprendre, dans la présentation du contexte du dossier, l'objectif qui doit être atteint par le calcul (démontrer que la solution du versement des dividendes permet de minimiser l'impôt). Cet objectif constitue un fil conducteur.

- **Hypothèse 1 : versement de 10 000 € de dividendes (imposition au régime de droit commun) à Sylvain Tourron**

Catégorie « Traitements et salaires »

NOTRE CONSEIL

Les analyses demeurent simples mais une grande autonomie vous est laissée dans l'organisation de votre réponse. Une présentation sous la forme d'un tableau, chaque fois que cela est possible, est fortement recommandée.

Éléments	Sylvain	Simulation Coralie	
		Coralie 10 %	Frais réels
Salaires imposables	30 000	40 000	40 000
Indemnités forfaitaires de frais professionnels	–		5 000
Abattement frais 10 %	3 000	– 4 000	
Frais réels	–	–	– 4 000
Net imposable	**27 000**	**36 000**	**41 000**

Catégorie TS : 27 000 + 36 000 = 63 000 €

Catégorie « Revenus mobiliers » (RM)

Intérêts de Livret A : exonérés

Seuls les dividendes sont imposables : compte tenu de la réponse à la question 3.1, le régime de droit commun est appliqué car il minimise la charge d'IR (1 280 €).

En conséquence, le revenu net global du foyer fiscal s'établit à 63 000 € (TS).

- **Hypothèse 2 : versement de 10 000 € de salaire à Sylvain Tourron**

Éléments	Sylvain	Coralie 10 %
Salaires imposables	40 000[(1)]	40 000
Indemnités forfaitaires de frais professionnels	–	
Abattement frais 10 %	4 000	4 000
Frais réels	–	–
Net imposable	36 000	36 000

(1) (30 000 € + 10 000 € d'augmentation)

En conséquence, le revenu net global du foyer fiscal s'établit à **72 000 € (TS).**

NOTRE CONSEIL

L'usage de la calculatrice est interdit. Soyez confiant(e), le sujet est construit de telle sorte que les calculs soient accessibles à tous. Si vous êtes désarmé(e) par le calcul mental, entraînez-vous, et, dans le pire des cas, posez au moins les calculs sur votre copie.

- **Simulation de l'IR du foyer fiscal dans les deux hypothèses**

Éléments	Simulation 1 : dividendes	Simulation 2 : salaires
Revenu net global du foyer (R)	63 000	72 000
Nombre de parts	2	2
QF (R/2)	31 000	36 000
Tranche marginale	30 %	30 %
Impôt brut		
(63 000 × 0,3) – (6 000 × 2)	6 900	–
(72 000 × 0,3) – (6 000 × 2)	–	9 600
PFU sur dividendes	1 280	–
Total IR	8 180	9 600

3.3 Conclure sous la forme d'une synthèse (10 lignes maximum).

Compétence attendue

Proposer des conseils et recommandations en matière fiscale

La solution qui consiste à opérer un versement de dividendes permet de minimiser l'impôt sur le revenu du foyer fiscal de Sylvain Tourron en appliquant l'imposition au PFU des dividendes.

Par ailleurs, au niveau de la société, l'augmentation du salaire de Sylvain Tourron générerait également une hausse des charges sociales et fiscales, à la différence d'un accroissement des dividendes (cette hausse des charges générerait également une baisse de l'IS).

Il semble que la solution du versement des dividendes soit optimale.

Sujet type d'examen 2

Sujet

SARL Champagne Daniel Dumont

Durée de l'épreuve 3 h

Coefficient 1

Matériel autorisé : aucun.

Document autorisé : aucun matériel n'est autorisé. En conséquence, tout usage d'une calculatrice est interdit et constituerait une fraude (le sujet est adapté à cette interdiction).

Le sujet se présente sous la forme de **4 DOSSIERS** indépendants :

Dossiers

1. Travaux divers relatifs à la TVA .... 4 points
2. Analyse des plus ou moins-values de l'exercice .... 7 points
3. Imposition des bénéfices et réduction d'impôt .... 4 points
4. Imposition des bénéfices et choix du régime fiscal .... 5 points

Le sujet comporte 11 documents et 1 annexe :

Documents

Dossier 1
1. TVA : circulation des vins dans l'Union européenne
2. Copie de la déclaration CA3 de TVA de décembre 2022

Dossier 2
3. Type d'imposition : choix en fonction du statut
4. Renseignements relatifs aux cessions d'immobilisations de l'exercice 2022

Dossier 3
5. Informations nécessaires à la détermination du résultat fiscal de l'exercice 2022
6. Amortissement – Régimes particuliers – Amortissement des véhicules de tourisme
7. Subvention attribuée par le CIVC
8. Régime du mécénat d'entreprise pour les dons inférieurs à 2 millions d'euros

Dossier 4
9. Informations nécessaires à la détermination du résultat fiscal de l'exercice 2022
10. Quelles sociétés peuvent opter pour l'imposition des bénéfices sur le revenu ?
11. Modalités et conséquences de l'option pour l'IR
12. Informations complémentaires sur l'option pour l'IR

Annexe

A. Tableau de détermination des plus ou moins-values de l'exercice 2022

Si le texte du sujet, de ses questions ou de la base documentaire vous conduit à formuler une ou plusieurs hypothèses, il vous est demandé de la (ou de les) mentionner explicitement dans votre copie. Il vous est demandé d'apporter un soin particulier à la présentation de votre copie. Toute information calculée devra être justifiée.

SARL Champagne Daniel Dumont

La SARL Champagne Daniel Dumont est une entreprise familiale créée par Annette et Daniel Dumont au milieu des années 1960. La « Maison Dumont » est située à Rilly-La-Montagne, dans la montagne de Reims (Marne), au sein d'un vignoble réputé du terroir champenois.

La SARL est propriétaire de ses vignes, de son pressoir et de ses caves. Elle a d'ailleurs pris le parti depuis très longtemps de proposer à ses clients des produits qualitatifs dont elle maîtrise l'ensemble du processus de fabrication et de commercialisation ; elle intègre les principes du développement durable dans sa stratégie d'ensemble.

La société a pris de l'ampleur au fil des années, notamment avec l'intégration à la société des enfants du couple dans les années 1980 : Alain (30 % du capital), Jean-Michel (30 % du capital) et Marie-Claire (20 % du capital). Tous exercent leur activité professionnelle principale au sein de la SARL qui est désormais composée de cinq associés avec Annette et Daniel Dumont. Les fondateurs sont aujourd'hui retraités.

Deux des petits-enfants de Daniel et Annette, Tony et Julien, sont désormais salariés à temps plein sur l'exploitation. Seuls deux salariés permanents ne sont pas membres de la famille.

La direction est aujourd'hui assurée par Jean-Michel Dumont qui coordonne les activités, supervise le travail de la cave et assume certaines tâches administratives, comptables (saisie des factures) et financières (gestion de la trésorerie).

Le cœur de l'activité est structuré autour de plusieurs métiers :

- Le travail de la vigne permettant la récolte du raisin.
- Le travail de la cave qui commence au moment de la récolte du raisin et prend fin quelques années plus tard avec la naissance de différentes gammes de champagne (Brut tradition, Millésime, Cuvée d'excellence et une toute nouvelle bouteille, La Soléra qui est un brut de brut *extra-dry*).
- L'activité commerciale qui occupe une place de plus en plus importante. Les champagnes Dumont sont régulièrement distingués dans les classements français et internationaux et une démarche proactive est menée pour aller à la rencontre des amateurs, notamment à l'international puisqu'environ 50 % du chiffre d'affaires annuel est réalisé en dehors du territoire français (pays de l'Union européenne mais aussi Japon et États-Unis). Les clients sont à la fois des particuliers et des entreprises de toute nationalité mais également des grossistes qui assurent la distribution dans certains pays étrangers (Japon ou États-Unis notamment).

Les travaux fiscaux étaient jusqu'à présent délégués à un cabinet d'expertise comptable régional dirigé par le frère de Daniel, Gérard Dumont. Ce dernier prenant sa retraite, les associés ont décidé d'internaliser une grande partie des missions, bien qu'ils conservent toute leur confiance en l'expert-comptable qui succède à Gérard Dumont. Des missions ponctuelles de supervision lui seront confiées.

Vous avez été embauché(e) au cours de l'année 2022 afin de seconder Jean-Michel Dumont et de lui prodiguer votre expertise en matière fiscale.

Celui-ci a planifié pour vous quatre missions que vous gérerez en autonomie :

- La première mission est une mission d'analyse et d'explicitation concernant la TVA mensuelle qui est désormais internalisée.
- Les seconde et troisième missions sont en lien avec les travaux fiscaux de fin d'exercice : il s'agit de déterminer les plus-values professionnelles et le résultat fiscal.
- La quatrième mission s'inscrit à plus long terme puisqu'elle consiste à analyser la possibilité et les conséquences d'une option pour l'imposition des bénéfices au régime de l'impôt sur le revenu.

Fiche signalétique de la SARL Champagne Daniel Dumont

- L'exercice comptable de la société coïncide avec l'année civile.
- Aucune option n'a été exercée en matière d'imposition sur les bénéfices.
- La société est redevable de la TVA au taux normal sur la totalité de son chiffre d'affaires. La date limite de dépôt de la déclaration de TVA est fixée au 21 de chaque mois.
- Le CAHT de l'exercice 2022 s'établit à 1 500 000 €.
- Selon les premières analyses, le résultat comptable de l'exercice 2022 s'établit à 190 000 €.
- La SARL Champagne Daniel Dumont applique toujours les règles fiscales les plus favorables.
- Le régime d'imposition en matière de TVA et de bénéfices est le réel normal.

Dossier 1 Travaux divers relatifs à la TVA

Base documentaire : documents 1 et 2

La déclaration mensuelle de TVA est une tâche récurrente qui inquiète Jean-Michel Dumont car elle nécessite une bonne organisation interne de l'information et des connaissances techniques pointues, notamment liées au développement de l'activité de la société à l'international.

Mission

Afin qu'il puisse vous suppléer dans la réalisation de la déclaration de TVA lors de vos congés, Jean-Michel Dumont vous demande, dans un premier temps, de synthétiser, à partir du document 1 les données nécessaires à l'établissement de la déclaration mensuelle. Dans le but également de vous challenger, il vous demande d'expliciter certains montants figurant sur la déclaration de décembre 2022 (document 2). À partir des documents 1 et 2, vous devrez :

1.1. Élaborer une fiche synthétique dans laquelle vous indiquez quelles sont les données qu'il convient d'extraire des principaux journaux en utilisant le modèle de tableau suivant prérempli à titre d'exemple.

Journaux	Informations à extraire pour établir la déclaration	Pièges à éviter/Conseils
Journal des achats	Achat de biens : montant de la TVA sur les factures du mois	Ne pas se préoccuper des règlements
Journal des ventes		
Journal de trésorerie – Dépenses		
Journal de trésorerie – Recettes		

1.2. Répondre aux interrogations formulées par Jean-Michel Dumont dans le document 2 en ayant soin d'asseoir les réponses sur les règles de droit qui s'appliquent à chaque cas.

Dossier 2 Analyse des plus ou moins-values de l'exercice

Base documentaire : documents 3 et 4

La SARL Champagne Daniel Dumont est une entreprise dont l'activité « consomme » de façon intensive de nombreuses machines et installations techniques. Conformément au positionnement qualitatif de ses produits, elle les renouvelle périodiquement et bénéficie ainsi des avancées technologiques les plus récentes. Le marché de l'occasion étant relativement porteur, la SARL n'a aucune difficulté à assurer la revente de ses anciens matériels. Par ailleurs, afin d'être en cohérence avec son image de marque, elle doit gérer au mieux ses bâtiments en cédant progressivement les plus vétustes.

Mission

Jean-Michel Dumont souhaite, dans un premler temps, que vous analysiez les amortissements d'une immobilisation cédée (l'étiqueteuse-habilleuse pour bouteilles), puis que vous déterminiez les plus et moins-values nettes dégagées au cours de l'exercice 2022. Il vous demande également de lui expliquer, en vous appuyant sur le document 3, les conséquences en matière d'imposition des plus-values.

Pour ce faire, Jean-Michel Dumont vous remet un récapitulatif des biens cédés (document 4) et vous précise que les dotations aux amortissements relatives à l'année 2022 ont été enregistrées en conformité avec les plans d'amortissement prévus et en tenant compte des dates de cession. À partir des documents 3 et 4, vous devrez :

2.1. Justifier le régime d'imposition sur les bénéfices de la SARL Champagne Daniel Dumont.

2.2. Analyser le montant des amortissements pratiqués sur l'habilleuse à bouteilles au moment de sa cession. Expliciter les éventuels impacts sur le résultat fiscal 2022.

2.3. Analyser et qualifier les résultats de cession des biens cédés au cours de l'exercice 2022. Un tableau préparatoire est à votre disposition (annexe A à remettre complétée avec la copie).

2.4. Préciser les modalités d'imposition des plus-values nettes de l'exercice 2022.

Dossier 3 Imposition des bénéfices et réduction d'impôt

Base documentaire : documents 5, 6, 7 et 8

Vous avez en charge la phase finale du calcul du résultat fiscal 2022 de la SARL Champagne Daniel Dumont.

Cette mission sera contrôlée ultérieurement par le cabinet d'expertise comptable.

En tenant compte des travaux qui ont déjà été menés (notamment sur les plus-values de l'exercice), un bénéfice fiscal provisoire de 100 000 € a été dégagé.

Mission

Jean-Michel Dumont souhaite que vous lui commentiez le traitement fiscal des opérations de l'année 2022 et que vous l'éclairiez sur les réductions d'impôt au titre des dons effectués par l'entreprise. À cette fin, il vous remet les documents 5 à 8 à partir desquels vous devrez :

3.1. Expliciter, en utilisant le modèle de tableau ci-après, le traitement fiscal applicable aux différents points contenus dans le document 5 pour la détermination du résultat fiscal 2022.

Numéro de l'opération et descriptif	Analyse fiscale (règle de droit, application au cas d'espèce)	Déduction	Réintégration

3.2. Rédiger une note de synthèse relative à la législation sur les dons, puis évaluer le montant de la réduction d'impôt.

Dossier 4 Imposition des bénéfices et choix du régime fiscal

Base documentaire : documents 5, 9, 10 et 11

Au cours d'une réunion organisée par le Crédit Agricole d'Épernay (Marne) et animée par un fiscaliste, Jean-Michel Dumont a été interpellé par la diversité des statuts juridiques et fiscaux susceptibles de s'appliquer à son activité. Il a retenu que, dans le cas de la SARL Champagne Daniel Dumont, une option pour le régime fiscal de l'impôt sur le revenu pourrait probablement être exercée.

Mission

Jean-Michel Dumont fait appel à vos connaissances en matière d'option pour le régime de l'IR. Il aimerait notamment que vous lui exposiez de manière synthétique les conséquences fiscales d'un tel choix. À cette fin, il vous remet les documents 9 à 11 à partir desquels vous devrez :

4.1. Vérifier que la SARL Champagne Daniel Dumont peut opter pour le régime de l'impôt sur le revenu en matière d'imposition de ses bénéfices.

4.2. Indiquer, dans une note de synthèse à l'attention de Jean-Michel Dumont, les modalités à appliquer pour mettre en œuvre l'option pour le régime de l'IR.

4.3. Simuler le calcul du résultat fiscal 2022 dans le cadre de l'option pour l'IR. Par hypothèse, un bénéfice fiscal avant retraitements propres aux BIC de 130 000 € sera retenu.

4.4. Calculer la quote-part de résultat fiscal que devra déclarer Jean-Michel Dumont au titre de ses revenus 2022.

BASE DOCUMENTAIRE

Document 1

TVA : circulation des vins dans l'Union européenne

La libre circulation des marchandises est une des libertés fondamentales de l'Union européenne. Toutefois, certains produits restent soumis à des restrictions, qui ne peuvent toutefois pas donner lieu à des formalités lors du passage aux frontières au sein du marché intérieur.

C'est dans ce cadre que s'inscrit la circulation des vins dans l'Union eurorpéenne puisque ces derniers sont frappés de droits d'accise. En conséquence, des règles spécifiques de facturation de la TVA s'appliquent.

Définition des droits d'accises

Les droits d'accises sont des taxes indirectes sur la consommation ou l'utilisation de certains produits, portant sur une quantité et non sur la valeur du produit. Le bénéficiaire des droits d'accises est l'État membre de destination des biens.

Les produits frappés par les droits d'accises sont :

– les huiles minérales ;
– l'alcool et les boissons alcooliques (vins, champagnes, bières, spiritueux...) ;
– les tabacs manufacturés.

Conséquences en matière de TVA ?

Selon l'article 262 *ter* du Code général des impôts : les échanges des produits soumis à accises au sein du marché intérieur sont toujours soumis à la TVA dans l'État membre de destination des biens. Ce principe vaut que l'acheteur soit un professionnel identifié ou un particulier, et quel que soit le montant des ventes ou achats réalisés.

Document 2

Copie de la déclaration CA3 de TVA de décembre 2022

A	MONTANT DES OPÉRATIONS RÉALISÉES						
	OPÉRATIONS IMPOSABLES (H.T.)				**OPÉRATIONS NON IMPOSABLES**		
01	Ventes, prestations de services	0979	159 987	04	Exportations hors UE	0032	38 744
02	Autres opérations imposables	0981		05	Autres opérations non imposables	0033	
2A	Achats de prestations de services intracommunautaires (article 283-2 du code général des impôts)	0044		5A	Ventes à distance taxables dans un autre État membre au profit des personnes non assujetties – Ventes BtoC	0047	40 130
2B	Importations (entreprises ayant opté pour le dispositif d'autoliquidation de la TVA à l'importation).	0045		06	Livraisons intracommunautaires à destination d'une personne assujettie – Ventes BtoB	0034	
03	Acquisitions intracommunautaires	0031		6A	Livraisons d'électricité, de gaz naturel, de chaleur ou de froid non imposables en France	0029	
3A	Livraisons d'électricité, de gaz naturel, de chaleur ou de froid imposables en France	0030		07	Achats en franchise	0037	
3B	Achats de biens ou de prestations de services réalisés auprès d'un assujetti non établi en France (article 283-1 du code général des impôts)	0040		7A	Ventes de biens ou prestations de services réalisées par un assujetti non établi en France (article 283-1 du code général des impôts)	0043	
3C	Régularisations (important : cf. notice)	0036		7B	Régularisations (important : cf. notice)	0039	

E	DÉCOMPTE DE LA TVA À PAYER			
	TVA BRUTE		**Base hors taxe**	**Taxe due**
	Opérations réalisées en France métropolitaine			
08	Taux normal 20 %	0207	159 987	31 997
09	Taux réduit 5,5 %	0105		
9B	Taux réduit 10 %	0151		
	Opérations réalisées dans les DOM			
10	Taux normal 8,5 %	0201		
11	Taux réduit 2,1 %	0100		
12				
	Opérations imposables à un autre taux (France métropolitaine ou DOM)			
13	Anciens taux	0900		
14	Opérations imposables à un taux particulier (décompte effectué sur annexe 3310 A)	0950		
15	TVA antérieurement déduite à reverser	0600		
5B	Sommes à ajouter, y compris acompte congés (exprimées en euro)	0602		
16	**Total de la TVA brute due (lignes 08 à 5B)**			31 997
7C	**Dont TVA sur importations bénéficiant du dispositif d'autoliquidation**	0046		
17	**Dont TVA sur acquisitions intracommunautaires**	0035		
18	**Dont TVA sur opérations à destination de Monaco**	0038		
	TVA DÉDUCTIBLE			
19	Biens constituant des immobilisations	0703		233
20	Autres biens et services	0702		18 535
21	Autre TVA à déduire (dont régularisation sur de la TVA collectée [cf. notice] ……)	0059		
22	Report du crédit apparaissant ligne 27 de la précédente déclaration	8001		
2C	Sommes à imputer, y compris acompte congés (exprimées en euro)	0603		
22A	Indiquer le coefficient de taxation unique applicable pour la période s'il est différent de 100 > … %			
23	**Total TVA déductible (ligne 19 à 2C)**			18 768
24	Dont TVA déductible sur importations	0710		

La ligne 11 ne concerne que les DOM. Les autres opérations relevant du taux de 2,1 % sont déclarées sur l'annexe 3310-A-SD.

	CRÉDIT				TAXE À PAYER		
25	Crédit de TVA (ligne 23 – ligne 16)	0705		28	**TVA nette due (ligne 16 – ligne 23).**		13 229
26	Remboursement de crédit demandé sur formulaire n°3519 joint	8002		29	Taxes assimilées calculées sur annexe n° 3310-A-SD	9979	
AA	Crédit de TVA transféré à la société tête de groupe sur la déclaration récapitulative 3310-CA3G	8005	0	AB	Total à payer acquitté par la société tête de groupe sur la déclaration récapitulative 3310-CA3G (lignes 28 + 29)	9991	0
27	Crédit à reporter (ligne 25 – ligne 26 – ligne AA) (Cette somme est à reporter ligne 22 de la prochaine déclaration)	8003		32	**Total à payer (lignes 28 + 29 – AB)** (N'oubliez pas de joindre le règlement correspondant)		13 229

Attention ! Une situation de TVA créditrice (ligne 25 servie) ne dispense pas du paiement des taxes assimilées déclarées ligne 29.

Les dispositions des articles 39 et 40 de la loi n° 78-17 du 6 janvier 1978 relative à l'informatique, aux fichiers et aux libertés, garantissent les droits des personnes physiques à l'égard des traitements des données à caractère personnel.
Si vous réalisez des opérations intracommunautaires, pensez à la déclaration d'échanges de biens (livraisons de biens) ou à la déclaration européenne de services (prestations de services) à souscrire auprès de la Direction Générale des Douanes et des Droits indirects (cf. notice de la déclaration CA3).

1. Pourquoi ces ventes à distance ne sont-elles pas imposables ?

2. À quoi correspond ce montant de TVA ? Comment puis-je trouver le bon montant ?

3. Quelles sont les dates de dépôt de la déclaration et de paiement du montant ?

N.B. : Les cellules bleues correspondent aux questions de J.-M. Dumont.

Document 3

Type d'imposition : choix en fonction du statut

Statut	Impôt sur le revenu	Impôt sur les sociétés
Entreprise individuelle (dont micro-entreprise)	Oui	Non
Entreprise à responsabilité limitée (EIRL)	Oui	Oui, sous certains conditions
Société en nom collectif (SNC) et société civile professionnelle (SCP)	Oui	Oui, sur option et sous certaines conditions
Entreprise unipersonnelle à responsabilité limitée	Oui	Oui, sur option et sous certaines conditions
SARL de famille	Oui, sur option	Oui
SARL, SA et SAS	Oui, sur option et sous certaines conditions	Oui

https://www.economie.gouv.fr

Document 4

Renseignements relatifs aux cessions d'immobilisations de l'exercice 2022

Éléments cédés	Prix d'achat HT (€)	Dates d'acquisition	Dates de cession	Prix de cession HT (€)
1 : tracteur enjambeur	80 000	01.03.2015	15.02	20 000
2 : cuve inox	5 000	15.08.2008	01.07	500
3 : pressoir	120 000	01.08.2015	01.07	5 000
4 : étiqueteuse-habilleuse à bouteilles	5 000	01.07.2021	30.03	3 000
5 : bâtiment d'accueil et de stockage (*)	100 000	01.01.2008	31.12	80 000

Éléments cédés	Amortissement		
	Mode	Durée (ans)	Cumul à la date de cession (€)
1 : tracteur enjambeur	Dégressif	8	75 000
2 : cuve inox	Linéaire	10	5 000
3 : pressoir	Dégressif	10	114 000
4 : étiqueteuse-habilleuse à bouteilles	Linéaire	5	250
5 : bâtiment d'accueil et de stockage (*)	Linéaire	20	75 000

(*) TVA déduite à l'achèvement : 20 000 €. Cession non soumise à la TVA

Document 5

Attention : des informations complémentaires figurent dans les documents 4, 5 et 6.

Informations nécessaires à la détermination du résultat fiscal de l'exercice 2022

Informations générales

Les écritures comptables ont été correctement enregistrées.

L'entreprise retient les options fiscales qui lui sont les plus favorables.

Le taux de TVA à retenir est de 20 %.

Points restant à analyser pour déterminer le résultat fiscal 2022 de la SARL Champagne Daniel Dumont

Un véhicule de tourisme Renault Mégane break Estate 1.3i Tce 140 FAP Zen (carte grise : VP) est acquis le 28 juin 2022 pour 25 000 € HT.

Les spécifications techniques sont les suivantes : taux d'émission de CO_2 (norme NEDC) : 117 g/km.

Le véhicule est mis en service le 1er juillet. Sa durée d'usage est de 4 ans et sa durée d'utilisation de 5 ans. Sa valeur résiduelle est fixée à 2 000 €, aucun composant n'est identifié.

Des informations complémentaires sont disponibles dans le document 7.

La SARL a perçu une subvention d'investissement d'un montant de 20 000 €. Cette subvention a permis l'acquisition le 1er juillet 2022 du terrain pressenti pour un prix de 60 000 €.

Aucune clause d'inaliénabilité ne figure dans la convention d'octroi de la subvention. La société a opté pour l'étalement de cette subvention.

Extraits du bilan

	À la date de facturation en 2022 en €	Au 31/12/2022 en €
Créances clients en dollars US ($)	40 000	39 000
Créances clients en yens (¥)	85 000	82 000
Provisions pour pertes de change	–	4 000

Une différence de conversion – Passif relative à des créances clients en dollars US a été extournée au 1er janvier 2022 pour un montant de 200 €.

•••

•••

État des primes d'assurance relatives à l'exercice 2022

Nature	Échéance	Montant TTC	Bénéficiaires
Primes d'assurance-dommages			
Assurance Incendie, vol, risques naturels	01/01/2022	9 500 €	SARL
Assurance Impayés (1)	01/05/2022	2 500 €	SARL
Primes d'assurance-vie			
Assurance-vie sur la tête de deux salariés	01/01/2022	5 000 €	Famille des salariés
Assurance-décès sur la tête de Jean-Michel Dumont, considéré comme un homme-clé	01/01/2022	8 000 €	SARL
Assurance-décès sur la tête d'Alain Dumont et de Marie-Claire Dumont, associés et salariés	01/01/2022	10 000 €	SARL
Assurance invalidité/décès rendue obligatoire à la souscription d'un emprunt octroyé en 2016 par le Crédit Agricole Nord-Est	01/01/2022	850 €	SARL

(1) C'est la première année que cette assurance est souscrite compte tenu du nombre croissant d'impayés, notamment de la part des clients qui achètent lors de salons professionnels. Le compte de dépréciation des créances clients s'élève à 10 000 € en 2022.

État des impôts et taxes de l'exercice 2022

Nature	Date de paiement	Montant
Taxe foncière relative à la maison d'habitation de Daniel et Annette Dumont située au sein de l'exploitation	15/10/2022	1 000 €
Solde de l'impôt sur le revenu du foyer fiscal de Jean-Michel Dumont	16/09/2022	2 000 €
Cotisation Foncière des Entreprises (CFE, composante de la CET)	16/12/2022	2 100 €

Relevé des charges de personnel 2022 de la SARL Champagne Daniel Dumont

Bénéficiaires	Montant brut annuel des rémunérations en €	Charges sociales et fiscales sur rémunérations en €
Jean-Michel Dumont	48 000	25 000
Alain Dumont	36 000	20 000
Marie-Claire Dumont	36 000	20 000
Tony Dumont (salarié)	28 000	15 000
Julien Dumont (salarié)	28 000	15 000
Autres salariés (2 personnes)	50 000	30 000

Charges exceptionnelles supportées en 2022

- Le 10/09 : amende pour excès de vitesse : 90 €.
- Le 15/12 : don à la Fondation du Patrimoine. La Fondation du Patrimoine est une fondation reconnue d'utilité publique ou d'intérêt général. À ce titre, elle a délivré au donateur un reçu fiscal n° 11580*04 pour le montant de 10 000 € (*voir le document 8*).

Document 6

Amortissement – Régimes particuliers – Amortissement des véhicules de tourisme (nouveau système d'immatriculation)

Année d'acquisition ou de location du véhicule	Plafonds applicables en fonction du nombre de grammes de CO_2 émis par kilomètre			
	9 900 €	18 300 €	20 300 €	30 000 €
À compter de 2021	Supérieur à 160 g	De 50 g à 160 g	De 20 g à 50 g	< 20 g De 0 g à 19 g

https://www.legifiscal.fr

Document 7

Subvention attribuée par le CIVC

La Commission « Équipement du vignoble » du Comité interprofessionnel des vins de Champagne (CIVC) examine les demandes de subventions destinées à l'aménagement rationnel et environnemental du vignoble, en particulier par la création et la rénovation des voies de desserte, la réalisation de travaux hydrauliques, l'implantation d'aires de stockage des aignes, l'installation d'aires de lavage des pulvérisateurs, la conception d'espaces paysagers. Elle contribue à la réflexion du Comité Champagne sur l'embellissement du vignoble.

Fin 2021, la SARL Champagne Daniel Dumont a déposé un dossier de demande de subvention auprès du CIVC, relatif à l'acquisition d'une parcelle de terrain contiguë à ses bâtiments d'exploitation (pressoirs) destinée à créer une aire de stockage des aignes.

La décision d'octroi d'une subvention de 20 000 € a été notifiée à la SARL par le CIVC le 15 février 2022. Le versement des fonds a eu lieu le 31 mai 2022.

Les aignes sont des résidus solides issus du pressurage. Elles sont composées des rafles, des peaux de raisin et des pépins.

Document 8

Régime du mécénat d'entreprise pour les dons inférieurs à 2 millions d'euros

Les entreprises peuvent actuellement bénéficier d'une réduction d'impôt sur les bénéfices égale à 60 % des dons, pris dans la limite de 5 ‰ du CAHT de l'entreprise, versés aux œuvres ou organismes d'intérêt général (CGI, art. 238 *bis*).

Cette limite pouvant être rapidement atteinte pour les petites entreprises, la loi de finances pour 2020 crée un plafond alternatif de 20 000 € qui s'applique pour les versements effectués au cours des exercices clos à compter du 31 décembre 2020. Les entreprises peuvent donc, au choix, appliquer le plafond de 20 000 € ou celui de 5 ‰ du CAHT lorsque ce dernier montant est plus élevé.

https://www.efl.fr

Document 9

Quelles sociétés peuvent opter pour l'imposition des bénéfices sur le revenu ?

Certains types de sociétés peuvent opter pour l'impôt sur le revenu (IR) dans la catégorie des bénéfices industriels et commerciaux (BIC), à la place d'une imposition des bénéfices à l'impôt sur les sociétés (IS).

Sont concernées les sociétés ci-dessous :

– les SARL dites de famille, c'est-à-dire composées exclusivement entre parents en ligne directe (enfants, parents, grands-parents), frères et sœurs, époux et partenaires de Pacs ;

– les sociétés anonymes (SA) ;

– les sociétés par actions simplifiées (SAS).

Direction de l'information légale et administrative (Premier ministre), 2019

Document 10

Modalités et conséquences de l'option pour l'IR

A. Lieu et délai d'exercice de l'option

En application du III de l'article 239 *bis* AB du code général des impôts (CGI), l'option de la société pour le régime fiscal des sociétés de personnes doit être notifiée auprès du service des impôts des entreprises dont elle dépend, au cours des trois premiers mois du premier exercice auquel l'option s'applique.

Exemple

Pour une société dont la clôture des exercices est fixée au 31 décembre, l'option pour le régime fiscal des sociétés de personnes peut être exercée jusqu'au 31 mars du premier exercice auquel elle s'applique. À défaut, l'option ne pourra être exercée dans les mêmes conditions qu'au titre de l'exercice suivant.

B. Forme de l'option et mentions requises

Conformément au I de l'article 46 *terdecies* DA de l'annexe III au CGI, l'option s'effectue selon le modèle établi par l'administration : ce modèle figure au BOI-LETTRE-000079.

L'option comporte les informations suivantes relatives à la société qui opte :

– dénomination sociale ;

– lieu du siège, et s'il est différent, du principal établissement ;

– numéro d'identité SIREN ;

– date d'effet de l'option.

L'option est en outre accompagnée de la liste des associés présents à la date d'ouverture du premier exercice d'application du régime des sociétés de personnes.

Cette liste mentionne, conformément au troisième alinéa du I de l'article 46 *terdecies* DA de l'annexe III au CGI :

– les nom et prénoms (pour les personnes physiques) ou dénomination sociale (pour les personnes morales) et adresse de chaque associé ;

– le cas échéant, la fonction exercée par ces associés dans la société qui opte.

Enfin, en application du III de l'article 239 *bis* AB du CGI, l'option ne peut être exercée qu'avec l'accord de tous les associés. L'option pour le régime fiscal des sociétés de personnes doit par conséquent être signée par tous les associés ou leur représentant légal si l'associé est une personne morale.

https://bofip.impots.gouv.fr

Document 11

Informations complémentaires sur l'option pour l'IR

Dans le cadre de la simulation relative à l'option pour l'impôt sur le revenu, les informations suivantes vous sont communiquées :
- le résultat fiscal déterminé avant les retraitements propres aux BIC s'élève à 130 000 € ;
- les plus-values nettes à court terme de l'exercice 2022 sont évaluées à 60 000 € par souci de simplification ;
- aucune plus-value à long terme n'a été dégagée en 2022 ;
- la plus-value nette à court terme de l'exercice 2021 est de 15 000 €.

Annexe A

Tableau de détermination des plus ou moins-values de l'exercice 2022

(document à remettre complété avec la copie)

Éléments	Calcul et analyse	Court terme		Long terme	
		MV	PV	MV	PV
1. Tracteur-enjambeur					
2. Cuve inox					
3. Pressoir					
4. Étiqueteuse-habilleuse à bouteilles					
5. Bâtiment d'accueil et de stockage					
Plus ou moins-values nettes de l'exercice					

1 Les amortissements différés

A) La tolérance fiscale

Définition

Les **amortissements différés (AD)** sont des amortissements prévus au plan d'amortissement mais non comptabilisés.

Si l'on exclut l'erreur, le fait de ne pas comptabiliser une dotation prévue au titre d'un exercice peut être un choix (augmenter artificiellement le résultat comptable de l'exercice par exemple). Même si l'opération est « condamnable » sur le plan comptable, elle est tolérée sur le plan fiscal.

En cas d'amortissement différé, le CGI impose un amortissement minimum – l'amortissement économique linéaire – pour chaque élément amortissable inscrit à l'actif du bilan. Ce minimum se vérifie à la clôture de chaque exercice :

Cumul des amortissements réels pratiqués à la fin de chaque exercice ≥ ? Cumul des amortissements calculés selon le mode linéaire

- Cumul réel > Minimum légal → Amortissements régulièrement différés (ARD)
- Cumul réel < Minimum légal → Amortissements irrégulièrement différés (AID)
- Minimum légal à contrôler à chaque clôture d'exercice

B) Le sort des amortissements différés

Situation initiale	Rattrapage en comptabilité	Sort fiscal	Conséquence sur la déductibilité de l'amortissement différé
ARD, amortissements non comptabilisés	Oui, obligatoire	L'annuité rattrapée est déductible	Aucune
AID, amortissements non comptabilisés	Oui, obligatoire	L'annuité rattrapée est non déductible	Charge non déductible à réintégrer

La démarche présentée ici ne vise qu'à faire comprendre la logique d'ensemble des amortissements irrégulièrement différés. Elle ne prétend pas être exhaustive.

Exemple

Une SARL a acquis, le 01/07/N–1, une camionnette pour 5 000 €, immobilisation amortissable en 5 ans de façon linéaire. Les amortissements ont été normalement constatés fin N–1, mais aucune dotation n'a été pratiquée fin N. On pose comme hypothèse que la dotation omise en N fait l'objet d'une comptabilisation de rattrapage en N+1.

Analyse fiscale

L'analyse de la dotation est réalisée l'année au cours de laquelle l'annuité est différée (N).

Années	Amortissements réels pratiqués – Dotation	Amortissements réels pratiqués – Cumul	Cumul de l'amortissement linéaire (min. légal)
N–1	500	500	500
N	0	500	1 500

L'annuité prévue en N était de : 5 000 × 0,2 = **1 000 €**

Je vérifie les cumuls :
Le cumul réel (500) < au cumul légal (1 500)
Les amortissements **différés** en N (1 000 €) sont des **AID non déductibles lors de leur rattrapage comptable en N+1**

Conséquences

Les conséquences des dotations sont déterminées l'année au cours de laquelle l'annuité différée fait l'objet d'un rattrapage comptable (N+1).

Années	Amortissements réels pratiqués – Dotation	Amortissements réels pratiqués – Cumul	Cumul de l'amortissement linéaire (min. légal)
N–1	500	500	500
N	0	500	1 500
N+1	**2 000**	**2 500**	**2 500**

Annuité de N (**1 000**) + annuité de N+1 (**1 000**)

Je vérifie les cumuls :
Le cumul réel = au cumul légal
= plan d'amortissement conforme
Attention : l'AID rattrapé en comptabilité en N+1 doit être réintégré au résultat fiscal N+1 puisqu'il n'est, par définition, pas déductible

À retenir

- Il est important de dissocier le raisonnement comptable et le raisonnement fiscal.
- L'analyse ARD/AID est réalisée au titre de l'année où la dotation est différée.
- Les conséquences sur le résultat fiscal n'interviennent que lorsque l'annuité différée fait l'objet d'une comptabilisation de rattrapage puisque c'est la constatation de la charge comptable (68) qui induit la non-déductibilité de cette charge à hauteur du montant de l'AID déterminé antérieurement.

2 Les régularisations de TVA sur les cessions d'immobilisation usagées

Règles de TVA lors de la cession des immobilisations usagées			
Sort de la TVA à l'acquisition	**Sort de la TVA à la cession**	**Commentaires**	**Régularisations**
Déductible	Collectée	Application de la règle de droit commun	Aucune
Non déductible	Non collectée	Application de la règle de droit commun	Aucune
Déductible	Non collectée	Régularisation de la TVA déduite à l'acquisition	Reversement de TVA
Non déductible	Collectée	Régularisation de la TVA déduite à l'acquisition	Complément de déduction

Bien cédé	Méthodologie	Mise en œuvre
Cession d'un immeuble – TVA déduite à l'acquisition – Cession non soumise à la TVA	L'immeuble a plus de 5 ans depuis son achèvement ? ↓ Oui L'immeuble est cédé avant le début de la 20e année de son acquisition ? ↓ Oui Un reversement d'une partie de la TVA déduite à l'acquisition doit être calculé.	**Reversement = TVA déduite × $\frac{(20 - N)}{20}$** N correspond au nombre d'année de détention de l'immeuble, toute année commencée étant comptée pour 1. **Exemple** Acquisition le 01/10/N et cession le 01/02/N+6 N = 7 ans **Le reversement est un décaissement de TVA qui s'analyse comme une TVA exigible.**

Bien cédé	Méthodologie	Mise en œuvre
Cession d'un véhicule de tourisme – TVA non déduite à l'acquisition – Cession soumise à la TVA	Le véhicule est cédé à un négociant en biens d'occasion ? ↓ Oui	**Complément de déduction = TVA non déduite × $\frac{(5-N)}{5}$**
	Une option est posée par le cédant pour assujettir la cession à la TVA ? ↓ Oui	N correspond au nombre d'année de détention du véhicule, toute année commencée étant comptée pour 1.
	Le véhicule est cédé avant le début de la 5e année de son acquisition ? ↓ Oui	**Exemple** Acquisition le 20/12/N et cession le 14/07/N+2 N = 3 ans
	Un complément de déduction sur la TVA non déduite à l'acquisition doit être calculé.	**Le complément de déduction s'analyse comme une TVA déductible.**

3 Les amortissements sur les véhicules de tourisme

Dans un certain nombre de cas, le traitement des amortissements sur les véhicules de tourisme est subtil... notamment lorsque la durée d'usage (règle fiscale) et la durée d'utilisation (règle comptable) ne coïncident pas et lorsque le montant des amortissements est plafonné en fonction des émissions de CO_2/ km.

Exemple

Un véhicule de tourisme est acquis pour 25 000 € HT et mis en service le 1er janvier N. Sa durée d'usage est de 4 ans et sa durée d'utilisation de 5 ans. Par ailleurs, le maximum déductible fiscalement compte tenu des émissions de CO_2 du véhicule est de 18 300 €.

Difficultés fiscales (analyse de l'exemple ci-avant) :

- Le montant HT : la TVA n'est pas déductible, donc sa valeur d'entrée au bilan est de 25 000 × 1,2 = 30 000 € TTC.
- La divergence entre la durée d'utilisation et la durée d'usage : l'amortissement calculé sur la durée fiscale est supérieur à la dotation calculée sur

la durée d'utilisation, d'où la gestion de la différence par un amortissement dérogatoire (traitement comptable d'un phénomène fiscal).

- Le plafond fiscal lié aux émissions de CO_2 : on se situe dans le domaine fiscal, l'amortissement non déductible est obtenu par différence entre l'amortissement constaté en comptabilité, calculé sur la durée d'usage fiscale, et le maximum déductible, calculé sur la durée fiscale et la base de 18 300 €.

	Gestion comptable			Gestion fiscale	
	Amortissement fiscal	Amortissement économique	Dotations dérogatoires	Amortissement fiscalement déductible	Non déductible
N	7 500 (30 000 × 0,25)	6 000 (30 000 × 0,20)	1 500 (7 500 – 6 000)	4 575 (18 300 × 0,25)	2 925 (7 500 – 4 575)

Le taux qui s'applique est celui de la durée d'usage

4 Les subventions d'investissement sur immobilisations non amortissables sans clause d'inaliénabilité

A) Règle de droit

À défaut de clause d'inaliénabilité dans le contrat, la subvention est imposable en totalité l'année de son attribution ou étalée pour une somme égale à 1/10 du montant de la subvention pendant 10 ans. Cependant, fiscalement, la subvention est rapportée (sur 10 ans) à partir de l'année suivant celle de son attribution alors que comptablement l'imposition débute l'année de l'octroi de celle-ci.

B) Conséquences extra-comptables

- Déduction extra-comptable d'1/10 la première année
- Réintégration d'1/10 la onzième année

C) Illustration

Une entreprise a perçu, en juillet N, une subvention d'équipement de 10 000 € accordée par une collectivité territoriale afin de financer en août N l'acquisition d'un terrain pour 50 000 €.

Le contrat ne prévoit pas de clause d'inaliénabilité.

- **Analyse**

Le bénéficiaire peut choisir d'imposer la subvention en une seule fois au titre de l'exercice N. Dans ce cas, la comptabilisation de la subvention s'effectue via un compte de produit. Le produit sera donc automatiquement imposé. Il n'y a pas de divergence comptabilité/fiscalité.

Le bénéficiaire peut choisir de rapporter progressivement la subvention au compte de résultat. Le contrat ne contient pas de clause d'inaliénabilité. Par défaut, la subvention sera reprise au compte de résultat par 1/10.

La divergence comptabilité/fiscalité survient dans ce cas uniquement.

- **Mise en œuvre**

Nous sommes ici face au cas fréquent dans lequel une subvention génère des corrections extra-comptables.

	Montants de la subvention rapportés au résultat comptable (777)		Montants imposables		Déduction extra-comptable	Réintégration extra-comptable
N	10 000 ×1/10	1 000	Imposable en N+1	–	1 000	–
N+1	10 000 ×1/10	1 000	Imposable en N+2	1 000	1 000	1 000
N+2	10 000 ×1/10	1 000	Imposable en N+3	1 000		1 000
N+3	10 000 ×1/10	1 000	Imposable en N+4	1 000		
N+4	10 000 ×1/10	1 000	Imposable en N+5	1 000		
N+5	10 000 ×1/10	1 000	Imposable en N+6	1 000		
N+6	10 000 ×1/10	1 000	Imposable en N+7	1 000		
N+7	10 000 ×1/10	1 000	Imposable en N+8	1 000		
N+8	10 000 ×1/10	1 000	Imposable en N+9	1 000		
N+9	10 000 × 1/10	1 000	Imposable en N+10	1 000	1 000	
N+10	–	–	–	1 000		1 000

La reprise (777) N n'est imposable qu'en N+1, celle de N+1 ne l'est qu'en N+2, etc. Il est donc plus simple de corriger uniquement l'année N et l'année N+10.

5 Le processus de répartition du résultat fiscal BIC dans le cadre des sociétés de personnes

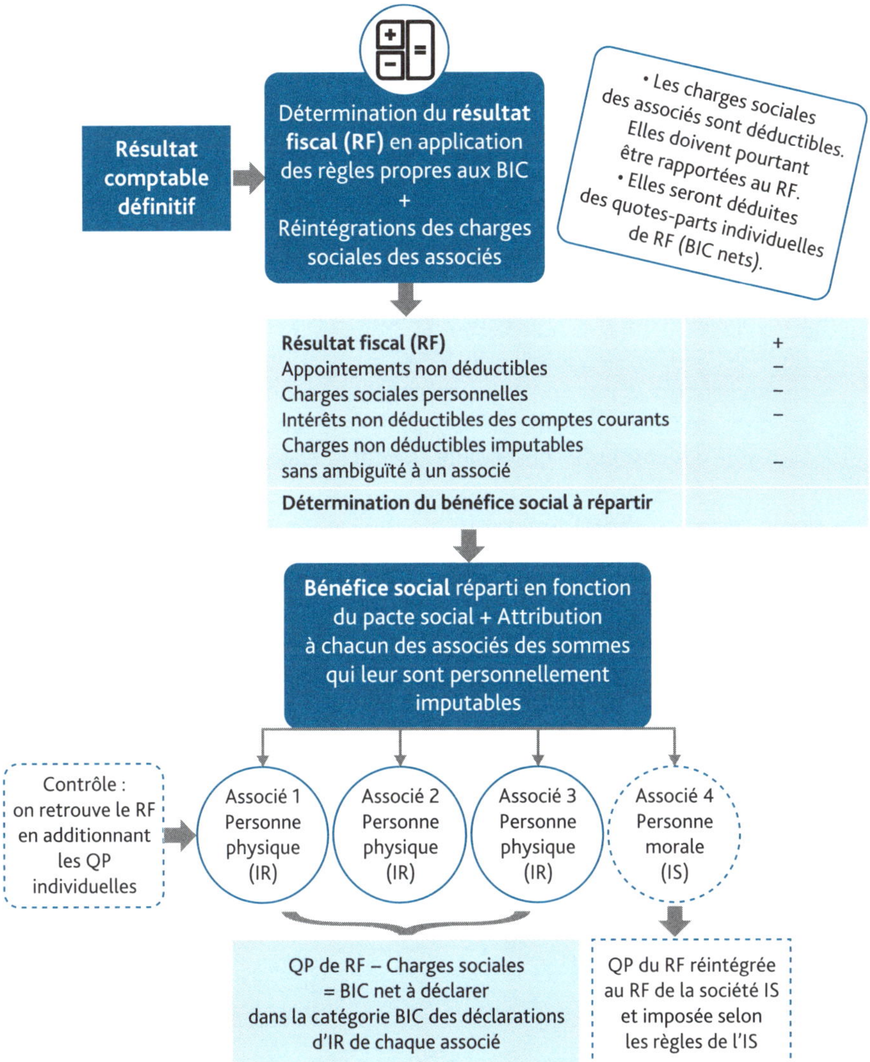

Dossier 1 Travaux divers relatifs à la TVA

1.1 Élaborer une fiche synthétique dans laquelle vous indiquez quelles sont les données qu'il convient d'extraire des principaux journaux en utilisant le modèle de tableau suivant prérempli à titre d'exemple.

Compétence attendue

Déterminer les mécanismes d'exigibilité et de déductibilité de la taxe sur la valeur ajoutée

DÉCRYPTAGE

- Le candidat doit être en capacité d'identifier ses sources de données afin de fiabiliser le processus de calcul de la TVA.
- Le candidat est ici interrogé sur ses compétences professionnelles. L'objectif est de fournir un document opérationnel à destination du dirigeant. La concision et la dimension de conseil/aide doivent prévaloir.

NOTRE CONSEIL

La forme de la question est atypique mais son importance n'est pas négligeable. Le traitement de cette question est par ailleurs une aide pour traiter la consigne 1.2, d'où l'intérêt de répondre aux questions dans l'ordre en droit fiscal.

Journaux	Informations à extraire pour établir la déclaration	Pièges à éviter/Conseils
Journal des achats	• Achat de biens : montant de la TVA sur les factures du mois • Achat de services : montant de la TVA sur les factures portant la mention « TVA payée d'après les débits »	• Ne pas se préoccuper des règlements • Attention aux fournisseurs de prestations de services : – avec option : identifier le montant de la TVA sur la facture = déductible à la date de la facture = journal des achats – sans option : la TVA sur la facture n'est déductible qu'au paiement = voir alors le journal de trésorerie dépenses
Journal des ventes	Montant de la TVA sur les factures de ventes du mois	Retenir uniquement la TVA exigible sur les livraisons de biens en France et la TVA exigible surs les ventes à distance (UE, clients non assujettis ou assujettis mais sans numéro IC ou PBRD)
Journal de trésorerie dépenses	Achat de services : montant des règlements des factures de prestations de services ne portant aucune mention	Les règlements sont TTC, il faut extraire la TVA. La TVA est donc déductible lors des décaissements.
Journal de Trésorerie recettes	Aucune information	La TVA est exigible sur les ventes dès l'émission de la facture (voir journal des ventes)

1.2 **Répondre aux interrogations formulées par Jean-Michel Dumont dans le document 2 en ayant soin d'asseoir les réponses sur les règles de droit qui s'appliquent à chaque cas.**

Compétence attendue

Mettre en œuvre, dans une situation donnée, les mécanismes d'exigibilité et de déductibilité de la taxe sur la valeur ajoutée.

DÉCRYPTAGE

- L'objectif est de confronter le candidat à une situation professionnelle réelle et de l'amener à proposer des analyses incluant le rappel des règles de droit et une application au cas d'espèce.
- Les capacités à exploiter une documentation sont également évaluées dans cette question.

- **Pourquoi ces ventes à distance sont-elles non imposables ?**

Règles juridiques. Ces ventes concernent en général des ventes de biens à des particuliers ou des non-assujettis ou PBRD ressortissants de l'UE.

La règle de droit commun est la taxation dans le pays de départ des biens.

Un régime dérogatoire s'applique aux ventes de vins soumises aux droits d'accise. Comme le précise l'art 262 *ter* du CGI, ces biens sont soumis à la TVA dans l'État membre de destination.

Application. En l'espèce, le champagne est soumis aux droits d'accise, donc il n'y a pas de TVA exigible sur les ventes à distance. Les expéditions sont réalisées hors taxe, d'où le montant de 40 130 € qui est égal au CAHT du mois vers des particuliers ou non-assujettis ressortissants de l'UE.

- **À quoi correspond ce montant de TVA ? Comment puis-je trouver le bon montant ?**

Règles juridiques. Ce montant correspond à la TVA déductible du mois sur autres biens et services. Différentes règles de droit s'appliquent : la TVA est déductible sur les factures d'achat de biens du mois, sur les factures de prestations de services portant la mention « TVA payée d'après les débits » ainsi que sur les factures sans mention payées au cours du mois.

Application. En l'espèce, la somme de 18 535 € est un composite de tous les éléments précédemment cités. Afin d'être certain de ne pas commettre d'erreur, il convient de travailler avec le journal des achats pour toutes les factures d'achat de biens et pour les factures de prestations de services lorsque celles-ci portent la mention « TVA payée d'après les débits ». Il faut travailler ensuite avec le journal de trésorerie dépenses lorsque les factures de prestations ne comportent aucune option.

- **Quelles sont les dates de dépôt de la déclaration et de paiement de ce montant ?**

Règles juridiques. Les dates limites de dépôt des différentes déclarations de TVA s'étalent sur plusieurs jours. Elles vont du 15 au 24 du mois de dépôt en fonction des contribuables.

Les dates limites de dépôt des déclarations de TVA sont données par le code général des impôts dans ses annexes II et IV. Elles dépendent des régimes (simplifié ou normal), de la périodicité de déclaration, du lieu de situation du siège social, du nom de l'entrepreneur ou du numéro SIREN, et de la nature de la société.

NOTRE CONSEIL

Ne vous laissez pas déstabiliser par une question. Appuyez-vous sur la base documentaire ; les documents vous mettront nécessairement sur la voie.

Pour pouvoir accéder à la phase de paiement de la TVA, il est nécessaire au préalable de valider la déclaration de TVA de la période concernée. Le règlement doit obligatoirement être effectué par voie dématérialisée depuis l'espace professionnel (mode EFI ou échange de formulaires informatisé) de chaque redevable ou par l'intermédiaire d'un partenaire EDI (échange de données informatisé).

Application. En l'espèce, la date limite de dépôt est au 21 de chaque mois pour la SARL, elle est concomitante à la date de règlement.

Dossier 2 Analyse des plus-values ou moins-values de l'exercice

2.1 Justifier le régime d'imposition sur les bénéfices de la SARL Champagne Daniel Dumont.

Compétence attendue

Distinguer les entreprises relevant de l'impôt sur les sociétés (IS) de celles relevant de l'IR

DÉCRYPTAGE

- Le contexte familial de cette SARL peut inciter le candidat à poser l'hypothèse de la « SARL de famille », donc société soumise à l'IR. Le candidat est amené à chercher l'information qui confirme ou infirme son hypothèse par l'exploitation des informations mises à disposition.
- Le candidat veillera à structurer sa réponse : énoncé de la règle de droit puis application au cas d'espèce.

Règles juridiques. Dans le cadre des sociétés de capitaux (SA, SAS) et des sociétés mixtes (SARL), le régime fiscal d'imposition est directement lié à la forme juridique et non à l'activité comme dans les sociétés de personnes. Dans ce cadre, c'est le régime de l'impôt sur les sociétés qui s'applique, sauf exception (option pour le régime de l'IR pour les SARL de famille, par exemple).

Application. En l'espèce, la SARL Champagne Daniel Dumont applique le régime de l'IS car il est indiqué dans la présentation générale de la société qu'elle n'a exercé aucune option en la matière, alors qu'elle remplit toutes les conditions pour appliquer le régime des sociétés de personnes imposables à l'IR dans le cadre de la SARL de famille, puisqu'elle est constituée entre parents directs (ascendants/descendants).

NOTRE CONSEIL

Le titre du dossier ne précise en rien le régime applicable (BIC ou IS). Cette question est donc fondamentale puisqu'elle peut vous éviter une confusion qui serait dommageable dans le traitement des questions 2.3 et 2.4.

2.2 Analyser le montant des amortissements pratiqués sur l'habilleuse à bouteilles au moment de sa cession. Expliciter les éventuels impacts sur le résultat fiscal 2022.

Compétence attendue

Analyser et **expliquer** le traitement fiscal des différentes opérations comptables et déterminer les retraitements nécessaires

DÉCRYPTAGE

L'objectif est de vérifier la capacité d'analyse du candidat en matière d'amortissement : règles de calcul des amortissements, identification des amortissements irrégulièrement différés et conséquences fiscales. Il est attendu une réponse structurée (constat/analyse avec rappel de la règle de droit et application au cas d'espèce).

Éléments cédés	Prix d'achat HT (€)	Date d'acquisition	Date de cession	Prix de cession HT (€)	Amortissements déduits à la cession (€)
4. Étiqueteuse-habilleuse à bouteilles	5 000	01.07.2021	30.03.2022	3 000	250

Vérification des amortissements théoriques à la date de cession

	Amortissements théoriques	Cumul	Amortissements pratiqués	Cumul
2021	* 500	500	0	0
2022	** 250	750	250	250

* 5 000 × 0,2 × 6/12

** 5 000 × 0,2 × 3/12

Constat. Le compte d'amortissement de l'habilleuse à bouteilles présente un cumul à la date de cession de 250 €, ce qui correspond à l'amortissement de l'année 2022. De toute évidence, la dotation de l'année 2021 n'a pas été enregistrée (500 €).

Règles juridiques. Toute entreprise est tenue au terme de chaque exercice de présenter un compte d'amortissement au moins égal au cumul des amortissements calculés selon le mode linéaire, à défaut, l'entreprise génère des amortissements irrégulièrement différés non déductibles fiscalement.

Application. En l'espèce, la SARL ne répond pas à l'obligation d'amortissement minimal puisque le cumul fin 2021 est nul alors que le minimum légal aurait dû être de 500 €. Le montant des AID s'établit à 500 €.

NOTRE CONSEIL

Vos capacités d'analyse sont mises à l'épreuve dans cette question. La probabilité d'une erreur dans l'énoncé étant à écarter, vous devez être perspicace.

Le bien étant cédé, il est donc nécessaire d'enregistrer au titre de 2022, l'annuité différée de 2021, soit 500 €, annuité non déductible fiscalement au titre de 2022 qu'il conviendra par conséquent de réintégrer au moment de l'établissement du résultat fiscal 2022.

NOTRE CONSEIL

Le contenu habituellement très calculatoire de cette thématique ne doit pas occulter le rappel des règles de droit. Vous pouvez opter pour un rappel plus détaillé et rédigé des règles de qualification des PMV, positionné avant ou après le tableau. Dans ce cas, vous devrez établir un lien explicite entre les calculs du tableau et les règles de droit qui figureront dans ou en dessous du tableau.

2.3 Analyser et qualifier les résultats de cession des biens cédés au cours de l'exercice 2022. Un tableau préparatoire est à votre disposition (annexe A à remettre complétée avec la copie).

Compétence attendue

Déterminer et **qualifier** les plus ou moins-values professionnelles dans le cadre d'une société à l'IS

DÉCRYPTAGE

- Dans cette question, il s'agit d'analyser des cessions qui présentent des caractéristiques fiscales différentes, notamment la gestion des amortissements irrégulièrement différés lors de la cession et la régularisation de TVA au moment de la cession d'un immeuble.
- Le nombre de cession traité est nécessairement mesuré compte tenu du temps nécessaire pour effectuer les calculs. Attention : ce n'est pas parce que la calculatrice est interdite que les raisonnements complexes sont exclus.

Règles juridiques. Dans le cadre de l'IS, les résultats de cession des immobilisations amortissables génèrent uniquement des plus-values ou des moins-values à court terme. Seuls les cessions de titres de participation, les produits de concession de brevet (et assimilés) et les cessions de brevet (ou assimilés) peuvent prétendre à dégager des plus ou moins-values à long terme.

Application. En l'espèce, les éléments cédés au cours de l'exercice 2022 dans la SARL sont tous des biens amortissables dont les plus ou moins-values seront à court terme (CT), conformément au régime de droit régissant l'impôt sur les sociétés.

NOTRE CONSEIL

Traitez toujours les données dans l'ordre des documents. Les opérations chronologiquement proches dans les documents et qui suivent le même traitement fiscal peuvent être regroupées en le notifiant de façon explicite. N'omettez jamais le détail des calculs dans l'application au cas d'espèce.

Éléments	Calcul et analyse	Court terme	
		MV	PV
1. Tracteur enjambeur	Résultat de cession : 20 000 – (80 000 – 75 000) = 15 000 € Il s'agit d'un bien amortissable éligible au régime des plus-values professionnelles de l'IS, donc l'intégralité de la plus-value est à CT		15 000
2. Cuve inox	Résultat de cession : 500 – (5 000 – 5 000) = 500 € Il s'agit d'un bien amortissable éligible au régime des plus-values professionnelles de l'IS, donc l'intégralité de la plus-value est à CT		500
3. Pressoir	Résultat de cession : 5 000 – (120 000 – 114 000) = (1 000 €) Il s'agit d'un bien amortissable éligible au régime des plus-values professionnelles de l'IS, donc l'intégralité de la moins-value est à CT	1 000	

Éléments	Calcul et analyse	Court terme	
		MV	PV
4. Étiqueteuse-habilleuse à bouteilles	Valeur d'origine : 5 000 Amortissements déduits : 250 VNF : 4 750 Cession : 3 000 MVCT : 1 750 Il s'agit d'un bien amortissable éligible au régime des plus-values professionnelles de l'IS, donc l'intégralité de la moins-value est à CT AID (PVCT) 500 Par définition de la loi, tout AID constitue une PVCT en cas de cession	1 750	500
5. Bâtiment d'accueil et de stockage	Régularisation de TVA La TVA est déduite à l'achèvement mais non collectée à la cession alors que le bâtiment n'est plus neuf fiscalement (cédé au-delà des 5 ans de l'achèvement). Une régularisation de la TVA initialement déduite doit être pratiquée puisque le délai de régularisation des 20 ans n'est pas dépassé. TVA initiale : 20 000 Nombre d'années écoulées : 15 Reversement : 20 000 × 5/20 = 5 000 € (augmente la VO) Résultat de cession : 80 000 – ((100 000 + 5 000) – 75 000) = 50 000 € Il s'agit d'un bien amortissable éligible au régime des plus-values professionnelles de l'IS, donc l'intégralité de la plus-value est à CT		50 000
Plus-values nettes à court terme (PVNCT) de l'exercice		**63 250 €**	

NOTRE CONSEIL

Si vous repérez qu'il n'y a pas de cessions de titres de participation, ni de produits de cession ou concession de brevets ou assimilés, puisqu'il s'agit d'une société soumise à l'IS, vous gagnerez en fiabilité (et en temps) car les cessions ne dégageront que des plus ou moins-values à court terme.

2.4 Préciser les modalités d'imposition des plus-values nettes de l'exercice 2022.

Compétence attendue

Justifier les traitements fiscaux applicables aux plus ou moins-values professionnelles

DÉCRYPTAGE

Cette question permet au candidat de clarifier le traitement attendu des plus-values nettes à court terme dans le résultat fiscal et de vérifier qu'il en maîtrise les règles d'imposition dans le cadre de l'IS.

Le montant de la plus-value à court terme taxable au titre de 2022 s'élève à 63 250 €.

Dans le régime de l'IS, les plus-values nettes à court terme sont imposables au régime de droit commun de l'IS sans aménagement possible (pas d'étalement). Aucun retraitement extra-comptable n'est donc à pratiquer.

Dossier 3 Imposition des bénéfices et réduction d'impôt

3.1 Expliciter, en utilisant le modèle de tableau ci-après, le traitement fiscal applicable aux différents points contenus dans le document 5 pour la détermination du résultat fiscal 2022.

Compétence attendue

Analyser et **expliquer** le traitement fiscal des différentes opérations comptables et déterminer les retraitements nécessaires

DÉCRYPTAGE

- Cette mission représente une concentration de points techniques majeurs qui par ailleurs subissent un traitement identique en BIC et en IS pour une majorité d'entre eux.
- Le candidat doit être en mesure d'organiser l'analyse fiscale selon un processus structuré (règle de droit et application au cas d'espèce).

Rendez-vous
MÉTHODE

Analyser une série d'opérations d'un point de vue fiscal

- Même si l'analyse ne génère aucun retraitement extra-comptable, vous devez chiffrer les opérations qui constituent alors un élément essentiel de l'argumentaire (ex. : ici, le traitement des amortissements dérogatoires du véhicule particulier Renault).
- De manière générale, veillez à ne pas effectuer deux fois le travail. Ainsi, dans le point 7 (dons), vous pourriez être tenté(e) de développer davantage le sujet dans le résultat fiscal mais vous devez vous limiter à la question, cette thématique faisant l'objet d'une question distincte. D'où l'importance de parcourir toutes les consignes du dossier et de bien en comprendre l'enchaînement avant de vous lancer dans la rédaction.

Descriptif et numéro de l'opération	Analyse fiscale (règle de droit, application au cas d'espèce)	Déduction (€)	Réintégration (€)
Résultat fiscal provisoire			100 000
1. Achat d'un véhicule particulier Renault	**Règle de droit.** Les durées d'usage et d'utilisation étant différentes, l'amortissement déductible est calculé sur la durée d'usage, non pris en compte la valeur résiduelle. **Application.** Amortissement/Durée d'utilisation : ((25 000 × 1,2) – 2 000) × 0,2 × 6/12 = 2 800 € Amortissement/ durée d'usage : (25 000 × 1,2) × 0,25 x 6/12 = 3 750 € La dotation dérogatoire qui en résulte est déductible fiscalement puisque l'amortissement selon les règles fiscales est supérieur à l'amortissement selon les règles comptables. **Règle de droit.** Les véhicules de transport de personnes acquis en 2022 et émettant entre 50 et 160 g de CO_2/km voit leur amortissement déductible plafonné à 18 300 €. **Application.** Le véhicule acquis émet 117 g de CO_2/km, donc l'amortissement maximum déductible sera calculé sur 18 300 €. Amortissement non déductible fiscalement : ((25 000 × 1,2) – 18 300) × 0,25 × 6/12 = 1 463 €		1 463
2. Subvention attribuée par le CIVC	**Règle de droit.** Une subvention d'investissement concernant une immobilisation non amortissable est imposable immédiatement ou sur option sur 10 ans en l'absence de clause d'inaliénabilité. Dans ce dernier cas, la quote-part de subvention virée au CR en N ne sera imposable qu'en N+1. **Application.** La subvention finance l'acquisition d'un terrain (donc non amortissable) et il n'y a pas de clause d'inaliénabilité. On précise que la SARL souhaite étaler la reprise de la subvention : QP de subvention virée au CR en 2021 : 20 000 × 1/10 = 2 000 € QP imposable en 2022 = 0 car imposable en 2023, donc QP à déduire extra-comptablement	2 000	
3. Créances en monnaies étrangères	**Règle de droit.** Les différences de conversion – Actif de l'exercice sont des charges fiscales immédiatement déductibles alors que les différences de conversion – Passif sont des produits fiscaux imposables. Parallèlement, les éventuelles provisions pour pertes de change ne sont pas déductibles (cumul avec la déductibilité des différences de conversion actif). **Application.** La SARL a constaté en 2022 : Différences de conversion – Actif $: 1 000 €, montant déductible Différences de conversion – Actif ¥ : 3 000 €, montant déductible Provision pour pertes de change 2022 : 4 000 €, montant non déductible La différence de conversion passif 2021 a été imposée en 2021, elle doit être déduite au titre de 2022 (extourne 2022)	1 000 3 000 200	4 000

Descriptif et numéro de l'opération	Analyse fiscale (règle de droit, application au cas d'espèce)	Déduction (€)	Réintégration (€)
4. Primes d'assurance	**Règle de droit.** Les primes d'assurance-dommages en lien avec l'exploitation sont déductibles, **Application.** Les risques couverts (vol, incendie, impayés) sont liés à l'exploitation, donc les primes sont déductibles. La provision pour dépréciation des comptes clients fait double emploi avec l'assurance-impayés. La charge calculée n'est donc pas déductible. **Règle de droit.** Lorsque le bénéficiaire d'une assurance-décès ou d'une assurance-vie est la famille des assurés, alors il s'agit d'un avantage à caractère social donc déductible. **Application.** La prime concernant les deux salariés désigne comme bénéficiaire leur famille, donc les primes sont déductibles. **Règle de droit.** Les primes d'assurance-vie rendues obligatoires ou portant sur un homme-clé sont déductibles, et non déductibles dans le cas contraire. **Application.** L'assurance imposée par la banque et l'assurance sur la tête de J.-M. Dumont sont déductibles alors que la prime sur les têtes d'Alain et M.-C. Dumont ne le sont pas car elles ne répondent pas à la définition de la déductibilité précisée ci-avant.		10 000 10 000
5. Impôt et taxes	**Règle de droit.** Les impôts professionnels sont déductibles, les autres ne le sont pas car ils représentent des dépenses à caractère personnel. **Application.** La taxe foncière concernant l'habitation des époux Dumont est bien une dépense à caractère personnel, de la même façon que l'IR du foyer fiscal de J.-M. Dumont. (1 000 + 2 000) = 3 000 € non déductible La CFE est un impôt professionnel déductible		3 000
6. Charges de personnel	**Règle de droit.** Les charges de personnel sont déductibles si elles correspondent à un travail effectif et à une rémunération non excessive. **Application.** Tous les bénéficiaires occupent un emploi effectif et les rémunérations ne semblent pas excessives, donc les charges sont déductibles. Les charges sociales liées aux rémunérations sont déductibles (pas d'information contraire).		
7. Charges exceptionnelles	**Règle de droit.** Une infraction à la législation, quelle qu'elle soit, constitue une charge non déductible. **Application.** Une amende pour excès de vitesse constitue une sanction non déductible. **Règle de droit.** Les dons destinés aux organismes d'utilité publique ou d'intérêt général génèrent une réduction d'impôt (60 % du don) et à ce titre ne sont pas déductibles fiscalement. **Application.** Le don n'est pas déductible.		90 10 000
		6 200	**138 553**
Bénéfice fiscal		132 353	

3.2 Rédiger une note de synthèse relative à la législation sur les dons, puis évaluer le montant de la réduction d'impôt.

Compétence attendue

Analyser et **expliquer** le traitement fiscal des dons, déterminer la réduction d'impôt

DÉCRYPTAGE

Il s'agit ici d'appliquer au cas d'espèce une législation récente. Le candidat doit être en mesure d'exploiter les documents mis à sa disposition afin de produire une réponse structurée autour du schéma : rappel de la règle de droit/application au cas d'espèce.

[Règle de droit.] Lorsqu'un don est effectué au profit d'œuvres ou organismes d'intérêt général, celui-ci donne lieu à une réduction d'impôt de 60 % de son montant plafonné.

Le plafond portant réduction est, soit égal à 20 000 €, soit à 0,5 % (ou 5 ‰) du CAHT.

[Application au cas.] En l'espèce, le bénéficiaire du don est la Fondation du Patrimoine, reconnue d'utilité publique ou d'intérêt général, le don est éligible à la réduction d'impôt (l'attestation le prouve).

Le montant du don est de 10 000 €.

Le plafond maximum pour la SARL s'établit à : 1 500 000 × 5 ‰ = 7 500 € ou 20 000 €.

La SARL choisi donc le plus avantageux des deux plafonds, soit 20 000 €.

La réduction d'impôt est de : 20 000 × 60 %, soit 6 000 €.

NOTRE CONSEIL

Vous n'avez pas à faire apparaître les titres entre crochets sur votre copie. Veillez cependant à présenter votre réponse de telle sorte que le correcteur puisse identifier visuellement la structure de votre réponse (sauts de ligne et emploi de « En l'espèce », par exemple).

Dossier 4 Imposition des bénéfices et choix du régime fiscal

4.1 Vérifier que la SARL Champagne Daniel Dumont peut opter pour le régime de l'impôt sur le revenu en matière d'imposition de ses bénéfices.

Compétence attendue

Distinguer les entreprises relevant de l'impôt sur les sociétés (IS) de celles relevant de l'IR

DÉCRYPTAGE

À l'aide d'une documentation professionnelle, le candidat détermine le régime fiscal applicable en argumentant sa réponse dans l'application au cas d'espèce.

Règles de droit. Le régime d'imposition de droit commun pour une SARL est l'impôt sur les sociétés, mais lorsqu'elle est exclusivement composée d'associés de la même famille, elle peut poser une option pour le régime de l'impôt sur le revenu.

NOTRE CONSEIL

La forme de la réponse est littérale. Vous devez mettre en évidence les termes-clés de votre réponse en les soulignant.

Application. En l'espèce, la SARL Champagne Daniel Dumont est constituée uniquement entre parents en ligne directe (parents/ enfants), elle peut donc opter pour le régime de l'IR dans le cadre d'une SARL de famille (document 9).

4.2 Indiquer, dans une note de synthèse à l'attention de Jean-Michel Dumont, les modalités à appliquer pour mettre en œuvre l'option pour le régime de l'IR.

Compétence attendue

Proposer des conseils et recommandations en matière fiscale

NOTRE CONSEIL

N'hésitez pas à recourir à des formules de conseil (« Il est conseillé de… », « Nous vous conseillons de… », « Nous vous invitons à… ») afin de rendre l'exercice encore plus proche de la réalité professionnelle. N'oubliez pas également de souligner les termes-clés sur votre copie.

DÉCRYPTAGE

- Le traitement de cette question est simplifié grâce au document fourni. L'attendu est une réponse structurée.
- Le rappel des règles de droit est ici accompagné d'une application au cas qui prend la forme d'une préconisation assez directive à l'attention du dirigeant.

Règles de droit. Les modalités d'exercice de l'option sont précisées dans l'article 239 *bis* AB du Code général des impôts (CGI) :

- La condition de fond essentielle est l'accord unanime de tous les associés (signatures requises), la seconde condition réside dans le délai de la formulation de l'option : l'option doit être exercée jusqu'au 31 mars de l'année du premier exercice auquel elle s'applique.
- Les conditions de forme sont relatives à un certain nombre d'informations sur la société et ses associés.

Application. En l'espèce, vous devrez réunir tous les associés, leur expliquer la finalité d'une telle option pour obtenir leur accord (unanimité) et leur signature.

4.3 Simuler le calcul du résultat fiscal 2022 dans le cadre de l'option pour l'IR. Par hypothèse, un bénéfice fiscal avant retraitements propres aux BIC de 130 000 € sera retenu.

Compétence attendue

Appliquer, dans une situation donnée, le mécanisme d'imposition des sociétés de personnes non soumises à l'impôt sur les sociétés

DÉCRYPTAGE

L'objet n'est pas de présenter l'étude exhaustive de tous les points de la base documentaire, ce qui ferait double emploi avec le dossier 3. On doit comprendre qu'il s'agit d'un travail exploratoire nécessaire à la prise de décision du dirigeant dans un objectif d'optimisation fiscale. Seules les opérations dont le traitement fiscal présente des particularités par rapport au régime de l'IS feront ici l'objet d'une analyse détaillée.

Règles de droit. La plupart des charges déductibles et des produits imposables de la SARL à l'IS le sont également dans le cadre de l'IR hormis la rémunération des associés.

Application. En l'espèce, le résultat fiscal 2022 déterminé avec les règles des BIC sera le suivant :

Simulation Résultat fiscal 2022	Déductions	Réintégrations
Bénéfice fiscal 2022 avant retraitements propres aux BIC (énoncé)		130 000
Rémunérations des associés **Règle de droit.** Dans le cadre des BIC, les rémunérations des associés sont considérées comme des prélèvements anticipés sur les bénéfices et, à ce titre, ne constituent pas des charges déductibles **Application.** Les rémunérations de Jean-Michel, Alain et Marie-Claire Dumont sont des prélèvements sur les bénéfices et sont non déductibles car ils sont associés 48 000 + 36 000 + 36 000		120 000
Charges sociales des associés **Règle de droit.** Dans le cadre des BIC, les charges sociales des associés sont déductibles mais au niveau de la déclaration BIC individuelle de chacun et non du résultat fiscal de la société **Application.** Les charges sociales des associés ne sont pas déductibles (25 000 + 20 000 + 20 000)		65 000
Plus-value à court terme 2022 **Règle de droit.** Les plus-values à court terme peuvent faire l'objet d'un étalement de l'imposition sur 3 ans à compter de l'année de réalisation. **Application.** La SARL applique les règles fiscales les plus favorables, donc l'étalement des plus-values à CT est retenu : 60 000 × 2/3	40 000	
Plus-value à court terme 2021 L'étalement étant retenu, 1/3 de la plus-value 2021 est imposable en 2022 : 15 000 × 1/3		5 000
Bénéfice fiscal 2022	**280 000 €**	

NOTRE CONSEIL

Avant d'exploiter les documents de la société, vous devez lister les principaux points de divergence de traitement BIS/IS. Les deux points majeurs s'articulent autour du traitement des rémunérations des dirigeants/associés et leurs charges sociales ainsi que la gestion des plus-values professionnelles.

4.4 Calculer la quote-part de résultat fiscal que devra déclarer Jean-Michel Dumont au titre de ses revenus 2022.

Compétence attendue

Déterminer et **justifier** la quote-part du résultat fiscal imposable ou déductible pour chaque associé au niveau de sa déclaration d'IR personnelle

DÉCRYPTAGE

L'objectif est d'amener le candidat à finaliser le processus d'imposition du résultat fiscal BIC. Les calculs sont chronophages ce qui justifie que la répartition du résultat fiscal BIC soit limitée à un seul associé.

- **Répartition du résultat fiscal**

La SARL Champagne Daniel Dumont est composée de cinq associés qui se répartissent le capital comme suit :

Associés	Part de capital (%)
Jean-Michel Dumont	30
Alain Dumont	30
Marie-Claire Dumont	20
Annette et Daniel Dumont	20

Afin de répartir le résultat fiscal entre les mains des associés, il convient dans un premier temps de déterminer le résultat social qui sera dans un deuxième temps réparti au prorata de la participation de chacun au capital :

NOTRE CONSEIL

Vous êtes libre de traiter cette question comme bon vous semble. Vous avez tout intérêt à isoler chacune des étapes du calcul par une phrase qui permettra au correcteur d'identifier les phases du processus de répartition du résultat fiscal. Vous êtes invitée(e) à présenter les calculs dans des tableaux détaillés.

Éléments	Montants (€)
Résultat fiscal	280 000
– rémunérations des associés	– 120 000
– charges sociales des associés	– 65 000
Résultat social ou commun	95 000

- **Calcul de la quote-part de résultat fiscal de Jean-Michel Dumont**

Éléments	Calculs	Montants (€)
Quote-part de résultat social	95 000 × 0,3	28 500
Rémunération		48 000
Charges sociales		25 000
BIC brut		101 500
– Charges sociales		– 25 000
BIC nets imposables		**76 500**

Sujet type d'examen 3

Sujet

SNC Revet'Bois

3 h Durée de l'épreuve

1 Coefficient

Document autorisé : aucun.

Matériel autorisé : aucun matériel n'est autorisé. En conséquence, tout usage d'une calculatrice est interdit et constituerait une fraude (le sujet est adapté à cette interdiction).

Le sujet se présente sous la forme de **3 DOSSIERS** indépendants :

Dossiers

1. **Établissement et contrôle de la déclaration de TVA** .... 7 points
2. **Conséquences sur le résultat fiscal des événements survenus au cours de l'exercice en matière de plus-values professionnelles et simulations** .... 8 points
3. **Simulation du montant de l'IFI d'Antoine Etzchubez** .... 5 points

Le sujet comporte 9 documents :

Documents

Dossier 1

1. Opérations enregistrées au cours de décembre 2022 dans les comptes de la SNC Revet'Bois
2. Exclusion ou restriction du droit à déduction de la TVA : quelles sont les dépenses concernées ?
3. Seuils d'application des régimes d'imposition

Dossier 2

4. Cessions réalisées par la SNC Revet'Bois au cours de l'exercice 2022
5. Incendie du mois d'avril 2022 – Gestion des plus-values et des moins-values
6. Modalités d'imputation et de report des déficits

Dossier 3

7. État du patrimoine du foyer fiscal Etzchubez au 1er janvier 2022
8. Relevés des emprunts en cours au 31 décembre 2022
9. Barème de l'IFI

Si le texte du sujet, de ses questions ou de la base documentaire vous conduit à formuler une ou plusieurs hypothèses, il vous est demandé de la (ou de les) mentionner explicitement dans votre copie. Il vous est demandé d'apporter un soin particulier à la présentation de votre copie. Toute information calculée devra être justifiée.

SNC Revet'Bois

Vous avez été embauché(e) en septembre 2022 au sein du cabinet Malras, dirigé par Jérôme Malras (expert-comptable conventionné), en qualité d'assistant comptable (DCG).

Le cabinet est situé à Billère à quelques kilomètres de Pau (Pyrénées-Atlantiques). L'équipe se compose de neuf salariés, dont deux responsables de mission ayant le statut d'expert-comptable stagiaire.

Le cabinet dispose d'une clientèle essentiellement locale de PME artisanales et industrielles et de professions libérales.

Le cabinet propose à ses clients une approche « *full service* » qui, outre les missions traditionnelles de l'expertise comptable, offre des services annexes tels que le conseil en financement, la gestion de patrimoine, la relance clients ou encore le conseil informatique. Pour une majorité de clients, les missions sont circonscrites à la tenue comptable, à la production de la liasse fiscale et aux obligations sociales et fiscales mensuelles récurrentes.

À la fin de l'année 2021, un nouveau client a été confié à votre responsable, la SNC Revet'Bois, sise à Pau. La société transforme et commercialise, à partir d'une essence de bois local, un revêtement mural extérieur sous la forme de bardeaux pour les bâtiments écoconçus. Elle s'approvisionne en bois brut auprès d'un réseau de trois scieries installées dans les départements des Hautes-Pyrénées et des Pyrénées-Atlantiques, puis transforme, traite et applique une couche de finition aux bardeaux.

La SNC Revet'Bois propose quatre types de produits : « Tradi » (A), « Contemporain » (B), « Sablé » (C) et « Couleur » (D), qui diffèrent au niveau de la taille, de la couleur et de la finition visuelle (avec ou sans nœuds, sablé ou non...). Les clients, qui sont des professionnels du bâtiment et des revendeurs plébiscitent les produits très qualitatifs de l'entreprise. Commercialement, l'entreprise a choisi de distribuer les produits « Sablé » et « Couleur » uniquement aux revendeurs.

La SNC Revet'Bois connaît un développement commercial soutenu depuis sa création ; pour autant, cet essor ne se traduit pas pour l'instant par un résultat comptable excédentaire durable.

À la fin de l'année 2021, le *business plan* a été réajusté lors d'un des premiers entretiens que Jérôme Malras a menés avec Antoine Etzchubez, associé-fondateur en charge de la gestion et du développement de l'entreprise. L'horizon bénéficiaire est repoussé à l'exercice 2024. De fait, la SNC, légèrement bénéficiaire les premières années, enregistre des résultats comptables et fiscaux déficitaires depuis 4 ans. On observe cependant que les résultats s'approchent systématiquement de l'équilibre et que les perspectives sont encourageantes car le marché de l'écoconception est porteur.

Alors qu'au tout début de son activité, la SNC travaillait essentiellement avec des clients régionaux, elle enregistre depuis 3 ans une montée en puissance des acheteurs de l'Union européenne (Belgique, Pays-Bas et Allemagne essentiellement), mais aussi, récemment, des opérateurs professionnels suisses.

Centrés sur les activités créatrices de valeur, les trois associés sont conscients du tournant que doit aujourd'hui prendre le développement de leur entreprise. Ils connaissent aussi leurs limites et ont préféré déléguer auprès d'un tiers de confiance, le cabinet Malras, les missions suivantes :

- travaux mensuels en matière de TVA, établissement des paies et des déclarations sociales ;
- travaux de fin d'exercice, dont l'établissement de la liasse fiscale ;
- accompagnement au développement ;
- établissement de la déclaration d'impôt sur le revenu des associés et de la déclaration d'impôt sur la fortune immobilière (IFI) pour Antoine Etzchubez, seul associé dont le patrimoine immobilier atteint le seuil d'imposition.

Après avoir pris connaissance des informations générales transmises par votre responsable concernant la SNC Revet'Bois, vous prenez en charge une première mission urgente concernant la déclaration de TVA de la SNC.

Dans un second temps, votre responsable vous demande d'analyser les cessions d'immobilisations de l'exercice et de réaliser quelques simulations de calcul de résultats fiscaux car des décisions en la matière devront être prises par les associés sur proposition de l'expert-comptable.

Enfin, votre troisième mission consiste à établir une simulation du montant de l'impôt sur la fortune immobilière d'Antoine Etzchubez.

Fiche signalétique de la SNC Revet'Bois

- L'exercice comptable de la société coïncide avec l'année civile.
- Création de la société : 2011 (RCS).
- Effectif : 17 ETP au 31 décembre 2022.
- L'entreprise est exploitée par Clotaire Berthier, François Doran et Antoine Etzchubez.
- Le capital de 60 000 € est intégralement libéré. Il est réparti entre les trois associés personnes physiques (50 % pour A. Etzchubez, 30 % pour F. Doran, 20 % pour C. Berthier).
- Aucune option relative à l'imposition des résultats n'a été formulée.
- La SNC est redevable de la TVA au taux normal sur l'intégralité de son CA. Elle a enregistré, en 2021, un montant de TVA due supérieur à 15 000 €. Elle communique son numéro d'identification intracommunautaire.
- En général, l'entreprise applique les solutions fiscales les plus favorables.
- La SNC enregistre un CAHT de 4 000 000 € pour l'exercice 2022. Son CAHT s'élevait à 3 850 000 € pour l'exercice 2021.
- La SNC a dégagé, au titre de l'exercice 2022, un résultat comptable déficitaire de 20 000 €.

Vous disposez d'une large autonomie dans la gestion de vos missions, que vous pouvez traiter dans l'ordre qui vous paraît le plus pertinent.

Votre chef de mission met à votre disposition toute la réglementation nécessaire dans la base documentaire jointe.

Dossier 1 Établissement et contrôle de la déclaration de TVA

Base documentaire : documents 1 à 3

Votre première mission s'articule autour des travaux mensuels relatifs à la déclaration de TVA du mois de décembre 2022 dont la date limite de dépôt est le 21 janvier prochain.

Mission

Outre l'analyse des travaux mensuels qu'il vous confie, Jérôme Malras souhaite attirer l'attention de son client sur un dysfonctionnement quasi permanent observé avec le fournisseur espagnol Alcaraz. Ce dernier est très laxiste dans sa gestion des factures et omet régulièrement de les fournir dans un délai « raisonnable ». Il vous demande de préparer une note à l'attention des responsables de la SNC Revet'Bois afin de les sensibiliser aux difficultés pratiques de gestion de la TVA. Pour ce faire, vous devrez :

1.1. Analyser, en utilisant le modèle de tableau ci-après, les opérations mensuelles dans l'objectif de répondre aux obligations légales en matière déclarative.

Numéro de l'opération	Qualification fiscale de l'opération	Analyse fiscale (rappel de la règle de droit, application au cas d'espèce)	TVA déductible	TVA exigible

1.2. Rédiger, à l'attention d'Antoine Etzchubez, une note de synthèse relative aux conséquences de l'absence de facture du fournisseur espagnol (document 1) en matière d'exigibilité de la TVA.

Dossier 2 Conséquences sur le résultat fiscal des événements survenus au cours de l'exercice en matière de plus-values professionnelles et simulations

Base documentaire : documents 4 à 6

De nombreux événements sont intervenus au cours de l'année 2022 en matière de gestion des immobilisations, notamment un incendie ayant affecté un entrepôt, véritable coup dur pour l'entreprise.

Mission

Afin de conseiller au mieux Antoine Etzchubez, vous êtes chargé(e) :

- Premièrement, d'analyser les conséquences sur le résultat fiscal 2022 des événements survenus au cours de l'exercice en matière de plus-values professionnelles.

- Deuxièmement, de simuler trois calculs du résultat fiscal en fonction des différents traitements extra-comptables qu'il est possible d'opérer sur les montants des plus-values ou moins-values professionnelles que vous aurez préalablement déterminés.

Les résultats de vos travaux seront destinés, après supervision de votre chef de mission, à Jérôme Malras, qui en exposera la synthèse à Antoine Etzchubez afin d'éclairer les décisions qu'il pourra être amené à prendre avec ses associés en matière d'imposition des plus-values professionnelles. Dans cet objectif, vous devrez :

2.1. Présenter le calcul et procéder à l'analyse fiscale des opérations de cession d'éléments d'actif contenus dans le document 4.

2.2. Analyser les conséquences fiscales de l'incendie sur les plus-values professionnelles et sur le résultat fiscal.

2.3. Mettre en œuvre la deuxième partie de la mission en prenant soin de rappeler les règles applicables en la matière. Dans le cadre de ces simulations, on considérera qu'aucun autre retraitement fiscal n'est à effectuer pour l'établissement du résultat fiscal 2022.

2.4. Analyser, dans une courte note, la pertinence des simulations précédemment proposées.

Dossier 3 Simulation du montant de l'IFI d'Antoine Etzchubez

Base documentaire : documents 7 à 9

Antoine Etzchubez est marié depuis une vingtaine d'années avec Anne, architecte. Ils ont ensemble deux enfants de 11 et 14 ans, actuellement collégiens.

Les époux ont tous les deux bénéficié d'héritages qu'ils ont décidé d'investir sur différents supports.

Ils ont tout d'abord constitué un solide patrimoine immobilier, dont une très belle maison de maître à Billère dans laquelle ils sont actuellement domiciliés. Ils sont également propriétaires, depuis deux ans, d'un chalet dans la station de Cauterets (Hautes-Pyrénées) qu'ils louent ponctuellement en meublé touristique lorsqu'ils ne l'occupent pas.

Le reste du patrimoine immobilier du couple Etzchubez est constitué d'appartements à usage d'habitation, mis en location, et de titres de placement de sociétés civiles à prépondérance immobilière (SCPI) représentatifs de surfaces de bureaux en Île-de-France.

Par ailleurs, les époux Etzchubez disposent d'un portefeuille de titres essentiellement constitué par des actions de sociétés françaises cotées. Enfin, Anne investit régulièrement dans l'achat de meubles contemporains signés par des créateurs reconnus.

Les époux Etzchubez gèrent ce patrimoine de façon dynamique, certains investissements étant partiellement financés par emprunt, dans un souci d'optimisation.

Mission

Jérôme Malras réalise tous les ans, à titre gracieux, la déclaration d'impôt sur la fortune immobilière (IFI) d'un certain nombre de clients, dont Antoine Etzchubez. Il vous confie cette mission pour la prochaine échéance.

3.1. Expliquer, dans une courte note, la composition de l'assiette de l'impôt sur la fortune immobilière.

3.2. Démontrer que les époux Etzchubez sont redevables de cet impôt.

3.3. Justifier le montant net de l'IFI de 5 958 €.

BASE DOCUMENTAIRE

Document 1

Opérations enregistrées en décembre 2022 dans les comptes de la SNC Revet'Bois

Formation du chiffre d'affaires / Encaissements de décembre 2022

Ventes	Factures (€ HT)
1. Ventes de produits finis tous types confondus vers les professionnels du bâtiment – France	200 000
2. Ventes de produits finis de type C et D vers les revendeurs – France	50 000
3. Ventes de produits finis de type C et D vers des revendeurs – Suisse	23 000
4. Ventes de produits finis tous types confondus vers des professionnels de l'UE [1]	127 000

(1) Il s'agit de produits finis destinés à des assujettis identifiés au sein de l'UE qui ont communiqué leurs numéros d'identification intracommunautaire, sauf un nouveau client belge qui, malgré nos relances ne nous a pas communiqué son identification. Cela concerne une facture de 10 000 € HT adressée au client le 2 décembre, en même temps que les produits. Les factures accompagnent les livraisons.

Opérations	Encaissements (€ TTC)
5. Encaissements sur les ventes de produits finis des mois de novembre et décembre – France	240 000
6. Encaissements sur les ventes de produits finis octobre /novembre – Suisse	5 000
7. Encaissements sur les ventes de produits finis des mois de novembre et décembre – Assujettis de l'UE	195 000

Achats / Décaissements de décembre 2022

Opérations [1]	Factures (€ HT)	Décaissements (€ TTC)
8. Achats de bois brut en France [1]	300 000	240 000
9. Achats de produits de traitement du bois auprès de différents fournisseurs espagnols [2]	100 000	78 500
10. Achats d'approvisionnements divers en France	60 000	45 200
11. Prestations de services (d'après les débits)	5 000	1 350
12. Prestations de services (sans mention)	1 000	700 [3]

(1) Tous les fournisseurs de la SNC Revet'Bois sont établis en France, délivrent les factures au moment des livraisons et sont soumis à un taux de TVA de 20 %.

(2) Les factures accompagnent les livraisons, sauf pour le cas de la livraison du 5 décembre en provenance du fournisseur espagnol Alcaraz, connu pour ses retards permanents en matière de facturation. Sa facture de 10 000 € HT n'est toujours pas parvenue le 16 janvier 2023.

(3) Dont une facture d'un montant de 100 € portant la mention « TVA non applicable – article 293 B du CGI ».

Opérations diverses survenues au cours du mois de décembre 2022

- 13. Le 14/12 : cession d'un véhicule de tourisme BMW X5 acquis le 15/12/2020 pour 50 000 € HT et revendu au concessionnaire Renault – *voir l'opération du 18/12* – pour un montant HT de 30 000 €. L'option pour l'assujettissement de la cession à la TVA a été posée.
- 14. Le 16/12 : mise en service du nouveau bâtiment destiné à accueillir un show-room ainsi qu'un open-space pour installer l'équipe administrative et commerciale. Ce bâtiment a été construit par le personnel de l'entreprise sur les 6 derniers mois, à la suite de l'incendie d'avril 2022 qui a détruit un bâtiment et de la cession d'un ancien bâtiment.

•••

•••
Le coût total des matières utilisées s'élève à 50 000 € HT, le coût des missions des différents prestataires (géomètre, architecte et bureau d'études, tous ayant choisi l'option d'après les débits) se monte à 20 000 € HT et l'évaluation du coût de la main-d'œuvre directe s'établit à 90 000 €.

- 15. Le 18/12 : mise en service de deux véhicules de tourisme Renault Zoé (carte grise de véhicule particulier – VP). Ces véhicules sont électriques et comportent 4 places assises. Elles ont été négociées à un prix d'achat unitaire TTC de 26 400 € (soit 22 000 € HT).

Document 2

Exclusion ou restriction du droit à déduction de la TVA : quelles sont les dépenses concernées ?

Même si elles sont utilisées pour les besoins d'une activité économique ouvrant droit à déduction de la TVA, certaines dépenses ne donnent lieu qu'à une déduction partielle ou nulle de cette taxe.

Exclusions du droit à déduction

Les cas d'exclusion du droit à déduction (on parle alors de coefficient d'admission nul (CGI, ann. II, art. 206, IV-2) les plus couramment rencontrés sont les suivants :

Biens ou services utilisés à plus de 90 % à des fins étrangères à l'entreprise ;

Dépenses de logement (incluant les frais d'hôtel) fournis à titre gratuit aux dirigeants ou au personnel de l'entreprise, à l'exception du personnel de gardiennage, de sécurité ou de surveillance sur les chantiers ou dans les locaux de l'entreprise ;

Véhicules ou engins, quelle que soit leur nature (terrestres, maritimes ou aériens), conçus pour transporter des personnes ou à usages mixtes (ainsi que les éléments constitutifs, pièces détachées et accessoires de ces véhicules), à l'exception de ceux :

- acquis par les concessionnaires ou négociants en automobiles, qu'ils destinent à la revente à l'état neuf ;
- donnés en location ;
- comportant, outre le siège du conducteur, plus de huit places assises et qui sont utilisés par des entreprises pour amener leur personnel sur les lieux du travail ;
- affectés de façon exclusive à l'enseignement de la conduite ;
- acquis par les entreprises de transports publics de voyageurs et affectés de façon exclusive à la réalisation desdits transports.

www.focusexpertcomptable.efl.fr

Document 3

Seuils d'application des régimes d'imposition

Types d'activités	Limites des CAHT annuels		
	Franchise en base	Réel simplifié	Réel normal
Ventes de marchandises, d'objets, de fournitures à emporter ou à consommer sur place, fourniture de logement	Jusqu'à 85 800 €	Entre 85 800 € et 818 000 €	Supérieur à 818 000 €
Prestations de services et autres activités commerciales ou non commerciales	Jusqu'à 34 400 €	Entre 34 400 € et 247 000 €	Supérieur à 247 000 €

Document 4

Cessions réalisées par la SNC Revet'Bois au cours de l'exercice 2022

L'entreprise connaît un fort développement de son activité commerciale et industrielle. Elle doit faire face à un renouvellement de divers éléments d'actif qui explique les nombreuses cessions de l'exercice 2022. Les titres sont cédés selon la méthode PEPS (ou FIFO).

Éléments cédés	Date d'acquisition	Prix d'achat HT en €	Amortis-sements déduits	Dates de cession	Prix cession HT en €
1. Scie industrielle	01.01.2016	24 000	24 000 €	15.01	11 000
2. Véhicule de tourisme (1)(2)	15.12.2020	50 000	4 950 €	14.12	30 000
3. Bâtiment de bureaux (3)	01.04.2012	60 000	30 000 €	01.04	100 000
4. 100 titres de participation PILO	23.09.2021	7 000		20.12	8 000
5. 80 titres BBC (VMP)	17.04.2019	4 000		28.12	8 000
20 titres BBC (VMP)	10.12.2021	2 000		28.12	2 000

(1) Cession non soumise à la TVA. (2) Les amortissements constatés en comptabilité sont de 25 000 €, dont 20 050 € d'amortissements non déductibles. (3) Cession soumise à la TVA

Document 5

Incendie du mois d'avril 2022 – Gestion des plus-values et des moins-values

La société a été victime au printemps 2022 d'un incendie dans le local de stockage au cours duquel différentes immobilisations sont détruites. Un stock de bardeaux de bois prêt à être livré aux clients est également irrécupérable.

Vous trouverez ci-dessous le récapitulatif des immobilisations et stocks détruits, les caractéristiques de chaque bien et les montants de l'indemnisation versée par la compagnie d'assurances courant décembre 2022.

Éléments détruits	Valeur d'origine HT (€)	Durée d'amortissement déjà pratiquée	Montant des amortissements déduits à la date du sinistre (€)	Montant de l'indemnisation (€)
6. Ordinateur	3 000	2 ans	1 500	500
7. Autoclave	50 000	5 ans	50 000	10 000
8. Entrepôt de stockage (1)	50 000	10 ans	25 000	45 000
9. Stock de lamelles de bois	70 000	–	–	70 000

(1) Absence de TVA déduite à l'acquisition

Document 6

Modalités d'imputation et de report des déficits

Le mécanisme de l'imputation et du report des déficits s'analyse comme suit :

Tout d'abord, lorsque les résultats nets, de source française ou étrangère, obtenus dans une ou plusieurs catégories de revenus font ressortir un déficit, celui-ci vient (sauf dérogation) s'imputer sur le total des résultats positifs des autres catégories et avant, le cas échéant, déduction de la fraction de contribution sociale généralisée (CSG) sur les revenus du patrimoine déductible (BOI-IR-BASE-20-20) et des charges du revenu global.

Lorsqu'un contribuable a subi une même année des déficits dont la déduction se trouve soumise à des restrictions comme les déficits agricoles, les déficits fonciers, etc. (BOI-IR-BASE-10-20-10) et d'autres déficits (notamment déficits d'activités commerciales exercées à titre professionnel) et que l'imputation de ces deux sortes de déficits laisse un reliquat déficitaire, il est admis que la solution à retenir est la plus favorable à l'intéressé, c'est-à-dire que le déficit soumis à restriction est réputé s'être imputé le premier (RM, Crépeau, *JO débats AN* du 13 août 1977, p. 5118).

Ensuite, si, après compensation, il subsiste un reliquat déficitaire non imputé, ou « déficit global », ce dernier, par voie de report, vient en déduction du revenu global des années suivantes, jusqu'à la sixième inclusivement, sous réserve, bien entendu, des restrictions apportées à la déduction de certains déficits (déficits agricoles, déficits fonciers, etc.) S[BOI-IR-BASE-10-20-10].

I. Principes d'application

A. Généralités

En vertu des dispositions du I de l'article 156 du code général des impôts (CGI), le déficit constaté pour une année dans une catégorie de revenus est imputé directement, à due concurrence, sur le revenu global de la même année.

Si ce revenu global n'est pas suffisant pour que l'imputation puisse être intégralement opérée, l'excédent du déficit est reporté successivement sur le revenu global des années suivantes, jusqu'à la sixième année inclusivement. [...]

Exemple 1 (imputation) : un contribuable a subi, au cours de l'année N un déficit de 10 000 € provenant de l'exercice d'une profession commerciale exercée à titre professionnel ; ses revenus d'autres sources s'élèvent à 50 000 €.

Le revenu global de l'année N sera ainsi égal à : 50 000 € – 10 000 € = 40 000 €.

Exemple 2 (imputation et report) : si, par contre, pour la même année N, le déficit provenant de l'exercice d'une profession non commerciale (activité libérale) s'élève à 100 000 € alors que le total des revenus d'autres catégories n'est que de 8 000 € :

– le contribuable ne sera pas imposable au titre de l'année N : 8 000 € – 100 000 € = – 92 000 € ;

– la partie non imputée du déficit, soit 92 000 €, sera reportée sur le revenu global de N + 1. Si ce dernier revenu est lui-même insuffisant pour en absorber l'intégralité, le reliquat sera imputé sur le revenu global de N + 2 et ainsi de suite, le cas échéant, sur les revenus des années N + 3, N + 4, N + 5 et N + 6 inclusivement.

En tout état de cause, aucune déduction ne pourra plus être opérée sur les revenus des années N + 7 et suivantes, le délai de six ans fixé par le I de l'article 156 du CGI étant alors expiré.

BOFiP, 4 juillet 2018

Document 7

État du patrimoine du foyer fiscal Etzchubez au 1er janvier 2023

Patrimoine au 1/01/2023	Evaluation (€)
Résidence principale à Billère	1 000 000
Chalet à Cauterets	600 000
Titres de SCPI (bureaux de Paris et région parisienne)	300 000
Appartements d'habitation loués (3 à Toulouse, 1 à Pau)	970 000
Portefeuille de titres de sociétés françaises cotées	220 000
Parts sociales de la SNC Revet'Bois	45 000
Meubles de collection	92 000
Disponibilités (comptes courants et livrets épargne)	100 000
Total	**3 327 000**

Document 8

Relevés des emprunts en cours au 31 décembre 2022

Références du prêt	Date de souscription	Reste dû
HBFR1740863066 – résidence principale de Billère	20/07/2010	550 000
CAM005553609 – titres de SCPI	15/11/2017	220 000

Document 9

Barème de l'IFI

Fraction de la valeur nette taxable du patrimoine	Taux applicable (%)	Montant (€)
Jusqu'à 800 000 €	0,00	0
Entre 800 001 € et 1 300 000 €	0,50	2 500
Entre 1 300 001 € et 2 570 000 €	0,70	8 890
Entre 2 570 001 € et 5 000 000 €	1,00	24 300
Entre 5 000 001 € et 10 000 000 €	1,25	62 500
Supérieure à 10 000 000 €	1,50	–

https://www.service-public.fr

1 TVA : les régimes des livraisons à soi-même (LASM)

Définition

Une **livraison à soi-même** concerne un bien ou un service qu'une personne obtient, avec ou sans le concours de tiers, à partir de biens ou de moyens lui appartenant.

Exemples

Les prélèvements dans les stocks de marchandises pour un usage lié à l'exploitation ou pour un usage privé, la construction d'un bâtiment avec les moyens humains et matériels de l'entreprise, le prélèvement de biens usagés qui sont inscrits au bilan sont autant de « livraisons à soi-même ».

Il existe deux types de livraisons à soi-même :

- Les LASM au titre des autofabrications : ce sont des biens ou services nécessaires à l'exploitation (ex. : prélever dans le stock de marchandise un ordinateur pour le service commercial)
- Les LASM au titre des autoconsommations : ce sont des biens ou services destinés à des besoins autres que ceux de l'exploitation comme les besoins privés du personnel, du dirigeant, etc. (ex. : prélèvement d'un ordinateur dans le stock de marchandise pour la fille du dirigeant).

Traitement fiscal des LASM

	Situation initiale	LASM	Conséquences sur la TVA
Autofabrication	Les biens et services consommés au titre des LASM sont issus de stocks **HT** ou ont été produits avec des matières, services **HT** : la TVA a été déduite lors de l'acquisition	• De biens (stock) • De services • D'immobilisations } **Ouvrant droit à déduction** **Autofabrication** de : Stocks /services : si comptes de classe 6 Immobilisation : si comptes de classe 2	**Aucune régularisation de TVA** En effet, si le bien, le service ou l'immobilisation « autofabriqué » avait été acquis auprès d'un fournisseur assujetti, la TVA aurait été déductible.
Autofabrication	Les biens et services consommés au titre des LASM sont issus de stocks **HT** ou ont été produits avec des matières, services **HT** : la TVA a été déduite lors de l'achat	• De biens (stock) • De services • D'immobilisations } **N'ouvrant pas droit à déduction** Ex. : un concessionnaire auto prélève dans son stock un véhicule de tourisme pour le service commercial. Le coefficient d'admission = 0 or le véhicule est prélevé sur un stock HT	**Régularisation de TVA** Cette régularisation prend la forme d'une TVA collectée calculée sur : – le prix d'achat (stock de marchandise) ; – le coût de revient (stock de produits finis ou services)
Autoconsommation	Les biens et services consommés au titre des LASM sont issus de stocks **HT** ou ont été produits avec des matières, services **HT** : la TVA a été déduite lors de l'achat	• De biens (stock) • De services • D'immobilisation } **Consommation finale TTC** Autoconsommation : – de stocks : si comptes de classe 6 – d'immobilisations : si comptes de classe 2	**Régularisation de TVA** Il ne peut y avoir de consommation finale en franchise de TVA, la TVA est collectée sur : – la valeur actuelle (ou valeur vénale) du bien (immobilisation) ; – le coût de revient (stocks, service)

À retenir

- Dans le contexte fiscal, le terme « autofabrication » ne signifie pas seulement « fabriqué par soi-même ». Ainsi, le bien prélevé par un commerçant de son stock de marchandises pour les besoins de son exploitation est qualifié « d'autofabrication » alors qu'il ne l'a pas fabriqué au sens littéral du terme.
- Comment identifier une autofabrication d'immobilisation ? dans le cas de l'autofabrication du véhicule de tourisme, le concessionnaire prélève le véhicule dans son stock de marchandise (HT). Le prélèvement sera inscrit au d'un débit du compte 21 (immobilisation), c'est donc une autofabrication d'immobilisation (compte comptable de destination du prélèvement).
- Comment identifier une autoconsommation d'immobilisation ? Le dirigeant prélève un ordinateur usagé, inscrit en immobilisation pour donner à son fils. Le bien est « sorti » d'un compte 21, c'est donc une autoconsommation d'immobilisation (compte comptable d'origine du prélèvement).

2 TVA : le régime des acquisitions intracommunautaires de biens (AIC)

Le commerce *B to B* intracommunautaire pose le principe de la liquidation de la TVA dans le pays du client assujetti : c'est l'autoliquidation de la TVA.

L'enjeu consiste à déterminer la date à laquelle la TVA est autoliquidée chez le client.

Fait générateur (FG)	Exigibilité (TVA due intracommunautaire)	
Date de réception des marchandises dans les locaux de l'entreprise cliente.	À la date de la facture si celle-ci est postérieure (ou datée du même jour) au fait générateur et antérieure au 15 du mois qui suit la réception des marchandises	Au maximum le 15 du mois qui suit en l'absence de facture
→ Les mêmes principes s'appliquent pour les transferts et déplacements de marchandises sans transfert de propriété.		

Exemples

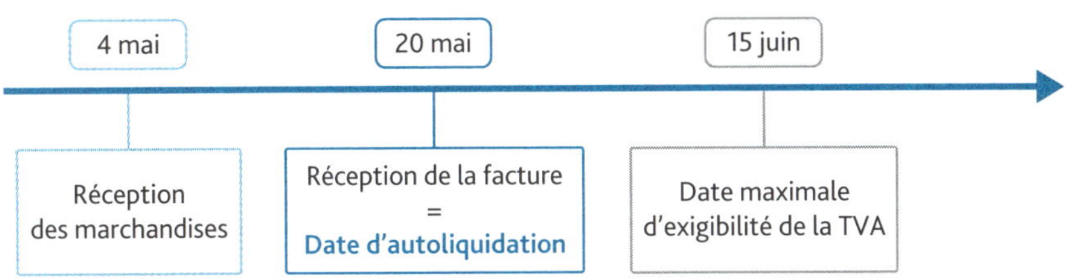

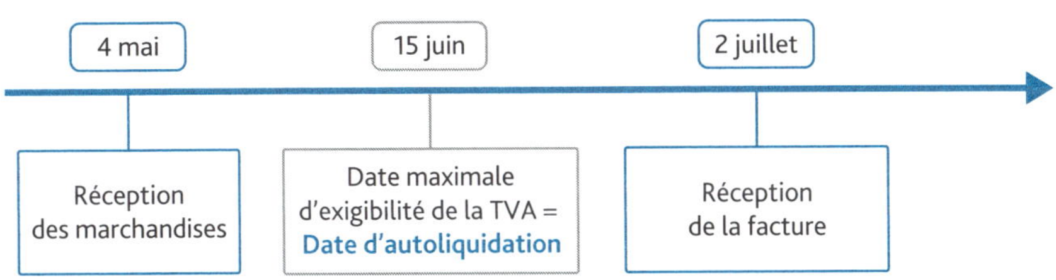

3 Les plus-values professionnelles en régime BIC : modalités d'imposition

A) La plus-value à court terme

Aux termes de l'article 39 *quaterdecies* du CGI, la plus-value à court terme est imposable dans les conditions et au taux de droit commun.

Solutions fiscales potentiellement les plus favorables

	Moins-value nette CT (MVNCT)	Plus-value nette CT (PVNCT)
Année bénéficiaire	Déductible des résultats, Aucune opération extra-comptable.	• L'entreprise peut demander un étalement de l'imposition sur trois ans. • Il convient de déduire les 2/3 de la plus-value du résultat fiscal en N, et de réintégrer extra-comptablement 1/3 de la plus-value en N+1 et N+2.
Année déficitaire ou bénéficiaire	Déductible des résultats, Aucune opération extra-comptable.	• La PV nette à CT est imposable dans les conditions et au taux de droit commun. • Aucune opération extra-comptable n'est à effectuer.

B) La plus-value à long terme

Aux termes de l'article 39 *quindecies* du CGI, la plus-value nette à long terme est taxée au taux de 12,8 %, majoré des prélèvements sociaux au taux de 17,2 %, soit un taux global de 30 %.

Solutions fiscales potentiellement les plus favorables

<table>
<tr><th></th><th>Moins-value nette LT (MVNLT)</th><th>Plus-value nette LT (PVNLT)</th></tr>
<tr><td>Année bénéficiaire</td><td rowspan="2">• La moins-value nette à long terme s'impute uniquement sur les plus-values nettes à long terme réalisées au cours des 10 exercices suivants, jamais sur le bénéfice ordinaire ou sur le revenu global.
• Il convient de réintégrer extra-comptablement la moins-value nette à long terme</td><td>Il convient de déduire extra-comptablement la plus-value du résultat afin de bénéficier du taux réduit.</td></tr>
<tr><td>Année déficitaire</td><td>• La plus-value peut être compensée avec le déficit.
• Dans ce cas, aucune opération ou extra-comptable n'est à effectuer.</td></tr>
</table>

Ces dispositions offrent au décideur une latitude appréciable sur la détermination du résultat fiscal de son entreprise. Des simulations peuvent être réalisées par le comptable ou l'expert-comptable ; il s'agit d'une aide à la décision.

4 L'impôt sur la fortune immobilière (IFI)

A) Une imposition selon le système des tranches

Le foyer fiscal au 1/01/N

Personnes mariées, pacsées ou en concubinage ainsi que les enfants mineurs

La composition du foyer fiscal peut être différente de celle retenue pour l'IR

→

Le patrimoine immobilier net en France et à l'étranger au 1/01/N

> 1 300 000 €

Il s'agit du patrimoine immobilier **non professionnel** après déduction des **dettes**

→

Report de la valeur nette sur la déclaration n° 2042 (déclaration des revenus)

Abattement de 30 % sur la résidence principale

Immobilier professionnel exonéré

- **Dans une société ou une entreprise individuelle (IR) :** le redevable y exerce une activité à titre principal, habituel et constant
- **Dans une société soumise à l'IS :** le redevable doit exercer une fonction de dirigeant et doit détenir + de 25 % des droits de vote

Barème

Tranche de patrimoine	Taux (%)
Jusqu'à 800 000 €	0,00
Jusqu'à 1 300 000 €	0,50
Jusqu'à 2 570 000 €	0,70
Jusqu'à 5 000 000 €	1,00
Jusqu'à 10 000 000 €	1,25
Au-delà de 10 000 000 €	1,50

→ Une originalité : le seuil de taxation est de 1 300 000 € mais le calcul de l'IFI débute dès 800 000 €

B) Une méthodologie de calcul en deux étapes

Calcul du patrimoine brut immobilier – Dettes/Charges relatives au patrimoine immobilier

Calcul de l'IFI brut

Principales dettes et charges déductibles
- ☑ Emprunts
- ☑ Dépenses d'entretien, d'amélioration...
- ☑ Taxe foncière

Calcul du patrimoine net (Patrimoine brut – Charges déductibles – IFI)

- ☑ L'IFI brut constitue une charge déductible du patrimoine

Calcul de l'IFI définitif

- ☑ Le calcul est réitéré une fois

Dossier 1 Établissement et contrôle de la déclaration de TVA

1.1 Analyser, en utilisant le modèle de tableau ci-après, les opérations mensuelles dans l'objectif de répondre aux obligations légales en matière déclarative.

NOTRE CONSEIL

La partie rédactionnelle est très importante ici car elle revêt une visée pédagogique. Vous serez amené(e) à être plus concis(e) à l'examen : repérez les mots-clés qui doivent impérativement apparaître et utilisez les abréviations d'usage que vous développerez à la première occurrence.

Compétence attendue

Déterminer et **mettre en œuvre**, dans une situation donnée, les mécanismes d'exigibilité, de déduction de la taxe sur la valeur ajoutée

DÉCRYPTAGE

- Le candidat doit être capable de repérer les opérations dans le champ d'application, imposées ou exonérées.
- Le candidat doit être à même d'exploiter les informations des documents pour préciser le régime qui s'applique et le justifier.
- Le candidat doit être capable de rédiger de façon concise et structurée les règles de droit et de les appliquer au cas d'espèce.

Contexte légal

Compte tenu du chiffre d'affaires 2021 (3 850 000 € HT) supérieur aux limites du réel normal en matière de livraisons de biens (818 000 €) et du montant de TVA due > 15 000 €/an, le régime réel normal mensuel est le régime de droit qui s'applique.

Numéro de l'opération	Qualification fiscale de l'opération	Analyse fiscale (rappel de la règle de droit, application au cas d'espèce)	TVA déductible	TVA exigible
1, 2 et 5	Livraison de biens	**Règle de droit.** La TVA sur les livraisons de biens internes est exigible à la livraison/facturation quels que soient les clients, l'encaissement du prix n'a pas d'influence sur l'exigibilité. **Application.** Les livraisons ont eu lieu en décembre 2022, la TVA est donc exigible au titre de ce mois, les règlements du mois n'impactent pas l'exigibilité : CA professionnels : 200 000 × 20 % CA revendeurs : 50 000 × 20 %		40 000 10 000
3 et 6	Exportations	**Règle de droit.** Les exportations sont exonérées de TVA. Les modalités de règlement sont donc sans impact. **Application.** Les expéditions sont réalisées vers des revendeurs suisses, donc sont qualifiées d'exportation et à ce titre sont exonérées de TVA.		–

Pourquoi parler des encaissements ici ? Parce que la facturation et les encaissements apparaissent dans le document 1. Toutes les données doivent donc être traitées.

Numéro de l'opération	Qualification fiscale de l'opération	Analyse fiscale (rappel de la règle de droit, application au cas d'espèce)	TVA déductible	TVA exigible
4 et 7	Vente à distance et livraisons intracommunautaires (LIC)	**Règle de droit.** Les ventes de biens prennent la qualité de LIC dès lors qu'elles sont effectuées au profit d'assujettis ressortissants d'un État membre de l'UE identifiés par leur numéro d'identification intracommunautaire. À défaut de production du numéro d'identification intracommunautaire (IC), les ventes sont requalifiées en ventes à distance et suivent le même régime que les ventes aux particuliers, à savoir l'exigibilité de la TVA dans le pays du vendeur. **Application.** Le client belge n'a pas communiqué son numéro IC ; la vente est qualifiée de vente à distance et la TVA est collectée : 10 000 × 20 % Les autres clients étant ressortissants de l'UE et ayant communiqué leur numéro intracommunautaire, il s'agit donc de LIC exonérées.		2 000
8	Livraison de biens	**Règle de droit.** La TVA sur les livraisons de biens internes est déductible à la livraison/facturation, le décaissement du prix n'a pas d'influence sur la déductibilité. **Application.** La TVA est déductible sur les factures enregistrées en décembre. Bois : 300 000 × 20 %	60 000	
9	Acquisition intra-communautaire de biens	**Règle de droit.** La TVA sur les achats de biens en provenance de fournisseurs identifiés établis en UE et réalisés par des assujettis identifiés (communication du numéro intracommunautaire) est exigible par autoliquidation (et déductible) dans l'État de l'acheteur à la date de la facture si celle-ci est concomitante à la livraison des biens ou au plus tard le 15 du mois qui suit en l'absence de facture. Le règlement n'impacte pas l'exigibilité ni la déductibilité de la taxe. **Application.** La TVA est autoliquidée en décembre pour tous les achats réalisés par Revet'Bois (qui a fourni son numéro intracommunautaire) en provenance d'assujettis espagnols car les factures sont jointes à la livraison : (100 000 – 10 000) × 20 % La facture du fournisseur Alcaraz n'étant pas parvenue fin décembre, la TVA ne peut être autoliquidée au titre de ce mois.	18 000	18 000
10	Livraison de biens	**Règle de droit.** La TVA sur les achats de biens internes est déductible à la livraison/facturation, le décaissement du prix n'a pas d'influence sur la déductibilité. **Application.** La TVA est déductible sur les factures d'approvisionnement enregistrées en décembre : 60 000 × 20 %	12 000	

Numéro de l'opération	Qualification fiscale de l'opération	Analyse fiscale (rappel de la règle de droit, application au cas d'espèce)	TVA déductible	TVA exigible
11 et 12	Prestations de services	**Règle de droit.** La TVA est déductible au moment des décaissements (acomptes, paiements) en régime de droit commun. En cas d'option sur les débits de la part du fournisseur, la TVA est déductible à la facturation. **Application.** La TVA est déductible à la facturation pour les factures sur lesquelles la mention « d'après les débits » figure : 5 000 × 20 % La TVA est déductible aux décaissements sans mention : 600 × 1,2 × 0,2 % La facture qui porte la mention « TVA non applicable » ne permet pas de déduire la TVA puisque le fournisseur est exonéré donc ne la collecte pas	1 000 100	
13	Livraison de biens	**Règle de droit.** La cession d'un véhicule de tourisme pour lequel la TVA initiale n'a pas été déduite ne génère pas de TVA exigible lors de la cession en régime de droit commun. En cas de cession à un négociant en biens d'occasion, une option peut être posée. Dans ce cas, un complément de déduction calculé sur la TVA initiale non déduite peut être obtenu si la cession est réalisée avant le début de la 5e année de l'acquisition. **Application.** La cession du véhicule est réalisée auprès d'un négociant, l'option est posée et la cession a lieu dans le délai de régularisation des 5 ans : TVA exigible : 30 000 × 20 % Complément de déduction : (50 000 × 20 %) × 2/5	4 000	6 000
14	Livraison à soi-même LASM	**Règle de droit.** Les LASM issues de l'autofabrication de stocks, services ou immobilisations effectuées dans l'intérêt de l'exploitation et qui ouvrent droit à déduction ne génèrent pas de régularisation de TVA. **Application.** Il s'agit d'une LASM au titre d'une autofabrication d'immobilisation (immeuble d'exploitation) ouvrant droit à déduction, donc pas de régularisation de TVA		–
15	Livraisons de biens	**Règle de droit.** La TVA est déductible à la livraison/facturation sauf lorsque les biens sont exclus du droit à déduction (CoAdm ≠ 1) **Application.** Il s'agit de 2 véhicules de tourisme dont le coefficient d'admission est nul. La TVA n'est donc pas déductible		
			95 100	76 000
		Total (crédit de TVA)	**19 100**	

1.2 Rédiger, à l'attention d'Antoine Etzchubez, une note de synthèse relative aux conséquences de l'absence de facture du fournisseur espagnol (document 1, point 2.2) en matière d'exigibilité de la TVA.

Compétences attendues

- **Qualifier** les opérations et **justifier** les règles applicables
- **Proposer** des conseils et recommandations en matière fiscale

DÉCRYPTAGE

- L'objectif est d'amener le candidat à exposer la règle de droit relative aux notions d'exigibilité et de fait générateur (l'explication de cette dernière notion n'est cependant pas demandée) dans l'environnement du commerce *B to B* intracommunautaire et ensuite d'analyser l'application de cette règle dans le cas proposé.
- La réponse attendue est nécessairement organisée (rappel de la règle de droit/application au cas d'espèce). Dans cette question, une conclusion s'impose qui peut prendre la forme d'un conseil.

Règle de droit. En matière de TVA intracommunautaire, les livraisons de biens sont exonérées de TVA dans le pays de départ des marchandises lorsqu'il y a eu échange de numéro d'identification intracommunautaire entre vendeur et acheteur et taxées par autoliquidation dans le pays de l'acheteur. À défaut, l'opération est requalifiée en vente à distance.

Le fait générateur en matière de TVA correspond à la réception des marchandises par l'acheteur. L'exigibilité correspond à la date de la facture si celle-ci est concomitante à la livraison (ou si elle est datée de quelques jours avant ou après lorsque le délai correspond à l'acheminement) ou se situe à toute date entre celle de la livraison et le 15 du mois qui suit la réception des marchandises.

On retiendra au plus tard comme date d'exigibilité le 15 du mois qui suit la réception des marchandises en l'absence de facture à cette date.

Application. En l'espèce, il s'agit bien d'une acquisition intracommunautaire pour la SNC Revet'Bois car les numéros d'identification intracommunautaires ont été échangés.

Le fait générateur est survenu le 5 décembre (réception des produits).

Le fait que la facture ne soit pas encore parvenue au 16 janvier 2023 nous indique que l'autoliquidation ne peut être effectuée au titre de la déclaration de décembre 2022.

La date d'exigibilité interviendra le 15 janvier (date la plus tardive autorisée), quelle que soit la date réelle de réception de la facture.

Conclusion. Hormis la difficulté de gestion administrative des factures non parvenues, l'impact financier est nul dans la mesure où les acquisitions intracommunautaires ouvrent droit à déduction chez Revet'Bois. Néanmoins, afin de faciliter le travail du cabinet comptable, il serait souhaitable de rappeler à l'ordre le fournisseur.

NOTRE CONSEIL

Le faible nombre de questions et la thématique doivent vous alerter sur le poids de cette « mission ». La notion de « note de synthèse » peut être traduite par un écrit de l'ordre de 10 à 15 lignes. Il n'est pas obligatoire de faire apparaître les titres des paragraphes sur votre copie, un simple saut de ligne suffit.

Dossier 2 Conséquences sur le résultat fiscal des événements survenus au cours de l'exercice en matière de plus-values professionnelles et simulations

2.1 Présenter le calcul et procéder à l'analyse fiscale des opérations de cession d'éléments d'actif contenus dans le document 4.

Compétence attendue

NOTRE CONSEIL

La présentation d'un tel tableau est normée. Vous devez produire un document qui se rapproche le plus possible de la pratique professionnelle.

Déterminer et **qualifier** les plus ou moins-values professionnelles dans le cadre d'une société de personne à l'IR

DÉCRYPTAGE

Le candidat doit être capable de calculer les plus ou moins-values professionnelles et de réaliser le tableau de compensation. Dans cette question, il s'agit d'analyser des cessions qui présentent des caractéristiques fiscales différentes, notamment la gestion des cessions de titres dans le cadre des BIC.

Analyse des opérations

Éléments	Calcul et analyse	Court terme		Long terme	
		MV	PV	MV	PV
1. Scie industrielle	PV = 11 000 – (24 000 – 24 000) = 11 000 € PV/Bien amortissable détenu depuis au moins 2 ans donc PV à CT dans la limite des amortissements déduits, ici les amortissements sont de 24 000 €, donc la PV est entièrement à CT.		11 000		
2. Véhicule de tourisme	PV = 30 000 – (60 000 – 25 000) = (5 000 €) MV sur bien amortissable, donc à CT par définition de la loi.	5 000			
3. Bâtiment de bureaux	PV = 100 000 – (60 000 – 30 000) = 70 000 € Bien amortissable détenu depuis au moins 2 ans, la plus-value est à CT à hauteur des amortissements déductibles (30 000 €) et à LT au-delà (70 000 – 30 000).		30 000		40 000
4. 100 titres Pilo	Titres détenus depuis moins de 2 ans, le gain de 1 000 € est imposable au régime de droit commun, donc il ne relève pas du régime des PV/MV professionnelles.				
5. 80 titres BBC	Titres éligibles au régime des PV/MV professionnelles car détenus depuis au moins 2 ans, la PV est de : 8 000 – 4 000 = 4 000 €, donc à long terme				4 000
5. 20 titres BBC	Titres éligibles au régime des PV/MV professionnelles car cédés en même temps que des titres de même nature détenus depuis au moins 2 ans, les titres sont détenus depuis moins de deux ans, mais 2 000 – 2 000 = 0.				
Plus ou moins-values nettes de l'exercice			**36 000**		**44 000**

Il est essentiel d'analyser l'information du document 4 selon laquelle la cession du véhicule de tourisme n'est pas soumise à la TVA quand celle du bâtiment l'est. Il n'y aura ni complément de déduction, ni reversement de TVA lors de la cession, ce qui simplifie la détermination du résultat de cession.

L'entrepôt de stockage détruit dans l'incendie (document 5) suit une autre règle : la TVA n'est pas déduite à l'acquisition, sans autre mention dans le document, la règle de droit commun s'applique : la cession n'est pas soumise à la TVA.

NOTRE CONSEIL

Vous devez justifier la qualification fiscale de chaque cession (court terme ou long terme).

2.2 Analyser les conséquences fiscales de l'incendie sur les plus-values professionnelles et sur le résultat fiscal.

Compétences attendues

- **Déterminer** et **qualifier** les plus ou moins-values professionnelles dans le cadre d'une société de personne à l'IR
- **Identifier** les différents traitements fiscaux applicables

DÉCRYPTAGE

- Il est attendu dans cette question la maîtrise du calcul de la durée d'étalement de la plus-value nette à court-terme dans un contexte de sinistre. Le calcul des résultats de cession ne présente aucune difficulté.
- Le rappel des règles spécifiques d'étalement dans le cadre des sinistres doit être rédigé en détail.

- **Impact sur les plus ou moins-values**

Éléments	Calcul et analyse	Court terme	
		MV	PV
6. Ordinateur	Immobilisation amortissable détenue depuis au moins 2 ans : les moins-values sont toujours à CT ; 500 – (3 000 – 1 500) = – 1 000 €	1 000	
7. Autoclave	La plus-value sur élément amortissable détenu depuis plus de deux ans est à CT dans la limite des amortissements déduits, ce qui est le cas ici. PV = 10 000 – (50 000 – 50 000) = 10 000 € < Amortissements (50 000 €)		10 000
8. Entrepôt de stockage	La plus-value sur élément amortissable détenu depuis plus de deux ans est à CT, dans la limite des amortissements déduits (25 000), à long terme pour le reste PV : 45 000 – (50 000 – 25 000) = 20 000 €, donc à CT car inférieur au montant des amortissements déduits		20 000
Plus-value nette CT issue du sinistre			**29 000**

- **Impact sur le résultat fiscal**

Règles de droit. La plus-value nette à court terme (CT) issue d'un sinistre peut être rapportée au résultat fiscal *via* un étalement calculé sur la durée moyenne d'amortissement déjà pratiquée à la date du sinistre, sans toutefois excéder 15 ans. Cette durée est calculée en pondérant la durée d'amortissement déjà pratiquée de chaque bien détruit par le poids relatif de chaque bien (valeur d'origine) par rapport à la somme des valeurs d'origine des biens détruits. L'imposition débute l'année qui suit la réalisation de la plus-value.

Application. En l'espèce, la destruction des trois biens immobilisés génère une plus-value CT de 29 000 €.

La valeur d'origine cumulée des trois biens : 3 000 + 50 000 + 50 000, soit 103 000 €. La durée moyenne d'amortissement déjà pratiquée se calcule comme suit :

NOTRE CONSEIL

Le rappel de la règle de droit précède toujours les calculs. Respectez cette logique qui vous aide à faire le point sur vos connaissances avant de vous lancer dans toute démarche calculatoire.

$$\frac{(3\,000\text{ €} \times 2\text{ ans}) + (50\,000\text{ €} \times 5\text{ ans}) + (50\,000 \times 10\text{ ans})}{103\,000} = 7{,}3\text{ ans, soit 8 ans}$$

La SNC peut donc étaler la PVCT sur 8 ans à compter de l'exercice 2023.

Dans ce cas, la PV nette CT de l'exercice issue du sinistre devra faire l'objet d'une déduction extra-comptable en 2022 puisqu'elle n'est pas imposable au titre de l'année de survenance du sinistre (avantage fiscal).

Un huitième du montant de la PV nette deviendra imposable à partir de 2023 (réintégration extra-comptable à partir de 2023) et sur les 7 ans suivants.

2.3 Mettre en œuvre la deuxième partie de la mission en prenant soin de rappeler les règles applicables en la matière. Dans le cadre de ces simulations, on considérera qu'aucun autre retraitement fiscal n'est à effectuer pour l'établissement du résultat fiscal 2022.

Compétence attendue

Identifier les différents traitements fiscaux applicables en matière de plus ou moins-values professionnelles dans le cadre d'une société de personne à l'IR

DÉCRYPTAGE

- Le candidat doit être capable de mettre en œuvre le traitement de la plus ou moins-value nette.
- L'objectif est d'exploiter la latitude offerte par la législation en matière d'imposition des plus-values professionnelles BIC pour simuler différents résultats fiscaux qui serviront ensuite de base à une prise de décision.

Règles de droit. Dans le cas des plus-values nettes à court terme qui ne sont pas issues de sinistres ou d'une expropriation, il est possible de pratiquer l'étalement du produit sur 3 ans à compter de l'année de réalisation :

- PVNCT issues de sinistres ou d'expropriation : possibilité de pratiquer l'étalement à compter de N+1 du produit sur la durée moyenne d'amortissement déjà pratiquée ans à la date de destruction.
- PVNLT non issues de sinistres ou d'expropriation : possibilité d'imposer au taux préférentiel de 12,8 % (+ prélèvements sociaux).

Ces différentes possibilités permettent au contribuable de moduler son résultat fiscal.

Application. Nous présenterons trois simulations différentes.

- **Calcul du résultat fiscal (RF) 2022 dans les règles de droit commun et en utilisant toutes les possibilités d'étalement**

Opération	Analyse fiscale	Déductions	Réintégrations
Résultat comptable 2022	Déficit	20 000	
PV nettes LT 2022	La plus-value est imposable à l'impôt/PV LT à 12,8 %, donc à déduire.	44 000	
PV CT 2022 hors sinistre	Possibilité d'étalement appliquée, donc 1/3 de la PVNCT est imposable au titre de 2022 donc déduire les 2/3 : 36 000 × 2/3.	24 000	
PV CT 2022 sinistre	L'imposition de la PV sera effectuée sur 8 ans à compter de 2023. La PV doit donc être intégralement déduite du résultat 2022.	29 000	
Déficit fiscal		**117 000**	

- **Calcul du RF 2022 en renonçant à l'étalement des plus-values à court terme (PVCT) non issues du sinistre**

Opération	Analyse fiscale	Déductions	Réintégrations
Résultat comptable 2022	Déficit	20 000	
PV nettes LT 2022	La plus-value est imposable à l'impôt/PV LT à 12,8 %, donc à déduire.	44 000	
PV CT 2022 sinistre	L'imposition de la PV sera effectuée sur 8 ans à compter de 2023. La PV doit donc être intégralement déduite du résultat 2022.	29 000	
Déficit fiscal		**93 000**	

- **Calcul du RF 2022 en renonçant à l'étalement de toutes les PVCT ainsi qu'au régime préférentiel des PVLT**

Le résultat fiscal s'établit donc à – 20 000 € (déficit).

2.4 Analyser, dans une courte note, la pertinence des simulations précédemment proposées.

Compétences attendues

- **Déterminer** les modalités de gestion du déficit
- **Proposer** des conseils et recommandations en matière fiscale

DÉCRYPTAGE

- Les simulations de résultat fiscal présentées dans la question 2.3 sont un support pour aborder la législation en matière de déficit.
- Cette question a pour attendu l'exposé des règles d'imputation des déficits BIC et leur application au cas d'espèce.
- Une réponse structurée est attendue.

Règles de droit. La SNC ne dispose pas de la personnalité fiscale mais ce sont les associés en leur foyer fiscal personnel qui en dispose. Les déficits BIC professionnels sont imputables sur le revenu global du foyer fiscal des associés dégagé au cours du même exercice, à défaut reportables sur les revenus globaux du foyer fiscal des 6 années qui suivent. Au-delà, le déficit non encore imputé est perdu.

Application. Le renoncement aux diverses règles d'étalement et/ou à l'imposition préférentielle des PVLT permet de générer plusieurs niveaux de déficit compris entre – 20 000 € et – 117 000 €.

Les associés de la SNC assistés de l'expert-comptable devront se positionner par rapport aux différentes possibilités offertes par la législation fiscale.

La décision ne pourra être prise que par rapport :

- à la situation personnelle de chaque associé puisque le résultat déficitaire sera « remonté » dans la déclaration d'IR de leurs foyers fiscaux pour être imputé sur le revenu global annuel du foyer fiscal ;
- à la possibilité prochaine de pouvoir imputer les déficits BIC reportables enregistrés depuis plusieurs années sur le revenu net global des foyers fiscaux puisque ces déficits antérieurs ne peuvent être reportés que pendant les 6 années qui suivent leur survenue.

Conclusion. Le rôle de l'expert-comptable est donc essentiel et la décision doit être prise en concertation avec les clients (prise en compte du *business plan*, connaissance de la structure des différents foyers fiscaux et hypothèses de projection dans les années futures).

NOTRE CONSEIL

Dans le contexte d'entreprise présenté ici, vous ne pouvez formuler la solution de façon certaine. Vous devez donc démontrer, dans votre réponse, que vos connaissances vous permettent de poser des hypothèses complémentaires (situation personnelle des associés, revenus futurs...) et d'établir une liste de questions qui aideront le décideur à procéder par élimination.

Dossier 3 Simulation du montant de l'IFI d'Antoine Etzchubez

3.1 Expliquer, dans une courte note, la composition de l'assiette de l'impôt sur la fortune immobilière.

Compétence attendue

Expliquer la composition de l'assiette de l'impôt sur la fortune immobilière

DÉCRYPTAGE

Le candidat doit connaître les biens retenus pour déterminer l'assiette du foyer fiscal et être capable d'exploiter une documentation portant sur les exonérations.

- **Le patrimoine brut imposable s'entend de la valeur :**

- des immeubles bâtis (à usage personnel ou mis en location) : maisons, appartements et leurs dépendances (garage, parking, cave) ;
- des immeubles non bâtis (terrains à bâtir, terres agricoles) ;
- des immeubles ou fractions d'immeubles représentés par des parts de sociétés immobilières de copropriété ;

– à l'exclusion de tout autre élément du patrimoine (patrimoine financier, objets d'art et biens immobiliers affectés à l'activité professionnelle du redevable).

- **Au 1er janvier de l'année d'imposition :**

Sur la valeur du patrimoine brut, on impute les dettes et dépenses liées :

– à l'acquisition de biens ou droits immobiliers imposables (emprunts immobiliers) ;

– aux travaux d'amélioration, de construction, de reconstruction ou d'agrandissement et aux travaux d'entretien dus par le propriétaire ;

– au paiement des impôts dus à raison des propriétés concernées (ex. : taxe foncière).

- **L'IFI s'applique lorsque la valeur nette taxable du patrimoine immobilier est supérieure à 1,3 million d'euros au 1er janvier 2023.**

NOTRE CONSEIL

La structure de votre réponse doit être identifiable par le correcteur : titres, phrases soulignées, etc.

3.2 Démontrer que les époux Etzchubez sont redevables de cet impôt.

Compétences attendues

Déterminer l'assiette de l'impôt sur la fortune immobilière

DÉCRYPTAGE

Le candidat doit démontrer sa connaissance des biens retenus dans l'assiette de l'IFI et des biens exclus, des charges déductibles et non déductibles. Une analyse exhaustive des éléments est attendue.

Patrimoine brut au 1/01/2022	Analyse	Montant retenu (€)
Résidence principale à Billère	Taxable avec abattement de 30 %	700 000
Chalet à Cauterets	Taxable	600 000
Titres de SCPI (bureaux Paris et région parisienne)	Taxable	300 000
Appartements d'habitation loués (3 à Toulouse, 1 à Pau)	Taxable	970 000
Portefeuille de titres de sociétés françaises cotées	Patrimoine financier exonéré	–
Parts sociales de la SNC REVET'BOIS	Patrimoine financier exonéré	–
Meubles de collection	Patrimoine exonéré	–
Disponibilités (comptes courants et livrets épargne)	Patrimoine financier exonéré	–
Total		**2 570 000**
Dettes		
HBFR1740863066 – résidence principale Billère	Bien taxable, donc dette déductible	550 000
CAM005553609 – titres de SCPI	Bien taxable, donc dette déductible	220 000
Total		**770 000**
Patrimoine net	2 570 000 – 770 000	**1 800 000**

NOTRE CONSEIL

La présentation sous forme de tableau est conseillée. Les composantes du patrimoine net doivent apparaître distinctement (patrimoine brut et dettes). N'oubliez pas que la formulation de la question implique une conclusion.

Le patrimoine taxable au 1er janvier 2023 est de 1 800 000 € ; il est donc supérieur à 1,3 million d'euros. Les époux Etzchubez sont effectivement redevables de l'IFI.

3.3 Justifier le montant net de l'IFI de 5 958 €.

Compétence attendue

Déterminer le montant dû

DÉCRYPTAGE

Le candidat doit être capable de maîtriser les particularités du calcul de l'IFI en deux étapes.

Le calcul de l'IFI se réalise en deux étapes :
- le calcul du montant brut de l'IFI ;
- le calcul du montant net après déduction de l'IFI.

NOTRE CONSEIL

Ne vous faites pas une montagne des calculs. Les montants et les documents fournis permettent de réaliser les opérations de tête ou de les poser au brouillon. Lorsque le calcul se complique, le montant est systématiquement fourni. Ne vous laissez donc pas impressionner par l'accumulation de chiffres.

Étape 1. Calcul de l'IFI brut

Fraction de la valeur nette taxable du patrimoine	Taux applicable (%)	Montant (€)
Jusqu'à 800 000 €	0,00	0
Entre 800 001 € et 1 300 000 €	0,50	2 500
Entre 1 300 001 € et 1 800 000 €	0,70	3 500
Total IFI brut	–	**6 000**

Étape 2. Calcul de l'IFI net à payer

On déduit l'IFI brut du patrimoine net initial car l'IFI est une charge déductible :

Le patrimoine net après imputation de l'IFI : 1800 000 – 6 000 = **1 794 000 €.**

IFI = 2 500 + [(1 794 000 – 1 300 001) × 0,7 %] = 5 958 €.

UE 5. Économie contemporaine

Sujet type d'examen 1

Sujet

La révolution numérique et le système économique américain

Document autorisé : aucun

Matériel autorisé : aucun

4 h Durée de l'épreuve

1 Coefficient

Le sujet se présente sous la forme de **2 DOSSIERS** interdépendants :

Dossiers

1. Analyse d'un dossier documentaire .... 10 points
2. Question problématisée .... 10 points

Le sujet comporte 11 documents :

Documents

Dossiers 1 et 2

1. Évolution du partage de la valeur ajoutée
2. Part du travail et des salaires dans la valeur ajoutée des États-Unis
3. Répartition de la valeur ajoutée par activité (% de la VA)
4. Empreinte écologique des États-Unis
5. Antitrust : le Congrès américain propose de limiter radicalement le pouvoir des Gafa
6. Les Gafam défient désormais les principaux États du globe. Et ces derniers contre-attaquent
7. Capacité et besoin de financement par secteur institutionnel (% du PIB)
8. Intelligence artificielle (IA) : quand le numérique menace les emplois
9. Pollution : la face cachée du numérique
10. La « *gig economy* »
11. La récession et l'automatisation modifient l'avenir du travail, mais de nouveaux postes sont à venir

Si le texte du sujet, de ses questions ou de la base documentaire, vous conduit à formuler une ou plusieurs hypothèses, il vous est demandé de la (ou les) mentionner explicitement dans votre copie. Il vous est demandé d'apporter un soin particulier à la présentation de votre copie. Le candidat sera apprécié sur sa maîtrise des concepts et sa capacité à mobiliser des théories, d'une part ; sur la pertinence des solutions proposées et leur adaptation au contexte particulier de l'organisation, d'autre part.

La révolution numérique et le système économique américain

Après le déclenchement de la crise sanitaire liée à l'épidémie de Covid-19 début 2020, le monde s'est tourné massivement vers l'espace « cyber », accélérant de fait une transformation numérique amorcée il y a plusieurs décennies. Des écoliers équipés de leur connexion internet à domicile ont inauguré l'école à distance, de nombreux salariés se sont lancés dans le télétravail, et une multitude d'entreprises ont adopté des modèles économiques reposant sur le numérique pour poursuivre leurs activités et sauver une partie de leurs recettes. Dans le même temps, des applications mobiles ont été mises au point pour suivre l'évolution de la pandémie et les chercheurs ont de plus en plus recours à l'intelligence artificielle (IA) pour comprendre le virus et accélérer le développement d'un vaccin. Dans certains pays, l'augmentation du trafic internet a augmenté de 60 % peu après le début de l'épidémie (OCDE, 2020), preuve s'il en est de l'accélération du numérique provoquée par la pandémie.

Si ces activités montrent le potentiel considérable de la transformation numérique, la pandémie a également accentué les disparités. Bien que certaines fractures numériques aient diminué rapidement ces dernières années, d'autres n'ont pas suivi la même trajectoire, laissant certains citoyens en marge de l'accélération du numérique induite par l'épidémie. De plus, la dépendance accrue aux solutions numériques a ajouté un caractère d'urgence aux préoccupations liées à la protection de la vie privée et la sécurité[1].

Parmi les gagnants : les groupes mondiaux leaders des valeurs technologiques connus sous l'appellation GAFAM (Google, Amazon, Facebook, Apple et Microsoft), ont réalisé un bénéfice net cumulé de 320,47 Mds de $, au terme des 12 mois de 2021. Cela représente un peu plus que le produit intérieur brut (PIB) estimé sur la même période de l'Afrique du Sud, l'économie la plus diversifiée et la plus industrialisée d'Afrique.

Ce niveau de performance va de pair avec l'intérêt qu'ont eu les investisseurs pour les actions de ces entreprises en 2021. À l'exception de Facebook et Amazon, leurs valeurs boursières ont connu une progression à deux chiffres au cours des 12 derniers mois[2]. Ces entreprises sont également dans « le viseur » des autorités de régulation depuis de nombreuses années pour leurs pratiques anticoncurrentielles.

La Covid-19 a ainsi eu de multiples impacts notamment au niveau du échanges internationaux. L'ouverture internationale reste un enjeu majeur pour de nombreuses entreprises, particulièrement dans les trois zones où se concentrent ces échanges : l'Europe, l'Amérique du nord et l'Asie.

Vous gérez un portefeuille de PME pour la Team France Export, qui rassemble toutes les solutions publiques proposées par les régions, les services de l'État,

1 Sources : OCDE (2021), La transformation numérique à l'heure du Covid-19 : Renforcer la résilience et combler les fractures

2 https://www.agenceecofin.com

l'agence publique Business France, les chambres de commerce et d'industrie (CCI) et Bpifrance pour faire valoriser les entreprises françaises à l'international. Parmi les PME que vous suivez se trouve La Petite Bille, marque française qui conçoit, depuis 2018, des accessoires innovants et connectés pour les nourrissons. Cette entreprise s'engage pour le bien-être des tout-petits et la simplification du quotidien des parents. Implantée à Tourcoing, dans le Nord, département réputé pour son savoir-faire textile, le bureau de cette entreprise se situe dans le Centre européen des textiles innovants (CETI), lequel est un pôle de compétitivité.

En plein essor, La Petite Bille envisage d'étendre son activité aux États-Unis, pays dans lequel le potentiel de développement de ce marché est important, avec une population de 329,5 millions d'habitants et un PIB par habitant de 63 358 dollars, selon les analyses publiées par la Coface.

Dossier 1 Analyse d'un dossier documentaire

Base documentaire : documents 1 à 11

Votre mission : conseiller l'entreprise sur certains éléments de la situation économique structurelle des États-Unis et sur les opportunités de placement

Pour réaliser cette mission, vous devez :

1. Analyser l'évolution de la répartition de la valeur ajoutée aux États-Unis.
2. Caractériser l'économie de marché américaine.
3. Identifier les défaillances de marché aux États-Unis et appréhender les conséquences sur le fonctionnement des marchés.
4. Analyser les capacités de financement et les besoins de financement des agents économiques américains.
5. Analyser l'impact sur l'emploi du développement de l'économie du numérique.

Dossier 2 Question problématisée

Base documentaire : documents 1 à 11

Intrigué par le fonctionnement du système économique américain, Stéphane Corbet, responsable de la Team France Export, vous interroge. Afin de répondre à ses attentes et à celles de nombreuses PME, œuvrant notamment dans le secteur du numérique, votre mission consiste à préparer une intervention à destination des publics de la Team, dont une synthèse sera intégrée dans la prochaine *newsletter*.

À partir des savoirs acquis et de la base documentaire, élaborer une réponse structurée à la question suivante :

Les marchés du numérique doivent-ils être régulés ?

Document 1

Évolution du partage de la valeur ajoutée

Quelles sont les grandes tendances de l'évolution du partage de la richesse dans les pays européens et aux États-Unis sur les dernières décennies ?

Dans l'ensemble des pays du monde, la part de la valeur ajoutée distribuée aux salariés a baissé depuis le début des années 1980. [...]. L'Europe et les États-Unis enregistrent une baisse de cette part (part des traitements, salaires, et cotisations sociales dans la valeur ajoutée) de même ampleur depuis 1980. Elle passe de 68 % à 60 % dans les pays européens et de 65 % à 58 % aux États-Unis, et ce en dépit de l'augmentation des cotisations sociales [...] 1970 accentuant ainsi les inégalités aux États-Unis de revenus*.

Quel rôle a joué le progrès technologique dans cette déformation du partage de la valeur ajoutée au détriment des salariés ?

Le progrès technologique, du fait de l'automatisation de nombreuses tâches ou du développement de l'intelligence artificielle par exemple, entraînerait une « course entre l'homme et la machine ». Karabarbounis et Neiman (2014) montrent que le progrès technologique fait baisser le prix de l'investissement (des machines) relativement aux prix à la consommation, ce qui incite les entreprises à remplacer du travail par du capital,

Pourquoi cette explication par le progrès technologique n'est pas suffisante à vos yeux pour comprendre l'augmentation de la part des revenus du capital la valeur ajoutée ?

[...] L'augmentation de la part des revenus du capital dans la valeur ajoutée (et son corollaire, la baisse de la part des revenus du travail) s'explique surtout par une augmentation de la part des profits, ou plus généralement du rendement du capital.

Quelles autres évolutions structurelles sont à l'origine de la croissance des revenus du capital ?

Deux explications sont avancées pour expliquer l'augmentation des profits. Une première s'intéresse à la marge que font les entreprises lors de la vente de leur production, soit l'écart entre leur prix de vente et leurs coûts de production. Cette marge aurait beaucoup augmenté depuis le début des années 1980. En cause, une concentration accrue de l'activité économique qui augmenterait le pouvoir de marché des plus grandes entreprises. Autor *et al.* (2017) font ainsi le constat que les États-Unis sont de plus en plus dominés par des entreprises « superstars » – comme Google ou Apple [qui bénéficient d'effets de réseau].

L'évolution des profits est aussi à relier à des changements dans la gouvernance des entreprises. Une part accrue de ces profits est distribuée aux actionnaires, sous la forme de dividendes ou de rachats d'actions. Cette évolution reflète le passage depuis les années 1980 d'un capitalisme contractuel à un capitalisme financiarisé, facilité par la globalisation financière (Michel Aglietta, 2017).

Enfin, au-delà de l'explication par les profits, d'autres hypothèses ont également été avancées pour comprendre la baisse de la part salariale. Notamment la diminution du taux de syndicalisation et l'affaiblissement du pouvoir de négociation des salariés, mais celui-ci n'est pas observé (ou difficilement mesurable). Le rôle des délocalisations et du commerce international a également été questionné. Or, la baisse de la part salariale concerne l'ensemble des secteurs et non pas seulement les secteurs les plus exposés à la

•••

•••

concurrence internationale. Cela laisse penser que le commerce international ne joue au final qu'un rôle secondaire dans l'explication de cette tendance, ou agit de façon indirecte notamment en participant à la concentration accrue des entreprises (Van Reenen, 2018).

Si la concentration est une explication majeure, peut-on en inférer que la politique de la concurrence est un moyen efficace d'infléchir les évolutions structurelles du partage de la valeur ajoutée ?

Le rôle des structures de marché dans ces évolutions a largement été discuté aux États-Unis [...], Van Reenen (2018) suggère que la concentration accrue des entreprises américaines ne provient pas tant d'une faiblesse dans la politique de concurrence. L'émergence des entreprises « superstars » a pu être facilitée par la nature des innovations technologiques ou par la globalisation – des évolutions qu'une seule politique de la concurrence peut difficilement infléchir. Néanmoins, plusieurs chercheurs pointent le rôle de plus en plus important de ces monopoles sur le marché du travail, pouvant affaiblir le pouvoir de négociation des salariés. Ces entreprises peuvent également profiter de leur situation pour fixer des prix plus élevés. Dans ce cas, la politique de la concurrence permettrait d'infléchir de telles conséquences d'une concentration accrue.

www.cepii.fr

* Les revenus réels des 20 % les plus aisés ont progressé de plus de 85 % entre 1979 et 2013, contre seulement 19 % pour les 20 % les plus pauvres percevant peu, voire pas du tout, de revenu du capital aux États-Unis.

Document 2

Part du travail et des salaires dans la valeur ajoutée des États-Unis

Part du travail dans la valeur ajoutée aux États-Unis (secteur marchand non agricole, 1948-2016)

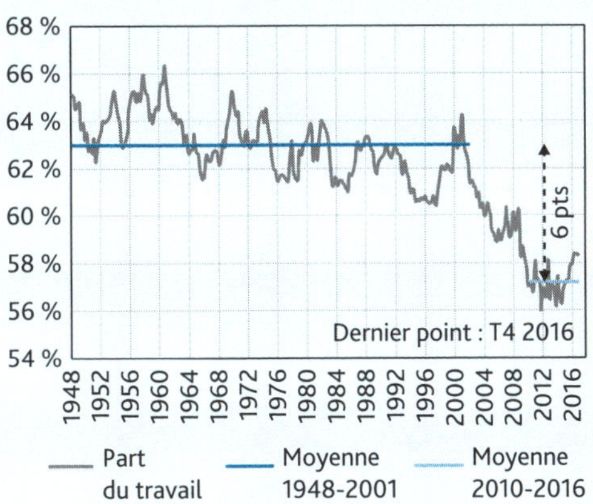

Variation de la part des salaires dans le PIB dans les pays avancés (1991-2013)

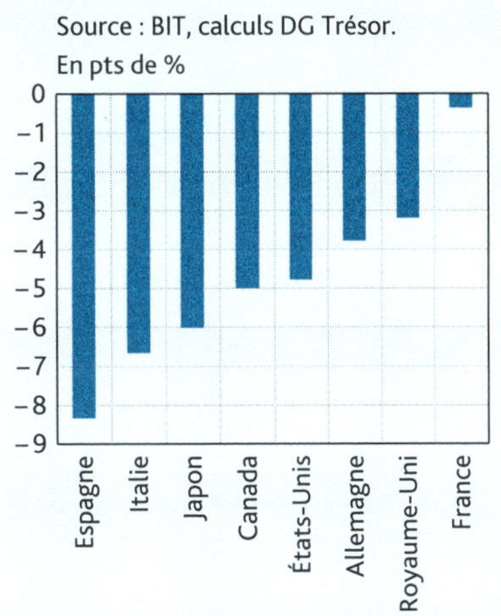

Source : *Trésor-Éco* n° 216, direction générale du Trésor, ministère de l'Économie et des Finances, février 2018.

Document 3

Répartition de la valeur ajoutée par activité (% de la VA)

	1997		2007		2013		2015		2018		2020	
Pays	États-Unis	France	États-Unis	France	États-Unis	France	États-Unis	France	États-Unis	France	États-Unis	France
Agriculture, foresterie, pêche	1,389	2,626	1,106	1,797	1,384	1,626	1,077	1,794	0,897	1,857	1,064	1,790
Industrie (y compris énergie)	19,900	19,300	17,100	15,300	16,360	14,140	15,280	14,270	15,120	13,600	13,9	13,2
Construction	4,100	4,800	5,100	6,020	3,620	5,890	3,950	5,480	4,220	5,600	5,64	5,19
Services	74,600	73,300	76,700	76,900	78,630	78,350	79,680	78,450	79,770	78,940	80,4	79,8
Total	100 %	100 %	100 %	100 %	100 %	100 %	100 %	100 %	100 %	100 %	100 %	100 %

Source : OCDE

Document 4

Empreinte écologique des États-Unis

Biocapacité et empreinte écologique par habitant aux États-Unis entre 1965 et 2018

Biocapacity per personne (gha) : biocapacité par personne (en bleu foncé) (quantité totale en hectares)

Ecological fooprints = global hectares per person (ou gha) = empreinte écologique (en gris) (quantité totale en hectares)

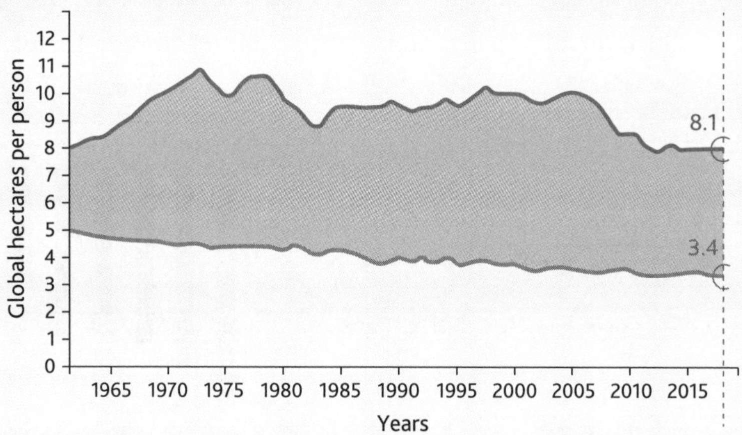

Sources : National Footprint and Biocapacity Accounts 2022 edition (données 2018) ; GDP, World Development Indicators, The World Bank 2020 ; Population, U.N. Food and Agriculture Organization.

Pour l'année 2018 aux États-Unis

Biocapacité par personne		Empreinte écologique par hab.		BIOCAPACITÉ (RÉSERVE + OU DÉFICIT –)
3,4 gha	**–**	**8,1** gha	**=**	**– 4,7** gha

Document 5

Antitrust : le Congrès américain propose de limiter radicalement le pouvoir des Gafa

Démantèlement, interdiction de donner la préférence à leurs propres produits, présomption de refus pour les futurs rachats de start-up... [Ce sont les propositions de] la commission antitrust de la Chambre des représentants des États-Unis pour lutter contre les pratiques anticoncurrentielles de Facebook, Google, Apple et Amazon. [...]

Condamnation sans précédent

Le texte du congrès américain de 449 pages remis en octobre 2020 clôture une enquête de seize mois [...] Il représente une condamnation politique sans précédent du pouvoir accumulé par Apple, Google, Amazon et Facebook au cours des deux dernières décennies et une évolution importante des relations entre la Silicon Valley et les démocrates, après des années de proximité sous les deux mandats de Barack Obama.

« Des sociétés qui étaient auparavant de petites start-up challengeant le statu quo se sont transformées en monopoles d'un genre que nous avions vu pour la dernière fois lors de l'ère des barons du pétrole et des magnats des chemins de fer [...] », écrivent les députés. Le rapport qualifie Facebook et Google de monopoles. Amazon et Apple sont, eux, accusés d'exercer « un pouvoir de marché significatif et durable ».

Concurrence en interne chez Facebook

Le réseau social de Mark Zuckerberg assoit sa domination en *« acquérant, copiant ou tuant »* ses concurrents. « En l'absence de concurrence, la qualité de Facebook s'est détériorée, résultant en une protection de la vie privée de moins bon niveau et une hausse spectaculaire de la désinformation sur la plateforme », note le rapport, selon lequel Facebook est davantage en compétition avec les autres filiales de son groupe, notamment Instagram, racheté en 2012, qu'avec d'autres entreprises.

Google maintient, lui, son monopole « à travers une série de tactiques anticoncurrentielles », de la rétrogradation des services de recherche concurrents comme Yelp aux contrats « forçant les fabricants de smartphones à installer Google pour accéder à son logiciel Android et avoir accès à son app store Google Play ». Amazon est, lui, accusé de conflits d'intérêts dans son rôle d'opérateur de place de marché et de vendeur sur cette même marketplace, notamment pour ses produits pour la maison intelligente comme son enceinte Echo. Apple se voit, lui, reprocher d'« exclure des rivaux en donnant la préférence à ses propres offres » sur l'App Store.

Les accusations ont été rejetées par chaque entreprise. « Nous sommes en compétition avec une large variété de services avec des millions – et même des milliards – de personnes les utilisant », a réagi Facebook. « Loin d'augmenter la compétition, ces sanctions mal appliquées la réduiraient », a commenté Amazon.

Barrières aux rachats de nouvelles start-up

Le rapport recommande au Congrès de démanteler les plateformes dominantes, ouvrant éventuellement la porte à une remise en cause des acquisitions d'Instagram par Facebook et de YouTube par Google. [...] Il propose aussi de renforcer les barrières aux nouveaux rachats de start-up par ces sociétés et de les forcer à offrir la portabilité des données pour améliorer les chances des concurrents.

...

•••

Surtout, les députés prônent un renforcement des lois antitrust [...]. Le Congrès propose de préciser que les lois antitrust « sont conçues pour protéger non seulement les consommateurs mais aussi les salariés, les entrepreneurs, les entreprises indépendantes, les marchés ouverts, une économie juste et des idéaux démocratiques ».

Le Congrès critique aussi fortement la Federal Trade Commission, le gendarme de la concurrence, qui a validé les plus de 500 acquisitions effectuées par ces quatre entreprises depuis 1998, [...]

Anaïs Moutot, *Les Echos*, 7 octobre 2020

Document 6

Les Gafam défient désormais les principaux États du globe. Et ces derniers contre-attaquent

La puissance et la richesse de Google, Amazon, Facebook, Apple et Microsoft poussent l'Europe et les États-Unis à agir. Enfin, souligne Philippe Bernard, éditorialiste au *Monde*, dans sa chronique.

Longtemps, le marché passé par les géants du Web avec le public est resté obscur. Forts de la promesse d'un monde sans frontières, vaste forum où toutes les libertés pourraient s'épanouir et les droits humains prospérer, où le travail serait enrichi par l'automatisation des tâches d'exécution, les promoteurs du numérique nous ont offert un univers fabuleux de messageries instantanées, de réseaux sociaux, de « nuages » aux capacités de stockage illimitées. Nous nous épanchons sur des visiophones planétaires, nous roulons malin grâce aux GPS participatifs, nous retrouvons en deux clics le nom ou l'idée oubliée, et partageons avec le monde entier nos enthousiasmes et nos colères.

Il a fallu du temps, mais le contrat implicite imposé par les Gafam à leurs milliards d'utilisateurs a fini par s'éclaircir : en échange de la fourniture gratuite de services performants et attractifs, Google, Amazon, Facebook, Apple et Microsoft se sont arrogé le droit d'épier nos moindres gestes, de mémoriser nos choix, de collecter à grande échelle ces données personnelles pour les revendre ou les utiliser à leur profit.

« Beaucoup de consommateurs croient qu'Internet est gratuit. Nous savons, au regard des profits de Google [27,8 milliards d'euros de bénéfices en 2018], que ce n'est pas le cas », remarque le Texan Ken Paxton, l'un des cinquante procureurs d'États américains ; il vient d'ouvrir une enquête visant Google, accusé de monopoliser et de fausser le marché.

Des scandales comme celui de la firme Cambridge Analytica qui a aspiré les données de dizaines de milliers d'utilisateurs de Facebook afin de diffuser des messages ciblés favorables au Brexit et à Donald Trump, ont contribué à dessiller les yeux des consommateurs. Ces révélations de manipulation politique, comme celles dénonçant les dégâts sociétaux liés à l'addiction à l'Internet, ont semblé un temps remettre en cause la prééminence des Gafam et menacer leur popularité planétaire [...].

La captation des « datas »

[...] La puissance des Gafa repose sur la captation de ces « datas », matière première gratuite et illimitée. Sur ce gisement infini, prospère le nouveau « capitalisme de surveillance »

•••

…

décrit par l'universitaire américaine Soshana Zuboff. Porteurs d'une utopie de l'individu roi, assis sur un tas d'or exponentiel, les Gafam se posent en grandes puissances et défient désormais les principaux États du globe.

Mais les États eux-mêmes passent à la contre-attaque. En Europe d'abord, avec les premières tentatives de réglementer l'usage des données et de taxer les profits. Et désormais aux États-Unis où l'on ressort les vieilles lois antitrust pour tenter de juguler la surpuissance des patrons de la Silicon Valley qui prétendent favoriser les innovations mais tuent, copient ou rachètent tout autour d'eux. Le projet de Facebook visant à créer une monnaie significativement baptisée « Libra », a créé un choc : les Gafam prétendent désormais battre elle-même monnaie et empiéter sur un attribut fondamental et séculaire des États.

Source : *Le Monde*, 24 septembre 2019

Document 7

Capacité et besoin de financement par secteur institutionnel (% du PIB)

	2012		2014		2018		2019		2020	
	États-Unis	France	États-Unis	France	États-Unis	France	États-Unis	France	États-Unis	France
Capacité/besoin de financement des ménages	6,05	3,85	4,09	3,15	3,99	2,61	3,9	2,8	14,9	8
Capacités et besoins de financement des entreprises	1,93	– 0,19	0,61	– 0,20	0,09	– 1,16	0,5	– 0,43	1,38	– 1,4
Capacité et besoin de financement des APU	– 9,22	– 4,98	– 5,19	– 3,90	– 6,22	– 2,29	– 6,4	– 3,1	– 15,3	– 9,1
Capacité et besoin de financement de la nation	– 1,24	– 1,32	– 0,5	– 1,25	– 2,51	– 0,84	– 1,95	– 0,7	– 2,02	– 2,53

Source : OCDE

Document 8

Intelligence artificielle (IA) : quand le numérique menace les emplois

L'IA chamboule de nombreux métiers dans la banque, la santé, les RH, le droit ou le transport. Et pousse à une mise à jour de notre logiciel éducatif et professionnel.

En 1930, John Maynard Keynes prédisait, dans sa *Lettre à nos petits-enfants*, que grâce au progrès technique, d'ici à un siècle, dans les pays développés, notre niveau de vie serait de quatre à huit fois plus élevé et que nous n'aurions plus à travailler que quinze heures par semaine. L'éminent économiste avait vu juste quant à l'effet des innovations sur l'enrichissement : notre PIB par habitant a plus que sextuplé en quatre-vingts ans. En revanche, il s'est trompé sur le travail : l'oisiveté généralisée n'est pas pour demain. Là, c'est plutôt son contemporain Joseph Schumpeter qui a eu raison, […] en les effets du progrès sur les emplois et les activités.

…

...

À moins que ? La prédiction de Keynes court jusqu'en 2030 et, justement, de sombres prophéties prévoient une hécatombe pour l'emploi de masse dans la décennie à venir. La faute à la percée fulgurante de l'intelligence artificielle (IA). Après que les machines ont sorti les paysans des champs, que les robots ont éjecté l'ouvrier de la chaîne, que les logiciels de bureautique ont évincé nombre d'employés, l'IA menace de nombreux emplois.

Gaële Macke, « IA : le digital bouscule le marché du travail », *Challenges*, 6 avril 2019

Document 9

Pollution : la face cachée du numérique

Le numérique, ce n'est pas magique. Les mots et plus encore les images que nous lançons en rafales tout près de nous ou à l'autre bout du monde exigent, pour se déplacer, pour être consultés, de considérables quantités de matières. Des tonnes de métaux, d'abord, parfois très rares, pour fabriquer les portables qui ne nous quittent plus de la journée. Des gigawatts d'énergie, ensuite, pour faire fonctionner d'interminables réseaux et de gigantesques serveurs qui émettent d'énormes quantités de chaleur, contribuant tout comme nos voitures et nos avions au dérèglement du climat planétaire.

Afin d'enrayer cette périlleuse machine à polluer, nous devons adopter individuellement et collectivement la sobriété numérique, en faisant le tri parmi les innovations qui nous sont chaque jour proposées, en apprenant à réparer et à recycler les matériels qui peuvent l'être plutôt que de les jeter, et en mettant toutes les technologies nouvelles au service de l'environnement plutôt que l'inverse.

Alternatives économiques, n° 397, janvier 2020

Document 10

La « *gig economy* »

En anglais le mot *gig* signifie le concert. Car on a souvent payé les musiciens d'une soirée à la tâche et une fois le bal terminé. Les Canadiens parlent de « jobines » comme petits jobs ou petits boulots sous-payés. La *gig economy* recouvre donc une réalité économique dans laquelle de multiples travailleurs indépendants et sous-traitants sont payés à la tâche et non au mois avec un employeur unique.

Le terme, très populaire aux États-Unis, désigne principalement les plateformes collaboratives comme Uber ou Deliveroo qui n'emploient pas des salariés mais travaillent avec des micro-entrepreneurs (anciennement auto-entrepreneurs, qui exercent une entreprise individuelle sous le régime fiscal de la micro-entreprise).

La *gig economy* incarne un nouveau modèle en plein essor. Au Royaume-Uni, elle représente cinq millions d'emplois, concentrés dans les secteurs de la livraison de nourriture ou la conduite de taxi. Ces emplois temporaires à la tâche et flexibles coûtent peu cher.

Cependant, les travailleurs-indépendants ne bénéficient d'aucune protection sociale et dénoncent tour à tour leurs conditions de travail. Dans le cas d'Uber, leader des plateformes de réservation, les chauffeurs de VTC (véhicules de transports avec chauffeurs) réclament

...

…

une meilleure rémunération à la course, une baisse de la commission d'Uber et de meilleures conditions de travail. Face à la fronde, les législations pourraient bientôt changer(1).

https://www.novethic.fr/lexique/detail/gig-economy.html

(1) La Cour de cassation dans un arrêt du 4 mars 2020 a rejeté le pourvoi en Cassation de l'entreprise Uber dans une affaire de requalification des contrats de travailleurs indépendants des chauffeurs Uber en contrat de salariés et non d'indépendants.

En aout 2020, Le procureur de l'Etat de Californie accuse Uber et Lyft, les deux géants des VTC (voitures de transport avec chauffeur) aux Etats-Unis, d'imposer des statuts précaires à leurs conducteurs, les privant de droits sociaux comme le salaire minimum ou l'assurance maladie. La cour a ordonné aux deux géants des VTC de requalifier leurs chauffeurs en salariés.

Document 11

La récession et l'automatisation modifient l'avenir du travail, mais de nouveaux postes sont à venir

Selon le rapport « The Future of Jobs 2020 », la Covid-19 a provoqué un changement du marché du travail plus rapide que prévu. D'après les recherches publiées aujourd'hui par le Forum économique mondial, ce qui était considéré comme « l'avenir du travail » est déjà arrivé.

D'ici 2025, l'automatisation et une nouvelle répartition du travail entre les humains et les machines perturberont 85 millions d'emplois dans le monde entier dans les moyennes et grandes entreprises de 15 secteurs et 26 économies. Les rôles dans des domaines tels que la saisie de données, la comptabilité et le soutien administratif sont de moins en moins demandés à mesure que l'automatisation et la numérisation sur le lieu de travail se développent. Plus de 80 % des chefs d'entreprise accélèrent les projets de numérisation des processus de travail et de déploiement de nouvelles technologies.

41 % prévoient de recourir davantage à des sous-traitants pour des tâches spécialisées et 34 % prévoient d'augmenter leurs effectifs en raison de l'intégration des technologies.

D'ici 2025, les employeurs répartiront équitablement le travail entre humains et machines. Les postes qui demandent des compétences humaines seront de plus en plus demandés. Les machines seront principalement axées sur le traitement des informations et des données, les tâches administratives, ainsi que les travaux manuels de routine d'habitude réservés aux employés de bureau et aux ouvriers.

Un nouveau sentiment d'urgence pour la révolution de la reconversion

L'évolution de l'économie et des marchés de l'emploi fera émerger 97 millions de nouveaux postes dans l'économie des soins, dans les industries technologiques de la quatrième révolution industrielle comme l'intelligence artificielle, et dans les domaines de la création de contenu. Les tâches pour lesquelles les humains devraient conserver leur avantage compétitif comprennent la gestion, le conseil, la prise de décision, le raisonnement, la communication et l'interaction. Il y aura une forte demande de travailleurs capables d'occuper des postes liés à l'économie verte, des rôles au premier plan de l'économie des données et de l'intelligence artificielle, ainsi que de nouveaux postes dans l'ingénierie, le *Cloud computing* et le développement de produits.

…

...

Près de 50 % des travailleurs qui conserveront leur poste au cours des cinq prochaines années auront besoin d'une reconversion liée à leurs compétences de base.

« À l'avenir, nous verrons que les entreprises les plus compétitives seront celles ayant investi massivement dans leur capital humain - les qualifications et les compétences de leurs employés », a déclaré M. Zahidi.

Construire un avenir du travail plus inclusif

Les personnes et les communautés les plus affectées par les changements sans précédent apportés par la Covid-19 sont probablement celles qui sont déjà les plus défavorisées.

Si l'on compare l'impact de la crise financière mondiale de 2008 sur les personnes ayant un faible niveau d'éducation à celui de la crise de Covid-19, cet impact est aujourd'hui bien plus important. « La pandémie a touché de manière disproportionnée des millions de travailleurs peu qualifiés [...] », a déclaré Jeff Maggioncalda, PDG de Coursera.

Amanda Russo, Forum économique mondial, 21 octobre 2020

1 La mesure de la richesse produite et la répartition primaire des revenus

A) La valeur ajoutée

La valeur ajoutée est le principal indicateur utilisé pour mesurer la richesse créée au niveau microéconomique.

Définitions

- La **valeur ajoutée** est un indicateur microéconomique quantitatif qui mesure la richesse produite par les agents économiques.
- La **valeur ajoutée marchande** est dégagée par les biens et services écoulés ou destinés à être écoulés sur le marché ; la **valeur ajoutée non marchande**, par les biens et services proposés à titre gratuit ou quasi gratuit.

Mesure de la valeur ajoutée

Valeur marchande	Valeur non marchande
• Valeur ajoutée = Valeur de la production marchande (chiffre d'affaires) – Consommations intermédiaires • La soustraction des consommations intermédiaires permet d'éviter de comptabiliser plusieurs fois certaines activités pour mesurer réellement la richesse produite	• Valeur ajoutée = Somme des coûts de production • L'absence de prix de vente de la production non marchande explique ce mode de calcul.

Les consommations intermédiaires sont l'ensemble des biens et services transformés et détruits au cours du processus de production.

B) Le produit intérieur brut (PIB)

Le PIB est le principal indicateur utilisé pour mesurer la richesse créée au niveau macroéconomique.

Définition

Le **PIB** est un indicateur macroéconomique quantitatif qui mesure l'ensemble des richesses produites par les agents économiques au cours d'une année.

Modes de calcul du PIB

Approche par la production	Approche par la demande	Approche par les revenus primaires
Somme des VA marchandes et non marchandes des agents économiques résidents + TVA – Subventions sur les produits	Consommation finale effective + Formation brute de capital fixe (FBCF) + Exportations – Importations + Variations de stocks	Rémunérations des salariés + Excédent brut d'exploitation (EBE) et revenus mixtes + Impôts sur la production et les importations, nets des subventions d'exploitation

Le PIB découle de la valeur et rend imparfaitement compte de la richesse du pays et de sa population, au sens quantitatif et qualitatif.

C) La répartition primaire des revenus

Les agents économiques qui ont participé à la création de richesse (valeur ajoutée) bénéficient de la répartition de cette **valeur ajoutée** sous forme de revenus.

Définition

La **répartition primaire des revenus** correspond au partage de la **valeur ajoutée** entre les agents économiques qui ont participé à la production de cette richesse, et donc à la formation des revenus primaires.

Partage de la valeur ajoutée

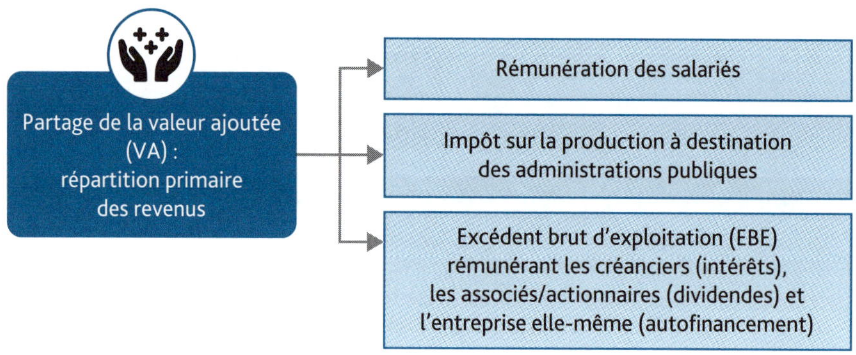

Le partage de la valeur ajoutée est à l'origine des revenus primaires des ménages (revenus du travail, du capital et mixte).

2 La tertiairisation de l'économie

Un **secteur d'activité** regroupe des entreprises de fabrication, de commerce ou de service qui ont la même activité principale.

Secteurs d'activité

Secteur primaire	Secteur secondaire	Secteur tertiaire
Ensemble des activités économiques fondées sur l'exploitation d'une ressource naturelle, avant toute transformation (agriculture…).	Ensemble des activités économiques visant à transformer des matières premières en produits élaborés (industrie, construction, etc.).	Ensemble des activités économiques visant à fournir des services (par opposition à la production de biens).

Définition

La **tertiairisation** correspond à la part croissante prise par les activités de services au fil du développement économique d'un pays, au détriment des secteurs primaire et secondaire, par des effets de déversement de la demande et des emplois.

3 Les formes et enjeux de concurrence

A) Les marchés en concurrence pure et parfaite

Forme « idéale » de marché pour les néoclassiques, la concurrence pure et parfaite permet l'obtention d'un équilibre de marché et se caractérise par des agents économiques dits « *price takers* » (preneurs de prix).

Caractéristiques d'un marché en concurrence pure et parfaite

Caractéristiques	Explications
Atomicité des acteurs sur le marché	Les offreurs et les demandeurs sont nombreux et de « petite taille », de telle sorte qu'ils ne peuvent influencer la formation des prix. Ils prennent le prix comme une donnée : ils sont preneurs de prix (*price takers*).
Libres entrée et sortie des acteurs sur le marché : fluidité du marché	Les acteurs sur le marché peuvent s'installer librement (sans aucun coût monétaire ou non monétaire) pour exercer leur activité, de même qu'ils peuvent sortir du marché librement (sans coût irréversible par exemple).
Homogénéité des produits	Les biens et services échangés sur le marché présentent des caractéristiques identiques, en termes de qualité par exemple.
Transparence de l'information	Les acteurs sur le marché ont accès à une information complète et parfaite, pour réaliser leurs arbitrages économiques : ils ne subissent pas de coûts pour connaître tous les prix de tous les produits présents sur les marchés.
Mobilité parfaite des facteurs de production	Les facteurs de production, à savoir le travail et le capital, peuvent être réalloués librement dans les systèmes productifs où ils seront mobilisés de façon efficiente (sans gaspillage).

B) Le marché de concurrence imparfaite

Définition

La **concurrence** est dite **imparfaite** dès lors que l'une des caractéristiques d'un marché en concurrence pure et parfaite n'est pas respectée.

Un monopole se caractérise par un seul offreur face à une multitude de demandeurs ; un oligopole, par un nombre limité d'offreurs face à une multitude de demandeurs.

Exemples

- L'atomicité est violée lorsque l'on observe une concentration sur certains marchés (monopole ou oligopole).
- La transparence du marché peut également être violée en raison de la rationalité limitée des agents économiques, des asymétries d'information, etc.
- L'homogénéité des produits est violée en raison des stratégies de différenciation des produits ; les produits échangés sont rarement parfaitement identiques. Le prix n'est pas la seule variable importante.
- Les nombreuses barrières, à l'entrée (ex. : sur le marché des taxis ou des licences de téléphonie mobile) et à la sortie limitent la fluidité du marché.

C) Les autres formes de concurrence

Alliance stratégique ou coopétition (Nalebuff et Brandenburger)	Théorie des marchés contestables (Baumol, Panzar et Willig)
Entente entre entreprises pour développer tout ou partie d'un produit ou service, comme des composants (ex. : moteurs dans l'automobile), alors que leur offre est en concurrence.	• Mise en avant du processus concurrentiel (ou contestatibilité d'un marché) comme source d'efficacité économique. • Un marché est contestable dès lors que la condition de fluidité (libres entrée et sortie sur le marché des acteurs de ce marché) est respectée.

D) Les bienfaits et limites de la concurrence

Bienfaits attendus	Limites
• Amélioration du bien-être des consommateurs grâce à une pression à la baisse des prix et à un choix de produits plus large • Amélioration du surplus du consommateur	Tous les biens et les services ne se prêtent pas à une logique concurrentielle, ce qui peut justifier une autre forme de coordination des décisions individuelles en dehors du marché, par exemple dans le cadre de l'économie sociale et solidaire.
Stimulation de l'innovation (Schumpeter)	Risque d'apparition de marchés monopolistiques ou oligopolistiques. Ce risque est renforcé, dans l'économie numérique, par des phénomènes de type « *the winner takes all* » (le premier arrivé sur le marché, le pionnier, verrouille les conditions d'entrée sur le marché et bénéficie d'une rente de situation).
Allocation optimale des ressources (selon Pareto et en situation concurrentielle)	L'optimum de Pareto est un critère d'efficacité économique et non de justice sociale.
Garantie de la transparence du fonctionnement des démocraties (Hayek et *La route de la servitude*)	Sans régulation, les forces du marché peuvent conduire à une remise en cause de la libre concurrence, à l'initiative de groupes de pression par exemple.

4 La régulation de la concurrence et des défaillances de marché

A) Outils de régulation de la concurrence

L'État dispose de différents moyens de régulation en situation de concurrence imparfaite. Il peut :

- Interdire certaines structures de marché (ex. : Sherman Act, Clayton Act aux États-Unis, refus de la fusion d'Alstom et Siemens qui seraient devenus « trop puissants » selon la Commission européenne).
- Décider de nationaliser une entreprise en situation de monopole.
- Réglementer les pratiques sur les marchés : interdire un certain nombre d'ententes, prohiber les abus de position dominante, contrôler les opérations de concentration-fusion d'entreprises.
- Garantir la contestabilité des marchés. Les firmes se comportent alors comme en situation de concurrence pure et parfaite, ce qui passe notamment par la libéralisation et l'ouverture des marchés.

Autorités de régulation de la concurrence

France	Europe
Autorité de la concurrence Autorité administrative indépendante (AAI) veillant au caractère concurrentiel des marchés (liberté d'accès et de fixation des prix, absence d'abus de position dominante) pour garantir l'ordre public économique	**Politique de la concurrence** relevant de la compétence de la Commission européenne, garante d'une concurrence libre et non faussée sur le marché européen

B) Les défaillances de marché et leur régulation

- **La diversité des défaillances**

Définition

Les **défaillances de marché** sont des situations dans lesquelles le marché est incapable de fixer un prix et d'assurer une affectation (allocation) efficace des ressources.

En cas de défaillance du marché, la rencontre entre offre et demande est peu efficace, voire inexistante. Les offreurs et demandeurs sont incapables de se coordonner. La très grande majorité des économistes prônent une intervention puisque de telles défaillances empêchent d'obtenir un optimum de Pareto.

Définition

L'**optimum de Pareto** est un concept développé par le néoclassique Vilfredo. Pareto qui permet d'identifier si une allocation des ressources est efficace économiquement.

Une allocation des ressources est optimale si on ne peut améliorer la satisfaction d'un agent économique sans détériorer celle d'un autre. Il ne s'agit en revanche pas d'un critère de justice sociale.

Exemple

Les externalités, les monopoles naturels, les biens collectifs (publics) et les asymétries d'information comptent parmi les défaillances affectant couramment les marchés.

- **Les externalités**

Définition

Une **externalité** est une situation dans laquelle une activité de production ou de consommation d'un agent économique produit des effets (positifs ou négatifs) sur le bien-être d'autres agents sans qu'il y ait de transaction entre eux (ni de compensation monétaire).

L'externalité peut être positive (économie externe) ou négative (déséconomie externe) et intervenir aussi bien dans la production que dans la consommation. Les interactions entre les individus n'empruntent alors pas un marché et ne sont donc pas prises en compte par les prix.

Exemples de dispositifs permettant de pallier les externalités

Réglementation
Interdiction des activités génératrices d'externalités négatives au nom de l'intérêt général (ex. : tabagisme dans les lieux publics)
Promotion d'activités sources d'externalités positives (formation, R&D, ...)

Fiscalité
Politique inspirée de l'économiste britannique Pigou encourageant les externalités positives et sanctionnant les externalités négatives (ex. : quotas sur les gaz à effet de serre GES, amendes, taxes, subventions ou crédits d'impôt favorisant les externalités positives sous la forme de bonus/malus)

Quotas
Limitation de la production de certains produits ou services générant des externalités négatives (ex. : pêche intensive, déforestation...)

Création d'un marché
Allocation de titres suivie d'une liberté de gestion, par les acteurs, de leur droits de propriété (théorème de l'économiste britannique Coase) (ex. : permis d'émission de GES)

L'État peut prendre en charge le financement public de certaines activités à l'origine d'externalités positives (infrastructures publiques, R&D, campagne de vaccination, dépenses de formation).

5 L'économie de marché, l'économie mixte et le libéralisme économique

Économie de marché	Système économique qui repose sur les mécanismes de marché, c'est-à-dire la loi de l'offre et de la demande qui détermine le prix et régule l'économie.
Loi de l'offre et de la demande	• Mécanisme qui explique la détermination des prix sur un marché concurrentiel : – si Offre > Demande → diminution du prix, donc croissance de la demande et contraction de l'offre – si Demande > Offre → augmentation du prix, donc contraction de la demande et croissance de l'offre • Prix variant jusqu'à l'équilibre (mécanisme de tâtonnement)
Économie mixte	Elle repose sur deux modes de régulation : la régulation par le marché et l'État : – le marché régule l'économie ; – une intervention de l'État est possible au-delà des fonctions régaliennes (police, justice, armée).

Libéralisme économique	• C'est un courant de pensée qui érige la liberté en principe souverain de la vie économique en société. • Il repose sur la garantie des droits économiques tels que **la liberté d'entreprendre, d'échanger, de contracter, le droit de propriété.** • Il justifie la mise en place d'une économie de marché.
Économie socialiste	L'État / les collectivités planifient l'économie, c'est-à-dire que ces agents imposent les principales évolutions sociales et économiques. Le marché, dans ce cas, ne régule pas l'économie.

6 Le rôle de l'État dans la régulation de l'économie

Outre la régulation par le marché, l'État mène des politiques économiques et sociales qui poursuivent de multiples objectifs comme le montre la typologie des fonctions de l'État de Musgrave. Selon Richard Musgrave (1910-2007), économiste américain spécialiste de l'économie publique, l'État doit assurer trois fonctions essentielles qui, par leurs interactions, définissent la politique menée.

Fonctions de l'État selon Musgrave

Fonction de redistribution	Politique sociale et lutte contre les inégalités (ex. : versement d'allocation-chômage et de minima sociaux tels que le revenu de solidarité active – RSA)
Fonction d'allocation des ressources	Substitution au marché pour en corriger les défaillances (ex. : lutte contre les externalités, monopoles naturels, financement des biens publics)
Fonction de stabilisation	• Garantie du bon fonctionnement économique par la stabilisation des prix (ex. : lutte contre l'inflation), de l'activité économique (ex. : relance de la croissance économique et lutte contre le chômage) et des relations extérieures (ex. : lutte contre les déficits commerciaux) • Satisfaction des quatre objectifs du « carré magique » de Kaldor

Typologie des politiques étatiques

Politique conjoncturelle	• Actions de l'État à court terme pour stabiliser (réguler) la conjoncture économique. • Elle se compose essentiellement de la politique monétaire et de la politique budgétaire.
Politique structurelle	• Actions de l'État à long terme visant à agir sur les structures économiques du pays et le fonctionnement des différents marchés afin de permettre un développement durable (dans le temps et soutenable). • Elle doit permettre la croissance future du pays et son développement.
Politique de la demande	• Mesures de l'État qui visent à agir sur l'économie en s'appuyant sur la demande (consommation et investissement) par des actions sur le pouvoir d'achat, des grands travaux. • Actions visant à agir sur la demande des marchés.
Politique de l'offre	• Mesures de l'État qui tendent à agir sur l'économie en s'appuyant sur les entreprises et en leur permettant de produire mieux et/ou moins cher. • Actions visant à agir sur l'offre des marchés.

Exemples de politiques structurelles

	Présentation
Politique de la concurrence	• Elle vise à renforcer la concurrence sur les marchés et à assurer leur régulation (Autorité de la concurrence + Commission européenne). • Exemple : interdiction des ententes, libéralisation du marché de l'énergie.
Politique de l'emploi	• Elle a pour but d'assurer un meilleur fonctionnement du marché. • On distingue notamment la politique active (action sur les créations d'emploi et sur les causes du chômage) et passive de l'emploi (traitement social du chômage et baisse de l'offre de travail).
Politique d'innovation	Elle vise à favoriser la recherche et développement (R&D) ainsi que l'innovation.

7 Le marché du travail et sa polarisation

Le marché du travail est le lieu (théorique) de rencontre entre l'offre et la demande de travail. Cette rencontre permet de déterminer une quantité de travail échangée et un prix : le salaire.

L'offre de travail (demande d'emploi) émane des travailleurs (force de travail).

La demande de travail (offre d'emploi) provient des entreprises et des employeurs qui expriment un besoin en matière de force de travail pour produire.

A) L'offre de travail

Définition

L'**offre de travail** peut être mesurée par la population active, qui regroupe l'ensemble des personnes occupant un emploi, salarié ou non, ainsi que celles qui recherchent un emploi (les chômeurs).

Déterminants de l'offre de travail

Déterminants quantitatifs	Déterminants qualititatifs
• Taux d'activité : part de la population active en âge de travailler qui est effectivement active. Si le taux augmente, l'offre de travail augmente. • Taux d'emploi : rapport entre la population active occupée et la population en âge de travailler. • Critères démographiques, sociologiques et juridiques (durée légale du travail, flux migratoires, féminisation du marché du travail, etc.).	L'offre de travail regroupe une grande diversité de profils en termes : – de niveau de qualification, – de compétences (physiques, techniques, sociales…), – de parcours professionnel (expériences).

B) La demande de travail

La quantité de travail proposée par les entreprises dépend de la conjoncture, et donc des prévisions du niveau d'activité.

La nature de la demande de travail est également variée en termes de profils et de qualités attendues mais aussi de types de contrat proposés (CDD, CDI, intérim, temps partiel, etc.).

Doeringer et Piore distinguent deux segments, primaire et secondaire, du marché du travail. Le segment primaire caractérisé par des emplois à salaires élevés, des perspectives de promotion et une sécurité de l'emploi et le secondaire réunissant les emplois précaires (ex. : contrats atypiques comme les CDD, CTT, temps partiels, « mini-jobs »).

Segmentation ou dualisme du marché du travail

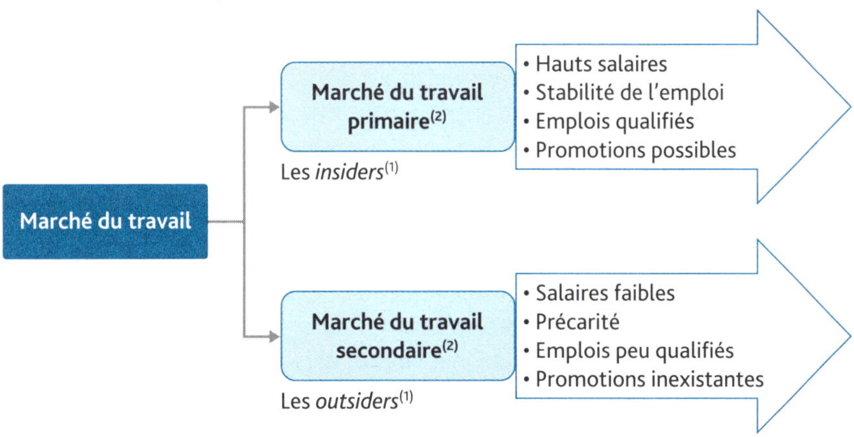

(1) D'après la théorie des « *insiders/outsiders* » de Lindbeck et Snower.
(2) D'après la théorie de la segmentation du marché du travail de Doeringer et Piore.

Les *insiders* (Lindbeck et Snower) sont intégrés sur le marché du travail (primaire), par opposition aux *outsiders* qui sont exclus du marché du travail même s'ils désirent en faire partie.

On constate une polarisation du marché du travail accentuée par le développement du numérique. Les parts des emplois dans l'économie demandant des compétences élevées et celles demandant moins de compétences croissent au détriment de la part des emplois demandant des compétences moyennes.

8 Les cycles économiques et la destruction créatrice

A) Les cycles économiques

Définition

Un **cycle économique** est un phénomène périodique de fluctuation de l'activité économique comprenant l'alternance d'une phase d'expansion et d'une phase de récession (ou dépression) qui affectent les principales variables économiques.

Typologie des cycles économiques

Cycles longs	Cycles courts	
	Cycles des affaires	Cycles ultra-courts
• Cycles de forte amplitude • Cycles Kondratiev : – durée : 45 à 60 ans ; – grappes d'innovations selon Schumpeter.	• Cycles de forte amplitude • Cycles Juglar : – durée : 7 à 11 ans ; – cycles liés aux variations de l'investissement.	• Cycles de faible amplitude • Cycles Kitchin : – durée : 3 à 5 ans ; – cycles liés aux variations de stocks.

Joseph Schumpeter (1883-1950) propose une analyse des cycles longs en termes d'innovations correspondant au progrès technique. Ces innovations ne sont autres que des applications réussies d'inventions dans le domaine industriel et/ou commercial, prenant la forme de :

- nouveaux produits (ex. : apparition du téléphone portable) ;
- nouveaux procédés (ex. : robotisation de la production) ;
- nouvelles formes d'organisation de la production (ex. : l'OST ou le *lean management*) ;
- nouveaux marchés (ex. : marchés de l'économie collaborative comme les VTC) ;
- nouvelles sources d'énergie ou matières premières (ex. : gaz de schiste).

La dynamique de long terme de l'économie repose, selon Schumpeter, sur les « entrepreneurs-innovateurs » sources de « grappes d'innovations ». Cette croissance cyclique (ou « cycle Kondratiev ») est cependant instable à moyen et long termes. Dans le sillage de l'innovation majeure, de nouvelles activités, produits, procédés se développent, rendant ainsi les anciennes obsolètes.

Cylces Kondratiev

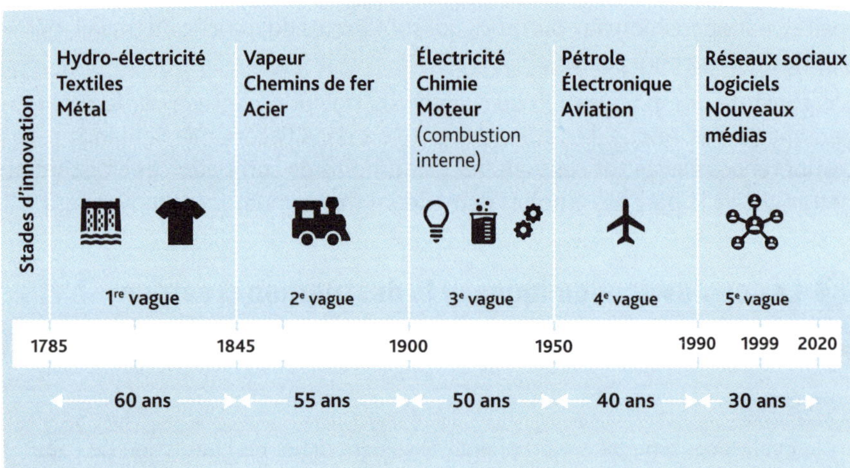

L'analyse par grappes d'innovations permet notamment d'expliquer l'apparition des différentes révolutions industrielles qui se succèdent depuis la fin du 18e siècle.

B) L'analyse des cycles économiques et de la croissance

La relation entre les innovations et le progrès technique comme source de croissance économique durable est également mise en valeur par les théories de la croissance exogène de l'économiste contemporain Robert Solow. Il montre qu'en présence d'un progrès technique (dont il n'explique pas l'origine que l'on qualifie d'« exogène »), la croissance économique peut être durable, favorisant ainsi l'amélioration du niveau de vie de la population.

Les théories de la croissance endogène (Romer, Lucas, Barro, Aghion,...) montrent également l'influence du progrès technique sur la croissance économique, ce progrès technique provenant de variables « endogènes », donc propres au système économique du pays concerné. Ces variables endogènes peuvent être le capital humain, technique, public ou encore la somme des connaissances accumulées au cours de l'histoire d'une nation à travers ses choix de politique économique structurelle.

Dossier 1 L'économie du numérique

1 Analyser l'évolution de la répartition de la valeur ajoutée aux États-Unis.

Compétences attendues

- **Caractériser** le tissu productif à l'aide des données statistiques
- **Analyser** les enjeux de la répartition de la valeur ajoutée entre les différents bénéficiaires

DÉCRYPTAGE

Le candidat doit être capable d'analyser les documents 1, 2 et 3 et de mobiliser les données statistiques et contenus afin :

- de montrer la déformation de la valeur ajoutée aux États-Unis et de faire le lien avec la répartition primaire du revenu ;
- d'illustrer ses propos pour les États-Unis à partir du document 2 en proposant une comparaison avec les autres économies avancées ;
- d'identifier le phénomène de tertiairisation de l'économie à partir du document 3 et d'illustrer les propos à l'aide des données.

Pour plus de détails sur l'EBE, se référer au sujet type d'examen 2.

La valeur ajoutée (VA) mesure la richesse produite par un agent économique et la somme des valeurs ajoutées permet de déterminer le PIB. Cette valeur ajoutée est répartie entre les agents économiques qui ont participé à la production (travailleurs, actionnaires, État, créanciers, entreprise elle-même), ce qui correspond à la répartition primaire des revenus. Cette répartition de la VA donne lieu à des revenus du travail et du capital représentés par l'excédent brut d'exploitation – EBE.

Aux États-Unis, la répartition de la valeur ajoutée a longtemps été stable. De 1948 à 2001, la part du travail des secteurs marchands non agricoles représentait en moyenne 63 % de la valeur ajoutée aux États-Unis (document 2). Cette répartition primaire de la richesse, favorable à la rémunération du travail, a fortement évolué depuis les années 2000. De 2010 à 2016, la part du travail ne représentait plus, en moyenne, que 57 % de la valeur ajoutée des États-Unis, soit une diminution de 6 points.

Par conséquent, la part de la valeur ajoutée correspondant à la rémunération du capital et des entreprises a augmenté.

Cette tendance semble partagée par l'ensemble des économies avancées selon le document 2. La déformation de la répartition de la valeur ajoutée au détriment du travail concerne également l'Espagne (– 8 points de pourcentage de la part des salaires dans le PIB de 1991 à 2013), l'Italie (– 6,5 points) et le Japon (– 6 points) et, dans une moindre mesure, la France (– 0,5 point).

La modification de cette répartition de la valeur ajoutée s'explique par :

- La substitution du capital au travail. Dans l'industrie, le progrès technique a réduit le coût du capital, incitant à la mise en œuvre d'investissement de modernisation. La part des salaires est donc réduite dans la valeur ajoutée et les combinaisons productives deviennent plus capitalistiques, entraînant l'accroissement des revenus du capital.

- La concentration des entreprises (entreprises « super-stars » en situation d'oligopole, voire de quasi-monopole) qui disposent d'un pouvoir de marché important leur permettant d'obtenir des profits beaucoup plus conséquents que dans les situations concurrentielles, ce qui entraîne une augmentation de la part de l'EBE dans la VA. De plus, ces grandes entreprises ont un pouvoir de négociation particulièrement par rapport aux travailleurs et peuvent ainsi peser pour limiter l'accroissement des salaires.
- La globalisation financière et le développement de la finance externe directe qui se traduisent par un accroissement des dividendes aux bénéfices des actionnaires et au détriment de l'accroissement des rémunérations.

La mondialisation des économies et la concurrence des pays à bas coût (dumping social) ne sont pas considérées comme les principaux facteurs explicatifs dans le document 1.

La globalisation s'accompagne également d'un accroissement des inégalités de revenu car les revenus du capital sont beaucoup plus inégalitairement répartis que les revenus du travail (d'après le document 1, les revenus réels des 20 % les plus aisés ont progressé de plus de 85 % entre 1979 et 2013, contre seulement 19 % pour les 20 % les plus pauvres percevant peu, voire pas du tout, de revenu du capital aux États-Unis).

On constate également que la valeur ajoutée est essentiellement créée dans le secteur tertiaire (services) qui représentait près de 80 % de la VA en 2020, selon le document 3, contre moins de 1 % pour l'agriculture. Cette part s'est d'ailleurs accrue de plus de 5 points depuis 1997. De même, on constate un recul du secteur secondaire (certains parlent de « désindustrialisation ») de plus de 4 points.

Ce phénomène concerne l'ensemble des pays développés, la France et les États-Unis ne font pas exception, d'après les données fournies dans le document 3. Cette tendance vérifie la troisième loi d'Engel (accroissement de la part des services consommés par les ménages quand leur revenu s'accroît) et s'inscrit dans l'évolution des habitudes de consommation des ménages dans les pays développés.

2 Caractériser l'économie de marché américaine.

Compétence attendue

Identifier les caractéristiques des économies de marché

DÉCRYPTAGE

Il s'agit :

- de rappeler les caractéristiques du système économique aux États-Unis ;
- de montrer l'importance du marché, de la concurrence, du libéralisme économique et des mécanismes de la loi de l'offre et de la demande ;
- d'identifier les situations de concurrence imparfaite ;
- d'expliquer le rôle de l'État qui va favoriser la concurrence mais qui peut également intervenir au-delà des fonctions régaliennes.

L'**économie de marché** désigne un modèle où la régulation s'opère par la confrontation de l'offre et de la demande sur un marché ou un ensemble de marchés. L'économie de marché correspond également à une économie qui fonctionne principalement sur la base de la régulation par le marché.

L'économie américaine repose sur les principes du libéralisme économique et de l'économie de marché. Il s'agit, de plus, comme vu précédemment (question 1) d'une économie tertiairisée.

Si l'initiative individuelle, la concurrence et l'innovation sont au cœur du système économique américain, les documents 5 et 6 montrent que la concurrence est imparfaite, particulièrement dans le domaine numérique. On assiste à des situations de quasi-monopole où les conditions d'atomicité et de fluidité du marché ne sont pas respectées.

De nombreuses pratiques anticoncurrentielles sont mises en œuvre, notamment par Google et Amazon (document 5), qui remettent en question la contestabilité des marchés (Baumol). Certaines entreprises aux États-Unis sont parfois plus puissantes que des États.

La régulation par le marché n'est cependant pas totale, l'État jouant également un rôle d'allocation des ressources, de redistribution et de stabilisation de l'économie (les trois fonctions de Musgrave).

Le rôle d'allocation des ressources est particulièrement mis en avant dans les documents 5 et 6 puisque le Congrès américain envisage de renforcer les « lois antitrusts » pour contrebalancer la puissance des « géants » du numérique. De même, les États-Unis disposent d'un « gendarme de la concurrence » (le FDC) qui, bien que critiqué, régule l'économie et lutte contre les pratiques anticoncurrentielles à l'instar de la Commission européenne au sein de l'Union européenne (UE).

Enfin, même si les documents n'abordent pas ce point, la politique du nouveau président américain Joe Biden, tant structurelle que conjoncturelle (plan de relance budgétaire de plus de 1 900 milliards $ qui a débuté en 2021), montre la place de l'État dans la stabilisation de l'économie et son rôle d'État-providence.

Les États-Unis sont donc une économie mixte combinant la régulation par le marché et par l'État même si ce pays est davantage libéral comparé au modèle économique français.

3 Identifier les défaillances de marché aux États-Unis et appréhender les conséquences sur le fonctionnement des marchés.

Compétences attendues

- **Repérer** les cas d'externalités et de biens collectifs et appréhender les conséquences
- **Identifier** les fonctions de l'État

DÉCRYPTAGE

Il s'agit :

- d'identifier les externalités et biens collectifs aux États-Unis ;
- de mettre en avant les situations d'asymétrie d'information et de monopole naturel aux États-Unis ;
- de montrer que ces configurations conduisent à des situations sous-optimales nécessitant une régulation étatique.

On constate plusieurs défaillances de marché, situations dans lesquelles le marché est incapable d'allouer efficacement des ressources ou de fixer un prix.

Le document 4 met en avant la problématique des externalités négatives, situation où l'activité d'un agent économique à des effets négatifs sur le bien-être d'un autre agent économique sans compensation financière ni interaction sur un marché.

Le document 4 montre un déficit écologique aux États-Unis de 4,6 hectares en 2017 montrant une surexploitation des biocapacités du pays. Ainsi, l'empreinte écologique dépasse les 8 hectares par habitant depuis les années 1960 bien au-dessus de la biocapacité de ce pays. Cette empreinte écologique est le fruit d'activité polluante et amène la disparition progressive de certaines ressources et espèces qui affectent l'ensemble de la population et participe au réchauffement climatique.

On se retrouve dans la tragédie des communs (bien rival et non exclusif) de Hardin qui se caractérise par des mécanismes de marché défaillant face aux biens communs qui sans régulation sont surexploités, ce qui est confirmé par le document 9 qui montre « la face cachée du numérique » qui nécessite « des tonnes de métaux, d'abord, parfois très rares, pour fabriquer les portables » et « des gigawatts d'énergie [...] pour faire fonctionner d'interminables réseaux et de gigantesques serveurs qui émettent d'énormes quantités de chaleur, contribuant tout comme nos voitures et nos avions au dérèglement du climat planétaire ».

La régulation par le marché est inefficace face aux externalités négatives, n'étant pas sanctionnée l'émetteur de ces externalités n'a aucune raison de diminuer ses émissions d'externalités.

Même si les documents n'en font pas explicitement mention, les États-Unis font face à des biens collectifs non rivaux et non exclusifs (éclairage public, routes, sécurité du territoire, etc.) qui font face à des « comportements de passager clandestin ». Les agents économiques trouvent un intérêt produire ces biens sources d'externalités positives mais n'ont pas d'intérêt à les financer en raison de leur caractère non exclusif. L'État va donc intervenir pour assurer la production et le financement de ces biens.

Défini par Mancur Olson (1965), le passager clandestin (ou *free-rider*) est un agent économique qui bénéficie d'une ressource ou d'un service tout en n'y contribuant pas ou en le finançant de manière marginale.

Le document 6 montre l'existence d'asymétries d'information sur les marchés du numérique. Les Gafam notamment disposent de nombreuses informations grâce à « la captation des données » mises en œuvre. Elles disposent d'information qu'elles peuvent exploiter à leur avantage empêchant une rencontre efficace entre l'offre et la demande sur les marchés.

Enfin, ces Gafam comme le montrent les documents 1 et 5 bénéficient d'effet de réseau entraînant des rendements d'échelle croissants. Il devient alors plus efficace économiquement de n'avoir qu'une seule entreprise présente sur le marché ; on parle alors de monopole naturel. Cependant cette situation peut conduire, comme le montrent les documents 5 et 6 à, des abus de position dominante.

4 Analyser les capacités de financement et les besoins de financement des agents économiques américains.

Compétence attendue

Identifier les agents à besoin et à capacité de financement

DÉCRYPTAGE

Il s'agit :

- d'identifier les agents économiques en capacité ou besoin de financement en illustrant à l'aide des données fournies ;
- d'expliquer ce que cela signifie pour chacun d'entre eux.

La FBCF correspond à la formation brute de capital fixe.

Un agent économique est en capacité de financement quand ses ressources excèdent ses dépenses. Son épargne est alors supérieure à ses efforts d'investissement (FBCF). Une épargne sera alors disponible pour l'économie.

Un agent économique est en besoin de financement quand ses ressources sont inférieures à ses dépenses. Son épargne est alors inférieure à ses efforts d'investissement (FBCF). Il va devoir trouver des moyens de financement externe.

Pour les États-Unis, le document 7 montre que :

- Les ménages sont des agents à capacité de financement. Cette capacité a diminué entre 2012 et 2018, passant de 6,05 % du PIB à 3,99 %. Elle est plus importante que celle de la France, ce qui montre la mise à disposition d'une épargne financière (notamment investie sur les marchés de capitaux). 2020 marque le début de la crise sanitaire de la Covid-19 aux États-Unis et en France avec les multiples confinements et restrictions sanitaires. L'épargne des ménages a grandement augmenté passant de 3,9 % du PIB à 13,9 % (11 points de pourcentage de PIB) en 1 an aux États-Unis. Cette épargne prend la forme d'une épargne de précaution afin de palier l'incertitude. Il s'agit également d'une consommation « empêchée » en raison des confinements. Cela touche particulièrement la consommation de services (loisirs, restauration...). De plus, les marchés des capitaux ont vu la valeur de leurs indices boursiers croître sur la période incitant les ménages à réaliser des placements financiers.
- Les entreprises sont des agents à capacité de financement aux États-Unis, à la différence des entreprises françaises. Cette capacité était de 1,93 % du PIB en 2012 et atteint 1,38 % en 2020. Les entreprises autofinancent par conséquent leurs investissements. Il peut s'agir aussi d'un déficit d'investissement de la part de ces mêmes entreprises.

- Les administrations publiques aux États-Unis sont des agents à besoin de financement. Ce besoin de financement est passé de 9,22 % du PIB en 2012 à 6,22 % du PIB en 2018, soit une baisse de 3 points de PIB. Les administrations publiques américaines connaissent donc un déficit public (dépenses publiques > recettes publiques) – bien plus important que celui de la France à 2,29 % du PIB en 2018 bien qu'il se soit réduit. Cela induit par conséquent un accroissement de la dette publique de ce pays.

  Ce besoin de financement s'est particulièrement accru au cours de l'année 2020 que ce soit aux États-Unis ou en France (respectivement 15,3 % et 9,1 % du PIB de déficit public) en raison des plans de relance budgétaire mis en œuvre par les administrations publiques pour atténuer les effets économiques et sociaux de la crise sanitaire.

On constate que globalement la nation américaine est en besoin de financement. Il va donc être nécessaire de faire appel à la finance externe directe (emprunt) auprès des autres nations et/ou de vendre une partie du capital.

La nation est un agent à besoin de financement qui doit emprunter à l'extérieur ou vendre une partie de son capital.

5 Analyser l'impact sur l'emploi du développement de l'économie du numérique.

Compétence attendue

Analyser les conséquences de la révolution numérique sur l'emploi et les modalités de travail

DÉCRYPTAGE

Il s'agit :

- d'identifier l'impact destructeur et créateur d'emploi du numérique à partir des données fournies ;
- de montrer en quoi l'économie du numérique modifie le contenu de l'emploi ;
- d'identifier la polarisation du marché du travail.

On constate plusieurs évolutions :

- Un phénomène de destruction créatrice (Schumpeter). Comme le montre le document 11, le numérique crée de multiples emplois et de perspectives de recrutement. « L'évolution de l'économie et des marchés de l'emploi fera émerger 97 millions de nouveaux postes » notamment « dans les industries technologiques de la quatrième révolution industrielle comme l'intelligence artificielle, et dans les domaines de la création de contenu. ».

  De nombreux métiers sont créés et se développent à l'instar des emplois liés à la *gig economy*. Les plateformes (Deliveroo, Uber, ...) créent ainsi de nombreux emplois indépendants (document 10) précaires pour nombre d'entre eux cependant.

  En revanche, cela « perturbera aussi 85 millions d'emplois » dans le monde d'ici 2025 (document 11).

De nombreuses destructions d'emplois interviennent. L'intelligence artificielle modifie les secteurs d'activité (document 8) et permet une substitution du capital au travail. Certains emplois pourront être automatisés.

- Un déversement des emplois dans le secteur tertiaire renforcé. Les multiples emplois créés dans le numérique sont pour beaucoup dans le secteur des services comme le montre l'économie des plateformes.
- Une modification des conditions de travail et un accroissement de la productivité grâce aux nouvelles technologies. Cela pourrait permettre une diminution du temps de travail comme le prévoyait dès les années 1930 par J-M. Keynes (document 8).

  De même, les outils du numérique offrent de nombreuses possibilités de télétravail ce qui a été accéléré par la crise de la Covid-19.
- La modification des qualifications sur le marché du travail nécessaire pour assurer l'employabilité des personnes. Aucun secteur n'est épargné par le déploiement du numérique ce qui va nécessiter des formations et le développement de nouvelles qualifications pour éviter une accentuation de la fracture numérique. Il s'agira de réaliser d'importants investissements de « capital humain » (contexte du sujet et document 11).
- La segmentation du marché du travail (Piore et Doeringer) et la polarisation du marché du travail avec l'économie des plateformes et la « *gig economy* ». En effet, si des emplois qualifiés sont créés dans le secteur du numérique et nécessitent des compétences recherchées dans « l'ingénierie, le *Cloud computing* et le développement de produits » (document 11), force est de constater que des emplois très peu qualifiés et protégés sont également le modèle économique de nombreuses plateformes. C'est d'ailleurs ce que montre le document 10 où le statut d'indépendant proposé par des entreprises comme Déliveroo ou Uber est peu protecteur pour les travailleurs concernés qui peuvent être en situation de précarité.

À l'inverse de nombreux emplois « moyennement » qualifiés risquent d'être automatisés dans les années à venir grâce à l'intelligence économique.

Dossier 2 Question problématisée

À partir des savoirs acquis et de la base documentaire, élaborer une réponse structurée à la question suivante :

« Les marchés du numérique doivent-ils être régulés par l'État ? »

Compétences attendues

- **Identifier** les caractéristiques des économies de marché
- **Étudier** les bienfaits attendus et les limites de la concurrence sur un marché
- **Analyser** les comportements des acteurs et leurs répercussions sur l'équilibre d'un marché déterminé en concurrence imparfaite
- **Identifier** les organes chargés de la régulation de la concurrence et les mesures contribuant au maintien de la concurrence
- **Repérer** des cas d'externalités et de biens collectifs, en appréhender les conséquences
- **Identifier** des dispositifs permettant de répondre aux défaillances du marché
- **Identifier** les fonctions de l'État
- **Analyser** les conséquences de la révolution numérique sur l'emploi et les modalités de travail
- **Identifier** les principales mesures prises dans le cadre des politiques de l'emploi au sein des pays de l'OCDE
- **Distinguer** les mesures dites passives et actives
- **Caractériser** l'action des pouvoirs publics pour accompagner les transformations du marché du travail

DÉCRYPTAGE

- Le candidat doit expliquer le terme de régulation et montrer en quoi les effets pervers et les limites de l'économie du numérique conduisent à envisager une régulation par l'État par l'intermédiaire de différentes politiques économiques, notamment structurelles.
- Le candidat doit également mettre en avant les avantages apportés par l'économie du numérique favorisée par une économie de marché et la régulation de marché, ce qui le conduit à s'interroger sur la pertinence d'une intervention de l'État ou des pouvoirs publics sur ce marché, au risque d'en empêcher le développement.

[Introduction]

Régulièrement au cœur des polémiques, les Gafam (Google, Apple, Facebook, Amazon et Microsoft) sont des acteurs incontournables des marchés du numérique. Dans le même temps, ces marchés des numériques offrent de nombreuses opportunités à l'instar de La Petite Bille, start-up du Nord qui propose des objets connectés dans l'univers du nourrisson.

Ces marchés, qui fournissent l'ensemble des secteurs, regroupent les offreurs et demandeurs utilisant les technologies digitales et notamment l'économie des plateformes.

D'aucuns plébiscitent une autorégulation de ces marchés laissant libre cours à la concurrence quand d'autres mettent en avant la nécessité d'une intervention de l'État dans l'intérêt général.

L'État doit-il intervenir sur le marché du numérique alors même que le modèle économique prôné est celui d'une économie de marché ?

Nous analyserons, dans un premier temps (partie 1), les bienfaits d'une non-intervention étatique, que nous nuancerons (partie 2) par des effets pervers de ces marchés impliquant une certaine forme de régulation par les pouvoirs publics (partie 3).

- **Partie 1. De nombreux avantages du numérique en faveur d'une autorégulation du marché…**

– Sous-partie 1.1. Une innovation génératrice de croissance économique et d'emploi à ne pas entraver

Les multiples innovations liées aux marchés du numérique s'inscrivent dans une relation positive liant le progrès technique et la croissance économique. Cette relation a notamment été mise en avant par les théories de la croissance de R. Solow, par J. Schumpeter et les cycles Kondratiev ou encore par les théoriciens de la croissance endogène.

On pourrait parler de troisième et quatrième révolutions industrielles, sources de multiples activités nouvelles et d'emplois présents et futurs, le tout offrant davantage de choix aux consommateurs et augmentant ainsi leur satisfaction et leur bien-être.

Les transitions figurent ici, à titre indicatif, en italique.

Si le numérique est source de croissance économique, force est de constater qu'il offre également de multiples opportunités grâce notamment aux effets de réseau obtenus qui ne doivent pas être entravés.

– Sous-partie 1.2. Des effets de réseau et un accès à l'information qu'il ne faut pas limiter

Les services proposés sur les plateformes génèrent des effets de réseau, également appelés « externalités positives de réseau ». Ces effets positifs proviennent de la satisfaction retirée d'un service en réseau, laquelle croît avec le nombre d'utilisateurs de ce service. Ainsi, la satisfaction de l'utilisateur de la plateforme Uber augmente avec le nombre de VTC proposant des offres de trajet. De même, les conducteurs proposant un service de transport sont d'autant plus satisfaits qu'ils trouvent un passager.

Dès lors, la réglementation des marchés du numérique pourrait nuire à ces effets de réseau. On peut également considérer que les technologies du numérique constituent un vecteur essentiel de l'information favorisant la transparence sur les marchés, condition de la concurrence pure et parfaite, et améliorant leur fonctionnement. Ce dernier point se vérifie chez les consommateurs qui accèdent, grâce à Internet, à une mine d'informations, favorisant ainsi le jeu de la concurrence.

La régulation du marché du numérique pourrait nuire aux effets de réseau, à la transparence de l'information et à leurs bienfaits. Cette critique de la régulation par l'État est d'ailleurs reprise par nombre de théoriciens libéraux.

– Sous-partie 1.3. Les nombreux avantages et bienfaits de l'autorégulation du marché et de la concurrence libre : la critique libérale de l'intervention de l'État

Réguler le marché suppose l'intervention des pouvoirs publics. Or, de nombreuses analyses libérales sont particulièrement critiques sur ces interventions qui fausseraient le fonctionnement naturel du marché reposant sur la loi de l'offre et de la demande. Le marché serait ainsi autorégulateur grâce à une concurrence libre que l'intervention de l'État empêcherait.

Citons notamment Smith et la « main invisible » (en suivant son intérêt personnel, l'individu concourt à l'intérêt général) ; les néoclassiques et l'autorégulation du marché (Marshal et Walras qui montrent respectivement l'existence d'un équilibre partiel et d'un équilibre général sur les marchés parfaitement concurrentiels) ; Hayek et Schumpeter (innovations favorisées par la concurrence) et les bienfaits de la libre concurrence ; la théorie des choix publics, très critique quant à la rationalité des décisions publiques qui ne sont pas toujours dictées par la recherche de l'intérêt général.

Si l'économie du numérique présente de nombreux avantages, il ne faut pas pour autant en sous-estimer les effets pervers et limites.

- **Partie 2. Une concurrence imparfaite porteuse d'effets pervers**

– Sous-partie 2.1. Concurrence imparfaite, quasi-monopole et pratiques anticoncurrentielles néfastes

Si les effets de réseau peuvent avoir des bienfaits, ils impliquent également un risque de monopole du premier entrant sur le marché qui bénéficie à plein de ces effets, selon le principe du « *winner takes all* ».

Une partie des marchés du numérique est caractérisée par une concurrence imparfaite susceptible de nuire à son bon fonctionnement. De plus, on constate certaines défaillances de marché appelant une régulation spécifique.

– Sous-partie 2.2. Des défaillances de marché (externalités) à ne pas négliger

Dans le cas du numérique, la régulation par le marché est jugée inefficace en raison des externalités positives et négatives qui se font jour. Ces externalités conduisent à une intervention des pouvoirs publics sous de multiples formes.

Aux défaillances des marchés du numérique s'ajoutent les risques de destruction d'emplois.

– Sous-partie 2.3. De nombreuses destructions d'emplois

Si les innovations dans le domaine du numérique sont sources de nombreuses créations d'emplois et d'activités, elles occasionnent aussi des destructions (« destruction créatrice » de Schumpeter », substitution du capital au travail).

Ces destructions d'emplois concernent essentiellement des postes peu qualifiés.

On constate également une modification des qualifications sur le marché du travail et une demande importante de compétences dans le domaine digital.

L'adaptation du système de formation aux attentes des marchés du numérique, notamment en termes de compétences, est nécessaire. Une reconversion des personnes dont le capital humain est en partie obsolète face aux technologies du numérique doit être mise en œuvre et anticipée par une politique de l'emploi nationale et/ou européenne.

On constate également une modification des qualifications sur le marché du travail et une demande importante de compétences dans le domaine digital.

Certains emplois sont ainsi supprimés par substitution du capital au travail et d'autres emplois peu qualifiés (« mini-jobs » sur la plateforme numérique, « *gig economy* ») ainsi que des emplois très qualifiés sont recréés.

L'argument précédent conduit à développer l'idée du risque d'accroissement de la segmentation et de polarisation sur un marché du travail marqué par la fracture numérique séparant les travailleurs.

Si le développement du numérique peut être perçu comme une « nouvelle révolution industrielle » prodiguant de nombreuses opportunités qu'il faut laisser se développer « par les libres mécanismes du marché », force est de constater que certains effets pervers existent et qui justifient une certaine régulation des pouvoirs publics.

- **Partie 3. La nécessité d'une régulation des marchés du numérique**

– Sous-partie 3.1. La régulation de la concurrence

Les marchés du numérique font intervenir des « géants » qui sont parfois accusés d'abus de position dominante, à l'instar de Google. L'Autorité de la concurrence, qui met en œuvre la politique de la concurrence au niveau français, mais aussi les autres autorités de régulation (autorités administratives indépendantes françaises), comme l'Autorité de régulation des communications électroniques et des Postes (Arcep), favorisent le bon fonctionnement de ces marchés.

Le règlement général sur la protection des données (RGPD) entré en application dans toute l'Union européenne en 2018 montre également comment les autorités européennes peuvent protéger le consommateur d'une utilisation excessive et dévoyée de ses données personnelles, favorisant ainsi la transparence du marché.

Aux États-Unis, est le Federal Tax Deposit (FTD) qui se charge de cette régulation et le Congrès américain envisage de renforcer les lois antitrusts face aux « super-stars » du numérique.

Plus récemment, le 23 avril 2022 fut adopté le DSA (*Digital Service Act*) qui a pour objectif de réguler le marché du numérique et d'Internet imposant de nouvelles règles à respecter par les acteurs de ce marché et notamment les GAFAM.

La régulation publique est donc possible aux niveaux national et européen pour favoriser la concurrence équilibrée sur le marché et protéger les consommateurs. De même, des actions en faveur des externalités positives de l'économie du numérique et afin de limiter les externalités négatives peuvent également être menées.

– Sous-partie 3.2. La lutte contre les externalités

Certains outils (quotas) ou mesures (réglementation, fiscalité, principe du « pollueur-payeur » de Pigou, marché des droits à polluer au sens de Coase...) favorisent les externalités positives, tout en limitant leurs contreparties négatives.

Une régulation publique du numérique peut intervenir dans le cadre d'une politique de la concurrence et d'une politique structurelle pour faire face aux externalités. Il est également important que la politique de l'emploi mise en œuvre réponde aux enjeux posés par le développement des technologies et des marchés du numérique.

– Sous-partie 3.3. Une politique de l'emploi adéquate

Face aux évolutions quantitatives et qualitatives induites par le développement du numérique sur le marché du travail, les pouvoirs publics doivent adapter leur politique de l'emploi. L'impact est sensible, autant sur la politique passive que sur la politique active de l'emploi. L'adaptation du système de formation aux attentes des marchés du numérique, notamment en termes de compétences, est nécessaire. Une reconversion des personnes dont le capital humain est en partie obsolète face aux technologies du numérique doit être mise en œuvre et anticipée par une politique de l'emploi nationale et/ou européenne.

Une politique de flexisécurité peut être envisagée ; elle permettrait un traitement social du chômage par une indemnisation des demandeurs d'emploi, mais aussi une flexibilité quantitative et qualitative du marché du travail accrue, ainsi que des opportunités de formation renforcées pour les travailleurs (ex. : réforme du compte personnel de formation – CPF – intervenue en 2019 en France).

[Conclusion]

Les marchés du numérique offrent donc de multiples opportunité d'innovation, de création d'emploi ou encore des effets de réseau sources de croissance économique potentielle. Ces éléments nous amènent à envisager l'autorégulation de ce marché.

Cependant, force est de constater que le marché du numérique se caractérise par de nombreuses imperfections et défaillances qu'il faut réguler par la mise en œuvre de diverses politiques (de la concurrence et de l'emploi), tant au niveau national qu'européen.

Téléchargez la grille d'évaluation adaptée au sujet sur la page de l'ouvrage : www.dunod.com/EAN/9782100829453

Rendez-vous

MÉTHODE

Plan en deux ou trois parties ? Le choix vous appartient, selon le sujet et la nature de votre analyse, dès lors que cette option est justifiée dans l'annonce du plan en introduction.

Préparer le plan et la rédaction au brouillon

- Élaborer, préalablement à la rédaction, un plan détaillé au brouillon (introduction, dont problématique et annonce du plan, titres des parties et sous-parties, idées et exemples à développer dans les paragraphes, phrases de transition, conclusion).
- Construire un plan apparent, structuré en plusieurs parties et sous-parties apparentes. Le plan doit être pertinent au regard de la problématique, laquelle ne consiste en aucun cas à reprendre mot pour mot la question.
- Aménager des transitions entre les parties clairement identifiables sur la copie (saut de ligne, retrait, soulignement...).
- Proposer des idées clairement identifiées (rédaction fluide et homogène, mots de liaison, un paragraphe illustré par idée).
- Mobiliser le vocabulaire économique et définir systématiquement les notions (ex. : défaillance de marché, « destruction créatrice », politique monétaire ou budgétaire).
- Argumenter :
  - expliciter l'idée-clé de chaque paragraphe ;
  - sélectionner des exemples concrets issus de la base documentaire ou de la culture économique ;
  - recourir à des raisonnements économiques, si possible enrichis d'un vocabulaire économique et d'analyses théoriques.
- Veiller à l'orthographe, à la syntaxe et à la présentation (se relire, éviter les ratures ou les ajouts intempestifs).
- Rédiger toutes les phrases (le style « *Bullet points* » n'est pas admis).
- Proscrire les titres de partie purement théoriques ou conceptuels (ex. : 1. La durabilité forte, 2. La durabilité faible) et recourir, de préférence, à des titres sous forme interrogative. Il convient également d'équilibrer les parties.

Sujet type d'examen 2

Sujet

Méthanisation et développement durable

Document autorisé : aucun

Matériel autorisé : aucun

4 h **Durée de l'épreuve**

1 **Coefficient**

Le sujet se présente sous la forme de **2 DOSSIERS** interdépendants :

Dossiers

1. Analyse d'un dossier documentaire .... 10 points
2. Question problématisée .... 10 points

Le sujet comporte 8 documents.

Documents

Dossiers 1 et 2

1. La méthanisation
2. La politique environnementale (quelques exemples)
3. La politique monétaire de la Banque centrale européenne (BCE)
4. La création de richesse par les exploitations agricoles
5. L'agriculture française en chiffres
6. La France et les pesticides
7. Bpifrance
8. Présentation de la plateforme MiiMOSA

Si le texte du sujet, de ses questions ou de la base documentaire, vous conduit à formuler une ou plusieurs hypothèses, il vous est demandé de la (ou les) mentionner explicitement dans votre copie. Il vous est demandé d'apporter un soin particulier à la présentation de votre copie. Le candidat sera apprécié sur sa maîtrise des concepts et sa capacité à mobiliser des théories, d'une part ; sur la pertinence des solutions proposées et leur adaptation au contexte particulier de l'organisation, d'autre part.

Méthanisation et développement durable

La COP 21 en 2015 a mis en valeur les enjeux du réchauffement climatique et du développement durable dans un cadre mondial. De plus, les tensions sur les marchés du gaz et du pétrole en 2022 ont montré la forte dépendance des économies européennes à ces énergies fossiles ayant de multiples effets sur l'environnement.

L'enjeu est particulièrement important pour le monde agricole au cœur des enjeux écologiques et qui, de plus, fait face à la révolution numérique qui modifie grandement son activité.

Ce monde agricole est influencé par l'Union européenne (UE) celle-ci met notamment en œuvre une politique environnementale active. De plus, la politique agricole commune (PAC) lancée en 1962 au sein de ce qui se dénommait, à l'époque, Communauté économique européenne CEE (l'actuelle UE) ; met de plus en plus en valeur l'agroécologie.

À son échelle, la région Hauts-De-France, hautement agricole, s'inscrit également dans une démarche de développement durable en mettant en œuvre des mesures de la lutte contre le réchauffement climatique.

L'Ordre de experts-comptables (OEC) Picardie-Ardennes est d'ailleurs conscient de cette problématique et les exploitants agricoles constituent une clientèle spécifique qu'il a à cœur d'accompagner.

Méconnus, différents investissements écologiques existent pour réduire l'empreinte carbone des exploitants agricoles. Le rapport de l'association négaWatts 2017-2050 envisage la possibilité d'atteindre 100 % d'énergies renouvelables en 2050, tout en ciblant la neutralité carbone. D'après ce scénario, il serait possible de créer près de 600 000 emplois dans le secteur du bâtiment, des énergies renouvelables notamment et d'économiser près de 400 Mds par rapport à la situation où nous poursuivrions les tendances actuelles grâce notamment aux économies sur les importations d'énergies fossiles (gaz, pétrole, ...) permises par les investissements en faveur de la transition énergétique.

Ce scénario insiste notamment sur les multiples solutions pouvant être mises en œuvre pour favoriser la transition écologique. Parmi les solutions proposées par l'association, la méthanisation offre des opportunités certaines pour les régions à forte activité agricole. Le processus de méthanisation est la transformation naturelle des matières organiques (déchets animaux, végétaux, etc.) en méthane (gaz) par fermentation. Ce procédé bénéficie de différents dispositifs d'aides et correspond à un coût conséquent pour les exploitations qui l'adoptent. Des entreprises des Hauts-de-France spécialisées dans l'installation de stations de méthanisation sont actuellement à la recherche d'ingénieurs pour faire face à cette demande émergente.

Dossier 1 Analyse d'un dossier documentaire

Soucieux d'anticiper les questions de ses adhérents, l'OEC Picardie-Ardennes désirerait communiquer et anticiper d'éventuelles questions sur le procédé de méthanisation.

Mission

Afin de mieux comprendre les enjeux écologiques et économiques auxquels sont confrontés les exploitants agricoles ainsi que les dispositifs publics à leur disposition, Sylvain Demunck, directeur de l'OEC Picardie-Ardennes, vous charge d'analyser les enjeux écologiques, numériques et économiques auxquels sont confrontés les exploitations agricoles à partir une base documentaire qui servira de travail préparatoire pour la campagne de communication auprès des experts-comptables et exploitants agricoles.

Pour réaliser cette mission, vous devez :

1. Analyser la contribution des exploitations agricoles aux créations d'externalités et discuter la nécessaire régulation par les pouvoirs publics aux niveaux européen, national et local.
2. Discuter l'usage de la valeur ajoutée comme indicateur pertinent de la contribution des exploitations agricoles à la richesse d'un pays.
3. Analyser les effets des politiques monétaires et environnementales (documents 2 et 3) sur le comportement des agents économiques du monde agricole.
4. Proposer des sources de financement possibles pour un projet de méthanisation dans une exploitation agricole.

Dossier 2 Question problématisée

Afin d'élargir le débat au-delà des problématiques des exploitants agricoles, Séverine Partiedouble, en charge de la communication de l'OEC Picardie-Ardennes, s'interroge sur les enjeux du développement durable.

Afin de préparer son allocution sur la thématique « Développement durable et croissance » économique, devant un parterre d'experts-comptables, Séverine Partiedouble vous demande de préparer une note de synthèse qu'elle développera à l'oral.

À partir des savoirs acquis et de la base documentaire, élaborer une réponse structurée à la question suivante :

« Quels sont les enjeux du développement durable en termes de croissance économique ? »

BASE DOCUMENTAIRE

Document 1

La méthanisation

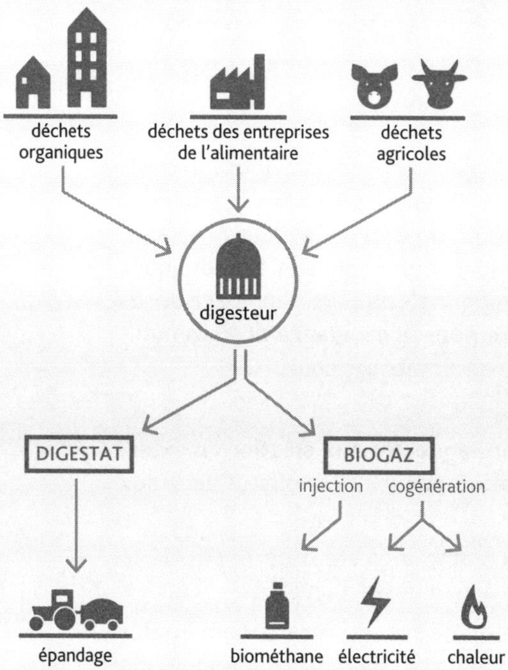

La méthanisation permet le traitement de déchets organiques et leur retour au sol ainsi que la production de biogaz qui est une énergie renouvelable.

Lorsque les conditions sont réunies, plus de 90 % de la matière organique (appelée « substrat ») se transforme en méthane (CH_4), principale composante du biogaz, qui peut être valorisé par cogénération (production de chaleur et électricité) ou, après épuration, en biométhane, injecté dans un réseau de gaz naturel, ou utilisé comme carburant pour véhicule (bioGNV).

www.climaxion.fr

Document 2

La politique environnementale (quelques exemples)

La politique de l'environnement est une compétence partagée entre l'Union européenne et les États membres.

Au niveau français

L'ADEME (Agence de l'environnement et de la maîtrise de l'énergie) fut créée par l'État français en 1991.

Afin d'accompagner la transition énergétique et écologique en France, l'ADEME dispose d'aides financières à destination des entreprises, organismes de recherche et structures relais de mobilisation.

L'ADEME accompagne et finance les projets des entreprises en lien avec la transition énergétique et écologique.

Elle intervient en particulier sur :

- les projets de recherche, de développement, et d'innovation [...] ;
- les diagnostics, les audits, les études de faisabilité, et, sous certaines conditions, les investissements associés pour les projets de performance énergétique ou d'économie circulaire (développement de réseaux de chaleur, performance environnementale des produits et services, écoconception, méthanisation...).

Ces projets sont financés, notamment, par le Fonds Économie circulaire–déchets et le Fonds Chaleur.

https://www.ademe.fr

Au niveau européen

La politique environnementale de l'UE repose sur quatre principes fondamentaux : précaution, prévention, correction des atteintes à l'environnement et principe du « pollueur-payeur ». L'actuelle Commission européenne propose de nouveaux objectifs plus ambitieux pour la période 2021-2027.

Quels sont les objectifs de la politique environnementale de l'UE pour 2030 ?

La Commission européenne présidée actuellement par Ursula Von der Leyen place la politique environnementale au cœur de son mandat. Les objectifs clés pour 2030 sont :

- la réduction des émissions de GES d'au moins 55 % par rapport aux niveaux de 1990 ;
- la part des énergies renouvelables portée à au moins 32 % ;
- l'amélioration de l'efficacité énergétique d'au moins 32,5 %.

En décembre 2020, compte tenu de la nécessité de relever son niveau d'ambition climatique, ainsi que l'exige également l'accord de Paris, le Conseil européen a approuvé un nouvel objectif de réduction des émissions à l'horizon 2050 : la neutralité carbone de l'Union européenne.

https://www.vie-publique.fr/fiches/20412-quelle-est-la-politique-environnementale-de-lue

L'Europe agit par ailleurs en finançant des projets environnementaux dans l'ensemble des États membres. Elle fait tout d'abord par le biais du programme LIFE, son principal instrument pour l'environnement et la sauvegarde de la nature. Ce programme soutient des projets innovants, privés ou publics, dans les domaines de l'environnement et du climat. Le programme LIFE est doté d'un budget de 5,4 milliards d'euros pour la période 2021-2027.

De plus, parmi les objectifs de la politique agricole commune (PAC) figure également le « verdissement » de l'agriculture : celui-ci implique notamment des obligations environnementales pour les agriculteurs. D'autres moyens financiers sont fournis à cet effet par le Fonds européen pour le développement rural (FEADER). Le bilan de cette politique a toutefois été jugé insuffisant par la Cour des comptes européennes, tandis que la future version de la PAC (2023-2027) a suscité quelques réserves en la matière.

https://www.touteleurope.eu/environnement/la-politique-europeenne-de-l-environnement/

Au niveau régional : le cas des Hauts-de-France

Le FRATRI au sein de la région des Hauts-de-France

Le Fonds régional d'amplification de la troisième révolution industrielle (FRATRI) poursuit plusieurs objectifs :

- Développer les énergies renouvelables et fatales (ou de récupération).
- Concevoir des bâtiments performants et/ou producteurs d'énergie.
- Doter la région de capacités de stockage de l'énergie renouvelable et de récupération.
- Déployer les réseaux intelligents.
- Développer l'innovation dans le domaine des mobilités.
- Renforcer les nouveaux modèles économiques et de consommation.
- Consolider les stratégies régionales, accompagner les stratégies climatiques et énergétiques territoriales.

...

…

Les bénéficiaires sont les collectivités territoriales, associations, laboratoires de recherche, entreprises, établissements publics,…

Le FRATRI est structuré en sept projets-cadres. [Le premier a pour objectif] de développer les énergies renouvelables et fatales c'est-à-dire :

- accélérer le développement des énergies renouvelables (EnR) au travers de « contrats-cadres » ;
- accompagner la filière bois énergie ;
- développer la filière méthanisation ;
- accélérer le déploiement des technologies « solaire thermique » et « solaire photovoltaïque » ;
- amplifier le développement des énergies marines renouvelables (EMR), etc.

https://guide-aides.hautsdefrance.fr

Document 3

La politique monétaire de la Banque centrale européenne (BCE)

La BCE confirme le resserrement de sa politique monétaire dès le 3e trimestre

La Banque centrale européenne (BCE) confirme son calendrier au sujet de l'arrêt de son programme d'achat net de dettes. Comme envisagé par Christine Lagarde, la présidente de l'institution bruxelloise, la BCE devrait bien mettre fin à sa politique de rachat d'actifs fin juillet, soit au troisième trimestre 2022, ouvrant la voie à un relèvement des taux directeurs, maintenus à des niveaux historiquement bas malgré l'inflation galopante en Europe. […]

Un programme d'urgence qui dure depuis 8 ans

[…] La BCE utilise […] une politique de *Quantitative Easing* (QE), un programme massif de rachat de dette […] lancé en 2014.

Au total, depuis 2014, la BCE a racheté pour près de 5 000 Mds d'euros de dette publique et privée depuis 2014 dans le cadre de sa stratégie « *d'assouplissement quantitatif* ».

Ces instruments monétaires sont accompagnés d'une politique de taux d'intérêt bas décidée par la BCE. […].

[Cependant], l'institution de Francfort est […] sous pression pour amorcer le relèvement de ses taux, mouvement déjà largement entamé par les autres grandes banques centrales dans le monde, afin d'essayer de juguler la flambée des prix accentuée par la guerre en Ukraine. Ses taux directeurs sont inchangés depuis près de huit ans et proche de 0 %.

https://www.latribune.fr/economie/union-europeenne/la-bce-confirme-le-resserrement-de-sa-politique-monetaire-des-le-3eme-trimestre-914840.html, 24 avril 2022

Document 4

La création de richesse par les exploitations agricoles

Le défi fondamental à long terme auquel se trouve confrontée l'agriculture est de produire en quantité suffisante des produits alimentaires et des cultures industrielles de façon efficace, rentable et sûre afin de satisfaire une demande mondiale croissante sans dégrader les ressources naturelles et l'environnement (OCDE, 1995). Si les progrès de la productivité de l'agriculture ont été considérables, ils se sont souvent accompagnés de dégradations des ressources, telles que l'érosion des sols et la surexploitation de la nappe phréatique (OCDE, 1998), et de dommages, par exemple à la diversité génétique, qui, dans certains cas, ont nui à la croissance de la production agricole. Mais les exploitants agricoles ont également contribué positivement aux paysages et au maintien des communautés rurales. Les terres agricoles peuvent aussi fournir des habitats importants pour la flore et la faune sauvages et servir de puits pour les gaz à effet de serre (GES).

http://www.oecd.org

Sources d'émissions de GES dans l'UE

Utilisation d'énergie : principale source de gaz à effet de serre (GES) : 78 % des émissions

Selon les secteurs, l'industrie de l'énergie est la plus émettrice (27,9 %), devant les transports (21,7 %)

Agriculture : 10 % des émissions

https://www.statistiques.developpement-durable.gouv.fr

Document 5

L'agriculture française en chiffres

Production estimée à **73 Mds €** (16,9 % du marché de l'UE)

Âge médian d'un agriculteur : **50 ans**

Surface cultivée : **30 Mha** (1er rang européen)

Revenu mensuel moyen : **1 250 €**

Contribution au PIB : **6,7 %** (1er rang européen)

Défaillance des entreprises agricoles : **en nette baisse** depuis 2018

Source : *AFP, Le Figaro, 2018*

Document 6

La France et les pesticides

C'est une hausse exceptionnelle. Entre 2017 à 2018, l'utilisation des pesticides en France a augmenté de 24 % [...] Cette évolution sonne comme un échec pour les pouvoirs publics, qui ont mis des millions sur la table à travers les plans Ecophytos. Les associations, dont Générations futures, demandent de passer à la vitesse supérieure avec, cette fois, des mesures contraignantes. [...]

Le temps des mesures contraignantes ?

[...] Si France Nature Environnement explique cette hausse par une plus grande résistance des mauvaises herbes aux pesticides, le gouvernement défend une évolution « liée à une anticipation des achats en fin d'année 2018, en prévision de l'augmentation de la redevance pour pollution diffuse qui taxe les substances les plus préoccupantes au 1er janvier 2019. » Surtout, il assure avoir renforcé la protection des riverains grâce à un décret pris fin décembre qui assure une distance d'épandage minimale par rapport aux habitations de 5 à 10 mètres selon les types de cultures. On est bien loin des distances de 100 à 150 mètres réclamaient par les maires de plusieurs villes.

La PAC, ou l'agriculture intensive sous perfusion

[...] Plus globalement, les associations environnementales et plusieurs syndicats d'agriculteurs comme la Confédération paysanne prônent une modification d'ampleur de la Politique agricole commune (PAC) pour sortir de la dépendance aux pesticides. Le *New York Times* vient d'ailleurs de publier une longue enquête sur le sujet. Au-delà de la captation frauduleuse du foncier, le journal américain montre que les plus gros bénéficiaires de la PAC sont aussi les plus pollueurs. Aussi, les journalistes ont révélé que les zones d'eaux les plus polluées en nitrate, un composant issu de l'élevage intensif et utilisé également sous forme d'engrais, étaient corrélées aux zones recevant le plus de subventions de la PAC.

Marina Fabre, www.novethic.fr, 21 janvier 2020

Document 7

Bpifrance

Bpifrance* aide et accompagne les agriculteurs dans le financement participatif de leurs projets agricoles. Si vous êtes contributeur, vous pouvez procéder au financement participatif à hauteur de votre choix dans un ou plusieurs projets des plateformes partenaires de *crowdfunding* de BPI France.

Si vous êtes porteur de projet, en tant que professionnel du secteur agricole, une rubrique spécialisée vous permet de proposer votre projet agricole sur les différentes plateformes partenaires de *crowdfunding* et ainsi commencer votre projet de financement participatif pour lever les fonds nécessaires *via* les différentes modes de financement participatif.

De plus, afin de renforcer l'accès des entreprises agroalimentaires à l'innovation, en particulier pour les petites et moyennes entreprises, les ministères de l'Agriculture et de l'Alimentation et Bpifrance ont mis en place depuis 2007 une collaboration destinée à soutenir les premières étapes des projets de recherche et développement et d'innovation des PME agroalimentaires.

•••

...

Deux types d'aide sous forme de subvention sont mises en place :

- L'aide au partenariat technologique (APT) pour l'élaboration et le montage de projets collaboratifs de R&D dans le cadre notamment des pôles de compétitivité, du programme d'investissements d'avenir ou du programme-cadre européen pour la recherche et le développement (Horizon Europe).
- L'aide à la faisabilité de l'innovation (AFI) pour le financement d'études de faisabilité technico-économique, technique ou juridique...

Les deux partenaires se sont engagés dans une nouvelle convention pour la période 2020-2021. Cette 14e convention va permettre d'agrandir le cercle des PME de ce secteur qui souhaitent lancer des projets d'innovation et des collaborations de recherche et développement. 235 projets innovants de faisabilité et de partenariat technologique ont déjà été soutenus grâce aux 13 conventions précédentes, représentant 8,6 millions d'euros.

https://agriculture.gouv.fr/

* Bpifrance est une banque publique d'investissement, un organisme français de financement et de développement des entreprises.

Document 8

La plateforme MiiMOSA

MiiMOSA est une plateforme de *crowdfunding* spécialisée dans l'agriculture, l'alimentation et les énergies renouvelables. MiiMOSA propose deux types de financement : dons avec contreparties et prêts rémunérés jusqu'à 6 %.

Dans le cadre des financements en crédits proposés par MiiMOSA, une analyse financière est réalisée pour sélectionner les projets.

Toutefois investir dans des sociétés non cotées comporte des risques spécifiques : risque de perte totale ou partielle du capital investi, risque d'illiquidité car la revente des titres n'est pas garantie, elle peut être incertaine voire impossible. Le retour sur investissement dépend de la réussite du projet financé.

www.miimosa.com

SAVOIRS ESSENTIELS

1 Décentralisation, construction européenne et principes de proportionnalité et de subsidiarité

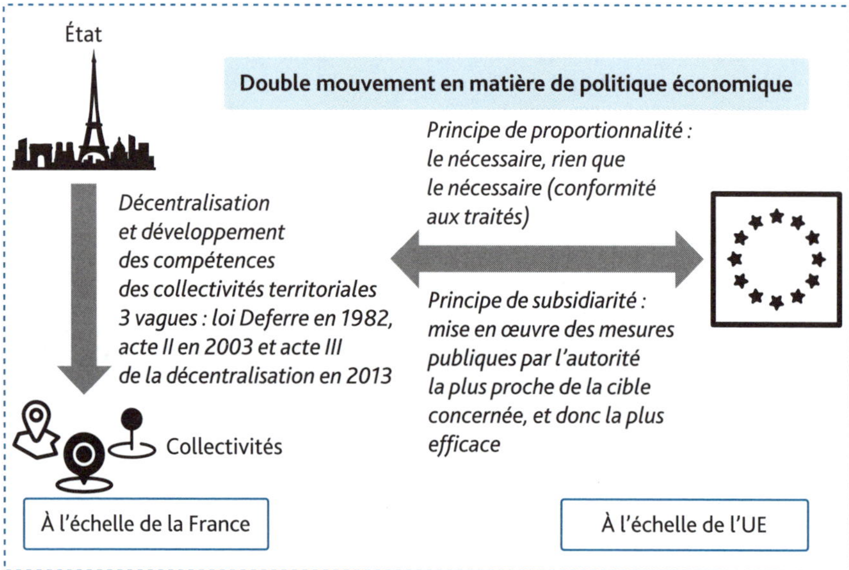

Définition

La **décentralisation** est un mode d'organisation administratif dans lequel des attributions sont transférées à des entités distinctes de l'État, qui bénéficient sous le contrôle de ce dernier d'une autonomie de pouvoir et de gestion.

À travers le processus de décentralisation, l'État délègue des compétences aux collectivités territoriales, jugées plus à même de répondre aux besoins de la population.

La France a connu plusieurs lois de décentralisation :

- Les lois Defferre (1982) : les régions deviennent une collectivité territoriale pleine et entière, l'État transfère des blocs de compétences qui ne relevaient jusqu'alors pas de lui.
- L'acte II (2003) a conféré de nouvelles bases à la décentralisation et en a élargi le champ d'action (nouvelles prérogatives déléguées aux régions notamment).
- L'acte III (2013) de la décentralisation porte sur la réforme des modes de scrutin des collectivités et intercommunalités, la clarification de leurs compétences, le périmètre des intercommunalités et un redécoupage des régions dont le nombre diminue (de 22 à 15), puis qui se voient confier de nouvelles compétences par la loi NOTRe du 7 août 2015.

2 PIB et VA : les limites de ces indicateurs de richesse

La valeur ajoutée (VA) est le principal indicateur microéconomique permettant de mesurer la richesse créée.

La somme des valeurs ajoutées forme le produit intérieur brut (PIB), indicateur macroéconomique de mesure de la richesse créée.

VA et PIB rendent imparfaitement compte de la « richesse » d'un pays.

Principales limites des indicateurs

Indicateurs quantitatifs (pour le PIB et la VA), global (PIB)	• Ils ne rendent pas compte de la façon dont la richesse est créée et répartie et des inégalités • Si une partie de la richesse créée est versée sous forme de revenus (dividendes, intérêts…) à l'extérieur du pays, cela n'améliore pas le niveau de vie de la population du pays.
Non-prise en compte de certaines activités.	Le bénévolat, les activités domestiques (éducation des enfants, entretien d'une maison ou d'un jardin…), les activités souterraines (travail non déclaré, trafic…) sont mal ou ne sont pas évalués. On parle d'économie informelle, source de cohésion sociale et de solidarité.
Les activités non marchandes sont évaluées à leur coût de production	La contribution à la richesse d'un pays de l'éducation, du système de santé ou des infrastructures publiques ne peut se réduire à leur coût, ces activités étant créatrices d'externalités positives. Le coût des services non marchands ne donne aucune information sur leur efficacité.
Certains effets pervers de la croissance ne sont pas pris en compte ou augmentent « artificiellement » le PIB ou la VA	Ces effets pervers sont des externalités négatives de l'activité : – impacts sociaux négatifs (chômage de certaines catégories de population, délocalisations ou restructurations d'entreprises, exclusion, insécurité…) ; – impacts écologiques négatifs (pollution, destruction de ressources…).
Des retraitements statistiques offrent des PIB en volume comparables	Pour réaliser des comparaisons internationales, il convient notamment de déflater le PIB et de l'évaluer en PPA (parité de pouvoir d'achat, taux de conversion monétaire).

Des indicateurs « alternatifs » au PIB existent : IDH (indice de développement humain), empreinte écologique, empreinte carbone…

3 Régulation de l'économie par la politique monétaire

Outre la régulation par le marché, l'État mène des politiques économiques et sociales poursuivant de multiples objectifs.

Pour plus de détails sur les objectifs de la politique économique, se référer au sujet type d'examen 1.

Définition

La **politique monétaire** désigne l'ensemble des décisions relevant de la politique économique visant à influer sur l'évolution de la masse monétaire et des taux d'intérêt.

Politiques monétaires conventionnelle et non conventionnelle

Principaux instruments de la politique monétaire conventionnelle	• Réserves obligatoires, réserves financières (1 % des dépôts) déposées par les établissements financiers auprès de la banque centrale. Si le taux augmente, les banques ne sont pas incitées à accorder davantage de crédits (dans la mesure où « les crédits font les dépôts »). • Actions sur le taux de refinancement des banques (taux directeur fixé par les banques centrales). Une augmentation des taux directeur a pour objectif de limiter les crédits qu'accordent les banques à leur client car le refinancement des banques sera plus coûteux, ce qui se répercutera sur les taux d'intérêt des crédits accordés à leurs clients. • *Open market*, intervention de la banque centrale sur les taux sur le marché monétaire (interbancaire) par l'intermédiaire d'achats et de ventes de titres. Si la banque centrale achète des titres sur le marché interbancaire, elle facilite le refinancement des banques et les taux d'intérêt baissent.
Principaux instruments de la politique monétaire non conventionnelle	• *Quantitative-easing*. Rachat massif de dette publique, de titres longs (obligations d'État généralement) par la banque centrale sur le marché obligataire aux banques commerciales, sociétés d'assurances, fonds de pension… Ces opérations facilitent la baisse ou le maintien à un niveau bas des taux d'intérêt à long terme. • *Qualitative-easing*. La banque centrale modifie la composition de son bilan sans en modifier la taille en privilégiant des actifs moins liquides et/ou plus risqués, facilitant ainsi le refinancement des banques.

Dans une optique conventionnelle, face à un risque inflationniste, le taux des réserves obligatoires peut augmenter, ainsi que les taux directeurs. La banque centrale mène alors des opérations d'open-market de vente (et non d'achat) de titres sur le marché interbancaire, ce qui réduit la liquidité sur ce marché.

Ces politiques monétaires pour faire face aux risques inflationnistes ont d'ailleurs été mises en œuvre par différentes banques centrales dès le 1er semestre 2022 (FED aux USA, la Banque centrale de Suède, d'Angleterre).

4 Modes de financement de l'économie et formes émergentes

A) Financement traditionnel par les marchés

Financement externe indirect	Financement externe direct
Mode de financement réalisé par les institutions financières qui collectent l'épargne des agents à capacité de financement et accordent des crédits (par financement monétaire ou non) aux agents à besoin de financement.	Mode de financement dans lequel les agents à capacité de financement émettent des titres, essentiellement sur les marchés des capitaux, qui sont achetés directement par les agents à besoin de financement.

Financement sur fonds propres *vs* endettement

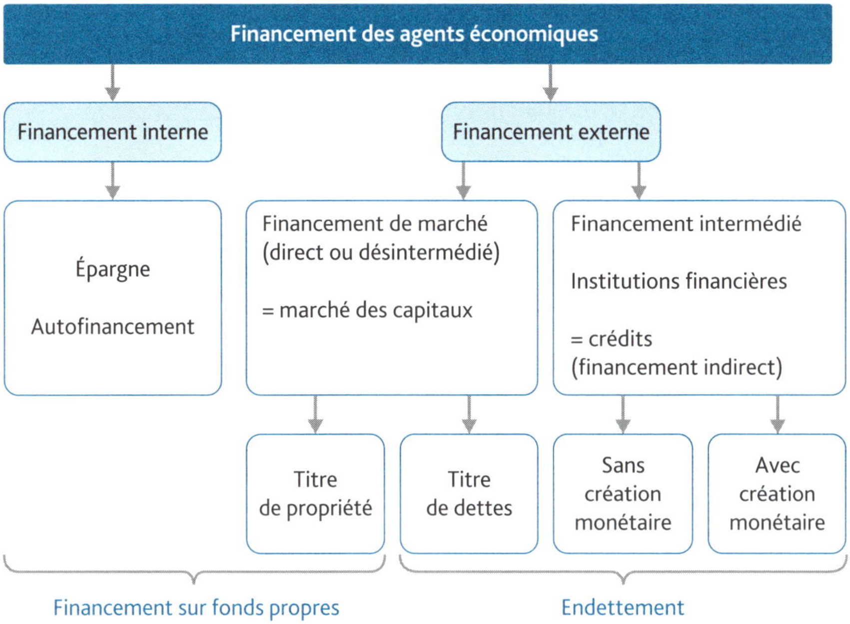

B) Nouveaux modes de financement

Capital-investissement	Capital-risque (*venture capital*)	Financement participatif (*crowdfunding*)
• Apport aux fonds propres d'entreprises à haut potentiel de croissance, n'ayant pas accès aux prêts bancaires habituels, réalisé par des investisseurs financiers • Apports effectués par des fonds d'investissement visant un retour sur investissement élevé • Source de financement majeure pour la création, le développement, la transmission ou la restructuration des PME non cotées	• Partie du capital-investissement relative aux apports en fonds propres réalisés par des investisseurs financiers au moment de la création d'une entreprise • Investisseurs publics ou parapublics (comme les instituts régionaux de participation en France), filiales de banques ou de groupes industriels, sociétés indépendantes	• Technique de financement de la création d'entreprises recourant à Internet et aux réseaux sociaux comme canaux de mise en relation entre des porteurs de projet et des investisseurs • Souplesse du mode de financement (montant au choix, absence de minimum) et facilité d'accès

5 Impact du progrès technique sur la croissance

Le progrès technique crée un effet de « destruction créatrice » sur les activités économiques et l'emploi, comme l'a montré Schumpeter. Il modifie le contenu du travail (modification qualitative) et peut renforcer la segmentation du marché du travail et le dualisme, comme le montre la « fracture » numérique que l'on constate à la suite de la troisième révolution industrielle.

Pour plus de détails sur la destruction créatrice et les grappes d'innovation, voir le sujet type d'examen 1.

A) Facteurs de croissance économique

Définition

La **croissance économique** est « l'augmentation soutenue pendant une période longue d'un indicateur de production en volume » (F. Perroux).

Rôle des facteurs de production

Facteurs de production

- **Facteur travail**
- **Facteur capital**
- **Ressources naturelles**

Analyses empiriques :
La quantité de facteur de production contribue pour moins de 50 % à la croissance économique. Plus de 50 % de la croissance économique proviendrait d'un résidu souvent attribué au progrès technique

Malthus et Ricardo
La raréfaction des ressources devrait conduire à l'épuisement du potentiel de croissance

Rôle du progrès technique

Progrès technique et productivité globale des facteurs (PGF)

Progrès technique
Ensemble des innovations permettant l'amélioration du système productif et la création de nouveaux produits ou procédés

PGF
Mesure de la contribution à la croissance de la « qualité » du capital et du travail, c'est-à-dire le progrès technique au sens large

Analyses théoriques de l'impact du progrès technique sur la croissance économique

Approche de R. Solow
Sans progrès technique, l'économie tend vers un état stationnaire (PIB/hab. maximum). Le progrès technique permet cette croissance mais il est exogène.

J. Schumpeter
Le progrès technique et les innovations majeures sont à l'origine de grappes d'innovation, d'un « phénomène de destruction créatrice » et de cycles Kondratiev.

Théories de la croissance endogène (Barro, Lucas, Romer, Aghion)
La croissance économique est autoentretenue par des facteurs endogènes aux systèmes économiques, sources d'externalités positives.

Les facteurs de croissance économique selon les théories de la croissance endogène

- **Le capital physique**
- **Le capital humain**
- **Le capital technologique**
- **Le capital public**

B) Soutenabilité de la croissance

Le concept de soutenabilité faible a été mis en avant notamment par Solow et Stiglitz. Les tenants de la soutenabilité faible pensent que le progrès technique viendra compenser la disparition des ressources non renouvelables. Selon ces analyses, le progrès technique permettra de substituer au capital naturel, en quantité limitée (en raison de la surexploitation ou de la pollution), du capital humain et du capital technique (machines), permettant ainsi d'accroître la production durablement (croissance économique).

Les tenants de la soutenabilité forte (Latouche, Meadows, etc.) considèrent que les atteintes au capital naturel sont en grande partie irréversibles et non substituables. Ils remettent en cause le modèle économique fondé sur la croissance économique. Ils recommandent la décroissance ou, tout du moins, une acroissance (« croissance 0 ») pour sortir du productivisme actuel.

Définition

Le **développement durable** est, selon le rapport Brundtland (1987), une forme de développement répondant aux besoins du présent sans compromettre la capacité des générations futures à satisfaire leurs propres besoins.

Triple dimensions du développement durable

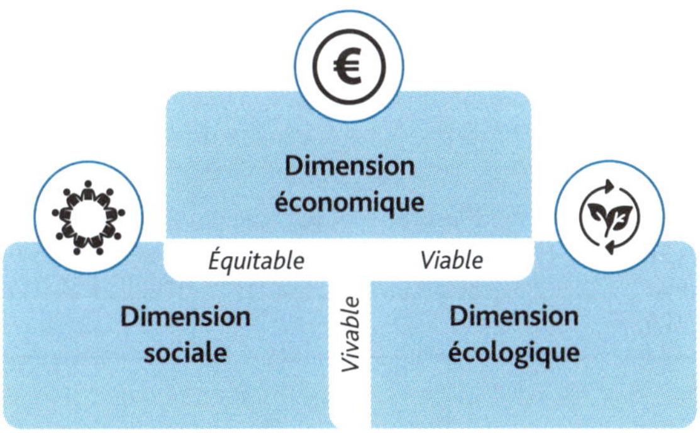

Le développement durable insiste sur la nécessaire création de richesse tout en limitant et en réduisant les inégalités.

6 Inégalités et redistribution

A) Inégalités et pauvreté

Inégalités
Différence entre les individus ou des groupes d'individus qui avantagent certains dans l'accès aux ressources.

- sociales ↔ économiques ↔ culturelles

Origines des inégalités économiques

- **De revenu** (âge, sexe, capital humain, CSP, taille de l'entreprise, activité de l'entreprise...)
- **De patrimoine** (âge, revenus, système fiscal, héritages, ...)

Mesure des inégalités économiques et monétaires

- Rapport interdécile (D9/D1)
- Courbe de Lorenz
- Indice de Gini

Pauvreté

- **extrême** Mesure : part des personnes vivant avec moins de 1,9 $ par jour
- **humaine** Mesure : IPM (indice de pauvreté multidimensionnelle)
- **pécuniaire** Mesure : taux de pauvreté part de la population vivant avec moins de 60 % du revenu médian

B) Enjeux des inégalités sociales

Les inégalités sociales peuvent être justes si elles...	Les inégalités sociales peuvent nuire à la croissance économique car elles...
• Résultent de différences de capital humain (G. Becker). • Proviennent de différences d'âge (« théorie du cycle de vie » de Modigliani). • Créent un effet de ruissellement des populations « riches » vers les plus défavorisées. • Sont le fruit du fonctionnement des marchés efficaces et récompensent des innovateurs. • Stimulent l'épargne et l'investissement. • Améliorent la situation des moins favorisés.	• Entament la cohésion sociale et créent de l'instabilité. • Réduisent le stock de capital humain (par manque de formation des plus démunis). • Peuvent nuire à l'investissement productif au profit de la spéculation. • Peuvent conduire à une stagnation séculaire par insuffisance de la demande globale. • Génèrent un coûteux système de redistribution. • Réduisent le bien-être social.

C) Redistribution des revenus

Redistribution des revenus
Ensemble des mécanismes mis en oeuvre par les administrations publiques qui modifient la répartition primaire des revenus

- **Prélèvements obligatoires**
- **Revenus de transfert**
- **Services publics non marchands**

Formes de redistribution

- **Verticale** (réduction des inégalités)
- **Horizontale** Protection sociale : couverture contre les risques sociaux (vieillesse, maladie, chômage, famille, etc.).

Objectifs de la redistribution (selon le modèle : bismarckien ou beveridgien)

- • Justice sociale
  • Réduction des inégalités
- Protection sociale
- Efficacité économique et soutien de la demande

Dossier 1 Analyse d'un dossier documentaire

1 Analyser la contribution des exploitations agricoles aux créations d'externalités et discuter la nécessaire régulation par les pouvoirs publics aux niveaux européen, national et local.

Compétences attendues

- **Repérer** des cas d'externalités et de biens collectifs, en appréhender les conséquences
- **Repérer** les différents organes de l'action publique au niveau national ou local
- **Illustrer** les principes de proportionnalité et de subsidiarité
- **Analyser** les difficultés posées par les divergences structurelles au sein de l'Union européenne

DÉCRYPTAGE

Le candidat doit :
- expliquer ce que recouvre le terme d'externalités (défaillances de marché) ;
- repérer, dans la base documentaire, les externalités positives et négatives qui affectent une activité donnée ;
- démontrer la nécessaire intervention de l'État dans le cadre de défaillances de marché telles que les externalités ;
- proposer des outils de régulation des externalités négatives parmi les moyens connus ;
- maîtriser les grands principes de l'UE, notamment la subsidiarité, et identifier le niveau le plus efficace pour lutter contre les externalités.

Les effets des interactions entre les individus ne sont pas voulus ou pris en compte puisque ces interactions ne passent pas par un marché.

Une externalité est une défaillance de marché dans laquelle une activité de production ou de consommation d'un agent économique a des effets (positif ou négatif) sur le bien-être d'autres agents, sans qu'il y ait de transaction entre eux (ni de compensation monétaire). Il s'agit d'une situation sous-optimale (au sens de Pareto) pouvant nécessiter une régulation par l'État ou par la collectivité selon de multiples modalités. Il s'agit de limiter, voire d'interdire, les activités créant des externalités négatives et, à l'inverse, de favoriser – en les valorisant – les externalités positives.

L'activité agricole crée à la fois des externalités positives (économies externes) et négatives (déséconomies externes) :

- En matière d'**externalités négatives** de production, les exploitations agricoles sont à l'origine d'une pollution *via* les déchets produits par l'activité agricole (document 1). L'utilisation de pesticides (document 5) a également des effets sur des espèces animales et peut être à l'origine de la disparition de certains insectes comme les abeilles. De plus, les épandages à proximité des habitations peuvent engendrer des effets néfastes sur la population locale.

Les exploitations agricoles émettent également des gaz à effet de serre (GES) à l'origine du réchauffement climatique (document 4).

- Les **externalités positives** consistent en :
  - la dynamisation du tissu local. Les exploitations agricoles « contribuent positivement aux paysages et au maintien des communautés rurales », selon le document 4 ;
  - un renforcement de la biodiversité (bien public mondial). Selon le document 4, « les terres agricoles peuvent aussi fournir des habitats importants pour la flore et la faune sauvages et servir de puits pour les gaz à effet de serre (GES) » ;
  - de multiples innovations et projets de R&D découlant du secteur (document 7), notamment dans les domaines du numérique et des biotechnologies, sources d'externalités positives et d'une croissance économique durable selon les théories de la croissance endogène.

Afin de lutter contre les externalités négatives, de multiples outils sont mis en œuvre (ex. : taxation des activités polluantes, selon le principe du « pollueur-payeur » de Pigou, financement ou soutien de projets innovants à l'instar du marché des droits à polluer – Coase). Sans compter que la pollution et certains projets innovants dépassent les frontières. La qualité de l'air est un bien public mondial, non exclusif et non rival auquel tout le monde accède librement, ce qui engendre des comportements de « passager clandestin » (Olson) de la part des agents économiques et des États.

Le passager clandestin ou *free-rider* est un agent économique qui bénéficie d'une ressource sans y contribuer ou en y contribuant de manière marginale.

Selon le principe de subsidiarité, des interventions doivent être menées au niveau supranational et, plus précisément, au niveau européen (réduction du niveau d'émission GES, accroissement de la part d'énergie renouvelable, document 2). De plus, les questions agricoles et une partie des questions environnementales relèvent des prérogatives de l'Union. Cela concerne particulièrement la politique agricole commune (PAC) ou le financement de projet par LIFE (fonds européen doté de plus de 5 milliards d'euros d'ici 2027 (document 2)).

Créée en 1962, la PAC a permis une autosuffisance alimentaire de l'Europe et s'est accompagnée d'une augmentation du niveau de vie des agriculteurs.

Cependant, selon ce même principe de subsidiarité, les décisions doivent être prises au niveau le plus efficace. Ainsi, il est indispensable que les enjeux nationaux français en matière agricole soient également gérés par des institutions nationales comme l'Agence de la transition écologique (ADEME). De plus, des divergences existent entre États membres (document 2), d'où la nécessité d'une prise en charge nationale.

Enfin, la France est un pays qui a connu des vagues de décentralisation des pouvoirs pour mieux s'adapter aux spécificités des territoires. C'est pourquoi, conformément au principe de subsidiarité, certaines actions visant à limiter les externalités négatives agricoles et à favoriser les externalités positives doivent être menées au niveau le plus proche du terrain par les collectivités locales, notamment les régions à l'instar des Hauts-de-France et de son Fonds régional d'amplification de la troisième révolution industrielle (FRATRI).

2 Discuter l'usage de la valeur ajoutée comme indicateur pertinent de la contribution des exploitations agricoles à la richesse d'un pays.

Compétences attendues

- **Identifier** la contribution des différents acteurs à la création de richesse
- **Caractériser** un tissu productif à l'aide de données statistiques
- **Repérer** la façon dont le PIB rend compte de la richesse créée

DÉCRYPTAGE

Le candidat doit montrer l'utilité de l'indicateur de la valeur ajoutée et ses limites, notamment face aux externalités positives et négatives générées par l'activité ciblée.

Différents indicateurs rendent compte de la création de richesse d'un secteur d'activité. Le principal d'entre eux est la valeur ajoutée (VA), laquelle mesure la richesse produite sur un territoire donné selon la formule :

VA = Valeur de la production – Dépenses de consommation intermédiaire

La valeur ajoutée est donc un indicateur intéressant pour identifier la contribution de l'agriculture à la richesse produite sur le territoire, notamment au produit intérieur brut (PIB). Le PIB se mesure en effet par la somme des richesses produites sur le territoire, et donc à partir de la valeur ajoutée. La valeur ajoutée revêt néanmoins les mêmes « défauts » que le PIB, à commencer par la non-prise en compte des effets pervers des modèles de croissance intensive (pollution et autres externalités négatives).

Certains modèles d'agriculture intensive utilisent davantage de pesticides pour améliorer la productivité des exploitations, ce qui génère des externalités négatives (pollution) comme le montre le document 6. Or, ce point n'est pas pris en compte par des mesures comme le PIB.

De même, la contribution des exploitations agricoles à la richesse des pays et des territoires par le calcul de leur part dans la valeur ajoutée nationale sous-estime l'importance des exploitations agricoles dans le bien-être de la population. Comme l'a montré la crise de la Covid-19, les exploitations agricoles sont l'amorce de filières d'activité indispensables à l'alimentation de la population (ex. : agroalimentaire, restauration...). Les exploitants agricoles participent aussi à la préservation des paysages et jouent, par exemple, un rôle essentiel dans la prévention des inondations et des incendies en entretenant les espaces naturels (forêts, pâturages, etc.). La pollinisation, source de nombreuses externalités positives, fait également intervenir les exploitations agricoles.

Se contenter de la valeur ajoutée agricole dans le PIB de la France ou de la part des agriculteurs dans la population active donnerait une vision erronée de leur participation à la richesse créée sur un territoire, c'est pourquoi des indicateurs alternatifs au PIB et à la valeur ajoutée sont proposés.

3 Analyser les effets des politiques monétaires et environnementales (documents 2 et 3) sur le comportement des agents économiques du monde agricole.

Compétences attendues

- **Distinguer** les différents types de politiques économiques
- **Identifier** les caractéristiques des politiques d'offre et de demande
- **Apprécier** les enjeux d'une politique économique donnée
- **Analyser** une décision de politique économique dans un contexte précis
- **Expliquer** les mécanismes permettant d'atteindre les objectifs de la politique monétaire
- **Caractériser** le développement durable dans ses trois dimensions
- **Analyser** les effets attendus des mesures de politique environnementale sur les comportements des acteurs

DÉCRYPTAGE

Le candidat doit :

– identifier les politiques monétaires et les politiques environnementales ;

– montrer les conséquences de ces politiques sur les arbitrages des agents économiques ciblés ;

– proposer d'autres solutions en faveur du développement durable (piliers économique, social et environnemental) à destination de ces agents économiques.

NOTRE CONSEIL

Si vous choisissez de répondre sous la forme d'un tableau, ce qui n'est qu'une option parmi d'autres, veillez à sa lisibilité et donnez-lui un titre.

Impact des politiques sur les agents économiques agricoles

Mesures mises en œuvre et caractérisation de la politique	Impact sur les agents économiques du monde agricole
Politique monétaire (politique conjoncturelle) : actions sur les taux directeurs	La BCE a maintenu pendant 8 ans des taux directeurs bas. Elle limite le coût de refinancement des banques qui, à leur tour, diminuent les taux d'intérêt proposés à leurs clients (ménages et entreprises) et favorisent ainsi le crédit et l'investissement. Une entreprise peut bénéficier d'un effet de levier financier positif, ce qui la conduit à s'endetter pour financer des projets comme celui de la méthanisation. En revanche, les risques inflationnistes depuis le 2e semestre 2021 ont conduit à annoncer une modification de sa politique de taux bas pour l'été 2022. Cela va augmenter le coût du refinancement des banques ce qu'elles risquent de répercuter sur leur client (dont les acteurs du monde agricole) limitant ainsi les investissements et risquant de créer un effet de massue pour ceux particulièrement endettés.

Mesures mises en œuvre et caractérisation de la politique	Impact sur les agents économiques du monde agricole
Politique monétaire (politique conjoncturelle) : le QE (*Quantitative easing*)	Jusque récemment, la BCE menait une politique de rachat massif de titres de dette (publics et privés) aux institutions financières sur les marchés des capitaux pour faciliter le refinancement des banques (et indirectement celui des États) et la liquidité sur le marché interbancaire. Le « QE » permet d'assurer la liquidité du système bancaire et favorise le refinancement des banques qui maintiendront alors leur taux d'intérêt sur les crédits bas et favoriseront ainsi le financement externe indirect des agents économiques non financiers. Les acteurs du monde agricole peuvent davantage se financer à coûts faibles en sollicitant des crédits auprès des établissements bancaires. La fin de cette politique de QE risque de se traduire par une moindre liquidité des banques et un accroissement des taux d'intérêt au détriment du financement des investissements des agents économiques non financiers (comprenant les acteurs agricoles). *Pour information : la BCE désire « verdir » sa politique monétaire. Elle désire favoriser le rachat d'actifs financiers émis par des agents économiques vertueux en matière environnementale et inciter les établissements bancaires à financer les projets écologiquement vertueux, ce qui favoriserait les investissements « écologiquement responsables » et pourrait orienter les choix d'investissement de certains exploitants agricoles.*
Politique européenne environnementale (doc 2) (politique structurelle)	La commission européenne a fixé des objectifs de LT (2030) en matière de réduction des GES, d'énergies renouvelables, d'efficacité énergétique et en 2050, la neutralité carbone (document 2). Ces objectifs concerneront les exploitants agricoles émetteurs de GES et les inciteront à mettre en œuvre des énergies renouvelables (méthanisation, ...) cela nécessitera cependant des efforts importants d'investissements. Le fonds d'investissement LIFE pourra offrir des opportunités de financement et des subventions aux entreprises qui auront des projets d'innovation en matière d'environnement. La PAC joue également un rôle essentiel (voir plus bas).
Politique nationale : ADEME et fonds d'aide à l'investissement + accompagnement + plan Écophyto sur la limitation des pesticides	• Écophyto vise à limiter le recours aux pesticides par les exploitants agricoles. Certains pesticides sont interdits ou d'utilisation limitée, les pratiques d'épandage sont réglementées. L'objectif est de modifier les pratiques agricoles en matière de production. • ADEME : conseille et finance des projets sur l'écologie et la maîtrise de l'énergie. L'objectif est d'orienter les comportements vers l'économie circulaire et la maîtrise de l'énergie.
Politique locale : FRATRI des Hauts-de-France (politique structurelle)	• Il s'agit d'accompagner et d'agir au niveau local (une région) pour favoriser les innovations dans les domaines de la troisième révolution industrielle et d'accompagner les projets. • Apport de conseils et de fonds pour favoriser l'investissement.

D'autres mesures peuvent être mises en œuvre afin d'agir sur les acteurs du monde agricole.

Mesures alternatives à destination des exploitants agricoles

Mesures mises en œuvre	Impact sur les agents économiques du monde agricole
Verdissement de la politique agricole commune (PAC)	L'UE pourrait modifier sa politique de subvention en faveur de l'agriculture « verte », notamment biologique, ce qui réorienterait les processus de production de certaines exploitations agricoles.
Réglementation européenne et nationale sur les pesticides	La réglementation sur les pesticides interdirait définitivement certains pesticides et nécessiterait de nouveaux arbitrages de la part des agriculteurs sur de nouvelles modalités de production.
Politique de R&D aux niveaux national et européen	La politique de R&D permettrait la diffusion de la révolution du numérique aux exploitations agricoles, ce qui agirait sur la productivité agricole mais entraînerait également une certaine substitution du capital au travail. De nouvelles molécules phytosanitaires pourraient être proposées aux agriculteurs et modifieraient leurs arbitrages.
Marché des droits à polluer	Un marché des droits à polluer pour le secteur agricole, sur le modèle du marché des permis d'émission de CO_2 créé au sein de l'UE en 2005, pourrait être envisagé. Il faudrait déterminer des quotas de pollution et permettre la détermination des prix des permis à polluer sur un marché selon la loi de l'offre et de la demande.
Campagne de sensibilisation au développement durable	Les campagnes de sensibilisation visent à favoriser la transparence du marché et à modifier les préférences des agents économiques pour que leurs arbitrages tendent vers des choix conformes à une logique de développement durable.
Aide aux revenus des agriculteurs	Les aides versées aux agriculteurs visent à lutter contre les inégalités de revenus et les inégalités sociales. Elles devraient rendre la filière plus attractive et favoriser l'installation de nouveaux exploitants.

4 Proposer des sources de financement possibles pour un projet de méthanisation dans une exploitation agricole.

Compétences attendues

- **Identifier** les modalités de financement des entreprises et de l'État
- **Analyser** conséquences du choix d'une modalité de financement pour un agent économique donné
- **Appréhender** la diversité des marchés de capitaux
- **Analyser** les nouvelles sources de financement

DÉCRYPTAGE

Le candidat doit être capable :

- d'identifier les sources de financement potentielles pour le projet, particulièrement à partir des documents 7 et 8 ;
- de repérer, dans la base documentaire, la référence au « *crowdfunding* » comme mode alternatif au financement de ces entreprises ;
- de structurer sa réponse en distinguant les modes de financement interne, externe, direct et indirect, ainsi que les nouvelles sources de financement.

Plusieurs modalités de financement sont possibles :

- Le **financement interne**. L'exploitation agricole s'appuie sur son autofinancement, ses profits antérieurs. Cependant, cette source de financement est souvent insuffisante, ce qui explique le recours aux moyens ci-après.
- Le **financement externe indirect**. Il s'opère par l'intermédiaire de crédits contractés auprès de sociétés financières, moyennant des intérêts et le remboursement des sommes empruntées selon un échéancier. Le document 7 fait référence à la banque publique d'investissement (BPI) qui accompagne les projets des exploitants agricoles et propose également des crédits. Ce document met en avant un partenariat avec le Crédit Agricole, acteur majeur du financement externe indirect (ou intermédié) auprès des exploitants agricoles.
- Le **financement participatif** (*crowdfunding*). Il est actionné par des plateformes numériques faisant intervenir une multitude d'acteurs, à l'instar de Miimosa (document 8). Ce mode de financement externe direct est facilement accessible aux entreprises mais la levée de fonds est limitée. Il s'agit également d'un intéressant moyen de communication autour d'un projet.
- Les **capital-investissement, capital-risque et « *business angels* »**. Ils semblent constituer des modes de financement moins adaptés à ces petites structures.
- Le **financement externe direct *via* les marchés des capitaux** (plus précisément les marchés financiers). Il s'agit là aussi d'un financement plus adapté aux grandes entreprises et administrations publiques ainsi qu'aux levées de fonds dépassant un volume critique.

Dossier 2 Question problématisée

À partir des savoirs acquis et de la base documentaire, élaborer une réponse structurée à la question suivante :

« Quels sont les enjeux du développement durable en termes de croissance économique ? »

Compétences attendues

- **Différencier** les formes et les motifs de l'investissement
- **Identifier** et **analyser** les déterminants de la croissance
- **Mettre en évidence** le rôle du progrès technique dans la croissance
- **Caractériser** le développement durable dans ses trois dimensions
- **Analyser** les opportunités et les limites du développement durable en termes de croissance économique
- **Identifier** les différentes formes d'inégalités et les principaux risques sociaux
- **Analyser** les enjeux de la lutte contre les inégalités et de la couverture des risques sociaux

DÉCRYPTAGE

Le candidat doit :
- analyser la compatibilité entre développement durable et croissance économique ;
- mettre en avant les effets pervers et les avantages du développement durable en matière de dynamique économique ;
- développer des arguments reprenant les concepts de soutenabilité forte et faible ;
- mettre en avant les différentes dimensions du développement durable ;
- insister sur le pilier social du développement durable et sur l'intérêt et limites des politiques de lutte contre les inégalités.

[Introduction]

De plus en plus d'acteurs de la vie économique sont sensibilisés à l'urgence écologique et à la « tragédie des communs » liées à une surexploitation des ressources naturelles. Les exploitants agricoles ne font pas exception à cette prise de conscience et recherchent des solutions permettant de limiter leur impact environnemental, notamment à travers l'utilisation de ressources renouvelables issues de la méthanisation.

NOTRE CONSEIL
Explicitez systématiquement les termes du sujet et leurs liens.

Les conséquences du réchauffement climatique et, dans le même temps, l'impasse des négociations internationales depuis la COP21 interrogent le développement durable.

Le développement durable est, selon le rapport Brundtland (1987), une forme de développement répondant aux besoins du présent sans compromettre la capacité des générations futures à répondre à leurs propres besoins. Il repose sur trois piliers :

- Un pilier social. Il doit satisfaire les besoins essentiels de la vie en réduisant les inégalités entre les individus et les disparités régionales.
- Un pilier économique. Il doit créer des richesses et améliorer les conditions de vie matérielles en accord avec une croissance économique durable.
- Un pilier écologique. Les deux premiers objectifs doivent être atteints en préservant la diversité des espèces, le climat et les ressources naturelles.

Que l'un de ces piliers manque à l'appel et le développement ne saurait être qualifié de « durable ».

NOTRE CONSEIL
Le lien entre les deux termes appelle celui d'enjeux. On peut notamment se demander si le développement durable est source d'opportunités ou d'entraves pour la croissance économique.

En quoi les différentes dimensions du développement durable peuvent-elles apparaître comme des opportunités ou des limites pour la croissance économique ? Le développement durable est-il compatible avec la poursuite d'une croissance économique intensive ? Nous montrerons, dans un premier temps, en quoi la mise en œuvre du développement durable peut nuire à la croissance économique (partie 1) mais offre également de multiples opportunités (partie 2).

NOTRE CONSEIL

De nombreux plans sont possibles. Vous devez en annoncer les grandes parties. Le plan qui vous est proposé ici ne constitue qu'une piste parmi d'autres. Dès lors que votre problématique est solide et que votre rédaction est structurée et argumentée, tout plan est acceptable. Veillez à ce que les transitions soient clairement identifiables (sauts de ligne ou titres apparents).

- **Partie 1. Le développement durable, une limite potentielle à la croissance économique…**

– Sous-partie 1.1. Durabilité forte et croissance économique

La théorie de la soutenabilité forte est relativement pessimiste sur le lien entre le développement durable et la croissance économique. En effet, cette analyse considère que les atteintes au capital naturel (pollution, surexploitation des ressources, etc.) sont en grande partie irréversibles et non substituables. Cette approche remet en cause l'objectif premier de la croissance, et prône l'adoption d'une démarche systémique qui ne repose pas uniquement sur une vision économique. Dans cette logique, la décroissance ou, au moins, une acroissance est recommandée pour sortir du productivisme actuel. Cette analyse fait écho aux modèles d'état stationnaire de l'économie mis en avant notamment par David Ricardo dès le 19e siècle.

La décroissance repose sur la logique selon laquelle la production génère de la pollution et l'épuisement des ressources naturelles (gaz, charbon, sable, eau…). Ces ressources étant limitées et la population ne cessant d'augmenter, le pays est voué à des pénuries pouvant entraîner des crises gouvernementales, géopolitiques, voire l'extinction de l'espèce humaine.

Serge Latouche, économiste spécialiste du développement, est l'un des premiers théoriciens de la décroissance en France. Une formule résume son point de vue : « La croissance ne peut être infinie dans un monde fini. » Il préconise de rompre avec une société consumériste pour s'orienter vers une « société de décroissance ».

Ce problème de raréfaction des ressources était déjà mis en avant par les économistes classiques Malthus et Ricardo dès le 19e siècle ou par le rapport « Halte à la croissance » (*The Limits to Growth*) publié par Meadows en 1972 pour le Club de Rome. Il s'agit donc de remettre en question le modèle capitaliste pour proposer un système économique alternatif.

Les transitions figurent ici, à titre indicatif, en italique.

La notion de soutenabilité forte a fait émerger les concepts d'économie circulaire et d'économie des fonctionnalités qui pourraient limiter la croissance économique.

– Sous-partie 1.2. Économie circulaire et des fonctionnalités : vers moins de consommation et de production

L'économie circulaire consiste à mettre en avant la gestion efficace des ressources, de la production à la gestion des déchets en passant par la consommation. Elle repose sur des circuits courts, locaux.

L'économie des fonctionnalités vise à remplacer la notion de vente du bien par celle de vente de l'usage du bien (ex. : Michelin ne vend plus des pneus mais des kilomètres parcourus).

Ces deux concepts auront potentiellement des effets sur les producteurs industriels dans la mesure où l'optimisation de l'utilisation des produits conduit à en limiter le renouvellement ou à les partager.

Le modèle de société de consommation serait alors remis en question ainsi que son corollaire – une production en perpétuelle croissance –, répondant à une demande sans cesse renouvelée qui s'accompagne de produits au cycle de vie de plus en plus court.

Dans une acception de soutenabilité forte, le développement durable se caractériserait par la limitation de la croissance économique et le pilier social voué à limiter, voire à supprimer, les inégalités économiques et pourrait également avoir des effets économiques pervers (vision libérale).

– Sous-partie 1.3. Des inégalités économiques contestées par le pilier social du développement durable

La lutte contre les inégalités, pilier du développement durable, peut notamment être contestée par des approches plus libérales démontrant leurs effets stimulants sur la croissance économique.

Exemples d'analyses remettant en cause la nocivité des inégalités

Capital humain (Becker)	• Les inégalités de revenus sont justifiées par des différences de capital humain. La rémunération des travailleurs est d'autant plus forte qu'ils ont un stock de capital humain important. • Les travailleurs sont donc incités à investir dans ce capital humain source de croissance économique selon les théories de la croissance endogène (Lucas).
Théorie du cycle de vie (CDV) de Modigliani	Les inégalités de patrimoine selon l'âge de la population s'expliquent par des comportements d'épargne évoluant au cours de la vie. La théorie du CDV montre qu'il y a trois périodes dans la vie d'un agent économique qui lisse sa consommation tout au long de sa vie. À l'entrée dans la vie active, il s'endette ; au cours de sa vie active, il se constitue un patrimoine et il désépargnera une fois sa vie active terminée.
Théorie du ruissellement *(trickle-down effect)*	Selon cette théorie, l'enrichissement des plus aisés est *in fine* bénéfique pour les moins aisés grâce à leur comportement de consommation et d'investissement créateur d'emplois et de revenus pour l'ensemble de la population.
Inégalités justes de Rawls	• Rawls considère que toutes les inégalités ne sont pas injustes. En particulier, sont admissibles, parce que justes, les inégalités économiques qui ne sont pas dues à la détérioration de la situation des moins favorisés. Si certains tirent un plus grand intérêt que d'autres d'une situation, ces inégalités peuvent être considérées comme justes si elles avantagent aussi les moins favorisés. • Ces inégalités sont justes à condition de respecter le principe d'égalité des chances et en situation de méritocratie. • Cette analyse est à l'origine de dispositifs de « discrimination positive ».
Hayek et la pensée libérale des inégalités	• Hayek considère l'égalitarisme contre-productif sur le plan économique et illégitime sur le plan philosophique. Les mécanismes de marché sont économiquement efficaces ; ils permettent d'assurer la prospérité économique et de concilier les valeurs de liberté et de justice. L'inégalité stimulerait l'initiative et l'innovation. • Pour les libéraux, les inégalités sont le prix à payer pour vivre dans une société où l'individu est libre. C'est la liberté qui conduit à l'efficacité économique et c'est cette efficacité économique qui produit des inégalités. Renoncer aux inégalités reviendrait à faire le deuil de l'efficacité économique et de la liberté individuelle.
Schumpeter et la stimulation de l'innovation	• La réussite sociale correspond à la sanction du marché. Elle récompense les entrepreneurs qui innovent, réussissent et s'enrichissent. • Les inégalités peuvent être liées à des rentes obtenues par des innovations. • Lutter contre les inégalités risque de nuire aux innovations sources essentielles de croissance économique.

Kaldor et la stimulation de l'épargne	Selon Kaldor, dans un modèle sous hypothèse de plein-emploi, les plus aisés ayant une proportion à l'épargne plus importante, une augmentation des inégalités de revenus augmente, toutes choses égales par ailleurs, l'épargne et par conséquent l'investissement et la croissance. Il faut cependant que l'épargne soit effectivement transformée en investissement productif source de croissance économique effective.
Okun et le coût de la réduction des inégalités	Selon Okun, le marché est à la fois inégalitaire et efficace ; vouloir réduire les inégalités par rapport à l'équilibre de marché a un coût en termes d'efficacité. C'est la réduction des inégalités par l'intervention de l'État (et non l'égalité elle-même) qui est coûteuse en termes d'efficacité.

Le développement durable dans une acceptation de soutenabilité forte nécessite la remise en question du système économique actuel fondé sur la croissance économique. De plus, la lutte contre certaines inégalités, considérées comme « justes » par les théories libérales, pourrait être défavorable au modèle de croissance économique actuel. Cependant, d'autres approches considèrent que le développement durable est davantage compatible avec des opportunités de croissance économique.

- **Partie 2… que nuancent les nombreuses opportunités de croissance offertes par sa mise en œuvre…**

– Sous-partie 2.1. Une durabilité faible et un progrès technique sources de croissance économique

Pour plus de détails sur les analyses de Schumpter et de Modigliani, voir le sujet type d'examen 1.

Le concept de soutenabilité faible a notamment été mis en avant par Solow et Stiglitz. Cette vision optimiste de la soutenabilité se fonde sur la théorie néoclassique selon laquelle la croissance économique est le résultat de l'utilisation de différents facteurs : le travail, le capital productif (machines), le capital humain et le capital naturel. L'hypothèse est alors qu'il existe une substituabilité entre les capitaux ; si l'on diminue le capital naturel (à cause de la surexploitation, de la pollution), on peut augmenter les deux autres capitaux pour continuer à produire plus. En d'autres termes, les tenants de la soutenabilité faible pensent que le progrès technique compense la disparition des ressources non renouvelables.

La soutenabilité faible est compatible avec les modèles de croissance intensive qui jouent sur la qualité des facteurs de production et une augmentation de la productivité globale des facteurs (PGF) potentiellement liée à des innovations relatives au développement durable et à l'économie verte. Cette dernière véhicule nombre d'innovations. L'économie de ressources créerait un phénomène de « destruction créatrice » conforme à l'analyse de Schumpeter où l'effet créateur sur les emplois et les activités l'emporterait sur son effet destructeur, permettant ainsi l'arrivée d'un nouveau cycle long de type Kondratiev. Les investissements de modernisation sont en effet à l'origine de la croissance économique et d'un déversement sectoriel de l'économie qui peut être bénéfique à tous. De plus, les investissements productifs véhiculent des effets conjoncturels positifs ; ils stimulent les revenus et la demande par un effet multiplicateur de l'investissement mis en lumière par Keynes.

Sur ce point, le rapport Négawatt (contexte du sujet) montre les bienfaits potentiels de l'économie verte qui permettrait de ménager les énergies fossiles et reposerait sur de nombreux investissements et des infrastructures nouvelles, notamment énergétiques sources de croissance économique (théories de la croissance endogène).

Le développement durable dans son acceptation faible permet, grâce aux innovations induites, d'alimenter la croissance économique. Les inégalités pouvant constituer une entrave à la croissance économique, le pilier social du développement durable offre alors de nouvelles perspectives de croissance économique dans un monde plus égalitaire.

– Sous-partie 2.2. La diminution des inégalités : pilier social du développement durable source de croissance économique

Certaines inégalités peuvent limiter, voire empêcher, la croissance économique. Les mécanismes de lutte contre ces inégalités, dans le cadre de la redistribution des revenus, peuvent s'avérer bénéfiques à la croissance économique.

L'augmentation des inégalités réduit la cohésion sociale et/ou augmente l'instabilité politique, ce qui pèse sur la croissance. Cette résurgence peut également entraîner une diminution du stock de capital humain (par manque de formation des plus démunis), facteur endogène de croissance économique. De plus, Summers (2004) considère que les inégalités peuvent conduire à une stagnation séculaire par insuffisance de la demande globale. Les inégalités peuvent par conséquent aller à l'encontre de l'efficacité productive d'un pays.

En outre, les mécanismes de redistribution des revenus, telle que la redistribution horizontale permettant la prise en charge des risques sociaux (vieillesse, maladie, chômage, etc.), améliorent la productivité des travailleurs et réduisent l'incertitude. Ce sont autant de facteurs renforçant l'attractivité des territoires vis-à-vis des investisseurs étrangers et vecteurs d'une croissance économique endogène.

[Conclusion]

Il existe donc de multiples opportunités mais aussi des limites au développement durable en termes de croissance économique. La crise de la Covid-19 et les confinements ont montré certains bienfaits de la baisse du niveau de pollution. Cette crise sera-t-elle l'occasion d'enclencher une véritable gouvernance mondiale et écologique et de construire un nouveau mode de régulation économique et sociale ?

Sujet

La position extérieure de la France face au BREXIT

Durée de l'épreuve 4 h

Coefficient 1

Document autorisé : aucun

Matériel autorisé : Aucun matériel n'est autorisé. En conséquence, tout usage d'une calculatrice est interdit et constituerait une fraude (le sujet est adapté à cette interdiction).

Le sujet se présente sous la forme de **2 DOSSIERS** interdépendants :

Dossiers

1 Analyse d'un dossier documentaire	10 points
2 Question problématisée	10 points

Le sujet comporte 10 documents.

Documents

Dossiers 1 et 2

1. L'analyse des risques-pays (Royaume-Uni et France)
2. Les échanges extérieurs de la France
3. Le Brexit plombe les échanges commerciaux entre l'UE et le Royaume-Uni
4. Le Royaume-Uni, partenaire commercial privilégié des Hauts-de-France
5. Le Brexit, une opportunité pour les Hauts-de-France ?
6. Les zones franches
7. Le marché unique européen
8. Les limites du marché unique
9. Les motivations des investisseurs internationaux
10. Les investissements étrangers en France

Si le texte du sujet, de ses questions ou de la base documentaire, vous conduit à formuler une ou plusieurs hypothèses, il vous est demandé de la (ou les) mentionner explicitement dans votre copie. Il vous est demandé d'apporter un soin particulier à la présentation de votre copie. Le candidat sera apprécié sur sa maîtrise des concepts et sa capacité à mobiliser des théories, d'une part ; sur la pertinence des solutions proposées et leur adaptation au contexte particulier de l'organisation, d'autre part.

La position extérieure de la France face au Brexit

Le 1er janvier 1973, le Royaume-Uni intégrait la Communauté économique européenne (CEE) – devenue, en 1993, l'Union européenne (UE) –, lors de la première vague d'élargissement de cette institution datant des traités de Rome (1957).

Cependant, le Royaume-Uni a décidé de mettre fin à ses quarante-trois années d'appartenance à l'Union européenne (UE), le vendredi 24 juin 2016 lors d'un référendum. Le camp du « *Leave* », favorable à la sortie du Royaume-Uni de l'UE, l'a emporté avec 51,9 %, contre 48,1 % pour le « *Remain* », camp proeuropéen. Ce Brexit est devenu effectif le 1er janvier 2021.

Toutes les conséquences de ce choix ne se sont pas encore fait sentir. L'impact sera particulièrement important pour la région des Hauts-de-France, très proche géographiquement du Royaume-Uni, avec qui se sont nouées de nombreuses relations économiques, sociales et culturelles réciproques à la faveur des liaisons maritimes (ferry), routières (Eurotunnel) et ferroviaires (Shuttle).

En 2019, la chambre d'agriculture du Pas-de-Calais, estimait que plus de 985 m€ d'exportations agricoles et agroalimentaires régionales seraient touchées par le Brexit. Les Hauts-de-France généraient, en 2018, 18 % des exportations alimentaires françaises vers le Royaume-Uni, notamment dans le sucre issu de la betterave (143 M€ d'exportations vers le Royaume-Uni), les aliments pour animaux de compagnie (95 M€) et les produits amylacés, issus de l'amidon (85 M€). Le Royaume-Uni représentait en 2018 respectivement 62 % et 40 % des exportations régionales de pâtes alimentaires et de produits à base de viande.

Le Brexit a également été analysé comme une opportunité économique par la chambre de commerce et d'industrie (CCI) des Hauts-de-France dans de multiples domaines. De nouvelles barrières commerciales pourraient en effet inciter certaines entreprises (secteur automobile, chimie, établissements financiers…) à quitter le territoire britannique pour l'espace européen.

La CCI des Hauts-de-France souhaite sensibiliser les entreprises de la région aux menaces et opportunités économiques du Brexit. Vous êtes recruté(e) en stage à cette fin.

Dossier 1 Analyse d'un dossier documentaire

Base documentaire : documents 1 à 10

Sandrine Béteravia, directrice de la CCI des Hauts-de-France, souhaiterait mieux cerner les relations commerciales unissant l'UE, la France, la région Hauts-de-France et le Royaume-Uni.

Mission

Sandrine Béteravia vous pose une série de questions et vous confie une base documentaire constituée à l'occasion de sa veille informationnelle.

Pour réaliser cette mission, vous devez :

1. Comparer, à partir du document 1, la situation économique du Royaume-Uni et de la France.
2. Analyser la situation extérieure de la France, notamment vis-à-vis du Royaume-Uni, puis plus particulièrement celle des Hauts-de-France vis-à-vis du Royaume-Uni.
3. Présenter, en les illustrant les opportunités et menaces du Brexit pour la région des Hauts-de-France.
4. Présenter les politiques d'attractivité des entreprises qui sont (et qui pourraient être) mises en œuvre dans la région des Hauts-de-France.

Dossier 2 Question problématisée

Base documentaire : documents 1 à 10

Afin d'élargir le débat au-delà des implications du Brexit, Sandrine Béteravia s'interroge sur la mondialisation.

Sandrine Béteravia vous charge de rédiger une note de synthèse préparatoire au futur rapport interne diffusé à tous les abonnés à la lettre d'information de la CCI.

À partir des savoirs acquis et de la base documentaire, élaborer une réponse structurée à la question suivante :

« L'ouverture au commerce international d'un pays constitue-t-elle une opportunité ? »

Document 1

L'analyse des risques-pays (Royaume-Uni et France)

Royaume-Uni

Population : 67,1 millions
PIB par habitant : 40 394 $
Principaux Indicateurs économiques

	2019	2020	2021 (e)	2022 (p)
Croissance PIB (%)	1,3	– 9,8	7,5	2,5
Inflation (moyenne annuelle, %)	1,8	0,9	2,6	7
Solde public* / PIB (%)	–2,3	–15	–5,4	–4,3
Solde courant** / PIB (%)	– 2,6	–2,5	–2,6	–4,6
Dette publique / PIB (%)	83,8	94	95,6	95,9

(e) : Estimation. (p) : Prévision.
* Année fiscale, d'avril à mars.
** Solde de la balance des transactions courantes

Points forts

- Production d'hydrocarbures couvrant 75 % des besoins énergétiques
- Secteurs de pointe (aéronautique, pharmacie, automobile)
- Services financiers
- Régime fiscal compétitif et attractif
- Taux de chômage de 4,1 % de la population active (janvier 2021) et 3,8 % avant la crise de la Covid-19

Points faibles

- Dettes publiques et des ménages (115 % du revenu disponible) élevées
- Faible productivité et déficit de formation ne favorisant pas l'innovation
- Disparités régionales avec Londres et le sud-est du pays, notamment en matière d'infrastructures de transport et d'énergie
- Taux de pauvreté de 18,6 % en 2018 (seuil de 60 % du revenu médian)

France

Population : 65,1 millions
PIB par habitant : 40 299 $
Principaux Indicateurs économiques

	2019	2020	2021 (e)	2022 (p)
Croissance PIB (%)	1,8	– 8,1	7	2,6
Inflation (moyenne annuelle, %)	1,1	0,5	1,6	4,9
Solde public / PIB (%)	–3,1	–9,1	–6,5	–5,6
Solde courant / PIB (%)	–0,3	–1,9	–1	–1,8
Dette publique / PIB (%)	97,5	115	112,9	144,1

(e) : Estimation. (p) : Prévision.

Points forts

- Qualité des infrastructures et des services publics
- Main-d'œuvre qualifiée et productive, démographie dynamique
- Puissance touristique
- Groupes internationaux compétitifs (aéronautique-spatial, énergie, environnement, pharmacie, luxe, agroalimentaire, distribution)
- Puissance agricole mondiale
- Niveau élevé d'épargne (14,9 % en 2019 et 21,4 % du revenu disponible en 2020 et plus de 17 % en 2021)
- Taux de pauvreté de 14,6 % en 2019 (seuil à 60 %).

Points faibles

- Nombre insuffisant d'entreprises exportatrices, perte de compétitivité et de parts de marché
- Affaiblissement du niveau de gamme, efforts d'innovation insuffisants
- Faible taux d'emploi des jeunes et des seniors
- Taux de chômage de 7,4 % de la population active au 4e trimestre 2021
- Efficacité perfectible des dépenses publiques
- Endettement public élevé
- Endettement privé croissant

https://www.coface.fr/Etudes-economiques-et-risque-pays/France
https://www.coface.fr/Etudes-economiques-et-risque-pays/Royaume-Uni, mars 2022

Document 2

Les échanges extérieurs de la France

Taux de couverture des échanges extérieurs de biens et services de 1950 à 2020

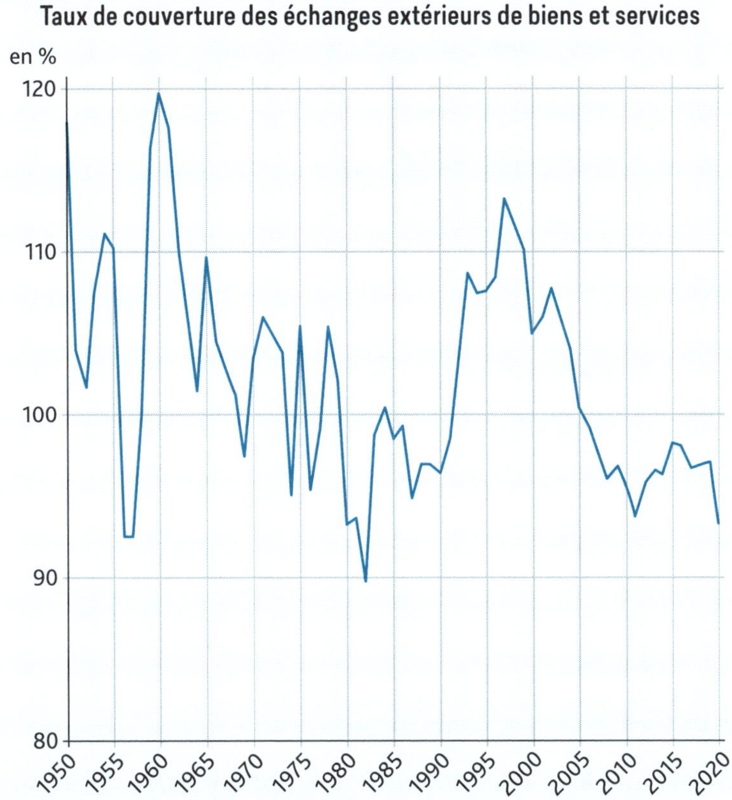

Lecture : en 2020, le taux de couverture des échanges extérieurs de biens et services est de 93,2 %.

Champ : France.

Source : Insee, comptes nationaux, base 2014.

Échanges extérieurs par zone géographique en 2020 (Mds € et %)

Zone	exportations	%	importations	%
Union européenne	331,4	51,6	379	55,1
Zone euro	289,4	45,1	330,1	47,9
Hors zone euro	42	6,5	48,9	7,1
Pays tiers (1)	310,5	48,4	309,4	44,9
Total	641,9	100	688,4	100

- (1) : hors Union européenne et y compris TOM.
- *Source : Insee, comptes nationaux – base 2014.*

•••

•••

Principaux partenaires de la France à l'exportation et à l'importation en 2020

1. Non compris Hong Kong.

Lecture : en 2020, la France exporte 60,7 milliards d'euros (FAB) de biens en Allemagne et importe 71,9 milliards d'euros (CAF) de biens en provenance d'Allemagne.

Champ : échanges de biens, hors commerce intracommunautaire inférieur à 460 000 euros et hors matériel militaire, y compris estimation des données « tardives » (retards).

Source : DGDDI, diffusion des résultats de mai 2021.

•••

•••

Principaux excédents et déficits bilatéraux de la France en 2021

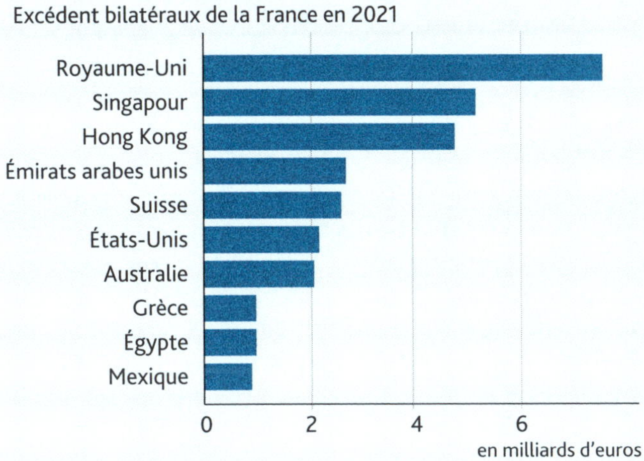

Note : données estimées CAF-FAB.
Lecture : en 2021, les échanges de biens de la France, en données CAF-FAB, présentent un solde excédentaire de 7,6 milliards d'euros avec le Royaume-Uni.
Champ : échanges de biens, hors commerce intracommunautaire inférieur à 460 000 euros et hors matériel militaire, y compris estimation des données « tardives » (retards).
Source : DGDDI, diffusion des résultats de mai 2022.

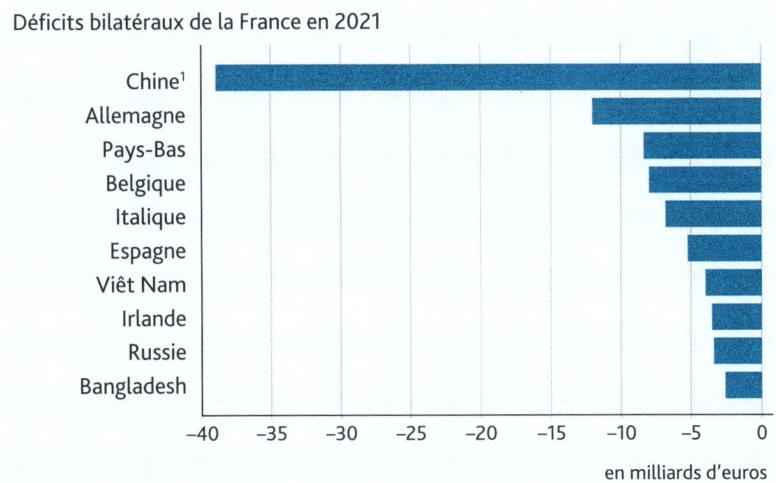

1. Non compris Hong Kong.
Note : données estimées CAF-FAB
Lecture : en 2021, les échanges de biens de la France, en données CAF-FAB, présentent un solde défucutaure de 39,4 milliards d'euros avec la Chine Hong Kong.
Champ : échanges de biens, hors commerce intracommunautaire inférieur à 460 000 euros et hors matériel militaire, y compris estimation des données « tardives » (retards).
Source : DGDDI, diffusion des résultats de mai 2022.

Document 3

Le Brexit a plombé les échanges commerciaux entre l'UE et le Royaume-Uni

Sur les dix premiers mois de 2021, les exportations de l'UE vers le Royaume-Uni ont baissé de 15 % en valeur, tandis que les importations européennes depuis le Royaume-Uni ont chuté de 30 %.

L'embouteillage redouté n'a pas eu lieu, mais le Brexit a bien pénalisé les échanges commerciaux entre le Royaume-Uni et l'Union européenne, avec une baisse dans les deux sens en 2021, par rapport à 2019, selon le ministère français de l'Économie.

[...] Les chiffres sont à prendre avec prudence, car la crise sanitaire a aussi eu un effet sur le commerce international, mais dans le même temps, les exportations et importations européennes ont dépassé, sur les dix premiers mois de 2021, leurs niveaux à la même période de 2019, selon des données d'Eurostat.

L'entrée en vigueur du nouvel accord commercial entre l'UE et le Royaume-Uni le 1er janvier 2021 s'est traduite par un rétablissement des contrôles douaniers aux frontières, contraignant les entreprises à effectuer d'importantes démarches administratives pour transporter des marchandises.

Les douanes françaises en première ligne

La chaîne de distribution britannique Marks & Spencer a par exemple justifié la fermeture de plusieurs magasins en France par la complexité des procédures d'exportation. Les douanes françaises sont en première ligne, environ 80 % des flux transitant par l'Hexagone, avec 3,6 millions de camions qui sont passés par la France en 2 021.

La France a recruté 700 douaniers et créé une frontière « intelligente » [...].

Le Brexit s'est logiquement traduit par un accroissement des formalités, avec une hausse de 62 % des déclarations de transit pour les douanes françaises et une multiplication par 6,5 des déclarations d'exportations par l'Union européenne enregistrées par la France.

Désormais, les services douaniers doivent se préparer « à la reprise des flux de personnes » une fois la crise sanitaire passée [...].

https://www.sudouest.fr/international/europe/royaume-uni/le-brexit-a-plombe-les-echanges-commerciaux-entre-l-ue-et-le-royaume-uni-8076994.php
27/01/2022

Document 4

Le Royaume-Uni, partenaire commercial privilégié des Hauts-de-France

Le Royaume-Uni est le troisième pays client des Hauts-de-France (après la Belgique et l'Allemagne). Près de 5 500 entreprises y exportent 4,5 Mds € en 2018, soit 8,8 % des exportations de la région. Il est aussi le 4e pays d'accueil de nos filiales implantées à l'étranger (37 filiales), derrière la Chine, les USA et l'Allemagne. Enfin, la Grande-Bretagne est le 7e pays fournisseur de la région Hauts-de-France. Les importations des Hauts-de-France à destination du Royaume-Uni se montent à de 2,2 Mds € en 2018, soit 3,5 % des importations de la région.

...

•••

Le top des produits exportés

Dans le top 3 des produits exportés vers l'Angleterre par les Hauts-de-France, on trouve d'abord les parfums, cosmétiques et produits d'entretien, puis les produits chimiques, azotés, matières plastiques et le caoutchouc synthétique et, enfin, les produits sidérurgiques et de première transformation de l'acier. Viennent ensuite l'alimentaire et la construction automobile.

https://hautsdefrance.cci.fr

Document 5

Le Brexit, une opportunité pour les Hauts-de-France ?

Au Royaume-Uni le secteur automobile pourrait connaître un relèvement des tarifs douaniers à 10 % lié à une livre sterling faible, augmentant ainsi le coût des matières importées. Nissan a déjà renoncé à produire un crossover dans son usine géante de Sunderland (nord-est de l'Angleterre) ; Honda a annoncé la fermeture en 2021 de son usine de Swindon (sud-ouest de l'Angleterre) et Jaguar Land Rover a décidé de supprimer 4 500 emplois afin d'économiser 2,5 Mds £ pour investir dans les voitures électriques ; Ford vient d'annoncer la fermeture d'un site et la suppression de 1 700 emplois. Ces choix peuvent constituer des opportunités pour les Hauts-de-France.

Secteurs commentaires	Commentaires
Automobile	Face à la faiblesse de la devise britannique, les constructeurs et équipementiers automobiles pourraient privilégier des investissements dans la région compte tenu de sa spécialisation.
Services financiers/ assurances	La région, notamment la métropole lilloise, pourrait capter les activités financières de back-office grâce à la disponibilité de bureaux, à une main-d'œuvre qualifiée, à la densité de l'écosystème et à l'accessibilité de la région (desserte TGV).
Industries créatives	La région pourrait attirer des sociétés de production inquiètes de ne pouvoir tourner des productions outre-Manche, faute de main-d'œuvre et d'aides européennes.
Industries agroalimentaires	Les groupes internationaux pourraient envisager de s'installer dans la région pour fournir à la fois les marchés européen et britannique, le tout à proximité de nombreux producteurs.
Machines et équipements	Un choix d'implantation dans les Hauts-de-France offre des garanties en matière de barrières non tarifaires.
Chimie et pharmacie	Compte tenu d'une réglementation contraignante, les grands groupes doivent arbitrer entre l'UE et le reste du monde (RdM), avec la possibilité de réorienter les investissements.

D'après https://hautsdefrance.cci.fr

Document 6

Les zones franches

Les zones franches (ou zone à fiscalité privilégiée) sont des périmètres géographiques dans lesquels les entreprises qui s'y implantent et embauchent une main-d'œuvre locale peuvent bénéficier d'avantages fiscaux. Créées en 1997, puis relancées en 2004, elles apportent de nombreux avantages aux entreprises.

Pour dynamiser l'activité économique et la création d'entreprises, l'État a par exemple fait passer 150 communes du Nord et du Pas-de-Calais sous le statut de zone à fiscalité privilégiée, sous l'appellation « bassin urbain à redynamiser », avec des exonérations fiscales pour les entreprises souhaitant s'y implanter. Concrètement, elles ne paieront pas l'impôt sur les bénéfices, la taxe foncière sur les propriétés bâties (TFPB), la contribution foncière des entreprises (CFE), la cotisation sur la valeur ajoutée (CVAE), sous conditions d'activité et de recrutement dans ce bassin urbain. Cette mesure concerne la fameuse « banane » minière avec le Valenciennois, le Douaisis, le Bassin de Lens-Liévin.

Dans un avis portant sur les investissements étrangers directs rendu en mars 2021, le Conseil économique, social et environnemental (Cese) préconise de généraliser le « contrat d'implantation » instauré en 2017 dans les Hauts-de-France. Proposé aux investisseurs étrangers, cette convention repose sur un engagement réciproque : les pouvoirs publics facilitent les démarches, les aides, les recrutements, en contrepartie de quoi l'entreprise apporte ses propres garanties (emplois créés ou préservés, formation, respect des brevets, etc.).

https://hautsdefrance.cci.fr

Document 7

Le marché unique européen

Le marché intérieur de l'Union européenne, aussi appelé « marché unique », est une union douanière entre tous les États membres de l'UE, qui repose sur quatre libertés fondamentales : la libre circulation des biens et des services, des capitaux et des personnes. C'est le plus grand espace économique sans barrière du monde, d'autant plus qu'actuellement, au-delà des États membres de l'UE, l'Islande, le Liechtenstein, la Norvège et la Suisse y participent par le biais d'accords multilatéraux ou bilatéraux. Le Royaume-Uni continue d'y participer pendant la durée de la période de transition qui suit sa sortie de l'Union européenne. [...]

Au sein du marché unique, les droits de douane et les quotas ont été abandonnés entre les États membres. Afin d'assurer la mise en œuvre effective des quatre libertés, le marché unique requiert également des règles de concurrence commune à tous ses membres, une certaine harmonisation fiscale et un rapprochement des législations nationales notamment dans les domaines de la santé et de l'environnement. Ce que les institutions européennes entreprennent depuis plusieurs décennies.

Aujourd'hui, le marché unique permet aux producteurs et aux travailleurs de s'adresser à près de 530 millions de consommateurs. Selon le Parlement européen en 2018, on estime ainsi « à 2,8 millions le nombre d'emplois créés par le marché unique ». Il aurait également permis de doubler le commerce de biens entre les pays membres et « d'atteindre un niveau de PIB réel de 4,4 % plus élevé », selon les estimations d'économistes du Cepii la même année.

[...]

•••

…

Débats et perspectives

Malgré les efforts d'intégration et d'harmonisation menés depuis plusieurs décennies, des obstacles à la libre circulation demeurent à l'intérieur du marché commun. […]

Le dumping social est souvent cité pour mettre en évidence les limites du marché unique, le difficile accès aux informations et la difficulté à faire respecter ses règles européennes. […] Le marché unique s'est également développé indépendamment des questions fiscales, qui demeurent une compétence des États membres. En conséquence, certains d'entre eux proposent […] une pratique assimilée à du dumping fiscal.

[…] De plus, afin de faire face aux nouveaux défis numériques et à la domination américaine sur le Web, la Commission Juncker a présenté également en 2015 une stratégie sur le marché unique du numérique. Commerce en ligne, *big data* ou encore régulation des géants du Web, autant de propositions législatives qui visent à améliorer l'accès au Web : nombre d'entre elles sont encore au stade des négociations. Deux textes ont par ailleurs déjà été adoptés : la portabilité des services de contenu à l'étranger et l'interdiction du blocage géographique injustifié des sites en ligne.

Justine Daniel et Giovanni Vale, https://www.touteleurope.eu, 1er janvier 2020

Document 8

Les limites du marché unique

En Europe, le marché unique piétine, en décalage avec les grandes ambitions industrielles

Les PME européennes ont encore beaucoup de mal à franchir les frontières entre les États membres, alors que le marché unique est une fondation de l'Union européenne […]. Le décalage est frappant entre les deux publications simultanées de Bruxelles, du 12 mars 2020. D'un côté, la commission a présenté sa nouvelle stratégie industrielle, chargeant l'avenir de promesses. Elle […] lance de nouveaux plans d'actions : sur la propriété intellectuelle, les matières premières et les produits pharmaceutiques. De nouveaux secteurs économiques sont déclarés prioritaires pour des alliances : l'hydrogène propre, le *cloud* industriel, l'Internet des objets.

Et puis, au milieu de ce chambardement, la commission a publié un rapport, passé plus inaperçu, sur tous les obstacles empêchant encore les entreprises (en particulier les PME) d'exercer dans un autre pays européen que le leur. En octobre 2018, lors d'un événement au Parlement européen réunissant plusieurs centaines d'entrepreneurs venus de 36 pays différents, 70 % d'entre eux avaient estimé que le marché unique n'était pas suffisamment intégré. En d'autres termes, l'un des chantiers fondateurs de l'UE, ébauché dès le traité de Rome en 1957 et lancé officiellement il y a 35 ans, n'est pas abouti. […]

[…] En 1985 déjà, la Commission européenne avait mis en garde les États membres : sans réelle intégration du marché unique, l'Union européenne « régresserait vers la médiocrité en permettant à l'Europe de devenir rien de plus qu'une zone de libre-échange ». Même datée, cette ambition a gardé toute sa justesse.

Jade Grandin de l'Eprevier, 12 mars 2020, https://www.lopinion.fr

Document 9

Les motivations des investisseurs internationaux

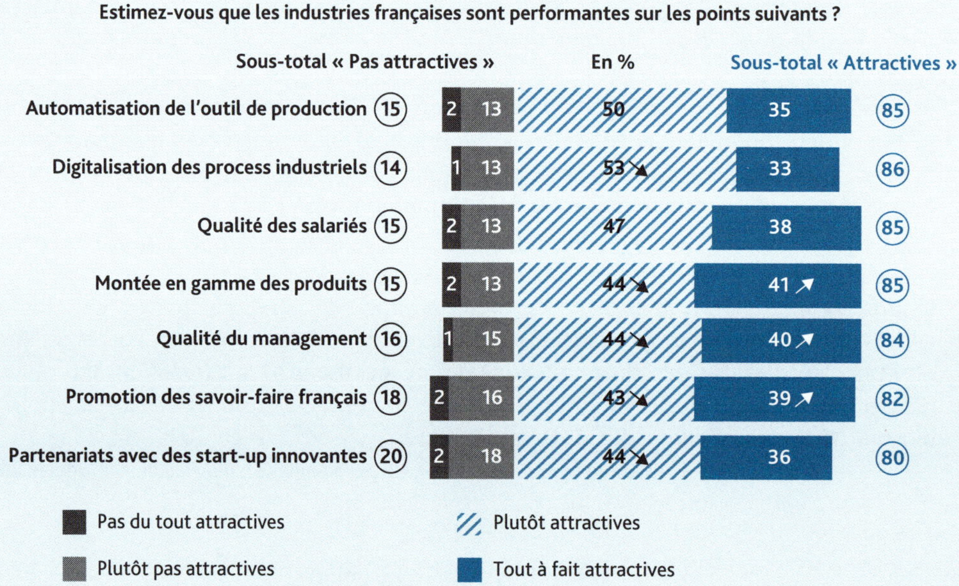

Baromètre Kantar-Business France, 2019

Document 10

Les investissements étrangers en France

Le Royaume-Uni est le troisième pays investisseur en France et le deuxième en termes d'emplois (près de 1 800 filiales d'entreprises britanniques en France ce qui représente 182 000 effectifs salariés). Avec 5 459 emplois, Le Royaume-Uni est à l'origine de 16 % des emplois créés ou maintenus par un investissement étranger en 2020. En 2020, le « top 3 » des régions d'accueil des IDE en France sont l'Île-de-France (37 projets), les Hauts-de-France (18 projets) et l'Auvergne-Rhône-Alpes (12 projets).

Le Brexit pourrait affecter les stratégies d'implantation

Le Brexit se traduit par un attentisme des investisseurs étrangers. Depuis 2016, l'attractivité perçue du Royaume-Uni est en recul. La sortie du Royaume-Uni de l'Union européenne (UE) devrait cependant avoir un impact sur les stratégies d'implantation des firmes en Europe. Outre la disparition possible du passeport financier européen, qui affecterait directement les établissements financiers et bancaires, les entreprises industrielles implantées au Royaume-Uni devraient également revoir leur insertion dans les chaînes de valeur afin d'éviter de restreindre leur accès au marché européen et d'augmenter leurs coûts de transport. Interrogés par [l'institut de sondages] Kantar Public, 58 % des groupes à l'étranger et 54 % des entreprises étrangères implantées en France prévoient de revoir leur stratégie d'implantation au Royaume-Uni au profit d'un autre pays européen.

http://businessfrance.fr

SAVOIRS ESSENTIELS

1 Les indicateurs économiques autres que le PIB

A) Le déficit public

Définition

Un **déficit public** apparaît lorsque les ressources publiques, composées en grande majorité des prélèvements obligatoires, sont inférieures aux dépenses publiques (prestations sociales versées par les administrations publiques, dépenses de santé, investissements publics, rémunération des fonctionnaires, etc.).

Excédent budgétaire des APU = Recettes publiques > Dépenses publiques

Pour plus de détails sur le rôle du PIB et ses limites, se référer aux sujets types d'examen 1 et 2.

B) La dette publique

Définition

La **dette publique** recouvre l'ensemble des engagements financiers contractés par les administrations publiques (APUC, APUL, ASSO), c'est-à-dire l'ensemble des sommes que les APU ont empruntées et devront rembourser.

Très utilisé en économie, le sigle « APU » signifie « administrations publiques ».

Selon le Pacte de stabilité et de croissance (1997), la France, puisqu'elle appartient à la zone euro, doit respecter la règle des 3 % du PIB maximum pour son déficit public et de 60 % du PIB maximum pour sa dette publique.

C) Le taux d'inflation ou de déflation

Définitions

- L'**inflation** est une augmentation durable, générale et auto-entretenue des prix des biens et des services.
- La **déflation** est une baisse durable, générale et auto-entretenue des prix des biens et des services.

La désinflation est un ralentissement de l'inflation (les prix continuent d'augmenter, mais moins vite).

L'inflation et la déflation sont mesurées par le taux de variation de l'indice des prix à la consommation (IPC). À noter en juillet 2022, sur un an, les prix à la consommation avaient grimpé de 6,1 % en France selon l'INSEE.

D) Le taux de chômage et de pauvreté

Définitions

- Le **taux de chômage** désigne, au sens du BIT, la part des chômeurs dans la population active.
- Le **taux de pauvreté** est la proportion de la population vivant avec un revenu disponible inférieur au seuil de pauvreté (50 % ou 60 % revenu médian).

E) L'indice de développement humain (IDH)

L'IDH est un indicateur composite compris entre 0 et 1 (niveau de développement humain le plus élevé : 1) et intégrant l'espérance de vie, la durée moyenne et la durée attendue de scolarisation ainsi que le revenu par habitant en parité (ou standard) de pouvoir d'achat.

2 L'analyse de la situation extérieure d'un pays et l'interprétation des soldes de la balance des paiements

Définition

La **situation extérieure** d'un pays désigne les flux d'échanges entre les résidents du pays et les non-résidents.

Différents outils et indicateurs permettent d'apprécier cette situation extérieure, notamment la balance des paiements.

Définition

La **balance des paiements** est un document comptable annuel enregistrant l'ensemble des transactions économiques et financières d'une économie (agents résidents, individus ou entreprises domiciliés en France) avec le reste du monde (agents non résidents).

Il existe également une balance des services. Cette dernière est rarement étudiée de manière isolée.

La balance des paiement se compose :
- du compte des paiements courants ;
- du compte de capital ;
- du compte financier.

Structure et outils d'analyse de la balance des paiements

Indicateur	Définition	Calcul et interprétation
Solde de la balance (compte) des paiements courants ou des transactions courantes (balance des biens et services et des opérations portant sur les revenus)	• Enregistrement des flux : – monétaires résultant des échanges de biens et services ; – relatifs aux revenus primaires (des facteurs de production) et secondaires (transferts courants, ex. : aide au développement) • Solde de la Balance commerciale + Solde du compte de services + Solde des revenus primaires et secondaires	• Solde positif (ajouté au solde du compte de capital) : capacité de financement. Le pays met à la disposition du reste du monde des ressources (accroissement des avoirs du pays en excédent) • Solde négatif : besoin de financement du pays. Le pays doit emprunter à l'étranger ou puiser dans ses réserves de change • Les pays excédentaires « financent » les pays déficitaires

Indicateur	Définition	Calcul et interprétation
Solde commercial ou de la balance commerciale	• Enregistrement des mouvements de biens (importations et exportations de matières premières, énergie, biens de consommation finale ou intermédiaire…) • Historique de l'ensemble des importations et exportations de biens	• Solde de la balance commerciale = Exportations – Importations • Solde <0 : solde déficitaire ou déficit de la balance commerciale • Solde >0 : solde excédentaire ou excédent de la balance commerciale
Solde du compte financier	• Expression de l'utilisation de la capacité (ou du besoin) de financement de la nation. • Mesure des achats et ventes d'actifs à des non-résidents	Indication de l'intégration financière d'une économie dans le monde et de l'attrait des valeurs mobilières (actions notamment) pour les investisseurs non résidents et les IDE sortants ou entrants
Taux de couverture	Identification des points forts et faibles d'une nation en matière de commerce international	• Taux de couverture : 100 × (Valeur des exportations/ Valeur des importations) • Le taux de couverture « d'équilibre » est de 100 (exportations = importations pour un bien ou un service) • Taux de couverture > 100 : Exportations d'un bien ou service > Importations • Taux de couverture < 100 : Exportations d'un bien ou un service < Importations
Degré d'ouverture (%)	Mesure de l'insertion du pays dans le commerce international (également de la contrainte extérieure, notamment si le degré d'ouverture est élevé en raison des importations). La France est passée de 11 % en 1960 à 22 % en 2005, 24 % en 2009 et 30 % aujourd'hui	$100 \times \frac{\text{(Valeur des importations et importation de B\&S du pays)/2}}{\text{PIB}}$

3 La mondialisation et l'attractivité des territoires

Définition

La **mondialisation** est le processus d'ouverture des économies nationales sur un marché mondial, entraînant une interdépendance croissante des pays.

La mondialisation implique le développement des échanges de biens et services, la globalisation financière (constitution d'un marché unique et intégré des capitaux à l'échelle mondiale) et la montée en puissance des firmes multinationales (FMN), voire globales, dont les stratégies modifient la division internationale du travail.

A) La multiplicité des échanges : les échanges intrazones, intrafirmes intrabranches et interbranches

Commerce interbranche	Échanges internationaux de produits de natures différentes (ex. : du pétrole en échange de voitures, des matières premières contre des produits manufacturés).
Commerce intrabranche	Échanges internationaux de produits relativement identiques et de même nature mais différenciés (ex. : des automobiles contre des automobiles).

Commerce intrafirme	• Conséquence de l'internationalisation des firmes, correspond aux échanges internationaux internes à l'entreprise (à une organisation) qui peuvent être de différentes natures. • Conséquence de la décomposition internationale du processus de production par les FMN, ces échanges correspondent notamment aux échanges entre les filiales d'un même groupe et la maison mère et ses filiales.
Commerce intrazone (dit intra-communautaire au sein de l'UE)	Échanges entre les pays d'une même zone géographique favorisés le plus souvent par la conclusion d'accords régionaux (ex. : UE, Mercosur, Aceum…).

B) Les politiques d'attractivité des territoires

Définitions

- L'**attractivité d'un territoire** désigne sa capacité à attirer les activités localement, notamment les investissements directs à l'étranger (IDE) et une main-d'œuvre qualifiée, et à stimuler la recherche ainsi que l'innovation.
- Les **investissements directs à l'étranger (IDE)** sont les mouvements internationaux de capitaux réalisés en vue de créer, de développer ou de maintenir une filiale à l'étranger et/ou d'exercer le contrôle (ou une influence significative) sur la gestion d'une entreprise étrangère.

La politique d'attractivité est une forme de politique structurelle, locale, nationale ou supra-nationale recourant à différents canaux :

- Le développement des infrastructures afin de stimuler les échanges économiques, tant à l'intérieur qu'à l'extérieur du pays (infrastructures de communication, de transport, etc.).
- Une politique fiscale ou sociale (dumping) favorable aux entreprises et investisseurs étrangers.
- L'implantation de grappes industrielles ou de pôles de compétitivité consistant à regrouper, sur un même territoire, des entreprises et des institutions travaillant dans le même domaine pour favoriser la transmission des savoir-faire, la R&D et l'innovation. Des structures privées et publiques évoluant dans des domaines proches créent des synergies entre les acteurs et favorisent ainsi la compétitivité hors prix.
- Des dépenses de formation initiale et continue et des investissements massifs dans le système éducatif.

4 La construction européenne et le marché unique

A) La construction européenne

En 1957 est créée, par l'un des deux traités de Rome, la Communauté économique européenne (CEE) qui deviendra l'Union européenne (UE) en 1993. Il s'agit d'un processus d'intégration qui conduit au renoncement par certains pays à leurs prérogatives nationales au profit d'institutions et de politiques communes, certaines interventions au niveau supranational étant réputées plus efficaces qu'au niveau national.

Dualité du processus européen d'intégration

Élargissement à de nouveaux pays

Passage de 6 en 1957 à 27 États membres en 2020 (après la sortie du Royaume-Uni)

Approfondissement de l'intégration

- Mise en œuvre de politiques communes
- Marché unique
- Création en 1999 de l'Union économique et monétaire (UEM)

Un marché fondé sur quatre libertés

Liberté de circulation des marchandises

- **1968** : suppression des droits de douane et des contingentements, tarif extérieur commun unique (union douanière)
- **1993** : disparition des frontières entre les États membres

Liberté de prestation de services

- Toute entreprise de l'UE peut exercer une activité de services au profit de clients dont le pays est membre de l'UE (liberté d'établissement)
- Tout client peut s'adresser à une entreprise de n'importe quel État membre (liberté de prestation)

Liberté de circulation des personnes

- **1992** : reconnaissance de la citoyenneté européenne
- **1995** : accord de Schengen, reconnaissance des diplômes entre États membres…

Liberté de circulation des capitaux

Depuis 1990, grâce à la mise en place des 3D (déréglementation, décloisonnement, désintermédiation des marchés de capitaux)

Avantages attendus du marché unique

Niveau microéconomique		Niveau macroéconomique
Entreprises européennes	**Consommateurs européens**	
• Avantages du libre-échange • Croissance du marché et des débouchés pour les entreprises • Baisse des coûts grâce à la localisation interne à la zone et à la disparition des droits de douane • Économies d'échelle et perspectives d'investissement et d'innovation • Accroissement de la compétitivité des entreprises européennes • IDE facilités entre entreprises européennes • Concurrence accrue	• Liberté accrue pour les consommateurs en raison de la disparition des contrôles douaniers • Accès à un choix plus important de produits • Baisse des prix en raison de l'accroissement de la concurrence et d'une hausse du pouvoir d'achat • Opportunités de placement de l'épargne	• Avantages du libre-échange et de la concurrence et exploitation des avantages comparatifs (Ricardo) de chacun des pays. • À terme, le marché unique devrait renforcer la croissance, sans inflation, et l'emploi. On devrait constater également une amélioration du solde extérieur entre l'Europe et le reste du monde, grâce à un accroissement de la compétitivité. • Attractivité accrue des IDE et de l'UE.

B) Les « imperfections » et limites du marché unique

Des écarts de prix persistent entre les pays membres, indiquant que le marché unique n'est pas achevé. Le marché unique européen met en concurrence des pays présentant des caractéristiques fiscales et sociales différentes par manque notamment d'harmonisation. Les pays sont en effet libres de mener la politique qu'ils désirent dans ces domaines, ce qui accroît le risque de délocalisation vers des pays bénéficiant d'une fiscalité ou d'un droit du travail plus avantageux. On parle de « dumping social et fiscal ».

D'importantes disparités entre les pays et entre les régions persistent, voire s'accentuent. On assiste à une polarisation des activités dans certaines régions (risque d'une Europe à deux vitesses). La concurrence, plus vive en raison du marché unique, fait disparaître les entreprises les moins performantes et peut être à l'origine de la destruction d'emplois, ce qui pose le problème de la reconversion des populations concernées.

5 Le Libre-échange et le protectionnisme

Définitions

- Le **libre-échange** est une doctrine économique libérale qui vise à supprimer les obstacles à la circulation des biens, des services et des capitaux entre les économies nationales (par opposition à l'autarcie).
- Le **protectionnisme** est une politique (doctrine) économique qui vise à protéger la nation et les entreprises nationales de la concurrence étrangère.

A) Les avantages et effets pervers du libre-échange

Arguments favorables	• Le libre-échange, selon les théories traditionnelles du commerce international (théorie des avantages absolus de Smith, des avantages comparatifs de Ricardo, des dotations factorielles de HOS), est bénéfique pour l'ensemble des pays qui y participent car il pousse ces pays à se spécialiser dans ce qu'ils « font le mieux », accroissant l'efficacité de la production qui bénéficie à l'ensemble de la population (baisse des coûts des entreprises, baisse des prix pour les consommateurs). • Nécessité de se spécialiser dans les produits dont le coût de production est plus faible que celui des partenaires commerciaux (avantages absolus de Smith). Pour Ricardo, cette spécialisation intervient sur les productions les plus efficientes ; pour HOS, sur les productions mobilisant relativement plus de facteurs de production détenus en abondance. • Opportunités d'optimisation de la chaîne de valeur des entreprises qui décomposent leur processus de production entre différents pays selon l'avantage comparatif de chacun, favorisant ainsi la baisse des coûts (décomposition internationale du processus productif ou fragmentation de la chaîne de valeur). • Le libre-échange offre des économies d'échelle aux entreprises et accroît le bien-être des consommateurs qui bénéficient d'une plus grande diversité de produits (Lassudrie-Duchêne) à des prix attractifs grâce au commerce intrabranche (Krugman). • Stimulation de l'innovation, source de croissance économique grâce à la concurrence. • Débouchés supplémentaires pour les entreprises, développement du cycle de vie des produits (Vernon) et satisfaction des besoins des consommateurs.
Limites et effets pervers	• Inégalités entre pays. • Enjeux écologiques et éthiques. L'optimisation de la chaîne de valeur des produits accroît le bilan carbone des produits en raison de la multiplication des transports réalisés. Exploitation des avantages comparatifs d'un pays susceptible de nuire au développement durable, notamment au pilier social. • Concurrence accrue menant à la disparition des entreprises et secteurs d'activité les moins efficaces (coût social). • L'ouverture internationale accroît la contrainte extérieure de l'État et réduit les marges de manœuvre de la politique économique. • Le libre-échange peut être considéré comme un bien public mondial qui bénéficie à l'ensemble des nations si les forces en présence sont équilibrées. Cependant il peut être individuellement intéressant de se comporter comme « un passager clandestin » (ex. : mise en œuvre de mesures protectionnistes dans un monde où règne le libre-échange pour détourner une partie des échanges à son avantage).

B) Les avantages et effets pervers du protectionnisme

Certaines mesures visent à protéger le marché national, d'autres à conquérir les marchés étrangers.

Limites du protectionnisme	• Perte de bien-être pour les consommateurs : surcoût pour le consommateur national (moindres concurrence et/ou qualité). • Réduction du choix de produits. • Risque de « sclérose » de l'économie à long terme, moindre incitation à l'innovation des entreprises protégées. • Repli sur soi, source de tensions internationales. • Sous-exploitation des avantages comparatifs et des gains de la spécialisation internationale.
Arguments en faveur du protectionnisme	• Échange inégal (Emmanuel) : toutes les spécialisations ne se valent pas. Les termes de l'échange peuvent se faire au détriment des pays les moins développés qui doivent alors se protéger de la concurrence étrangère et de « l'exploitation » des avantages concurrentiels de la nation par des investisseurs étrangers dont ne bénéficierait pas suffisamment la population locale. • Protection des industries naissantes ou dans l'enfance (List, Perroux) : les nouvelles industries dans une économie ne sont pas suffisamment compétitives pour faire face à la concurrence internationale. Une protection temporaire des industries nationales naissantes afin de leur permettre de se développer et de bénéficier ainsi d'économies d'échelle et d'effets d'expérience peut être envisagée. • Protection des industries vieillissantes (Kaldor) pour sauvegarder l'emploi et accompagner la reconversion de cette industrie. • Mise en œuvre d'une politique commerciale stratégique (Brander et Spencer) par le biais, notamment, de subventions aux exportations pour permettre aux industries de se développer et de se construire une position dominante et difficilement contestable à l'international.

Dossier 1 Analyse d'un dossier documentaire

1 Comparer, à partir du document 1, la situation économique du Royaume-Uni et de la France.

Compétence attendue

Comparer la situation de pays dans le temps et l'espace à partir de différents indicateurs

DÉCRYPTAGE

Le candidat doit :

- identifier les indicateurs économiques, en proposer une définition et une interprétation ;
- identifier les données économiques favorables ou défavorables pour le pays ;
- comparer les situations respectives des pays concernés à partir de ces indicateurs.

Les indicateurs conjoncturels du document 1 indiquent que :

- Les deux pays ont connu une croissance économique en 2019 (1,3 % en 2019 au Royaume-Uni et 1,8 % en 2018 pour la France) correspondant à l'augmentation de la richesse produite. Ces deux pays entrent en récession au cours de l'année 2020, confrontés aux conséquences économiques de l'épidémie du Coronavirus (baisse du PIB de 9,8 % pour le RU et de 8,1 % pour la France). L'année 2021 s'est traduite par une forte croissance (7,5 % d'augmentation du PIB pour le RU et 7 % pour la France) grâce à la reprise. Un ralentissement du rythme de croissance économique est attendu en 2022 (2,5 % d'augmentation du PIB pour le Royaume-Uni et 2,6 % pour la France prévus) en raison de multiples incertitudes économiques (inflation), politiques (guerre en Ukraine, ...) et sanitaires.
- Les prix sont maîtrisés plus particulièrement en France jusqu'en 2021, où l'augmentation généralisée de prix (l'indice des prix à la consommation) est de moins de 2 % sur un an. Les tensions inflationnistes furent plus importantes pour le Royaume-Uni en raison notamment de la dépréciation de la livre sterling avant la crise de la Covid-19. En 2022, d'importantes tensions inflationnistes, qui n'épargnent aucun pays, sont apparus également au Royaume-Uni et en France (respectivement 7 % et 4,9 % d'inflation prévue). Le contexte économique de pénurie à la suite de la Covid-19 et la guerre en Ukraine explique en partie ce phénomène.
- La situation des deux pays diffère nettement en matière de chômage. Le Royaume-Uni était, avant la crise du coronavirus, dans une situation proche du plein-emploi avec 3,8 % de la population active au chômage. La France présente un taux de chômage supérieur (7,4 % de la population active au 4e T 2021), qui a cependant baissé ces dernières années. La situation du Royaume-

Uni est à nuancer au regard de son taux de pauvreté beaucoup plus élevé (18,6 % de la population, contre 14,6 % en France en 2018) et de la précarité d'une part importante de la population active.

- Les deux pays font face à un déficit public, dans des proportions relativement identiques en 2019, même si le déficit français est un peu plus élevé (3,1 % du PIB) que celui du Royaume-Uni (2,3 % du PIB). Les dépenses des administrations publiques (centrales, locales, de Sécurité sociale) sont supérieures aux recettes publiques (recettes fiscales et cotisations sociales : principalement les prélèvements obligatoires). Les déficits publics ont particulièrement augmenté, pour atteindre des niveaux historiques de 15 % du PIB au Royaume-Uni en 2020 et 9,1 % en France et restent importants en 2021 et 2022. Ils se maintiennent à de niveaux bien supérieurs, pour la France, à la règle des 3 % du PIB du Pacte de stabilité et de croissance (PSC) au sein de l'UE (règle suspendue jusqu'en Janvier 2024).
- Ces différences de déficit public entre la France et le Royaume-Uni expliquent notamment les différences de niveau de dette publique. L'endettement public de la France atteignait presque 100 % du PIB en 2020 (avant la crise du coronavirus). Il était alors de 84 % pour le Royaume-Uni. Il s'agit de l'ensemble des emprunts réalisés par les administrations publiques auprès de multiples agents économiques. La crise de la Covid-19 a fortement augmenté les dettes publiques de chacun de ces États. De respectivement 12 et 15 points de pourcentage de PIB pour le Royaume-Uni et la France.
- Si les deux pays présentent un déficit extérieur, il est plus marqué au Royaume-Uni (– 4,6 % du PIB en 2022) qu'en France (1,8 % du PIB). Ainsi la somme des soldes de la balance commerciale, des flux de revenus primaires et secondaires avec le reste du monde est déficitaire, indiquant un problème de compétitivité internationale de ces pays et un besoin de financement à couvrir.

Le déficit extérieur résulte d'un solde négatif de la balance des transactions courantes.

Ni la France ni le Royaume-Uni ne respectent les critères du carré magique de Kaldor, particulièrement en matière d'équilibre extérieur (balance déficitaire) et de croissance économique (progression ralentie). Seul le marché du travail (taux de chômage plus faible au Royaume-Uni) et le diagnostic monétaire (maîtrise des prix marquée par une inflation un peu plus élevée au Royaume-Uni) diffèrent.

D'un point de vue structurel, les situations des deux pays se distinguent nettement :

- Les spécialisations de la France et du Royaume-Uni divergent, marquées par des services financiers qui ont une place importante au Royaume-Uni comme le secteur agricole en France. En revanche, ce sont deux nations bien placées dans les secteurs aéronautique, automobile et pharmaceutique.
- L'endettement important des secteurs privé et public au Royaume-Uni contraste avec un endettement essentiellement public en France où l'épargne demeure reine (taux d'épargne élevé, autour de 15 % du revenu disponible avant la crise de la Covid-19 et de plus de 21 % en 2020).

2 **Analyser la situation extérieure de la France, notamment vis-à-vis du Royaume-Uni, puis plus particulièrement celle des Hauts-de-France vis-à-vis du Royaume-Uni.**

Compétences attendues

- **Identifier** les principaux soldes de la balance des paiements d'une nation
- **Analyser** la situation extérieure d'un pays à partir d'indicateurs et en repérer les conséquences sur la croissance économique

DÉCRYPTAGE

Le candidat doit :

– interpréter et comparer les soldes de la balance des paiements courants, de la balance commerciale et le taux de couverture ;

– proposer une synthèse de la position extérieure des zones à comparer.

NOTRE CONSEIL

Interprétez les tableaux et graphiques des documents 1, 2 et 4. Veillez à distinguer les variations en pourcentages et points de pourcentage.

Situation extérieure française

- Solde des paiements courants déficitaire (document 1).
- Taux de couverture inférieur à 100 (93,2 % en 2020) et qui s'est détérioré particulièrement depuis la fin des années 2000 (document 2), faisant apparaître un déséquilibre du commerce extérieur ; les exportations de biens et services de la France sont inférieures aux importations.
- Le commerce intracommunautaire prédomine (379 Mds € d'exportations à destination de l'Union européenne sur 688,4 Mds € d'exportations au total, soit 55,1 % des exportations les proportions étant relativement identiques pour les importations). Ces échanges intracommunautaires se font particulièrement avec les pays de la zone euro (47,9 % des exportations et 45,1 % des importations).
- Cependant le solde extérieur est déficitaire (négatif) (document 2), de 47,6 Mds € (331,4 Mds € d'exportations – 379 Mds € d'importations) avec l'UE et de 40,1 Mds € avec la zone euro, c'est-à-dire que les importations dépassent les exportations.
- Le solde avec les pays tiers (hors UE) est excédentaire, avec un excédent commercial de 1,1 Md € (310,5 – 309,4).
- Les principaux partenaires des exportations et importations françaises sont des pays européens (Allemagne, Espagne, Italie) mais aussi les États-Unis et la Chine. On retrouve ici les échanges de la Triade (Amérique du Nord, Asie, Europe), zone qui concentre la très grande majorité des échanges internationaux. Le principal déficit commercial concerne les échanges avec la Chine (environ 40 Mds d'€) et l'Allemagne (plus de 12 Mds en 2021) (document 2).

Analyse comparée France-Royaume-Uni

Le Royaume-Uni est un partenaire commercial important pour la France (8e importateur de biens et 6e pays destinataire des exportations françaises) avec respectivement 15 Mds € d'importations de biens en provenance du

Royaume-Uni et 25 Mds € d'exportations en 2020 à destination du Royaume-Uni. Le solde commercial avec ce pays est excédentaire de plus de 10 Mds en 2020 et 8 Mds d'euros en 2021, soit des exportations supérieures aux importations.

De plus, selon le document 10, le Royaume-Uni est, en 2020, un investisseur étranger incontournable (3e investisseur étranger en France), à l'origine de nombreux projets d'investissement, permettant ainsi la création ou le maintien d'emplois en France (5 459 emplois en 2020).

En revanche, à la suite du Brexit, les échanges commerciaux avec le Royaume-Uni ont chuté (document 3) et la France ne fait pas exception.

Situation extérieure des Hauts-de-France vis-à-vis du Royaume-Uni

- Il existe de nombreux investissements directs à l'étranger (IDE) entre le Royaume-Uni et la région Hauts-de-France. Selon le document 4, le Royaume-Uni est le 4e pays d'accueil des filiales françaises implantées à l'étranger (37 filiales, tous secteurs confondus) et la 2e région d'accueil des IDE en 2020 (document 10).
- Les débouchés outre-Manche sont conséquents pour les entreprises des Hauts-de-France : 5 500 sociétés y exportent, soit 8,8 % des exportations de la région.
- De nombreuses importations lient également les deux zones : le Royaume-Uni est le 7e pays fournisseur et représente 3,5 % des importations de la région.
- La balance commerciale entre les Hauts-de-France et le Royaume-Uni est structurellement excédentaire depuis 2010 (avec des exportations dépassant les importations de marchandises avec le Royaume-Uni). Ces échanges concernent de multiples domaines.

Le Royaume-Uni est un client essentiel des entreprises des Hauts-de-France générant « 18 % des exportations alimentaires françaises vers le Royaume-Uni » et notamment « le sucre (143 M€ d'exportations vers le Royaume-Uni), les aliments pour animaux de compagnie (95 M€), les produits amylacés (85 M€) ». 62 % des exportations régionales de pâtes alimentaires et 40 % des produits à base de viande exportés en 2018 l'étaient à destination du Royaume-Uni.

3 Présenter, en les illustrant par des exemples, les opportunités et menaces du Brexit pour la région des Hauts-de-France.

Compétences attendues

- **Identifier** les enjeux des principales phases d'élargissement et d'approfondissement de la communauté économique européenne (CEE) puis de l'Union européenne (UE)
- **Caractériser** les principaux flux d'échanges
- **Expliquer** le rôle des firmes multinationales et de la division internationale des processus de production dans la dynamique des échanges

DÉCRYPTAGE

Le candidat doit :
- identifier les conséquences du Brexit sur les stratégies des FMN, notamment en matière d'IDE (investissements directs à l'étranger) ;
- repérer, à l'aide de la base documentaire, les principaux secteurs concernés positivement ou négativement par le Brexit ;
- identifier les conséquences en matière de solde commercial des Hauts-de-France ;
- montrer en quoi l'appartenance à l'UE, et particulièrement au marché unique, offre des opportunités.

NOTRE CONSEIL

La monnaie unique n'étant pas traitée dans la base documentaire, nous ne l'abordons pas ici mais il peut être utile de préciser que, si l'adhésion à l'UEM revêt de multiples avantages permettant d'achever le marché unique, elle présente également des limites en matière de politiques économiques conjoncturelles.

Le Brexit entraîne le départ du Royaume-Uni de l'UE et du marché unique.

L'intégration régionale au sein de l'UE de la France, et par conséquent des Hauts-de-France, comparée au Royaume-Uni permet de bénéficier des différentes constructions européennes mises en œuvre et d'attirer ainsi des entreprises. Il s'agit notamment :

- Des politiques communes à l'instar de la PAC (politique agricole commune) ou de la politique industrielle. De telles politiques sont menées à une échelle européenne, laquelle est davantage pertinente dans le cadre de la mondialisation. Elles favorisent l'indépendance économique de la région et des entreprises qui en bénéficient.
- Du marché unique européen, véritable union douanière reposant sur quatre libertés fondamentales : la libre circulation des biens et des services, des capitaux et des personnes, soit le plus grand espace économique sans barrières au monde. Ce grand marché unique attire des entreprises créatrices de richesse (accroissement du PIB) pour les territoires.

Ainsi, afin de bénéficier des avantages du marché unique et de cette vaste union douanière, certaines entreprises présentes au Royaume-Uni pourraient être tentées de se délocaliser dans les Hauts-de-France.

Des investisseurs étrangers pourraient privilégier les Hauts-de-France au Royaume-Uni pour bénéficier d'une « porte » d'entrée vers les marchés des États membres de l'Union et ainsi contourner les mesures protectionnistes.

Selon le document 5, ces opportunités sont particulièrement prégnantes dans les domaines de l'automobile, de la finance et des assurances, ou encore des industries créatives, pharmaceutiques et agroalimentaires.

De plus, selon le document 10, « 58 % des groupes à l'étranger et 54 % des entreprises étrangères implantées en France prévoient de revoir leur stratégie d'implantation au Royaume-Uni au profit d'un autre pays européen. » Ce pays pourrait logiquement être la France et, tout naturellement, les Hauts-de-France, région située à quelques encâblures de la côte britannique, reliée – notamment à Londres –, par de nombreux axes et disposant de zones franches étendues (document 6) et d'un « contrat d'implantation » accompagnant les entreprises désireuses de s'établir dans la région.

Ces IDE pourraient générer des emplois, stimuler l'activité, l'innovation, les transferts de technologie ou encore les gains de productivité dans la région.

4 Exposer les politiques d'attractivité des entreprises qui sont (et qui pourraient être) mises en œuvre dans la région des Hauts-de-France.

Compétences attendues

- **Distinguer** les différents types de politiques économiques
- **Expliquer** les enjeux des politiques d'attractivité vis-à-vis de la croissance économique

DÉCRYPTAGE

Le candidat doit :

– identifier les facteurs d'attractivité des firmes multinationales ;

– être capable de proposer des mesures structurelles, fiscales et budgétaires.

L'attractivité d'un territoire réside dans sa capacité à attirer les activités localement et notamment les investissements directs à l'étranger (IDE), une main-d'œuvre qualifiée et à stimuler la recherche et l'innovation.

Une politique d'attractivité est une forme de politique structurelle visant à améliorer les conditions d'accueil des investissements étrangers afin d'attirer des entreprises (ou de faciliter leur implantation), des compétences et des financements extérieurs.

Selon le document 9, les investisseurs étrangers semblent privilégier la qualité des infrastructures de communication, de transport et de logistique ; le tissu industriel favorise les effets d'agglomération. Ces externalités découlent de l'existence de diverses entreprises sur un même espace géographique.

NOTRE CONSEIL

Le document 9 recense les atouts des Hauts-de-France pour les FMN.

Bien qu'ils ne soient pas abordés dans le document 9, la fiscalité et le coût du travail constituent des facteurs essentiels de l'attractivité d'un territoire.

Nous retrouvons ici les domaines d'intervention de la politique structurelle que préconisent les théories de la croissance endogène (infrastructures, progrès technique, capital humain, capital technique).

La politique d'attractivité des Hauts-de-France peut notamment s'appuyer sur :

- Le développement d'infrastructures : le déploiement du réseau Internet, de modes de transport (ferroviaire, aérien, voies fluviales, routes).
- Une politique fiscale ou sociale (dumping) favorable aux entreprises et investisseurs étrangers (exonérations de charges, subventions aux implantations, zones franches ou à fiscalité privilégiée, document 6).
- Le développement de grappes industrielles ou pôles de compétitivité, en s'appuyant sur des universités, des pépinières d'entreprises, des réseaux de financement des innovations, un écosystème d'affaires, etc.
- Des centres de formation sur les métiers en tension et en devenir, en partenariat avec les entreprises, tout en valorisant notamment l'apprentissage,

en lien avec le réseau universitaire (Lille, Valenciennes, Douai, Arras...) et les écoles de management (EDHEC...).

- Des campagnes de communication de la Région et d'autres institutions régionales (CCI, chambre d'agriculture, Medef...) pour accompagner les projets d'implantation sur le territoire, à l'instar du « contrat d'implantation » (document 6) déjà mis en oeuvre sur le territoire..

Dossier 2 Question problématisée

À partir des savoirs acquis et de la base documentaire, élaborer une réponse structurée à la question suivante :
« L'ouverture au commerce international d'un pays constitue-t-elle une opportunité ? »

Compétences attendues

- **Expliquer** le rôle des firmes multinationales et de la division internationale des processus de production dans la dynamique des échanges
- **Justifier** la défense du libre-échange et les motivations protectionnistes
- **Identifier** les différentes modalités du protectionnisme

DÉCRYPTAGE

Le candidat doit :
– identifier les enjeux et dimensions de la mondialisation (développement des échanges de biens, de services mais aussi de capitaux et division internationale du processus de production) ;
– mettre en avant les effets pervers et les avantages de la mondialisation des économies à travers les bienfaits et limites du libre-échange ;
– développer des arguments favorables ou défavorables au libre-échange nourris par divers apports théoriques.

[Introduction]

NOTRE CONSEIL

Explicitez systématiquement les termes du sujet et leurs liens.

La crise de la Covid-19 et le Brexit ont eu un retentissement majeur sur les échanges internationaux de la France et de ses principales régions, tout comme la montée des tensions commerciales entre les États-Unis et la Chine ayant abouti à l'adoption de mesures protectionnistes. Les Hauts-de-France, notamment à travers des institutions comme la chambre de commerce et d'industrie (CCI), cherchent à se ménager une place privilégiée dans la division internationale du travail et la mondialisation des économies, toutes deux issues d'un processus de libéralisation des échanges ayant débuté après la Seconde Guerre mondiale.

Le libre-échange, doctrine préconisant la spécialisation internationale et la suppression de toute entrave aux flux de biens, de services et de capitaux est ainsi en partie remis en cause. L'ouverture au commerce international nous amène à nous interroger sur les concepts de mondialisation des économies (développement des échanges de biens, de services et de capitaux conduisant à une interdépendance croissante entre les pays), d'une part, et sur la pertinence des mesures de protection vis-à-vis de la concurrence étrangère relevant du débat entre le libre-échange et le protectionnisme, d'autre part. Il s'agit par conséquent de se demander s'il est pertinent de limiter, voire de supprimer, l'ensemble des obstacles aux échanges internationaux (importations et exportations).

Si les dernières années ont été marquées par un retour des mesures protectionnistes, la crise du Coronavirus a rendu plus visibles certaines conséquences de la fragmentation de la production sur l'ensemble de la planète.

Dès lors, on peut se demander s'il est toujours favorable pour un pays, en termes de croissance et de développement, de s'ouvrir au commerce international et à la mondialisation ?

Nous montrerons que l'ouverture au commerce international est source de nombreuses opportunités de croissance (partie 1) mais qu'elle n'est pas exempte de limites et de risques incitant à la mise en œuvre de mesures protectionnistes (partie 2).

- **Partie 1. De nombreuses opportunités inhérentes à l'ouverture au commerce international…**

Le sujet portant sur l'ouverture au commerce international, la globalisation financière, autre aspect de la mondialisation, ne doit pas être abordée ici.

– Sous-partie 1.1. L'augmentation de l'efficacité productive

Le libre-échange, selon les théories traditionnelles du commerce international (théorie des avantages absolus de A. Smith, des avantages comparatifs de D. Ricardo, des dotations factorielles de Hecksher, Olhin et Samuelson), est bénéfique pour l'ensemble des pays qui y participent car il les pousse à se spécialiser dans ce qu'ils « font le mieux », accroissant ainsi l'efficacité de la production qui bénéficie à l'ensemble de la population (réduction des coûts des entreprises, baisse des prix pour les consommateurs).

Le libre-échange offre des opportunités d'optimisation de la chaîne de valeur des entreprises qui décomposent leur processus de production entre différents pays selon l'avantage comparatif de chacun, favorisant ainsi la baisse des coûts à l'image de la fabrication de l'iPhone ou des avions Airbus. Ce phénomène est dénommé « décomposition internationale du processus productif » ou « fragmentation de la chaîne de valeur ».

L'ouverture au commerce international s'accompagne d'économies d'échelle pour les entreprises en leur offrant de nombreux débouchés. Elle stimule l'innovation, source de croissance économique, grâce à la concurrence et à l'émulation.

Si le commerce international présente de nombreux avantages pour les entreprises, les consommateurs bénéficient également de son ouverture.

– Sous-partie 1.2. Avantages pour les consommateurs

L'ouverture au commerce international permet aux consommateurs d'accéder à une plus grande diversité de produits grâce aux échanges intra-branche. Le marché automobile ne se limite pas aux biens produits sur le territoire mais s'enrichit des multiples importations, pour mieux répondre aux attentes des consommateurs et accroître leur bien-être.

NOTRE CONSEIL

De nombreux plans sont possibles. Vous devez en annoncer les grandes parties. Le plan qui vous est proposé ici ne constitue qu'une piste parmi d'autres. Dès lors que votre problématique est solide et que votre rédaction est structurée et argumentée, tout plan est acceptable. Veillez à ce que les transitions soient clairement identifiables (sauts de ligne ou titres apparents).

NOTRE CONSEIL

N'hésitez pas à recourir à des titres « en cascade » (titres suivis ou débutant par des points de suspension) qui dynamiseront votre copie et vous permettront de vous extraire d'une approche trop théorique.

Ce phénomène est amplifié par la stimulation de la concurrence qui incite à l'innovation et à la création, notamment de nouveaux produits comblant le besoin de diversité exprimé par les ménages.

L'ouverture au commerce international stimule la concurrence et la baisse des prix, ce qui accroît mécaniquement le pouvoir d'achat des ménages.

L'ouverture au commerce international apporte des bienfaits tant aux entreprises qu'aux consommateurs, à l'instar de la Chine qui a appuyé son développement sur une ouverture au commerce international devenant ainsi, dès les années 1990, « l'atelier du monde ». Cependant, cette ouverture n'est pas dénuée d'effets pervers et de limites.

- **Partie 2. ... à tempérer au regard des limites et risques induits pas une telle ouverture...**

– Sous-partie 2.1. Une division internationale du travail qui n'est pas à l'avantage de tous les pays

Tous les pays ne sont pas égaux et ne bénéficient pas des « bienfaits » du libre-échange. Il existe un échange inégal et la compétitivité des nations diffère. Les nations les plus vulnérables peuvent vivre l'ouverture à la concurrence comme un « choc » préjudiciable à certaines industries et populations.

Certaines entreprises, que List qualifie « d'industrie dans l'enfance », peuvent difficilement affronter la compétition internationale par manque d'effets d'expérience et d'économies d'échelle, ce qui les rend peu compétitives.

De plus, l'ouverture au commerce international accroît la concurrence et accélère la disparition des entreprises et secteurs d'activité les moins efficaces. Le coût social est alors conséquent en raison de la destruction d'emplois affectant essentiellement les travailleurs les moins qualifiés.

Les transitions figurent ici, à titre indicatif, en italique.

Au-delà de l'échange inégal, la mondialisation a pu conduire à des choix préjudiciables à l'environnement et peu éthiques.

– Sous-partie 2.2. L'enjeu écologique et éthique

Le libre-échange pose des problèmes écologiques et éthiques. L'optimisation de la chaîne de valeur des produits accroît le bilan carbone des biens (multiplication des opérations de transport, distribution, production à bas coûts).

En outre, l'exploitation des avantages comparatifs d'un pays peut se faire au détriment des principes du développement durable, essentiellement le pilier social.

Certains pays pratiquant le « dumping social » et sa variante fiscale, pour être plus attractifs et compétitifs, ils réduisent les moyens disponibles pour la redistribution des revenus, la lutte contre les inégalités (redistribution verticale) et les risques sociaux (redistribution horizontale).

Pollution, dumping social et fiscal sont des effets pervers de l'ouverture au commerce international qui restreignent les marges de manœuvre en matière de politique économique des États.

– Sous-partie 2.3. Les limites de la politique économique et le comportement de « passager clandestin »

L'ouverture internationale accroît la contrainte extérieure et réduit les marges de manœuvre de la politique économique. Ainsi, une politique de relance keynésienne (monétaire ou budgétaire) est moins efficace si l'augmentation de la demande (consommation et investissement) se traduit par un accroissement des importations au détriment de la consommation de produits nationaux.

Pour plus de détails sur la notion de «passager clandestin» (*free-rider*), se référer au sujet type d'examen 1.

Le libre-échange peut être considéré comme un bien public mondial qui bénéficie à l'ensemble des nations si les forces en présence sont équilibrées et si l'ouverture au commerce international est effective. Cependant il peut être individuellement intéressant de se comporter comme « un passager clandestin » (ex. : mise en œuvre de mesures protectionnistes dans un monde où règne le libre-échange pour détourner une partie des échanges à son avantage), ce qui conduit à des pratiques de concurrence déloyale. L'Organisation mondiale du commerce (OMC) existe d'ailleurs pour pallier ces situations, mais elle se trouve actuellement affaiblie et politiquement remise en cause, notamment par les pouvoirs publics américains.

NOTRE CONSEIL

N'hésitez pas à introduire une dose d'actualité en vous référant à la politique internationale.

Face aux limites de l'ouverture au commerce international, certains pays peuvent être tentés d'y renoncer ou d'en limiter la portée par la mise en œuvre de mesures protectionnistes.

- **Partie 3. ... susceptibles de justifier la mise en œuvre de politiques protectionnistes à l'efficacité cependant relative**

– Sous-partie 3.1. Comment limiter l'ouverture au commerce international ?

Le protectionnisme est une politique (doctrine) économique qui a pour but de protéger la nation et les entreprises nationales de la concurrence étrangère. Certaines mesures protègent le marché national, d'autres visent à conquérir les marchés étrangers. Le protectionnisme peut notamment se traduire par des mesures visant à limiter les importations et/ou à stimuler les exportations. Divers outils du protectionnisme peuvent être mis en œuvre comme les barrières tarifaires (droits de douane) ou les barrières non tarifaires (quotas d'importation, barrières réglementaires, techniques, sanitaires et administratives aux importations, les subventions à l'exportation, le dumping ou encore la manipulation par les autorités monétaires du taux change appelée « protectionnisme monétaire »). Certaines modalités sont cependant encadrées (subventions), voire interdites (dumping), par l'OMC.

La mise en œuvre du protectionnisme peut prendre une diversité de formes et offre des opportunités variées.

– Sous-partie 3.2. Les atouts du protectionnisme

Le protectionnisme permet de se protéger de l'échange inégal conduisant à l'exploitation des ressources d'une nation par des investisseurs étrangers sans que la population locale n'en bénéficie à la hauteur de la richesse créée à l'aide de ces mêmes ressources.

Il s'agit également de protéger temporairement les industries naissantes afin de leur permettre de se développer et de bénéficier des économies d'échelle et des effets d'expérience indispensables pour s'intégrer dans le commerce international. La protection des industries vieillissantes (Kaldor), pour sauvegarder l'emploi et accompagner la reconversion un secteur, peut également devenir une priorité économique et sociale pour un pays.

La mise en œuvre d'une politique commerciale stratégique (Brander et Spencer), notamment par le biais de subventions aux exportations favorisant la construction d'une position dominante (quasi-monopole, oligopole), est difficilement contestable à l'international (ex. : Qatar Airlines qui a bénéficié de subventions publiques rendant la compagnie aérienne compétitive sur un marché mondial très concurrentiel).

La limitation de l'ouverture au commerce international offre de nombreuses opportunités mais il ne faut pas en sous-estimer les risques et effets pervers.

– Sous-partie 3.3. Les limites du protectionnisme

Le protectionnisme se traduit par une perte de bien-être pour les consommateurs nationaux qui payent un surcoût (moindre choix et qualité inférieure). Apparaît également un risque de « sclérose » de l'économie à long terme ; les entreprises protégées sont moins incitées à innover.

De plus, comme le montre la « guerre commerciale » qui fait actuellement rage entre les États-Unis et la Chine, ces pratiques favorisent le repli sur soi et les tensions internationales. C'est d'ailleurs ce que l'on a constaté lors du krach de 1929 et de la Grande Dépression qui a suivi.

Enfin, le protectionniste ne permet pas d'exploiter les avantages comparatifs et les gains issus de la spécialisation internationale et favorisés par le libre-échange. Or, ils sont vecteurs d'une plus grande efficacité productive.

[Conclusion]

L'ouverture au commerce international constitue une opportunité indéniable pour profiter des bienfaits de la mondialisation et du libre-échange. Une ouverture « sans conditions » des frontières n'est cependant pas sans limites ni effets pervers (destructions d'emplois par manque de compétitivité, absence de réciprocité de la part des partenaires commerciaux, importations de produits au bilan carbone et conditions de production peu compatibles avec le développement durable, etc.), ce qui conduit certaines nations à se replier sur elles-mêmes et à opter pour une politique protectionniste qui n'est pas exempte de limites et qui devient inopérante quand elle se généralise à l'ensemble des pays participant au commerce international.

La crise de la Covid-19 a mis en exergue certaines limites de la division internationale des processus productifs (manque de masques ou de composants pour les tests PCR…), ainsi qu'une relation de dépendance à l'égard de certaines importations (semi-conducteurs…), lesquelles pourraient déboucher sur une refonte de la politique industrielle de la France, voire de l'Union européenne.

Sujet

Quels impacts de la Covid-19 ?

4 h Durée de l'épreuve

1 Coefficient

Document autorisé : aucun

Matériel autorisé : Aucun matériel n'est autorisé. En conséquence, tout usage d'une calculatrice est interdit et constituerait une fraude (le sujet est adapté à cette interdiction).

Le sujet se présente sous la forme de **2 DOSSIERS** interdépendants :

Dossiers

1. Analyse d'un dossier documentaire .... 10 points
2. Question problématisée .... 10 points

Le sujet comporte 8 documents :

Documents

Dossiers 1 et 2

1. Le PIB et ses composantes en volumes chaînés
2. Surplus d'épargne de 157 milliards : « les 3 confinements ont contraint les Français à renoncer à la consommation »
3. Le taux d'épargne des ménages français de 2008 à 2020
4. Épargne et confiance en France
5. Pandémie de Covid-19 : présentation du plan de relance français
6. Plan de relance européen
7. Quelque statistiques de l'INSEE sur le marché du travail
8. La récession et l'automatisation modifient avenir du travail, mais de nouveaux postes sont à venir

Si le texte du sujet, de ses questions ou de la base documentaire, vous conduit à formuler une ou plusieurs hypothèses, il vous est demandé de la (ou les) mentionner explicitement dans votre copie. Il vous est demandé d'apporter un soin particulier à la présentation de votre copie. Le candidat sera apprécié sur sa maîtrise des concepts et sa capacité à mobiliser des théories, d'une part ; sur la pertinence des solutions proposées et leur adaptation au contexte particulier de l'organisation, d'autre part.

Quels impacts de la Covid-19 ?

Quelques mois après l'apparition de la Covid-19 en Chine, en novembre-décembre 2019, l'épidémie a atteint tous les continents. L'Europe et l'Amérique ont été particulièrement touchés ; des mesures sanitaires, économiques et sociales exceptionnelles ont été décidées par les États et l'Union européenne.

Aucun pays d'Europe ne fut épargné et les conséquences économiques et sociales furent nombreuses. Au cours du mois de mars 2020, on a constaté 6,6 millions de demandes d'allocation-chômage supplémentaires aux États-Unis, une chute de 72 % des ventes de voitures en France, une baisse de la production manufacturière de quasiment 30 % dans la zone euro, des prix du pétrole historiquement bas, la première récession depuis 29 ans en Australie…

Cette crise porta un coup d'arrêt à l'économie mondiale et ses conséquences ne furent pas uniquement conjoncturelles puisqu'elle fragilisa le tissu industriel de nombreux pays d'Europe et détériorera la situation sociale de toute la zone euro. Néanmoins, la crise ne frappa pas toutes les populations de la même façon et accentua les inégalités existantes. Ainsi, le 9 avril 2020, Oxfam International prévoyait que les retombées économiques de la pandémie de coronavirus pourraient précipiter, à l'échelle mondiale, un demi-milliard de personnes supplémentaires dans la pauvreté, si rien n'était fait pour aider les pays en développement.

En France, la crise du coronavirus toucha d'abord les moins protégés et les moins favorisés (confinés, dès le 17 mars 2020, dans des logements souvent exigus, ils éprouvent des difficultés à se nourrir, à subvenir aux frais quotidiens ou encore à accompagner la scolarité bouleversée de leurs enfants). Les files d'attente fournies observées lors des distributions alimentaires ainsi que le taux de prévalence de la Covid-19 dans les quartiers populaires ont conduit certaines associations, notamment la Fondation Abbé Pierre, à alerter les pouvoirs publics sur les implications économiques et sociales de la crise. D'aucuns, comme les acteurs de l'économie sociale et solidaire et certaines personnalités de la société civile, estiment que cette pandémie et ses conséquences pourraient être l'occasion de réfléchir à de nouvelles solidarités.

Dossier 1 Analyse d'un dossier documentaire

Base documentaire : documents 1 à 8

Récemment recruté(e) par la Fondation Abbé Pierre, vous êtes chargé(e) de dresser un état des lieux des conséquences à court terme de la crise liée à la Covid-19 et des mesures mises en œuvre par la France et l'Union européenne, sans oublier les enjeux à plus long terme.

Mission

Manon Le Bris, chargée de communication à la Fondation, vous demande d'analyser la situation et les mesures mises en œuvre dans les pays de la zone euro et de situer la France à l'échelle européenne.

Pour réaliser cette mission, vous devez :

1. Analyser l'évolution de la croissance économique et les contributions de la consommation et de l'investissement à cette croissance au cours des années 2020 et 2021.
2. Étudier les conséquences sur le comportement d'épargne des ménages de la crise de la Covid-19 et les effets potentiels de cet arbitrage sur les grandes variables économiques.
3. Analyser les décisions relevant des politiques économiques qui furent menées aux niveaux français et européen dans le cadre de la crise de la Covid-19.
4. Caractériser la situation de l'emploi et du marché du travail en France en 2021.

Dossier 2 Question problématisée

Base documentaire : documents 1 à 8

Les responsables de l'association s'interrogent plus largement sur les moyens de venir en aide aux populations les plus démunies.

Le bureau de l'association vous charge de rédiger une note de synthèse afin de préparer la campagne de communication de l'automne.

À partir des savoirs acquis et de la base documentaire, élaborer une réponse structurée à la question suivante :

« La redistribution des revenus est-elle un outil efficace de régulation en situation de crise économique ? »

Document 1

Le PIB et ses composantes en volumes chaînés

Variations en %, données CVS-CJQ

	PIB	Importations	Dépenses de consommation des ménages	Dépenses de consommation des APU	FBCF	Exportations	Contributions (données en points de PIB)	Demande intérieure finale hors stocks	Variation de stocks	Commerce extérieur
2020 T2(1)	– 13,6	– 17,4	– 11,5	– 10,1	– 15,1	– 25,3		– 12,3	1,0	– 2,2
2020 T3(1)	18,5	16,0	18,2	14,7	23,9	22,5		19,3	– 1,9	1,0
2020 T4(1)	– 1,4	1,7	– 5,7	– 0,1	1,3	6,1		– 3,0	0,4	1,2
2021 T1(1)	0,4	– 0,1	0,3	0,5	2,2	– 1,5		0,9	0,0	– 0,4
2020	– 8,2	– 12,0	– 7,0	– 3,0	– 10,4	– 16,6		– 7,0	0,2	– 1,3
2021	7,0	7,9	4,8	6,4	11,5	9,8		6,8	– 0,2	0,4
2022 (acquis)	2,4	4,6	2	1,8	1	6		1,8	0,3	0,3

Les contributions du tableau sont mesurées en points de PIB.

La consommation des ménages progresse de 0,3 % au premier trimestre 2021 mais demeure en dessous de son niveau d'avant-crise (– 6,4 % par rapport au niveau du T4 2019).

La forte croissance de 2021 a permis de retrouver des niveaux de PIB et de consommation proches de ceux d'avant la crise de la COVID (4e T 2021).

(1) T : trimestre (les données trimestrielles sont mesurées par rapport à T–1).

INSEE, « Informations rapides », 30 avril 2021 et 29 avril 2022

Document 2

Surplus d'épargne de 157 Mds : « Les trois confinements ont contraint les Français à renoncer à la consommation »

Le niveau d'épargne « *exceptionnel* » constaté depuis le début de la crise de la Covid est de « *l'épargne contrainte* » par le confinement mais il est aussi lié à la « peur » d'une perte de revenus, a expliqué Philippe Crevel, directeur du Cercle de l'épargne, mercredi 8 septembre sur franceinfo. Le surplus d'épargne des Français provoqué par la pandémie est chiffré à 157 milliards d'euros, d'après une estimation de la Banque de France dévoilée mardi 7 septembre. Cette épargne ne doit pas être « *pointée du doigt* » car elle « *sert à financer l'économie à travers des prêts* », assure Philippe Crevel.

franceinfo : Comment expliquer cette épargne, s'agit-il de sommes qui n'ont pas été dépensées pour des loisirs ?

Philippe Crevel, directeur du Cercle de l'épargne : « Oui les trois confinements et surtout le premier ont contraint les Français à renoncer à la consommation, ce qui est d'ailleurs la définition de l'épargne. Les Français ont réduit leur consommation parce qu'ils ne pouvaient pas sortir, aller au cinéma ou au restaurant et donc ça a gonflé l'épargne, c'est de l'épargne contrainte, forcée. Il y a aussi eu un mouvement de peur, d'anxiété liée à la crainte de perdre son emploi, de voir ses revenus baisser, même si les pouvoirs publics ont rapidement dit qu'il compenserait les effets de la crise. Cela a généré une épargne exceptionnelle, comme l'a souligné la Banque de France. »

Cet argent se trouve-t-il en grande partie sur les livrets ?

Il se trouve essentiellement sur les comptes courants qui ont été le premier poste de réception de cette épargne. C'est de l'argent mis en attente d'un usage. Aujourd'hui sur les comptes courants, il y a 500 milliards d'euros. C'est une somme fabuleuse. Cela fait 17 000 euros par ménage. Et aux cotés des comptes courants, il y a également le livret A, le livret développement durable qui ont recueilli une partie de cet argent dit « Covid ».

Cet argent est-il utile ou sont-ce des sommes dormantes, qu'il faudrait inciter les Français à dépenser ?

Il faut cesser évidemment de pointer du doigt l'épargne en disant que ce serait inutile. L'épargne est utile déjà pour soi. C'est grâce à l'épargne qu'on va pouvoir se projeter, faire des investissements, acheter un appartement ou une voiture. Et puis, ce n'est pas inutile pour l'économie. L'épargne dans les banques sert à quelque chose, à financer justement l'économie à travers des prêts. Les banques vont pouvoir prêter aux entreprises et aux particuliers parce qu'il y a de l'argent dans les comptes. Cette épargne permet de financer l'ensemble de l'économie, les acteurs privés ou l'État qui a besoin d'argent pour financer le « quoi qu'il en coûte ». Il va se servir d'une partie de ce qu'on laisse dans les banques. Les banques ne sont pas un coffre-fort, l'argent circule et est reprêté. Evidemment il vaut mieux que cet argent soit investi dans des placements à long terme, car cela coute moins cher pour refaire du financement pour l'économie réelle.

On remarque d'importantes disparités. Ce phénomène est plus marqué chez les plus aisés…

Les Français les plus riches ont dépensé le moins, car ce sont eux qui ont le budget loisirs le plus important, qui partent en week-end. Logiquement, ils ont un potentiel d'épargne supérieur à ceux qui gagnent le Smic, qui ont des dépenses obligatoires importantes et peu de marges pour faire de l'épargne. Cela retraduit le système de l'épargne en dehors des crises, où les 20 % les plus aisés font « l'effort » le plus important en termes d'épargne.

Radio France, publié le 08 septembre 2021

Document 3

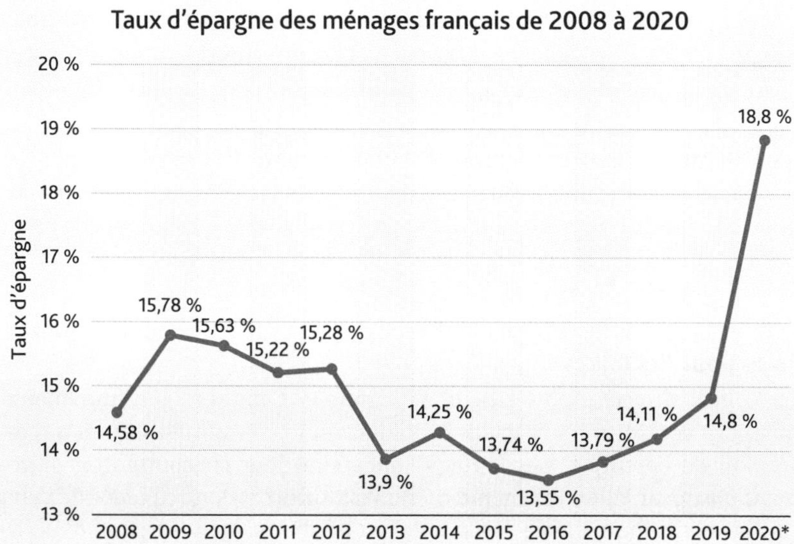

* Pour 2020, les données les plus récentes datent du 3e trimestre.

Selon l'Insee, le taux d'épargne en 2020 devrait atteindre 20,8 % du revenu disponible des ménages.

« Les Français sont des épargnants très prudents : ils consacrent la plus grande partie de leur flux d'épargne à des actifs non risqués. En particulier les placements en assurance-vie en euros (peu risqués) sont de loin les plus recherchés. Si plus de 80 % des ménages possèdent au moins un livret A, à l'inverse les placements directs en actions des ménages français restent faibles. Mais la détention indirecte d'actions, via des fonds collectifs investis en actions, a tendance à augmenter, notamment au travers des contrats d'assurance-vie en unités de compte, de l'épargne salariale et de l'épargne retraite. »

https://www.lafinancepourtous.com/decryptages/finance-perso/epargne-et-placement/epargne/les-placements-des-francais/

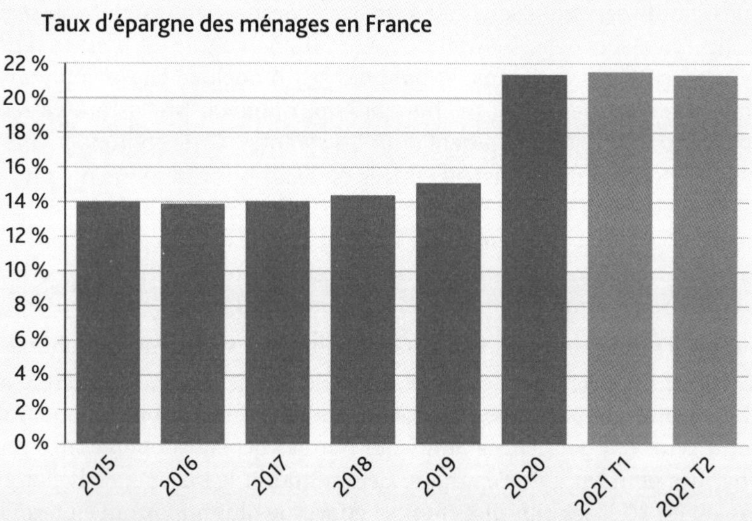

Source : Insee • Intégration : Investir/RD

Document 4

Épargne et confiance en France

Selon l'Insee (« Informations rapides » du 30 mars 2021), en avril 2020, avec la crise sanitaire, la confiance des ménages dans la situation économique s'est fortement érodée (par rapport à début mars) : l'indicateur qui la synthétise perd 10 points, passant de 103 à 93, soit sa plus forte baisse depuis la création de l'enquête en 1972.

Il est, en mars 2021, à 94, au-dessous de sa moyenne de longue période (100) signe de pessimisme d'une population qui modifie, en conséquence, son comportement.

Taux d'épargne des ménages

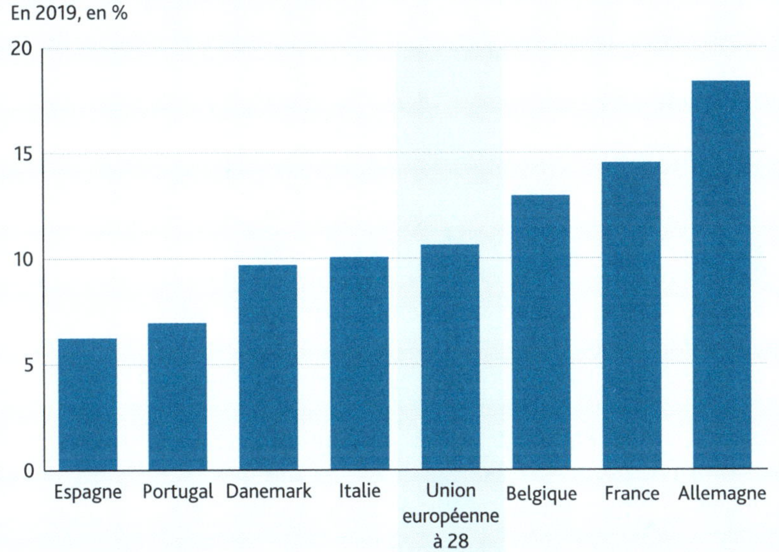

Si le taux d'épargne des ménages français figure parmi les plus élevés en Europe, la palme revient aux Chinois, avec un taux d'épargne se situant aux alentours de 45 % (sans doute en conséquence de l'absence de protection sociale collective en matière de santé et de retraite). À l'opposé, les États-Unis affichent traditionnellement un taux d'épargne relativement faible, malgré une augmentation au cours des dernières années. Le taux d'épargne est, en effet, passé d'environ 2 % en 2005 à 7,5 % à la fin 2019.

D'après Lafinancepourtous.com

Document 5

Pandémie de Covid-19 : présentation du plan de relance français

Baptisé « France Relance », le plan de relance de l'économie a été présenté jeudi 3 septembre 2020 par le Premier Ministre, Jean Castex. D'un montant global de 100 Mds € et échelonné jusqu'en 2025, il vise, par une politique résolument orientée vers l'offre, à relancer l'économie française fortement impactée par la pandémie de Covid-19. [...]

Pourquoi un plan de relance ?

Selon les premières estimations de l'Insee, la perte d'activité a été de 5,3 % et 17 % respectivement au premier et deuxième trimestres 2020. La Banque de France tient un constat similaire et anticipe qu'il faudra attendre le troisième trimestre 2022 pour retrouver le niveau d'activité du début de l'année 2020. Les dernières prévisions de la Banque de France dessinent, en effet, une reprise économique en forme de « demi V », ou, pour reprendre les termes du Gouverneur Villeroy de Galhau, « en aile d'oiseau ».

Cette récession fait, d'ores et déjà, sentir ses premiers effets.

Le gouvernement espère pouvoir atténuer les effets négatifs de cette récession, notamment sur le niveau de chômage et le pouvoir d'achat des ménages et restaurer la confiance des acteurs privés, ménages et entreprises.

Le krach de 1929 et la Grande Dépression qui s'ensuivit dans les années 1930 étaient, jusqu'à très récemment, considérés comme la crise la plus grave de l'histoire économique récente. Pour certains économistes, l'incertitude et la perte de confiance ont joué un rôle majeur dans la profondeur de cette crise. Ainsi, Christina Romer, professeure à Berkeley et ancienne conseillère économique de Barack Obama, explique dans un article resté célèbre de 1990 que l'ampleur de la Grande Dépression et la chute de la consommation aux États-Unis pouvaient s'expliquer par le seul fait que les ménages ont différé leurs achats de biens durables, dans un contexte de forte incertitude.

Quelles mesures pour ce plan de relance ?

Le premier axe porte sur la transition écologique et est doté de 30 Mds €. L'ambition affichée est d'accomplir une « relance verte ». Pour cela, des fonds seront consacrés à la rénovation énergétique des bâtiments pour un montant de 6,7 Mds €, notamment à travers l'élargissement du dispositif MaPrimeRénov' et la rénovation de bâtiments publics, à la décarbonation de l'industrie et à la transition agroécologique.

Le deuxième axe, doté de 35 Mds €, vise à améliorer la compétitivité des entreprises nationales et à stimuler l'innovation. Ici, la mesure phare concerne la baisse des impôts de production, à hauteur de 20 Mds €. Ces impôts portant sur la valeur ajoutée sont accusés de peser sur la compétitivité des entreprises, industrielles notamment. Autre mesure d'importance : 11 Mds € seront alloués au quatrième programme d'investissements d'avenir, dit « PIA4 », qui a pour vocation de financer des technologies émergentes, ainsi que des projets de recherche au sein d'établissements d'enseignement supérieur.

•••

...

La cohésion sociale et territoriale, à laquelle près de 36 milliards d'euros sont alloués, constitue, enfin, le dernier axe. Les principales mesures concernent la sauvegarde de l'emploi (7,6 Mds €), notamment via des mesures de chômage partiel, un plan d'investissement dans la santé (6 Mds €), ainsi que des mesures destinées à favoriser l'emploi des jeunes, en particulier grâce à la formation (1,6 Md €) et à des aides à l'embauche des jeunes (3,2 Mds €).

Comme souvent en économie, ce plan de relance a, depuis sa présentation, suscité de nombreux débats et discussions. Ces derniers portent, tout d'abord, sur son ampleur.

S'il existe un consensus parmi les économistes sur les bienfaits de cet endettement supplémentaire à court terme, dont le coût est faible par rapport à celui qu'aurait engendré l'inaction face à la récession, la question de son financement se posera tôt ou tard.

L'UE a également mis en œuvre des mesures pour venir en aide aux pays membres.

Ces mesures de l'Union européenne s'ajoutent à celles annoncées par Christine Lagarde gouverneur de la BCE (Banque centrale européenne).

La BCE a maintenu sa politique monétaire. De plus, elle avait annoncé en avril 2020 un nouveau programme d'achat de titres (publics et privés) portant ses achats nets sur l'année à plus de 1 100 Mds €. Ces achats permettaient d'assurer le bon fonctionnement des marchés des capitaux. Elle avait aussi décidé d'un assouplissement du refinancement à long terme des établissements bancaires, qui pourront se refinancer à un taux abaissé à – 0,75 % s'ils maintiennent leurs prêts à l'économie réelle (entreprises et ménages).

Cette politique « d'urgence » doit prendre fin en juillet 2022 face aux tensions inflationnistes qui touchent l'Union Européenne et l'ensemble de la planète.

D'après Lafinancepourtous.com

Document 6

Plan de relance européen

Le 21 juillet dernier, les chefs d'État et de gouvernement européens s'accordaient autour d'un plan de relance exceptionnel de 750 milliards d'euros destiné à surmonter la crise de la Covid-19. Plusieurs étapes politiques, législatives et administratives doivent encore être franchies avant que les États membres ne perçoivent ces fonds.

Pour financer ce nouvel instrument intitulé « Next Generation EU », d'un montant de 750 Mds €, les 27 États membres ont décidé de s'endetter en commun. Avant de lever un tel emprunt, la Commission européenne devra y être autorisée par l'ensemble des parlements nationaux.

Le plan européen va ainsi financer des programmes nationaux dans l'ensemble des États membres, sous forme de subventions (390 Mds €) et de prêts (360 Mds €). Chaque pays peut ainsi compter sur une enveloppe partiellement prédéfinie, et qui dépend notamment de sa population, de son PIB par habitant et de son taux de chômage avant le début de la pandémie, de 2015 à 2019 (les 30 % restants versés en 2023 dépendront quant à eux des baisses du PIB et de l'emploi observées sur 2020, pour tenir compte de l'impact économique de l'épidémie de coronavirus).

...

...

De « Next Generation » à « France Relance » : quels liens entre les plans de relance européen et français ?

Le plan français, comme celui des 26 autres États membres, devra respecter un certain nombre de critères, esquissés par le Conseil européen de juillet 2020 puis précisés par la Commission européenne. 37 % des dépenses devront être allouées aux objectifs environnementaux européens, dont la neutralité carbone à horizon 2050. 20 % devront quant à eux être destinés à la digitalisation de l'économie. Enfin, la Commission rappelle que les plans nationaux « doivent fournir une explication détaillée de la manière dont les recommandations par pays sont prises en compte », conformément au semestre européen.

Budget : que sont les recommandations par pays de l'Union européenne ?

Depuis le 15 octobre, les plans des États membres, une fois adoptés au niveau national, sont présentés à la Commission. Après des échanges entre les administrations nationales et l'exécutif européen, ils seront entérinés par le Conseil de l'Union européenne.

Afin de financer le plan de relance, l'Union européenne compte sur l'instauration de nouvelles ressources propres, indépendantes des contributions financières des États membres (celles-ci constituent aujourd'hui l'essentiel de ses recettes budgétaires). Première d'entre elles, une taxe sur le plastique sera appliquée dès 2021. Elle sera calculée sur le poids des déchets plastiques ménagers et non ménagers non recyclés, à hauteur de 80 centimes d'euro par kilogramme.

Le Conseil européen du 21 juillet a demandé à la Commission de présenter d'autres propositions au cours du 1er semestre 2021, pour instaurer d'ici 2023 une taxe carbone aux frontières et une taxe sur le numérique. Autres pistes évoquées : l'utilisation du marché carbone (système d'échange de quotas d'émission) éventuellement étendu à l'aviation et au transport maritime, ainsi qu'une taxe sur les transactions financières.

Touteleurope.eu, 17 décembre 2020

Document 7

Quelques statistiques de l'INSEE sur le marché du travail

Au premier trimestre 2022, le nombre de chômeurs au sens du BIT diminue de 18 000 par rapport au trimestre précédent, soit 2,2 millions de personnes. Le taux de chômage au sens du BIT est ainsi quasi stable (– 0,1 point) à 7,3 % de la population active en France (hors Mayotte), après avoir diminué de 0,6 point le trimestre précédent.

Il est inférieur de 0,8 point à son niveau un an auparavant, et 0,9 point au-dessous de son niveau d'avant la crise sanitaire (fin 2019). Il s'agit de son plus bas niveau depuis début 2008, si l'on excepte la baisse ponctuelle en « trompe-l'œil » du printemps 2020, pendant le premier confinement.

...

•••

Personnes autour du halo du chômage

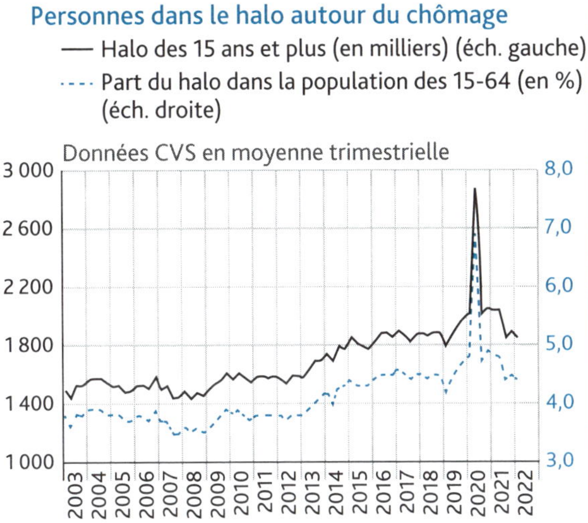

Champ : France hors Mayotte, personnes de 15 ans ou plus vivant en logement ordinaire

Source : Insee, enquête Emploi

Temps partiel et sous-emplois

Temps partiel :

En hausse entre 2009 et 2014 (+ 1,6 point), la part des personnes en emploi qui travaillent à temps partiel s'est ensuite stabilisée autour de 19,5 %, pour reculer à partir de 2017.

En 2021, la baisse se poursuit : 18,0 % des personnes en emploi sont à temps partiel, soit 0,2 point de moins qu'en 2020. Cette part atteint 43,1 % parmi les employés peu qualifiés. Elle est plus de trois fois plus élevée pour les femmes que pour les hommes (28,0 % contre 8,3 %) et est plus importante pour les 15-24 ans (23,6 %) et les 50 ans ou plus (21,4 %).

Sous-emploi :

En 2021, 6,4 % des personnes employées sont en situation de sous-emploi, soit 3,1 points de moins par rapport à 2020, mais 0,6 point de plus qu'en 2019. Ce nombre avait fortement augmenté sous l'effet de la crise. En 2021, le sous-emploi concerne davantage les employés peu qualifiés (17,1 %), les jeunes (10,4 %) et deux fois plus les femmes que les hommes (8,6 % contre 4,3 %).

► Statut d'emploi, type de contrat et catégorie socioprofessionnelle en 2021

en %

	Sexe		Âge			Ensemble
	Femmes	Hommes	15-24 ans	25-49 ans	50 ans ou plus	
Statut d'emploi						
Indépendants	**9,5**	**15,6**	**3,8**	**11,8**	**16,5**	**12,6**
dont micro-entrepreneurs	*2,9*	*3,1*	*1,7*	*3,2*	*3,1*	***3,0***
Salariés	**90,5**	**84,4**	**96,3**	**88,2**	**83,5**	**87,4**
Emploi à durée indéterminée	75,8	71,7	40,6	77,2	76,6	**73,7**
CDD de moins de 3 mois	2,5	1,6	8,3	1,6	1,2	**2,0**
CDD de 3 mois ou plus	6,9	4,3	12,3	5,7	3,3	**5,5**
CDD de durée inconnue	0,2	0,2	0,4	0,1	0,1	**0,2**
Intérim	1,3	2,7	5,6	2,0	1,0	**2,0**
Alternance, stage	2,8	3,1	26,7	0,9	0,0	**2,9**
Sans contrat ou contrat inconnu	1,1	0,9	2,5	0,6	1,2	**1,0**
Catégorie socioprofessionnelle						
Agriculteurs	0,8	2,2	0,5	1,1	2,6	**1,5**
Artisans, commerçants et chefs d'entreprise	4,1	8,7	1,6	6,1	8,4	**6,4**
Cadres	18,6	24,2	8,4	23,2	22,0	**21,5**
Professions intermédiaires	27,1	22,3	22,4	26,6	21,6	**24,6**
Employés qualifiés	23,3	6,6	18,2	15,1	13,3	**14,8**
Employés peu qualifiés	17,7	5,2	18,3	9,2	13,3	**11,3**
Ouvriers qualifiés	3,3	21,7	14,6	12,6	12,4	**12,7**
Ouvriers peu qualifiés	4,3	8,2	14,1	5,5	5,6	**6,3**
Non déterminée	0,8	0,9	2,0	0,7	0,9	**0,9**
Ensemble	**100,0**	**100,0**	**100,0**	**100,0**	**100,0**	**100,0**

Lecture : en 2021, 90,5 % des femmes en emploi sont salariées. 8,4 % des 15-24 ans en emploi sont cadres.
Champ : France hors Mayotte, personnes vivant en logement ordinaire, en emploi.
Source : Insee, enquête Emploi 2021.

Document 8

La récession et l'automatisation modifient l'avenir du travail, mais de nouveaux postes sont à venir

Selon le rapport « The Future of Jobs 2020 », la Covid-19 a provoqué un changement du marché du travail plus rapide que prévu. D'après les recherches publiées aujourd'hui par le Forum économique mondial, ce qui était considéré comme « l'avenir du travail » est déjà arrivé.

D'ici 2025, l'automatisation et une nouvelle répartition du travail entre les humains et les machines perturberont 85 millions d'emplois dans le monde entier dans les moyennes et grandes entreprises de 15 secteurs et 26 économies. Les rôles dans des domaines tels que la saisie de données, la comptabilité et le soutien administratif sont de moins en moins demandés à mesure que l'automatisation et la numérisation sur le lieu de travail se développent. Plus de 80 % des chefs d'entreprise accélèrent les projets de numérisation des processus de travail et de déploiement de nouvelles technologies. 41 % prévoient de recourir davantage à des sous-traitants pour des tâches spécialisées et 34 % prévoient d'augmenter leurs effectifs en raison de l'intégration des technologies.

D'ici 2025, les employeurs répartiront équitablement le travail entre humains et machines. Les postes qui demandent des compétences humaines seront de plus en plus demandés. Les machines seront principalement axées sur le traitement des informations et des données, les tâches administratives, ainsi que les travaux manuels de routine d'habitude réservés aux employés de bureau et aux ouvriers.

Un nouveau sentiment d'urgence pour la révolution de la reconversion

L'évolution de l'économie et des marchés de l'emploi fera émerger 97 millions de nouveaux postes dans l'économie des soins, dans les industries technologiques de la quatrième révolution industrielle comme l'intelligence artificielle, et dans les domaines de la création de contenu. Les tâches pour lesquelles les humains devraient conserver leur avantage compétitif comprennent la gestion, le conseil, la prise de décision, le raisonnement, la communication et l'interaction. Il y aura une forte demande de travailleurs capables d'occuper des postes liés à l'économie verte, des rôles au premier plan de l'économie des données et de l'intelligence artificielle, ainsi que de nouveaux postes dans l'ingénierie, le Cloud computing et le développement de produits.

Près de 50 % des travailleurs qui conserveront leur poste au cours des cinq prochaines années auront besoin d'une reconversion liée à leurs compétences de base.

Construire un avenir du travail plus inclusif

Les personnes et les communautés les plus affectées par les changements sans précédent apportés par la Covid-19 sont probablement celles qui sont déjà les plus défavorisées.

Si l'on compare l'impact de la crise financière mondiale de 2008 sur les personnes ayant un faible niveau d'éducation à celui de la crise de Covid-19, cet impact est aujourd'hui bien plus important. « La pandémie a touché de manière disproportionnée des millions de travailleurs peu qualifiés », a déclaré Jeff Maggioncalda, PDG de Coursera.

•••

...

Le télétravail va perdurer mais nécessite une adaptation

Les employeurs affirment pouvoir faire travailler à distance 44 % de leurs effectifs.

Selon le rapport, 78 % des chefs d'entreprise s'attendent à un impact négatif sur la productivité des travailleurs. Cela indique que certaines industries et entreprises ont du mal à s'adapter aussi rapidement que nécessaire au passage au télétravail entraîné par la pandémie de Covid-19. Environ un tiers des employeurs prévoient de prendre des mesures pour créer un sentiment de communauté, de connexion et d'appartenance parmi les employés.

Amanda Russo, Forum économique mondial, 21 octobre 2020

Note de l'auteur :

On constate également le développement de l'économie des plateformes et une « uberisation » du marché du travail dans certains domaines. Deliveroo, Uber, Amazon étant les entreprises les plus médiatisées dans ce domaine en plein essor.

SAVOIRS ESSENTIELS

1 PIB et équilibre Ressources-Emplois

Pour plus de détails sur le PIB et ses mesures, se référer au sujet type d'examen 1.

A) Équilibre Ressources-Emplois des biens et services

Ressources		Emplois
Origine des produits offerts sur le marché		Utilisation effective des ressources (biens et services)
Production (marchande et non marchande) + Importations	=	Dépenses de consommation finale + Consommations intermédiaires + FBCF (secteurs privé et public) + Exportations + Variation des stocks

Définitions

- Les **consommations intermédiaires** équivalent à la valeur des biens et services transformés ou entièrement consommés au cours du processus de production (matières premières, services de transport, etc.). Elles ne concernent pas les ménages, à l'exception des entreprises individuelles
- Les dépenses de **consommation finale** sont les dépenses permettant l'acquisition de produits utilisés pour la satisfaction directe des besoins individuels ou collectifs des ménages.
- La **formation brute de capital fixe (FBCF)** est la valeur des actifs corporels et incorporels acquis pendant une période pour être utilisés de façon répétée ou continue pendant au moins un an dans le processus de production et les achats d'immeubles par les ménages, soit la mesure de l'effort d'investissement.

B) Principe de l'équilibre Ressources-Emplois appliqué à un pays

Produit intérieur brut (PIB)	=	Dépenses de consommation finale + FBCF + Exportations – Importations + Variations de stocks

***PIB :** mesure la richesse produite par les agents économiques sur un territoire donné (calcul : Somme des valeurs ajoutées (VA) + TVA – Subventions sur les produits)*

VA = Valeur de la production – Dépenses de consommation intermédiaire

2 Épargne et déterminants de l'épargne

Définition

L'**épargne** correspond à la partie du revenu disponible qui n'est pas consommée.

A) Épargnes financière et non financière

Épargne non financière	Sert à l'acquisition de biens immobiliers (FBCF des ménages). Compte épargne-logement et remboursement des crédits immobiliers.
Épargne financière : capacité de financement des ménages	Composition : – placements monétaires, sous la forme de dépôts rémunérés, comme les livrets d'épargne proposés par les établissements bancaires. C'est une forme bien adaptée à l'épargne de courte durée et de précaution ; – placements financiers, c'est-à-dire acquisition d'actifs financiers, de titres (actions, obligations, SICAV, assurance-vie, etc.). Cette forme d'épargne participe directement au financement des autres agents économiques ; – thésaurisation, c'est-à-dire conservation de moyens de paiement. Cette forme d'épargne n'est pas rémunérée.

B) Typologie de l'épargne

On distingue traditionnellement :

- L'épargne de précaution. Elle permet de se couvrir contre certains risques (chômage, maladie, retraite, etc.). Elle correspond à une vision pessimiste de l'avenir.
- L'épargne de prévoyance. Elle permet d'assurer une consommation prévue et planifiée mais différée dans le temps (acquisition d'un logement, de biens durables). Elle correspond à une vision constructive de l'avenir.
- L'épargne de placement. Elle permet d'obtenir des revenus, de réaliser des gains financiers et des plus-values (actions). Elle correspond à une vision plutôt opportuniste de l'avenir. Elle se réalise dans une optique notamment de spéculation.

Il peut s'agir également de se constituer un patrimoine, notamment dans une optique de transmission à ses descendants

	Explications et déterminants de l'épargne
Revenus	• Selon la loi psychologique fondamentale de Keynes, lorsque le revenu augmente, la part moyenne du revenu qui revient à l'épargne s'accroît. • La propension à épargner est donc croissante (contestée par Friedman).
Taux d'intérêt	• Selon l'analyse classique et néoclassique : – si le taux d'intérêt augmente, l'épargne s'accroît ; – les consommateurs vont accepter d'épargner si le fait de renoncer à de la consommation aujourd'hui va se traduire dans le futur par la possibilité de consommer davantage (grâce à un taux d'intérêt élevé). • Keynes remet en question cette analyse : le taux d'intérêt ne va pas agir sur le montant de l'épargne mais sur la ventilation entre l'épargne financière et non financière. Le taux d'intérêt sera le prix du renoncement à la liquidité.
Fiscalité	• La politique fiscale peut encourager ou non l'épargne (épargner sous certaines formes peut permettre d'obtenir des réductions d'impôt. • Les avantages fiscaux vont orienter l'épargne vers certaines formes (ex. : livret A, assurances-vie, PERE individuel ou collectif, PEE).

	Explications et déterminants de l'épargne
Inflation	• L'inflation a deux effets sur le comportement d'épargne des ménages : – dans un premier temps, on peut assister à une diminution de l'épargne si le consommateur désire maintenir son pouvoir d'achat ; – dans un second temps, les consommateurs peuvent être amenés à accroître leur épargne pour reconstituer leur patrimoine (effet d'encaisse réelle de Pigou).
Évolutions sociodémographiques (théorie du cycle de vie de Modigiani)	• On peut distinguer trois étapes majeures dans le comportement d'épargne des ménages : – à l'entrée de la vie active, ils s'endettent ; – au cours de la vie active, l'épargne s'accroît afin de constituer un patrimoine ; – à la fin de la vie active, ils désépargnent pour maintenir leur niveau de consommation. • La structure par âge de la population agit sur le niveau d'épargne d'une économie.

3 Consommation

Définition

La **consommation** consiste en l'utilisation d'un bien ou d'un service entraînant, à plus ou moins long terme, sa destruction afin de satisfaire des besoins humains.

Consommation finale des ménages et des APU

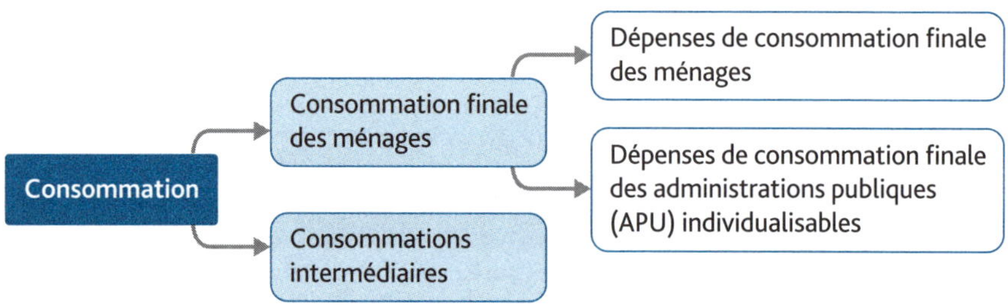

A) Lois d'Engel

Évolution de la structure de la consommation des ménages en France

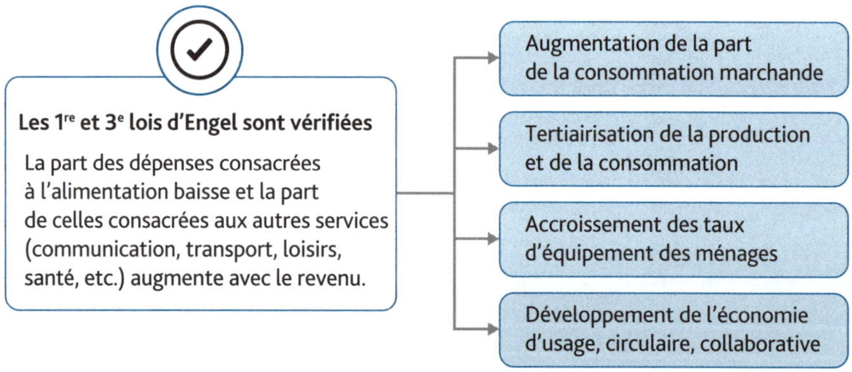

B) Émergence de nouveaux modèles économiques

Les transformations numériques et le développement des plateformes collaboratives traduisent une économie de l'usage (ou économie des fonctionnalités), collaborative, qui modifie la consommation en privilégiant l'usage d'un bien plutôt que la vente d'un produit et le transfert de propriété.

Définition

L'**économie circulaire** est un modèle économique dont l'objectif est de produire et de consommer des biens et services de manière durable, en limitant la consommation et les gaspillages des ressources (ex. : matières premières, eau, énergie) ainsi que la production de déchets.

4 Investissement

Définition

L'**investissement** correspond à l'ensemble des dépenses réalisées aujourd'hui en vue de percevoir des recettes supérieures dans le futur ou de réaliser une économie de coût.

L'Insee évalue l'effort d'investissement d'une économie ou d'un agent économique par la formation brute de capital fixe (FBCF) composante essentielle de l'équilibre Ressources-Emplois.

L'investissement peut prendre des formes variées : investissement matériel/immatériel, de remplacement/de capacité/de rationalisation ou modernisation, public/privé...

L'investissement dépend de multiples déterminants : la demande effective (Keynes), le taux d'utilisation des capacités de production (accélérateur de l'investissement), la rentabilité attendue ou l'efficacité marginale (Keynes), les taux d'intérêt et les conditions de financement ou encore le coût relatif des facteurs de production.

5 Politiques économiques et protection sociale

A) Politique budgétaire de relance et propension marginale à consommer

Définition

La **propension marginale à consommer**, définie par Keynes, est la part d'un revenu disponible supplémentaire qu'un ménage affecte à la consommation.

Un ménage défavorisé se caractérise par une plus grande propension marginale à consommer qu'un ménage favorisé car il consacrera peu, voire pas du tout, ce revenu supplémentaire à l'épargne mais privilégiera la consommation pour la satisfaction de ses besoins. Plus cette propension est importante et plus une politique budgétaire de relance de la demande est efficace, entraînant un effet multiplicateur des dépenses publiques plus conséquent.

Effet multiplicateur

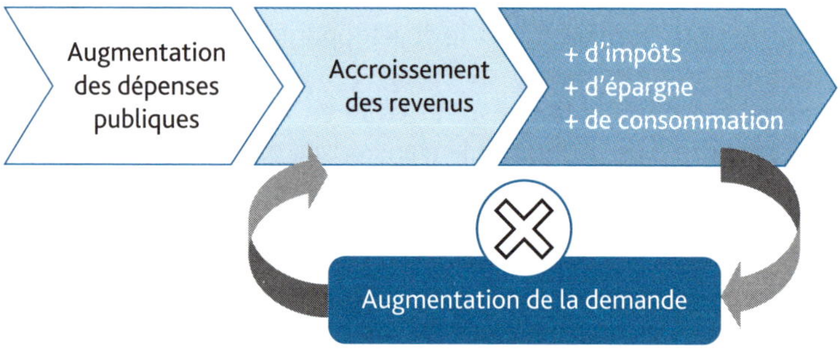

B) Redistribution et financement de la protection sociale en France

La protection sociale en France, une prise en charge collective des risques sociaux

Sécurité sociale (couverture des risques de maladie, vieillesse, accident du travail, famille et perte d'autonomie)

\+

Unédic-Pôle Emploi (couverture du risque de chômage)

\+

État et collectivités territoriales (RSA, APA, AAH...)

Réforme de la protection sociale

Triple crise de l'État-providence

Financement
Effet de ciseau : dépenses augmentent et recettes diminuent.
\+
Augmentation de la dette sociale avec un risque d'effet boule de neige. Théorie de Laffer résumée par « trop d'impôt tue l'impôt ».

Efficacité
L'État ne parvient pas à résoudre les problématiques de chômage, de pauvreté et la mobilité sociale diminue. L'efficacité des politiques d'inspiration keynésienne est contestée.

Légitimité
Contestation de la pertinence des dépenses de protection sociale par des économistes libéraux et ultralibéraux (Hayek, Okun, Becker, Stigler). Certaines mesures (ex. : charges et prestations sociales) sont parfois perçues moins comme des avantages que comme un frein à la relance économique.

Réforme de la protection sociale *(suite)*

Recettes de la protection sociale	Dépenses de la protection sociale
Cotisations sociales, CSG, et autres contributions sociales, impôts et taxes	Couverture du risque de vieillesse (données 2020) (192,2 Mds €), santé (202,8 Mds €), de famille (37 Mds €) et d'emploi
Déficit chronique de la Sécurité sociale, la crise de la Covid-19 ayant entraîné un déficit de près de 44 Mds € à la fin 2020	
De nombreuses réformes sont discutées et envisagées : – financement de la protection sociale (réforme fiscale) – prestations sociales (revenu universel…) – régime des retraites	

6 Emploi, marché du travail et chômage

En complément du point 7 du sujet 1 Le marché du travail et sa polarisation

A) L'emploi et le travail :

Le travail désigne au sens large toutes les activités de production de biens et de services.

La notion d'**emploi** désigne la situation dans laquelle ce travail est déclaré et rémunéré.

Tous les emplois n'ont pas le même statut. Certains sont salariés, c'est-à-dire qu'un contrat de travail unit le salarié à son employeur. D'autres ne sont pas salariés : il s'agit des travailleurs indépendants.

Le chômage correspond à la situation des personnes sans emploi recherchant activement un emploi. Il existe 2 mesures principales en France : celle de l'INSEE (à partir de l'enquête emploi de l'Insee, qui mesure le chômage au sens du BIT) et celle de pôle emploi (demandeurs d'emploi en fin de mois, statistiques mensuelles du Ministère du travail, élaborées à partir des fichiers de demandeurs d'emploi enregistrés par Pôle Emploi)

Pour être considérée comme chômeur au sens du BIT, une personne doit remplir simultanément trois conditions :

- être sans emploi au cours de la semaine de référence de l'enquête et en âge de travailler ;
- avoir effectué une démarche active de recherche d'emploi ;
- être disponible pour travailler immédiatement.

B) Halo autour du chômage

Le Halo autour du chômage comprend des personnes considérées comme inactives qui ne font pas partie des statistiques du chômage au sens du BIT.

Il s'agit de personnes sans emploi qui remplissent au moins un de ces critères :

- avoir recherché un emploi, mais ne pas être disponible pour travailler ;
- ne pas avoir recherché d'emploi, mais souhaiter travailler et être disponible pour travailler (« chômeurs découragés ») ;
- souhaiter travailler, mais ne pas rechercher un emploi et ne pas être disponible pour travailler.

C) Sous-emploi

Le sous-emploi concerne des personnes considérées comme actives et qui ne font pas partie des statistiques du chômage.

Il s'agit de personnes qui disposent d'un emploi à temps partiel qui aimeraient travailler davantage (et sont disponibles pour le faire) et de personnes en situation de chômage partiel.

Dossier 1 Analyse d'un dossier documentaire

1 Analyser l'évolution de la croissance économique et les contributions de la consommation et de l'investissement à cette croissance au cours des années 2020 et 2021

Compétence attendue

Analyser la contribution des grandes variables de l'équilibre Ressources-Emplois à l'activité économique

DÉCRYPTAGE

Le candidat doit :
- maîtriser l'équation de l'équilibre Ressources-Emplois à partir de la base documentaire ;
- savoir déceler une récession ;
- identifier l'influence des variables économiques (consommation, investissement, commerce extérieur) sur la croissance.

L'équation comptable de l'équilibre Ressources-Emplois s'établit ainsi :

Produit intérieur brut (PIB)	=	Dépenses de consommation finale + FBCF + Exportations – Importations + Variations de stocks

NOTRE CONSEIL

Reprenez l'équation de l'équilibre Ressources-Emplois issue du document 1.

D'après le document 1, en 2020, on constate une baisse du PIB, c'est-à-dire de la richesse produite, de 8,2 % par rapport à la même période de l'année précédente correspondant à l'entrée de l'économie dans une récession, phénomène particulièrement marqué au deuxième trimestre lors du confinement (baisse de 13,6 % du PIB par rapport au trimestre précédent) et au quatrième trimestre en raison de la deuxième vague de l'épidémie de Covid-19. Les données relatives au troisième trimestre 2020 (augmentation de 18,5 % du PIB par rapport au trimestre précédent) s'expliquent par un effet de rattrapage de l'activité économique à la suite du déconfinement intervenu à l'été 2020.

En 2021, la croissance économique atteint 7 % du PIB. Il s'agit d'un effet de rattrapage à la suite de la récession de 2020. Le niveau de PIB atteint en 2021 n'a pas retrouvé celui d'avant la crise de la Covid-19 au 4e trimestre 2019.

Un ralentissement de la croissance économique est prévu en 2022 avec un acquis de croissance de 2,4 % du PIB au 1er trimestre 2022 qui s'explique notamment par les multiples tensions économiques (pénuries, inflation, …) et politique (guerre en Ukraine) qui désorganisent l'économie mondiale.

La baisse de la richesse produite en 2020 s'explique principalement par une diminution de la demande intérieure, composée des dépenses de consommation et de l'investissement (baisse de 7 points de PIB sur l'ensemble de l'année avec – 12,3 points au deuxième trimestre 2020 et – 3 points de PIB au quatrième), issue principalement d'un effondrement des dépenses de consommation des ménages de 7 % en 2020 (et notamment de 11,5 % au deuxième trimestre par rapport au précédent). Les dépenses de consommation des administrations publiques – APU (services non marchands proposés dans les domaines de la santé et de l'éducation notamment) ont diminué, dans une moindre mesure, de 3 % en 2020.

Cette baisse des dépenses de consommation des ménages s'explique par une contraction des revenus de certaines catégories de population les plus démunies et une impossibilité de consommer de nombreux services (restauration, culture, tourisme, etc.) également en raison des restrictions sanitaires. Or, la part des dépenses consacrées à la consommation des services est majoritaire en France en raison de la tertiairisation de notre économie et conformément à la troisième loi d'Engel.

Comme l'indique le document 1, malgré une légère reprise, les dépenses de consommation du premier trimestre 2021 n'ont toujours pas atteint leur niveau d'avant la crise sanitaire (quatrième trimestre 2019) et restent à 6,4 % inférieures à ce niveau.

Quant aux investissements représentés par la FBCF (formation brute de capital fixe), ils diminuent de 10,4 % en 2020 et de 15,1 % au deuxième trimestre 2020 par rapport au trimestre précédent. Ils ont connu un rebond de 23,9 % au troisième trimestre. Cette relative « surréaction » de l'investissement aux variations de la demande est conforme à l'effet d'accélérateur de l'investissement mis en avant par Aftalion puis Clark. L'investissement a beaucoup diminué au cours de l'année 2021 mais au regard de la récession de plus de 8% de PIB, celui-ci a fait preuve de résilience.

On constate que le commerce extérieur a contribué négativement à la croissance économique en 2020 ; si les importations ont diminué au cours de cette période, les exportations ont également baissé mais de manière plus nette.

À l'instar du multiplicateur de l'investissement de Keynes, les moindres efforts d'investissement de l'économie empêchent la mise en œuvre de l'effet multiplicateur sur la demande et les emplois. En effet, selon Keynes, un accroissement des dépenses d'investissement se traduit par une augmentation plus que proportionnelle (effet multiplicateur) de la demande, créant ainsi un cercle vertueux (ou vicieux, si l'investissement décroît). Ce phénomène dépend notamment de la propension marginale à consommer des ménages (part des revenus supplémentaires consacrée aux dépenses de consommations par un ménage). Plus celle-ci est élevée, plus l'effet multiplicateur est important.

Ce multiplicateur de l'investissement a d'ailleurs joué grandement au cours de l'année 2021. La reprise économique s'explique en grande partie en 2021 par la demande intérieure finale contribuant pour 6,8 points de PIB à cette reprise et particulièrement les investissements qui ont progressé de 11,5 % en 2021 par rapport à l'année précédente et dans une moindre mesure les dépenses de consommation des ménages (4,8 % d'augmentation en un an). L'intervention des APU par le biais de leurs dépenses de consommation contribue à cette augmentation du PIB celles-ci s'accroissant de 6,4 % par rapport à l'année précédente.

La reprise du commerce extérieur en 2021 contribue dans une moindre mesure à l'augmentation du PIB (0,4 point de PIB pour le commerce extérieur), la France connaissant un important déficit de sa balance commerciale.

Les incertitudes importantes et multiples en 2022 expliquent les faibles augmentations des dépenses de consommation et des investissements constatées lors du 1er trimestre 2022 par l'INSEE.

2 Étudier les conséquences sur le comportement d'épargne des ménages de la crise de la Covid-19 et les effets potentiels de cet arbitrage sur les grandes variables économiques.

Compétences attendues

- **Différencier** les différentes formes d'épargne
- **Analyser** le comportement d'épargne des ménages

DÉCRYPTAGE

Le candidat doit :
- rappeler les caractéristiques de l'épargne en France ;
- identifier la manière dont la crise de la Covid-19 modifie le comportement des ménages ;
- montrer l'impact de l'épargne sur d'autres variables économiques, notamment celles de l'équilibre Ressources-Emplois.

L'épargne correspond à la partie du revenu disponible qui n'est pas consommée. Elle peut être financière ou non financière. On constate avec le document 4 que la France avant la Covid-19 était un pays où les ménages avaient un taux d'épargne relativement élevé (14,1 % du revenu disponible en 2018), s'établissant au-dessus de la moyenne de l'UE (10 % du revenu disponible) derrière l'Allemagne à plus de 17% du revenu disponible épargné.

La crise de la Covid-19 a fortement augmenté l'épargne des ménages au cours de l'année 2020 et 2021. Elle atteint 18,8 % du revenu disponible au troisième trimestre 2020 et dépasse 20 % du revenu disponible en 2020, soit près de « 157 milliards de surplus d'épargne » à la suite des 3 confinements (document 2). Ce taux d'épargne excède de très loin celui atteint lors de la crise des *subprimes* (15,78 % du revenu disponible des ménages à son plus haut niveau en 2009, document 3). Il reste à un niveau élevé au premier semestre de l'année 2021 dépassant les 20 % du revenu disponible (document 3).

Le livret A est un outil d'épargne destiné au financement du logement social.

Cette épargne est davantage détenue sous forme financière. Il s'agit des placements monétaires non risqués (livret A, livret de développement durable) lors du confinement. La thésaurisation (document 2) a également été prégnante, de même que, selon le document 3, les placements indirects sur les marchés des capitaux grâce aux assurances-vie en euros réputées « peu risquées ».

Cette épargne est dite « de précaution » ; elle est liée à la forte incertitude et au manque de confiance en l'avenir. Ce pessimisme est confirmé par l'indice de confiance des ménages qui s'est détérioré, en avril 2020, de 10 points, pour atteindre 93, niveau inférieur à sa moyenne de long terme 100 (document 4).

Les ménages ont également réalisé une épargne forcée que l'on espère de prévoyance ; puisqu'ils ont moins consommé lors du confinement, une partie de leurs revenus a été épargnée en vue de dépenses futures. Ce type d'épargne semble davantage concerner les derniers déciles, les plus favorisés économiquement (document 2).

On constate ainsi d'importantes inégalités entre les ménages riches et pauvres, comme en témoigne le document 2 selon lequel le surplus d'épargne [a été] accumulé par « 20 % des ménages » (soit le dernier quintile de la distribution des revenus).

Si les assurances-vie ne contribuent pas au financement des entreprises, le livret A est destiné au soutien du logement social, et donc à la construction.

Les ménages pauvres font en effet face à des dépenses contraintes qui représentent une part importante d'un revenu qui a eu tendance à stagner, voire à s'éroder. Les plus aisés consomment, quant à eux, énormément de services (troisième loi d'Engel) ; face à cette impossibilité lors des confinements, ils ont privilégié l'épargne.

Dès lors se pose la question des conséquences possibles sur les autres variables économiques. L'épargne financière supplémentaire des ménages français n'a quasiment pas été consacrée à des placements directs sur les marchés de capitaux qui favorisent le financement externe direct des entreprises et l'investissement (documents 2 et 3).

Cette épargne supplémentaire peut être perçue comme « un vice social » dans une perspective keynésienne car elle se réalise au détriment de la consommation et de la demande qui s'adressent aux entreprises. La demande effective (prévue) des entreprises se réduit alors et peut accentuer la récession. En revanche, dans une logique davantage libérale (néo-classique, l'épargne supplémentaire peut permettre de financer les investissements publics et privés *via* son placement sur les marchés des capitaux (et notamment par le biais d'assurance-vie). Cependant, comme nous l'avons vu précédemment, ce n'est pas la majorité des cas puisque cette épargne a pris la forme le plus souvent de placements monétaires, liquides et non destinés au financement des entreprises. En revanche, le document 3 indique un accroissement des détentions indirectes d'actions par les ménages, nuançant ainsi le propos précédent.

De plus, l'accroissement important de l'épargne des ménages français pourrait avoir un effet sur le commerce extérieur en réduisant le montant des importations en raison du ralentissement de la demande par l'intermédiaire de la consommation.

Le ralentissement de la demande pourrait à terme détériorer la situation sur le marché du travail et accroître la précarité d'une partie de la population.

La forte reprise de la consommation en 2021 nuance ces propos cependant les multiples événements du début de l'année 2022 pourrait se traduire par un maintien d'une épargne de précaution même si l'inflation conduit parfois à une anticipation dans le temps de certaines consommations planifiées.

3 Analyser les décisions relevant des politiques économiques menées aux niveaux français et européen dans le cadre de la crise de la Covid-19.

Compétence attendue

- **Distinguer** les différents types de politiques économiques
- **Identifier** les caractéristiques des politiques d'offre et de demande
- **Apprécier** les enjeux d'une politique économique donnée
- **Analyser** une décision de politique économique dans un contexte précis

DÉCRYPTAGE

Le candidat doit :
- identifier les politiques conjoncturelles ;
- identifier les mesures de politiques monétaires et budgétaires ;
- montrer les conséquences attendues et les publics visés par ces politiques.

Au niveau français

La politique mise en œuvre au cours de la crise de la Covid-19 fut conjoncturelle, budgétaire et de relance car les pouvoirs publics désiraient soutenir l'activité économique avec des mesures aux effets immédiats et une politique structurelle en faveur de l'écologie et du développement durable et de l'innovation (théorie de la croissance endogène), de la compétitivité des entreprises et de l'emploi.

Au niveau conjoncturel, il s'agissait d'une politique budgétaire de relance de la demande qui maintenait le pouvoir d'achat de la population, grâce à la prise en charge du chômage partiel, des primes pour les soignants et des aides versées aux ménages modestes. L'objectif était d'éviter un effondrement de la consommation conduisant à un cercle vicieux décrit par Keynes. La baisse de la consommation, réduisant la demande qui s'adresse aux entreprises. Les entreprises réduiraient alors leur production et pourraient licencier une partie de leur personnel qui verrait leur pouvoir d'achat baisser ce qui entraînerait une nouvelle contraction de la consommation et de la demande.

Ces aides s'adressaient notamment aux ménages les plus modestes car leur propension marginale à consommer est élevée, ce qui signifie qu'ils consacrent la quasi-intégralité de leur revenu supplémentaire à leur consommation à la différence des populations relativement aisées qui consacrent une part importante de leur revenu à l'épargne.

Le report de charges des entreprises était une mesure conjoncturelle sur l'offre afin de limiter les problèmes de trésorerie des entreprises, particulièrement des TPE et PME, pour éviter leur faillite et favoriser une reprise rapide de l'activité économique.

Cette politique conjoncturelle joua le rôle de stabilisateur automatique face au ralentissement économique.

Pour conclure, il s'agissait surtout d'une politique de l'offre (action en faveur des entreprises et de la compétitivité) même si certaines mesures en faveur de la demande étaient mises en œuvre en maintenant le pouvoir d'achat des ménages notamment.

Quant au volet structurel de cette politique, il s'agit de mesures en faveur de l'environnement (30 Mds € – document 5), d'une politique industrielle avec le projet PIA sur les programmes d'investissement d'avenir (document 5) pour une meilleure compétitivité hors prix et d'une politique de l'emploi (formation, investissement dans le capital humain) avec notamment1,6 Md € pour la formation (document 5).

Les différents investissements qui sont actuellement réalisés devraient être source d'une croissance durable conformément aux arguments développés par les théories de la croissance endogène en permettant davantage de progrès technique, un accroissement du capital humain source de nombreuses externalités positives.

Au niveau européen

Une politique budgétaire de relance a été mise en œuvre par l'Union européenne (document 6). Elle comporte donc un volet conjoncturel mais aussi structurel (orienté vers le développement durable, la compétitivité et la cohésion sociale, à l'instar du plan français de relance).

Un plan de relance de 750 Mds €, selon le document 6, a été mis en œuvre :

- Ce plan prend la forme de subventions et de prêts.
- Il s'agit d'une politique de l'offre et structurelle dans le respect du semestre européen et de mise en œuvre de réformes.
- Il devrait être financé, à terme, par de nouveaux prélèvements obligatoires (taxe carbone à la frontière s'apparentant à une taxe Pigou selon le principe du « pollueur-payeur », sur le numérique, sur les transactions avec la taxe Tobin, etc).

Avec le plan de relance européen, on assista à une mutualisation des risques ; c'est l'UE qui emprunte et non chacun des pays membres individuellement, ce qui permit de bénéficier de taux d'intérêt faibles en capitalisant sur la confiance qu'inspirent l'Union et la soutenabilité de sa dette.

La politique monétaire de relance de la Banque centrale européenne (BCE)

La BCE a maintenu, durant la crise de la Covid-19, sa politique de relance monétaire. Elle a renforcé sa politique de taux directeurs faibles afin de favoriser le refinancement des banques qui maintiendront, à leur tour, des crédits à taux faibles pour leurs clients (ménages et entreprises). Ce mécanisme visait à soutenir la demande puisque les crédits sont normalement consacrés aux dépenses de consommation et d'investissement mais les tensions inflationnistes, particulièrement depuis le second semestre 2021, lequel se caractérise par une flambée des prix des matières premières, des énergies, etc.) ont conduit Mme Lagarde, gouverneur de la BCE a annoncé une modification de la politique monétaire de cette institution à partir de juillet 2022.

En outre, la banque centrale a maintenu ses opérations d'« *open market* » sur le marché interbancaire et de « *quantitative easing* » en rachetant massivement des titres de dettes publics et privés sur les marchés des capitaux, favorisant ainsi le financement de l'économie et permettant le maintien des taux d'intérêt à un niveau faible. Cette politique de « rachat massif » de titres devrait être infléchie au cours de l'été 2022 également.

Quels sont les enjeux de telles politiques ?

Ces politiques budgétaires mettent à mal la soutenabilité de la dette publique puisque les déficits publics et la dette publique ont grandement augmenté, notamment en France.

Se pose la question de la capacité future des États membres et de l'Europe à rembourser leur dette en évitant une augmentation massive des prélèvements obligatoires critiquée par l'économiste Laffer et sa célèbre formule « trop d'impôt tue l'impôt » ou encore « l'effet boule de neige de la dette publique ». Cette dernière analogie montre que l'augmentation de la dette publique accroît mécaniquement les dépenses publiques des administrations en raison de la charge de la dette (paiement des intérêts sur cette même dette) qui augmente, creusant le déficit public et augmentant la dette publique selon un mécanisme autoentretenu. La dette devient, à terme, insoutenable. Ce risque est cependant pour l'instant restreint en France en raison de taux d'intérêt à long terme bas, voire négatifs. D'aucuns craignent également des tensions inflationnistes en raison de la création massive de monnaie (planche à billets).

Pour l'UE, la difficulté consistera à prendre des décisions à l'unanimité afin de créer les taxes envisagées, la question fiscale relevant essentiellement de la compétence des États et non de l'Union.

4 Caractériser la situation de l'emploi et du marché du travail en France en 2021.

Compétences attendues

- **Caractériser** la situation du marché du travail à l'aide d'indicateurs variés
- **Appréhender** la diversité des situations des individus sur le marché du travail.

DÉCRYPTAGE

Le candidat doit :

- Maîtriser les concepts d'emplois, de chômage, de halo autour du chômage et de sous-emploi
- Identifier les conséquences de la Covid-19 sur le taux de chômage, le halo et le sous-emploi
- Utiliser le 2e tableau du document 7 pour mettre en avant « le statut » des personnes en emploi
- Utiliser les documents 7 et 8 pour mettre en avant le phénomène de destruction créatrice, de polarisation et de précarisation de l'emploi.
- Identifier les causes du dualisme et de la polarisation du marché du travail.

Le marché du travail est le lieu de rencontre entre une offre et une demande de travail où va se déterminer une quantité de travail échangée et une rémunération selon l'approche classique du marché du travail.

On constate un déséquilibre sur le marché du travail en France : le chômage qui concernait au 1er trimestre 2022 7,3 % de la population active (document 7). L'offre de travail (émanant des travailleurs) est supérieure à la demande de travail des employeurs. Cependant, la crise de la Covid-19 n'a pas amplifié ce phénomène, on constate même une baisse tendancielle du taux de chômage revenant « à son plus bas niveau depuis début 2008 ».

On assiste d'ailleurs à des pénuries de main-d'œuvre dans certains secteurs d'activité que l'on dit « sous-tension » (la restauration, ...).

Cependant, si le chômage n'a pas particulièrement augmenté au cours de la crise sanitaire en 2020 et 2021, on constate que le halo autour du chômage a nettement progressé lors du 1er confinement du 2e trimestre 2020, il concernait plus de 2,7 millions de personnes (personnes sans emplois non disponibles pour travailler en raison du confinement ou ne pouvant pas mener de démarche active de recherche d'emploi, ...) et reste à un niveau supérieur à celui de 2019 dépassant les 1,8 millions de personnes au 1er trimestre 2022.

Le sous-emploi avait également énormément augmenté au cours de l'année 2020 en raison de nombreuses mesures de chômage partiel mises en œuvre et soutenues financièrement par les APU dans les secteurs particulièrement touchés par les mesures de confinement. Le sous-emploi reste relativement important. Ainsi le temps partiel (l'une des composantes du sous-emploi) touche 18 % des personnes en emploi selon le document 7 et plus particulièrement les employés peu qualifiés, les femmes, les jeunes et les 50 ans et plus.

On constate que la majorité des emplois sont salariés (87,4 % des emplois selon le document 7) et 12,7 % sont des indépendants. Ce statut d'indépendant concerne davantage les hommes de 50 ans et plus que les femmes et les jeunes.

Les emplois précaires (CDD, Intérim, stage) représentent près de 12 % des emplois en France et concernent davantage les 15-24 ans. Ces emplois correspondent au marché secondaire du travail conformément à l'analyse de Piore et Doeringer et montre la segmentation accrue du marché du travail.

De plus la part des agriculteurs dans l'emploi dans le secteur primaire ne représente que 1,5 % des emplois totaux en 2021, les ouvriers peu qualifiés et qualifiés 19 % des emplois en majorité masculins relevant pour la plupart du secteur secondaire et la grande majorité des emplois concerne les CSP de cadres, professions intermédiaires et employés. Cette répartition des emplois par CSP est la conséquence de la tertiairisation de l'économie française qui conduit au développement du secteur tertiaire (services et commerce) au détriment du secteur secondaire (construction et industrie) et primaire.

En 2020 et 2021 à la suite de la crise de la Covid-19, le phénomène d'automatisation des emplois s'est accentué ainsi que le télétravail (document 8). Les conséquences de la Révolution numérique sur l'emploi semblent s'être accélérées avec un phénomène de destruction-créatrice des activités et emplois mis en avant par J Schumpeter dès le début du 20e siècle dans le cadre des révolutions industrielles qui se succèdent environ tous les 50-60 ans (cycles Kondratief) selon son analyse depuis le 18e siècle. 83 millions d'emplois devraient être « perturbés » selon le document 8. Cependant, 97 millions de postes devraient être créés dans des domaines nécessitant des qualifications importantes.

L'emploi se modifie également qualitativement ce qui nécessitera d'importants efforts de formation pour adapter en conséquence des travailleurs aux modifications du marché du travail. De même, le développement du télétravail interroge sur la mise en œuvre de moyens pour maintenir la productivité des travailleurs dans le cadre de ce travail à distance et la cohésion entre les différents membres des entreprises (document 8). Les modes et styles de management « traditionnels » sont actuellement en pleine mutation.

On assiste de plus à une polarisation du marché du travail selon le document 8. Certains emplois de « qualification moyenne » (employés de bureaux, ...) disparaissent et de nombreux emplois très qualifiés et peu qualifiés (via l'économie des plateformes) sont créés.

Dossier 2 Question problématisée

À partir des savoirs acquis et de la base documentaire, élaborer une réponse structurée à la question suivante :

« La redistribution des revenus est-elle un outil efficace de régulation en situation de crise économique ? »

Compétences attendues

- **Identifier** les fonctions de l'État
- **Apprécier** les enjeux d'une politique économique donnée
- **Analyser** une décision de politique économique dans un contexte précis
- **Analyser** les enjeux de la lutte contre les inégalités et de la couverture des risques sociaux
- **Caractériser** les différents instruments des politiques de redistribution

DÉCRYPTAGE

Le candidat doit :

- préciser les finalités de la redistribution des revenus en indiquant ses composantes et ses effets sur la croissance ;
- identifier les limites et effets « pervers » de certaines mesures de redistribution.

[Introduction]

NOTRE CONSEIL

Explicitez systématiquement les termes du sujet et leurs liens.

La crise de la Covid-19 a ébranlé socialement et économiquement de nombreux pays et conduit à une intervention inédite des États, à l'instar de la prise en charge du chômage partiel par la Sécurité sociale française pendant plusieurs mois, filet de sécurité pour de nombreux ménages.

L'intervention de l'État lors de la crise de la Covid-19 a permis la modification des revenus primaires des agents économiques par les administrations publiques grâce à des actions sur les prélèvements obligatoires, les prestations sociales et les services publics gratuits proposés, définition même de la redistribution. Si de telles mesures ont contribué à atténuer la crise économique (passage d'une situation d'expansion économique à une phase de ralentissement économique se traduisant par une détérioration des indicateurs de l'économie réelle) qui découle de la crise sanitaire, elles n'ont pu empêcher le ralentissement économique et l'entrée dans une phase de récession (baisse du PIB), affectant durablement le système économique français.

NOTRE CONSEIL

De nombreux plans sont possibles. Vous devez en annoncer les grandes parties. Le plan qui vous est proposé ici ne constitue qu'une piste parmi d'autres. Dès lors que votre problématique est solide et que votre rédaction est structurée et argumentée, tout plan est acceptable. Veillez à ce que les transitions soient clairement identifiables (sauts de ligne ou titres apparents).

Face à une crise économique, le système de redistribution du pays est-il un élément essentiel permettant la résolution de cette crise et le retour de la croissance économique ? Nous montrerons que, si le système de redistribution joue de manière importante sur la croissance économique (partie 1), des critiques peuvent néanmoins être formulées à son égard (partie 2).

- **Partie 1. La redistribution, un soutien essentiel à la demande selon le modèle retenu**

– Sous-partie 1.1. La redistribution, un filet de sécurité et de relance de la demande

Dans une optique keynésienne, la redistribution permet de soutenir la demande globale, particulièrement si elle concerne les populations ayant la propension marginale à consommer la plus élevée, soit les populations les plus pauvres. La redistribution joue un rôle de stabilisateur automatique en compensant la baisse des revenus disponibles en phase de ralentissement économique et en limitant l'accroissement de la demande en phase de « surchauffe ».

Ainsi la redistribution verticale, qui réduit les inégalités entre les populations les plus favorisées et plus démunies, est un instrument essentiel dans le cadre d'un ralentissement économique. La redistribution des revenus permet également de se prémunir contre certaines crises et peut avoir des effets à plus long terme. Elle crée un filet de sécurité et réduit l'incertitude, stimulant les anticipations positives en faveur de la consommation et de l'investissement.

Des effets positifs et durables sur la croissance économique se font alors sentir, conformément aux théories de la croissance endogène.

La redistribution, notamment verticale, est un élément essentiel face à une crise économique. La redistribution horizontale (protection sociale) est également essentielle.

– Sous-partie 1.2. Le rôle de la protection sociale en période de crise économique

La protection sociale correspond aux institutions et aux mécanismes de prise en charge collective des risques sociaux. Un risque social est un événement qui entraîne une augmentation des dépenses d'un individu et/ou une baisse des revenus (ex. : maladie, vieillesse, perte d'emploi, exclusion, accident du travail, parentalité, veuvage, dépendance, handicap). Lorsque l'État prend en charge la protection sociale, il est qualifié d'« État-providence » (*welfare state*).

En situation de crise, ce système assure le maintien de la consommation sous la forme de services non marchands, comme pour le système de santé en France, ou sous la forme de revenus de transfert (prestations sociales).

Le degré de démarchandisation est le niveau de liberté dont dispose tout individu pour vivre convenablement sans nécessairement travailler et avoir un emploi.

En période de crise économique, le taux de chômage augmentant, les indemnisations des chômeurs suivent une courbe ascendante.

– Sous-partie 1.3. Des effets à nuancer selon les systèmes de redistribution

L'économiste danois Esping-Andersen distinguait, en 1990, différents modèles d'État-providence à tendance bismarckienne ou beveridgienne. Le niveau de protection des populations varie selon le modèle. Les modèles corporatiste et socialiste permettent davantage de soutenir la demande en cas de ralentissement économique que le modèle libéral moins protecteur.

Niveau de protection sociale selon le modèle dominant d'État-providence

Modèle socialiste (ou universaliste ou social-démocrate)	• Ce modèle assure à l'ensemble de la population un niveau de protection sociale élevé financé par l'impôt (État central). • L'absence de revenus liés aux risques sociaux (maladie, vieillesse, chômage) est largement compensée. • Les individus sont peu dépendants, pour vivre, de leur insertion sur le marché du travail. • Historiquement, ce modèle beveridgien se rencontre essentiellement dans les pays scandinaves. • En cas de crise économique, le filet de sécurité est important.
Modèle libéral	• Ce modèle assure un faible niveau de protection sociale souvent réservé aux plus pauvres et financé par l'impôt (État central). • La couverture des risques sociaux dépend largement de l'insertion des individus sur le marché du travail permettant de financer une couverture privée : peu de « démarchandisation ». • Inspiré du Royaume-Uni, ce modèle beveridgien est également présent aux États-Unis et au Canada, depuis les années 1980. • En cas de crise économique, ce type de système est moins protecteur que le précédent et soutient donc moins la consommation.

NOTRE CONSEIL

Le présent tableau vise à vous aider à structurer vos idées. Vous devez proscrire toute représentation schématique sur la copie dans le cadre de la question problématisée. En revanche, un schéma ou un tableau peut vous être utile au brouillon.

Modèle corporatiste	• Ce modèle assure une protection sociale aux individus ayant cotisé, donc travaillé (« démarchandisation » moyenne). • La prise en charge des risques sociaux relativement importants est fonction du revenu antérieur financé par des cotisations sociales obligatoires. • Ce modèle bismarckien est implanté en France et en Allemagne. • Relativement protecteur en cas de crise économique, un tel système permet de soutenir la demande.

Les transitions figurent ici, à titre indicatif, en italique.

Le système de redistribution constitue un appui essentiel en cas de ralentissement économique. Il soutient la demande et peut permettre d'éviter l'émergence d'une crise de sous-emploi durable, même si les modèles sont divers et ont des effets variables selon les pays concernés. Cependant, la redistribution est également contestée par nombre d'analystes.

- **Partie 2. Des effets pervers non négligeables entraînant la contestation de l'efficacité de la redistribution en période de crise**

– Sous-partie 2.1. L'autorégulation des marchés remet en question une potentielle intervention des pouvoirs publics face à une crise économique, et donc le système de redistribution

Réguler le marché et mettre en œuvre un système de redistribution supposent l'intervention des pouvoirs publics. Or, de nombreuses analyses libérales sont particulièrement critiques quant à ces interventions qui fausseraient le fonctionnement naturel du marché (loi de l'offre et de la demande). Le marché serait ainsi autorégulateur, grâce à une concurrence libre que l'intervention de l'État entraverait. Il est notamment possible de citer :

– Smith et la « main invisible » (en suivant son intérêt personnel, l'individu concourt à l'intérêt général) ;

– les néoclassiques et l'autorégulation du marché (Marshal et Walras qui montrent l'existence, respectivement, d'un équilibre partiel et général sur les marchés parfaitement concurrentiels) ;

– la théorie des choix publics, très critique quant à la rationalité des décisions publiques qui ne sont pas toujours dictées par la recherche de l'intérêt général.

Le système de redistribution, dans une logique libérale (voire ultra-libérale), fausserait la régulation du marché et empêcherait celui-ci de s'autoréguler. De surcroît, la redistribution fait plus spécifiquement l'objet de limites et de contestations.

– Sous-partie 2.2. Les limites de la redistribution face à une crise économique

Tout d'abord, la redistribution favorise le soutien de la demande en situation de ralentissement économique. Cependant, une crise économique peut avoir pour origine une problématique de l'offre et le chômage peut être « classique » au sens d'E. Malinvaud et provenir, entre autres, d'un manque de compétitivité du système productif du pays et/ou d'un coût du travail trop élevé. Une politique de l'offre serait, dans ce cas, plus indiquée.

En outre, l'État-providence et les systèmes de protection sociale ont fait l'objet de nombreuses critiques, à partir des années 1970, lorsque la « machine économique » des Trente Glorieuses s'est grippée. En 1981, P. Rosanvallon (*La crise de l'État-providence*) dressait, en France, le constat d'une triple crise, dont certains théoriciens utilisent toujours les trois volets :

- Une crise financière. On assiste à un accroissement des dépenses sociales, lequel est en partie compensé par une augmentation des prélèvements obligatoires et notamment des cotisations sociales, qui renchérissent le coût du travail et peuvent être désincitatives, à l'image de la formule de l'économiste A. Laffer « trop d'impôt tue l'impôt ».
- Une crise d'efficacité. Malgré l'importance des dépenses sociales, l'État ne parvient pas à résoudre les problématiques de chômage, de pauvreté et la mobilité sociale diminue. L'efficacité des politiques d'inspiration keynésienne est remise en question.
- Une crise de légitimité. Des questions quant à la pertinence des dépenses de protection sociale se posent. Certaines mesures mises en place sont parfois perçues moins comme des avantages que comme des freins à la relance économique.

Les théories d'inspiration libérale (néoclassiques, F. Hayek, M. Friedman, G. Becker) accusent :

- les prestations sociales, d'être à l'origine de trappes à pauvreté et de trappes à chômage (théorie du *job search*) ;
- les charges sociales, de renchérir le coût du travail, réduisant ainsi la compétitivité du pays dans une économie mondialisée.

[Conclusion]

En France, le système de redistribution (verticale et horizontale) constitue un filet de sécurité indispensable en situation de crise économique même si de nombreuses critiques peuvent être avancées. D'ailleurs, comme l'énonçait le prix Nobel d'économie Paul Krugman en 2014, « il existe des preuves solides, émanant de sources comme le Fonds monétaire international (FMI), qu'un niveau élevé d'inégalités est un frein à la croissance, et que la redistribution peut être bonne pour l'économie ».

UE 6. Finance d'entreprise

Sujet type d'examen 1

Sujet

Frigoma – Hélios

3 h Durée de l'épreuve

1 Coefficient

Document autorisé : aucun

Matériel autorisé : calculatrice en mode examen

Le sujet se présente sous la forme de **3 DOSSIERS** indépendants :

Dossiers

1. **Diagnostic financier** .... 10 points
2. **Investissement** .... 6 points
3. **Placement des excédents de trésorerie** .... 4 points

Le sujet comporte 6 documents et 1 annexe :

Documents

Dossier 1

1. Compte de résultat simplifié de la société Frigoma
2. Soldes intermédiaires de gestion de la société Frigoma
3. Renseignements complémentaires sur la société Frigoma
4. Tableau de financement de la société Frigoma – Exercice 2021

Dossier 2

5. Informations relatives au projet d'investissement de la société Hélios

Dossier 3

6. Informations relatives aux actions A et B

Annexe

A. Tableau de flux de trésorerie (CDB, 2021) (document à remettre complété avec la copie)

Si le texte du sujet, de ses questions ou de la base documentaire vous conduit à formuler une ou plusieurs hypothèses, il vous est demandé de la (ou de les) mentionner explicitement dans votre copie. Il vous est demandé d'apporter un soin particulier à la présentation de votre copie. Toute information calculée devra être justifiée.

Frigoma - Hélios

Dossier 1 Diagnostic financier

Base documentaire : documents 1 à 4

La société Frigoma est une société anonyme située dans la région nantaise. Elle est spécialisée dans la conception et la production de refroidisseurs d'eau pour l'industrie agroalimentaire et la plasturgie. Au cours des deux dernières années, son chiffre d'affaires a diminué en raison du contexte économique dégradé. Denis Laisné, dirigeant de la SA, s'inquiète de cette fâcheuse évolution de l'activité. Vous êtes l'assistant(e) de Marion Allisy, responsable du service financier de Frigoma.

Mission

Marion Allisy a déjà élaboré le tableau de financement de la SA Frigoma et souhaiterait compléter son analyse par une étude de l'évolution de la trésorerie de l'entreprise.

Elle vous confie la construction et l'analyse d'un tableau de flux de trésorerie. À cette fin, elle vous remet les documents 1 à 4 à partir desquels vous devrez :

1.1. Indiquer la différence essentielle existant entre un tableau de flux de trésorerie et un tableau de financement.

1.2. Présenter l'intérêt, pour la gestion de l'entreprise, d'une approche en termes de flux de trésorerie.

1.3. Compléter le tableau de flux de la Centrale des bilans (CDB) de la Banque de France qui figure dans l'annexe A (document à remettre avec la copie).

1.4. Commenter ce tableau de flux de trésorerie.

Dossier 2 Investissement

Base documentaire : document 5

La société à responsabilité limitée (SARL) Hélios est spécialisée dans la production de pièces mécaniques pour l'industrie automobile. Elle souhaite élargir la gamme de ses produits. La construction d'une nouvelle unité de production est nécessaire.

Mission

Vous êtes stagiaire au sein du service comptable de la SARL Hélios, sous la responsabilité de Julien Dubreuil. Ce dernier vous confie l'étude de la faisabilité du nouvel investissement. À cette fin, il vous remet le document 5 relatif aux caractéristiques de ce projet d'investissement, à partir duquel vous devrez :

2.1. Déterminer le montant du capital investi dans ce projet d'investissement.

2.2. Présenter, sous la forme d'un tableau, les flux de trésorerie générés par cet investissement.

2.3. Calculer la VAN et le TIR de ce projet. Quelle conclusion en tirer ?

2.4. Calculer l'indice de profitabilité ainsi que le délai de récupération.

Dossier 3 Placement des excédents de trésorerie

Base documentaire : document 6

Katell Laurent s'intéresse au marché boursier. Elle souhaite, à titre personnel, investir une partie des liquidités qu'elle détient sur son compte à vue.

Mission

Consciente des risques encourus par un placement en actions, Katell Laurent vous charge de sélectionner le portefeuille qui lui offriraient une rentabilité supérieure à un placement non risqué.

Vous avez retenu deux titres indépendants dont les caractéristiques sont décrites dans le document 6. À partir de vos connaissances et du document 6 :

3.1. Indiquer les risques inhérents à la détention d'une action et expliquer l'intérêt, pour un investisseur, de diversifier le contenu de son portefeuille. Préciser ce que recouvre un « placement non risqué », puis donner un exemple d'un tel placement.

3.2. Indiquer et expliciter les critères à prendre en compte dans le placement d'un excédent de trésorerie.

3.3. Préciser la signification de l'écart-type et indiquer la manière dont il est calculé.

3.4. Déterminer le titre offrant la rentabilité la plus élevée et, à l'inverse, celui dont le risque est le plus faible.

3.5. Katell Laurent souhaite investir 5 000 € dans un portefeuille composé de deux titres, Astra et Briac. Déterminer la rentabilité et le risque d'un portefeuille composé à 60 % de titres Astra et à 40 % de titres Briac.

BASE DOCUMENTAIRE

Document 1

Compte de résultat simplifié de la société Frigoma

Exercice	2021	2020
Production vendue	369 458	394 023
Production stockée	1 162	2 541
Subvention d'exploitation	0	3 500
Reprises sur dépréciations et provisions	5 481	4 545
Autres produits		450
Produits d'exploitation	**376 101**	**405 059**
Achats de matières et approvisionnements	79 674	84 250
Variation de stocks matières	7 124	6 325
Variation de stocks autres approvisionnements	– 350	310
Autres achats et charges externes (1)	63 000	67 120
Impôts et taxes	29 491	41 536
Charges de personnel	81 095	82 530
Dotations aux amortissements, dépréciations et provisions	82 261	81 956
Autres charges		330
Charges d'exploitation	**342 295**	**364 357**
Résultat d'exploitation	**33 806**	**40 702**
Autres intérêts et produits assimilés	1 200	1 350
Produits financiers	**1 200**	**1 350**
Intérêts et charges assimilées	15 200	12 400
Dotations aux amortissements, dépréciations et provisions	24 976	20 754
Charges financières	**40 176**	**33 154**
Résultat financier	**– 38 976**	**– 31 804**
Sur opérations de gestion	0	12 448
Sur opérations en capital		
Produits des cessions d'éléments d'actif	42 388	18 750
Subventions d'investissements virées au résultat	1 516	
Reprises sur dépréciations et provisions	4 914	
Produits exceptionnels (1)	**48 818**	**31 198**
Sur opérations en capital (valeur comptable des éléments d'actif cédés)	32 052	12 450
Dotations aux amortissements, dépréciations et provisions	21	634
Charges exceptionnelles (2)	**32 073**	**13 084**
Résultat exceptionnel	**16 745**	**18 114**
Impôt sur les bénéfices	3 711	8 712
Résultat net de l'exercice	**7 864**	**18 300**
(1) Dont loyer de crédit-bail	11 250	0
(2) Dont personnel intérimaire	9 450	8 500

Document 2

Soldes intermédiaires de gestion de la société Frigoma

Exercice		2021	2020
Production vendue		369 458	394 023
Production stockée		1 162	2 541
Production de l'exercice	**(a)**	**370 620**	**396 564**
Achats de matières premières		79 674	84 250
Variation de stock matières premières		7 124	6 325
Variation de stocks marchandises		– 350	310
Autres achats et charges externes		63 000	67 120
Consommation en provenance de tiers	**(b)**	149 448	158 005
Valeur ajoutée	**(a) – (b)**	**221 172**	**238 559**
Subvention d'exploitation		0	3 500
Impôts taxes et versements assimilés		– 29 491	– 41 536
Charges de personnel		– 81 095	– 82 530
Excédent brut d'exploitation		**110 586**	**117 993**
Reprises sur dépréciations et provisions		5 481	4 545
Autres produits			450
Dotations aux amortissements, dépréciations et provisions		– 82 261	– 81 956
Autres charges			– 330
Résultat d'exploitation		**33 806**	**40 702**
Produits financiers			
Autres intérêts et produits assimilés		1 200	1 350
Charges financières			
Intérêts et charges assimilées		– 15 200	– 12 400
Dotations aux amortissements, dépréciations et provisions		– 24 976	– 20 754
Résultat courant avant impôt		**– 5 170**	**8 898**
Résultat exceptionnel		**16 745**	**18 114**
Impôt sur les bénéfices		– 3 711	– 8 712
Résultat net de l'exercice		**7 864**	**18 300**

Document 3

Renseignements complémentaires sur la société Frigoma

Les créances cédées non échues s'élèvent à 1 425 € pour l'exercice 2021 et à 1 215 € pour l'exercice 2020.

La société a souscrit début 2021 un contrat de location-financement concernant une machine-outil. La durée de ce contrat est de 6 ans. Cet équipement, d'une valeur de 54 000 €, aurait fait l'objet d'un amortissement linéaire sur 6 ans, s'il avait été acquis en pleine propriété.

La variation des autres débiteurs contient uniquement la variation des valeurs mobilières de placement.

La variation des autres créditeurs contient uniquement la variation des dettes sur immobilisations.

Document 4

Tableau de financement de la société Frigoma – Exercice 2021

Première partie

Emplois stables	
Distributions mises en paiement au cours de l'exercice	13 261
Acquisitions d'éléments de l'actif immobilisé	
Immobilisations incorporelles	7 200
Immobilisations corporelles	92 068
Immobilisations financières	52 200
Charges à répartir sur plusieurs exercices	
Réduction des capitaux propres	
Remboursement de dettes financières	56 068
Total des emplois stables	220 797
Variation du fonds de roulement net global (ressource nette)	30 186
Ressources stables	
Capacité d'autofinancement de l'exercice (1)	92 875
Cessions ou réductions d'éléments de l'actif immobilisé	
Cessions d'immobilisations :	
– incorporelles	
– corporelles	42 388
Cessions ou réductions d'immobilisations financières	3 000
Augmentation des capitaux propres	
Augmentation de capital ou apports	30 500
Augmentation des autres capitaux propres	
Augmentation des dettes financières	82 220
Total des ressources durables	250 983
Variation du fonds de roulement net global (emploi net)	

(1) Capacité d'autofinancement du plan comptable général.

...

•••

Deuxième partie

Variation du fonds de roulement net global	Besoins (1)	Dégagements (2)	Solde (2 – 1)
Variation d'exploitation			
Variation des actifs d'exploitation			
Stocks et en-cours		5 612	
Avances et acomptes versés sur commandes			
Créances clients, comptes rattachés et autres créances d'expl.	6 809		
Variation des dettes d'exploitation			
Avances et acomptes reçus sur commandes			
Dettes fournisseurs, comptes rattachés et autres dettes d'expl.	8 862		
Totaux	15 671	5 612	
A. Variation nette d'exploitation			**– 10 059**
Variation hors exploitation			
Variation des autres débiteurs		892	
Variation des autres créditeurs	23 000		
Totaux	23 000	892	
B. Variation nette hors exploitation			**– 22 108**
Total A + B			
Besoin de l'exercice en fonds de roulement			– 32 167
ou			
Dégagement net en fonds de roulement			
Variations de trésorerie			
Variation des disponibilités		2 242	
Variation des concours bancaires et soldes créditeurs de banques	261		
Totaux	261	2 242	
C. Variation nette de trésorerie			**1 981**
Variation du fonds de roulement net global (A + B + C)			
Emploi net			
ou			
Ressource nette			– 30 186

Document 5

Informations relatives au projet d'investissement de la société Hélios

Début 2021, la société envisage d'acquérir un bâtiment d'une valeur de 2 000 k€ amortissable en mode linéaire sur 20 ans et de plusieurs machines d'une valeur totale de 3 500 k€ amortissables en mode linéaire sur 10 ans.

Le chiffre d'affaires pour 2021 est estimé à 1 800 k€. Il devrait progresser de 5 % par an. Les charges d'exploitation sont évaluées à 30 % du chiffre d'affaires. Les charges fixes (hors amortissement) sont constantes et égales à 100 k€.

La valeur de revente du matériel industriel au bout de 5 ans est estimée à 2 000 k€ avant IS.

Une étude a permis d'estimer le BFRE à 50 jours de chiffre d'affaires. Le taux d'actualisation a été fixé à 7 % et le taux d'impôt sur les sociétés est par hypothèse égal à 15 %.

N.B. : pour le calcul des amortissements, il ne sera pas tenu compte de la valeur de revente des matériels.

Annexe A

Tableau des flux de trésorerie (CDB, 2021)

Activité	
CAHT et autres produits d'exploitation	
– Variation « Clients » et autres créances d'exploitation	
= Encaissements sur produits d'exploitation (a)	
Achats et autres charges d'exploitation	
– Variation « Fournisseurs » et autres dettes d'exploitation	
= Décaissements sur charges d'exploitation (b)	
FLUX DE TRÉSORERIE D'EXPLOITATION (a) – (b)	
+ Flux liés aux opérations hors exploitation	
– Charges d'intérêts	
– Impôt sur les bénéfices décaissé	
– Flux affecté à la participation des salariés	
– Distribution mise en paiement	
FLUX DE TRÉSORERIE INTERNE (A)	
Investissement	
Investissement d'exploitation hors production immobilisée	153 268
+ Acquisitions de participations et titres immobilisés	52 200
+ Variation des autres actifs immobilisés hors charges à répartir	– 3 000
– Subventions d'investissement reçues	0
– Variation des dettes sur immobilisations	23 000
– Encaissements sur cessions d'immobilisations	– 42 388

•••

•••

Tableau des flux de trésorerie (CDB, 2021)

FLUX LIÉ À L'INVESTISSEMENT (I)	**183 080**
Financement	
Augmentation ou réduction de capital	30 500
– Variation des créances sur capital appelé non versé	0
= Flux lié au capital (c)	***30 500***
Nouveaux emprunts	***136 220***
(dont nouveaux engagements de location-financement 54 000)	
– Remboursements d'emprunts	***– 65 068***
= Variation des emprunts (d)	***71 152***
Variation des crédits bancaires courants	– 261
+ Variation des créances cédées non échues	210
+ Variation des avances de trésorerie reçues en provenance des groupes et associés	
+ Variation titres de créances négociables hors groupe	
= Variation de trésorerie Passif (e)	***– 51***
FLUX LIÉ AU FINANCEMENT (F) = (c) + (d) + (e)	**101 601**
Variation de la trésorerie actif (A – I + F)	**– 3 134**
Variation des disponibilités	– 2 242
+ Variation des valeurs mobilières de placement	– 892
+ Variation des avances de trésorerie aux groupes et associés	
= Variation de la trésorerie Actif	**– 3 134**

Document 6

Informations relatives aux actions Astra et Briac

Après avoir observé les performances sur une période d'un an des actions cotées sur le marché boursier, vous avez sélectionné les deux actions Astra et Briac dont les caractéristiques sont les suivantes :

	Titre Astra	Titre Briac
Espérance de rentabilité	4 %	6 %
Écart-type	2 %	3 %

SAVOIRS ESSENTIELS

1 La notion de flux de trésorerie

Il est important de distinguer trésorerie réelle et trésorerie potentielle.

Définition

- La **trésorerie réelle** correspond aux liquidités dont l'entreprise dispose à un instant donné.
- La **trésorerie potentielle** correspond à des liquidités (flux d'encaissement ou de décaissement) intervenant dans des délais brefs.

Les conditions de règlement sont à l'origine des différences de trésorerie.

Passage de la trésorerie potentielle à la trésorerie réelle

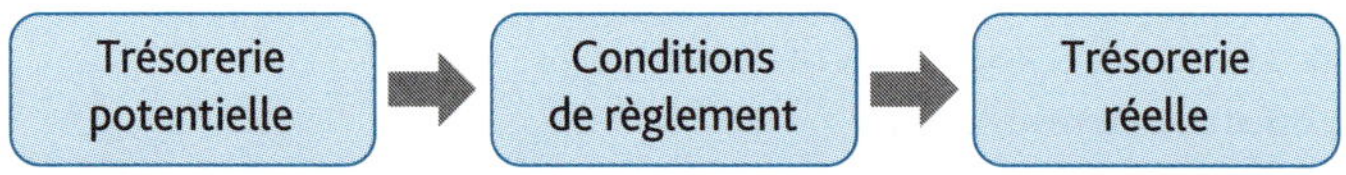

Exemple

Une entreprise vend des marchandises pour 30 000 € HT. Elle règle au comptant pour 80 %. Elle achète des marchandises pour 10 000 €. Elle règle au comptant pour 60 %. On néglige la TVA.

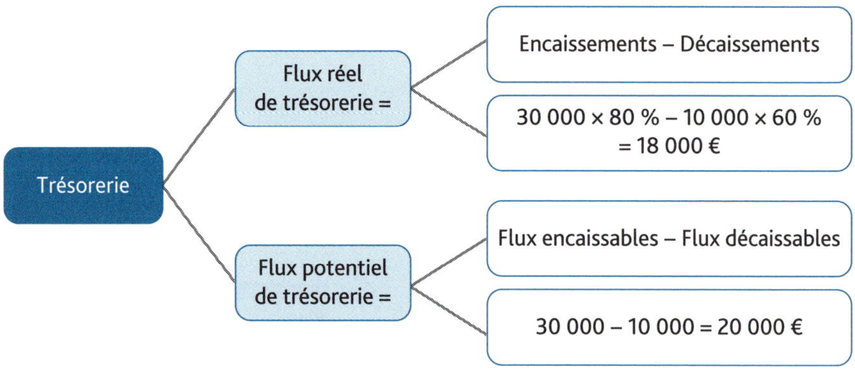

2 La trésorerie, concept central du diagnostic financier

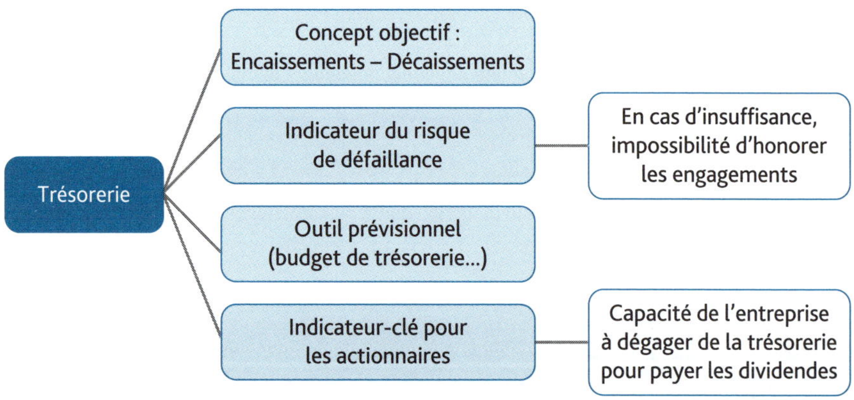

3 Les tableaux de flux de trésorerie

Il existe plusieurs modèles de tableaux de flux de trésorerie. Tous font apparaître trois flux de trésorerie liés :
- à l'activité ;
- à l'investissement ;
- au financement.

Typologie des flux de trésorerie

Flux de trésorerie lié à l'activité	Il se décompose en : • Flux d'exploitation correspondant aux charges et produits d'exploitation (ventes encaissées, achats décaissés, salaires versés…). L'indicateur le plus pertinent est l'excédent de trésorerie d'exploitation (ETE). • Autres encaissements et décaissements liés au cycle d'exploitation tels que : charges et produits financiers et exceptionnels (sauf produits de cessions des éléments d'actifs cédés qui relèvent de la fonction investissement, participation des salariés, impôt sur les sociétés)
Flux de trésorerie lié à l'investissement	• Il s'agit des encaissements et décaissements liés aux opérations d'investissements. Il permet d'apprécier la politique de développement de l'entité. • Ex. : encaissements sur cessions d'immobilisations ; remboursements de prêts accordés par l'entreprise
Flux de trésorerie lié au financement	• Il permet de comprendre les arbitrages financiers de l'entreprise. • Ex. : augmentation de capital en numéraire, remboursement d'emprunt, concours bancaires courants.

4 La capacité d'autofinancement (CAF)

Définition

La **CAF** est un flux potentiel de trésorerie généré par l'activité apparaissant en « ressource » dans le tableau de financement (partie I).

Dans le cadre d'un projet d'investissement, la CAF est calculée comme suit, à partir des données prévisionnelles du CAHT et des charges :

CAF = Résultat net + Dotation aux amortissements des investissements

Exemple

Pour calculer le CAF prévisionnelle, on établit le tableau suivant.

Chiffre d'affaires prévisionnel	200 000
Charges (hors amortissement)	100 000
Dotations aux amortissements des investissements	40 000
Résultat avant impôt	60 000
Impôt sur les bénéfices (taux de 25 % par hypothèse)	25 % × 60 000 = 15 000
Résultat net d'impôt	45 000
Dotation aux amortissements	40 000
CAF = Résultat net d'impôt + Dotations aux amortissements	95 000

5 Les critères financiers de sélection d'un investissement

A) Le calcul et l'interprétation de la VAN

VAN (valeur actuelle nette)

Calcul	VAN = somme des cash-flows actualisés – Inv.
Interprétation	Projet acceptable si VAN > 0
Limite	Ne permet pas de comparer des projets dont le montant de l'investissement est différent

B) Le calcul et l'interprétation de l'IP

Indice de profitabilité (IP)

Calcul	VAN/Inv. + 1
Interprétation	Projet acceptable si IP > 1
Intérêt	Comparer des projets dont le montant de l'investissement est différent

C) Le calcul et l'interprétation du TIR

Taux interne de rentabilité (TIR)

Calcul	Taux d'actualisation qui annule la VAN
Interprétation	Projet acceptable si TIR > coût du capital
Limite	Basé sur une hypothèse de réinvestissement des cash-flows au TIR

D) L'arbitrage en matière d'investissement

Lorsqu'un placement est envisagé, la liquidité, la rentabilité et le rendement du projet doivent être pris en compte.

VAN positive → **TIR > Coût du capital** → **Projet d'investissement acceptable**

6 La rentabilité et le risque d'une action

A) La rentabilité attendue (espérée)

La rentabilité attendue (R) est une variable aléatoire qui prend plusieurs valeurs de rentabilité (R_i), chacune d'elle est affectée d'une probabilité (P_i).

La rentabilité attendue est appréciée par **l'espérance mathématique**.

$$E(R) = \sum_{i=1}^{n} \times R_i \times P_i$$

B) Le risque d'une action

Le risque est apprécié par la **variance ou l'écart-type** (racine carrée de la variance).

Ces deux indicateurs mesurent la dispersion des rentabilités autour de la rentabilité moyenne.

$$VAR(R) = \sum_{i=1}^{n} \times P_i \times R_i^{\,2} - E(R)^2$$

C) L'intérêt d'un portefeuille diversifié

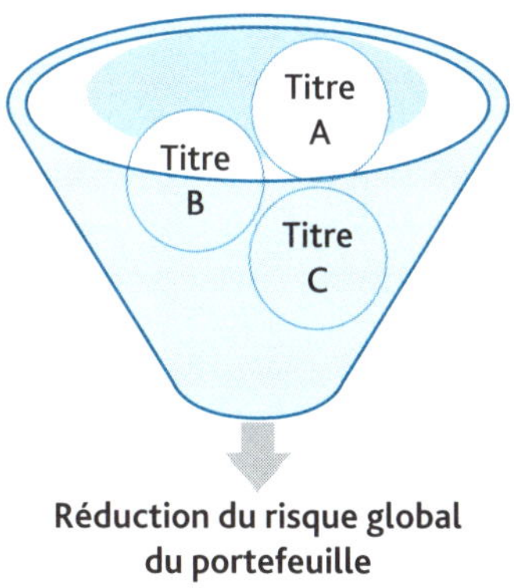

D) La rentabilité et le risque d'un portefeuille

Soient deux actions A et B caractérisées comme suit :

- rentabilités : action A = E(RA) et action B = E(RB)
- variances : action A = VAR(RA) et action B = VAR(RB)
- proportions des titres A et B dans le portefeuille : action A = PA et action B = PB

Les deux actions **varient de façon indépendante.**

La rentabilité et le risque d'un portefeuille composé des deux titres A et B sont déterminés par les formules suivantes :

Rentabilité : $E(RP) = PA \times E(RA) + PB \times E(RB)$

Variance : $V(RP) = PA^2 \times VAR(RA) + PB^2 \times VAR(RB)$

Dossier 1 Diagnostic financier

Compétences attendues

- **Construire** tout ou partie d'un tableau de flux de trésorerie selon la méthode directe ou indirecte
- **Conduire** un diagnostic de la situation financière à partir d'un tableau de flux

DÉCRYPTAGE

- Le candidat doit être capable de construire tout ou partie d'un tableau de flux de trésorerie et de justifier un ou plusieurs éléments du tableau.
- La réalisation d'un diagnostic comprend la rédaction d'un écrit structuré permettant de dresser des constats en vue de réaliser une analyse et, le cas échéant, de réaliser des propositions.

1.1 Indiquer la différence essentielle existant entre un tableau de flux de trésorerie et un tableau de financement.

Le tableau de flux de trésorerie est centré sur la trésorerie alors que le tableau de financement est centré sur le suivi de l'équilibre financier (variation du FRNG, BFR et trésorerie).

Un tableau de flux de trésorerie présente la trésorerie générée sur un exercice par chacun des trois cycles d'opérations (activité, investissement, financement) ; il met en évidence la contribution de chacun d'eux à la variation de la trésorerie sur un exercice.

1.2 Présenter l'intérêt, pour la gestion de l'entreprise, d'une approche en termes de flux de trésorerie.

La trésorerie est un indicateur-clé de la gestion et de l'analyse financière. En effet, elle assure la solvabilité de l'entreprise et donc sa pérennité. Par ailleurs, elle permet le financement de la croissance.

Il est donc essentiel, pour une entreprise, de pouvoir suivre et analyser sa trésorerie.

1.3 Compléter le tableau de flux de la Centrale des bilans (CDB) de la Banque de France qui figure dans l'annexe A (document à remettre avec la copie).

Activité	
Chiffre d'affaires hors taxes et autres produits d'exploitation	369 458
Variation Clients et autres créances exploitation	– 7 019
= Encaissements sur produits d'exploitation (a)	**362 439**
Achats et autres charges d'exploitation	242 010
Variation Fournisseurs et autres dettes exploitation	8 862
= Décaissements sur charges d'exploitation (b)	**250 872**
FLUX DE TRÉSORERIE D'EXPLOITATION (a) – (b)	111 567

Activité	
Flux liés aux opérations hors exploitation	1 200
– Charges d'intérêts	– 17 450
– Impôt sur les bénéfices décaissé	– 3 711
– Flux affecté à la participation des salariés	
– Distributions mises en paiement	– 13 261
FLUX DE TRÉSORERIE INTERNE	78 345

NOTRE CONSEIL

Pour justifier vos calculs, vous devez rechercher les informations dans les comptes annuels. Vous devez présenter vos travaux avec beaucoup de rigueur. Lorsque la situation s'y prête, n'hésitez pas à les présenter dans un tableau intitulé et annoté (le cas échéant).

Encaissements sur produits d'exploitation

Encaissements de 2021 = CAHT 2021 + (créances 2020 – créances 2021)

Encaissements de 2020 = CAHT 2021 – (créances 2021 – créances 2020)

La variation des créances se lit dans le tableau de financement (partie II). La somme inscrite en besoin signifie que les créances ont augmenté. La variation est positive.

Si la somme est inscrite en dégagement, les créances ont baissé. La variation est négative.

Pour l'élaboration du tableau de flux de la CDB, il faut prendre en compte la variation des effets escomptés non échus (EENE).

Variation clients et comptes rattachés	6 809
Variation EENE	210
Variation clients et autres créances exploitation	7 019

Les variations du BFRE sont calculées à partir des données brutes du bilan.

Décaissements sur achats et autres charges d'exploitation

Décaissements de 2021 = Achats 2021 + dettes 2020 – dettes 2021

Décaissements de 2021 = achats 2021 – (dettes 2021 – dettes 2020)

La variation des dettes se lit dans le tableau de financement (partie II). La somme inscrite en besoin signifie que les dettes ont diminué. Le solde doit être affecté du signe négatif.

La somme inscrite en dégagement signifie que les dettes ont augmenté. Le solde doit être affecté du signe positif.

La redevance de crédit-bail est ventilée entre intérêts et dotations aux amortissements.

En l'espèce, l'amortissement s'élève à 54 000/6 soit 9 000 ; les intérêts à 2 250 (11 250 – 9 000). La redevance est donc extraite du poste « Autres achats et charges externes ».

Achats et autres charges d'exploitation

Achats de matières et approvisionnements	79 674
Autres achats et charges externes : 63 000 – 11 250	51 750
Impôts et taxes	29 491
Charges de personnel	81 095
Achats et autres charges d'exploitation	242 010

Dettes 2020 – dettes 2019 : – 8 862 (les dettes ont diminué)
Décaissements : 242 010 – (– 8 862) = 250 872 €

Charges d'intérêts	15 200
Intérêts dans redevance de crédit-bail	2 250
Charges d'intérêts corrigées	17 450

Flux liés aux opérations hors exploitation

Il s'agit par exemple :
- des produits financiers (intérêts mais pas dividendes) ;
- des produits ou charges exceptionnels sur opérations de gestion.

1.4 Commenter ce tableau de flux de trésorerie.

Le flux de trésorerie interne est largement positif et permet de couvrir une part conséquente (43 %) du flux de trésorerie lié à l'investissement.

Les investissements opérés durant l'exercice ont également été financés par un montant élevé de cessions d'immobilisations. Leur financement a été complété par un fort endettement supplémentaire, par une augmentation de capital ainsi que par un faible prélèvement sur la trésorerie – Actif.

L'entreprise s'endette donc davantage alors que ses remboursements sont déjà élevés, tout en restant couverts par le flux de trésorerie interne.

Dossier 2 Investissement

2.1 Déterminer le montant du capital investi dans ce projet d'investissement.

Compétence attendue

Identifier et **distinguer** les différents types d'investissement

Le capital investi comprend :
- Le montant des investissements : 2 000 + 3 500 = 5 500 k€
- L'augmentation du BFRE qu'il faut financer début 2021 soit 250 k€.

Pour calculer cette augmentation du BFRE, il faut préalablement déterminer le chiffre d'affaires prévisionnel, puis calculer le BFRE correspondant.

Pour l'année 2021, le chiffre d'affaires prévisionnel est de 1 800 k€, ce qui correspond à un BFRE égal à : 1 800 x 50/360 soit 250 k€.

Les variations du BFRE pour les années 2021 à 2025 sont présentées dans le tableau suivant :

En k€	Début 2021	Fin 2021	Fin 2022	Fin 2023	Fin 2024	Fin 2025
Chiffre d'affaires		1 800	1 890	1 985	2 084	2 188
BFRE		250	263	276	289	304
Variation du BFRE	250	13	13	13	15	

2.2 Présenter, sous la forme d'un tableau, les flux de trésorerie générés par cet investissement.

Compétence attendue

Calculer les flux prévisionnels caractérisant un projet à partir des capacités d'autofinancement

DÉCRYPTAGE

Le candidat doit expliciter les critères financiers et les calculs liés au choix d'un investissement. Il doit conclure au regard des critères choisis sur la faisabilité d'un projet d'investissement.

NOTRE CONSEIL

Avant de chiffrer un critère financier (VAN, TIR, délai de récupération, indice de profitabilité), vous devez systématiquement le définir. Vous devez également présenter clairement la méthode de calcul du critère financier. Veillez à ne jamais présenter des calculs isolés et dénués d'explications.

Les flux de trésorerie comprennent :

- la capacité d'autofinancement ;
- la valeur de revente nette de l'IS sur la plus-value ;
- le capital investi.

Plus-value sur revente de matériel : 2 000 – (3 500 – 3 500 × 5/10) = 250 ; IS = 38 k€.

	Début 2021	Fin 2021	Fin 2022	Fin 2023	Fin 2024	Fin 2025
Chiffre d'affaires		1 800	1 890	1 985	2 084	2 188
Marge sur coûts variables (MCV)		1 260	1 323	1 390	1 459	1 532
Charges fixes (hors amortissement)		100	100	100	100	100
Amortissement du bâtiment		100	100	100	100	100
Amortissement du matériel		350	350	350	350	350
Résultat courant avant IS		710	773	840	909	982
Résultat net d'IS		604	657	714	773	835
CAF		1 054	1 107	1 164	1 223	1 285
Investissement	– 5 500					
Var. BFRE	– 250	– 13	– 13	– 13	– 15	
Valeur de revente						2 000
Impôt sur les plus-values						– 38
Flux de trésorerie	– 5 750	1 041	1 094	1 151	1 208	3 247

2.3 Calculer la VAN et le TIR de ce projet. Quelle conclusion en tirer ?

Compétence attendue

Déterminer les critères financiers de sélection de projets d'investissement

NOTRE CONSEIL

Avant de chiffrer un critère financier (VAN, TIR, indice de profitabilité), vous devez systématiquement le définir. Vous devez également présenter clairement la méthode retenue pour le calcul du critère financier. Veillez à ne jamais proposer des calculs isolés dénués d'explications.

DÉCRYPTAGE

Le candidat doit expliciter les critères financiers et les calculs liés au choix d'un investissement. Il doit conclure, au regard des critères choisis, sur la faisabilité d'un investissement.

La valeur actuelle nette est la différence entre la somme actualisée des flux prévisionnels de trésorerie générés par l'investissement et le montant du capital investi.

VAN = $-5\,750 + 1041x\,(1+7\,\%)^{-1} + 1094x\,(1+7\%)^{-2} + 1151\,(1+7\%)^{-3} + 1208\,(1+7\%)^{-4} + 3247\,(1+7\,\%)^{-5}$

VAN = 355 k€

Le TIR est le taux d'actualisation (r) qui annule la valeur actuelle nette. Il s'agit du taux *r* solution de l'équation suivante :

$5\,750 = 1041x\,(1+r\,\%)^{-1} + 1094x\,(1+r\,\%)^{-2} + 1151\,(1+r\,\%)^{-3} + 1208\,(1+r\,\%)^{-4} + 3247\,(1+r\,\%)^{-5}$

TIR = 8,90 %

Au regard de ces deux critères, le projet d'investissement est rentable. Il permet de dégager 355 k€ et le TIR est supérieur au taux d'actualisation.

2.4 Calculer l'indice de profitabilité ainsi que le délai de récupération.

Compétence attendue

Déterminer les critères financiers de sélection de projets d'investissement

L'indice de profitabilité (IP) est utile pour établir des comparaisons entre différents projets d'investissement.

Indice de profitabilité = somme des flux de trésorerie actualisés/capital investi

IP = (VAN + I)/I soit VAN/I + 1

En l'espèce, IP = 355/5 750 + 1, soit 1,06.

Le délai de récupération est le temps au bout duquel le montant cumulé des cash-flows actualisés est égal au capital investi.

	Début 2021	Fin 2021	Fin 2022	Fin 2023	Fin 2024	Fin 2025
Flux de trésorerie	– 5 750	1 041	1 094	1 151	1 208	3 247
Cash-flows actualisés début N	–	973	956	940	922	2 315
Cumul des cash-flows actualisé	–	973	1 929	2 869	3 791	6 106

Le délai de récupération se situe dans la cinquième année.

Fin N+3, le capital récupéré s'élève à 3 791 k€. Il reste 5 750 – 3 791 à récupérer, soit 1 959 k€.

Entre N+4 et N+3, il est récupéré 6 106 – 3 791, soit 2 315 k€.

On récupère 1 959 k€ en : 12/2 315 × 1 959, soit 10 mois.

Le délai de récupération est 4 ans et 10 mois.

Dossier 3 Placement des excédents de trésorerie

Compétences attendues

- **Identifier** la relation entre incertitude et rentabilité exigée par le marché
- **Déterminer** les critères financiers de sélection de projets d'investissement
- **Calculer** la rentabilité espérée ou la valeur théorique sur une période d'un titre financier

DÉCRYPTAGE

- Le candidat doit identifier les avantages et les risques des placements des excédents de trésorerie.
- Le candidat doit comprendre l'intérêt de la diversification des titres dans la constitution d'un portefeuille. Il doit connaître les formules du calcul de la rentabilité et du risque d'un portefeuille composé de deux actifs indépendants.

NOTRE CONSEIL

La notion de risque est centrale en finance. Il est nécessaire d'en rappeler la signification.
Le candidat doit connaître les deux risques inhérents aux actions : risque de marché et risque spécifique. Cette question revient fréquemment dans les sujets d'examen.

3.1 Indiquer les risques inhérents à la détention d'une action et expliquer l'intérêt, pour un investisseur, de diversifier le contenu de son portefeuille. Préciser ce que recouvre un « placement non risqué », puis donner un exemple d'un tel placement.

Le risque d'une action correspond à l'incertitude relative à sa rentabilité future. Ce risque comprend deux composantes :

- Le risque de marché dit « non diversifiable ». Le risque non diversifiable est dit aussi **risque de marché** ou risque systématique. Il est influencé par des données macro-économiques (ex. : inflation, conjoncture, évolution des taux d'intérêt, phénomènes politiques) qui affectent l'ensemble du marché. Le risque de marché d'un titre peut être apprécié par le coefficient Bêta.
- Le risque spécifique dit « diversifiable ». La diversification consiste à associer dans un portefeuille des titres de secteurs d'activité différents, de risques différents de façon à réduire le **risque global du portefeuille**. Par exemple, il peut être intéressant d'associer, dans un portefeuille, des actions avec des titres non risqués comme des obligations. Un placement non risqué est un placement dont le **risque de perte en capital** est quasi-nul. On peut prendre comme exemple des SICAV monétaires, des obligations d'État.

NOTRE CONSEIL

Vous ne devez pas vous contenter de citer les trois critères ; vous devez également les définir le plus simplement possible.

3.2 Indiquer et expliciter les critères à prendre en compte dans le placement d'un excédent de trésorerie.

Lorsque l'on envisage un placement, trois critères d'arbitrage doivent être pris en compte :

- La sécurité. Principal critère, il s'agit du risque de perte du capital investi. Les obligations sont moins risquées que les actions.
- La liquidité. Il s'agit de la possibilité de récupérer facilement les sommes investies pour faire face à un imprévu.
- Le rendement. Il s'agit des revenus tirés du placement (dividendes, intérêts) et gains qui seront issus de la revente des titres.

3.3 Préciser la signification de l'écart-type et indiquer la manière dont il est calculé.

La variance est égale à la moyenne de l'écart au carré de chaque cours du titre par rapport à la moyenne de l'ensemble des cours. L'écart-type correspond à la racine carrée de la variance.

L'écart-type est un indicateur du risque d'un titre financier. Il traduit la dispersion de la rentabilité autour de l'espérance de rentabilité. Plus il est élevé, plus le risque est fort.

On choisit une période donnée. Par exemple, le mois de février 2021. On recense tous les cours du titre financier et on détermine la moyenne.

En pratique, il convient de calculer d'abord la variance du titre.

3.4 Déterminer le titre offrant la rentabilité la plus élevée et, à l'inverse, celui dont le risque est le plus faible.

Le titre qui offre la rentabilité la plus élevée est celui dont l'espérance de rentabilité est la plus forte. Il s'agit du titre Briac.

Le titre dont le risque est le plus faible est celui dont l'écart-type est le moins élevé. Il s'agit du titre Astra.

3.5 Katell Laurent souhaite investir 5 000 € dans un portefeuille composé de deux titres, Astra et Briac. Déterminer la rentabilité et le risque d'un portefeuille composé à 60 % de titres Astra et à 40 % de titres Briac.

La diversification consiste à associer dans un portefeuille des titres de secteurs d'activité différents de façon à réduire le risque global du portefeuille.

Soit deux actions A et B :

- Rentabilités : action A = E(RA) et action B = E(RB)
- Variances : action A = VAR(RA) et action B = VAR(RB)
- Proportions des titres A et B dans le portefeuille : action A = PA et action B = PB
- Les deux actions **varient de façon indépendante.**

La rentabilité et le risque d'un portefeuille composé des deux titres A et B sont déterminés par les formules suivantes :

Rentabilité du portefeuille E(RP)	E(RP) = PA × E(RA) + PB × ER(B)
Variance du portefeuille VAR(RP)	VAR(RP) = PA^2 × VAR(RA) + PB^2 × VAR(RB)
Écart-type du portefeuille ECT(RP)	ECT(RP) = $\sqrt[2]{VAR(RP)}$

Rentabilité du portefeuille

Espérance de la rentabilité (RP) = 60% × 4% + 40% × 6% = 4,80 %

Insérer un picto Ampoule en regard du titre en gras

Risque du portefeuille

Variance (RP) = $(60\ \%)^2 \times 4 + (40\ \%)^2 \times 9 = 2,88$

Écart-type (RP) = 1,70 %

Sujet type d'examen 2

Sujet

Bobois – Usimat

Durée de l'épreuve : 3 h

Coefficient : 1

Document autorisé : aucun

Matériel autorisé : calculatrice en mode examen

Le sujet se présente sous la forme de **3 DOSSIERS** indépendants :

Dossiers

1. Diagnostic financier .... 10 points
2. Gestion du besoin en fonds de roulement d'exploitation .... 3,5 points
3. Marchés financiers .... 6,5 points

Le sujet comporte 9 documents :

Documents

Dossier 1

1. Compte de résultat de la société Bobois – exercice 2021
2. Informations sectorielles pour l'exercice 2021
3. Bilan de la société Bobois au 31 décembre 2021
4. Informations complémentaires
5. Tableau de financement de la société Bobois pour l'exercice 2021

Dossier 2

6. Informations relatives aux composantes du BFRE – SA Usimat
7. Données moyennes du secteur d'activité

Dossier 3

8. Données relatives à l'action Danone
9. Données relatives à l'obligation Accor

Si le texte du sujet, de ses questions ou de la base documentaire vous conduit à formuler une ou plusieurs hypothèses, il vous est demandé de la (ou de les) mentionner explicitement dans votre copie. Il vous est demandé d'apporter un soin particulier à la présentation de votre copie. Toute information calculée devra être justifiée.

Bobois - Usimat

Dossier 1 Diagnostic financier

Base documentaire : documents 1, 2, 3, 4 et 5

La société Bobois est une société anonyme créée en 1965 et spécialisée dans la fabrication de meubles en bois destinés à l'aménagement de bureaux. Les produits proposés (bureaux, chaises, meubles à tiroirs et tables) sont conçus et assemblés en France.

Yannick Martin, gérant de la société, envisage le développement d'un nouveau marché, celui de grandes tables de réunion ovales. Néanmoins, avant d'engager toute démarche, Yannick Martin aimerait analyser la performance ainsi que la situation financière de la société Bobois.

Mission

Afin de mener un diagnostic financier de l'entreprise, l'analyse de l'activité et l'analyse de la situation financière sont demandées. À cette fin, vous disposez des documents 1 à 5. Aucune information n'est fournie sur le montant des charges de personnel extérieur à l'entreprise ou de redevances de crédit-bail.

1.1. Calculer les SIG et les ratios contenus dans le document 2 en précisant le concept mis en évidence par ces ratios.

1.2. Commenter l'activité de la société Bobois durant l'exercice 2021.

1.3. Identifier l'intérêt des informations relatives aux charges de personnel extérieur et aux redevances de crédit-bail.

1.4. Après avoir rappelé l'utilité d'un tableau de financement dans un diagnostic financier, justifier les calculs issus du tableau de financement présenté dans le document 5 (capacité d'autofinancement, montant des dividendes distribués, acquisition d'immobilisations corporelles, augmentation des capitaux propres).

1.5. Commenter le tableau de financement.

Dossier 2 Gestion du besoin en fonds de roulement d'exploitation

Base documentaire : documents 6 et 7

La société anonyme (SA) Usimat est spécialisée dans la fabrication de machines-outils pour le formage à froid de fils et de tubes. Elle propose des commandes numériques simples d'accès pour le tournage et le fraisage. Elle accompagne ses clients, de l'analyse du besoin jusqu'au service après-vente (SAV). Sa clientèle est constituée principalement d'entreprises des secteurs automobile, aéronautique et agricole.

Malgré une croissance honorable du chiffre d'affaires due en partie à l'export, le directeur financier de l'entreprise est inquiet car il constate une dégradation de la trésorerie.

Mission

Vous effectuez un stage de trois mois au sein du service financier de la société Usimat, sous la responsabilité d'Élisabeth Azoulay, directrice administrative et financière (DAF). Elle souhaiterait que vous réalisiez une analyse des composantes du besoin en fonds de roulement normatif. À cette fin, elle vous remet les documents 6 et 7.

2.1. Montrer, dans le cas de la SA Usimat, l'utilité du calcul du besoin en fonds de roulement d'exploitation normatif et préciser son lien avec la rentabilité économique.

2.2. Le besoin en fonds de roulement d'exploitation varie dans le temps en fonction du niveau d'activité. Présenter l'intérêt de la décomposition, en temps d'écoulement et en coefficient de structure, de chaque poste du besoin en fonds de roulement d'exploitation.

2.3. Déterminer le besoin en fonds de roulement normatif à exprimer en jours de chiffre d'affaires HT (CAHT).

2.4. Commenter le résultat obtenu et citer des mesures qui permettraient de diminuer le besoin en fonds de roulement normatif.

Dossier 3 Marchés financiers

Base documentaire : documents 8 et 9

Vous avez toujours été intéressé(e) par le fonctionnement des marchés financiers. Dans le cadre de votre cursus en DCG, vous avez créé, avec quatre de vos camarades et l'assistance d'un professeur, un club d'investissement pédagogique qui vous a permis d'assimiler les mécanismes économiques, financiers et boursiers. Après un mastère Finance à l'université, vous avez été embauché(e) par un cabinet d'audit à Rennes. Des collaborateurs vous sollicitent, dans le cadre de groupes de travail transversaux, afin que vous les initiiez au fonctionnement des marchés financiers.

Mission

L'une de vos interventions porte sur le décryptage de la cotation des actions et obligations des journaux financiers. Vous avez sélectionné une action et un emprunt obligataire dont les caractéristiques sont présentées dans la base documentaire que vous avez préparé pour l'occasion (documents 8 et 9).

3.1. Pour l'action Danone, indiquer la signification des termes suivants : compartiment A, cotation en continu, SRD, capitalisation boursière, PER, CAC 40.

3.2. Déterminer, en justifiant les calculs, le rendement et le PER prévisionnel pour 2021 de l'action Danone.

3.3. Justifier, pour l'obligation Accor, la valeur du coupon couru au 20 janvier 2021. Indiquer la façon dont les obligations sont cotées sur le marché boursier. En déduire le prix d'acquisition d'une obligation Accor au 25 janvier 2021.

3.4. Expliquer l'évolution du cours de l'obligation entre le 20 novembre 2020 et le 20 janvier 2021. Évaluer le risque qu'encourrait l'acquéreur d'une obligation dans l'hypothèse où il déciderait de ne pas la conserver jusqu'à son échéance.

3.5. Déterminer, en justifiant tous les calculs, la valeur théorique d'une obligation Accor juste après le versement du coupon le 20 septembre 2021 et en retenant un taux d'actualisation de 3 %.

Document 1

Compte de résultat de la société Bobois – exercice 2021 (en k€)

Charges d'exploitation		Produits d'exploitation	
Charges d'exploitation		Produits d'exploitation	
Achats de marchandises	7 623	Ventes de marchandises	5 125
Variations des stocks de marchandises	1 650	Production vendue de biens et services	27 250
Achats stockés de matières premières	10 900	Production stockée	0
Variations des stocks de matières premières	125	Subventions d'exploitation	138
Autres achats et charges externes	3 080	Reprises sur dépréciations	250
Impôts, taxes et versements assimilés	557	Reprises sur provisions	0
Salaires et traitements	546	Transferts de charges	187
Charges sociales	315		
Dotations aux amortissements et dépréciations	2 550		
Dotations aux provisions	125		
Autres charges	400		
		Produits financiers	
		Produits de participation	25
Charges financières		Autres intérêts et produits assimilés	125
Dotations aux dépréciations financières	40		
Intérêts et charges assimilées	1 275		
Charges exceptionnelles		Produits exceptionnels	
sur opérations de gestion	134	sur opérations de gestion	13
Valeur comptable des éléments d'actifs cédés	488	Produits des cessions d'actifs	750
		Subvention d'investissement virée au résultat	12
Impôts sur les bénéfices	1 365		
Solde créditeur (profit)	2 702		
Total	**33 875**	Total	**33 875**

Document 2

Informations sectorielles pour l'exercice 2021

Indicateurs	Moyenne du secteur
Taux de variation du CA	17 %
Taux de marge bénéficiaire	12 %
Taux de marge commerciale	60 %
Taux de marge brute d'exploitation	22 %

Document 3

Bilan de la société Bobois au 31 décembre 2021 (en k€)

BILAN ACTIF – Bobois	31/12/2021			31/12/2020
	Brut	Amortissements et dépréciations	Net	Net
Installations techniques	15 825	3 750	12 075	11 178
Autres immobilisations corporelles	6 275	1 460	4 815	1 637
Avances et acomptes	0	0	0	1 625
Participations	627	40	587	0
Prêts	250	0	250	300
Autres immobilisations financières	437	0	437	312
TOTAL ACTIF IMMOBILISÉ	**23 414**	**5 250**	**18 164**	**15 052**
Stocks de matières premières	1 162	0	1 162	2 500
Stock de marchandises	428	0	428	80
Clients	2 245	500	1 745	1 870
Autres créances d'exploitation	270	0	270	232
Valeurs mobilières de placement	0	0	0	0
Disponibilités	0	0	0	180
Charges constatées d'avance	105	0	105	85
TOTAL ACTIF CIRCULANT	**4 210**	**500**	**3 710**	**4 947**
TOTAL ACTIF	**27 624**	**5 750**	**21 874**	**19 999**

BILAN PASSIF – Bobois	31/12/2021	31/12/2020
Capital social	1 875	1 000
Primes d'émission, de fusion, d'apport	321	258
Réserve légale	100	100
Autres réserves	3 580	3 600
Report à nouveau	75	150
Résultat	2 702	2 125
Subvention d'investissement	50	0
TOTAL CAPITAUX PROPRES	**8 703**	**7 233**
Provisions pour risques et charges	125	0
TOTAL PROVISIONS	**125**	**0**
Emprunts auprès des établissements de crédit	10 428	10 167
dont concours bancaires courants	*62*	*0*
Dettes fournisseurs	2 300	2 237
Dettes fiscales et sociales	105	225
Dettes sur immobilisations	70	0
Dettes fiscales (impôts sur les bénéfices)	143	137
TOTAL DETTES	**13 046**	**12 766**
TOTAL PASSIF	**21 874**	**19 999**

Document 4

Informations complémentaires

Au cours de l'année 2021, la société Bobois a augmenté son capital pour partie en numéraire et à hauteur de 625 000 € par incorporation d'autres réserves.
Le chiffre d'affaires HT de l'exercice 2020 s'élevait à 39 450 000 €.

Tableau des immobilisations (en k€)

	Valeur brute au 01/01/2021	Augmentation	Diminution	Valeur brute au 31/12/2020
Immobilisations corporelles	16 462	6 613	975	22 100
Avances et acomptes	1 625	0	1 625	0
Immobilisations financières	612	752	50	1 314
Total	18 699	7 365	2 650	23 414

Tableau des amortissements et dépréciations (en k€)

	Valeur au 01/01/2021	Augmentation	Diminution	Valeur au 31/12/2020
Amortissements des immobilisations	3 647	2 050	487	5 210
Dépréciations des immobilisations corporelles	0	0	0	0
Dépréciations des immobilisations financières	0	40	0	40
Dépréciations des créances Clients	250	500	250	500
Total	3 897	2 590	737	5 750

Document 5

Tableau de financement de la société Bobois pour l'exercice 2021 (en k€)

Emplois		Ressources	
Dividendes distribués	1 595	Capacité d'autofinancement	4 893
Acquisitions d'immobilisations		Cessions ou réductions d'immobilisations	
– corporelles	4 988	– corporelles	750
– financières	752	– financières	50
Remboursement de dettes financières	1 265	Augmentation des capitaux propres	
		– augmentation de capital	313
		– augmentation des autres capitaux	62
		Augmentation des dettes financières	1 464
TOTAL EMPLOIS		TOTAL RESSOURCES	7 532
Variation du FRNG (ressource nette)	8 600	Variation du FRNG (emploi net)	1 068

•••

…

	Besoin (1)	Dégagement (2)	Solde (2–1)
Variations des actifs d'exploitation			
Stocks et en-cours		990	
Créances des clients et autres créances d'exploitation	183		
Variations des dettes d'exploitation			
Dettes fournisseurs		63	
Dettes fiscales et sociales	120		
Variation « exploitation » (A)			750
Variations des autres débiteurs			
Variations des autres créanciers		76	
Variation « hors exploitation » (B)			76
Variation des disponibilités		180	
Variation des concours bancaires courants		62	
Variation nette de la trésorerie (C)			242
Variation du fonds de roulement (A + B + C)			1 068

Document 6

Informations relatives aux composantes du BFRE – SA Usimat

Les données extraites de la comptabilité sont les suivantes :

Chiffre d'affaires HT	1 320 000 €
Achat de matières premières HT	420 000 €
Consommation de matières premières	480 000 €
Coût de production des en-cours de production	841 000 €
Coût de production des biens fabriqués	1 122 800 €
Coût de production des biens vendus	1 201 400 €

Les durées de rotation pour les stocks sont les suivantes :

- Matières premières : 70 jours
- Produits finis : 35 jours
- En-cours de production : 12 jours

Les durées de règlement s'établissent ainsi :

- Clients en France : 45 jours
- Clients à l'export : 70 jours
- Fournisseurs de matières premières : 45 jours

Le chiffre d'affaires est réparti comme suit : 75 % en France et 25 % à l'export.

Par souci de simplification, le taux de TVA est de 20 %. Le régime d'imposition est le réel normal et l'entreprise réalise des déclarations mensuelles de TVA. La TVA à décaisser est réglée le 18 du mois suivant.

Pour le calcul des éléments composant le besoin en fonds de roulement, les coefficients de structure seront arrondis à 2 chiffres après la virgule.

Document 7

Données moyennes du secteur d'activité

BFR normatif : 86 jours de CAHT

Délais moyens

• Stocks de matières premières :	45 jours
• Stocks de produits finis :	20 jours
• Clients :	35 jours
• Fournisseurs de matières premières :	50 jours

Document 8

Données relatives à l'action Danone

Données générales de l'action Danone

Marché	Euronext
Groupe de cotation	Compartiment A
Type de cotation	En continu
Action éligible au SRD (service de règlement différé)	Oui
Indice	CAC 40
Code ISIN	FR0000120644
Cours au 25/01/2021	74,10 €
Capitalisation boursière au 25/01/2021	51 Mds €

Données financières de l'action Danone

Cours de l'action au 25 janvier 2021 : 74,10 €

	2020	Estimation 2021
Dividende net par action (€)	2,09	2,24
Rendement (%)	2,82	À calculer
Bénéfice net par action (€)	3,84	4,23
PER (*Price Earning Ratio*) (€)	19,30	À calculer

Document 9

Données relatives à l'obligation Accor

Code ISIN	FR0012949949
Date d'émission	20/09/2016
Date de maturité	20/09/2024
Taux nominal (%)	2,40
Prix d'émission (€)	97,24
Valeur nominale (€)	1 000
Prix de remboursement (€)	Au pair (100 % du nominal)
Date du prochain coupon	20/09/2021
Cotation le 20/01/2021 (%)	106,50
Cotation le 20/11/2020 (%)	102,20
Coupon couru le 20/01/2021 (%)	0,82

1 Les soldes intermédiaires de gestion (SIG)

À partir du compte de résultat, il est possible de déterminer :

- Les soldes intermédiaires de gestion (SIG), indicateurs de performance de l'activité de l'entreprise.
- La capacité d'autofinancement (CAF), c'est-à-dire la capacité de l'entreprise à transformer le résultat en flux potentiel de trésorerie.

Parmi les SIG « importants », retenons la valeur ajoutée et l'excédent brut d'exploitation.

2 Les principaux ratios issus des SIG

A) L'évolution de l'activité

Valeur ajoutée
- Mesure de la richesse créée par l'entreprise au cours de l'exercice
- Sert à payer le personnel, les créanciers, l'État, les associés…
- Réinjection dans l'entreprise (fonds propres)

Excédent brut d'exploitation
- Flux potentiel de trésorerie généré par l'exploitation
- Indicateur le plus significatif pour apprécier la performance de l'exploitation car indépendant de la politique d'amortissement et de financement de l'entreprise

Taux de variation		
	Du chiffre d'affaires	$(CA_N - CA_{N-1})/CA_{N-1}$
	De la valeur ajoutée	$(VA_N - VA_{N-1})/VA_{N-1}$

B) La mesure de la profitabilité

Définition

La **profitabilité** est l'aptitude d'une entreprise à dégager des bénéfices notamment par son exploitation et plus généralement par son activité mesurée par le chiffre d'affaires.

La profitabilité met en relation une marge (ou un profit) avec le chiffre d'affaires.

Ratio de profitabilité

Taux de marge commerciale	• Marge commerciale/Ventes de marchandises • Premier indicateur de performance des entreprises commerciales (à comparer aux normes du secteur d'activité auquel l'entreprise appartient)

Taux de marge brute d'exploitation	• EBE ou Résultat d'exploitation/Chiffre d'affaires HT • EBE préféré au résultat d'exploitation car il est indépendant de la politique d'amortissement, de financement et de la réglementation fiscale
Taux de marge bénéficiaire	• Résultat de l'exercice/Chiffre d'affaires HT • Appréciation de la performance financière globale de l'entreprise

3 L'utilité de la capacité d'autofinancement

Définition

La **capacité d'autofinancement (CAF)** est un flux potentiel de trésorerie (flux de fonds) généré par l'activité de l'entreprise. Elle représente une ressource de financement d'origine interne.

La CAF est la partie de la valeur ajoutée qui revient à l'entreprise et à ses associés.

Calcul de la capacité d'autofinancement (CAF)

À partir de l'excédent brut d'exploitation (EBE)	À partir du résultat net
EBE + Autres produits d'exploitation + Transferts de charge + Produits financiers encaissables + Produits exceptionnels encaissables – Autres charges d'exploitation – charges financières décaissables – Charges exceptionnelles décaissables – Participation des salariés – Impôt sur les bénéfices	Résultat net de l'exercice + Dotations aux amortissements, provisions et dépréciations + Valeur comptable des éléments d'actif cédés – Reprises sur amortissements, provisions et dépréciations – Produits des cessions d'éléments d'actif immobilisés – Quote-part des subventions d'investissement virées au compte de résultat

4 L'utilité et les limites du tableau de financement

A) Le tableau de financement : une analyse dynamique de l'équilibre financier

Définition

Le **tableau de financement** est un document de synthèse qui permet d'expliquer comment les nouvelles ressources de l'exercice ont permis de financer les nouveaux emplois.

Construit à partir de deux bilans fonctionnels, le tableau de financement propose une analyse dynamique de l'équilibre financier. Il est présenté en deux parties :

- La partie I fait apparaître la variation du fonds de roulement net global (FRNG).
- La partie II fournit une analyse de la variation du fonds de roulement net global.

B) Les principales caractéristiques du tableau de financement (TF)

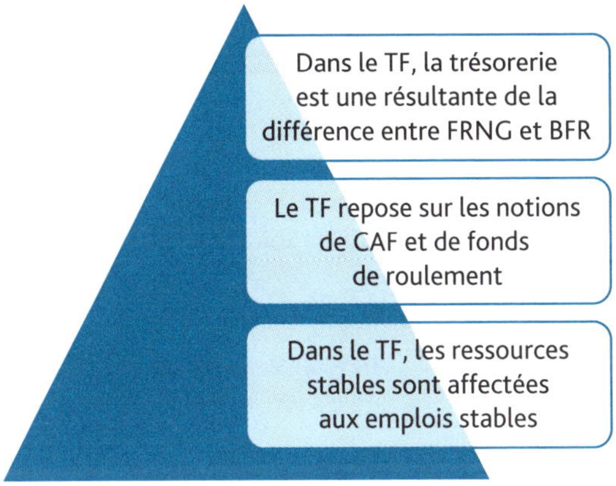

C) Les limites du tableau de financement

Le tableau de financement est un tableau de flux de fonds, non centré sur la trésorerie. C'est la grande différence avec les tableaux de flux de trésorerie dont la finalité est d'expliquer l'origine des flux de trésorerie (exploitation, investissement et financement).

5 Le besoin en fonds de roulement d'exploitation (BFRE) normatif

Définition

Le **besoin de financement** lié au cycle d'exploitation représente une des composantes (avec les immobilisations) des capitaux investis qui doivent être financés.

Le BFRE dépend de postes (stocks, clients, fournisseurs) qui fluctuent en fonction du niveau d'activité de l'entreprise (représenté par le chiffre d'affaires) et la durée des crédits d'exploitation (crédit clients et fournisseurs).

Le fonds de roulement normatif, dit aussi « besoin en fonds de roulement normatif », correspond au BFRE « moyen » prévisionnel exprimé en jours de chiffre d'affaires HT (CAHT).

A) La durée d'écoulement des postes du BFRE

Chaque poste du BFRE se caractérise par sa durée d'écoulement qui représente la durée moyenne de présence du poste dans le bilan.

$$\text{Temps d'écoulement du poste} = \frac{\text{Montant moyen du poste}}{\text{Flux annuel du poste}} \times 360 \text{ jours}$$

B) Le coefficient de structure

Bien qu'exprimés en jours, les temps d'écoulement ne sont pas comparables en raison de la spécificité des unités d'évaluation.

Afin de les comparer, il convient de les convertir en jours de chiffre d'affaires hors taxes (CAHT).

Définition

Le **coefficient de structure** mesure le poids de chaque poste par rapport au chiffre d'affaires hors taxes.

$$\text{Coefficient de structure (CS)} = \frac{\text{Flux annuel du poste}}{\text{CAHT}}$$

C) L'utilité du calcul du BFRE

Analyser le BFR constaté au bilan → Prévoir l'investissement en BFR, et donc le FRNG nécessaire → Réaliser des simulations et étudier l'incidence d'une variation de poste sur la trésorerie

D) Le lien entre BFRE et rentabilité économique

Rentabilité économique = Résultat d'exploitation/ Capital économique → Capital économique = Investissement + BFRE → Plus le BFRE est élevé, plus la rentabilité économique est faible

6 Le marché financier

A) Le rôle du marché financier

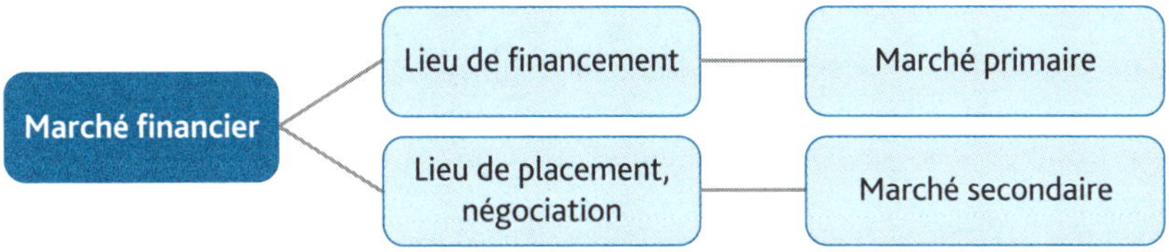

Il existe trois compartiments de capitalisation boursière : le compartiment A regroupe les valeurs supérieures à 1 Md€ ; le compartiment B, les valeurs situées entre 1 Md€ et 150 M€ et le compartiment C les valeurs inférieures à 150 M€.

B) Les critères de choix d'une action

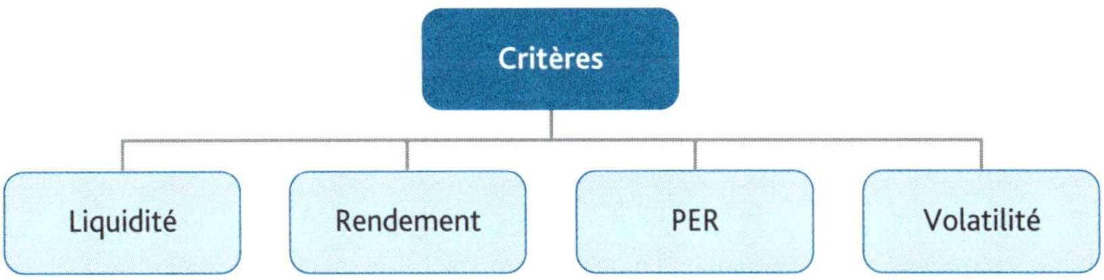

C) Les caractéristiques des obligations

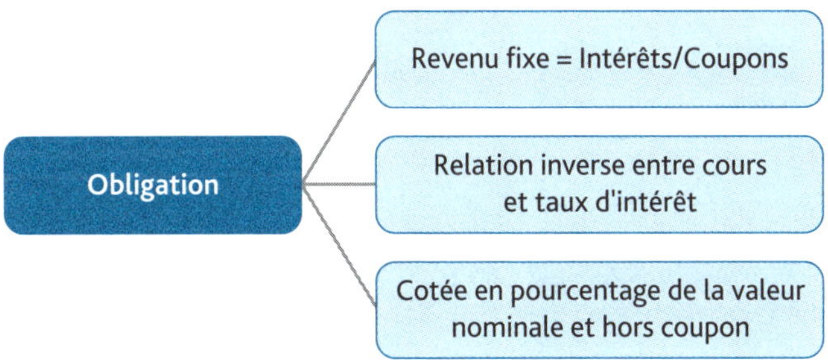

Le cours d'une obligation varie dans le sens inverse de l'évolution des taux d'intérêt du marché obligataire.

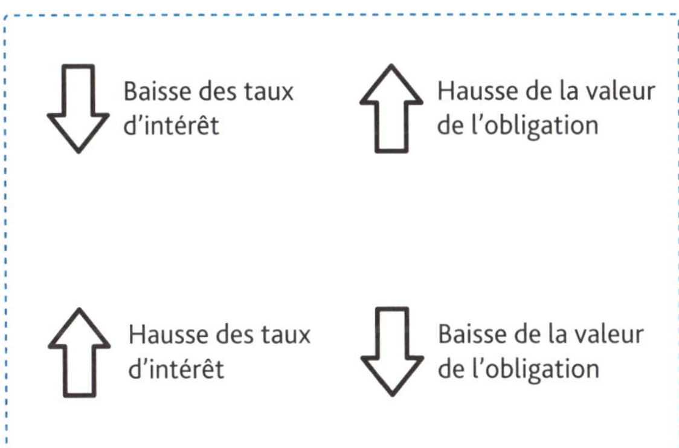

D) La valeur « théorique » d'une obligation

La valeur d'une obligation est égale à la valeur actualisée des flux de revenus. La technique d'actualisation s'applique ainsi :

$$\text{Cours} = \text{coupon} \times \left[\frac{1-(1+i)^{-n}}{i}\right] + \text{Pr} \times (1+i)^{-n}$$

Avec :

Coupon (intérêts) = Montant emprunté × Taux d'intérêt nominal

i : taux d'intérêt nominal

n : durée

Pr : prix de remboursement

E) Les risques encourus par l'obligataire

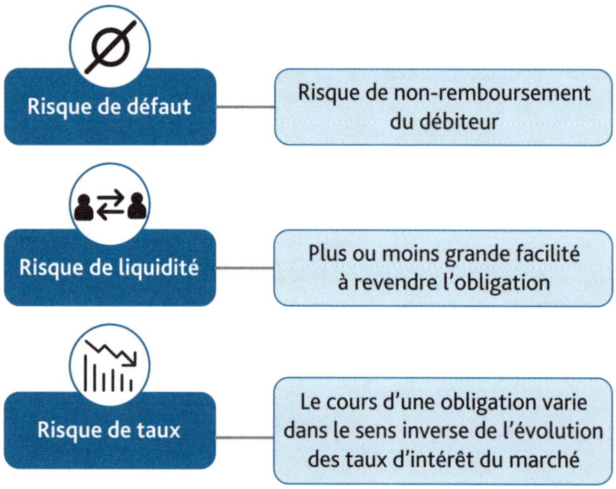

Dossier 1 Diagnostic financier

1.1 Calculer les SIG et les ratios contenus dans le document 2 en précisant le concept mis en évidence par ces ratios.

Compétences attendues

- **Déterminer** les différents soldes intermédiaires de gestion
- **Analyser** les ratios de l'entreprise et les mettre en relation avec ceux du secteur

DÉCRYPTAGE

Le candidat doit être capable de comprendre l'utilité du calcul des différents soldes intermédiaires de gestion pour l'analyse de l'activité.

• Détermination des soldes intermédiaires de gestion (SIG)

SIG et calculs associés

	Calculs	Total (€)
Marge commerciale	Vente de marchandises – Coût des marchandises +/– Variation de stocks. = 5 125 – 7 623 – 1 650	– 4 148
Production de l'exercice	Production vendue = 27 250	27 250
Valeur ajoutée (VA)	Marge commerciale + Production – Achats de matières – Variation stocks – Autres charges externes = – 4 148 + 27 250 – 10 900 – 125 – 3 080	8 997
Excédent brut d'exploitation (EBE)	Valeur ajoutée + Subvention d'exploitation – Impôts et taxes – Salaires – Charges sociales = 8 997 + 138 – 557 – 546 – 315	7 717
Résultat d'exploitation	EBE + Reprises sur provisions et dépréciations + Transferts de charges – Dotations aux amortissements, provisions et dépréciations – Autres charges = 7 717 + 250 + 187 – 2 550 – 125 – 400	5 079
Résultat financier	Produits financiers – Charges financières = 25 + 125 – 40 – 1 275	– 1 165
Résultat courant	Résultat d'exploitation + Résultat financier	3 914
Résultat exceptionnel	Produits exceptionnels – Charges exceptionnelles = 13 + 750 + 12 – 134 – 488	153
Résultat net	Résultat courant avant impôt + Résultat exceptionnel – Impôt sur les bénéfices = 3 914 + 153 – 1 365	2 702

NOTRE CONSEIL

Les SIG doivent être présentés sous la forme d'un tableau. Les modalités du calcul doivent être clairement indiquées. Vous devez présenter, sur la copie, les travaux selon le format « paysage » plutôt que « portrait » car ce dernier format rend la lecture des lignes moins aisée. Veillez également à donner un titre simple et clair à votre tableau.

• Calcul des ratios et signification

Le concept mis en évidence est celui de profitabilité.

La profitabilité traduit l'aptitude de l'entreprise à dégager des ressources à partir de son chiffre d'affaires.

NOTRE CONSEIL

Vous devez impérativement détailler et justifier le calcul de chaque ratio.

- Taux de variation du CA = $(CA_N - CA_{N-1})/CA_{N-1}$
- Taux de marge bénéficiaire = résultat net / CA
- Taux de marge commerciale = marge commerciale/ventes de marchandises
- Taux de marge brute d'exploitation = EBE/CA

	En 2020	Secteur
Taux de variation du CA (%)	– 17,90	17
Taux de marge bénéficiaire (%)	8,34	12
Taux de marge commerciale (%)	– 80,90	60
Taux de marge brute d'exploitation (%)	23,83	22

NOTRE CONSEIL

Vous devez commenter très clairement les différents SIG. Vous devez également i mettre en relation les taux de profitabilité de la société Bobois avec ceux du secteur, en insistant sur les indicateurs-clés » de l'analyse de l'activité(valeur ajoutée et EBE).

1.2 Commenter l'activité de la société Bobois durant l'exercice 2021.

Compétences attendues

- **Commenter** et **interpréter** les différents soldes intermédiaires de gestion
- **Analyser** les ratios de l'entreprise et les **mettre en relation** avec ceux du secteur
- **éaliser** un diagnostic de l'activité à partir de ratios pertinents

DÉCRYPTAGE

Le candidat doit :

– calculer des ratios attachés aux différentes parties du diagnostic financier ;

– conduire une analyse en fonction des informations disponibles dans l'espace (référence au secteur d'activité) et dans le temps.

La société Bobois dégage un résultat net positif sur la période. La mise en évidence des SIG permet de comprendre comment ce résultat est généré.

Néanmoins, les taux de profitabilité sont inférieurs à ceux du secteur, excepté le taux de marge brute d'exploitation.

La marge commerciale est négative : la société Bobois achète trop cher ses marchandises ou ne les revend pas assez cher.

Le taux de marge commerciale est négatif alors que le taux moyen du secteur est très largement positif.

Indépendant de la politique d'amortissement et de financement de l'entreprise, l'EBE est fréquemment utilisé pour réaliser des comparaisons. Il sert également à calculer la CAF et constitue le point de départ du calcul du flux de trésorerie lié à l'exploitation.

L'activité commerciale et industrielle de la société dégage une valeur ajoutée positive. La société réussit à apporter de la valeur sur les matières achetées, ce qui lui permet de faire face aux charges liées à son organisation interne.

L'EBE est positif : la société dégage un potentiel de trésorerie du fait de son exploitation.

Le taux de marge brute est positif et même très légèrement supérieur à celui du secteur. La société utilise très bien les matières achetées et les intègre avec beaucoup d'efficacité dans son organisation.

L'organisation semble efficace, puisque le taux d'EBE est également légèrement supérieur à celui du secteur.

Le résultat d'exploitation est également positif : les produits d'exploitation excèdent les charges d'exploitation et ce résultat d'exploitation dépasse largement le résultat net : il explique une grande part du résultat net après impôt.

Le résultat financier est négatif. En soi, ce n'est pas problématique puisque la société ne mène pas de politique d'investissement financier (d'où peu de produits financiers) mais se finance par emprunts (d'où le poids des charges financières).

Le résultat exceptionnel est positif, mais il s'établit à un niveau très faible. Il ne vient pas biaiser l'analyse sur le résultat net et n'est pas indispensable à la profitabilité générale.

NOTRE CONSEIL

Vous pouvez rattacher le ratio de profitabilité à l'activité.

1.3 Identifier l'intérêt des informations relatives aux charges de personnel extérieur et aux redevances de crédit-bail.

Compétence attendue

Justifier les retraitements du tableau des soldes intermédiaires de gestion

DÉCRYPTAGE

Le candidat est amené à choisir des retraitements en justifiant leur pertinence.

Postes à retraiter

	Justification	Utilité
Charges de personnel extérieur	Les charges de personnel extérieur à l'entreprise figurent dans le poste « Autres achats et charges externes » (compte 621 du PCG). Afin de rendre homogènes les SIG, ces charges sont extraites du poste et ajoutées aux charges de personnel.	Comparer les SIG quelle que soit la politique salariale des organisations.
Redevances de crédit-bail et de location financière	• Les redevances de crédit-bail figurent dans le poste « Autres achats et charges externes » (compte 612 du PCG). • Juridiquement, l'entreprise n'est pas propriétaire du bien. • Sur un plan économique, quel que soit son mode de financement, le bien contribue au développement économique de l'entreprise. • La redevance de crédit-bail est retirée des consommations en provenance des tiers et scindée : – en dotation aux amortissements (pour la dotation aux amortissements qui aurait été pratiquée par l'entreprise si elle avait acquis le bien en pleine propriété) – en charges financières (pour le montant des intérêts qu'aurait constaté l'entreprise si elle avait financé le bien par emprunt).	Comparer les SIG quelle que soit la politique de financement des organisations.

NOTRE CONSEIL

Vous devez justifier l'utilité des retraitements demandés.
Les travaux peuvent être présentés, au choix, sous une forme textuelle structurée ou sous la forme d'un tableau assorti d'un titre.

1.4 **Après avoir rappelé l'utilité d'un tableau de financement dans un diagnostic financier, justifier les calculs issus du tableau de financement présenté dans le document 5 (capacité d'autofinancement, montant des dividendes distribués, acquisition d'immobilisations corporelles, augmentation des capitaux propres).**

NOTRE CONSEIL

Vous devez expliquer la méthode de calcul des postes du tableau de financement employée. Référez-vous systématiquement à la base documentaire.

Compétence attendue

Construire le tableau de financement du Plan comptable général

DÉCRYPTAGE

Le candidat doit être capable de construire tout ou partie d'un tableau de financement du PCG. Il doit pouvoir justifier un ou plusieurs éléments du tableau.

Enjeux du tableau de financement du PCG

Définition		Le tableau de financement est un document de synthèse prévu dans le système développé du PCG qui permet d'expliquer les variations du patrimoine de l'entreprise. Le tableau de financement correspond à une version dynamique du bilan fonctionnel bâti sur la relation Trésorerie = FRNG – BFR
Enjeux	Partie 1	Comprendre l'origine de la variation du FRNG. Comment les nouvelles ressources de l'exercice ont-elles permis de financer les nouveaux emplois ? Comment ces ressources sont-elles utilisées ?
	Partie 2	• Comprendre comment est utilisée la variation du FRNG en faisant apparaître trois composantes (variations d'exploitation, hors exploitation et de la trésorerie). • La variation du FRNG doit être positive et couvrir la variation du BFR pour ne pas détériorer le niveau de trésorerie.

Justification des calculs issus du tableau de financement (document 5)

- Capacité d'autofinancement : 4 893 k€

NOTRE CONSEIL

La CAF peut être calculée à partir du résultat net comptable ou de l'EBE. En fonction des données dont vous disposez, vous pouvez choisir la méthode que vous maîtrisez le mieux.

Calcul à partir du résultat net comptable

Résultat net comptable	2 702
+ Dotations aux amortissements, provisions et dépréciations	+ 2 550 + 125 + 40
+ Valeur nette comptable des éléments d'actifs cédés	+ 488
– Reprises sur provisions et dépréciations	– 250
– Produits de cessions des éléments d'actifs cédés	– 750
– Quote-part de subvention d'investissement virée au compte de résultat	– 12
= CAF	4 893

Calcul à partir de l'EBE

EBE	7 717
+ Autres produits d'exploitation	–
+ Transferts de charges d'exploitation	+ 187
– Autres charges d'exploitation	– 400
+ Produits financiers encaissables	+ 25 + 125
– Charges financières décaissables	– 1 275
+ Produits exceptionnels encaissables	+13
– Charges exceptionnelles décaissables	– 134
– Impôt sur les sociétés	– 1 365
– Participation des salariés	–
= CAF	4 893

- Montant des dividendes distribués : 1 595 k€

(1) – Bénéfice distribuable de 2020 : 2 275 k€

Résultat 2020 : 2 125 k€

RAN 2020 : 150 k€

(2) – Quote-part du bénéfice affectée en réserves : 3 580 – (3 600 – 625) = 605 k€

(3) – Report à nouveau de 2021 : 75 k€

Dividendes : (1) – (2) – (3)

Dividendes : 2 275 – 605 – 75 = 1 595 k€

Une partie des réserves de 2019 (625 k€) a été incorporée au capital social. N'oubliez pas de prendre en compte le report à nouveau (RAN) qui augmente le bénéfice distribuable de 2020.

- Acquisitions d'immobilisations corporelles : 4 988 k€

Les avances et acomptes versés en 2020 sont soldés en 2021. Il faut donc les retrancher des acquisitions. Le montant des acquisitions corporelles s'élève à 6 613 – 1 625, soit 4 988 k€.

- Augmentation des capitaux propres : 375 k€ (313 + 62)

Il s'agit de l'augmentation de capital en numéraire, c'est-à-dire de la variation :

- du capital social : 1 875 – 1 000 – 625 soit 250 k€ (l'augmentation de capital par incorporation des réserves n'apporte pas de ressources nouvelles à l'entreprise) ;
- de la prime d'émission : 321 – 258 = 63 k€.

- Augmentation des autres capitaux propres : il s'agit des subventions d'investissement

Appelons « *X* » la subvention attribuée au titre de l'exercice 2021.

Montant net = *X* – quote-part virée au compte de résultat

X = 50 + 12, soit 62 k€.

Le montant de la subvention d'investissement qui figure au bilan est un montant net, c'est-à-dire la subvention attribuée au cours de l'exercice diminuée de la quote-part de subvention virée au compte de résultat.

1.5 Commenter le tableau de financement.

Compétence attendue

Conduire un diagnostic à partir des tableaux de flux

DÉCRYPTAGE

Le candidat doit être capable de conduire et de rédiger un diagnostic à partir des tableaux de flux. La réalisation d'un diagnostic comprend la rédaction d'un écrit structuré permettant de dresser des constats en vue d'une analyse et, le cas échéant, de l'émission de propositions.

NOTRE CONSEIL

Le jury attend que vous produisiez une synthèse concise d'une page maximum. Vous devez reprendre les éléments significatifs qui ont conduit à une amélioration ou à une dégradation de la situation financière et, *in fine*, de la trésorerie.

La trésorerie nette a diminué de 242 k€. La trésorerie finale est négative.

Cette dégradation provient principalement du haut du bilan. En effet, les ressources durables nouvelles n'ont pas été suffisantes pour financer les nouveaux emplois. Le FRNG a diminué.

Les ressources nouvelles proviennent de la CAF et des cessions d'éléments d'actifs. L'endettement s'est faiblement accru (199 k€).

L'apport des actionnaires ne représente que 5 % des nouvelles ressources. La distribution de dividendes est relativement importante et contribue à la dégradation du FRNG.

Le BFRE a nettement diminué en raison de la réduction des stocks. Cette ressource a compensé l'essentiel de la baisse du fonds de roulement, mais pas suffisamment pour préserver le niveau de trésorerie de début de période.

Dossier 2 Gestion du besoin en fonds de roulement d'exploitation

2.1 Montrer, dans le cas de la SA Usimat, l'utilité du calcul du besoin en fonds de roulement d'exploitation normatif et préciser son lien avec la rentabilité économique.

Compétence attendue

Comprendre l'incidence d'une variation d'activité sur le besoin en fonds de roulement d'exploitation

DÉCRYPTAGE

Le candidat doit être capable d'appréhender la relation entre la notion de rentabilité économique et le risque d'exploitation afin de comprendre l'incidence du niveau d'activité sur la rentabilité économique.

Le besoin en fonds de roulement d'exploitation (BFRE) permet :
- d'analyser le BFR constaté au bilan ;
- de prévoir l'investissement en BFR et donc le fonds de roulement net global (FRNG) nécessaire ;
- de simuler et d'étudier l'incidence d'une variation d'un des postes du BRF sur la trésorerie.

2.2 Le besoin en fonds de roulement d'exploitation varie dans le temps en fonction du niveau d'activité. Présenter l'intérêt de la décomposition, en temps d'écoulement et en coefficient de structure, de chaque poste du besoin en fonds de roulement d'exploitation.

Compétence attendue

Comprendre l'incidence d'une variation d'activité sur le besoin en fonds de roulement d'exploitation

La décomposition du BFRE permet de :

- comprendre l'origine de chaque poste du BFR ;
- comparer ce BFR avec les durées et structures sectorielles ;
- proposer des actions correctrices, comme la réduction des délais de stockage par une meilleure politique d'approvisionnement ou encore la négociation auprès des fournisseurs d'une durée de crédit plus favorable.

2.3 Déterminer le besoin en fonds de roulement normatif à exprimer en jours de chiffre d'affaires HT (CAHT).

Compétences attendues

Déterminer le besoin en fonds de roulement d'exploitation normatif

DÉCRYPTAGE

Le candidat doit pouvoir évaluer le besoin de financement généré par l'exploitation en se référant aux normes (ou conditions normales) de fonctionnement du cycle d'exploitation de l'entreprise.

NOTRE CONSEIL

Vous devez expliquer précisément le calcul du BFR pour chacun des postes du bilan.

Pour ce faire, les calculs seront présentés dans un tableau qui fera apparaître le découpage de chaque poste en temps d'écoulement et coefficients de structure.

Il faut justifier, quand l'information n'est pas fournie dans l'annexe, le calcul des temps d'écoulement et coefficients de structure.

Chaque poste du besoin en fonds de roulement est décomposé en temps d'écoulement et coefficient de structure.

	Éléments du besoin en fonds de roulement	Temps d'écoulement (TE, en jours)	Coefficient de structure (CS)	Jours de CAHT	
				Emplois	Ressources
1	Stocks de matières premières (MP)	70	36,0 %(1)	25,2	–
2	Stocks d'en-cours	12	64 %(2)	7,8	–
3	Stocks de produits finis (PF)	35	91 %(3)	31,90	–
4	Clients France	45	90 %(4)	40,50	–
5	Clients Exportation	70	25 %(5)	17,50	–
6	TVA déductible	33	6,4 %(6)	2,11	–

Éléments du besoin en fonds de roulement		Temps d'écoulement (TE, en jours)	Coefficient de structure (CS)	Jours de CAHT	
				Emplois	Ressources
7	Fournisseurs de MP	45	38 %(7)	–	17,10
8	TVA collectée	33	15 %(8)	–	4,95
				125,01	22,05
		BFR normatif (BFRN) = 102,96 jours de CAHT			

Justification du calcul du BFRN

1	Stocks de matières premières (MP)	Consommations de MP/CAHT	0,360
2	Stocks d'en-cours	Coût de production des en-cours/CAHT	0,640
3	Stocks de produits finis (PF)	Coût de production des PF vendus/CAHT	0,910
4	Clients France	Ventes TTC/CAHT	0,900
5	Clients Exportation	Ventes HT/CAHT	0,250
6	TVA déductible	(Achats matières premières) × 0,20/CAHT	0,064
7	Fournisseurs de MP	Fournisseurs TTC/CAHT	0,380
8	TVA collectée	Ventes HT × 0,20/CAHT	0,150

2.4 Commenter le résultat obtenu et citer des mesures qui permettraient de diminuer le besoin en fonds de roulement normatif.

Compétence attendue

Proposer des recommandations en matière de gestion du besoin en fonds de roulement, dans une situation donnée ou prévisionnelle simple

DÉCRYPTAGE

- Vous devez être capable d'évaluer le besoin de financement généré par l'exploitation en vous référant aux normes (ou conditions normales) de fonctionnement du cycle d'exploitation.
- Vous devez également être à même de mesurer l'impact des variations de niveau d'activité et de justifier une éventuelle réduction des emplois.

NOTRE CONSEIL

Il vous est conseillé d'adopter la démarche suivante :
– analyse des données pour la société Usimat ;
– comparaison avec celles du secteur d'activité ;
– émission de propositions pour améliorer la situation.

Comparaison avec les données sectorielles

Le BFR normatif de la société Usimat s'élève à 103 jours de chiffre d'affaires hors taxes (CAHT). Il est 20 % plus élevé que le BFR moyen du secteur d'activité.

Justification des écarts

Plusieurs raisons permettent d'expliquer cet écart :

- Les délais de stockage (matières premières, produits finis) sont plus élevés que ceux du secteur d'activité.
- Les délais moyens accordés aux clients sont supérieurs à ceux du secteur d'activité.

- Le délai accordé par les fournisseurs de la SA Usimat est inférieur à celui du secteur d'activité.

Recommandations

Les principales recommandations qui peuvent être formulées à l'attention du dirigeant de la SA Usimat pour réduire son besoin en fonds de roulement normatif sont de revoir la politique d'approvisionnement et d'agir auprès des fournisseurs pour négocier un délai de paiement plus favorable.

Dossier 3 Marchés financiers

3.1 Pour l'action Danone, indiquer la signification des termes suivants : compartiment A, cotation en continu, SRD, capitalisation boursière, PER, CAC 40.

Compétence attendue

Identifier les produits du marché financier

DÉCRYPTAGE

Le candidat doit identifier et expliciter à travers une identification et une caractérisation les principes de fonctionnement du marché financier.

Compartiment A	Les sociétés cotées sur Eurolist sont classées par ordre alphabétique et sont identifiables grâce à un critère de capitalisation boursière. On trouve trois groupes de cotation, A, B et C. Le premier regroupe les valeurs dépassant 1 Md€.
Cotation en continu	• La cotation est le résultat d'une confrontation entre les offres et les demandes de titres financiers. • La cotation peut être réalisée toute la journée (cotation en continu). Ce type de cotation concerne les actions des sociétés qui font l'objet d'importantes négociations, c'est-à-dire celles dont la liquidité est élevée. Pour les titres les moins liquides, la cotation s'effectue une ou deux fois par jour. C'est la cotation dite au fixing.
Service de règlement différé (SRD)	• À la différence d'un règlement comptant, le SRD offre la possibilité de reporter le règlement et la livraison des titres à la fin du mois boursier. • Le SRD permet d'acheter des titres à crédit et favorise les opérations spéculatives. Seules les valeurs dont la capitalisation boursière excède le milliard d'euros sont éligibles au SRD.
Capitalisation boursière	Elle est égale au nombre de titres multiplié par le cours de l'action.
PER	• Le PER indique le nombre de fois où le bénéfice par action est capitalisé dans le cours d'un titre. • Il sert à comparer la valeur d'une société par rapport à d'autres sociétés du même secteur d'activité et aide à déterminer si une entreprise est sous-évaluée ou surévaluée. • Il est égal au rapport entre le cours d'un titre et le bénéfice net par action.
CAC 40	Il s'agit d'une cotation assistée en continu des 40 sociétés dont la capitalisation boursière est la plus élevée à l'échelle mondiale.

NOTRE CONSEIL

Vous devez expliquer la signification des indicateurs-clés de la cotation des titres financiers (actions et obligations). Pour ce faire, vous devez non seulement maîtriser le cours mais mobiliser vos connaissances à bon escient.

3.2 **Déterminer, en justifiant les calculs, le rendement et le PER prévisionnel pour 2021 de l'action Danone.**

NOTRE CONSEIL

Le rendement et le PER sont deux critères-clés de choix d'une action sur le marché financier. À ces deux critères, on peut ajouter la volatilité et la liquidité. Vous devez maîtriser le sens de ces critères ainsi que leurs modalités de calcul.

Compétence attendue

Expliquer la cote des actions

Vous devez annoncer et expliquer tout calcul afin que l'examinateur puisse suivre et évaluer votre raisonnement.

Analyse des critères-clés de l'action Danone

	Modalités de calcul	Calcul
Rendement (%)	Rapport entre le dividende et le cours de l'action × 100	(2,24/74,10) × 100 = 3,03 %
PER	Rapport entre le cours de l'action (*price*) et le bénéfice net par action (*earning*)	(74,10/4,23) = 17,52

3.3 **Justifier, pour l'obligation Accor, la valeur du coupon couru au 20 janvier 2021. Indiquer la façon dont les obligations sont cotées sur le marché boursier. En déduire le prix d'acquisition d'une obligation Accor au 25 janvier 2021.**

Compétence attendue

Expliquer la cote des obligations

- **Cotation des obligations sur le marché financier**

Les obligations sont cotées en pourcentage de la valeur nominale et « au pied du coupon ».

L'expression « au pied du coupon » signifie que l'on ne tient pas compte des intérêts courus non échus entre la date du dernier versement des coupons et la date de cotation.

- **Justification du coupon couru au 20 janvier 2021**

Le coupon couru est calculé au *prorata temporis* en retenant le nombre de jours exact auquel on ajoute 3 jours ouvrés afin de tenir compte du délai qui sépare la négociation et la livraison du titre.

Septembre	30 – 20
Octobre	31
Novembre	30
Décembre	31
Janvier	20
Total de jours	122 jours
3 jours ouvrés	3 jours
Nombre de jours à retenir	125 jours

Coupon couru = 2,40 % × 125/365 = 0,82 %

- **Prix d'acquisition d'une obligation Accor le 20 janvier 2021**

L'acquéreur d'une obligation doit verser le prix d'acquisition ainsi qu'un complément qui correspond aux intérêts déjà acquis par le détenteur de l'obligation (le vendeur).

Le prix d'acquisition est égal au cours de cotation augmenté du coupon couru depuis la date du dernier versement :

Prix d'acquisition = (106,50 % + 0,82 %) × 1 000, soit 1 073,20 €.

3.4 Expliquer l'évolution du cours de l'obligation entre le 20 novembre 2019 et le 20 janvier 2021. Évaluer le risque qu'encourrait l'acquéreur d'une obligation dans l'hypothèse où il déciderait de ne pas la conserver jusqu'à son échéance.

Compétence attendue

Justifier la variation des prix des titres en fonction des taux d'intérêt de marché

DÉCRYPTAGE

Le candidat doit être capable d'expliquer la relation entre le cours d'une obligation et la variation des taux d'intérêt sur les produits de type obligataires.

NOTRE CONSEIL

Il s'agit d'une question de cours, fréquente dans ce type de dossier, qu'il faut parfaitement connaître.

Le cours d'une obligation, à la différence d'une action, est indépendant des performances économiques de la société. En effet, une obligation est rémunérée par un coupon (intérêt) qui ne dépend pas du résultat de l'entreprise.

Néanmoins, le détenteur d'une obligation est exposé à un risque de taux d'intérêt s'il décide de la revendre avant son échéance (date de maturité). En effet, le cours d'une obligation varie dans le sens inverse de l'évolution des taux d'intérêt du marché obligataire. En revanche, le risque est inexistant si le détenteur de l'obligation la conserve jusqu'à la date d'échéance.

3.5 Déterminer, en justifiant tous les calculs, la valeur théorique d'une obligation Accor juste après le versement du coupon le 20 septembre 2021 et en retenant un taux d'actualisation de 3 %.

Compétence attendue

Analyser l'influence du temps sur la valeur et **appréhender** le lien entre valeur et taux d'actualisation

DÉCRYPTAGE

Dans un contexte donné, le candidat doit pouvoir expliciter le lien entre valeur et taux d'actualisation en vue de conduire une analyse.

NOTRE CONSEIL

En finance, la valeur « théorique » d'un actif est égale à la valeur actualisée des flux de revenus futurs qu'il générerera. Vous devez maîtriser le calcul de la valeur actualisée d'une suite de revenus identiques.

Le cours de l'obligation se calcule en utilisant la technique de l'actualisation.

L'obligation génère des revenus (coupons) d'un montant égal à : 1 000 × 2,40 %, soit 24 € par an.

La durée à retenir pour calculer la valeur actualisée de ces coupons est, en l'espèce, de 3 ans, c'est-à-dire du 20 septembre 2021 au 20 septembre 2024.

Valeur actuelle = $24 \times [(1 - (1 + 2\ \%)^{-3}]/2\ \% + 1\,000 \times (1 + 2\ \%)^{-3} = 1\,011{,}54$ €

Le cours de l'obligation a augmenté puisque le taux d'intérêt du marché obligataire a baissé (2 % alors que les coupons sont calculés sur une base d'un intérêt nominal de 2,40 %).

Sujet type d'examen 3

Sujet

Aquablue – Voltec Solar – Fleurons d'Apt

3 h Durée de l'épreuve

1 Coefficient

Document autorisé : aucun

Matériel autorisé : calculatrice en mode examen

Le sujet se présente sous la forme de **3 DOSSIERS** indépendants :

Dossiers

1. Diagnostic de la structure financière .... 8 points
2. Plan de financement .... 6 points
3. Financement des déficits de trésorerie .... 6 points

Si le texte du sujet, de ses questions ou de la base documentaire vous conduit à formuler une ou plusieurs hypothèses, il vous est demandé de la (ou de les) mentionner explicitement dans votre copie. Il vous est demandé d'apporter un soin particulier à la présentation de votre copie. Toute information calculée devra être justifiée.

Le sujet comporte 5 documents :

Documents

Dossiers 1, 2, 3

1. Bilan comptable de la société Aquablue au 31 décembre 2020
2. Ratios des exercices 2018 et 2019
3. Informations relatives au projet d'investissement de la société Voltec Solar
4. Effets de commerce remis à l'escompte
5. Prévisions de trésorerie du 1/04/2021 au 31/05/2021

Aquablue – Voltec Solar – Fleurons d'Apt

Dossier 1 Diagnostic de la structure financière

Base documentaire : documents 1 à 4

L'entreprise Aquablue est un SARL familiale implantée à Manosque (Alpes-de-Haute-Provence). Son activité consiste à concevoir et à installer des piscines. Sa clientèle est principalement constituée de particuliers et de résidences privées.

Vous venez d'être embauché(e) comme assistant(e) de gestion dans la société Aquablue. Le gérant de la société, Xavier Dumont, envisage d'accroître la capacité de production de son entreprise. Au préalable, et sur les conseils de son banquier, Xavier Dumont vous sollicite pour analyser la structure financière de son patrimoine, au regard d'indicateurs-clés comme la capacité d'endettement, la solvabilité et la liquidité de son entreprise. Il souhaite conserver l'équilibre financier de son bilan, ainsi que son autonomie financière, afin d'éviter une trésorerie négative.

Mission

Vous êtes chargé(e) par le comptable d'Aquablue de construire le bilan fonctionnel et financier de la société. Pour ce faire, il vous remet les documents 1 et 2.

1.1. Comparer l'intérêt pour l'analyse financière du bilan financier et du bilan fonctionnel.

1.2. Rappeler les règles de construction du bilan financier et du bilan fonctionnel.

1.3. Établir le bilan financier et calculer le fonds de roulement financier. Conclure.

1.4. Calculer les agrégats de l'équilibre fonctionnel : fonds de roulement net global, besoin en fonds de roulement (exploitation et hors exploitation) et trésorerie nette. Conclure.

1.5. Calculer les ratios présentés dans le document 2 pour l'exercice 2021.

1.6. Établir un diagnostic financier d'environ une page. Seront notamment abordés les points suivants : structure financière, liquidité et solvabilité.

Dossier 2 Plan de financement

Base documentaire : document 3

Vous venez d'être embauché(e) comme stagiaire dans le cabinet d'expertise comptable Expert Zen situé à Strasbourg (Bas-Rhin).

Sandrine Le Guillou, collaboratrice du cabinet, est aussi votre tutrice. Elle est en charge du dossier de la société Voltec Solar, spécialisée dans la fabrication de panneaux photovoltaïques. Créée en 2013, la société Voltec Solar propose une gamme de panneaux solaires à haut rendement, avec des garanties élevées, en technologie verre/backsheet ou bi-verre. La fabrication en Alsace offre aux clients la possibilité de choisir des panneaux présentant une faible empreinte carbone.

Les dirigeants de la société Voltec Solar ont décidé de construire une nouvelle unité de production. Ils se sont adressés au cabinet Expert Zen pour réaliser une étude de faisabilité économique. Au regard de critères financiers et non financiers, il s'avère que cet investissement est viable.

Mission 1

Sandrine Le Guillou vous charge de mettre en adéquation les caractéristiques de cet investissement avec les financements envisagés. À cette fin, elle vous remet le document 3.

2.1. Présenter quelques exemples de critères non financiers de sélection d'un investissement.

2.2. Exposer les objectifs de l'élaboration d'un plan de financement.

2.3. Déterminer le résultat net comptable prévisionnel pour les années 2021 à 2024. En déduire le montant des dividendes à verser à partir de 2022.

2.4. Déterminer le capital économique à financer en début d'année 2021.

2.5. Présenter, en le commentant brièvement, le plan de financement de début 2021 à fin 2024.

Afin d'équilibrer son plan de financement, la société Voltec Solar a sollicité une subvention d'investissement auprès du Conseil départemental du Bas-Rhin. Versée début 2021 et d'un montant de 60 000 €, cette subvention est rapportée fiscalement au compte de résultat sur 5 ans à compter de l'exercice 2021. La société a également souscrit un emprunt de 600 000 € au taux nominal de 2 %, remboursable par annuités constantes sur 4 ans. Versés à partir de 2022, les dividendes atteindront 10 000 €.

Mission 2

Sandrine Le Guillou souhaiterait que vous ajustiez le plan de financement et que vous l'analysiez.

2.6. Calculer l'annuité de l'emprunt et présenter le tableau d'amortissement correspondant. Les données seront arrondies à l'euro le plus proche.

2.7. Calculer les nouvelles CAF en prenant en compte les deux financements externes (subvention d'investissement et emprunt).

2.8. Présenter et commenter le plan de financement ajusté.

Dossier 3 Financement des déficits de trésorerie

Base documentaire : documents 4 et 5

La société anonyme (SA) Fleurons d'Apt est basée à Apt (Vaucluse). Elle a été fondée en 1962 par un collectif familial de confiseurs qui se sont spécialisés dans la fabrication de fruits confits, notamment la cerise bigarreau.

Vous réalisez un stage de trois mois dans cette société. Louis Armand, directeur administratif et financier (DAF), vous demande de l'assister dans le financement d'un déficit de trésorerie.

Il vous communique les effets de commerce qui sont remis à l'escompte (document 4), ainsi que les prévisions de trésorerie pour la période du 1er avril 2020 au 31 mai 2020 (document 5).

Mission

Votre mission consiste à comparer le coût d'un financement par l'escompte avec celui du découvert bancaire. Pour ce faire, Louis Armand vous remet les documents 4 et 5 et vous demande de :

3.1. Rappeler la signification des jours de banque et des jours de valeur, puis déterminer le nombre de jours appliqué par la banque pour l'escompte de ces effets de commerce.

3.2. Calculer le taux de l'escompte (incluant l'endos) appliqué par la banque.

3.3. Calculer le coût réel du crédit relatif à l'escompte n° 2, sachant que la date de valeur d'un effet remis à l'encaissement est la date d'échéance augmentée de trois jours calendaires.

3.4. Préciser s'il n'aurait pas été moins coûteux de maintenir le compte à découvert, sachant qu'une telle option était possible dans les conditions suivantes :

- Taux d'intérêt débiteur : 12 %
- Commission de plus fort découvert (CPFD) : 0,05 % (par mois)

3.5. Calculer le coût réel du découvert bancaire.

Document 1

Bilan comptable de la société Aquablue au 31 décembre 2021

	Valeur brute (€)	Amortissements et dépréciations (€)	Valeur nette comptable (€)
Frais d'établissement	5 000	4 000	1 000
Terrains	100 000	–	100 000
Constructions	240 000	100 000	140 000
Installations techniques, matériels et outillages	80 000	60 000	20 000
Prêts (1)	15 000	–	15 000
Stocks	22 000	2 000	20 000
Créances clients et comptes rattachés (2)	35 000	4 000	31 000
Autres créances	9 000	–	9 000
Valeurs mobilières de placement	4 000	500	3 500
Disponibilités	20 500		20 500
Total	530 500	170 500	360 000

(1) – 4 000 € à moins d'un an
(2) – 6 000 € à plus d'un an

Passif

	Montant (€)
Capital social	100 000
Réserves	60 000
Résultat net de l'exercice (3)	30 000
Emprunts auprès des établissements de crédit (4), (5)	120 000
Dettes fournisseurs et comptes rattachés (6)	35 000
Dettes fiscales et sociales	9 000
Autres dettes	6 000
Total	360 000

(3) Il est prévu de distribuer 18 000 € aux actionnaires ; le reliquat est mis en réserve.
(4) Dont à plus d'un an : 80 000 €.
(5) Dont concours bancaires : 12 000 €.
(6) Dont à plus d'un an : 5 000 €.

Les autres créances et autres dettes relèvent sont hors exploitation.
Les dettes fiscales et sociales relèvent de l'exploitation.
Pour l'exercice 2021, la capacité d'autofinancement (CAF) est égale à 45 000 €.

Document 2

Ratios des exercices 2019 et 2020

Nature du ratio	Formules de calcul	2020	2019
Ratio de liquidité générale	(Stocks + créances + VMP + Disponibilités) / Passif à moins d'un an	1,15	1,42
Ratio de liquidité restreinte	Créances + VMP + Disponibilités) / Passif à moins d'un an	82 %	96 %
Ratio de liquidité immédiate	(VMP + Disponibilités) / Passif à moins d'un an	28 %	34 %
Ratio de solvabilité	Total actif/Total des dettes	2,10	2,60
Équilibre financier	Ressources stables/Emplois stables	1,20	1,10
Autonomie financière	Capitaux propres/Dettes	0,88	0,92
Capacité de remboursement	Dettes financières/CAF	2,15	1,80

Document 3

Informations relatives au projet d'investissement de la société Voltec Solar

• Investissements à réaliser début 2021 :

– Terrain : 200 000 €.

– Construction : 600 000 € amortissables en mode linéaire sur 20 ans à compter de fin 2021.

– Matériels industriels : 150 000 € amortissables en mode linéaire sur 5 ans à compter de fin 2020.

• Cession, début 2021, d'une immobilisation pour 60 000 € HT dont la valeur nette comptable est de 30 000 €.

• Besoin en fonds de roulement (BFR) prévisionnel engagé en début d'année (en euros) :

	Début 2021	Début 2022	Début 2023	Début 2024	Début 2025
BFR	160 000	190 000	250 000	220 000	180 000

• CAF annuelle prévisionnelle réalisée en fin d'année :

	Fin 2021	Fin 2022	Fin 2023	Fin 2024
CAF	240 000	300 000	330 000	360 000

Augmentation de capital réalisée début 2021 d'un montant de 200 000 €. Il est prévu de distribuer des dividendes annuels dès 2022 d'un montant de 5 % du résultat net comptable réalisé en 2021.

La trésorerie initiale s'élève à 200 000 €.

Le taux d'impôt sur les sociétés est de 25 %.

Document 4

Effets de commerce remis à l'escompte

Louis Armand vous communique le bordereau de décompte d'agios que lui ont envoyé ses interlocuteurs financiers concernant la remise à l'escompte, le 4 avril 2021, de quatre effets de commerce. On retiendra une année de 360 jours.

Numéro de l'effet	Lieu du paiement	Montant (€)	Échéance	Commission (€ HT)	Jours de banque	Intérêts et endos (€)
1	APT BNP	4 500	15/05/2021	9	43	45,69
2	GARGAS CA	6 200	15/05/2022	9	43	62,95
3	GARGAS CA	3 800	15/05/2023	9	43	38,58
4	APT BNP	5 900	15/05/2024	9	43	59,90
Total	–	–	–	36	–	207,12

Document 5

Prévisions de trésorerie du 1/04/2021 au 31/05/2021

Les prévisions de trésorerie au jour le jour font apparaître les soldes suivants pour le compte banque :

Dates – année 2021	Solde banque avant toute opération d'escompte
Du 1/04 au 4/04 (inclus)	Proche de 0
Du 5/04 au 30/04 (inclus)	– 18 000 €
Du 1/05 au 15/05 (inclus)	– 12 000 €
Du 16/05 au 31/05	Proche de 0

SAVOIRS ESSENTIELS

1 Les principes de l'analyse fonctionnelle et de l'analyse « liquidité/exigibilité »

- **Analyse fonctionnelle**
  - Bilan fonctionnel
    - Postes du bilan rattachés aux trois fonctions : investissement, financement et exploitation
- **Analyse « liquidité/exigibilité »**
  - Bilan financier
    - Postes du bilan reclassés selon les deux concepts de liquidité et exigibilité

2 Le bilan financier

A) La construction du bilan financier

- **Principes de construction**
  - Les éléments du bilan sont ventilés en deux parties : à moins d'un an, à plus d'un an
  - Les éléments du bilan sont retenus pour leur valeur réelle
  - Retraitements
    - Les frais d'étabissement sont des non valeurs, à éliminer de l'actif et à déduire des capitaux propres
    - Les dividendes sont un passif à moins d'un an à inscrire en dettes diverses

- **Fonds de roulement financier**
  - Calcul
    - Actif à moins d'un an – passif à moins d'un an
    - Passif à plus d'un an – actif à plus d'un an
  - Équilibre financier
    - Le fonds de roulement financier doit être positif
  - Intérêt
    - Indicateur du risque de faillite à court terme

B) Le fonds de roulement financier

La règle de l'équilibre financier stipule que le fonds de roulement financier doit être positif.

Actif à moins d'un an – Passif à moins d'un an	Passif à plus d'un an – Actif à plus d'un an
Capacité de l'entreprise à régler ses échéances de court terme par les éléments de l'actif à court terme	Mise en évidence du mode de financement des actifs à plus d'un an

C) Les concepts au cœur du bilan financier : liquidité, exigibilité et solvabilité

Concepts du bilan financier

- **Liquidité** : Capacité d'un actif à se transformer facilement en disponibilité
- **Exigibilité** : Temps qui reste à courir jusqu'à l'échéance d'un passif
- **Solvabilité** : Capacité de l'entreprise à faire face à l'ensemble de ses dettes

3 Les agrégats et la construction du bilan fonctionnel

A) Les agrégats du bilan fonctionnel

Fonds de roulement net global (FRNG)

- **Calcul** : Ressources stables – Emplois stables
- **Relation** : FRNG – BFR = Trésorerie nette
- **Équilibre financier** : Le FRNG doit être supérieur au BFR

B) Le calcul des agrégats

- **FRNG** — Ressources stables – Emplois stables
- **BFR**
  - BFRE = ACE – DCE
  - BFRHE = ACHE – DCHE
- **Trésorerie nette** — Trésorerie Actif – Trésorerie Passif

Avec :
FRNG : fonds de roulement net global
BFR : besoin en fonds de roulement
BFRE : besoin en fonds de roulement d'exploitation
BFRHE : besoin en fonds de roulement hors exploitation
ACE/ACHE : actif circulant d'exploitation/hors exploitation
DCE/DCHE : dettes circulantes d'exploitation/hors exploitation

4 Le plan de financement

A) Le document pluriannuel prévisionnel

Le plan de financement est construit selon une logique de continuité d'exploitation.

Plan de financement
- Établi sur une durée de 3 à 5 ans
- Ressources stables — CAF, emprunt, augmentation de capital, subvention investissement
- Emplois stables — Acquisition d'immobilisations, remboursement d'emprunts, distribution de dividendes

B) La démarche d'élaboration du plan de financement

- **Étape 1** : Élaboration du plan de financement, **sans** tenir compte des **ressources de financement**
- **Étape 2** : Prise en compte des sources de financement avec leur **incidence sur les CAF prévisionnelles**
- **Étape 3** : Choix des **modalités d'équilibrage** du plan de financement afin d'assurer l'équilibre de la trésorerie sur le moyen terme.

C) Le positionnement du plan de financement

5 Le financement des déficits de trésorerie

A) Les deux principales sources de financement des déficits de trésorerie

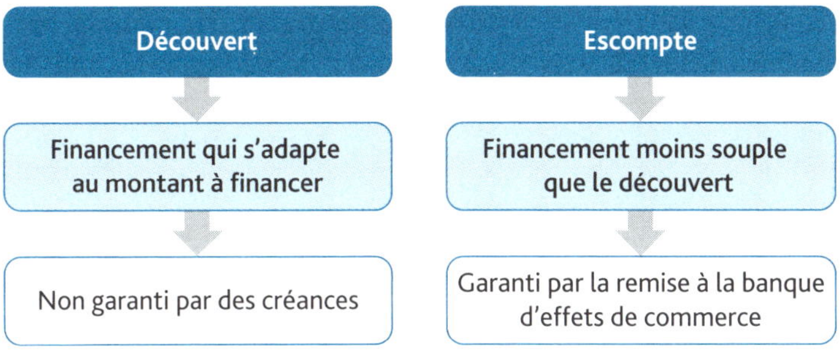

B) La notion de coût réel d'une source de financement

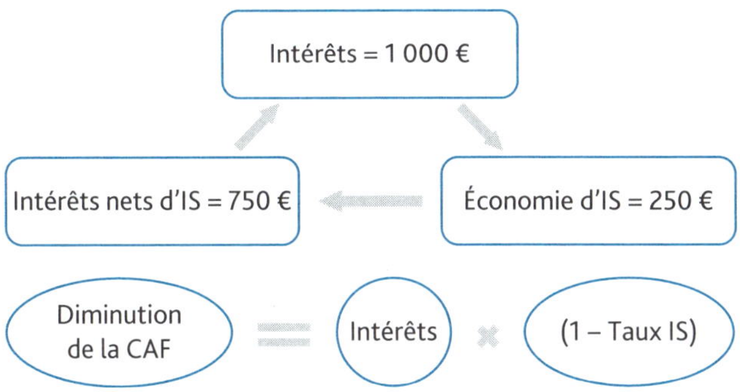

	Escompte	Découvert
Définition	• Le coût réel d'un financement est le taux d'actualisation qui assure l'équivalence entre les sommes réellement encaissées et les sommes réellement décaissées. • Ces sommes interviennent à des dates différentes. On a recours à la technique d'actualisation.	
Appellation courante	Le coût réel d'une source de financement de court terme est souvent appelé « taux effectif global » (TEG).	
	Intérêts débiteurs précomptés	**Intérêts débiteurs post-comptés**
Commissions	• Commission d'endos (frais de remise à l'escompte des effets de commerce) • Commission de manipulation (frais de gestion)	• Commission de plus fort découvert (CPFD) • Commission de compte (% du total des mouvements débiteurs)
Agios HT	Intérêts débiteurs + Agios	Intérêts débiteurs + Agios

C) Le vocabulaire spécifique

La prise en comte des dates par les établissements bancaires influe sur le coût du crédit.

Définitions

- Les **jours de banque** sont les jours ajoutés par la banque pour le calcul des intérêts débiteurs.
- Les **jours de valeur** correspondent à l'écart entre la date à laquelle l'opération est effectuée par l'entreprise et la date à laquelle cette même opération est prise en compte par la banque.

Dossier 1 Diagnostic de la structure financière

1.1 Comparer l'intérêt pour l'analyse financière du bilan financier et du bilan fonctionnel.

Compétence attendue

Expliquer la logique du bilan fonctionnel et la comparer à celle du bilan financier

DÉCRYPTAGE

Il est attendu du candidat qu'il présente, de manière très structurée, les objectifs de l'élaboration d'un bilan fonctionnel et d'un bilan financier.

NOTRE CONSEIL

Le jury s'attend à ce que vous structuriez votre réponse en présentant, par exemple, les objectifs de l'élaboration des deux catégories de bilan et ses utilisateurs. Vous pouvez présenter vos travaux sous la forme d'un schéma ou d'un tableau, assorti d'un titre ou introduit par une phrase en explicitant la construction.

Le bilan fonctionnel, qui repose sur une logique fonctionnelle (le bilan s'appuie sur les fonctions de l'entreprise pour en analyser et améliorer le fonctionnement), poursuit trois objectifs principaux :

- comprendre le fonctionnement de l'entreprise ;
- distinguer cycle long et cycle d'exploitation ;
- analyser l'origine des emplois et des ressources.

Le bilan financier, qui repose sur une logique financière (le bilan s'appuie sur les états financiers de la société), poursuit trois objectifs principaux :

- évaluer le patrimoine de l'entreprise ;
- apprécier la liquidité de l'entreprise ;
- apprécier la solvabilité de l'entreprise.

1.2 Rappeler les règles de construction du bilan financier et du bilan fonctionnel.

Compétence attendue

Expliquer les règles de construction d'un bilan fonctionnel et d'un bilan financier

DÉCRYPTAGE

En toute logique, il est attendu du candidat qu'il présente, avant même l'élaboration de ces deux bilans, leur logique de construction.

NOTRE CONSEIL

Le jury s'attend à ce que vous présentiez un comparatif des bilans selon des critères précis, comme la nature du classement des éléments, l'évaluation des postes, les agrégats significatifs et la règle de l'équilibre financier.

Le bilan fonctionnel est utilisé par le gestionnaire de l'entreprise et les investisseurs.

Le bilan financier est utilisé par les établissements financiers et les repreneurs d'entreprises.

Bilan financier	Bilan fonctionnel
Les éléments du bilan sont classés par ordre de liquidité et exigibilité croissante.	Les éléments du bilan sont classés selon les cycles de l'entreprise : Investissement, financement et exploitation.
• Les éléments du bilan sont retenus pour leur valeur réelle. • Le bilan est établi dans une optique liquidative.	• Les éléments de l'actif sont retenus pour leur montant brut. • Les amortissements, dépréciations et provisions sont assimilés à des ressources stables. • Le bilan fonctionnel est établi dans une optique de continuité d'exploitation.
Le bilan financier est établi après répartition du résultat.	Le bilan fonctionnel est établi avant répartition du résultat.
Règle de l'équilibre financier : le fonds de roulement financier doit être positif.	Règle de l'équilibre financier : le fonds de roulement net global doit être supérieur au besoin en fonds de roulement.

1.3 Établir le bilan financier et calculer le fonds de roulement financier. Conclure.

Compétences attendues

- **Construire** un bilan financier
- **Estimer** les différents équilibres financiers

DÉCRYPTAGE

Le candidat doit pouvoir construire un bilan financier et en expliciter les différents éléments.

- **Règles de construction du bilan financier**

La construction du bilan financier nécessite de retraiter les éléments de l'actif et du passif de bilan. Les éléments de l'actif sont classés par ordre de liquidité croissante et ceux du passif par ordre d'exigibilité croissante.

Les éléments de l'actif sont évalués à leur valeur réelle. Cela implique deux traitements :

– supprimer les éléments de l'actif qui n'ont aucune valeur comme les frais d'établissement, charges à répartir sur plusieurs exercices, primes de remboursement des obligations ;

– tenir compte d'éventuelles plus ou moins-values latentes sur les éléments de l'actif. La plus-value est ajoutée aux capitaux propres. La moins-value est déduite des capitaux propres.

Le bilan financier est établi après répartition du résultat.

- **Éléments de l'actif – critère d'appréciation : la liquidité**

	À plus d'un an	À moins d'un an
Terrains	100 000	
Constructions	140 000	
Installations techniques, matériels	20 000	
Prêts	11 000	4 000

	À plus d'un an	À moins d'un an
Stocks		20 000
Créances clients	6 000	25 000
Autres créances		9 000
Valeurs mobilières de placement		3 500
Disponibilités		20 500
TOTAL	**277 000**	**82 000**

- **Éléments du passif – critère d'appréciation : l'exigibilité**

	À plus d'un an	À moins d'un an
Capitaux propres • Capital social : 100 000 • Réserves : 60 000 + 12 000 • Frais d'établissement : – 1 000	171 000	
Emprunts auprès des établissements de crédit	80 000	120 000 – 80 000 = 40 000
Dettes Fournisseurs	5 000	30 000
Dettes fiscales et sociales		9 000
Autres dettes		6 000 + 18 000 = 24 000
TOTAL	**256 000**	**103 000**

- **Synthèse**

ACTIF		PASSIF	
Actif à plus d'un an	277 000	Passif à plus d'un an	256 000
Actif à moins d'un an	82 000	Passif à moins d'un an	103 000
TOTAL	359 000	TOTAL	359 000

- **Agrégats du bilan financier**

Le fonds de roulement financier peut être calculé de deux façons :

- l'actif ou le passif à moins d'un an exprime la capacité de l'entreprise à régler ses échéances de court terme par des éléments de l'actif à court terme ;
- l'actif ou le passif à plus d'un an met en évidence le mode de financement des actifs à plus d'un an (fonds propres, emprunts...).

La règle de l'équilibre financier stipule que le fonds de roulement financier doit être positif. Dans le cas présent :

- actif à moins d'un an – passif à moins d'un an : 82 000 – 103 000 = – 21 000 € ;
- passif à plus d'un an – actif à plus d'un an : 256 000 – 277 000 = – 21 000 €.

- **Interprétation**

En l'espèce, le fonds de roulement financier est négatif. L'actif à court terme ne couvre pas les dettes de la société.

1.4 Calculer les agrégats de l'équilibre fonctionnel : fonds de roulement net global, besoin en fonds de roulement (exploitation et hors exploitation) et trésorerie nette. Conclure.

Compétences attendues

- **Construire** un bilan fonctionnel
- **Calculer** le fonds de roulement net global, le besoin en fonds de roulement et la trésorerie nette

DÉCRYPTAGE

Le candidat doit être capable de reclasser les postes du bilan PCG d'après la fonction à laquelle ils se rapportent : exploitation, investissement et financement.

NOTRE CONSEIL

Vous n'avez pas à construire le bilan fonctionnel mais à en calculer les agrégats (FRNG, BFR et trésorerie nette). dont vous devez rappeler les modalités de calcul. Privilégiez une présentation sous forme de tableau en explicitant la construction de chaque agrégat. Veillez à intituler clairement le tableau et à prévoir des notes, le cas échéant.

Les formules de calcul des agrégats sont les suivantes :

- FRNG = Ressources stable – Emplois stables
- BFRE = Actif circulant d'exploitation (ACE) – Dettes circulantes d'exploitation (DCE)
- BFRHE = Actif circulant hors exploitation (ACHE) – Dette circulante hors exploitante (DCHE)
- Trésorerie nette (TN) = Trésorerie Actif – Trésorerie Passif

Avec :

FRNG : fonds de roulement net global

BFR : besoin en fonds de roulement

BFRH/BFRHE : besoin en fonds de roulement d'exploitation/hors exploitation

ACE/ACHE : actif circulant d'exploitation/hors exploitation

DCE/DCHE : dettes circulantes d'exploitation/hors exploitation

Calcul des agrégats

Emplois stables : 440 000 €	Actif immobilisé brut : 5 000 + 100 000 + 240 000 + 80 000 + 15 000 = 440 000 €
Ressources stables : 468 500 €	• Capitaux propres : 190 000 € • Amortissements et dépréciations : 170 500 € • Dettes financières : 120 000 – 12 000 = 108 000 €
FRNG	**Ressources stables – emplois stables = 28 500 €**
Actif circulant exploitation : 57 000 €	• Stocks : 22 000 € • Créances clients : 35 000 €
Dettes circulantes exploitation : 44 000 €	• Dettes fournisseurs : 35 000 € • Dettes fiscales et sociales : 9 000 €
BFR exploitation	**ACE – DCE = 13 000 €**
Actif circulant hors exploitation : 13 000 €	• Autres créances : 9 000 € • VMP : 4 000 €
Dettes circulantes hors exploitation	Autres dettes : 6 000 €

BFR hors exploitation	ACHE – DCHE = 7 000 €
Trésorerie active	Disponibilités : 20 500 €
Trésorerie passive	Concours bancaires courants : 12 000 €
Trésorerie nette	TA – TP = 8 500 €

- **Règle de l'équilibre financier**

La règle de l'équilibre financier est assurée :

- avec 28 500 €, le fonds de roulement net global (FRNG) est positif. Les ressources stables financent les emplois stables ;
- le fonds de roulement net global est supérieur au besoin en fonds de roulement (13 500 € de besoin en fonds de roulement d'exploitation ; 7 000 € hors exploitation) ;
- la trésorerie nette (8 500 €) est positive.

1.5 Calculer les ratios présentés dans le document 2 pour l'exercice 2021.

Compétence attendue

Distinguer les ratios relatifs à l'activité générale et ceux relatifs à la structure financière

DÉCRYPTAGE

Le candidat doit être capable de calculer des ratios rattachés aux différentes parties du diagnostic financier. Il doit pouvoir distinguer les différents types de ratios afin de présenter des ratios pour mener une analyse.

Les ratios de structure financière peuvent être rattachés à l'analyse de la structure financière et ceux de liquidité à l'analyse liquidité – exigibilité.

Le tableau des ratios du document 2 met en avant deux types de ratios :

- Des ratios de liquidité (et solvabilité) qui permettent d'apprécier la capacité de l'entreprise à honorer ses dettes à court et moyen terme.
- Des ratios d'analyse de la structure financière : autonomie financière, capacité d'endettement, équilibre financier fonctionnel.

Calcul des ratios

	Formule de calcul	Montant
Liquidité générale	(Stocks + créances + VMP + disponibilités)/Passif à moins d'un an	(20 000 + 25 000 + 9 000 + 3 500 + 20 500)/103 000 = 0,67
Liquidité restreinte	(Créances + VMP + disponibilités)/ Passif à moins d'un an	(25 000 + 9 000 + 3 500 + 20 500) / 103 000 = 0,56
Liquidité immédiate	(VMP + disponibilités)/Passif à moins d'un an	(3 500 + 20 500)/103 000 = 0,23

	Formule de calcul	Montant
Solvabilité générale	• Total actif/Ensemble des dettes • Total actif = 359 000 € • Total dettes : emprunt + dettes de l'actif circulant = 120 000 + 35 000 + 9 000 + 24 000 = 188 000 €	359 000/188 000 = 1,91
Équilibre financier fonctionnel	Ressources stables/Emplois stables	468 500/440 000 = 1,07
Autonomie financière	• Capitaux propres : 171 000 € • Dettes à plus d'un an : 85 000 € • Dettes à moins d'un an : 103 000 €	171 000/188 000 = 0,91
Capacité de remboursement	• Dettes financières : 120 000 € • CAF : 45 000 €	120 000/45 000 = 2,67

1.6 Établir un diagnostic financier d'environ une page. Seront notamment abordés les points suivants : structure financière, liquidité et solvabilité.

Compétences attendues

- **Réaliser** un diagnostic à partir d'un ensemble de ratios pertinents
- **Proposer** une conclusion générale

NOTRE CONSEIL

Suivez une démarche en trois étapes afin de n'omettre aucun élément du raisonnement :
– analyse des données de l'année N ;
– analyse de l'évolution de ces données ;
– conclusion générale et regard critique sur l'analyse réalisée, notamment en raison du manque d'informations sur la profitabilité de l'entreprise (analyse de l'activité en général).

DÉCRYPTAGE

La réalisation d'un diagnostic comprend la rédaction d'un écrit structuré permettant de dresser des constats en vue de réaliser une analyse et, le cas échéant, de réaliser des propositions.

- **Analyse des données pour l'exercice 2021**

Pour l'exercice 2020, on constate que le fonds de roulement financier est négatif. Le ratio de liquidité générale est donc inférieur à 1. Le ratio de liquidité restreinte est inférieur à 80 % (norme couramment admise). Les créances et disponibilités ne couvrent pas les dettes à court terme. Dans une optique liquidative, l'entreprise ne serait pas certaine d'honorer ses dettes à court terme.

Le ratio de solvabilité générale est supérieur à 1. Il est le signe que l'entreprise est solvable. L'endettement ne représente que 52 % du total du bilan.

Par ailleurs, le fonds de roulement net global de 2021 est positif et permet de couvrir le besoin en fonds de roulement. La règle de l'équilibre financier est respectée.

- **Analyse de l'évolution des ratios**

La lecture des ratios des deux exercices précédents permet de dire qu'il y a une dégradation de la situation financière de l'entreprise au regard du risque de faillite à court terme. En 2021, l'actif circulant ne couvre plus les dettes à court terme.

En revanche, bien que l'on constate une dégradation du ratio de solvabilité générale, la solvabilité de l'entreprise reste satisfaisante.

L'équilibre financier est assuré. Les ressources stables couvrent les emplois stables, et même davantage puisque le FRNG couvre le BFR.

Le ratio d'autonomie financière est satisfaisant et assez stable sur l'ensemble des trois exercices.

La capacité de remboursement est bonne puisque le ratio correspondant est inférieur à 4, norme couramment admise.

On peut dire que l'entreprise dispose d'une bonne capacité d'endettement.

- **Conclusion**

L'entreprise est solvable et la structure financière est saine. En revanche, une attention particulière doit être portée sur le risque de non-liquidité.

Les données fournies ne permettent pas de mener une analyse détaillée et étayée du risque de faillite. Pour y remédier, il faudrait disposer de davantage d'informations, notamment sur la profitabilité et la capacité de l'entreprise à transformer certains flux de fonds (tels que l'EBE) en flux de trésorerie.

Dossier 2 Plan de financement

2.1 Présenter quelques exemples de critères non financiers de sélection d'un investissement.

Compétence attendue

Analyser une décision d'investissement au-delà du simple calcul financier à l'aide de critères de sélection non financiers

DÉCRYPTAGE

Les critères non financiers peuvent inclure des approches sociales (RSE), environnementales.

Parmi les critères non financiers de choix d'un investissement, il est notamment possible de mentionner :

- des critères sociétaux (ex. : finance verte, investissement socialement responsable – ISR) ;
- l'acceptation du risque par les dirigeants (degré d'aversion au risque) ;
- la cohérence avec la stratégie de l'organisation ;

2 Exposer les objectifs de l'élaboration d'un plan de financement.

Compétence attendue

Identifier les étapes de la construction d'un plan de financement

DÉCRYPTAGE

Le candidat doit pouvoir identifier, si besoin, des modalités d'équilibrage dans un contexte donné.

L'élaboration d'un plan de financement permet d'apprécier la pertinence de la politique de financement retenue et sa cohérence avec la politique d'investissement afin d'assurer l'équilibre de la trésorerie. Il s'agit d'un outil de pilotage pour les dirigeants, de négociation de moyens de financement et de prévention des difficultés de l'entreprise.

Instrument de pilotage pour les dirigeants	Il permet de mesurer l'incidence des choix stratégiques et de financement sur la trésorerie de l'entreprise.
Outil de négociation auprès des partenaires financiers	• Le plan de financement permet de justifier le recours aux financements externes. • Il intéresse les banquiers, associés, sociétés de capital-risque…
Outil de prévention des difficultés de l'entreprise	• Il doit être établi dans les 3 mois de l'ouverture de l'exercice. • Le plan de financement doit comporter les rubriques identiques à celles qui figurent dans le tableau de financement. • Un rapport doit accompagner le plan de financement prévisionnel : hypothèses retenues, modèle utilisé et nature des investissements envisagés.

2.3 Déterminer le résultat net comptable prévisionnel pour les années 2021 à 2024. En déduire le montant des dividendes à verser à partir de 2022.

NOTRE CONSEIL

Vous devez exprimer le lien existant entre le résultat net comptable et la CAF. Après avoir rappelé cette relation, vous présenterez les travaux chiffrés dans un tableau.

Compétence attendue

Analyser la structure de financement d'une organisation

DÉCRYPTAGE

L'annexe du sujet fournit le montant des capacités d'autofinancement (CAF) prévisionnelles. Il s'agit, ici, de retrouver le résultat net comptable afin de fixer le montant des dividendes à verser à partir de 2022.

CAF = Résultat net comptable + Dotation aux amortissements

- Dotations aux amortissements de la construction : 600 000 × 1/20 = 30 000 €
- Dotations aux amortissements des matériels : 150 000 × 1/5 = 30 000 €

	2021	2022	2023	2024
CAF	240 000	300 000	330 000	360 000
Dotations aux amortissements	60 000	60 000	60 000	60 000
Résultat net comptable	180 000	240 000	270 000	300 000
Dividendes	–	9 000	12 000	13 500

2.4 Déterminer le capital économique à financer en début d'année 2021.

Compétence attendue

Analyser la structure de financement d'une organisation

DÉCRYPTAGE

Le jury attend du candidat qu'il explique précisément ce que l'on entend par « capital économique ». Il ne s'agit pas uniquement du montant de l'investissement. Il faut tenir compte des variations du besoin de financement du cycle d'exploitation induites par l'investissement.

Le capital économique correspond à l'investissement augmenté de la variation du BFRE.

Au début de l'année 2021, il faut anticiper le financement de l'investissement et de la variation du BFRE :

- Investissement : 200 000 + 600 000 + 150 000 = 950 000 €
- Variation du BFRE : 160 000 €

	Début 2021	Début 2022	Début 2023	Début 2024	Début 2025
BFRE	160 000	190 000	250 000	220 000	180 000
Variation BFRE	160 000	30 000	60 000	– 30 000	– 40 000

2.5 Présenter, en le commentant brièvement, le plan de financement de début 2021 à la fin 2024.

Compétence attendue

Élaborer un plan de financement

DÉCRYPTAGE

Dans un contexte donné, le candidat doit pouvoir élaborer un plan de financement en justifiant sa pratique par l'identification de différentes étapes.

NOTRE CONSEIL

Comme pour tout document prévisionnel, vous devez présenter vos travaux sous la forme d'un tableau. Une fois le plan de financement établi, vous devez l'interpréter.

	Début 2021	Fin 2021	Fin 2022	Fin 2023	Fin 2024
Ressources	–	–	–	–	–
CAF	–	240 000	300 000	330 000	360 000
Augmentation de capital	200 000	–	–	–	–
Cession du matériel industriel	60 000	–	–	–	–
Total Ressources	260 000	240 000	300 000	330 000	360 000
Emplois	–	–	–	–	–
Investissement	950 000	–	–	–	–
Variation du BFRE	160 000	30 000	60 000	– 30 000	– 40 000

	Début 2021	Fin 2021	Fin 2022	Fin 2023	Fin 2024
Dividendes	–	–	9 000	12 000	13 500
Total Emplois	1 110 000	30 000	69 000	– 18 000	– 26 500
Ressources — Emplois	– 850 000	210 000	231 000	348 000	386 500
Trésorerie initiale	200 000	– 650 000	– 440 000	– 209 000	139 000
Trésorerie finale	– 650 000	– 440 000	– 209 000	139 000	525 500

Le plan de financement est déséquilibré. La trésorerie finale est négative sur les deux premières années.

La société Voltec Solar doit tenter d'équilibrer son plan de financement en ayant recours à de nouveaux financements ou en réduisant les emplois.

NOTRE CONSEIL

Dans un premier temps, vous devez énoncer la formule de calcul d'une annuité pour un emprunt remboursé par annuités constantes. Attention au calcul des intérêts : l'assiette de calcul est le capital restant dû.

2.6 Calculer l'annuité de l'emprunt et présenter le tableau d'amortissement correspondant. Les données seront arrondies à l'euro le plus proche.

Compétence attendue

Déterminer une annuité d'emprunt

DÉCRYPTAGE

Le candidat doit identifier les différents modes de financement afin de les distinguer, et d'évaluer leur coût respectif.

NOTRE CONSEIL

Vous devez expliquer l'incidence d'une source de financement sur la CAF en tenant compte de la fiscalité. Pour ce faire, vous respecter trois étapes : vous déterminerez successivement l'incidence des intérêts et de la reprise de la subvention d'investissement sur la CAF, puis vous synthétiserez, dans un tableau, les nouvelles CAF à reprendre dans le plan de financement initial.

L'annuité se calcule en additionnant les intérêts et le remboursement du capital emprunté. Annuité = 600 000 × 2 %/ [1 – $(1{,}02)^{-4}$] = 157 574 €

	Capital début	Intérêts	Remboursement	Annuités
2021	600 000	12 000	145 574	157 574
2022	454 426	9 089	148 485	157 574
2023	305 941	6 119	151 455	157 574
2024	154 486	3 090	154 484	157 574

2.7 Calculer les nouvelles CAF en prenant en compte les deux financements externes (subvention d'investissement et emprunt).

Compétence attendue

Identifier des modalités d'équilibrage du plan de financement, dans une situation donnée

DÉCRYPTAGE

Le candidat doit être capable de déterminer l'incidence chiffrée d'une ou de plusieurs sources de financement sur la capacité d'autofinancement.

- **Intérêts de l'emprunt**

Les intérêts de l'emprunt constituent une charge déductible du résultat fiscal.

Le coût est égal à : intérêts × (1 – 25 %), soit 75 % × intérêts.

La CAF diminue d'un montant égal à : 75 % × intérêts

- **Subvention d'investissement**

La subvention d'investissement est rapportée au comte de résultat sur cinq ans. Cela entraîne un produit imposable (produit calculé donc sans incidence sur la CAF) qui génère une charge d'impôt égale à : 60 000 × 1/5 × 25 %, soit 3 000 €.

La CAF diminue d'un montant égal à quote-part de la subvention d'investissement multiplié par le taux IS.

Diminution CAF = Quote-part SI × Taux IS

- **Synthèse des CAF anciennes et nouvelles**

	2021	2022	2023	2024
CAF ancienne	240 000	300 000	330 000	360 000
– 75 % × intérêts	– 9 000	– 6 817	– 4 589	– 2 318
– IS sur quote-part de subvention	– 3 000	– 3 000	– 3 000	– 3 000
CAF après financement	228 000	290 183	322 411	354 682

2.8 Présenter et commenter le plan de financement ajusté.

Compétence attendue

Identifier les modalités d'équilibrage du plan de financement, dans une situation donnée

DÉCRYPTAGE

Le candidat doit pouvoir identifier, si besoin, des modalités d'équilibrage dans un contexte donné.

	Début 2021	Fin 2021	Fin 2022	Fin 2023	Fin 2024
Ressources					
CAF		228 000	290 183	322 411	354 682
Augmentation de capital	200 000				
Cession du matériel industriel	60 000				
Emprunt	600 000				
Subvention d'investissement	60 000				
Total Ressources	*920 000*	*228 000*	*290 183*	*322 411*	*354 682*
Emplois					
Investissement	950 000				
Variation du BFRE	160 000	30 000	60 000	– 30 000	– 40 000

	Début 2021	Fin 2021	Fin 2022	Fin 2023	Fin 2024
Dividendes			10 000	10 000	10 000
Remboursement de l'emprunt		145 574	148 485	151 455	154 484
Total Emplois	*1 110 000*	*175 574*	*218 485*	*131 455*	*124 484*
Ressources — Emplois	– 190 000	52 426	71 698	190 956	230 198
Trésorerie initiale	200 000	10 000	62 426	134 124	325 080
Trésorerie finale	*10 000*	*62 426*	*134 124*	*325 080*	*8*

Le plan de financement est désormais équilibré ; la trésorerie finale est positive pour chaque année. Le projet d'investissement paraît réalisable. Néanmoins, le solde de la trésorerie finale est important. Les excédents de trésorerie pourront être placés en produits bancaire et financier.

Dossier 3 Financement des déficits de trésorerie

Compétences attendues

- **Distinguer** les modes de financement et évaluer leur coût respectif
- **Déterminer** et **valoriser** le montant des engagements financiers de l'entreprise
- **Calculer** et **comparer** les coûts des différents moyens de financement en intégrant l'impôt sur les bénéfices
- **Identifier** une ou plusieurs solutions de financement

DÉCRYPTAGE

L'étudiant doit maîtriser les différents modes de financement et être capable de conseiller le décideur. Il doit également connaître le « jargon » spécifique utilisé par les établissements bancaires pour la détermination du coût du crédit. Il s'agit notamment des jours de banque et des jours de valeur dont la prise en compte influe sur le coût du crédit.

3.1 Rappeler la signification des jours de banque et des jours de valeur, puis déterminer le nombre de jours appliqué par la banque pour l'escompte de ces effets de commerce.

Les jours de banque sont les jours ajoutés par la banque pour le calcul des intérêts débiteurs.

Les jours de valeur correspondent à l'écart entre la date à laquelle l'opération est effectuée par l'entreprise et la date à laquelle cette même opération est prise en compte par la banque.

Exemple

Un effet de commerce est remis à l'escompte le 5 mars. Le compte de l'entreprise est crédité le 7 mars. On en déduit que la banque applique 2 jours de valeur.
Les effets de commerce sont remis à l'escompte 4 avril 2021. Les intérêts sont calculés à partir du 5 avril 2021.

Nombre de jours entre le 5 avril 2021 et le 15 mai 2021 :

- Avril : 26 jours
- Mai : 15 jours
- Soit : 41 jours

Le nombre de jours qui figure sur le bordereau est de 43. On en déduit que la banque applique 2 jours de banque.

3.2 Calculer le taux de l'escompte (incluant l'endos) appliqué par la banque.

Appelons *t* le taux d'escompte pratiqué (ce taux inclut la commission d'endos).

On peut calculer ce taux à partir de n'importe quel effet de commerce.

À partir de l'effet 1 :

On a : $45{,}69 = 4\,500 \times 43/360 \times t$

On en déduit $t = 8{,}50$ %.

NOTRE CONSEIL

Souvenez-vous de la structure du coût réel d'un financement et présentez les étapes détaillées du calcul du coût réel.

3.3 Calculer le coût réel du crédit relatif à l'escompte n° 2, sachant que la date de valeur d'un effet remis à l'encaissement est la date d'échéance augmentée de trois jours calendaires.

Le coût réel d'un financement est le taux actuariel (taux effectif global – TEG) qui assure l'équivalence entre les encaissements et les décaissements.

Rendez-vous MÉTHODE

Calculer le coût réel de l'escompte

Afin de calculer le coût réel d'un escompte, vous devez suivre trois étapes :

- 1. Déterminer le montant effectivement prêté par l'établissement bancaire, les intérêts de l'escompte étant précomptés.
- 2. Déterminer la durée effective du crédit par comparaison avec une remise à l'encaissement.
- 3. Poser l'équation permettant le calcul du coût réel du crédit, lequel est exprimé en pourcentage, puis comparé au coût des autres sources de financement envisagées.

Le coût réel du crédit correspond au taux qui, appliqué à la somme effectivement reçue pendant le temps qui sépare le 5 mai 2021 de la date de remise à l'encaissement, donne un intérêt égal à l'agio :

- Montant des agios : $62{,}95 + 9 = 71{,}95$ €
- Montant effectivement reçu : $6\,200 - 71{,}95 = 6\,128{,}05$ €
- Nombre de jours pour la durée réelle du crédit : 41 jours + 3 = 44 jours
- Soit Y le coût réel de l'escompte. On a $71{,}95 = 6\,128{,}05 \times Y \times 44/360$. On en déduit : $Y = 9{,}61$ %

Le mot « escompte » est masculin.

3.4 **Préciser s'il n'aurait pas été moins coûteux de maintenir le compte à découvert, sachant qu'une telle option était possible dans les conditions suivantes :**
- **Taux d'intérêt débiteur : 12 %**
- **Commission de plus fort découvert : 0,05 % (par mois)**

Rendez-vous

MÉTHODE

Calculer le coût réel du découvert bancaire

Afin de calculer le coût réel du découvert bancaire, vous devez suivre trois étapes :

- Détermination du « nombre » :

Nombre = Solde du découvert × Nombre de jours de découvert

- Calcul des intérêts et commissions (commission de plus fort découvert – CPFD – et dépassement) : il suffit d'appliquer les taux indiqués dans l'énoncé ou dans la base documentaire.
- Résolution de l'équation permettant de déterminer le coût réel du découvert bancaire :

Coût réel du découvert = Total des intérêts + CPFD

NOTRE CONSEIL

Comme pour le calcul du coût réel du découvert bancaire, vous devez procéder par étapes et justifier les calculs de manière rigoureuse.

Calcul	Avril	Mai
Découvert	18 000 €	12 000 €
Nombre de jours à financer	26 jours	15 jours
Intérêts débiteurs	18 000 × 12 % × 26/360 = 156 €	12 000 × 12% × 15/360 = 60 €
Commission du plus fort découvert	18 000 × 0,05 % = 9 €	12 000 × 0,05 % = 6 €
Total (intérêts + CPFD)	165 €	66 €

3.5 **Calculer le coût réel du découvert bancaire.**

Le coût du découvert bancaire s'élève donc à : 165 + 66, soit 231 €. Il est inférieur au coût de l'escompte qui s'élève à 36 + 207,12, soit 243,12 €.

Le coût réel du découvert est le taux de revient t, solution de l'équation suivante :

$231 = (18\,000 \times 26 + 12\,000 \times 15)/360 \times t$

On en déduit : $t = 12{,}83$ %.

Sujet type d'examen 4

Sujet

Acacia – Raymond – Agrotec

3 h Durée de l'épreuve

1 Coefficient

Document autorisé : aucun

Matériel autorisé : calculatrice en mode examen

Le sujet se présente sous la forme de **3 DOSSIERS** indépendants :

Dossiers

1. Diagnostic financier (société Acacia) .... 8 points
2. Rentabilité économique et financière (société Raymond) .... 5 points
3. Structure de financement et coût du capital (société Agrotec) .... 7 points

Le sujet comporte 11 documents et 2 annexes :

Documents

Dossier 1

1. Bilan au 31 décembre 2021
2. Compte de résultat de l'exercice 2021
3. Tableau des immobilisations pour l'exercice 2021
4. Tableau des amortissements au 31 décembre 2021
5. Tableau des dépréciations pour l'exercice 2021
6. Tableau de financement – Partie I
7. Extrait des soldes intermédiaires de gestion pour l'exercice 2020

Dossier 2

8. Bilan simplifié au 31 décembre 2021
9. Compte de résultat simplifié au 31 décembre 2021
10. Informations complémentaires au 31 décembre 2021

Dossier 3

11. Sources de financement

Annexes

A. Tableau des flux de trésorerie de la société Acacia
B. Tableau des ratios de la société Acacia

Si le texte du sujet, de ses questions ou de la base documentaire vous conduit à formuler une ou plusieurs hypothèses, il vous est demandé de la (ou de les) mentionner explicitement dans votre copie. Il vous est demandé d'apporter un soin particulier à la présentation de votre copie. Toute information calculée devra être justifiée.

Acacia – Raymond – Agrotec

Dossier 1 Diagnostic financier (société Acacia)

Base documentaire : documents 1 à 7

Située à Quimper dans le département du Finistère, l'entreprise familiale Acacia Paysages, créée en 2016, est spécialisée dans les travaux paysagers ainsi que dans l'aménagement et l'entretien des parcs et jardins. Elle propose aussi la vente d'arbustes et de végétaux au grand public.

Elle est dirigée par Rémi et Rosa Stindel.

Son chiffre d'affaires, qui avoisine 2 millions d'euros, est en constante progression. La structure financière est saine et l'entreprise dégage des excédents de trésorerie depuis plusieurs exercices.

Les époux Stindel envisagent de se lancer dans une nouvelle activité : l'aménagement de terrains de sport.

Vous venez d'être recruté(e) en tant que stagiaire placé(e) sous la responsabilité de Gaëlle Lescouarnec, cadre comptable de l'entreprise.

Partie A. Activité et trésorerie d'exploitation

Mission

Gaëlle Lesouarnec met à votre disposition les comptes annuels des deux derniers exercices d'Acacia Paysages et vous demande de préparer le diagnostic financier de l'entreprise. À cette fin, elle vous remet les documents 1 à 7.

1.1. Indiquer le point commun et les différences d'approche entre le tableau de financement et le tableau de flux de trésorerie.

1.2. Après avoir rappelé l'intérêt et la limite de l'excédent brut d'exploitation (EBE) pour le diagnostic financier, le calculer pour l'exercice 2021.

1.3. Expliquer l'utilité de la première partie du tableau de financement.

1.4. Justifier les montants suivants du tableau de financement : capacité d'autofinancement (CAF), remboursements d'emprunts, nouvelle subvention d'investissement.

1.5. Préciser la différence entre l'EBE et l'excédent de trésorerie d'exploitation (EBE). Calculer l'ETE pour l'exercice 2021.

Gaëlle Lescouarnec vous apporte les précisions suivantes relatives à l'exercice 2021 :

- Les charges et les produits constatés d'avance sont liés à l'exploitation.
- Les écarts de conversion Actif concernent les clients ; les écarts de conversion Passif, les fournisseurs.
- Les intérêts courus non échus sur dettes financières s'élèvent à 2 220 € en 2021 et à 3 020 € en 2020.

- Aucun emprunt nouveau n'a été souscrit au cours de l'exercice.
- Une augmentation de capital en numéraire a eu lieu en novembre 2021 en prévision d'un important investissement.
- Une subvention d'investissement a été obtenue en 2021.
- Les VMP sont rapidement disponibles (moins de trois mois).

Il ne sera pas tenu compte de la fiscalité sur la plus-value de cession d'immobilisation.

Partie B. Flux de trésorerie et diagnostic financier

Mission

M. Stindel a pris connaissance de votre étude sur l'activité et la trésorerie d'exploitation. Satisfait de votre travail, il envisage de l'étendre à l'ensemble de la trésorerie. Il souhaite que vous complétiez le tableau de flux simplifié de l'annexe A et que vous dressiez un diagnostic financier complet d'Acacia Paysages.

1.6. Compléter le tableau de flux simplifié (annexe A à remettre complétée avec la copie).

1.7. Calculer les ratios présentés (annexe B à remettre complétée avec la copie). Identifier deux ratios de profitabilité et deux ratios de structure financière.

1.8. Présenter un diagnostic financier de la société (analyse de l'activité et des ratios, équilibre financier, endettement financier, évolution de la trésorerie).

Dossier 2 Rentabilité économique et financière (société Raymond)

Base documentaire : documents 8 à 10

Raymond est une société familiale spécialisée dans le transport frigorifique de denrées alimentaires. Créée en 2015, elle est située à Granville (Manche).

Face à une concurrence accrue et à la difficulté croissante de maintenir sa position sur le marché, Kévin Lesieur, directeur financier de la société Raymond, s'interroge sur le risque d'exploitation ainsi que sur la rentabilité économique et financière de l'entreprise.

Partie A. Rentabilités économique et financière

Mission

Récemment recruté(e) en CDD au sein du service comptable Raymond pour une durée de huit mois, vous êtes chargé(e) par Kévin Lesieur, d'apprécier le risque d'exploitation de la société ainsi que sa rentabilité économique et financière. À cette fin, Kévin Lesieur vous remet les documents 8 à 10.

2.1. Présenter la logique d'élaboration du compte de résultat différentiel et expliquer l'intérêt de la différenciation des charges variables et fixes.

2.2. Déterminer le seuil de profitabilité de l'entreprise. Compléter les travaux en déterminant le levier d'exploitation. En justifier le choix et l'interprétation.

2.3. Indiquer la signification du concept de rentabilité et le comparer avec celui de profitabilité.

2.4. Déterminer la rentabilité économique et la rentabilité financière après impôt tout en précisant à qui ces informations sont principalement destinées.

Partie B. Effet de levier

Mission

Kévin Lesieur souhaite tester vos connaissances théoriques. Il vous demande de déterminer si la société Raymond bénéficie d'un effet de levier favorable.

2.5. Indiquer le lien existant entre la rentabilité économique, la rentabilité financière et le taux d'intérêt. Mettre en évidence l'effet de levier.

Dossier 3 Structure de financement et coût du capital (société Agrotec)

Base documentaire : document 11

La société Agrotec est spécialisée dans la conception et la fabrication d'outillages divers pour l'industrie agroalimentaire. Elle prévoit de développer une nouvelle unité de production nécessitant un investissement d'un montant de 500 000 €.

Mission

Linda Jablonska, directrice administrative et financière (DAF) d'Agrotec, souhaiterait que vous évaluiez les coûts des options de financement en comparant le coût du capital dans chaque hypothèse. À cette fin, elle vous remet le document 11.

3.1. Présenter le tableau des flux de trésorerie du crédit-bail et calculer le coût du crédit-bail.

3.2. Expliquer concrètement la signification du coût des capitaux propres. Le calculer.

3.3. Justifier le coût réel du financement par emprunt.

3.4. Identifier l'intérêt de la détermination du coût du capital dans un projet d'investissement. Calculer le coût du capital.

Document 1

Bilan au 31 décembre 2021

	ACTIF (en €)	Exercice 2021			Exercice 2020
		Brut	Amort. et dépréciat.	Net	Net
Actif immobilisé	Capital souscrit – non appelé	–	–	–	–
	Immobilisations incorporelles				
	Frais d'établissement				
	Frais de recherche et développement				
	Concessions, brevets, droits similaires	29 650	20 565	9 085	6 855
	Fonds commercial				
	Autres immobilisations incorporelles				
	Avances et acomptes				
	Immobilisations corporelles				
	Terrains	282 000		282 000	282 000
	Constructions	455 800	250 690	205 110	227 900
	Installations techniques, matériel-outillage	69 980	38 839	31 141	25 438
	Autres immobilisations corporelles	189 708	121 051	68 657	72 031
	Immobilisations en-cours				
	Avances et acomptes				3 000
	Immobilisations financières				
	Participations évaluées par équivalence				
	Autres participations				
	Créances rattachées à des participations				
	Autres titres immobilisés				
	Prêts				
	Autres immobilisations financières	9 280		9 280	6 280
	TOTAL I	**1 036 418**	**431 145**	**605 273**	**623 504**
Actif circulant	**Stocks et en-cours**				
	Matières premières, approvisionnements	17 750	500	17 250	11 009
	En-cours de production (biens et services)	77 500		77 500	68 750
	Produits intermédiaires et finis				
	Marchandises	24 700	1 700	23 000	32 760
	Avances et acomptes versés sur commandes				
	Clients et comptes rattachés	475 830	4 700	471 130	412 820
	Autres créances d'exploitation	5 789		5 789	4 871
	Créances diverses				
	Capital souscrit et appelé, non versé				
	Valeurs mobilières de placement	516 879	3 800	513 079	187 191
	Disponibilités	24 510		24 510	5 700
Régularisations	Charges constatées d'avance	12 420		12 420	11 470
	TOTAL II	**1 155 378**	**10 700**	**1 144 678**	**734 571**
	Charges à répartir sur plusieurs exercices **(III)**				
	Primes de remboursement des obligations **(IV)**				
	Écarts de conversion Actif **(V)**	1 200		1 200	800
	TOTAL GÉNÉRAL (I à V)	**2 192 996**	**441 845**	**1 751 151**	**1 358 875**

•••

•••

	PASSIF (en €)	Exercice 2021	Exercice 2020
Capitaux propres	Capital social	280 000	220 000
	Primes d'émission, de fusion, d'apport	**90 000**	
	Écarts de réévaluation		
	Réserve légale	22 000	22 000
	Réserves statutaires ou contractuelles	358 700	122 000
	Réserves réglementées		
	Autres réserves		
	Report à nouveau	4 726	2 150
	RÉSULTAT DE L'EXERCICE (bénéfice ou perte)	391 605	332 276
	Subventions d'investissement	33 750	30 000
	Provisions réglementées		
	TOTAL I	**1 180 781**	**728 426**
	Produits des émissions de titres participatifs		
	Avances conditionnées		
	TOTAL II		
	Provisions pour risques	**9 200**	**3 800**
	Provisions pour charges		
	TOTAL III	**9 200**	**3 800**
Dettes	Dettes financières		
	Emprunts obligataires convertibles		
	Autres emprunts obligataires		
	Emprunts et dettes auprès des établissements de crédit	236 353	369 905
	dont concours bancaires courants et soldes créditeurs de banque	*12 133*	*64 885*
	Emprunts et dettes financières divers		
	Avances et acomptes reçus sur commandes en cours		
	Dettes fournisseurs et comptes rattachés	131 900	117 160
	Dettes fiscales et sociales	161 947	129 144
	Dettes sur immobilisations et comptes rattachés	18 000	
	Autres dettes		
Régularisations	Produits constatés d'avance	10 430	8 760
	TOTAL IV	**558 630**	**624 969**
	Écarts de conversion Passif **(V)**	2 540	1 680
	TOTAL GÉNÉRAL (I à V)	**1 751 151**	**1 358 875**

Document 2

Compte de résultat de l'exercice 2021 (€)

		Exercice 2021	Exercice 2020
Produits d'exploitation	Ventes de marchandises	285 689	252 630
	Production vendue [biens et services]	2 055 872	1 917 830
	Production stockée	8 750	– 2 750
	Production immobilisée		
	Subventions d'exploitation		
	Reprises sur provisions et transferts de charges	5 100	
	Autres produits	1 656	2 100
	Total I	**2 357 067**	**2 169 810**
Charges d'exploitation	Achats de marchandises	172 485	168 720
	Variation de stocks de marchandises	8 060	– 2 084
	Achats de matières premières et autres approvisionnements	244 620	238 750
	Variation des stocks matières premières et approvisionnements	3 241	2 850
	Autres achats et charges externes	457 252	422 456
	Impôts, taxes et versements assimilés	32 023	31 358
	Salaires et traitements	626 700	599 400
	Charges sociales	213 078	191 808
	Dotations d'exploitation – Sur immobilisations : dotations aux amortissements	66 968	60 281
	Dotations d'exploitation – Sur immobilisations : dotations aux dépréciations		
	Dotations d'exploitation – Sur actif circulant : dotations aux dépréciations	1 700	7 500
	Dotations d'exploitation – Pour risques et charges : dotations aux provisions		
	Autres charges	7 850	5 489
	Total II	**1 833 977**	**1 726 528**
1. RÉSULTAT D'EXPLOITATION (I – II)		**523 090**	**443 282**
Produits financiers	De participation		
	D'autres valeurs mobilières et créances de l'actif immobilisé		
	Autres intérêts et produits assimilés	7 860	4 720
	Reprises sur provisions et transferts de charges	800	
	Différences positives de change	3 780	4 570
	Produits nets sur cessions de valeurs mobilières de placement	24 875	15 960
	Total V	**37 315**	**25 250**
Charges financières	Dotations aux amortissements et provisions	3 000	2 800
	Intérêts et charges assimilées	11 280	14 480
	Différences négatives de change	4 248	2 752
	Charges nettes sur cessions de valeurs mobilières de placement	1 875	1 450
	Total VI	**20 403**	**21 482**
2. RÉSULTAT FINANCIER (V – VI)		**16 912**	**3 768**
3. RÉSULTAT COURANT avant impôts (I – II + III – IV + V – VI)		**540 002**	**447 050**

...

•••

		2021	2020
Produits exceptionnels	Sur opérations de gestion	6 890	2 756
	Sur opérations en capital		
	Produits de cession d'éléments d'actif	17 780	4 785
	Quote-part de subvention virée au résultat	21 250	15 000
	Reprises sur provisions et transferts de charges		
	Total VII	45 920	22 541
Charges exceptionnelles	Sur opérations de gestion	5 785	3 875
	Sur opérations en capital (VNC des éléments d'actif cédés)	8 663	4 785
	Dotations aux amortissements et aux provisions	5 000	3 000
	Total VIII	19 448	11 660
4. RÉSULTAT EXCEPTIONNEL (VII – VIII)		26 472	10 881
Participation des salariés aux résultats (IX)		–	–
Impôts sur les bénéfices (X)		174 869	125 655
Total des produits (I + III + V + VII)		2 440 302	2 217 601
Total des charges (II + IV + VI + VIII + IX + X)		2 048 697	1 885 325
Bénéfice ou perte		391 605	332 276

Document 3

Tableau des immobilisations pour l'exercice 2021

Immobilisations (en €)	Valeur brute au début de l'exercice	Augmentations	Diminutions	Valeur brute en fin d'exercice
Autres immobilisations incorporelles	22 850	6 800	–	29 650
TOTAL I	**22 850**	**6 800**	–	**29 650**
Terrains	282 000		–	282 000
Constructions	455 800		–	455 800
ITMO	62 780	22 600	15 400	69 980
Matériel de transport	128 940	28 000	–	156 940
Matériel de bureau	32 768		–	32 768
Immobilisations corporelles en-cours			–	
Avances et acomptes	3 000		3 000	
TOTAL II	**965 288**	**50 600**	**18 400**	**997 488**
Autres participations	–	–	–	–
Autres titres immobilisés	–	–	–	–
Prêts et autres immob. financières	6 280	3 000	–	9 280
TOTAL III	**6 280**	**3 000**	–	**9 280**
TOTAL GÉNÉRAL	**994 418**	**60 400**	**18 400**	**1 036 418**

Document 4

Tableau des amortissements au 31 décembre 2021

	Immobilisations	Montant des amort. au début de l'exercice	Augmentations	Diminutions	Montant des amort. à la fin de l'exercice
INCORP.	Frais d'établissement	–	–	–	–
	Autres postes d'immobilisations incorporelles	15 995	4 570	–	20 565
	TOTAL (I)	**15 995**	**4 570**	–	**20 565**
CORPORELLES	Terrains	–	–	–	–
	Constructions	227 900	22 790	–	250 690
	Installations techniques, matériels et outillage	37 342	8 234	6 737	38 839
	Matériel de transport	72 206	25 788	–	97 994
	Matériel de bureau et informatique, mobilier	17 471	5 586	–	23 057
	TOTAL (II)	**354 919**	**62 398**	**6 737**	**410 580**
	TOTAL GÉNÉRAL (I + II)	**370 914**	**66 968**	**6 737**	**431 145**

Document 5

Tableau des dépréciations et provisions au 31 décembre 2021

Provisions	Montant au début de l'exercice	Dotations	Reprises	Montant à la fin de l'exercice
Amortissements dérogatoires	–	–	–	–
Autres provisions réglementées	–	–	–	–
TOTAL (I)	**0**	**0**	**0**	**0**
Provisions pour litiges	3 000	5 000	0	8 000
Provisions pour garanties données aux clients	–	–	–	–
Provisions pour amendes et pénalités	–	–	–	–
Provisions pour pertes de change	800	1 200	800	1 200
TOTAL (II)	**3 800**	**6 200**	**800**	**9 200**
Sur immobilisations	–	–	–	–
Sur stocks et en-cours	3 500	1 700	3 000	2 200
Sur comptes clients	6 800	0	2 100	4 700
Autres provisions pour dépréciation	2 000	1 800	0	3 800
TOTAL (III)	**12 300**	**3 500**	**5 100**	**10 700**
TOTAL GÉNÉRAL (I + II + III)	**16 100**	**9 700**	**5 900**	**19 900**

Document 6

Tableau de financement – Partie I

Emplois	Exercice 2021	Ressources	Exercice 2021
Distributions mises en paiement au cours de l'exercice	93 000	Capacité d'autofinancement	432 006
Acquisitions d'éléments de l'actif immobilisé :		Cessions ou réductions d'éléments de l'actif immobilisé :	
Immobilisations incorporelles	6 800	Immobilisations incorporelles	
Immobilisations corporelles	47 600	Immobilisations corporelles	17 780
Immobilisations financières	3 000	Immobilisations financières	
Charges à répartir sur plusieurs exercices		Augmentation des capitaux propres :	
		Augmentation de capital	150 000
Réductions des capitaux propres		Augmentation des autres capitaux	25 000
Remboursements des dettes financières	80 000	Augmentation des dettes financières	
TOTAL EMPLOIS	230 400	**TOTAL RESSOURCES**	624 786
Variation FRNG (ressource nette)	394 386	**Variation FRNG (emploi net)**	–

Document 7

Extrait des soldes intermédiaires pour l'exercice 2020

Soldes intermédiaires de gestion	Exercice 2020
Marge commerciale	85 994
Production de l'exercice	1 915 080
Valeur ajoutée	1 337 018
Excédent brut d'exploitation	514 452

Document 8

Bilan simplifié au 31 décembre 2021

Actif	Montant (€)	Passif	Montant (€)
Immobilisations incorporelles	300 000	Capital	500 000
Immobilisations corporelles	1 200 000	Réserves	514 000
Immobilisations financières	30 000	Résultat	136 000
Stocks	100 000	Dettes financières	600 000
Créances	220 000	Dettes d'exploitation	100 000
Total	**1 850 000**	**Total**	**1 850 000**

Document 9

Compte de résultat simplifié au 31 décembre 2021

Charges	Montant (€)	Produits	Montant (€)
Charges d'exploitation	1 800 000	Produits d'exploitation	2 000 000
Charges d'intérêts	24 000		
Impôt sur les bénéfices	40 000		
Résultat net	136 000		
Total	**2 000 000**	**Total**	**2 000 000**

Document 10

Informations complémentaires au 31 décembre 2021

Présentation du compte de résultat différentiel de la société Raymond

Chiffre d'affaires (€)	2 000 000
Charges variables d'exploitation (€)	1 000 000
Charges fixes d'exploitation (€)	800 000
Marge sur coûts variables d'exploitation (€)	1 000 000
Résultat d'exploitation (€)	200 000
Charges d'intérêts (€)	24 000
Impôt sur les bénéfices (€)	40 000
Résultat net comptable (€)	136 000

Les charges d'intérêts concernent exclusivement les dettes financières.

Pour le calcul des rentabilités, les capitaux propres à retenir sont les capitaux propres hors résultat.

Les actifs économiques retenus sont les capitaux propres hors résultat et les dettes financières. L'entreprise retient comme résultat économique le résultat d'exploitation.

Le taux d'impôt sur les sociétés est de 25 %.

Document 11

Sources de financement

Les sources de financement dont Agrotec pourrait bénéficier sont les suivantes :

Un emprunt bancaire de 150 000 € au taux d'intérêt annuel de 2,4 % et remboursable par annuités constantes sur 5 ans. Le coût réel du financement est de 1,8 %.

Une augmentation de capital par apport en numéraire pour 300 000 €. Le prix d'émission de l'action a été fixé à 150 €. Il est prévu de distribuer un premier dividende de 6 €. Le taux de croissance prévu des dividendes est de 4 % l'an.

Un financement par crédit-bail d'un matériel industriel d'une valeur de 50 000 €. Ce matériel est amortissable sur 5 ans, en mode linéaire. Les caractéristiques du contrat sont les suivantes :

– durée du contrat : 4 ans ;

– les redevances annuelles versées en fin d'année s'élèvent à 15 000 € ;

– il est prévu une option d'achat, en fin de contrat, pour 9 000 €. Le bien serait amorti en totalité l'année suivante.

La société est soumise à l'impôt sur les sociétés au taux de 25 %.

Annexe A

Tableau des flux de trésorerie de la société Acacia

(document à remettre complété avec la copie)

Activité CAHT et autres produits d'exploitation – Variation « Clients » et autres créances d'exploitation	
= *Encaissements sur produits d'exploitation (a)*	
Achats et autres charges d'exploitation – Variation « Fournisseurs » et autres dettes d'exploitation	
= *Décaissements sur charges d'exploitation (b)*	
FLUX DE TRÉSORERIE D'EXPLOITATION (a) – (b)	
+ Flux liés aux opérations hors exploitation – Charges d'intérêts – Impôt sur les bénéfices décaissé – Flux affecté à la participation des salariés – Distribution mise en paiement	
FLUX DE TRÉSORERIE INTERNE (A)	

Flux de trésorerie liés aux opérations d'investissement Acquisitions d'immobilisations Cessions d'immobilisations nettes d'impôts Réductions d'immobilisations financières Variation des créances et dettes sur immobilisations	
FLUX NET DE TRÉSORERIE – INVESTISSEMENT (B)	
Flux de trésorerie liés aux opérations de financement Augmentation ou réduction de capital Dividendes versés Émissions d'emprunts Remboursements d'emprunts Subventions d'investissement reçues Variation du BFR lié au financement	
FLUX NET DE TRÉSORERIE – FINANCEMENT (C)	

Annexe B

Tableau des ratios de la société Acacia

(document à remettre complété avec la copie)

Ratio	Calculs	2021	2020	Secteur
Taux de variation du CAHT	?	?	5,75 %	3,25%
Taux de variation de l'EBE			13,20 %	12,52 %
Part de VA revenant au personnel			59,00 %	58,00 %
Part de VA revenant aux prêteurs			1,08 %	3,10 %
Taux de marge brute d'exploitation			23,70 %	20,00 %
Taux de marge bénéficiaire			15,31 %	11,00 %
Taux d'endettement			51,00 %	75,00 %
Capacité de remboursement			0,95	2,2
BFRE en jours de CAHT			50	40

1 Tableau de financement - Tableau de flux de trésorerie

A) Tableau de financement

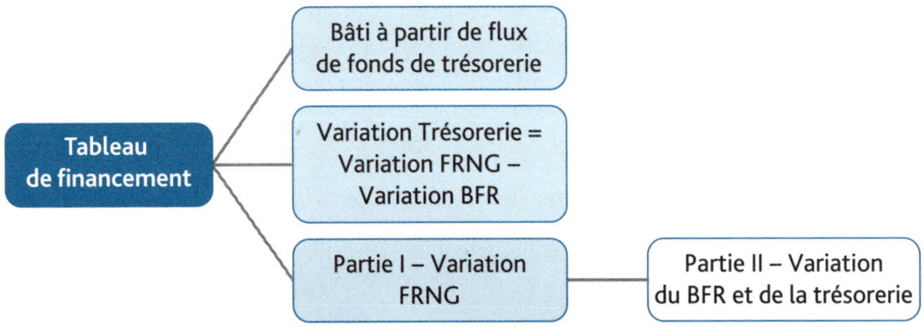

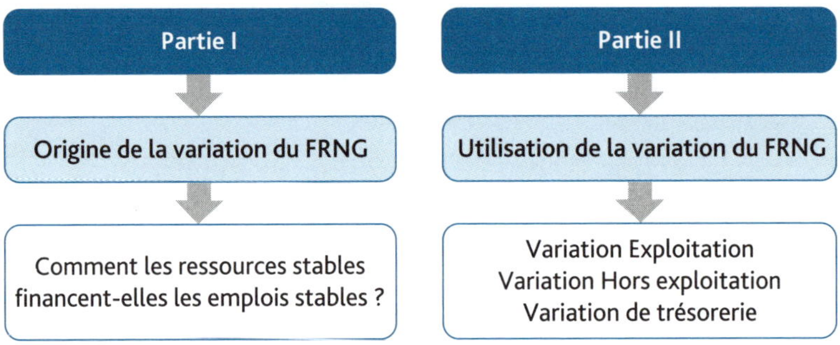

B) Tableau de flux de trésorerie

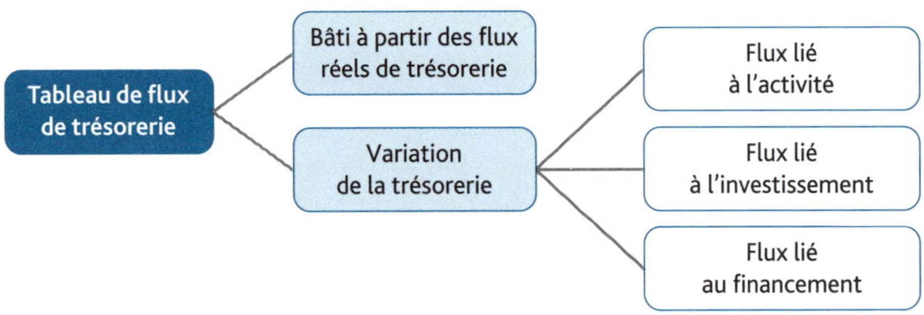

2 Excédent brut d'exploitation (EBE) et excédent de trésorerie d'exploitation (ETE)

L'EBE peut être négatif. On parle alors d'« insuffisance brute d'exploitation ».

Définitions

- L'**excédent brut d'exploitation (EBE)** est un flux de fonds, c'est-à-dire un flux potentiel de trésorerie dégagé par l'exploitation.
- L'**excédent de trésorerie d'exploitation** (ETE) est un flux réel de trésorerie dégagé par l'exploitation.

L'excédent de trésorerie d'exploitation doit être suffisant pour couvrir les charges financières, l'impôt sur les bénéfices, la participation des salariés et l'éventuel intéressement.

ETE = EBE − Variation BFRE

Pour plus de détails sur la variation du BFRE, se référer au sujet type d'examen 2.

3 Capacité d'autofinancement (CAF)

Définition

La **capacité d'autofinancement (CAF)** est un flux de trésorerie dégagé par l'activité calculé à partir de l'EBE (méthode explicative) ou du résultat net comptable (méthode vérificative).

La CAF sert à :
- rembourser les dettes ;
- rémunérer les associés ;
- assurer le financement des investissements (autofinancement).

Autofinancement = CAF − Dividendes versés aux associés

Pour plus de détails sur le calcul de la CAF, se référer au sujet type d'examen 2.

4 Ratios de profitabilité

Définition

La **profitabilité** mesure la capacité de l'entreprise à dégager du résultat à partir de son chiffre d'affaires.

On calcule différents ratios de profitabilité (taux de marge brute d'exploitation, taux de marge bénéficiaire ayant pour dénominateur commun le chiffre d'affaires hors taxes – CAHT).

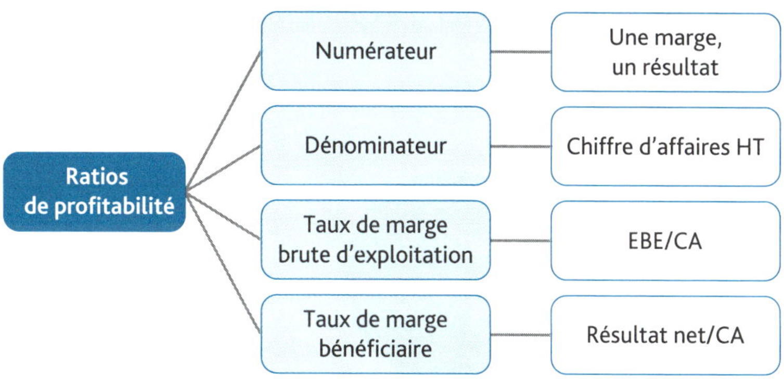

5 Besoin en fonds de roulement d'exploitation (BFRE)

Définition

Le **besoin en fonds de roulement d'exploitation (BFRE)** représente le besoin de financement lié au cycle d'exploitation.

Le BFRE est calculé à partir des données brutes du bilan.

Actif circulant d'exploitation (données brutes du bilan)	Dettes circulantes d'exploitation (données brutes du bilan)
Stock Créances clients Charges constatées d'avance d'exploitation Écart de conversion Actif sur créances – Écart de conversion Passif sur créances Effets escomptés non échus	Dettes fournisseurs de biens et services Dettes fiscales, sociales Produits constatés d'avance sur exploitation Écart de conversion Actif sur dettes fournisseurs – Écart de conversion Passif sur dettes fournisseurs

6 Ratios de structure financière

La structure de financement d'une entreprise correspond à la nature des ressources de long terme.

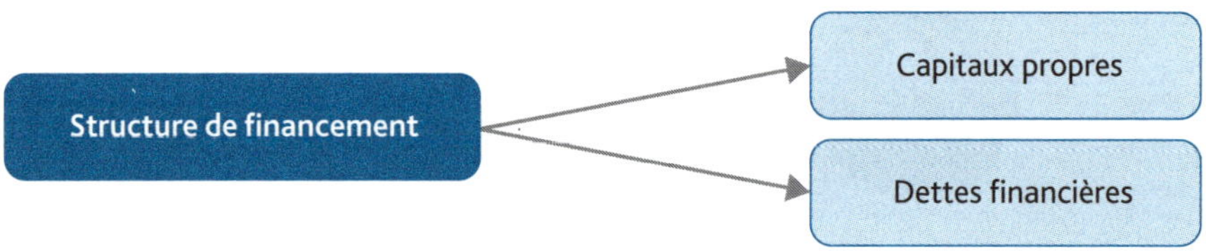

Le bilan fonctionnel permet de déterminer des ratios d'analyse de la structure financière et de l'endettement.

Pour plus de détails sur l'utilité du bilan fonctionnel, se référer au sujet type d'examen 3.

Ratio	Formule de calcul	Normes professionnelles
Autonomie financière	Dettes financières/Capitaux propres	< 1
Capacité de remboursement	Endettement financier/CAF	< 3 – 4
Couverture des emplois stables par les ressources stables	Ressources stables/Emplois stables	> 1

7 Seuil de profitabilité et levier d'exploitation

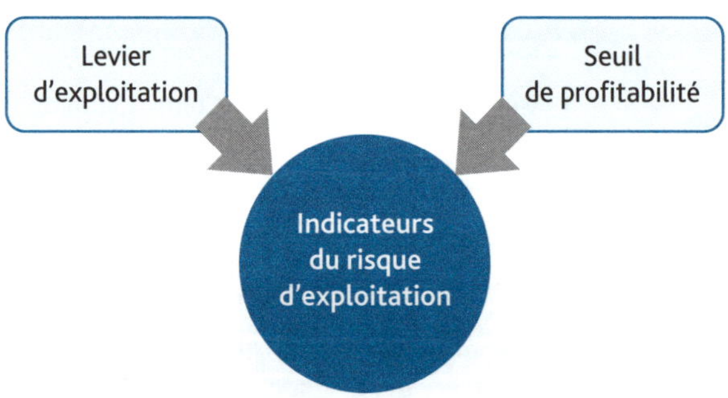

La détermination de ces deux indicateurs repose sur une répartition des charges d'exploitation en charges variables et charges fixes.

Charges variables et fixes

- **Charges variables** → Ex. : matières premières, main-d'œuvre directe (MOD)
- **Charges fixes** → Ex. : prime d'assurance, amortissement des bâtiments

Exemple

Une entreprise réalise un chiffre d'affaires de 1 000 000 €. Les charges variables s'élèvent à 600 000 € et les charges fixes à 200 000 €.

- Compte de résultat différentiel

Données	Montant	Taux (%)
Chiffre d'affaires (CA)	1 000 000	100
Charges variables (CV)	600 000	60
= Marge sur coûts variables (MCV)	= 400 000	40
Charges fixes (CF)	200 000	
= Résultat d'exploitation (RE)	= 200 000	20

Taux de marge sur coûts variables (TMCV) → 40

- Calcul du seuil de profitabilité et du levier d'exploitation

	Seuil de profitabilité (SP)	Levier d'exploitation (LE)
Signification	• Chiffre d'affaires (CA) tel que le résultat est nul. • Au-delà, l'entreprise dégage des bénéfices. • En deçà, elle réalise des pertes.	• Sensibilité du résultat d'exploitation à une variation du chiffre d'affaires. • Variation du résultat d'exploitation lorsque le chiffre d'affaires augmente (baisse) de *x* %
Calcul	• SP = CF/TMCV Avec : TMCV = MCV/CA SP = 200 000/40 % = 500 000 €	• LE = CA/(CA – SP) • LE = [M/CV]/RE Avec : RE (résultat d'exploitation) = Chiffre d'affaires – Charges d'exploitation (fixes et variables) • LE = 1 000 000/(1 000 000 – 500 000) = 2 • LE = 400 000/200 000 = 2
Interprétation	• Plus le seuil de profitabilité est proche du chiffre d'affaires, plus le risque d'exploitation est élevé. • Plus les charges fixes sont élevées, plus le risque d'exploitation est élevé.	• Plus le levier d'exploitation est élevé, plus le risque d'exploitation est élevé. • Un levier de 2 signifie que, si le chiffre d'affaires baisse de 5 %, le résultat d'exploitation baisse de 10 %.

8 Concept de rentabilité

La rentabilité est un concept très important en finance, à distinguer de celui de profitabilité. On distingue la rentabilité économique et la rentabilité financière.

Rentabilités économique et financière

	Rentabilité économique	Rentabilité financière
Signification de la rentabilité	Capacité de l'entreprise à dégager du résultat à partir des capitaux investis.	
Distinction	Capacité de l'entreprise à dégager du résultat d'exploitation à partir de l'ensemble des capitaux investis.	Capacité de l'entreprise à dégager du résultat net à partir des capitaux propres.
Destinataires	Dirigeants, tiers	Associés
Calcul	Résultat d'exploitation net d'IS ou EBE/[Dettes financières + Capitaux propres]	Résultat net/Capitaux propres (CP)

La rentabilité financière est liée à la rentabilité économique par la relation suivante :

$$TF = TE + (TE - i) \times D/CP$$

Avec :

TF : rentabilité financière

TE : rentabilité économique nette d'IS

i : taux d'intérêt net d'IS

D/CP : dettes/capitaux propres

Définition

Le **levier d'exploitation** est un indicateur du risque d'exploitation de l'entreprise.

Le levier d'exploitation est également nommé levier opérationnel (LO).

Le levier d'exploitation permet de déterminer la sensibilité du résultat d'exploitation à une variation du chiffre d'affaires :

- Il dépend de l'écart entre le taux de rentabilité économique et le taux d'intérêt.
- Il est positif (effet de levier) lorsque le taux de rentabilité économique est supérieur au taux d'intérêt ; négatif (effet de massue), dans le cas contraire.

L'effet de levier en valeur absolue est d'autant plus élevé que le rapport Dettes/Capitaux propres (bras de levier) est élevé.

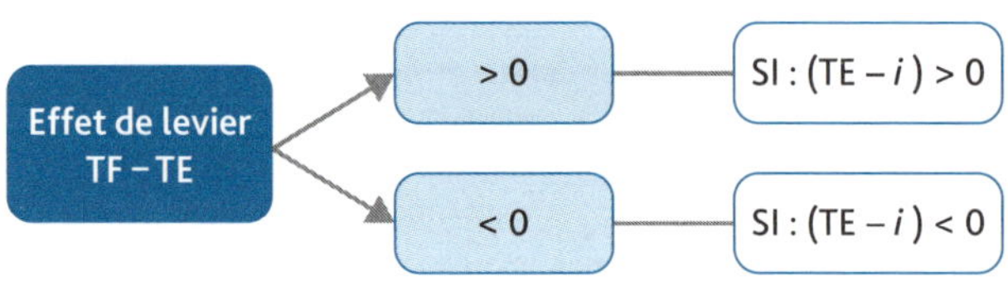

L'effet de levier ne doit pas conduire l'entreprise à s'endetter exagérément, au risque de ne plus être en mesure d'honorer ses engagements (annuités). Un endettement excessif réduirait son autonomie financière.

9 Coût d'une source de financement

Taux d'actualisation qui assure l'équivalence entre les sommes encaissées et les décaissements

Le coût d'une source de financement est exprimé en %

L'incidence de la fiscalité sur les flux de trésorerie (notamment intérêts, redevances de crédit-bail) doit être prise en compte

A) Cas du crédit-bail

Flux de trésorerie positifs	• Économie correspondant au montant financé • Économie d'impôt sur la redevance de crédit-bail • Économie d'impôt sur l'amortissement du bien acquis si la levée de l'option est exercée
Flux de trésorerie négatifs	• Redevance versée au bailleur • Option d'achat (éventuelle) • Perte d'économie d'impôt du fait du non-amortissement du bien financé par crédit-bail

B) Cas de l'emprunt

Annuité constante	Annuité = $E \times i / [1 - (1 + i)^{-n}$ Avec : E = montant emprunté i = taux d'intérêt annuel n = durée de l'emprunt
Coût réel	En l'absence de frais d'émission, d'assurance, de tout élément autre que le taux d'intérêt nominal, le coût réel de l'emprunt est le taux d'intérêt net d'IS, quelles que soient les modalités de remboursement de l'emprunt (par amortissement constant du capital, par annuités constantes ou *in fine*).

C) Coût des capitaux propres

Contrairement à une idée reçue, le financement par augmentation de capital n'est pas gratuit.

Coût des capitaux propres
- Taux de rentabilité exigé par les actionnaires
- Dividendes/Prix d'émission

10 Évaluation du coût des capitaux propres

Définition

Selon la théorie financière, la **valeur d'une action** est égale à la valeur actualisée des flux de trésorerie anticipés (dividendes et prix de cession) qu'elle procure.

Le coût des capitaux propres est celui qui permet de résoudre l'équation suivante :

$$C_0 = \sum_{t=1}^{n} \left(\frac{DIV_t}{(1+K)^t} \right) + \frac{CN}{(1+K)^n}$$

Avec :

C_0 : cours de l'action à la date 0

CN : cours de l'action à la fin de la période d'investissement

DIV : dividende par action anticipé à la date t

n : horizon de l'investissement

K : coût des capitaux propres

Lorsque l'horizon est infini, n tend vers l'infini et le deuxième membre de l'équation précédente tend vers 0. Le coût des capitaux propres est égal à : DIV/C_0.

La croissance du dividende par action à taux constant g sur un horizon infini (modèle de Gordon et Shapiro) constitue un cas particulier. Dans ce cas, le coût des capitaux propres K est égal à : $[DIV_1/C_0] + g$, DIV_1 correspondant au dividende anticipé pour la première période.

Le taux de croissance des dividendes peut notamment être estimé à partir des données antérieures ou des prévisions des analystes financiers.

11 Coût moyen pondéré du capital (CMPC)

Signification	Moyenne pondérée par le montant du financement du coût des différentes sources de financement.
Utilité	• Le CMPC est utilisé comme taux d'actualisation dans les décisions d'investissement sous réserve que les modes de financement choisis ne modifient pas la structure de financement de l'entreprise. • On retient souvent le CMPC comme taux d'actualisation pour calculer la VAN d'un investissement.
Calcul	$CMPC = i \times D / (D + CP) + k \times CP / (D + CP)$ Avec : i : taux d'intérêt net d'IS D : dettes financières CP : capitaux propres k : coût des capitaux propres
Exemple	Les capitaux propres d'une entreprise représentent 60 % des ressources de financement. Le coût des capitaux propres est de 6 % et celui des dettes avant impôt de 4 %. Par hypothèse, le taux d'impôt sur les sociétés est de 25 %. CMPC = 4 % × (1 – 25 %) × 40 % + 6 % × 60 % = 4,80 %

Dossier 1 Diagnostic financier (société Acacia)

Partie A. Activité et trésorerie d'exploitation

1.1 Indiquer le point commun et les différences d'approche entre le tableau de financement et le tableau de flux de trésorerie.

Compétence attendue

Distinguer tableau de financement et tableau de flux de trésorerie

DÉCRYPTAGE

Le candidat doit être capable d'identifier un tableau de financement et un tableau de flux de trésorerie afin d'en expliciter leurs différences.

Points communs et différences entre le tableau de financement et le tableau de flux de trésorerie

Point commun	• Déterminer et comprendre comment la trésorerie a varié entre deux exercices. • Tableau de financement : Variation Trésorerie = Variation du FRNG – Variation du BFR • Tableau de flux de trésorerie : Variation Trésorerie = Variation de trésorerie liée à l'activité + Variation de trésorerie liée à l'investissement + Variation de trésorerie liée au financement	
Différence	Tableau de financement	Les éléments reposent sur des flux de fonds, c'est-à-dire des flux potentiels de trésorerie.
	Tableau de flux de trésorerie	Les éléments reposent sur des flux réels de trésorerie.

NOTRE CONSEIL

Vous pouvez présenter votre réponse sous forme textuelle ou sous la forme d'un tableau/schéma introduit et titré.

1.2 Après avoir rappelé l'intérêt et la limite de l'excédent brut d'exploitation (EBE) pour le diagnostic financier, le calculer pour l'exercice 2021.

NOTRE CONSEIL

Vous devez présenter de façon structurée la portée et la limite de l'indicateur de gestion et indiquer très précisément à quoi correspondent les données chiffrées nécessaires au calcul de l'EBE.

Compétence attendue

Déterminer les différents soldes intermédiaires de gestion

DÉCRYPTAGE

Le candidat doit être capable de comprendre l'utilité d'un solde intermédiaire de gestion et de le calculer.

- **Notion d'EBE et indicateur-clé pour le diagnostic financier de l'activité**

Indépendant de la politique d'amortissement et de financement de l'entreprise, l'excédent brut d'exploitation (EBE) est un flux potentiel de trésorerie dégagé par l'exploitation.

Un flux de fonds est un flux potentiel de trésorerie.

- **Calcul de l'EBE**

EBE = VA + Subventions d'exploitation (SE)
– Impôts et taxes
– Charges de personnel

Calcul de l'EBE	EBE N
Marge commerciale	285 689 – (172 485 + 8 060) = 105 144
Production de l'exercice	2 055 872 + 8 750 = 2 064 622
Consommations en provenance des tiers	– (244 620 + 3 241 + 457 252) = 705 113
Valeur ajoutée	1 464 653
+ Subventions d'exploitation	Néant
impôts et taxes	32 023
Charges de personnel	626 700 + 213 078 = 839 778
EBE	592 852

1.3 Expliquer l'utilité de la première partie du tableau de financement.

Compétence attendue

Construire le tableau de financement du Plan comptable général

Le tableau de financement est un document de synthèse prévu dans le système développé du PCG qui permet d'expliquer les variations du patrimoine de l'entreprise.

Le tableau de financement est composé de deux parties ; la première recherche les origines de la variation du fonds de roulement net global.

1.4 Justifier les montants suivants du tableau de financement : capacité d'autofinancement (CAF), remboursements d'emprunts, nouvelle subvention d'investissement.

NOTRE CONSEIL

Même si la question ne le mentionne pas, vous devez impérativement définir la CAF avant de la calculer. De manière générale, toute notion abordée pour la première fois dans une question doit être définie.

Compétence attendue

Construire le tableau de financement du Plan comptable général

DÉCRYPTAGE

Le candidat doit être capable de construire tout ou partie d'un tableau de financement du PCG. Il doit pouvoir justifier un ou plusieurs éléments du tableau.

- **Capacité d'autofinancement (CAF)**

La CAF est un flux potentiel de trésorerie généré par l'activité de l'entreprise.

La CAF peut être calculée à partir de l'EBE ou du résultat net comptable.

Comme l'EBE a été calculé à la question 1.2, nous partirons de celui-ci pour calculer la CAF.

Éléments retenus	Montant
EBE	592 852
+ Autres produits d'exploitation	1 656

Éléments retenus	Montant
+ Transferts de charge d'exploitation	–
+ Produits financiers encaissables : 7 860 + 3 780 + 24 875	36 515
+ Produits exceptionnels encaissables	6 890
– Autres charges d'exploitation	– 7 850
– charges financières décaissables : 11 280 + 4 248 + 1 875	– 17 403
– Charges exceptionnelles décaissables	– 5 785
– Participation des salariés	–
– Impôt sur les bénéfices	– 174 869
CAF	432 006

- **Remboursements d'emprunts**

Dettes financières N = Dettes financières N–1
+ Emprunt nouveau
– Remboursement emprunt (*R*)

Dettes financières 2021	Dettes financières 2020	Emprunt nouveau	Remboursement
236 353	369 905		
– 12 133	– 64 885	0	R
– 2 220	– 3 020		
= 222 000	= 302 000	0	R

Il faut soustraire du poste « Dettes financières » les intérêts courus non échus qui figurent en hors-exploitation ainsi que les concours bancaires courants.

On en déduit le montant du remboursement de l'emprunt : *R* = 80 000 €

- **Nouvelle subvention d'investissement**

Le montant de la subvention d'investissement (SI) attribuée au titre de l'exercice N est déterminé comme suit :

N = N–1 + S – QP

Avec :

N : subvention d'investissement au bilan de 2021 : 33 750 €

N–1 : subvention d'investissement au bilan de 2020 : 30 00 €

S : subvention d'investissement attribuée en 2021 : 25 000 €

QP : quote-part de subvention d'investissement virée au résultat en 2021 : 21 250 €

Le montant qui figure dans le bilan est un montant net de la quote-part d'investissement virée au compte de résultat.

1.5 Préciser la différence entre l'EBE et l'excédent de trésorerie d'exploitation (EBE). Calculer l'ETE pour l'exercice 2021.

Compétence attendue

Identifier le rôle de la trésorerie dans le risque de défaillance

DÉCRYPTAGE

Le candidat doit être capable de préciser la notion de trésorerie, afin de pouvoir expliciter son importance au regard du risque de faillite.

- **De l'EBE à l'ETE**

À la différence de l'EBE, l'ETE est le flux réel de trésorerie lié à l'exploitation. Indicateur du risque de défaillance de l'entreprise, il doit être suffisant pour couvrir certains prélèvements fixes (intérêts, impôts sur les sociétés) et permettre le financement d'une partie des investissements.

- **Calcul de la variation du BFRE**

La variation du BFRE est calculée à partir des données brutes de l'actif du bilan.

Les données de l'actif pour l'exercice 2020 sont fournies en valeur nette. Il faut donc reconstituer les valeurs brutes.

Valeur brute = Valeur nette + Dépréciations de l'actif circulant.

Les dépréciations de l'actif circulant sont fournies dans le document 5.

Le retraitement des écarts de conversion est le suivant :

L'écart de conversion actif concerne les clients (document 1). Il s'agit d'une perte latente. Pour que la créance retrouve sa valeur d'origine, l'écart de conversion actif doit être ajouté.

L'écart de conversion passif concerne les fournisseurs (document 1). Il s'agit d'un gain latent (diminution de la valeur de la dette). Pour que la dette fournisseur retrouve sa valeur d'origine, l'écart de conversion passif doit être ajouté.

Données du BFRE	2021	2020
Stocks	17 750 + 77 500 + 24 700 = 119 950	11 009 + 68 750 + 32 760 + 3 500 = 116 019
Créances clients	475 830	412 820 + 6 800
Autres créances exploitation	5 789	4 871
Charges constatées d'avance	12 420	11 470
ECA	1 200	800
TOTAL	615 189	552 780
Dettes fournisseurs	131 900	117 160
Dettes fiscales et sociales	161 947	129 144
ECP	2 540	1 680
Produits constatés avance	10 430	8 760
TOTAL	306 817	256 744
BFRE	308 372	296 036
Variation BFRE	12 336 (besoin)	

- **Calcul de l'ETE**

ETE = EBE – variation du BFRE

ETE = 592 852 – 12 336 = 580 516 €

Partie B. Flux de trésorerie et diagnostic financier

1.6 Compléter le tableau de flux simplifié (annexe A à remettre complétée avec la copie).

Compétence attendue

Construire un tableau de flux de trésorerie selon la méthode directe ou indirecte

DÉCRYPTAGE

Le candidat doit être capable de construire tout ou partie d'un tableau de flux de trésorerie. Il doit pouvoir justifier un ou plusieurs éléments du tableau.

NOTRE CONSEIL

Vous devez justifier, de façon structurée, les éléments du tableau. N'hésitez pas à mentionner les références aux comptes annuels et documents de synthèse (ex. : bilan, compte de résultat, tableau de financement…).

- **Flux de trésorerie lié à l'exploitation**

Activité	
CAHT et autres produits d'exploitation	2 343 217
– Variation « Clients » et autres créances d'exploitation	– 58 478
= Encaissements sur produits d'exploitation (a)	*2 284 739*
Achats et autres charges d'exploitation	1 754 008
– Variation « Fournisseurs » et autres dettes d'exploitation	– 50 073
= Décaissements sur charges d'exploitation (b)	*1 703 935*
FLUX DE TRÉSORERIE D'EXPLOITATION (a) – (b)	**580 804**

– Encaissements sur produits d'exploitation

CAHT et autres produits d'exploitation	2 341 561 + 1 656 = 2 343 217
+ Créances 2020	419 620 + 4 871 + 11 470 + 800 = 436 761
– Créances 2021	475 830 + 5 789 + 12 420 + 1 200 = 495 239
Encaissements sur produits d'exploitation (a)	***2 284 739***

– Décaissements sur charges d'exploitation

Achats et autres charges d'exploitation *= Achats + Impôts et taxes + Charges de personnel + Autres charges d'exploitation*	172 485 + 244 620 + 457 252 + 32 023 + 839 778 + 7 850 = 1 754 008
– Dettes fournisseurs de 2021	131 900 + 161 947 + 10 430 + 2 540 = 306 817
+ Dettes fournisseurs de 2020	117 160 + 129 144 + 8 760 + 1 680 = 256 744
Décaissements sur achats et autres charges d'exploitation	***1 703 935***

- **Flux de trésorerie interne**

FLUX DE TRÉSORERIE D'EXPLOITATION	580 804
+ Flux liés aux opérations hors exploitation	37 620
– Charges d'intérêts	– 17 403
– Impôt sur les bénéfices décaissé	– 142 066
– Flux affecté à la participation des salariés	–
– Distribution mise en paiement	– 93 000
FLUX DE TRÉSORERIE INTERNE (A)	**365 955**

- **Flux de trésorerie liés aux opérations hors exploitation**

Produits financiers	7 860 + 3 780 + 24 875 = 36 515
+ Produits exceptionnels sur opérations de gestion	6 890
Charges exceptionnelles sur opérations de gestion	5 785
TOTAL	**37 620**

– Charges d'intérêts

Intérêts et charges assimilées	11 280
Différences négatives de change	4 248
Charges nettes sur cessions de VMP	1 875
TOTAL	**17 403**

– Impôts sur les bénéfices décaissés

= Impôt sur les bénéfices (compte de résultat) + Dettes fiscales et sociales 2019 – Dettes fiscales et sociales 2021

= 174 869 + 129 144 – 161 947

- **Flux de trésorerie lié aux opérations d'investissement**

Acquisitions d'immobilisations (1)	– 57 400
Cessions d'immobilisations nettes d'impôts (2)	17 780
Réductions d'immobilisations financières (3)	
Variation des créances et dettes sur immobilisations (4)	18 000
FLUX NET DE TRÉSORERIE – INVESTISSEMENT (B)	**– 21 620**

(1) Tableau de financement ; (2) Tableau de financement et compte de résultat ; (3) Tableau de financement et tableau des immobilisations ; (4) Variation des créances et dettes sur immobilisations. Il n'y a pas de créances sur immobilisations. Dette sur immobilisations de 2021 = 18 000 €. Dette sur immobilisations de 2020 = 0

- **Flux de trésorerie lié aux opérations de financement**

Augmentation ou réduction de capital (1)	150 000
Dividendes versés (1)	– 93 000
Émissions d'emprunts (1)	
Remboursements d'emprunts (1)	– 80 000
Subventions d'investissement reçues (1)	25 000
Variation du BFR lié au financement	
FLUX NET DE TRÉSORERIE – FINANCEMENT (C)	**2 000**
(1) Tableau de financement	

1.7 Calculer les ratios présentés (annexe B à remettre complétée avec la copie). Identifier deux ratios de profitabilité et deux ratios de structure financière.

Compétence attendue

Distinguer les ratios relatifs à l'activité générale et ceux relatifs à la structure financière

DÉCRYPTAGE

Le candidat doit pouvoir calculer des ratios rattachés aux différentes parties du diagnostic financier. Il doit pouvoir distinguer les différents types de ratios afin de présenter des ratios pour mener une analyse.

- **Ratios de profitabilité**

La profitabilité est l'aptitude d'une entreprise à dégager des bénéfices, notamment par son exploitation et plus généralement par son activité.

La profitabilité met en relation une marge et le chiffre d'affaires HT selon la formule suivante :

$$\text{Ratio de profitabilité} = \frac{\text{Marge}}{\text{CAHT}}$$

Deux ratios de profitabilité peuvent être mis en évidence :

– le taux de marge brute d'exploitation (MBE) : Tx MBE = EBE/CAHT ;

– le taux de marge bénéficiaire (MB) : Tx MB = Résultat net/CAHT.

- **Signification des deux ratios**

Exemples

- Taux de marge brute d'exploitation = 12 %. Pour 1 € de chiffre d'affaires, l'entreprise dégage 0,12 € d'EBE.
- Taux de marge bénéficiaire = 4 %. Pour 1 € de chiffre d'affaires, l'entreprise dégage 0,04 € de résultat net.

- **Ratios de structure financière**

La structure financière est la combinaison des dettes financières et des capitaux propres auxquels l'entreprise a recours pour son financement.

Deux ratios peuvent être identifiés :

– le taux d'endettement : Tx d'endettement = Dettes financières/Capitaux propres. Il indique le délai nécessaire au remboursement des dettes financières par la CAF, lequel ne devrait pas excéder 4.

– la capacité de remboursement : Capacité de remboursement = Dettes financières/CAF. Il indique le degré de dépendance de la société vis-à-vis des établissements financiers, lequel ne devrait pas excéder 1.

NOTRE CONSEIL

Présentez vos travaux dans un tableau dans lequel vous détaillerez impérativement le calcul des différents ratios.

- **Calcul des ratios de l'annexe B (à remettre, complétée, avec la copie).**

Ratio	Formule de calcul
Taux de variation du CAHT	$(CA_N - CA_{N-1})/CA_{N-1}$
Taux de variation de l'EBE	$(EBEN - EBE_{N-1})/EBE_{N-1}$
Part de VA revenant au personnel	(Salaires + Charges sociales)/VA
Part de VA revenant aux prêteurs	(Intérêts)/VA
Taux de marge brute d'exploitation	EBE/CAHT
Taux de marge bénéficiaire	Résultat net/CAHT
Taux d'endettement	Dettes financières/capitaux propres
Capacité de remboursement	Endettement/CAF
BFRE en jours de CAHT	(BFRE/CAHT) × 360 jours

Ratio	Calculs	2021
Taux de variation du CAHT	[(285 689 + 2 055 872) – (252 630 + 1 917 830)] / 2 170 460	7,89 %
Taux de variation de l'EBE	(592 852 – 514 452) / 514 452	15,24 %
Part de VA revenant au personnel	(626 700 + 213 078) / 1 464 653	57,34 %
Part de VA revenant aux prêteurs	11 280 / 1 464 653	0,77 %
Taux de marge brute d'exploitation	592 852 / 2 341 561	25,30 %
Taux de marge bénéficiaire	391 605 / 2 341 561	16,72 %
Taux d'endettement	263 353 / 1 180 781	0,22 %
Capacité de remboursement	236 353 / 432 006	0,55
BFRE en jours de CAHT	[308 372 / 2 341 561] × 360	47

1.8 **Présenter un diagnostic financier de la société (analyse de l'activité et des ratios, équilibre financier, endettement financier, évolution de la trésorerie).**

Compétences attendues

- **Conduire** un diagnostic de la situation financière à partir des tableaux de flux
- **Proposer** une conclusion générale

DÉCRYPTAGE

- Le candidat doit être capable de conduire et rédiger un diagnostic à partir des tableaux de flux.
- La réalisation d'un diagnostic comprend la rédaction d'un écrit structuré permettant de dresser des constats en vue de réaliser une analyse et, le cas échéant, de réaliser des propositions.

Sur le fond, le diagnostic financier de la société Acacia peut être structuré comme le suggère la question autour de trois thèmes principaux :
- l'analyse de l'activité ;
- l'analyse de la structure financière ;
- l'analyse de la trésorerie.

Sur la forme, le diagnostic peut être effectué de la manière suivante :
- analyse des données issues des documents de synthèse (comptes annuels, tableaux de flux) ;
- comparaison avec les données antérieures (comparaison dans le temps) et avec les données sectorielles (comparaison dans l'espace) ;
- conclusion générale.

NOTRE CONSEIL

Vous pouvez appliquer ce modèle d'analyse à n'importe quelle entité. Selon le volume des documents à décrypter, la partie 1 sera plus ou moins étoffée.

Analyse de l'activité

L'activité de la société Acacia dégage un bénéfice. Le taux de marge bénéficiaire est proche de 17 % nettement plus élevé que celui du secteur (11 %, annexe B).

Cette situation satisfaisante s'explique par un chiffre d'affaires en croissance et une bonne maîtrise des consommations de matières et charges de personnel.

Les charges de personnel représentent moins de 60 % de la valeur ajoutée, en conformité avec les chiffres du secteur. Le taux de marge brute d'exploitation en progression s'élève à 25 % du chiffre d'affaires. Il est plus élevé que celui du secteur (20 %, annexe B).

L'activité dégage un flux potentiel de trésorerie (CAF).

Analyse de la structure financière

L'entreprise est peu endettée. Elle a d'ailleurs accompli un effort de désendettement en 2021. Son taux d'endettement passe de 50,8 % en 2020 à 20 % en 2021. Il est inférieur à celui du secteur.

Aussi, la capacité de remboursement de la société Acacia est satisfaisante et meilleure que celle du secteur.

Analyse de la trésorerie

Le flux de trésorerie lié à l'activité est en légère baisse par rapport à l'année précédente. Cette évolution s'explique par une hausse du BFR lié à l'activité due notamment à l'importance du BFRE qui représente 47 jours de CAHT en 2021, contre 40 jours en moyenne pour le secteur.

Le flux de trésorerie lié aux opérations d'investissement est faible. Les immobilisations sont anciennes, amorties à plus de 50 %. L'effort d'investissement est peu important.

La politique de distribution de dividendes est généreuse, ce qui permet de fidéliser l'actionnariat.

En résumé, la trésorerie nette s'est nettement améliorée en 2021, confortant le niveau de trésorerie du début de l'exercice. Cette hausse est due au flux de trésorerie lié à l'activité. La trésorerie est en grande partie constituée de valeurs mobilières de placement (VMP) qui génèrent des revenus financiers. Les concours bancaires courants sont en baisse.

Conclusion

La situation financière de la société Acacia est saine. L'ensemble des indicateurs sont favorables.

On peut conseiller à l'entreprise de surveiller l'évolution de son BFRE, notamment le délai de règlement des clients, en pratiquant une relance systématique des impayés et en recourant, le cas échéant, à un factor.

Dossier 2 Rentabilité économique et financière (société Raymond)

Partie A. Rentabilités économique et financière

2.1 Présenter la logique d'élaboration du compte de résultat différentiel et expliquer l'intérêt de la différenciation des charges variables et fixes.

Compétence attendue

Différencier charges variables et charges fixes

DÉCRYPTAGE

Le candidat doit pouvoir apprécier la capacité de l'entreprise à s'adapter en cas de modification du niveau d'activité.

Le compte de résultat différentiel est construit en ventilant les charges d'exploitation en charges variables et charges fixes :

- Les charges variables varient avec le niveau d'activité. Elles représentent un pourcentage du chiffre d'affaires. Exemples : matières premières, amortissement d'un matériel en fonction des unités d'œuvre.

- Les charges fixes sont indépendantes du niveau d'activité (pour une structure d'investissement donnée). Exemples : assurance, amortissement d'un bâtiment, masse salariale du personnel administratif.

En période de ralentissement de l'activité (baisse du chiffre d'affaires), une entreprise dont la proportion des charges variables est importante s'adapte plus facilement que celle dont les charges fixes sont plus élevées. Dit autrement, à situations égales (même chiffre d'affaires, même capital, même montant de charges d'exploitation), la société dont la proportion de charges fixes est plus élevée s'adaptera plus difficilement à un ralentissement de l'activité.

En résumé, plus les charges fixes sont élevées, plus le risque d'exploitation est important. Ce dernier est apprécié par la sensibilité du résultat à une variation du chiffre d'affaires (mesurée par le levier d'exploitation).

Le compte de résultat différentiel permet de faire apparaître le taux de marge sur coûts variables (TMCV) :

TMCV = MCV/CAHT, avec :

MCV = Marge sur coûts variables (M/CV) = CAHT – Charges variables

2.2 Déterminer le seuil de profitabilité de l'entreprise. Compléter les travaux en déterminant le levier d'exploitation. En justifier le choix et l'interprétation.

Compétence attendue

Déterminer le seuil de rentabilité et le levier opérationnel

DÉCRYPTAGE

Avant de calculer les deux indicateurs demandés, le jury attend du candidat qu'il en explique la signification.

Le seuil de rentabilité est également appelé « seuil de profitabilité ».

- **Calcul du seuil de profitabilité (SP)**

Le seuil de profitabilité est un indicateur-clé de gestion pour l'entreprise. Il s'agit :

- du chiffre d'affaires à partir duquel l'entreprise commence à dégager du bénéfice ;
- du chiffre d'affaires qui permet de couvrir l'ensemble des charges (fixes et variables) d'exploitation ;
- d'un outil de gestion prévisionnelle qui permet notamment de déterminer des données comme la production, les prix cibles.

Étape 1	On calcule la marge sur coûts variables : M/CV = Chiffre d'affaires – Charges variables M/CV = 1 000 000
Étape 2	On calcule le taux de marge sur coûts variables : TMCV = (M/CV)/CAHT TMCV = 1 000 000/2 000 000 = 0,5
Étape 3	On calcule le seuil de profitabilité : SP = Charges fixes/TMCV SP = 800 000/0,5 = 1 600 000 €

- **Levier d'exploitation (LE)**

Le levier d'exploitation (ou levier opérationnel) est un indicateur du risque d'exploitation de l'entreprise.

Il permet de déterminer la sensibilité du résultat d'exploitation à une variation du chiffre d'affaires.

Plus le levier d'exploitation est élevé, plus le risque d'exploitation est élevé.

Calcul	LE = CA/(CA – SP) LE = 2 000 000/(2 000 000 – 1 600 000) LE = 5
Interprétation	Un levier d'exploitation de 5 signifie que lorsque le chiffre d'affaires augmente (diminue) de 2 %, le résultat d'exploitation augmente (diminue) de 5 × 2 %, soit 10 %.

2.3 Indiquer la signification du concept de rentabilité et le comparer avec celui de profitabilité.

Compétence attendue

Analyser les ratios de l'entreprise

DÉCRYPTAGE

Les ratios de profitabilité peuvent être rattachés à l'analyse de l'activité.

Si la rentabilité mesure la capacité de l'entreprise à dégager du résultat à partir des capitaux investis, la profitabilité mesure la même capacité mais à partir du chiffre d'affaires réalisé. Le numérateur est le même ; seul le dénominateur change.

2.4 **Déterminer la rentabilité économique et la rentabilité financière après impôt tout en précisant à qui ces informations sont principalement destinées.**

Compétence attendue

Calculer et **distinguer** la rentabilité économique de la rentabilité financière

DÉCRYPTAGE

Le candidat doit pouvoir mesurer la rentabilité au strict plan économique ou en introduisant l'impact de l'endettement sur la rentabilité des capitaux propres.

- **Destinataires des ratios de rentabilité**

Alors que l'analyse de la rentabilité économique est destinée aux dirigeants et aux prêteurs (établissements financiers...), les ratios de rentabilité financière intéressent les actionnaires.

- **Calcul des rentabilités économique et financière**

Rentabilité économique	Elle est mesurée par le rapport suivant : Résultat d'exploitation net d'IS/Total des capitaux investis
Calcul	• Résultat d'exploitation net d'IS = (2 000 000 – 1 800 000) × (1 – 25 %) = 150 000 € • Capitaux investis • Capitaux propres : 500 000 + 514 000 = 1 014 000 € • Dettes financières : 600 000 € • Rentabilité économique : 50 000/1 614 000 = 9,30 %.
Rentabilité financière	Elle est mesurée par le rapport suivant : Résultat net comptable/Capitaux propres
Calcul	• Résultat net comptable = 136 000 € • Capitaux propres = 1 014 000 € • Rentabilité financière : 136 000/1 014 000 = 13,4 %, taux arrondi à 13 %.

NOTRE CONSEIL

Le jury attend du candidat qu'il indique de manière explicite la façon de calculer ces deux rentabilités exprimées en pourcentage.

Partie B. Effet de levier

2.5 **Indiquer le lien existant entre la rentabilité économique, la rentabilité financière et le taux d'intérêt. Mettre en évidence l'effet de levier.**

Compétences attendues

- **Mettre en évidence** l'effet de levier financier
- **Caractériser** la problématique rentabilité risque liée à l'endettement

DÉCRYPTAGE

- Le candidat doit connaître la relation entre rentabilité économique et rentabilité financière et comprendre le risque d'un endettement excessif.
- Le jury attend du candidat qu'il indique la formule de l'effet de levier faisant apparaître le lien entre la rentabilité économique et la rentabilité financière.

Les rentabilités économique et financière sont liées par la relation suivante :

TF = TE + (TE – *i*) × D/CP

Avec :

TF = taux de rentabilité financière

TE = taux de rentabilité économique après IS

i = taux d'intérêt des dettes financières net d'IS

D/CP = rapport des dettes financières sur les capitaux propres

Pour retrouver la rentabilité financière, il faut déterminer le taux d'intérêt net d'IS et le rapport Dettes/Capitaux propres.

Pour déterminer le taux d'intérêt net d'IS, on rapporte les charges financières aux dettes financières : 24 000/600 000 = 4 %. Il s'agit d'un taux d'intérêt avant impôt. Comme les intérêts entraînent une économie d'impôt, le taux d'intérêt net d'IS est égal à : 4 % × (1 – 25 %), soit 3 %.

Rapport D/CP = (600 000)/(1 014 000) = 59,17 %

TF = TE + (TE – *i*) × D/CP

TF = 9,30 % + (9,30 % – 3 %) × 59,17 % = 13 %

L'effet de levier est égal à la différence entre le taux de rentabilité financière et le taux de rentabilité économique. Il est égal à 13 % – 9,30 %, soit 3,70 %.

La rentabilité financière est donc plus élevée que la rentabilité économique. Ce différentiel de 3,70 % est dû à un effet de levier positif.

L'effet de levier est imputable à deux facteurs :

– à l'écart, en l'espèce positif, entre le taux de rentabilité économique et le taux d'intérêt ;
– au bras de levier (rapport D/CP). L'effet de levier est d'autant plus élevé que le bras de levier l'est, c'est-à-dire que la proportion Dettes/Capitaux propres est élevée.

L'effet de levier s'explique aussi par l'incidence de la fiscalité sur les charges financières. Les intérêts sont déductibles pour le calcul du résultat fiscal, ce qui génère une économie d'impôt. Il ne faudrait pas, pour autant, en déduire qu'il faut accroître sans limite la part de l'endettement dans les ressources de financement. Un endettement excessif engendrerait les risques suivants :

- L'effet de levier positif pourrait se transformer en effet de massue si la rentabilité économique diminuait et devenait inférieure au taux d'intérêt.
- Les charges financières sont des charges fixes qui doivent être couvertes par le résultat d'exploitation. Une insuffisance de résultat d'exploitation pourrait avoir des conséquences négatives sur le résultat net comptable et la distribution de dividendes. Par ailleurs, plus les charges fixes sont élevées, plus le risque financier croît.
- Un endettement excessif augmenterait le risque de faillite et diminuerait la capacité d'endettement en accroissant le risque de dépendance vis-à-vis des établissements de crédit.

Dossier 3 Structure de financement et coût du capital (société Agrotec)

3.1 Présenter le tableau des flux de trésorerie du crédit-bail et calculer le coût du crédit-bail.

Compétences attendues

- **Distinguer** les modes de financement et évaluer leur coût respectif
- **Calculer** et **comparer** les coûts des différents moyens de financement en intégrant l'impôt sur les bénéfices

DÉCRYPTAGE

Le jury attend du candidat qu'il recense les flux de trésorerie générés par une source de financement.

• Signification et méthode de calcul du coût d'une source de financement

Le coût d'une source de financement correspond au **taux d'actualisation** qui permet d'assurer l'équivalence entre les montants effectivement encaissés et ceux effectivement décaissés.

- **Étape 1** : Déterminer les flux de trésorerie générés par le mode de financement
- **Étape 2** : Poser l'équation d'équivalence entre les montants encaissés et les montants décaissés
- **Étape 3** : Résoudre l'équation à partir du tableur ou calculatrice financière

• Élaboration du tableau des flux de trésorerie générés par le crédit-bail

Flux de trésorerie	Début 2021	Fin 2021	Fin 2022	Fin 2023	Fin 2024	Fin 2025
Montant économisé	50 000	–	–	–	–	–
Redevances	–	– 15 000	– 15 000	– 15 000	– 15 000	–
Économie IS sur redevances	–	3 750	3 750	3 750	3 750	–
Perte d'économie d'IS sur matériel	–	– 2 500	– 2 500	– 2 500	– 2 500	– 2 500
Option d'achat	–	–	–	–	– 9 000	–
Économie d'IS sur amortissement	–	–	–	–	–	2 250
Flux de trésorerie	***50 000***	***– 13 750***	***– 13 750***	***– 13 750***	***– 22 750***	***– 250***

- **Équation permettant le calcul du coût du crédit-bail**

Le coût du crédit-bail est le taux d'actualisation r solution de l'équation suivante :

$50\,000 = 13\,750 \times (1+r)^{-1} + 13\,750 \times (1+r)^{-2} + 13\,750 \times (1+r)^{-3} + 22\,750 \times (1+r)^{-4} + 250 \times (1+r)^{-5}$

La résolution de cette équation à l'aide d'un tableur ou calculatrice financière donne $r = 9{,}90$ %.

3.2 Expliquer concrètement la signification du coût des capitaux propres. Le calculer.

Compétences attendues

- **Distinguer** les modes de financement et évaluer leur coût respectif
- **Calculer** et **comparer** les coûts des différents moyens de financement en intégrant l'impôt sur les bénéfices

NOTRE CONSEIL

Vous devez utiliser la formule de Gordon et Shapiro pour calculer le coût des capitaux propres.

Le coût des capitaux propres correspond au taux de rentabilité exigé par les actionnaires.

Le coût des capitaux propres (K) est calculé à partir de la formule de Gordon & Shapiro.

Si K désigne le coût des capitaux propres, alors :

$K = \text{DIV}/\text{PE} + g$

Avec :

K : coût des capitaux propres
PE = prix d'émission
DIV = premier dividende anticipé
g : taux de croissance du dividende

D'où coût des capitaux propres de : (6/150) + 4 %, soit 8 %.

3.3 Justifier le coût réel du financement par emprunt.

Compétences attendues

- **Distinguer** les modes de financement et évaluer leur coût respectif
- **Calculer** et **comparer** les coûts des différents moyens de financement en intégrant l'impôt sur les bénéfices

D'un point de vue comptable, le coût d'un emprunt correspond aux intérêts.

Sur le plan fiscal, les intérêts génèrent une économie d'impôt.

Le coût réel est donc égal aux intérêts nets d'IS.

Ainsi, si le montant des intérêts est de 4 000 € et le taux d'impôt sur les sociétés de 25 %, les intérêts coûtent à l'entreprise 4 000 – 25 % × 4 000, soit 3 000 €.

En l'absence de frais d'émission, le coût réel d'un emprunt est égal au taux d'intérêt nominal net d'impôt. Il est donc inutile d'établir le tableau de flux de trésorerie de l'emprunt.

Le coût de l'emprunt bancaire est déterminé comme suit : 2,4 % × (1 – 25 %), soit 1,80 %.

3.4 Identifier l'intérêt de la détermination du coût du capital dans un projet d'investissement. Calculer le coût du capital.

Compétence attendue

Calculer le coût moyen pondéré du capital

DÉCRYPTAGE

Le candidat doit rappeler que le coût moyen du capital est utilisé, sous certaines conditions, comme taux d'actualisation pour estimer la valeur actuelle nette d'un projet d'investissement. Il sert aussi d'étalon, comparé au taux interne de rentabilité (TIR), dans la décision d'investissement ou le choix entre plusieurs investissements.

Le coût du capital correspond à la moyenne pondérée du coût des différentes sources de financement.

En l'espèce, CMPC = (150 000 × 1,80 % + 300 000 × 8 % + 50 000 × 9,90 %) / 500 000, soit 6,33 %.

UE 10. Comptabilité approfondie

Sujet type d'examen 1

Sujet

Groupe RENARDIN

Durée de l'épreuve 3 h

Coefficient 1

Document autorisé : liste des comptes du PCG, à l'exclusion de toute autre information.

Matériel autorisé : aucun.

Le sujet se présente sous la forme de **4 DOSSIERS** indépendants :

Dossiers

1. Immobilisation décomposée .... 8,5 points
2. Révision du plan d'amortissement .... 3 points
3. Réévaluation .... 4 points
4. Capitaux propres .... 4,5 points

Le sujet comporte 14 documents et 2 annexes :

Dossier 1

1. Plan d'amortissement de la cuve de récupération d'eau
2. Données relatives aux composants de la cuve de récupération d'eau
3. Extrait du Bulletin Officiel des Finances Publiques

\+ **annexe A**

Dossier 2

4. Plan d'amortissement initial du matériel

\+ **annexe B**

Dossier 3

5. Extrait du bilan de la société MOULINS
6. Extrait de l'annexe de la société MOULINS
7. Valeur actuelle de l'actif immobilisé de la société MOULINS
8. Extrait du Plan Comptable Général

Dossier 4

9. Bilan de la société RENARDIN
10. Extrait de l'Ordre du jour extraordinaire de l'Assemblée générale
11. Extrait de l'annexe aux comptes annuels 2020 de la société RENARDIN
12. Capitaux propres de la société HAUT'PRESS
13. Extrait de l'article L223-42 du Code de commerce
14. Extrait du procès-verbal de l'Assemblée Générale Extraordinaire du 26 juin 2021

Groupe RENARDIN

Le groupe RENARDIN est présent sur 3 marchés :

- Accessoires et matériels nécessaires à la bonne circulation de l'eau dans les installations de chauffage et sanitaire dans le bâtiment et l'industrie : 77 % du chiffre d'affaires,
- Pompes domestiques (arrosage, irrigation, piscine, transfert et relevage d'eaux) : 13 % du chiffre d'affaires,
- Gros outillages (compresseurs d'air, groupes électrogènes, nettoyeurs haute pression, postes de soudage) : 10 % du chiffre d'affaires.

La société RENARDIN a été fondée en 1966 avec un capital de départ de 250 000 F (39 780 €) par Bruno Renardin et ses frères Thierry et Norbert. Depuis sa création, la société RENARDIN n'a cessé de croître en alliant croissance interne (création de filiales) et externe (acquisitions de filiales). La société RENARDIN est donc aujourd'hui, la société-mère d'un groupe composé de 21 filiales détenues en majorité à 100 %.

La société RENARDIN définit la stratégie du groupe en collaboration avec la direction de chaque filiale et assure la gestion de la trésorerie du groupe. Son objet social est le suivant :

« – La prise de participation dans toutes sociétés constituées ou à constituer, ainsi que la gestion et la mise en valeur de ces participations ;

- Toutes prestations de services, conseils au profit des filiales, sur les plans administratif, comptable, commercial, financier ou autres. »

Vous êtes embauché(e) au sein du service comptable et financier de la société RENARDIN sous la direction de Sarah DIDIER, sous-directrice comptable et financière. Vos missions concernent la société RENARDIN et d'autres filiales du groupe RENARDIN. Sarah DIDIER vous communique les informations suivantes :

Résultat net 2020 de la société RENARDIN	23 678 000 €
Résultat net du groupe RENARDIN	34 294 000 €
Action de la société RENARDIN cotée sur Euronext Paris depuis le 9 mai 1986	Cours moyen de l'année 2020 : 66 € 1re cotation à 115 F soit 17,53 €
Date de clôture des comptes des sociétés du groupe RENARDIN	31 décembre
Régime fiscal	Impôt sur les sociétés (IS) au taux de 25 % TVA au taux de 20 %
Référentiel comptable des comptes individuels des sociétés du groupe RENARDIN	Plan Comptable Général avec application dans la plupart des cas des méthodes de référence ou à défaut, la méthode qui minimise le résultat comptable.
Référentiel des comptes consolidés du groupe RENARDIN	Normes internationales d'information financière (IAS/IFRS)

Dossier 1 Immobilisation décomposée

Base documentaire : documents 1, 2 et 3

Sarah DIDIER vous confie les travaux relatifs à la société PISCILUX, filiale à 100 % de la société RENARDIN et spécialisée dans la fabrication de pompes de filtration pour piscine.

Début 2021, après la coupure des vacances de Noël, un accident technique s'est produit lors de la remise en service de la cuve de récupération d'eau, la cuve est sérieusement endommagée. Les dirigeants de PISCILUX préfèrent céder la cuve plutôt que la conserver et effectuer les travaux de réparation. La cuve est revendue pour 92 000 € HT le 3 janvier 2021, à la société qui avait fourni la cuve à la société PISCILUX (règlement en date du 7 janvier 2021). Cette société a aussi procédé à la révision de l'étanchéité de la cuve le 1er juillet 2020 pour 9 450 € HT (facture réglée le 5 juillet 2020).

Cette cuve avait été mise en service le 1er juillet 2017 au sein de l'usine de PISCILUX. Cette cuve a été décomposée et chaque composant (y compris les composants de 2e catégorie) a été amorti selon un plan d'amortissement propre. Seule la structure bénéficie d'un amortissement fiscal accéléré.

Sarah DIDIER vous fournit le plan d'amortissement de la structure (document 1), les données relatives aux composants (document 2) et un extrait de documentation fiscale (document 3).

Mission 1

Sarah DIDIER décide dans un premier temps de vérifier vos connaissances en vous posant les questions suivantes :

1.1. Après avoir défini la notion de comptes consolidés, justifier le référentiel retenu par la société RENARDIN pour les établir et citer l'organisme chargé d'élaborer ce référentiel.

1.2. Exposer l'autre méthode de comptabilisation des composants de 2e catégorie et justifier le choix de la société PISCILUX.

1.3. Expliquer l'origine de la différence entre le total de l'amortissement comptable et de l'amortissement fiscal de la structure de la cuve de récupération d'eau en prenant soin de définir le(s) terme(s) utilisé(s).

1.4. Exposer et justifier le classement comptable des amortissements dérogatoires au bilan.

Mission 2

Rassurée sur vos compétences, Sarah DIDIER vous confie le dossier relatif à la comptabilisation de la cuve de récupération d'eau. Pour remplir votre mission, vous devez :

1.5. **Reconstituer le coût d'acquisition de la cuve de récupération d'eau.**

1.6. **Évaluer et comptabiliser les écritures relatives à la révision de l'étanchéité de la cuve de récupération d'eau pour l'exercice 2020.**

1.7. Évaluer et comptabiliser les écritures relatives à la cuve de récupération d'eau à la clôture de l'exercice 2020.

1.8. Évaluer et comptabiliser les écritures relatives à la révision de l'étanchéité de la cuve de récupération d'eau pour l'exercice 2020 en supposant que la société PISCILUX n'a pas opté pour l'activation des composants de 2e catégorie.

1.9. Compléter l'extrait de bilan de la société PISCILUX au 31/12/2020 fourni en annexe A (le composant de 2e catégorie est activé).

1.10. Évaluer et comptabiliser les écritures relatives à la cession de la cuve de récupération d'eau pour l'exercice 2021 (la révision de l'étanchéité a été activée). ***La dotation aux amortissements de la cuve de récupération d'eau pour 2021 n'est pas à comptabiliser.***

Dossier 2 Révision du plan d'amortissement

Base documentaire : document 4

Sarah DIDIER vous confie un dossier relatif aux travaux d'inventaire de la société GEODOX, filiale à 100 % de la société RENARDIN et spécialisée dans la fabrication de groupes électrogènes.

La société GEODOX a construit un matériel d'une valeur de 40 000 € amortissable en linéaire sur 10 ans. Il a été mis en service le 1er janvier 2018.

Au 31 décembre 2020, la crise du COVID19 conduit la société GEODOX à s'interroger pour la première fois, sur une éventuelle perte de valeur de ce matériel. Un test de dépréciation est effectué. À cette date, la valeur actuelle de ce matériel déterminée à partir de la valeur vénale, s'élève à 24 500 €.

Au 31 décembre 2021, un nouveau test de dépréciation est réalisé et montre que la valeur actuelle est maintenue à 24 500 €.

Sarah DIDIER vous demande de réviser le plan d'amortissement de ce matériel. Elle vous transmet le plan d'amortissement initial (document 4). Pour remplir cette mission, vous devez :

2.1. Expliquer les conséquences de la comptabilisation d'une dépréciation et de sa reprise sur le plan d'amortissement d'une immobilisation. Vous prendrez soin de mobiliser les principes comptables du Plan Comptable Général pour illustrer vos explications.

2.2. Compléter le plan d'amortissement révisé du matériel fourni en annexe B.

2.3. Présenter les informations à faire figurer en annexe des comptes sociaux 2021 de la société PISCILUX.

Dossier 3 Réévaluation

Base documentaire : documents 5, 6, 7 et 8

Sarah DIDIER est interrogée par les membres du comité exécutif, sur le dispositif temporaire de neutralisation des conséquences de la réévaluation libre des actifs sur le résultat imposable instauré par l'article 31 de la loi de finances pour 2021.

Elle vous demande de préparer une note explicative en vous basant sur les comptes 2020 de la société MOULINS, filiale à 100 % de la société RENARDIN. La société MOULINS est notamment propriétaire depuis 18 ans d'un bâtiment situé à Montluçon dans l'Allier de 4 321 m² sur un terrain de 10 651 m².

Pour cela, Sarah DIDIER vous fournit un extrait du bilan de la société MOULINS (document 5), un extrait de l'annexe de la société MOULINS (document 6) et les conclusions du cabinet d'Expertise Dupont qui a évalué la valeur des éléments d'actif immobilisé de la société MOULINS (document 7). Sarah DIDIER vous demande aussi de lire attentivement les extraits du Plan Comptable Général relatif à la réévaluation libre (document 8).

Pour préparer cette note explicative, vous devez :

3.1. Expliquer et justifier les principes comptables auxquels la réévaluation libre permet de déroger.

3.2. Évaluer et comptabiliser l'écart de réévaluation au 31 décembre 2020.

3.3. Évaluer et comptabiliser la dotation aux amortissements de la construction à la clôture de l'exercice 2021.

3.4. Évaluer la valeur nette comptable à la clôture de l'exercice 2021 de l'ensemble immobilier.

3.5. Évaluer et comptabiliser le transfert de l'écart de réévaluation en réserves distribuables à la clôture de l'exercice 2021. Justifier cette écriture.

Dossier 4 Variation des capitaux propres

Base documentaire : documents 9, 10, 11, 12, 13 et 14

Fin 2020, le capital de la société RENARDIN est détenu à 52 % par des investisseurs institutionnels, à 36 % par des actionnaires individuels et à 12 % par ses salariés ce qui n'est plus très loin de son objectif de 15 % d'actionnariat salarié, grâce notamment à une augmentation de capital réalisée au cours de l'exercice 2020.

Mission 1

Les actionnaires de la société RENARDIN se sont réunis en assemblée générale le 13 avril 2020 afin d'approuver l'augmentation de capital réservée à ses salariés.

Vous disposez du bilan au 31/12/2020 (document 9) ainsi qu'un extrait du procès-verbal de cette assemblée (document 10) et d'un extrait de l'annexe 2020 (document 11).

Sarah DIDIER vous confie la comptabilisation de cette augmentation de capital. Pour remplir cette mission, vous devez :

4.1. Exposer les méthodes de comptabilisation des frais d'augmentation de capital. Identifier et justifier la méthode retenue par la société RENARDIN.

4.2. Retrouver le prix d'émission des actions émises.

4.3. Évaluer et comptabiliser l'augmentation de capital de la société RENARDIN au cours de l'exercice 2020 sachant que les versements des fonds ont eu lieu du 1er juin au 20 juillet.

Mission 2

La société RENARDIN GROUPE est la société mère à 100 % de la société HAUT'PRESS spécialisée dans la fabrication et dans la distribution de nettoyeurs haute pression. Cette société a été constituée en 2011 avec un capital d'un million cinq cent mille euros (1 500 000 €) correspondant à la valeur nominale de cent mille actions (100 000) de 15 € chacune. Depuis 5 ans, son résultat net ne cesse de de diminuer mais les perspectives de croissance sont encourageantes. La société HAUT'PRESS est en voie de déposer un brevet à l'INPI qui lui permettra de commercialiser des nettoyeurs haute pression plus économes en eau mais toujours aussi puissants.

Pour aider la société HAUT'PRESS à conquérir de nouveaux marchés, un nouvel actionnaire, la société CDH doit entrer à son capital. Pour cela, il a été décidé d'augmenter le capital de la société HAUT'PRESS. Compte tenu des perspectives de croissance de la société HAUT'PRESS, le prix d'émission des actions créées a été fixé à leur valeur réelle (8,30 €). Ce prix tient compte notamment de la valorisation du nouveau brevet. La société CDH se portera acquéreuse de toutes les actions ainsi, émises et la part de la société RENARDIN dans le capital de la société HAUT'PRESS passera de 100 % à 80 %.

Avant de réaliser cette augmentation de capital prévue en septembre 2021, le capital de la société HAUT'PRESS a été réduit le 26 juin 2021.

Sarah DIDIER vous communique le montant de capitaux propres (avant affectation du résultat 2020) de la société HAUT'PRESS (document 12), un extrait de l'article L223-42 du Code de commerce (document 13) et un extrait du procès-verbal de l'assemblée générale du 26 juin 2021 (document 14), vous devez :

4.4. Reconstituer et comptabiliser l'affectation du résultat 2019.

4.5. Justifier le choix de la société HAUT'PRESS de réduire son capital.

4.6. Évaluer et comptabiliser la réduction du capital de la société HAUT'PRESS (l'affectation du résultat 2020 ayant déjà été comptabilisée).

BASE DOCUMENTAIRE

Document 1

Plan d'amortissement de la cuve de récupération d'eau (structure)

	Amortissement comptable	Amortissement fiscal
2017	5 000	14 000
2018	10 000	28 000
2019	10 000	28 000
2020	10 000	28 000
2021	10 000	28 000
2022	10 000	14 000
2023	10 000	
2024	10 000	
2025	10 000	
2026	10 000	
2027	10 000	
2028	10 000	
2029	5 000	
Totaux	**120 000**	**140 000**

Document 2

Données relatives aux composants de la cuve de récupération d'eau

Composant identifié	Valeur d'origine	Durée séparant le renouvellement
Filtre	20 000	4 ans
Révision étanchéité	9 000	3 ans

Document 3

Extrait du Bulletin Officiel des Finances Publiques

BIC – Amortissements – Règles de déduction – Base de l'amortissement – Prise en compte du prix de revient

[...] [L]'amortissement doit être calculé sur le prix de revient des éléments auxquels il s'applique.

Document 4

Plan d'amortissement initial du matériel

Année	Dotation aux amortissements	Valeur nette comptable
2018	4 000	36 000
2019	4 000	32 000
2020	4 000	28 000
2021	4 000	24 000
2022	4 000	20 000
2023	4 000	16 000
2024	4 000	12 000
2025	4 000	8 000
2026	4 000	4 000
2027	4 000	0

Document 5

Extrait du bilan de la société MOULINS au 31/12/2020

Rubriques	Montant brut	Amort. dép.	31/12/2020
IMMOBILISATIONS INCORPORELLES			
Frais de développement	7 125	6 412	713
Concessions, brevets et droits similaires	25 897	17 562	8 335
IMMOBILISATIONS CORPORELLES			
Terrains	56 700		56 700
Constructions	550 000	198 000	352 000
Installations techniques, matériel, outillage	31 455	30 347	1 108
Autres immobilisations corporelles	39 872	32 631	7 241
IMMOBILISATIONS FINANCIÈRES			
Titres immobilisés de l'activité de portefeuille	2 500		2 500

Document 6

Extrait de l'annexe de la société MOULINS au 31/12/2020

II – Méthode d'évaluation

Les principales méthodes utilisées sont les suivantes : [...]

Dans le cadre de l'application de la méthode des composants, il n'est pas ressorti de composant isolable ayant une valeur nette comptable significative pour les immobilisations corporelles. [...]

•••

...

III – Calcul des amortissements

Les biens n'étant pas destinées à une revente prévisible, il n'a pas été retenu de valeur résiduelle. La société a retenu des durées d'utilisation conformes aux durées de vie effectives. Ces durées correspondent aux durées d'usage fiscales.

Les méthodes et les durées d'amortissement retenus ont été les suivantes :

- Frais de développement : Linéaire 5 ans
- Logiciels et site Internet : Linéaire 3 ans
- Bâtiment : Linéaire 50 ans
- Installations, agencements et aménagements divers : Linéaire 4 à 25 ans
- Véhicules : Linéaire 3 ans
- Matériel du bureau : Linéaire 2 à 10 ans
- Mobilier de bureau : Linéaire 5 à 10 ans

Document 7

Valeur actuelle de l'actif immobilisé de la société MOULINS au 31/12/2020

Rubriques	Date d'entrée	Valeur d'entrée	Valeur actuelle
Concessions, brevets et droits similaires	01/07/2016	25 897	32 800
Terrains	01/03/2000	56 700	65 000
Constructions	01/01/2003	550 000	640 000
Titres immobilisés de l'activité de portefeuille	06/02/2018	2 500	4 200

Les autres éléments de l'actif immobilisé n'ont pas une valeur significativement différente de leur valeur nette comptable.

Document 8

Extrait du Plan Comptable Général

Sous-section 6 – Réévaluation

Art. 214-27 : [...] Le produit hors frais de la cession qui excède la valeur nette comptable de l'immobilisation avant réévaluation, peut, en tout ou partie, être transféré à un compte distribuable à hauteur du montant résiduel de la réévaluation comptabilisée au passif du bilan, selon les règles du droit commun. Il en est de même lors de chaque exercice bénéficiaire pour le supplément d'amortissement relatif à la partie réévaluée de l'immobilisation.

Document 9

Bilan de la société RENARDIN au 31/12/2020 valeurs en milliers d'euros

	31/12/2020	31/12/2019	31/12/2018
Capital (dont appelé : 35 200)	35 200	34 900	34 900
Prime d'émission	24 145	19 645	19 645
Réserves :			
– Réserve légale	3 490	3 490	3 490
– Autres	25 047	21 936	20 310
Résultat de l'exercice	21 303	18 457	16 899
Report à nouveau			
Total capitaux propres	**109 185**	**98 427**	**95 244**

Document 10

Extrait de l'Ordre du jour extraordinaire de l'Assemblée générale du 13 avril 2020

Deuxième résolution (Augmentation du capital réservée aux salariés)

L'Assemblée Générale, statuant aux conditions de quorum et de majorité requises pour les assemblées générales extraordinaires, après avoir entendu la lecture du rapport du Conseil d'administration et du rapport des commissaires aux comptes, conformément aux dispositions des articles L. 225-129-6 et L. 225-138-1 du Code du commerce et des articles L. 3332-18 et suivants du Code du travail :

- autorise le Conseil d'Administration à compter de la présente Assemblée Générale à procéder à une augmentation de capital, réservée aux salariés, de 150 000 actions à une valeur nominale de 2 € pour un montant de 300 000 €.
- décide que les salariés verseront la totalité du prix des actions émises.
- décide de supprimer le droit préférentiel de souscription des actionnaires aux actions nouvelles à émettre au profit des salariés de la société et qui remplissent les conditions éventuellement fixées par le Conseil d'Administration dans les conditions prévues aux articles L.225- 138-1 et suivants du Code du travail et de toute loi ou règlementation analogue qui permettrait de réserver une augmentation de capital dans des conditions équivalentes.

Document 11

Extrait de l'annexe aux comptes annuels 2020 de la société RENARDIN

Composition du capital social : le capital était fixé à 34 900 000 au début de l'exercice divisé en 17 450 000 actions d'un nominal de 2 € chacune. Le 1er août 2020, une augmentation de capital réservée aux salariés a été réalisée.

Document 12

Capitaux propres de la société HAUT'PRESS en milliers d'euros au 31/12/2020

	31/12/2020	31/12/2019
Capital (dont appelé : 1 500)	1 500	1 500
Réserves :		
– Réserve légale		27
– Autres		
Report à nouveau	(538)	(431)
Résultat de l'exercice	(206)	(134)
Total capitaux propres	**756**	**908**

Document 13

Extrait de l'article L223-42 du Code de commerce

Si, du fait de pertes constatées dans les documents comptables, les capitaux propres de la société deviennent inférieurs à la moitié du capital social, les associés décident, dans les quatre mois qui suivent l'approbation des comptes ayant fait apparaître cette perte s'il y a lieu à dissolution anticipée de la société.

Si la dissolution n'est pas prononcée à la majorité exigée pour la modification des statuts, la société est tenue, au plus tard à la clôture du deuxième exercice suivant celui au cours duquel la constatation des pertes est intervenue, de réduire son capital d'un montant au moins égal à celui des pertes qui n'ont pu être imputées sur les réserves, si, dans ce délai, les capitaux propres n'ont pas été reconstitués à concurrence d'une valeur au moins égale à la moitié du capital social.

Document 14

Extrait du procès-verbal de l'Assemblée Générale Extraordinaire du 26 juin 2021

PREMIÈRE RÉSOLUTION

L'Assemblée Générale,

– après avoir entendu la lecture des rapports du Président et du Commissaire aux Comptes et,

– après avoir constaté que les pertes comptables figurant au poste « Report à nouveau » s'élèvent à 744 056 euros (compte tenu de l'affectation du résultat de l'exercice 2020).

DÉCIDE d'amortir la quasi-totalité de ces pertes par voie de réduction de capital.

L'Assemblée Générale décide de réaliser cette réduction de capital par voie de diminution de la valeur nominale de chacune des 100 000 actions composant le capital de 15 euros à 8 euros.

Annexe A

Extrait du bilan de la société PISCILUX au 31/12/2020

ACTIF	VB	Am.	VNC	PASSIF	
Actif immobilisé				Capitaux propres	

Annexe B

Plan d'amortissement révisé du matériel

Année	Base de calcul des amortis-sements	Taux	Dotation aux amortis-sements	Valeur nette comptable avant dépréciation	Dépréciation		Valeur nette comptable
					Dotation	Reprise	
2018							
2019							
2020							
2021							
2022							

SAVOIRS ESSENTIELS

1 Référentiels comptables

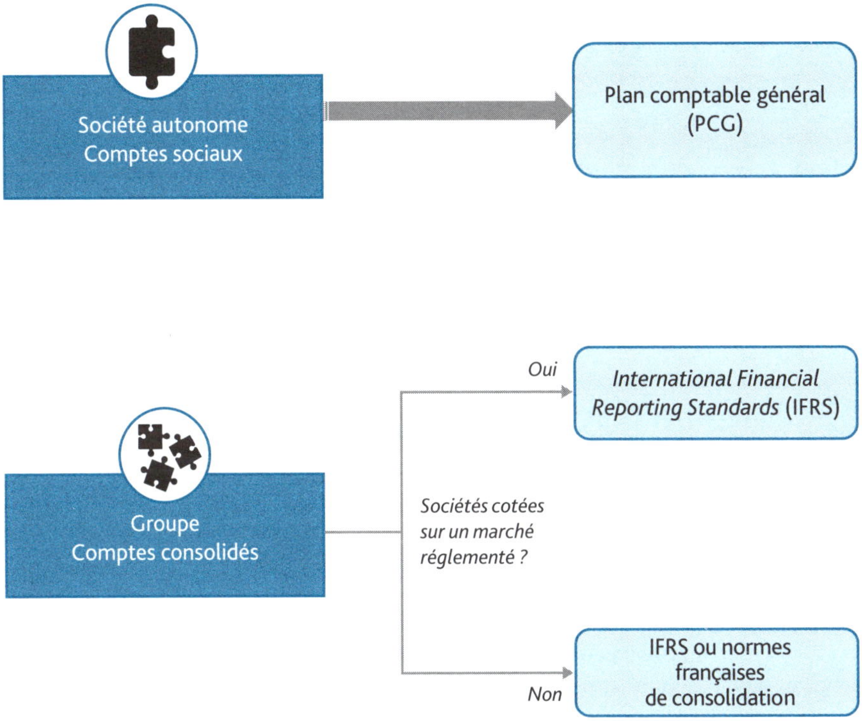

2 Immobilisations décomposées

Lors de l'entrée au bilan d'une immobilisation corporelle, plusieurs éléments la constituant peuvent être distingués s'ils ont une utilisation ou une durée d'utilisation différente. Dès lors que l'on peut en distinguer les éléments, on doit appliquer aux immobilisations la méthode de comptabilisation par les composants. Le traitement comptable diffère selon qu'il s'agit de composants de première ou de seconde catégorie.

Comptabilisation par les composants et catégorie des composants

Composants de 1re catégorie	Composants de 2e catégorie
• Dès lors que les composants respectent les trois conditions énoncées par l'article 214-9 du PCG, ils sont enregistrés dans un sous-compte de l'immobilisation ainsi décomposée. • Le coût d'entrée est alors ventilé entre les composants et la structure. • Chaque élément fait l'objet d'un plan d'amortissement propre.	• Les composants de 2e catégorie sont des dépenses récurrentes, ne prolongeant pas la durée de vie de l'immobilisation (ex. : grandes révisions). Ces composants peuvent entrer à l'actif selon : – la méthode des composants (même traitement que pour les composants de 1re catégorie) ; – la méthode de la provision pour grand entretien. • L'entreprise peut opter pour l'une ou l'autre méthode. • L'option est globale. Le PCG ne prévoit pas de méthode de référence.

Conditions de comptabilisation des composants de 1re catégorie des immobilisations (PCG, art. 214-9)

Composant présentant une durée d'utilisation différente de la structure ou procurant des avantages économiques futurs à un rythme différent de celui de la structure	+	Composant destiné à être remplacé à intervalles réguliers	+	Composant ayant une valeur significative

3 Changements comptables

On distingue trois types de changements comptables :

- les changements de méthode ;
- les changements d'estimations et de modalités d'application ;
- les corrections d'erreurs.

Synthèse du traitement des changements comptables

	Traitement comptable
Changement de méthode comptable : – changement à l'initiative de l'entité (deux conditions : existence d'un choix entre plusieurs méthodes comptables et meilleure information financière) – changement de réglementation	• Calculé de façon rétrospective sauf exception (1) • Comptabilisé à l'ouverture de l'exercice dans le compte de report à nouveau (RAN), sauf exception (2) • Décrit (information proforma notamment) et justifié dans l'annexe
Changement d'estimations et de modalités d'application	• Calculé de façon prospective • Comptabilisé dans le résultat de l'exercice en cours et des exercices futurs • Mentionné et justifié dans l'annexe comptable
Correction d'erreurs	• Calculé de façon prospective • Comptabilisé dans le résultat exceptionnel de l'exercice sauf exception (3) • Décrit (information proforma notamment) et justifié dans l'annexe

(1) Dans les cas où l'effet ne peut être estimé de façon objective, le calcul est effectué de façon prospective.

(2) En raison de l'application des règles fiscales, l'impact du changement de méthode peut être comptabilisé dans le résultat.

(3) Lorsqu'il s'agit de corriger une écriture ayant été directement imputée sur les capitaux propres, l'impact du changement est lui-même comptabilisé dans les capitaux propres.

4 Réévaluation

Principe des coûts historiques	Principe de prudence
↓	↓
Les immobilisations sont valorisées à leur coût d'acquisition ou de production.	Seules les moins-values latentes sont comptabilisées.

≠

RÉÉVALUATION

Les immobilisations **corporelles** et **financières** sont réévaluées à leur valeur actuelle.

↓

Principe d'image fidèle

La réévaluation a un impact au bilan :

ACTIF	VB	Amort.	VNC	PASSIF	
Immobilisations				Capitaux propres Capital **Écart de réévaluation** Réserves Résultat	

VB = VB + écart de réévaluation
⇨ Nouvelle base amortissable
⇨ Hausse des dotations aux amortissements

VNC = Valeur actuelle (ou valeur réévaluée)

Écart de réévaluation = VNC avant réévaluation – valeur actuelle

L'écart de réévaluation peut être :

- maintenu en capitaux propres,
- viré progressivement dans un compte de réserves distribuables si l'exercice est bénéficiaire, à hauteur du supplément d'amortissement induit par la réévaluation.

Dossier 1 Immobilisation décomposée

1.1 Après avoir défini la notion de comptes consolidés, justifier le référentiel retenu par la société RENARDIN pour les établir et citer l'organisme chargé d'élaborer ce référentiel.

Compétences attendues

- **Identifier** les normalisateurs internationaux et nationaux, analyser leurs rôles.
- **Citer** les référentiels comptables applicables en France.

DÉCRYPTAGE

Le candidat doit être capable d'identifier le référentiel applicable pour les comptes individuels et les comptes consolidés d'une entité et connaître le normalisateur associé.

NOTRE CONSEIL

Citer implique de nommer les référentiels comptables applicables. Il n'est pas nécessaire de développer votre réponse. En revanche, vous devez expliciter les sigles (PCG par exemple).

Les comptes consolidés sont les comptes (compte de résultat, bilan et annexe) d'un groupe de sociétés c'est-à-dire d'un ensemble de sociétés juridiquement indépendantes (généralement, une société-mère et ses filiales).

Pour les établir, la société RENARDIN a utilisé les IFRS (International Financial Reporting Standards). Elle était obligée d'utiliser les IFRS car elle est cotée en Bourse sur un marché réglementé (Euronext). Les IFRS sont élaborées par l'IASB (International Accounting Standards Board).

1.2 Exposer l'autre méthode de comptabilisation des composants de 2e catégorie et justifier le choix de la société PISCILUX.

Compétences attendues

- **Exposer** et **appliquer** les règles d'inscription à l'actif, d'évaluation et d'enregistrement des immobilisations corporelles et incorporelles.
- **Analyser** les conséquences d'un choix de comptabilisation, notamment sur la présentation des comptes annuels, dans une situation donnée.

DÉCRYPTAGE

En cas d'option comptable, le candidat doit être capable non seulement d'exposer les méthodes de comptabilisation mais aussi de justifier le choix d'une entité et d'expliquer l'impact des méthodes sur le compte de résultat et le bilan.

Les composants de 2e catégorie peuvent faire l'objet d'une provision dont la dotation sera étalée sur la durée séparant deux dépenses de révision. Cette provision est reprise l'année de réalisation de la dépense de révision qui est, elle, enregistrée en charges.

La société PISCILUX a choisi la méthode des composants car les composants de 2e catégorie répondent à la définition d'un actif (et non d'un passif). En effet, ces dépenses génèrent des avantages économiques futurs. C'est pourquoi il est interdit dans le référentiel IFRS de provisionner ces dépenses. De plus, cette méthode respecte mieux l'objectif d'image fidèle des comptes en linéarisant la dépense de révision sur toute la durée d'utilisation de l'immobilisation décomposée. De plus, l'activation des composants de 2e catégorie est la seule méthode admise en IFRS, choisir la méthode des IFRS dans les comptes sociaux évite de devoir les corriger pour établir les comptes consolidés.

Remarque – Aucune des deux méthodes est une méthode de référence.

1.3 Expliquer l'origine de la différence entre le total de l'amortissement comptable et de l'amortissement fiscal de la structure de la cuve de récupération d'eau en prenant soin de définir le(s) terme(s) utilisé(s).

Compétence attendue

Exposer et **appliquer** les règles d'inscription à l'actif, d'évaluation et d'enregistrement des immobilisations corporelles et incorporelles.

La différence correspond à la valeur résiduelle (montant, net des coûts de sortie attendus, qu'une entité obtiendrait de la cession de l'actif sur le marché à la fin de son utilisation) de l'immobilisation décomposée. La base d'amortissement fiscal ne tient pas compte de cette valeur résiduelle à la différence de la base d'amortissement comptable égale à la valeur brute (coût d'acquisition ou coût de production) diminuée de la valeur résiduelle.

En résumé :

- Base d'amortissement fiscale = valeur brute
- Base d'amortissement comptable = valeur brute – valeur résiduelle
- Base d'amortissement fiscale – base d'amortissement comptable = valeur résiduelle

1.4 Exposer et justifier le classement comptable des amortissements dérogatoires au bilan.

Compétence attendue

Exposer et **appliquer** les règles relatives aux opérations de variation des capitaux propres des sociétés selon leur forme juridique.

Les amortissements dérogatoires sont classés au passif du bilan et plus précisément dans les capitaux propres. En effet, l'enregistrement d'une dotation aux amortissements dérogatoires entraine une baisse du résultat net et donc de ses capitaux propres. L'enregistrement des amortissements dérogatoires dans les capitaux propres permet de compenser cette réduction du résultat et de maintenir le montant des capitaux propres.

1.5 Reconstituer le coût d'acquisition de la cuve de récupération d'eau.

Compétence attendue

Évaluer et **comptabiliser** les opérations portant sur les immobilisations corporelles et incorporelles à l'entrée et postérieurement à leur entrée.

Coût d'acquisition = 169 000 c'est-à-dire :

- Valeur brute de la structure = 120 000 (base amortissable de la structure) + 20 000 (valeur résiduelle) = 140 000
- Valeur brute des composants = 20 000 + 9 000 = 29 000

1.6 Évaluer et comptabiliser les écritures relatives à la révision de l'étanchéité de la cuve de récupération d'eau pour l'exercice 2020.

Compétence attendue

Évaluer et **comptabiliser** les opérations portant sur les immobilisations corporelles et incorporelles à l'entrée et postérieurement à leur entrée.

NOTRE CONSEIL

Comptabiliser les écritures pour un exercice oblige à comptabiliser toutes les opérations de l'année y compris les écritures d'inventaire.

DÉCRYPTAGE

- Évaluer implique que, pour comptabiliser certaines opérations, il est nécessaire de calculer certains montants à faire figurer au journal. Il faut donc justifier le calcul en rappelant le cas échéant le traitement comptable associé.
- Comptabiliser implique d'enregistrer l'opération au journal de la société.

		01/07/20		
215.3		ITMOI – Révision étanchéité	9 450	
44562		État – TVA déductible sur immobilisations	1 890	
	404	Fournisseurs d'immobilisations		11 340
		Révision de l'étanchéité		
		05/07/20		
404		Fournisseurs d'immobilisations	11 340	
	512	Banque		11 340
		Règlement facture		
		31/12/20		
68112		Dotations aux amortissements des	3 075	
	2815.3	Amortissements des ITMOI – Révision étanc.		3 075
		Dotation aux amortissements 2020 9 000 / 3 × 6/12 + 9 450 / 3 × 6/12		
		d°		
2815.3		Amortissements des ITMOI – Révision étanc.	9 000	
	215.3	ITMOI – Révision étanchéité		9 000
		Sortie composant révision étanchéité		

1.7 **Évaluer et comptabiliser les écritures relatives à la cuve de récupération d'eau à la clôture de l'exercice 2020.**

Compétence attendue

Évaluer et **comptabiliser** les opérations portant sur les immobilisations corporelles et incorporelles à l'entrée et postérieurement à leur entrée.

		31/12/20		
68112		Dotations aux IC	15 000	
	2815.1	Amortissement ITMOI – Structure		10 000
	2815.2	Amortissement ITMOI – Filtre (20 000/4)		5 000
		Amortissement comptable		
		31/12/20		
68725		Dotations aux amortissements dérogatoires	18 000	
	145	Amortissements dérogatoires		18 000
		Amortissement dérogatoire de la structure 28 000 – 10 000		

1.8 Évaluer et comptabiliser les écritures relatives à la révision de l'étanchéité de la cuve de récupération d'eau pour l'exercice 2020 en supposant que la société PISCILUX n'a pas opté pour l'activation des composants de 2e catégorie.

Compétence attendue

Évaluer et **comptabiliser** les opérations portant sur les immobilisations corporelles et incorporelles à l'entrée et postérieurement à leur entrée.

		01/07/20		
615		Entretien et réparation	9 450	
44566		État – TVA déductible sur ABS	1 890	
	401	Fournisseurs		11 340
		Révision de l'étanchéité		
		05/07/20		
401		Fournisseurs	11 340	
	512	Banque		11 340
		Paiement facture révision		
		31/12/20		
6815		Dotations aux provisions	3 075	
	1572	Provision pour gros entretien		3 075
		Dotation à la provision 2020 (ou 1 575 si dotation en 2020 non comptabilisée)		

1572		31/12/20 Provision pour gros entretien	9 000	
	7815	Reprises sur provision		9 000
		Reprise de la provision (ou 7 500 si dotation en 2020 non comptabilisée)		

1.9 Compléter l'extrait de bilan au 31/12/2020 de la société PISCILUX fourni en annexe A (le composant de 2e catégorie est activé).

Compétences attendues

- **Évaluer** et **comptabiliser** les opérations portant sur les immobilisations corporelles et incorporelles à l'entrée et postérieurement à leur entrée.
- **Analyser** les conséquences d'un choix de comptabilisation, notamment sur la présentation des comptes annuels, dans une situation donnée.

ACTIF	VB	Am.	VNC	PASSIF	
Actif immobilisé				**Capitaux propres**	
ITMOI				Am. Dérogatoires	63 000
Structure	140 000	35 000	105 000		
Filtre	20 000	17 500	2 500		
Révision étanchéité	9 450	1 575	7 875		

Amortissement – Structure : 5 000 + 10 000 × 3 = 35 000

Amortissement – Filtre : 20 000 / 4 × (1/2 + 3) = 17 500

Amortissements dérogatoires : 14 000 + 28 000 × 3 – 5 000 – 10 000 × 3 = 63 000

NOTRE CONSEIL

Comptabiliser les écritures de cession nécessite de comptabiliser l'ensemble des opérations induites par la cession : la vente, la sortie de l'actif, la dotation aux amortissements entre la date d'ouverture de l'exercice et la date de cession, et la reprise des amortissements dérogatoires et des dépréciations le cas échéant.

1.10 Évaluer et comptabiliser les écritures relatives à la cession de la cuve de récupération d'eau pour l'exercice 2021 (la révision de l'étanchéité a été activée). *La dotation aux amortissements de la cuve de récupération d'eau pour 2021 n'est pas à comptabiliser.*

Compétence attendue

Évaluer et **comptabiliser** les opérations portant sur les immobilisations corporelles et incorporelles à l'entrée et postérieurement à leur entrée.

462		02/01/21 Créance sur cessions d'immobilisations	110 400	
	775	PCEA		92 000
	44562	État, TVA collectée		18 400
		Cession cuve de récupération d'eau		

		07/01/21		
512		Banque	110 400	
	462	Créance sur cessions d'immobilisations		110 400
		Encaissement cession		
		31/12/21		
2815.1		Amortissement ITMOI – Structure	35 000	
2815.2		Amortissement ITMOI – Filtre	17 500	
2815.3		Amortissement ITMOI – Révision étanchéité	1 575	
675		VCEAC	115 375	
	215.1	ITMOI – Structure		140 000
	215.2	ITMOI – Filtre		20 000
	215.3	ITMOI – Révision étanchéité		9 450
		Sortie cuve de récupération d'eau		
		d°		
145		Amortissements dérogatoires	63 000	
	78725	Reprises sur amortissements dérogatoires		63 000
		Reprise solde amortissements dérogatoires structure de la cuve		

Dossier 2 Révision du plan d'amortissement

2.1 Expliquer les conséquences de la comptabilisation d'une dépréciation et de sa reprise sur le plan d'amortissement d'une immobilisation. Vous prendrez soin de mobiliser les principes comptables du Plan Comptable Général pour illustrer vos explications.

Compétences attendues

- **Identifier** les principes fondamentaux de la comptabilité et justifier le rôle d'un cadre conceptuel.
- **Exposer** et **appliquer** les règles d'inscription à l'actif, d'évaluation et d'enregistrement des immobilisations corporelles et incorporelles.

Dans le respect du principe d'intangibilité du bilan d'ouverture, la comptabilisation d'une dépréciation modifie de façon prospective le plan d'amortissement d'une immobilisation. À partir de la date de comptabilisation de la dépréciation, la nouvelle base amortissable correspond à la valeur nette comptable (VNC). Elle est à amortir sur la durée d'utilisation résiduelle de l'immobilisation (principe de permanence des méthodes).

Lors des exercices suivants, il convient de limiter la reprise de la dépréciation pour ne pas réévaluer l'immobilisation et augmenter sa valeur au-delà de sa VNC calculée selon le plan d'amortissement initial pour respecter le principe de prudence et des coûts historiques.

NOTRE CONSEIL

La comptabilisation d'une dépréciation entraîne une baisse de la base amortissable de l'actif. Les dotations aux amortissements sont donc diminuées de manière prospective. À l'inverse, la reprise de la dépréciation entraîne une hausse de la base amortissable et une hausse des dotations aux amortissements qui ne peuvent pas être supérieures à leur montant d'origine.

2.2 Compléter le plan d'amortissement révisé du matériel fourni en annexe B.

Compétence attendue

Évaluer et **comptabiliser** les opérations portant sur les immobilisations corporelles et incorporelles à l'entrée et postérieurement à leur entrée.

Année	Base de calcul des amortissements	Taux	Dotation aux amortissements	Valeur nette comptable avant dépréciation	Dépréciation		Valeur nette comptable
					Dotation	Reprise	
2018	40 000	1/10	4 000	36 000			36 000
2019	40 000	1/10	4 000	32 000			32 000
2020	40 000	1/10	4 000	28 000	3 500		24 500
2021	24 500	1/7	3 500	24 500		3 000	24 000
2022	24 000	1/6	4 000	20 500			20 000

La reprise de la dépréciation ne peut conduire à augmenter la VNC du matériel au-delà de la VNC qu'il aurait eu en respectant le plan d'amortissement initial.

VNC au 31/12/2021 d'après le plan d'amortissement initial = 24 000

VNC au 31/12/2021 après dépréciation = 24 500 – 3 500 = 21 000

⇨ Reprise = 24 000 – 21 000 = 3 000

NOTRE CONSEIL

Toutes les informations à fournir en annexe ne sont pas attendues. Prenez soin de citer au moins 3 éléments.

2.3 Présenter les informations à faire figurer en annexe des comptes sociaux 2021 de la société PISCILUX.

Compétence attendue

Présenter les informations à fournir en annexe.

Doivent figurer :

- Les modalités d'amortissement de l'immobilisation (mode et taux) ;
- La valeur brute de l'immobilisation dans le tableau de variation des immobilisations (montant du début d'exercice, augmentation et diminution de l'exercice, montant de fin d'exercice) ;
- Le montant des amortissements dans le tableau de variation des amortissements (montant du début d'exercice, augmentation et diminution de l'exercice, montant de fin d'exercice) ;
- La mention et la justification du changement d'estimation.

Dossier 3 Réévaluation

3.1 Expliquer et justifier les principes comptables auxquels la réévaluation libre permet de déroger.

Compétences attendues

- **Identifier** les principes fondamentaux de la comptabilité et justifier le rôle d'un cadre conceptuel.
- **Exposer** et **appliquer** les règles d'inscription à l'actif, d'évaluation et d'enregistrement des immobilisations corporelles et incorporelles.
- **Analyser** les conséquences d'un choix de comptabilisation, notamment sur la présentation des comptes annuels, dans une situation donnée.

La réévaluation libre s'oppose au principe des coûts historiques : les immobilisations sont évaluées à leur coût d'acquisition ou de production. Ce principe est objectif, simple d'utilisation et permet une stabilité du bilan. Il oblige à maintenir les immobilisations à leur valeur d'entrée entraînant, ainsi, une sous-évaluation du bilan car il peut exister des plus-values latentes ou tout simplement des périodes d'inflation. Une société peut donc décider de réévaluer son bilan pour qu'il donne une image plus fidèle de son patrimoine.

La réévaluation libre s'oppose aussi au principe de prudence : seules les moins-values latentes doivent être comptabilisées. En effet, la réévaluation entraine généralement une hausse de la valeur des immobilisations corporelles et financières au bilan et donc la comptabilisation à l'actif de plus-values latentes.

3.2 Évaluer et comptabiliser l'écart de réévaluation au 31 décembre 2020.

Compétence attendue

Évaluer et **comptabiliser** les opérations portant sur les immobilisations corporelles et incorporelles à l'entrée et postérieurement à leur entrée.

	Valeur réévaluée	VNC	Écart de réévaluation
Terrains	65 000	56 700	8 300
Constructions	640 000	352 000	288 000
ITMOI	NS	1 108	0
Autres IC	NS	7 241	0
TIAP	4 200	2 500	1 700
TOTAL			298 000

Les immobilisations incorporelles ne doivent pas être réévaluées.

		31/12/20		
211		Terrain	8 300	
213		Constructions	288 000	
273		TIAP	1 700	
	1052	Écart de réévaluation libre		298 000
		Comptabilisation écart de réévaluation		

3.3 Évaluer et comptabiliser la dotation aux amortissements de la construction à la clôture de l'exercice 2021.

Compétence attendue

Évaluer et **comptabiliser** les opérations portant sur les immobilisations corporelles et incorporelles à l'entrée et postérieurement à leur entrée.

La construction est dorénavant amortie pour sa valeur nette comptable sur sa durée de vie résiduelle : 640 000/(50 – 18) = 20 000

		31/12/21		
68112		Dotations aux amortissements des IC	20 000	
	2813	Amortissements des constructions		20 000
		Dotation aux amortissements 2021		

3.4 Évaluer la valeur nette comptable à la clôture de l'exercice 2021 de l'ensemble immobilier.

Compétence attendue

Évaluer et **comptabiliser** les opérations portant sur les immobilisations corporelles et incorporelles à l'entrée et postérieurement à leur entrée.

	Valeur brute	Amortissements	VNC
Terrains	56 700 + 8 300 = 65 000	0	65 000
Constructions	550 000 + 288 000 = 838 000	198 000 + 20 000 = 218 000	620 000
TOTAL	903 000	218 000	685 000

3.5 Évaluer et comptabiliser le transfert de l'écart de réévaluation en réserves distribuables à la clôture de l'exercice 2021. Justifier cette écriture.

Compétence attendue

Évaluer et **comptabiliser** les opérations portant sur les immobilisations corporelles et incorporelles à l'entrée et postérieurement à leur entrée.

Dotation aux amortissements de la construction après réévaluation = 20 000

Dotation aux amortissements de la construction avant réévaluation = 550 000/ 50 = 11 000

⇨ Écart transférable en réserves libres = 20 000 – 11 000 = 9 000

		31/12/21		
1052		Écart de réévaluation	9 000	
	1068	Autres réserves		9 000
		Transfert écart de réévaluation		
		(20 000 – 11 000) ou 288 000/32		

Cette écriture permet de maintenir le montant distribuable aux actionnaires de la société MOULINS. En effet, la réévaluation entraîne une augmentation des dotations aux amortissements ce qui diminue le résultat net et donc le montant distribuable.

Dossier 4 Variation des capitaux propres

Mission 1 : Augmentation de capital de la société RENARDIN.

4.1 Exposer les méthodes de comptabilisation des frais d'augmentation de capital. Identifier et justifier la méthode retenue par la société RENARDIN.

Compétence attendue

Exposer et **appliquer** les règles relatives aux opérations de variation des capitaux propres des sociétés selon leur forme juridique.

Les frais d'augmentation de capital peuvent être :

- Imputés nets d'impôts sur la prime d'émission, le surplus éventuel est enregistré en charges ;
- Enregistrés en immobilisations incorporelles et amortis dans un délai maximal de 5 ans ;
- Enregistrés en charges.

La société RENARDIN a choisi de les comptabiliser en charges puisqu'il n'existe pas de méthode de référence, elle applique la méthode qui minimise son résultat comptable et donc le montant de l'impôt sur les bénéfices. L'activation des frais maximise, en effet, le résultat comptable à court terme et l'imputation sur la prime n'a pas d'impact sur le résultat comptable. En comptabilisant en charges les frais, la société RENARDIN pourra aussi distribuer immédiatement des dividendes.

NOTRE CONSEIL

À l'examen, soyez attentif aux indications données dans le sujet quant aux choix des options comptables. Le souhait de minimiser le résultat comptable de la part d'une entité implique l'enregistrement du maximum de charges possibles.

4.2 Retrouver le prix d'émission des actions émises.

Compétence attendue

Évaluer et **comptabiliser** les variations de capitaux propres dans les comptes individuels.

Le prix d'émission est égal à la valeur nominale des actions (2 €) augmentée de la prime d'émission.

La prime d'émission augmente de : 24 145 000 – 19 645 000 = 4 500 000 € soit par action :

4 500 000 / 150 000 = 30 €.

Le prix d'émission est donc de 32 €.

4.3 Évaluer et comptabiliser l'augmentation de capital de la société RENARDIN au cours de l'exercice 2020 sachant que les versements des fonds ont eu lieu du 1er juin au 20 juillet.

Compétence attendue

Évaluer et **comptabiliser** les variations de capitaux propres dans les comptes individuels.

NOTRE CONSEIL

Lors des augmentations de capital, le versement des fonds s'enregistre avant la hausse du capital.

		01/06 – 20/07/20		
512		Banque (150 000 × 32)	4 800 000	
	4563	Actionnaires, versements reçus sur augmentation de capital		4 800 000
		Appel des fonds		
		01/08/20		
4563		Actionnaires, versements reçus sur augmentation de capital	4 800 000	
	1013	Capital souscrit – Appelé versé (150 000 × 2)		300 000
	1041	Prime d'émission		4 500 000
		Augmentation de capital		
		01/08/20		
1013		Capital souscrit – Appelé versé	300 000	
	101	Capital social		300 000
		Régularisation du capital		

Mission 2 : Affection du résultat de la société HAUT'PRESS et réduction de son capital

4.4 Reconstituer et comptabiliser l'affectation du résultat 2019.

Compétence attendue

Évaluer et **comptabiliser** les variations de capitaux propres dans les comptes individuels.

Le résultat 2019 a été imputé sur la réserve légale à hauteur de 27 000 € et la différence a été portée en report à nouveau (107 000 €).

		2020		
1061		Réserve légale	27 000	
119		RAN (débiteur)	107 000	
	129	Résultat de l'exercice (perte)		134 000
		Affectation résultat 2019		

4.5 Justifier le choix de la société HAUT'PRESS de réduire son capital.

Compétence attendue

Analyser les opportunités et les risques d'une modalité d'augmentation de capital, et/ou d'affectation du résultat.

Les capitaux propres de la société HAUT'PRESS (756 000 €) ne sont pas inférieurs à 50 % de son capital (750 000 €).

La réduction du capital est motivée par l'augmentation du capital prévue. En effet, le prix d'émission des actions a été fixé à 8,30 € ce qui est inférieur à leur valeur nominale (15 €). Il est donc obligatoire de réduire la valeur nominale des actions pour procéder ensuite à une augmentation de capital.

4.6 Évaluer et comptabiliser la réduction du capital de la société HAUT'PRESS (l'affectation du résultat 2020 ayant déjà été comptabilisée).

Compétence attendue

Évaluer et **comptabiliser** les variations de capitaux propres dans les comptes individuels.

		26/06/21		
1013		Capital social appelé versé	700 000	
	119	RAN (débiteur)		700 000
		Réduction du capital 100 000 × (15 – 8)		

Sujet type d'examen 2

Sujet

Vegan Beauty

3 h Durée de l'épreuve

1 Coefficient

Document autorisé : liste des comptes du PCG, à l'exclusion de toute autre information.
Matériel autorisé : aucun. En conséquence, tout usage d'une calculatrice est interdit et constituerait une fraude (le sujet est adapté à cette interdiction).

Le sujet se présente sous la forme de **4 DOSSIERS** indépendants :

Dossiers

1. Augmentation de capital .... 4 points
2. Acquisition et production d'immobilisations .... 6 points
3. Gestion des stocks .... 6 points
4. Financement des immobilisations .... 4 points

Le sujet comporte 14 documents et 1 annexe :

Documents

Dossier 1
1. Extrait du bilan avant l'augmentation de capital du 12 mai 2021
2. Courriel d'Inès Hidalgo
3. PV de l'augmentation de capital du 12 mai 2021
4. Frais d'augmentation de capital

Dossier 2
5. Dépenses engagées pour la conception du logiciel
6. Extrait du BOFiP : BIC – Distinction entre éléments d'actif et charges
7. Facture relative à l'acquisition du mélangeur à immersion
8. Remplacement de la tête de désintégration polyvalente

Dossier 3
9. Dépenses relatives à la fabrication des shampoings solides et de la glycérine
10. Extrait du Mémento Francis Lefebvre
11. Valeur des stocks de shampoing solide et de glycérine au 31 décembre 2021
12. Données relatives aux stocks de matières premières

Dossier 4
13. Informations relatives à l'emprunt bancaire
14. Informations relatives à l'emprunt obligataire

Annexe

A. Extrait du bilan – Actifs de Vegan Beauty

Si le texte du sujet, de ses questions ou de la base documentaire vous conduit à formuler une ou plusieurs hypothèses, il vous est demandé de la (ou les) mentionner explicitement dans votre copie.
Il vous est demandé d'apporter un soin particulier à la présentation de votre copie.
Toute information calculée devra être justifiée.
Les écritures comptables devront comporter une date, les numéros et les noms des comptes ainsi que leur libellé.

Vegan Beauty

Vous êtes actuellement employé(e) en qualité de stagiaire par le cabinet parisien ACM France. Inès Hidalgo, expert-comptable, vous supervise. Parmi ses clients, le cabinet compte, depuis 2020, la société Vegan Beauty qui vous est présentée ci-après.

Vegan Beauty est une société de vente en ligne de produits cosmétiques végétaliens, fabriqués à partir d'ingrédients naturels issus de l'agriculture biologique et garantis sans test sur les animaux. Ces produits sont également réputés pour leur composition totalement propre exempte de perturbateurs endocriniens.

La société a été créée en 2016 par deux jeunes entrepreneuses, Lisa Bazin et Chloé Maury, quelques années après leur entrée dans la vie active. Fraîchement diplômées, les deux étudiantes ont été embauchées dans un cabinet international d'audit et d'expertise comptable. Elles ont ainsi été amenées à travailler sur les dossiers de très grandes entreprises cosmétiques et en ont constaté tous les défauts marketing. Elles ont alors décidé de lancer leur propre marque en 2016. En 2020, Chloé Maury a choisi de céder l'ensemble de ses parts à une très grande entreprise du secteur des produits de beauté, la société Laréol, tout en restant à la gérance de Vegan Beauty.

Fondatrices	Lisa Bazin & Chloé Maury
Statut juridique	Société anonyme (SA)
Capital social	• 1 000 actions de valeur nominale 200 € • Capital entièrement libéré et détenu à parts égales entre Lisa Bazin & la SA Laréol (500 actions chacune)
Gérance actuelle	Lisa Bazin & Chloé Maury
Adresse du siège social	67 rue Paul Vaillant Couturier, 92300 Levallois-Perret
Secteur d'activité	Industrie chimique
Chiffre d'affaires 2021	7 millions d'euros
Régime d'imposition des bénéfices	• Entreprise soumise à l'impôt sur les sociétés • Taux réduit de 15 %
Régime fiscal en matière de TVA	Taux de 20 %
Nombre d'employés	56
Date de clôture	31 décembre de chaque année
Méthode d'inventaire	Inventaire intermittent
Modèle de comptes annuels	• Bilan et annexe de base • Compte de résultat simplifié

Pour l'établissement de ses comptes annuels et en l'absence de mention contraire, la société a choisi, lorsqu'il y en avait, les méthodes de référence. Les autres choix comptables réalisés par l'entreprise sont précisés dans chacune des missions.

Inès Hidalgo vous confie, dans le cadre de votre stage, le traitement de quatre dossiers indépendants.

Dossier 1 Augmentation de capital

Base documentaire : documents 1, 2, 3 et 4

Au lancement de la marque, Vegan Beauty s'est concentrée sur les crèmes et soins pour le corps et pour le visage. Devant la très forte croissance du marché des produits « *clean* », les deux fondatrices souhaitent étendre la gamme de produits fabriqués et proposés à leur clientèle en se diversifiant dans les shampoings, après-shampoings, baumes et masques. Elles ont donc décidé de s'associer avec Cathy Curl, docteur en chimie et spécialiste des procédés de fabrication des cosmétiques pour cheveux.

L'augmentation de capital est adoptée par l'assemblée générale extraordinaire (AGE) du 12 mai 2021 et réalisée le jour même. Cathy Curl entre ainsi au capital de Vegan Beauty par le biais de sa société SARL Curlz, Lisa Bazin renforçant dans le même temps sa participation au capital de la SA.

Mission

Inès Hidalgo souhaite vous confier le dossier relatif à l'augmentation de capital et à l'entrée de Cathy Curl au capital de la SA Vegan Beauty. Pour réaliser cette mission, vous devez :

1.1. Expliquer la fixation du prix d'émission des titres à 225 €.

1.2. Déterminer la valeur comptable des droits préférentiels de souscription cédés par la SA Laréol à la SARL Curlz.

1.3. Justifier le choix de la société d'opter pour le maintien des frais d'augmentation de capital en charges.

1.4. Comptabiliser toutes les opérations relatives à l'augmentation de capital au cours de l'exercice 2021. Les incidences en matière de TVA seront ignorées.

1.5. Comptabiliser l'acquisition des titres dans la comptabilité de la SARL Curlz.

Dossier 2 Acquisition et production d'immobilisations

Base documentaire : documents 5, 6, 7 et 8

La gestion optimale des stocks constitue un enjeu essentiel dans la vente en ligne de produits cosmétiques. Elle doit notamment permettre d'éviter les ruptures de stocks, pouvant impacter négativement l'image d'une marque comme Vegan Beauty et de favoriser une livraison rapide des clients après leur commande en ligne.

Au cours de l'année 2021, l'entreprise Vegan Beauty a donc entamé la conception d'un nouveau logiciel de gestion des stocks. Ce logiciel doit lui permettre de connaître en temps réel les quantités disponibles de chacun des produits ainsi que les dates estimées de réapprovisionnement afin d'en avertir les clients.

La conception du logiciel a débuté au cours de l'année 2021. À l'issue de la phase de recherche préalable qui a pris fin le 1er décembre 2021, les gérantes ont estimé que l'entreprise serait en mesure d'achever la conception du logiciel dans le courant de l'année 2022 et que celui-ci permettrait une économie substantielle de coûts. Elles ont donc décidé de finaliser le projet.

Mission 1

Inès Hidalgo vous confie la gestion du dossier de la conception du nouveau logiciel de la société Vegan Beauty. Elle vous fournit l'ensemble des dépenses engagées pour la réalisation du logiciel (document 5) ainsi qu'un extrait du BOFiP relatif à la déductibilité des charges engagées pour la conception de logiciels (document 6). Pour réaliser cette mission, vous devez :

2.1. Caractériser le logiciel développé par Vegan Beauty et exposer les règles de comptabilisation de ce type de logiciel à l'entrée du bilan.

2.2. Évaluer le coût d'entrée au bilan du logiciel.

2.3. Comptabiliser toutes les opérations relatives à la conception du logiciel en 2021 et 2022, sachant que l'entreprise souhaite profiter de la possibilité offerte par le Code général des Impôts (document 6).

2.4. Indiquer les informations relatives au logiciel à présenter dans l'annexe.

La fabrication des shampoings nécessite un certain nombre d'investissements productifs. En effet, les shampoings mélangent divers produits comme des tensioactifs, des agents conditionneurs et d'autres ingrédients dans une base aqueuse. Afin d'assurer l'homogénéité et l'aspect esthétique du produit, l'entreprise Vegan Beauty a décidé d'acquérir un mélangeur à immersion qui permet d'émulsionner, d'homogénéiser, de solubiliser, de mettre en suspension, de disperser et de désintégrer des solides. La commande de la machine a été passée auprès du fournisseur Silverman le 11 août 2021. La machine a été livrée le 15 septembre 2021 et mise en service le 30 septembre 2021, date qui coïncide avec le règlement de la facture. La durée d'utilisation du mélangeur est estimée à 5 ans.

La société Vegan Beauty désire minimiser l'impact de l'acquisition sur le résultat comptable.

Mission 2

Le traitement des opérations relatives au mélangeur à immersion vous est confié par Inès Hidalgo. Elle vous transmet la facture d'acquisition (document 7) et vous communique également des informations sur une panne survenue début 2022 (document 8). Pour réaliser cette mission, vous devez :

2.5. Évaluer et comptabiliser le mélangeur à immersion lors de son entrée à l'actif de la société Vegan Beauty ainsi qu'à l'inventaire pour l'exercice 2021.

2.6. Distinguer les notions de composants de première et de seconde catégorie et rappeler les traitements comptables applicables à chacune des deux catégories.

2.7. Comptabiliser les opérations relatives au remplacement de la tête de désintégration polyvalente pour l'exercice 2022.

2.8. Compléter l'annexe A une fois la tête de désintégration remplacée, le 31 mars 2022.

Dossier 3 Gestion des stocks

Base documentaire : documents 9, 10, 11 et 12

L'année 2021 a particulièrement été chargée pour le cabinet ACM. Comme tous les cabinets, le cabinet ACM a dû continuer à gérer pour ses clients l'ensemble des mesures mises en place par le gouvernement pour soutenir l'économie et l'ensemble des entreprises touchées par la crise sanitaire. Le cabinet a dû aussi faire face au départ à la retraite de trois salariés qui n'ont pas pour l'heure été remplacés faute de candidats. Il a donc dû repousser le traitement d'un certain nombre de dossiers au début de l'année 2022 dont celui de la gestion des stocks de la société Vegan Beauty.

Mission 1

Inès Hidalgo vous confie le traitement de l'inventaire de l'exercice 2021 des stocks de la société Vegan Beauty (documents 9, 10 et 11). Pour réaliser cette mission, vous devez :

3.1. Évaluer les valeurs comptables du stock de shampoings solides et du stock de glycérine végétale existant au 31 décembre 2021.

3.2. Exposer les règles d'évaluation des stocks à l'inventaire.

3.3. Évaluer le coût du stock de shampoings solides au 31 décembre 2021 et comptabiliser les écritures relatives à ce stock à l'inventaire.

3.4. Évaluer et analyser l'impact sur le compte de résultat des écritures d'inventaire relatives aux stocks.

Par ailleurs, la société Vegan Beauty utilisait depuis sa création, la méthode du coût moyen pondéré (CMP) pour valoriser tous ses stocks. Ainsi les stocks de matières premières et de produits finis étaient valorisés à l'aide de la même méthode. Face au caractère périssable des matières premières, elle a opté, au cours de l'exercice 2021, pour une méthode de valorisation des stocks de matières premières plus adaptée : celle du Premier entré-Premier sorti (PEPS).

Mission 2

Votre tutrice de stage, Inès Hidalgo, vous charge de vérifier et de compléter le dossier concernant la modification apportée à la méthode de valorisation des stocks de matières premières au cours de l'exercice 2021 (document 12). Pour réaliser cette mission, vous devez :

3.5. Justifier la possibilité d'opter pour deux méthodes différentes de valorisation des stocks de matières premières et de produits finis.

3.6. Caractériser et justifier le changement comptable opéré par la société Vegan Beauty.

3.7. Justifier l'écriture enregistrée au 1er janvier 2021.

3.8. Citer deux autres types de changements comptables et expliquer en quoi leur traitement comptable diffère de celui opéré par Vegan Beauty.

3.9. Comptabiliser les opérations relatives à ce changement à l'inventaire de l'exercice 2021.

Dossier 4 Financement des immobilisations

Base documentaire : documents 13 et 14

La société Vegan Beauty s'interroge sur les différentes solutions pour financer la production du nouveau logiciel et l'acquisition de nouveaux équipements tels que le mélangeur à immersion. Les deux dirigeantes recherchent actuellement des financements auprès de leurs banques respectives et hésitent entre un emprunt indivis et un emprunt obligataire. Elles font donc appel au cabinet ACM pour obtenir des renseignements.

Mission 1

Afin d'assister les deux dirigeantes dans leur décision, vous devez :

4.1. Dans une note explicative adressée à Lisa Bazin et Chloé Maury, expliquer en quoi consiste chacun des deux types d'emprunt en précisant notamment, pour chaque option, les éléments qui constituent le coût du financement de l'emprunt.

Les deux dirigeantes optent finalement pour un emprunt bancaire et un emprunt obligataire.

Mission 2

Votre tutrice vous confie le traitement de ces opérations et vous remet les documents 13 et 14. Pour réaliser cette mission, vous devez :

4.2. Justifier l'entrée au bilan de l'emprunt obligataire.

4.3. Évaluer la valeur d'entrée de l'emprunt obligataire.

4.4. Présenter, pour les deux emprunts, les écritures à enregistrer au cours de l'exercice 2021 et à l'inventaire (hors amortissement de la prime de remboursement).

4.5. Exposer les modalités d'amortissement de la prime de remboursement.

4.6. Indiquer les informations à mentionner en annexe pour l'emprunt obligataire.

BASE DOCUMENTAIRE

Document 1

Extrait du bilan avant l'augmentation de capital du 12 mai 2021

Passif	Net
Capital social (1 000 actions de VN : 200 €) Dont versé : 200 000 €	200 000 €
Réserves	50 000 €
Total Capitaux propres	250 000 €

Document 2

Courriel d'Inès Hidalgo

Mercredi 20 avril 2021, 9 h 18

De : ines.hidalgo@acm-paris16.fr

A : stagiaire-dcg2@acm-paris16.fr

Objet : détermination de la valeur comptable du DPS cédé

Cher(e) stagiaire,

Ainsi que tu dois le savoir, les augmentations de capital s'accompagnent de l'émission de droits préférentiels de souscription (DPS). Dans le cas de l'augmentation de capital de Vegan Beauty, chacune des deux associées, Mme Bazin et la SA Laréol, a reçu 500 DPS dont le prix de cession a été fixé à 25 €. Mme Bazin a souhaité utiliser ses droits pour renforcer sa position dans le capital de la société. Elle va donc acquérir 250 nouvelles actions. Le 2 mai prochain, la SA Laréol vendra ses 500 DPS à la SARL Curlz, afin qu'elle puisse entrer au capital et ainsi acquérir 250 actions lors de l'augmentation de capital.

Pourrais-tu te charger de déterminer la valeur comptable du droit préférentiel de souscription cédé par la SA Laréol ? Pour la détermination de celle-ci, on considérera que le prix d'achat de l'ancienne action est de 200 € et que le prix de cession du droit préférentiel de souscription est de 25 €.

Cordialement,

Inès Hidalgo

Expert-comptable inscrit au tableau de l'Ordre

Commissaire aux comptes certifiée

ACM France – Bureau de Paris 16e

Document 3

PV de l'augmentation de capital du 12 mai 2021

[...]

Deuxième résolution

L'assemblée générale décide que cette augmentation de capital sera effectuée en émettant 500 actions au prix d'émission de 225 €. La moitié de la valeur nominale des actions est appelée et l'intégralité de la prime d'émission.

Troisième résolution

L'assemblée décide d'agréer la SARL Curlz en tant que nouvelle associée.

Quatrième résolution

L'assemblée générale constate que chaque associé a fait un versement en numéraire et que cette somme a été intégralement déposée avant ce jour :

Lisa Bazin : 31 250 € (virement en date du 4 mai 2021) ;

SARL Curlz : 56 250 € (virement en date du 4 mai 2021).

Cinquième résolution

L'assemblée générale décide qu'en échange de son apport :

Lisa Bazin reçoit 250 actions.

La SARL Curlz reçoit 250 actions.

Document 4

Frais d'augmentation de capital

Les frais relatifs à l'augmentation du capital engagés le 14 mai 2021 et immédiatement réglés par virement bancaire le même jour sont les suivants :

- Droits de greffe et d'enregistrement : 270 €
- Publicité légale : 60 €
- Honoraires de conseil : 70 €

Les associées ont décidé de maintenir ces frais en charges.

Document 5

Dépenses engagées pour la conception du logiciel

Le nouveau logiciel de gestion des stocks de l'entreprise Vegan Beauty doit permettre :

- de suivre le niveau des stocks de produits en temps réel ;
- de connaître les dates approximatives de réapprovisionnement des matières premières ;
- d'informer les clients des dates de retours en stocks des produits finis ;
- d'anticiper et optimiser les commandes auprès des fournisseurs ;
- de maîtriser les coûts de stockage et de commandes.

•••

...

Toutes les dépenses engagées en cours des exercices 2021 et 2022 ont été comptabilisées en compte de charges par nature pour les valeurs suivantes :

	Nature des dépenses	Période	Montant HT
1	Étude préalable : détermination des objectifs généraux et des contraintes du projet	Octobre 2021	3 800 €
2	Analyse fonctionnelle	Octobre 2021	2 100 €
3	Analyse organique	Décembre 2021	1 400 €
4	Programmation	Décembre 2021	600 €
5	Tests de fonctionnement du logiciel	Janvier 2022	4 300 €
6	Documentation technique à usage interne	Janvier – mai 2022	2 700 €
7	Formation (interne) du personnel du service des achats	Juin 2022	1 600 €
8	Maintenance	Juillet 2022	800 €

Le logiciel est achevé et mis en service le 30 juin 2022. La durée d'obtention des avantages économiques futurs est estimée à 4 ans.

Document 6

Extrait du BoFiP : BIC – Distinction entre éléments d'actif et charges

– Dérogation aux principes généraux de détermination des actifs et décision de gestion
– Dépenses de recherche et développement, de conception de logiciels, de création de site internet et de brevets et marques développés en interne

I. Dépenses de recherche et développement et de conception de logiciels

[...]

B. Modalités de déduction

2. Dispositions applicables en matière de dépenses de conception de logiciels

[...]

Les définitions et traitements comptables impliquent une distinction entre d'une part les logiciels autonomes relevant des articles 611-1 à 611-5 du PCG, et d'autre part les logiciels intégrés à un projet de développement qui doivent suivre le traitement des coûts de développement.

À cet égard, il est rappelé que, lorsque conformément aux dispositions comptables, les dépenses pour la création de logiciels en interne sont immobilisées, l'entreprise peut, si elle fait le choix de la déduction immédiate sur le plan fiscal, amortir la totalité du coût du logiciel dès la clôture de l'exercice au cours duquel il a été inscrit à l'actif en constatant un amortissement dérogatoire complémentaire.

[...]

Document 7

Facture relative à l'acquisition du mélangeur à immersion

SARL Silverman
12 boulevard Louise Michel
91030 Évry

Date : 15/09/2021
Facture n° : 20210915278

SA Vegan Beauty
67 rue Paul Vaillant
Couturier
92300 Levallois-Perret

Désignation	Quantité	PUHT	Montant HT
Mélangeur à immersion	1	10 000	10 000 €
Frais d'installation	1	250	250 €
Frais de formation du personnel	1	1 250	1 250 €
Frais de livraison	1	500	500 €
	Total HT		12 000 €
	TVA à 20 %		2 400 €
	Net à payer TTC		14 400 €

Règlement à 30 jours
Escompte pour paiement anticipé : néant
Tout incident de paiement est passible d'intérêt de retard. Le taux des pénalités de retard est de 0,5 %.
Indemnité forfaitaire pour frais de recouvrement due au créancier en cas de retard de paiement : 40 €.

SA au capital de 45 000 €
Banque HSBC – IBAN : FR75 1890 4567 8934 0000 0723 57
Page 1/1

Document 8

Remplacement de la tête de désintégration polyvalente

À la suite de plusieurs lots défectueux de shampoings au début de 2022, l'entreprise Vegan Beauty a lancé une enquête dans son usine de production afin d'en déterminer la cause. Une panne irréparable de la tête de désintégration polyvalente a été identifiée comme l'origine du problème. Elle doit donc être remplacée.

La nouvelle tête de remplacement est commandée auprès de la société Silverman le 15 mars 2022 pour une valeur de 2 500 € HT. La livraison et les frais d'installation sont offerts par le fournisseur. Elle est livrée et installée le 31 mars 2022. La facture est réglée le 15 avril 2022.

La valeur de la tête remplacée est estimée à partir du prix catalogue 2021 de Silverman pour cet élément, soit 2 000 € HT.

Document 9

Dépenses relatives à la fabrication des shampoings solides et de la glycérine

La gamme de shampoings naturels fabriqués par Vegan Beauty comprend notamment des shampoings solides qui sont obtenus à partir d'un processus de synthèse. La synthèse du savon permet d'obtenir du savon à partir de la saponification. Celle-ci est une réaction chimique qui se produit lorsque des corps gras tels que des huiles végétales (coco, soja, tournesol, palme, etc.) sont hydrolysés en milieu basique par une base telle que l'hydroxyde de sodium. De cette réaction, on obtient à la fois de la glycérine végétale et un mélange de carboxylates de sodium. Seul ce mélange constitue le shampoing solide.

Le shampoing solide ainsi obtenu, après avoir subi quelques transformations, est directement emballé et vendu auprès de la clientèle. Les coûts supplémentaires de production et d'emballage du produit sont de 1 500 €. Le prix de vente catalogue du stock de lots de shampoings ainsi fabriqués et existant au 31 décembre 2021 est de 16 000 €.

La glycérine végétale est, elle, utilisée dans la production d'autres produits de la marque Vegan Beauty tels que des crèmes pour le visage, des soins pour cheveux, des baumes à lèvres, etc.

Les dépenses relatives à l'ensemble du processus de synthèse du savon sont de 25 000 € (glycérine végétale et mélange de carboxylates de sodium) pour les 15 derniers jours de décembre 2021. En raison du succès de ces produits et des fêtes de fin d'année, il s'agit des seuls éléments en stocks au 31 décembre 2021.

Document 10

Extrait du mémento Francis Lefebvre

Biens produits conjointement

Il en est de même lorsque les biens sont produits de façon conjointe et indissociable, pour un coût global de production (PCG, art. 213-7).

Selon l'avis du CNC n° 2004-15 (§ 4.4.2), il peut en être ainsi à l'occasion de la production de **produits résiduels** (voir n° 1186-1) et de **produits liés**.

À défaut de pouvoir évaluer directement chacun d'eux, le coût d'un ou plusieurs des biens acquis ou produits est évalué par référence à un prix de marché, ou forfaitairement s'il n'en existe pas. Le coût des autres biens s'établira par différence entre le coût d'entrée global et le coût déjà attribué (PCG, art. 213-7).

Selon l'avis du CNC n° 2004-15 (§ 4.4.2), lorsque les coûts de transformation de chaque produit ne sont pas identifiables séparément, ils sont répartis entre les produits sur une base rationnelle et cohérente. Cette répartition peut être opérée par exemple sur la base de la valeur de vente relative de chaque produit, soit au stage du processus de production où les produits deviennent identifiables séparément, soit à l'achèvement de la production.

Exemple :

La production d'un produit a coûté 100 000 et il en est résulté un sous-produit dont le prix du marché de vente est de 4 000 ; les frais de distribution pour ce sous-produit sont estimés à 60.

Coût du sous-produit : 4 000 – 60 = 3 940

Coût du produit principal : 100 000 – 3 940 = 96 060

Document 11

Valeur des stocks de shampoings solides et de glycérine au 31 décembre 2021

Lors de leur transfert dans le local de stockage, les shampoings solides fabriqués dans la dernière quinzaine de décembre ont été endommagés. On estime ainsi que 60 % du stock de shampoings solides ne pourra être vendu en l'état. La société Vegan Beauty a néanmoins trouvé plusieurs associations désireuses de racheter ce stock à un prix maximal de 8 500 € moyennant des frais de réemballage (non encore engagés) de 500 €.

Document 12

Données relatives aux stocks de matières premières

Stocks de matières premières	Valeur au 01/01/2021	Valeur au 31/12/2021
Méthode CUMP	**2 500**	**3 500**
Méthode PEPS	**2 700**	**3 400**

Écriture enregistrée au 1er janvier 2021

37		Stocks de marchandises	200	
	110	Report à nouveau		170
	155	Provisions pour impôts		30
		Modification de la valeur des stocks		

Document 13

Informations relatives à l'emprunt bancaire

- Montant : 40 000 €
- Taux : 1 %
- Durée de l'emprunt : 5 ans
- Date de souscription : 01/07/2021

Échéance	Capital restant dû début	Amortissement	Intérêts	Annuité
juillet-22	40 000 €	8 000 €	400 €	8 400 €
juillet-23	32 000 €	8 000 €	320 €	8 320 €
juillet-24	24 000 €	8 000 €	240 €	8 240 €
juillet-25	16 000 €	8 000 €	160 €	8 160 €
juillet-26	8 000 €	8 000 €	80 €	8 080 €
		40 000 €	1 200 €	41 200 €

Document 14

Informations relatives à l'emprunt obligataire

- Nombre d'obligations créées : 400
- Valeur nominale : 100 €
- Prix d'émission : 95 €
- Prix de remboursement : 105 €
- Coupon annuel : 0,50 €
- Durée de l'emprunt : 5 ans
- Date de souscription : 01/07/2021

Échéance	Obligations vivantes	Amortissement	Intérêts	Annuité
juillet-22	400	8 400 €	200 €	8 600 €
juillet-23	320	8 400 €	160 €	8 560 €
juillet-24	240	8 400 €	120 €	8 520 €
juillet-25	160	8 400 €	80 €	8 480 €
juillet-26	80	8 400 €	40 €	8 440 €
	Total	42 000 €	600 €	42 600 €

Annexe A

Extrait du bilan – Actifs de Vegan Beauty

(document à remettre complété avec la copie)

Actif	Valeur brute	Amortissements et dépréciations	Valeur nette

1 Immobilisations incorporelles (logiciels)

Définition

Une **immobilisation incorporelle** est « un actif non monétaire sans substance physique » (PCG, art. 211-5).

A) Traitement des logiciels autonomes

Les logiciels autonomes, applications dissociées d'un autre support matériel ou d'un projet de développement, constituent des immobilisations incorporelles, qui peuvent être à usage :

- commercial (le logiciel est créé afin d'être vendu, loué ou commercialisé sous d'autres formes) ;
- interne (toute autre forme d'usage).

Les logiciels créés par l'entité sont **obligatoirement inscrits à l'actif** dès lors qu'ils respectent les conditions énoncées aux articles 611-2 et 611-3 du PCG.

Schéma d'évaluation et de comptabilisation des logiciels

Évaluation du coût de production →	Comptabilisation à l'entrée →	Comptabilisation postérieurement à l'entrée
• Analyse organique • Programmation • Réalisation de tests et jeux d'essai • Élaboration de la documentation technique	• Avant l'achèvement : débit du compte 232 – Immobiliations incorporelles en cours / crédit du compte 721 – Production immobilisée – Immobilisations incorporelles • À l'achèvement : débit du compte 205 – Logiciels / crédit des comptes 232 et du 721	• Amortissement économique à compter de la date d'achèvement sur la durée d'utilisation • Amortissement fiscal : déductibilité immédiate des dépenses dès l'exercice au cours duquel ces dépenses sont inscrites à l'actif

2 Évaluation des stocks

Définition

Un **stock** est un « actif détenu pour être vendu dans le cours normal de l'activité, ou en cours de production pour une telle vente, ou destiné à être consommé dans le processus de production ou de prestation de services, sous forme de matières premières ou de fournitures » (PCG, art. 211-7).

On distingue quatre types de stocks :
- les matières premières et autres approvisionnements (comptes 31 et 32) ;
- les en-cours de production (comptes 33 et 34) ;
- les produits finis intermédiaires et résiduels (compte 35) ;
- les marchandises (compte 37).

De l'entrée à la sortie de stock

Sortie du stock initial	Entrée du stock final
Comptabilisation : > Annulation du stock initial par le débit d'un compte de variation des stocks et le crédit du compte de stocks concerné	**Évaluation du stock final** > Biens individualisables : coût d'acquisition ou de production > Biens interchangeables : CUMP ou PEPS **Comptabilisation :** > Constation du SF par le débit du compte de stock concerné/ crédit du compte de variation des stocks
> Reprise des dépréciations éventuellement constatées sur le stock initial	**Test de dépréciation** > Comparaison de la VC et de la VA du stock final > Si VC > VA ⇒ comptabilisation d'une dépréciation

3 Emprunts obligataires

Définition

Une **obligation** est un titre de créance négociable. L'emprunt obligataire est donc une émission d'obligations, c'est-à-dire un emprunt souscrit auprès d'une multitude d'obligataires (les acheteurs des obligations).

Comptabilisation à la souscription	→	Comptabilisation à la clôture	→	Comptabilisation aux échéances de l'emprunt
• Débit du 512 pour le prix d'émission et du compte 169 pour le montant de la prime de remboursement • Crédit du compte 163 au prix de remboursement		• Comptabilisation des intérêts courus • Amortissement de la prime de remboursement • Activation (option) des frais d'émission et amortissement des frais		• Débit du compte 163 et du compte 661 pour les intérêts dus • Crédit du compte 512

4 Comptabilisation des droits préférentiels de souscription

Lorsqu'un actionnaire reçoit des DPS pour participer à une augmentation de capital, il peut choisir de les céder plutôt que de les utiliser pour participer à l'augmentation de capital. La problématique est alors de valoriser la sortie de ces DPS sachant qu'ils sont attachés à des titres qui ont été acquis pour un prix global (qui comprend la valeur des titres et celle des DPS).

$$\text{Valeur comptable du DPS} = \text{Prix de vente du DPS} \times \frac{\text{Prix d'achat de l'ancienne action}}{\text{Valeur réelle de l'action avant augmentation de capital}}$$

On suppose en effet que le rapport entre le prix de vente du DPS et du prix d'achat de l'ancienne action est égal au rapport entre la valeur du DPS et la valeur de cette action avant l'augmentation de capital. Il est ici question de l'hypothèse dans laquelle l'action n'est pas cotée.

Exemple

Les capitaux propres de la société Stars se montent à 250 000 €, pour un total de 2 000 actions de valeur nominale 100 €. La société émet 1 000 nouvelles actions au prix d'émission de 122 €.

La valeur réelle des titres avant l'augmentation est de 250 000/2 000 = 125 €.

La valeur réelle des titres après l'augmentation est de (250 000 + 1 000 × 122) / 3 000 = 124 €.

La perte de valeur est de 1 €, la valeur du DPS est donc de 1 €.

Le rapport d'échange est de 2 000/1 000 = 2 DPS pour 1 nouvelle action.

On peut voir que la valeur réelle (VR) de l'action avant l'augmentation de capital est égale à la valeur réelle après augmentation de capital augmentée du prix de vente d'un DPS (124 + 1).

La valeur réelle après augmentation de capital est en effet égale à : prix d'émission (PE) + nombre de DPS nécessaires pour acquérir l'action nouvelle (n) × prix de vente d'un DPS (PV 1 DPS) (soit ici : 122 + 2 × 1 € = 124 €).

On a donc : VR de l'action avant augmentation de capital = PE + n × PV 1 DPS + PV 1 DPS = PE + (n + 1) DPS

Soit l'équation suivante : $\text{Valeur comptable du DPS} = \text{PA} \times \frac{(\text{PV 1 DPS})}{\text{PE} + (n+1) \times \text{PV 1 DPS}}$, avec

PA = prix d'acquisition de l'action à laquelle est rattaché le DPS.

Dans notre exemple, la valeur comptable du DPS est donc de 100 × 1/(122 + 3 × 1), soit 0,80 € en supposant que les actions aient été acquises à la constitution de la société et donc à leur valeur nominale.

Dossier 1 Augmentation de capital

1.1 Expliquer la fixation du prix d'émission des titres à 225 €.

Compétence attendue

Exposer et **appliquer** les règles relatives aux opérations de variation des capitaux propres des sociétés selon leur forme juridique

DÉCRYPTAGE

Expliquer implique de faire comprendre comment est fixé le prix d'émission des titres dans le contexte fourni.

La fixation du prix d'émission doit respecter la règle suivante :

Valeur nominale (*VN*) ≤ *Prix d'émission* ≤ *Valeur réelle* (*VR*)

La valeur nominale des titres est égale à 200 €. La valeur réelle des titres se calcule en rapportant les capitaux propres au nombre d'anciennes actions, soit 250 000/1 000 = 250 €.

La fixation du prix d'émission à 225 € permet donc de respecter la règle énoncée.

1.2 Déterminer la valeur comptable des droits préférentiels de souscription cédés par la SA Laréol à la SARL Curlz.

Compétence attendue

Évaluer et **comptabiliser** les variations de capitaux propres dans les comptes individuels

DÉCRYPTAGE

Déterminer la valeur comptable des DPS implique de présenter la manière dont est calculée la valeur comptable des DPS au bilan d'une entreprise et d'effectuer le calcul.

Il s'agit ici de déterminer la valeur des DPS au bilan de la SA Laréol, sachant qu'elle est comprise dans celle des actions auxquelles les DPS sont attachés. La formule pour déterminer la valeur comptable des DPS cédés est la suivante :

$$\text{PA} \times \frac{(\text{PV 1 DPS})}{\text{PE} + (n+1) \times \text{PV 1 DPS}}$$

Avec :

PA : prix d'achat de l'ancienne action,

PE : prix d'émission de la nouvelle action,

n le nombre de DPS nécessaires pour participer à l'augmentation de capital, PV 1 DPS le prix de vente d'un DPS.

Ici :

- Prix d'achat de l'ancienne action = 200 €
- PV d'un DPS = 25 €
- Prix d'émission = 225 €

Rapport d'échange : 1 000 DPS pour 500 nouvelles actions, soit deux DPS pour une action.

$$\text{VC du DPS} = 200 \times \frac{25}{225 + 25 \times 3} = 200 \times \frac{25}{300} = 16{,}67\ €$$

1.3 Justifier le choix de la société d'opter pour le maintien des frais d'augmentation de capital en charges.

Compétence attendue

Analyser les conséquences de l'option choisie, notamment sur la présentation des comptes annuels, et proposer éventuellement un choix, dans une situation donnée

DÉCRYPTAGE

Le candidat doit justifier et analyser la pertinence des choix comptables retenus dans un contexte professionnel. Il s'agit de rappeler les traitements comptables possibles pour les frais d'augmentation du capital et leurs éventuelles implications fiscales et de donner les avantages du choix de la société pour la méthode choisie.

Les frais d'augmentation du capital peuvent être (PCG, article 212-9) :

- enregistrés à l'actif en frais d'établissement et amortis sur une durée maximale de 5 ans. La société ne peut distribuer de dividendes sauf si le montant des réserves libres est au moins égal au montant des frais non amortis ;
- imputés sur la prime d'émission (débit du compte 1041 pour 85 % du montant des frais et du compte 695 pour les 15 % restants). L'excédent éventuel est comptabilisé en charges.
- Les frais d'augmentation peuvent aussi être laissés en charges.

Le PCG ne préconise aucune méthode de référence. Le choix d'opter pour le maintien des frais d'augmentation du capital en charges peut donc s'expliquer par la volonté de bénéficier d'une déductibilité immédiate de ces frais et de s'assurer de pouvoir distribuer des dividendes.

1.4 **Comptabiliser toutes les opérations relatives à l'augmentation de capital au cours de l'exercice 2021. Les incidences en matière de TVA seront ignorées.**

Compétence attendue

Évaluer et **comptabiliser** les opérations portant sur les actifs financiers à l'entrée et postérieurement à leur entrée

DÉCRYPTAGE

- Évaluer signifie que, pour comptabiliser certaines opérations, il est nécessaire de calculer certains montants à faire figurer au journal. Il faut donc justifier le calcul en rappelant le cas échéant le traitement comptable associé.
- Comptabiliser implique d'enregistrer l'opération au journal de la société.

- Augmentation de capital
- Augmentation du capital social : 500 actions × 200 = 100 000 €
- Prime d'émission : 500 × (225 – 200) = 500 × 25 = 12 500 €

  ⇒ Augmentation de capital de 112 500 € :
- Capital appelé : $500 \times \left(\frac{200}{2} + 25\right) = 500 \times (100 + 25) = 62\ 500$ €
- Capital social : $500 \times \frac{200}{2} = 50\ 000$ €
- Prime d'émission : 500 × 25 = 12 500 €
- Capital non appelé : 112 500 – 62 500 = 50 000 €
- Versements reçus
- Lisa Bazin : 250 × 125 = 31 250 €, soit 50 % de 62 500 €
- La SARL Curlz verse 56 250 €. Elle a donc fait un versement anticipé de 56 250 – 31 250 = 25 000 €.

		04/05/2021		
512		Banque	87 500	
	4563	Actionnaire – Versements reçus sur augmentation de capital		62 500
	4564	Actionnaire Curl – Versement anticipé		25 000
		Recueil des fonds versés par les associés sur augmentation de capital		

		12/05/2021		
4563		Actionnaires – Versements reçus sur augmentations de capital (soldé)	62 500	
	1013	Capital souscrit, appelé, versé		50 000
	1041	Primes d'émission		12 500
		Libération des apports		

		d°		
109		Actionnaires – Capital souscrit, non appelé	50 000	
	1011	Capital souscrit non appelé		50 000
		Promesse d'apport, fraction non appelée		

		14/05/2021		
6354		Droits d'enregistrement	270	
623		Publicité, publications, relations publiques	60	
6226		Honoraires	70	
	512	Banque		400
		Frais d'augmentation de capital enregistrés en charges		

1.5 Comptabiliser l'acquisition des titres dans la comptabilité de la SARL Curlz.

Compétence attendue

Évaluer et **comptabiliser** les opérations portant sur les actifs financiers à l'entrée et postérieurement à leur entrée

La SARL Curlz va acquérir 250 actions et ainsi posséder plus de 10 % du capital de la société Vegan Beauty ce qui laisse présumer que ces actions sont des participations (PCG, article 221-3). Elles entrent donc au bilan dans le compte 261 – Titres de participation.

La SARL Curlz a versé la totalité du prix d'émission des actions : Coût d'acquisition des titres :

Nb d'actions acquises × Prix d'émission + Nb de DPS nécessaires × Prix du DPS = 250 × 225 + 500 × 25 = 56 250 + 12 500 = 68 750

		02/05/2021		
5082		Bons de souscription (1)	12 500	
	512	Banque		12 500
		Acquisition des DPS nécessaires pour participer à l'augmentation de capital		

		04/05/2021		
261		Titres de participation	68 750	
	5082	Bons de souscription		12 500
	512	Banque		56 250
		Acquisition de titres de participation		

(1) Les bons de souscription peuvent aussi être enregistrés au débit du compte 261 Titres de participation. Dans ce cas, le montant des titres de participation s'élève à 56 250 le 04 mai et il n'y a donc pas besoin de solder (créditer) le compte 5082.

Dossier 2 Acquisition et production d'immobilisations

2.1 Caractériser le logiciel développé par Vegan Beauty et exposer les règles de comptabilisation de ce type de logiciel à l'entrée du bilan.

Compétence attendue

Exposer et **appliquer** les règles d'inscription à l'actif, d'évaluation et d'enregistrement des immobilisations corporelles et incorporelles

DÉCRYPTAGE

- Caractériser implique de mettre en évidence les éléments distinctifs du logiciel développé par l'entité.
- Exposer implique de rappeler les règles en matière de comptabilisation des logiciels.

Le logiciel développé par Vegan Beauty est un logiciel autonome destiné à un usage interne.

L'article 611-3 du PCG précise que les « logiciels destinés à un usage interne sont enregistrés en immobilisations, si les conditions suivantes sont simultanément remplies :

- le projet est considéré comme ayant de sérieuses chances de réussite technique ;
- l'entité manifeste sa volonté de produire le logiciel, indique la durée d'utilisation minimale estimée compte tenu de l'évolution prévisible des connaissances techniques en matière de conception et de production de logiciels et précise l'impact attendu sur le compte de résultat. »

Sous respect de ces conditions, l'inscription à l'actif des logiciels à usage interne est obligatoire.

Après l'étude préalable, la société Vegan Beauty a établi être en mesure d'achever la conception du logiciel et que « celui-ci permettrait une économie substantielle de coûts » et la décision a été prise de finaliser le projet. Les conditions d'activation sont donc remplies.

2.2 Évaluer le coût d'entrée au bilan du logiciel.

Compétence attendue

Évaluer et **comptabiliser** les opérations portant sur les immobilisations corporelles et incorporelles à l'entrée et postérieurement à leur entrée

L'article 611-4 du PCG précise les éléments compris dans le coût de production du logiciel : « Le coût de production comprend les seuls coûts liés à la conception détaillée de l'application – aussi appelée analyse organique –, à la programmation – aussi appelée codification –, à la réalisation des tests et jeux d'essais et à l'élaboration de la documentation technique destinée à l'utilisation interne ou externe. »

Sont donc inclus dans le coût de production du logiciel de gestion des stocks, les éléments de coûts mentionnés dans les étapes 3 à 6 (document 5), soit :

Analyse organique	1 400 €
Programmation	600 €
Coût de production 2021	**2 000 €**
Tests de fonctionnement du logiciel	4 300 €
Documentation technique à usage interne	2 700 €
Coût de production 2022	**7 000 €**
Coût de production total	**9 000 €**

L'ensemble des autres dépenses sont maintenues en charges.

2.3 Comptabiliser toutes les opérations relatives à la conception du logiciel en 2021 et 2022, sachant que l'entreprise souhaite profiter de la possibilité offerte par le Code général des Impôts (document 6).

Compétence attendue

Évaluer et **comptabiliser** les opérations portant sur les immobilisations corporelles et incorporelles à l'entrée et postérieurement à leur entrée

Le Code général des Impôts (CGI) permet la déductibilité immédiate des dépenses de conception de logiciel dès l'exercice de l'inscription de ces charges à l'actif. En 2021, la société Vegan Beauty peut donc déduire 2 000 € par le biais d'un amortissement dérogatoire et même si le logiciel n'est pas encore achevé. En 2022, le logiciel est achevé et inscrit à l'actif. Il faudra donc comptabiliser un amortissement comptable de 9 000 × 1/4 × 6/12 = 1 125 €. La société Vegan Beauty peut déduire fiscalement 7 000 € de dépenses : compte tenu de l'amortissement économique de 1 125 €, elle enregistrera un amortissement dérogatoire de 7 000 – 1 125 = 5 875 €.

		31/12/2021		
232		Immobilisations incorporelles en cours	2 000	
	721	Production immobilisée – Immobilisations incorporelles		2 000
		Activation des coûts de création du logiciel		
		d°		
68725		Dotations aux amortissements dérogatoires	2 000	
	145	Amortissements dérogatoires		2 000
		Amortissements dérogatoires		

		30/06/2022		
205		Logiciels	9 000	
	721	Production immobilisée – Immobilisations incorporelles		7 000
	232	Immobilisations incorporelles en cours		2 000
		Achèvement du logiciel		

		31/12/2022		
68111		Dotations aux amortissements des immobilisations incorporelles	1 125	
	2805	Amortissements des logiciels		1 125
		Amortissement annuel du logiciel		
		d°		
68725		Dotations aux amortissements dérogatoires	5 875	
	145	Amortissements dérogatoires		5 875
		Amortissement dérogatoire du logiciel		

2.4 Indiquer les informations relatives au logiciel à présenter dans l'annexe.

Compétence attendue

Présenter les informations à fournir en annexe

DÉCRYPTAGE

Le candidat doit connaître les informations relatives aux immobilisations incorporelles à fournir dans l'annexe comptable et comprendre leur importance en complément de la lecture du bilan et du compte de résultat.

Le logiciel apparaît dans le tableau des immobilisations.

L'amortissement des logiciels apparaît dans celui des amortissements et les amortissements dérogatoires dans celui des provisions et de variation des capitaux propres.

L'article 832-3 du PCG énumère les éléments complémentaires à insérer dans l'annexe.

PCG, art. 832-3

1. État de l'actif immobilisé

« Pour chaque catégorie d'immobilisation, les informations suivantes sont fournies :

- Modalités de détermination de la valeur brute comptable : modalités de détermination du coût de revient ou du prix d'acquisition ;
- Rapprochement entre la valeur comptable à l'ouverture et à la clôture de l'exercice, faisant apparaître :
  - les entrées ;
  - les sorties ou mises au rebut ;
  - le coût estimé de démantèlement, d'enlèvement et de restauration des sites ;
  - les augmentations ou les diminutions résultant des réévaluations effectuées durant l'exercice. […]

■ **2. Amortissements**

Pour chaque catégorie d'immobilisations, une information est fournie sur :

- l'utilisation ou les taux d'amortissement utilisés ;
- les modes d'amortissement utilisés ;
- le(s) poste(s) du compte de résultat dans le(s)quel(s) est incluse la dotation aux amortissements ;
- le détail et la justification des amortissements exceptionnels liés à la législation fiscale. »

2.5 Évaluer et comptabiliser le mélangeur à immersion lors de son entrée à l'actif de la société Vegan Beauty ainsi qu'à l'inventaire pour l'exercice 2021.

Compétence attendue

Évaluer et **comptabiliser** les opérations portant sur les immobilisations corporelles et incorporelles à l'entrée et postérieurement à leur entrée

L'article 213-8 du PCG précise que le coût d'acquisition d'une immobilisation corporelle est constitué de :

- son prix d'achat, y compris les droits de douane et taxes non récupérables, après déduction des remises, rabais commerciaux et escomptes de règlement ;
- de tous les coûts directement attribuables engagés pour mettre l'actif en place et en état de fonctionner selon l'utilisation prévue par la direction.

Les frais externes afférents à des formations nécessaires à la mise en service de l'immobilisation peuvent, sur option, être rattachés au coût d'acquisition de l'immobilisation ou comptabilisés en charges.

Le coût d'acquisition du mélangeur à immersion comprend donc :

- le prix d'achat (10 000 €) ;
- tous les coûts directement attribuables à la mise en place de la machine : les frais d'installation (250 €) et les frais de livraison (500 €) ;
- les frais externes de formation du personnel de 1 250 €, la société souhaitant minimiser l'impact de l'acquisition sur le résultat comptable.

Le coût d'acquisition du mélangeur est donc de 12 000 €.

La dotation aux amortissements 2021 est de : 12 000 / 5 × 3/12, soit 600 €.

		15/09/2021		
2155		Outillage industriel	12 000	
44562		État, TVA déductible sur immobilisations	2 400	
	404	Fournisseurs d'immobilisations		14 400
		Acquisition du mélangeur à immersion, facture n° 2021091578		

		30/09/2021		
404		Fournisseurs d'immobilisations	14 400	
	512	Banque		14 400
		Paiement facture n° 2021091578		

		31/12/2021		
68112		Dotations aux amortissements des immobilisations corporelles	600	
	28155	Amortissements outillage industriel		600
		Amortissement comptable		

2.6 Distinguer les notions de composants de première et de seconde catégorie et rappeler les traitements comptables applicables à chacune des deux catégories.

Compétence attendue

Exposer et **appliquer** les règles d'inscription à l'actif, d'évaluation et d'enregistrement des immobilisations corporelles et incorporelles

DÉCRYPTAGE

Le candidat doit être en mesure de définir et de différencier les deux types de composants dans leurs caractéristiques et traitements comptables associés.

Les éléments de première catégorie sont des éléments d'une immobilisation corporelle qui satisfont trois conditions (PCG, art. 214-9) :

- destinés à être remplacés à intervalle régulier ;
- avec une durée d'utilisation (des utilisations) différente (s) de l'immobilisation à laquelle ils se rattachent ou procurent des avantages économiques selon un rythme différent ;
- significatifs en termes de valeur unitaire et de durée d'amortissement.

Les composants de première catégorie sont comptabilisés dans un sous-compte de l'immobilisation ainsi décomposée et amortis sur leur durée propre.

Les composants de seconde catégorie sont des dépenses de gros entretien et de grande révision, qui font l'objet de programmes pluriannuels (récurrents) et ne prolongent pas la durée de vie de l'immobilisation. Les composants de seconde catégorie peuvent être inscrits à l'actif comme composant ou être comptabilisés sous la forme d'une provision pour gros entretien.

2.7 **Comptabiliser les opérations relatives au remplacement de la tête de désintégration polyvalente pour l'exercice 2022.**

Compétence attendue

Évaluer et **comptabiliser** les opérations portant sur les immobilisations corporelles et incorporelles à l'entrée et postérieurement à leur entrée

- Amortissement complémentaire de la machine en 2022 : $12\,000 \times \frac{1}{5} \times \frac{3}{12} = 600$

		31/03/2022		
68112		Dotations aux amortissements des immobilisations corporelles	600	
	28155	Amortissements outillage industriel		600
		Amortissement comptable complémentaire 2022		

- Entrée du nouveau composant

		d°		
2155-2		Outillage – tête de désintégration polyvalente	2 500	
44562		État, TVA déductible sur immobilisations	500	
	404	Fournisseurs d'immobilisations		3 000
		Acquisition nouvelle tête de désintégration polyvalente		

- Sortie de l'ancienne tête de désintégration polyvalente :

Valeur brute : 2 000 €

Amortissements cumulés : $2\,000 \times \frac{1}{5} \times \frac{6}{12} = 200$

Valeur nette comptable (VNC) : 1 800 €

En lieu et place du compte 675 – VCEAC, il est également possible d'admettre le compte 6871 – Dotations aux amortissements exceptionnels des immobilisations.

		31/03/2022		
28155		Amortissements de l'outillage industriel	200	
675		Valeurs comptables des éléments d'actif cédés	1 800	
	2155	Outillage industriel		2 000
		Sortie du patrimoine de l'ancienne tête		
		d°		
2155-1		Outillage industriel – structure (12 000 – 2 000)	10 000	
	2155	Outillage industriel (soldé)		10 000
		Décomposition de l'immobilisation		

		d°		
28155		Amortissement de l'outillage industriel (soldé)	1 000	
	28155-1	Amortissement de l'outillage industriel – structure (600 + 600 – 200)		1 000
		Décomposition des amortissements de la structure		
		15/04/2022		
404		Fournisseurs d'immobilisation	3 000	
	512	Banque		3 000

2.8 Compléter l'annexe A une fois la tête de désintégration remplacée, le 31 mars 2022.

Compétence attendue

Analyser les conséquences de l'option choisie, notamment sur la présentation des comptes annuels, et proposer éventuellement un choix, dans une situation donnée

Actif	VB	Amortissements	VN
Outillage industriel			
– Structure	10 000	1 000	9 000
– Tête de désintégration polyvalente	2 500		2 500

Dossier 3 Gestion des stocks

3.1 Évaluer les valeurs comptables du stock de shampoings solides et du stock de glycérine végétale existant au 31 décembre 2021.

Compétence attendue

Évaluer et **comptabiliser** les opérations portant sur les stocks à l'entrée et postérieurement à leur entrée

La production des shampoings solides et de la glycérine végétale est une production conjointe. Il est impossible d'identifier dans les dépenses engagées pour cette production, les coûts uniquement liés à la production des shampoings et ceux uniquement liés à la fabrication de la glycérine végétale. Il faut donc utiliser une base rationnelle et cohérente pour ventiler les coûts entre les deux produits : on se réfère, ici, au prix catalogue des shampoings solides :

- Valeur de réalisation nette des shampoings solides : 16 000 – 1 500 = 14 500
- Coût de production de la glycérine : 25 000 – 14 500 = 10 500

3.2 Exposer les règles d'évaluation des stocks à l'inventaire.

Compétence attendue

Exposer et **appliquer** les règles d'inscription à l'actif, d'évaluation et d'enregistrement des stocks

À l'inventaire, l'entreprise doit comparer la valeur comptable des stocks avec leur valeur actuelle. Si la valeur comptable des stocks est supérieure à leur valeur actuelle, l'entreprise doit comptabiliser une dépréciation.

3.3 Évaluer le coût du stock de shampoings solides au 31 décembre 2021 et comptabiliser les écritures relatives à ce stock à l'inventaire.

Compétence attendue

Évaluer et **comptabiliser** les opérations portant sur les stocks à l'entrée et postérieurement à leur entrée

Valeur comptable du stock endommagé : 14 500 × 60 % = 8 700

Valeur actuelle : 8 500 – 500 = 8 000 €

⇒ VA < VC : comptabilisation d'une dépréciation de 700 €

PF : produits finis

		31/12/2021		
355		Stocks de produits finis	14 500	
	71355	Variation de stocks de PF		14 500
		Constatation du stock final		
		d°		
68173		Dotations aux dépréciations des stocks	700	
	3955	Dépréciations des stocks de PF		700
		Dépréciation suite à perte de valeur du stock		

3.4 Évaluer et analyser l'impact sur le compte de résultat des écritures d'inventaire relatives aux stocks.

Compétence attendue

Analyser les conséquences de l'option choisie, notamment sur la présentation des comptes annuels, et proposer éventuellement un choix, dans une situation donnée

DÉCRYPTAGE

- Évaluer suppose de calculer l'impact des écritures sur relatives aux stocks sur le résultat.
- Analyser suppose d'expliquer l'effet sur le compte de résultat.

Les écritures relatives aux stocks vont augmenter le résultat de 14 500 – 700, soit 13 800 €, c'est-à-dire de la valeur actuelle du stock final de produits finis fabriqués au cours de la période (14 500 × 40 % + 8 000).

La production stockée représente en effet une richesse créée par l'entreprise et qui contribue donc à augmenter son résultat.

3.5 Justifier la possibilité d'opter pour deux méthodes différentes de valorisation des stocks de matières premières et de produits finis.

Compétences attendues

- **Identifier** les principes fondamentaux de la comptabilité et **justifier** le rôle d'un cadre conceptuel
- **Exposer** et **appliquer** les règles d'inscription à l'actif, d'évaluation et d'enregistrement des stocks

Le PCG autorise le fait que la valorisation de stocks de nature différente (matières premières et produits finis) ne soit pas traitée selon la même méthode.

Article 213-35 du PCG

■ Une entité doit utiliser la même méthode pour tous les stocks ayant une nature et un usage similaire pour l'entité. Pour des stocks de nature ou d'usage différents, différentes méthodes peuvent être utilisées.

En effet, les matières premières peuvent être périssables alors que les produits finis ne le sont pas, les matières premières et les produits finis peuvent avoir des durées de stockage différentes. Ils n'ont donc pas la même nature ni le même usage. Il convient alors d'employer la méthode qui représente le mieux leur consommation/vente et qui donne ainsi une image plus fidèle de la réalité économique.

3.6 Caractériser et justifier le changement comptable opéré par la société Vegan Beauty.

Compétence attendue

Exposer et **appliquer** les traitements comptables relatifs au rattachement des charges et des produits

DÉCRYPTAGE

Il s'agit ici de définir de quel changement comptable il s'agit et de montrer que celui-ci a été effectué selon les règles comptables en vigueur.

Le changement comptable opéré par la société Vegan Beauty est un changement de méthode comptable à l'initiative de l'entité. Celui-ci est possible s'il respecte deux conditions : il existe un choix entre plusieurs méthodes comptables et le changement doit permettre de fournir une meilleure information financière (PCG, article 122-2).

C'est le cas ici puisqu'il existe plusieurs méthodes de valorisation des stocks et que la nouvelle méthode représente mieux la consommation de stocks de matières premières.

Le changement comptable est donc possible ici. L'entité devra justifier qu'il conduit bien à fournir une meilleure information financière.

3.7 Justifier l'écriture enregistrée au 1er janvier 2021.

Compétence attendue

Exposer et **appliquer** les traitements comptables relatifs au rattachement des charges et des produits

DÉCRYPTAGE

Le candidat doit être en mesure de justifier les comptes utilisés ainsi que les montants apparaissant dans l'écriture présentée.

Les changements de méthode comptable ont un effet rétroactif. En raison du principe d'intangibilité du bilan d'ouverture, il est impossible de modifier le résultat de l'exercice précédent. L'effet du changement est donc enregistré en report à nouveau, compte dédié aux résultats passés.

Le passage de la méthode du CUMP à celle du PEPS entraîne une augmentation de la valeur des stocks de 200 € et donc un produit imposable du même montant. Le changement doit donc être enregistré en report à nouveau pour l'effet net d'impôts (l'effet de l'impôt étant enregistré ici dans le compte 155).

L'impact du changement est de 200 €. Le taux d'IS étant de 15 %, on a donc :

- 200 × 15 % = 30 €, dans le compte 155 ;
- 200 × (100 – 15) % = 200 – 30 = 170 €, dans le compte 110.

3.8 Citer deux autres types de changements comptables et expliquer en quoi leur traitement comptable diffère de celui opéré par Vegan Beauty.

Compétences attendues

- **Exposer** et **appliquer** les traitements comptables relatifs au rattachement des charges et des produits
- **Analyser** les conséquences de l'option choisie, notamment sur la présentation des comptes annuels, et proposer éventuellement un choix, dans une situation donnée

DÉCRYPTAGE

Citer consiste à mentionner deux autres types de changements comptables tandis que le verbe « expliquer » suppose de mettre en évidence la différence entre ces deux types de changements et celui opéré dans le contexte professionnel fourni.

On distingue des changements de méthode comptable, les changements d'estimation et les corrections d'erreur. Les estimations sont « le résultat de l'exercice du jugement et de la mise en œuvre d'hypothèses dans l'application d'une méthode comptable. » (PCG, art. 122-4) : les changements d'estimation sont des révisions d'une estimation (d'une provision, d'une durée d'amortissement par exemple). Les corrections d'erreurs « résultent d'erreurs, d'omissions matérielles ou d'interprétations erronées. Constitue également une erreur, l'adoption par l'entité d'une méthode comptable non admise » (PCG, art. 122-6).

La principale différence repose sur l'application rétrospective du changement de méthode comptable (comme si la méthode avait toujours été utilisée) alors que les deux autres types de changements ont recours à une application prospective.

3.9 Comptabiliser les opérations relatives à ce changement à l'inventaire de l'exercice 2021.

Compétence attendue

Évaluer et **comptabiliser** les opérations citées et plus particulièrement celles se déroulant sur plusieurs exercices

		31/12/2021		
6031		Variation des stocks de matières premières	2 700	
	31	Stocks de matières premières		2 700
		Annulation du stock initial		
		d°		
31		Stocks de matières premières	3 400	
	6031	Variation des stocks de matières premières		3 400
		Constatation du stock final		

Dossier 4 Financement des immobilisations

4.1 Dans une note explicative adressée à Lisa Bazin et Chloé Maury, expliquer en quoi consiste chacun des deux types d'emprunt en précisant notamment, pour chaque option, les éléments qui constituent le coût du financement de l'emprunt.

Compétence attendue

Analyser les conséquences de l'option choisie, notamment sur la présentation des comptes annuels, et proposer éventuellement un choix, dans une situation donnée

DÉCRYPTAGE

Rédiger une note exige de faire preuve de pédagogie. Les formules de politesse ne sont pas exigées.

Mesdames Bazin et Maury,

Vous vous interrogez sur les différences entre emprunts bancaires et emprunts obligataires.

Pour commencer, l'emprunt bancaire est un emprunt indivis, c'est-à-dire qu'il n'est contracté qu'auprès d'un seul prêteur alors que l'emprunt obligataire fait appel à une multitude de prêteurs (les obligataires), qui acquièrent des obligations. Celles-ci sont des « titres négociables qui, dans une même émission, confèrent les mêmes droits de créance pour une même valeur nominale » (Code monétaire et financier, article L. 213-5).

Les deux emprunts se remboursent soit *in fine*, soit par amortissement constant, soit par annuités constantes.

L'emprunt bancaire donne lieu à des intérêts dus à la banque, en plus des éventuelles commissions et frais bancaires payés à la souscription de l'emprunt. L'emprunt obligataire donne également droit aux souscripteurs au versement d'intérêts mais également d'une prime de remboursement. Celle-ci représente la différence entre le prix de remboursement des obligations et le prix d'émission (d'achat) des obligations. C'est une charge financière supplémentaire pour l'entreprise, puisqu'elle va rembourser plus qu'on ne lui a prêté. Le coût du financement d'un emprunt obligataire comprend donc les intérêts, la prime de remboursement et les éventuels frais d'émission de l'emprunt. Il est à noter que le PCG permet l'étalement de la prime de remboursement et des frais d'émission.

J'espère que ces éléments vous permettront de mieux distinguer les notions d'emprunts bancaire et obligataire.

Je reste à votre disposition pour tout renseignement complémentaire.

4.2 Justifier l'entrée au bilan de l'emprunt obligataire.

Compétence attendue

Exposer et **appliquer** les conditions d'inscription au passif

Un passif est « élément du patrimoine ayant une valeur économique négative pour l'entité, c'est-à-dire une obligation de l'entité à l'égard d'un tiers dont il est probable ou certain qu'elle provoquera une sortie de ressources au bénéfice de ce tiers, sans contrepartie au moins équivalente attendue de celui-ci. » (PCG, art. 321-1).

Une dette est « un passif certain dont l'échéance et le montant sont fixés de façon précise » (PCG, art. 321-4).

Un emprunt obligataire est un passif car il représente une obligation contractuelle envers les obligataires de les rembourser, qui provoquera une sortie de ressources au bénéfice de ces tiers (le remboursement) sans contrepartie au moins équivalente attendue de ceux-ci (puisqu'ils ont déjà prêté l'argent). C'est une dette car l'obligation est certaine (entérinée par la souscription), l'échéance et les montants sont fixés d'avance.

4.3 Évaluer la valeur d'entrée de l'emprunt obligataire.

Compétence attendue

Évaluer et **comptabiliser** les opérations portant sur certains passifs à leur entrée et postérieurement à leur entrée

L'évaluation du montant de l'emprunt correspond au prix de remboursement de l'emprunt, c'est-à-dire au montant de la sortie de ressources nécessaires à l'extinction de l'obligation. On enregistrera ici l'emprunt obligataire pour un montant de 42 000 € (400 obligations remboursées à un prix de 105 €).

4.4 Présenter, pour les deux emprunts, les écritures à enregistrer au cours de l'exercice 2021 et à l'inventaire (hors amortissement de la prime de remboursement).

Compétence attendue

Évaluer et **comptabiliser** les opérations portant sur certains passifs à leur entrée et postérieurement à leur entrée

- Emprunt bancaire

		01/07/2021		
512		Banque	40 000	
	164	Emprunts auprès des établissements de crédit		40 000
		Souscription d'un emprunt bancaire		

		31/12/2021		
661		Charges d'intérêts (400 × 6/12)	200	
	16884	Intérêts courus sur emprunts auprès des établissements de crédit		200
		Intérêts courus sur emprunt bancaire		

• Emprunt obligataire

		01/07/2021		
169		Prime de remboursement des obligations (10 × 400)	4 000	
512		Banque (95 × 400)	38 000	
	163	Autres emprunts obligataires (105 × 400)		42 000
		Souscription d'un emprunt obligataire		

		31/12/2021		
661		Charges d'intérêts (200 × 6/12)	100	
	16883	Intérêts courus sur autres emprunts obligataires		100
		Intérêts courus sur emprunt obligataire		

4.5 Exposer les modalités d'amortissement de la prime de remboursement.

Compétences attendues

- **Exposer** et **appliquer** les conditions d'inscription au passif.
- **Évaluer** et **comptabiliser** les opérations portant sur certains passifs à leur entrée et postérieurement à leur entrée

La prime de remboursement est amortie directement soit par amortissement linéaire sur la durée de l'emprunt, soit au *prorata* des intérêts courus.

4.6 Indiquer les informations à mentionner en annexe pour l'emprunt obligataire.

Compétence attendue

Présenter les informations à fournir en annexe

Deux informations relatives aux emprunts doivent être mentionnées dans l'annexe (PCG, art. 833-13) :

– l'état des échéances des dettes à la clôture de l'exercice ;

– les modalités d'amortissement des primes de remboursement d'emprunt.

Sujet type d'examen 3

Sujet

MOBELEC

3 h Durée de l'épreuve

1 Coefficient

Document autorisé : liste des comptes du PCG, à l'exclusion de toute autre information.

Matériel autorisé : aucun.

Le sujet se présente sous la forme de **4 DOSSIERS** indépendants :

Dossiers

1. Création de la société .... 7 points
2. Affectation du résultat .... 3 points
3. Opérations sur l'appareil productif .... 6 points
4. Opérations diverses .... 4 points

Le sujet comporte 13 documents et 2 annexes :

Dossier 1

1. Constitution de la SARL MOBELEC
2. Conditions de réalisation des apports
3. Courrier de Laure Raynal
4. Avis de virement bancaire

\+ **annexe A**

Dossier 2

5. Capitaux propres au 31/12/2020
6. Extrait du procès-verbal de l'Assemblée Générale Ordinaire du 21/05/2021
6. Courriel de Laure Raynal

Dossier 3

7. Informations relatives au sinistre intervenu en 2021
8. Contrat de location-financement relatif aux véhicules de transport des vélos

\+ **annexe B**

Dossier 4

9. Accord d'intéressement conclu au cours de l'exercice 2021
10. Calcul de l'intéressement à l'inventaire 2021
11. Approbation de l'intéressement lors de l'Assemblée Générale Ordinaire
12. Extrait de la lettre de mission du cabinet FERFRANCE
13. Aides et subventions reçues en 2021 par la société MOBELEC

MOBELEC

La société MOBELEC est une société de location de modalités de transport écologiques : vélos en libre-service, trottinettes, vélos, scooters électriques. Elle a été créée par deux trois jeunes entrepreneurs toulousains en 2006 : M. Ahmed Bekkaoui, Mme Alexis Roques et M. Florent Hamon (qui a finalement vendu ses parts en 2007) sous la forme d'une société anonyme à responsabilité limitée (SARL) au capital social de 150 000 €.

Tous deux amateurs de cyclisme et amoureux de la nature, ils ont cherché des moyens de développer l'usage du cycle comme mode de transport privilégié en ville à l'heure où n'existaient pas encore les formules de vélos en libre-service proposées par la municipalité. Ils ont donc commencé par proposer des locations de vélos en formant des partenariats avec les entreprises.

Avec l'arrivée des vélos en libre-service en 2007 à Toulouse, la société MOBELEC a connu des difficultés financières qui l'ont amenée à restructurer en profondeur son service de location de vélos et à trouver de nouvelles activités à développer. À partir de 2013, MOBELEC a donc choisi de se tourner vers de nouveaux modes de déplacement tels que les trottinettes et les vélos électriques. Le développement des nouvelles technologies lui a permis de développer une application mobile permettant aux clients de visualiser en temps réel les différents modes de transports proposés par la société et disponibles dans le secteur. L'engouement croissant des consommateurs pour des modes de développement plus propres a favorisé la croissance de la société, qui s'est fortement accentuée après le confinement de l'année 2020.

Fondateurs	Ahmed Bekkaoui & Alexis Roques
Statut juridique	Société Anonyme à Responsabilité Limitée (S.A.R.L)
Date de création	15 octobre 2006
Gérante actuelle	Alexis Roques
Adresse du siège social	1 allée du Niger, 31000 Toulouse
Secteur d'activité	Location de vélos
Chiffre d'affaires 2020	1 500 000 €
Nombre de salariés	25
Régime d'imposition des bénéfices	Soumise à l'impôt sur les sociétés Taux de 25 %
Régime fiscal en matière de TVA	Taux de 20 % TVA sur les débits pour toutes les opérations
Présentation des comptes annuels	Bilan, compte de résultat et annexe de base
Date de clôture	31 décembre de chaque année

Vous effectuez votre stage au sein du cabinet FERFRANCE sous la direction de Laure RAYNAL, Experte-Comptable et Commissaire aux Comptes. Dans le cadre de votre stage, elle vous confie le traitement de quatre dossiers indépendants.

Dossier 1 Création de la société

Base documentaire : documents 1, 2, 3 et 4

Le premier jour de votre stage, vous prenez connaissance du dossier sur la SARL MOBELEC. Laure RAYNAL souhaite tester vos compétences en matière de comptabilité afin d'évaluer le niveau des élèves du lycée et proposer dans le futur, d'autres offres de stage ou d'emploi au sein du cabinet. Elle vous propose donc de revoir les opérations réalisées par le cabinet pour le compte de la SARL MOBELEC au moment de sa création en 2006.

Misson 1

Pour évaluer vos compétences, Laure Raynal vous demande de traiter une partie des opérations réalisées au moment de la constitution de la société et de répondre à certaines questions posées par les dirigeants lors des premiers rendez-vous avec le cabinet en vous aidant des documents 1 à 3 :

1.1. Expliquer en quoi les frais de constitution ne répondent pas à la définition d'un actif.

1.2. Dans une note destinée aux dirigeants, vous exposerez les différentes méthodes de comptabilisation des frais de constitution puis vous analyserez les risques et opportunités offerts par la méthode choisie par la SARL MOBELEC.

1.3. Évaluer et comptabiliser les opérations relatives à la constitution lors de l'exercice 2006.

1.4. Compléter le bilan en date du 5 novembre 2006 fourni en annexe A (à rendre avec la copie).

Mission 2

En 2007, la société MOBELEC appelle un quart supplémentaire du capital. Madame RAYNAL vous demande de traiter l'ensemble des opérations relatives à cet appel à l'aide d'informations qu'elle vous transmet par courriel (document 3) et de l'avis de virement de la banque (document 4).

1.5. Évaluer et comptabiliser l'appel du quart supplémentaire de capital.

1.6. Évaluer et décomposer la perte de l'actionnaire défaillant M. Hamon.

1.7. Indiquer les informations à fournir en annexe concernant les opérations relatives au capital.

Dossier 2 Affectation du résultat

Base documentaire : documents 5 et 6

Bien que le confinement de mars 2020 ait causé un arrêt total de l'activité pendant 3 mois, celle-ci connait depuis une très forte croissance. En effet, la population française nourrit un attrait grandissant pour des solutions de mobilité douce et durable, c'est-à-dire des moyens de déplacements simples et écologiques aussi bien pour les trajets domicile-travail que pour les loisirs. L'année 2020 a donc permis de dégager un bénéfice net comptable de 12 600 €.

Mission

Maintenant rassurée sur vos compétences, Laure RAYNAL vous demande de préparer en complète autonomie, l'affectation du résultat de 2020 de la SARL MOBELEC (documents 5 et 6). Pour cela, elle vous demande de :

2.1. Présenter l'affectation du résultat de 2020.

2.2. Comptabiliser l'affectation du résultat et le versement des dividendes.

2.3. Après avoir rappelé les conditions de paiement des dividendes en actions, vous expliquerez l'intérêt pour une société de procéder au paiement du dividende sous cette forme.

Dossier 3 Opérations sur l'appareil productif

Base documentaire : documents 7 et 8

Des incendies en série ont éclaté dans le Lot au mois de septembre 2021, en raison d'un temps particulièrement aride les semaines précédentes. L'entrepôt de stockage des vélos en cours de fabrication par MOBELEC a ainsi été entièrement détruit le 30 septembre 2021. L'entreprise a également perdu une partie de ses stocks d'approvisionnement et de fourniture. Une autre machine de fabrication des chaînes de vélo a été touchée mais devrait pouvoir être réparée.

Mission 1

À l'aide des informations relatives au sinistre intervenu en 2021 (document 7), vous êtes chargé(e) de :

3.1. Comptabiliser les opérations relatives au sinistre pour l'exercice 2021.

3.2. Déterminer et analyser l'impact du sinistre sur le résultat comptable de l'année 2021 en distinguant l'impact sur le résultat d'exploitation et le résultat exceptionnel.

3.3. Indiquer les informations relatives à ce sinistre à fournir en annexe.

L'après-confinement a marqué le début d'une croissance importante de la location de vélos en libre-service à Toulouse. La métropole a donc mandaté en 2021 la société MOBELEC pour installer et fournir de nouvelles stations dans les villes membres. La société doit donc s'équiper de nouveaux véhicules de transport des vélos au sein de la ville. Elle réfléchit donc aux différentes possibilités pour réaliser cet investissement.

Mission 2

Laure RAYNAL vous confie le traitement du contrat de location-financement dont les informations vous sont données en document 8. Pour traiter cette mission, vous devrez :

3.4. Présenter les écritures de l'exercice 2021 relatives à ce contrat.

3.5. Présenter les informations relatives au contrat de location-financement à faire figurer en annexe à la clôture 2022, dans le tableau fourni en annexe B (à rendre avec la copie).

3.6. Présenter les écritures de l'exercice 2026 relatives à la levée de l'option d'achat.

Dossier 4 Opérations diverses

Base documentaire : documents 9, 10, 11 et 12

La société MOBELEC a été fondée sur une réelle volonté d'éco-responsabilité à tous les niveaux de l'organisation. C'est pourquoi, après deux années difficiles, la société MOBELEC a décidé de mettre en place dès 2021 un dispositif d'intéressement aux résultats de l'entreprise.

Mission 1

Le cabinet vous confie la gestion du dossier de mise en place du dispositif d'intéressement. Afin de réaliser cette mission, vous devrez, à l'aide des documents 9, 10 et 11 :

4.1. Justifier l'existence ou non d'une obligation pour la société MOBELEC de mettre en place d'un dispositif d'intéressement.

4.2. Exposer et justifier le traitement comptable de l'intéressement au 31 décembre 2021.

4.3. Comptabiliser le changement lié au montant définitif de l'intéressement au 15 mai 2022.

4.4. Comptabiliser les opérations relatives à l'affectation de l'intéressement au 15 mai 2022.

L'engagement de la société MOBELEC dans une démarche éco-responsable lui a permis de bénéficier d'aides de la part de l'État mais également d'entreprises partenaires.

Mission 2

Vous êtes chargé(e) par Laure RAYNAL de traiter le dossier des aides et subventions reçues par la société MOBELEC à l'aide des documents 12 et 13. Pour cela :

4.5. Exposer et expliquer le rôle de l'expert-comptable vis-à-vis des subventions et aides auxquelles la société MOBELEC pourrait être éligible.

4.6. Exposer et justifier le traitement comptable de chacune de ces aides.

4.7. Comptabiliser les opérations relatives aux aides reçues par la société MOBELEC en 2021.

Document 1

Constitution de la SARL MOBELEC en 2006 – Extrait des statuts

[...]

Article 7 – Apports

Les apports constitutifs du capital social ont été souscrits de la façon suivante :

– Ahmed BEKKAOUI apporte la somme de :	80 000 €
– Alexis ROQUES apporte la somme de :	40 000 €
– Florent HAMON apporte la somme de :	30 000 €
Total des apports : NATURE :	80 000 €
Total des apports : NUMERAIRE :	70 000 €
MONTANT TOTAL DES APPORTS :	150 000 €

Article 8 – Détail des apports en nature

Les apports en nature sont constitués de :

– Licences :	7 000 €
– Local :	40 000 €
– Mobilier informatique et de bureau :	5 000 €
– Mobilier divers :	10 000 €
– Stocks de fournitures	30 000 €
– Emprunt bancaire :	12 000 €

Article 9 – Capital social

Le capital social s'élève à la somme de cent cinquante mille euros (150 000 €). Il est divisé en trois mille sept cent cinquante parts sociales (3 750) d'une valeur de quarante euros (40 €) libérées à hauteur de 50 % et attribuées de la façon suivante :

– Ahmed BEKKAOUI :	2 000 parts
– Alexis ROQUES :	1 000 parts
– Florent HAMON :	750 parts
TOTAL DES PARTS FORMANT LE CAPITAL SOCIAL :	3 750 parts

Document 2

Document 2 – Conditions de réalisation des apports

Les statuts de la société sont déposés au greffe du Tribunal de Toulouse le 15/10/2006.

Les apports en nature sont libérés le 17/10/2006.

Les apports en numéraire sont libérés auprès du notaire, Maître BEX, le 20/10/2006. Celui-ci reverse les fonds sur le compte bancaire de la société MOBELEC le 05/11/2006. Il déduit des montants reçus ses honoraires de 350 € HT et des droits d'enregistrement de 150 €.

La SARL MOBELEC n'a pas opté pour la méthode de référence concernant l'enregistrement des frais de constitution. Ceux-ci sont immobilisés à la clôture de l'exercice 2006.

Document 3

Courriel de Laure Raynal

De : laure.raynal@ferfrance.fr
A : stagiaire@ferfrance.fr
Le : 22/10/2021
Bonjour, Je t'écris afin de te donner quelques précisions sur l'appel ultérieur du capital souscrit en 2007. C'était le premier appel depuis la constitution. Voici la chronologie des événements : – 15/06/2007 : les associés ont décidé d'appeler un quart supplémentaire du capital. – 15/07/2007 (date limite de versement) : l'ensemble des associés se sont libérés excepté un associé, M. Hamon, porteur de 750 actions. – 20/08/2007 : M. Hamon a déclaré ne pouvoir faire face aux paiements ; ses actions ont donc été revendues aux deux autres associés pour un montant global de 18 750 € (soit un prix de vente unitaire de 25 €). – 25/08/2007 : la société MOBELEC a facturé à cet actionnaire des frais de 100 € HT ainsi que des intérêts de retard de 130 €. – 30/08/2007 : le solde a été versé à M. Hamon. Tu as maintenant tout ce qu'il te faut pour comptabiliser les opérations relatives à cet appel. Bon courage, Laure

Document 4

Avis de virement bancaire

Le 20/07/2007, la société a reçu l'avis de virement suivant :

Banque Courtois
33 Rue Charles Rémusat
31000 Toulouse

15/07/2007

SARL MOBELEC
1 Allée du Niger
31000 Toulouse

Avis de virement bancaire

Madame, Monsieur,

Nous vous informons par la présente de la réception sur votre compte bancaire n° 000058987 détenu dans notre établissement, d'un virement de Mme Alexis Roques, d'un montant de 10 000 €, en date du 15 juillet 2007.

Veuillez agréer, Madame, Monsieur, nos sincères salutations.

M. Marc ROUSSEAU
Conseiller Entreprises
Banque Courtois

Document 5

Capitaux propres au 31/12/2020 avant affectation du résultat

Capital social (10 000 actions de valeur nominale 15 €) (1)	150 000
dont versé	105 000
Prime émission	42 500
Réserve légale	13 500
Autres réserves	25 200
RAN	330
Total	246 530

(1) La SARL MOBELEC a procédé à plusieurs opérations sur son capital entre 2006 et 2020 dont une réduction de capital par diminution de la valeur nominale initialement fixée à 40 € à un montant de 15 € et des augmentations de capital.

Ainsi, le 01/10/2020, elle a émis 4 000 nouvelles actions au prix d'émission de 24 €, libérées du minimum légal, à savoir un quart de la valeur nominale et la totalité de la prime d'émission.

Document 6

Extrait du procès-verbal de l'Assemblée Générale Ordinaire du 21/05/2021

[...]

Troisième résolution

Les associés décident d'affecter les bénéfices de l'exercice clos le 31/12/2020 de la manière suivante :

- Versement d'un premier dividende de 5 % du capital, compte tenu du report à nouveau débiteur éventuel, conformément à l'article 5 des statuts, et après apurement des pertes antérieures, s'il en existe, et dotation à la réserve légale ;
- Affectation de 1 200 € aux autres réserves ;
- Sur le solde, après constitution de toute réserve nécessaire ou décidée par l'assemblée des associés, versement d'un superdividende unitaire arrondi au demi-euro inférieur ;
- Report à nouveau du solde.

[...]

Quatrième résolution

Les associés décident du versement en numéraire des dividendes en date du 15/06/2021.

Document 7

Informations relatives au sinistre intervenu en 2021

À la suite de l'incendie, la SARL MOBELEC a fourni les informations suivantes concernant les immobilisations touchées par le sinistre :

Élément sinistré	Date de mise en service	Valeur brute	Durée d'amortissement
Entrepôt de stockage	01/10/2019	260 000 €	20 ans
Machine de fabrication des chaînes de vélo	01/04/2020	28 000 €	5 ans

Aucune des immobilisations ne fait pas l'objet d'amortissements dérogatoires.

La valeur d'acquisition des stocks de fournitures détruites était de 12 800 € HT.

Le 15/11/2021, la SARL MOBELEC a fait intervenir la société REPARTOULOUSE pour la réparation de la machine de fabrication. Celle-ci a émis le jour même une facture (n°FD20211115306), pour un montant de 1 200 € TTC (TVA selon les débits).

En décembre 2021, la société d'assurance de la société MOBELEC l'a notifiée du versement d'une indemnité courant 2022. Le montant de l'indemnisation est ainsi fixé :

- Actifs entièrement détruits : 95 % de la valeur d'acquisition
- Actifs réparés : remboursement des réparations encourues.

La plus-value fiscale est calculée uniquement pour l'immobilisation et par différence entre la valeur de l'indemnité et la valeur nette fiscale (ou comptable à défaut d'amortissements dérogatoires). La plus-value fiscale étant imposable à partir de l'année suivante, celle-ci fait l'objet d'une provision pour impôts pour le montant total de l'impôt qu'elle va générer.

Document 8

Contrat de location-financement relatif aux véhicules de transport des vélos

Eléments du contrat	Description
Date de début de contrat	01/09/2021
Valeur brute des biens	105 000 €
Durée d'usage	5 ans
Mode d'amortissement	Linéaire
Nombre d'échéances	5 redevances annuelles, payables d'avance
Date d'échéance	Le 1er septembre de chaque année
Modalité de versement	Virement bancaire
Montant de l'échéance	1 800 € HT
Fiscalité	Redevances soumises à TVA
Dépôt de garantie payé lors de la première échéance	1 500 € (1)
Date de levée de l'option	01/10/2026
Montant de la levée d'option	31 200 € HT
Durée d'amortissement évaluée à la date de levée de l'option et mode d'amortissement	3 ans en linéaire

(1) Le dépôt de garantie est restitué en totalité à la levée de l'option.

Document 9

Accord d'intéressement conclu au cours de l'exercice 2021

[…]

Article 1 : Période d'application

Le présent accord est conclu pour une durée de 3 ans, correspondant à trois exercices comptables, du 1er janvier 2021 au 31 décembre 2023.

Article 2 : Bénéficiaires

Le présent accord s'applique à l'ensemble des salariés de l'entreprise.

Article 3 : Caractéristiques de l'intéressement

L'intéressement versé aux salariés n'a pas le caractère de salaire ni de rémunération au sens de l'article L. 242-1 du code de la Sécurité sociale. Il ne peut se substituer à aucun élément de rémunération.

L'intéressement est aléatoire et variable d'un exercice à l'autre. Il peut être nul.

Article 4 : Modalités de calcul de l'intéressement global

L'intéressement global annuel est calculé en fonction d'un pourcentage du résultat courant avant impôt (RCAI) selon la formule suivante :

Intéressement global = 4 % × RCAI

Document 10

Calcul de l'intéressement à l'inventaire 2021

Au 31/12/2021, l'intéressement dû au titre de l'exercice 2021 est calculé sur le résultat courant avant impôt de l'année 2021 qui est alors estimé à 18 000 €.

Le montant du forfait social dû par l'employeur est de 10 %.

Document 11

Approbation de l'intéressement lors de l'Assemblée Générale Ordinaire du 15 mai 2022

L'Assemblée Générale Ordinaire du 15 mai 2022 a approuvé les comptes de la société MOBELEC. Le montant définitif de l'intéressement est de 1 000 €.

Cet intéressement est soumis au forfait social pour 10 % du montant de l'intéressement et au prélèvement de la CSG et CRDS pour 9,7 %.

Après ce prélèvement, il a été décidé que 50 % serait affecté à un plan d'épargne entreprise. Le solde sera versé aux salariés.

Document 12

Extrait de la lettre de mission du cabinet FERFRANCE signée par la société MOBELEC

Nos prestations

Vous souhaitez nous confier la tenue de votre comptabilité laquelle s'ajouteront toutes les diligences comptables requises dans le cadre de notre mission de révision. À ce titre, nous saisirons toutes les pièces comptables que vous nous transmettrez. Nous réaliserons l'ensemble des contrôles normalisés et nous vous présenterons vos comptes lors d'une réunion annuelle de bilan. Pour estimer nos honoraires, nous avons pris en considération les informations que vous avez bien voulu nous communiquer.

En parallèle de cette mission, nous assurerons l'établissement des déclarations fiscales, des bulletins de paie, la gestion administrative d'éléments occasionnels courants, l'établissement de dossiers de subventions, [...].

Nous veillerons à vous faire bénéficier des potentiels économiques proposés par la réglementation en vigueur.

[...]

Document 13

Aides et subventions reçues en 2021 par la société MOBELEC

Au cours de l'année 2021, la société MOBELEC a reçu un certain nombre d'aides et de subventions :

- 15/03/2021 : avis de remboursement de frais de formation de l'ensemble des 25 salariés au bien-être au travail à hauteur de 15 € par heure. Chaque salarié a été formé 7 h. Le remboursement de l'Etat est reçu le 20/03/2021.
- 01/05/2021 : notification d'aide à l'emploi de personnes en situation de handicap pour un montant de 12 000 €. L'aide est versée le 15/05/2021.
- 20/09/2021 : crédit d'impôt imputable à l'exercice 2021 de 4 000 € pour des dépenses liées à la rénovation énergétique d'un local.
- 30/11/2021 : notification de subvention de RéparCyclo d'un montant de 2 400 € HT pour aider l'entreprise dans l'entretien des vélos en libre-service. En échange, et avec l'accord de la mairie de Toulouse, MOBELEC collera sur les vélos en libre-service des stickers de publicité pour RéparCyclo. La subvention est versée le 12/12/2021.

Annexe A

À rendre avec la copie : Bilan à compléter

Actif		Passif	
Capital souscrit non appelé Immobilisations incorporelles Immobilisations corporelles Stocks Créances diverses Banque		Capital social dont versé Résultat Emprunt	
Total		**Total**	

Annexe B

À rendre avec la copie : Annexe relative au crédit-bail

Postes du bilan	Valeur d'origine	Redevances		Amortissements		Redevances restant à payer			Prix d'achat résiduel
		De l'exercice	Cumul des exercices précédents	De l'exercice	Cumul des exercices précédents	Jusqu'à 1 an	> 1 an et < 5 ans	> 5 ans	
Matériel de transport									

SAVOIRS ESSENTIELS

1 Opérations portant sur le capital dans les SA

A) Constitution de la société

Une société est constituée grâce aux apports des associés effectués soit en numéraire (argent), soit en nature (actifs et/ou passifs).

Pour plus de détails sur les apports des associés, se référer également au programme de l'UE 2 du DCG.

Apports et capital

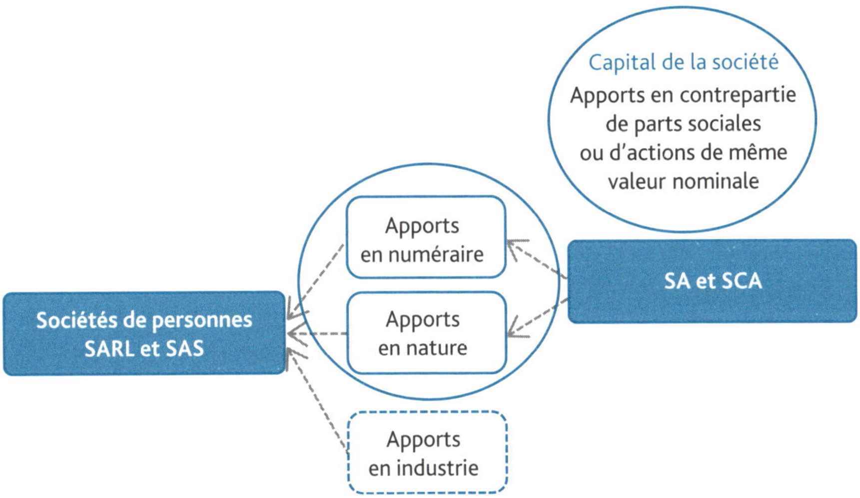

B) Augmentation de capital en cours de vie sociale

Au cours de la vie sociale, la société peut avoir besoin de nouveaux financements. Elle peut ainsi procéder à une augmentation de capital et attirer de nouveaux actionnaires et/ou augmenter la participation des actionnaires existants.

Règles d'augmentation du capital social par apports en numéraire dans la SA

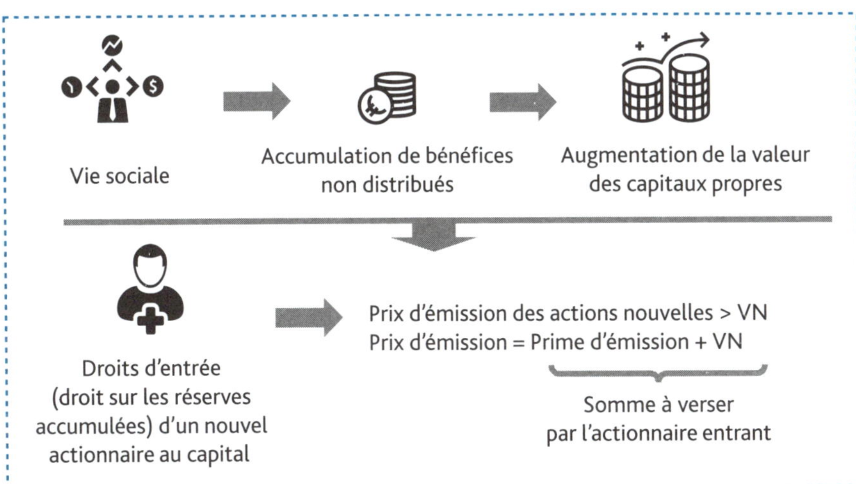

2 Contrat de location financement

Définition

Le **contrat de location-financement** est un contrat qui permet à une entreprise de louer une immobilisation pendant une période de temps donné moyennant le paiement d'une redevance. À l'échéance du contrat, il existe généralement une option permettant l'acquisition de l'immobilisation par son locataire.

Le contrat de location-financement concerne les biens mobiliers comme les biens immobiliers.

Bien que l'immobilisation louée par le biais de ce type de contrat respecte les conditions d'inscription à l'actif (élément identifiable, contrôlé par l'entité, susceptible de générer des avantages économiques futurs, évaluation fiable), le PCG (article 212-5) adopte une vision juridique du crédit-bail. Les redevances sont donc enregistrées en charges dans le compte 612. Des informations détaillées sur les contrats de crédit-bail sont à fournir en annexe.

3 Affectation du résultat

Comprendre l'affectation du résultat : http://dunod.link/vnagwmv

À la clôture de l'exercice, l'entreprise solde ses comptes de produits et de charges, dégageant ainsi un résultat (bénéfice ou perte). Ce résultat doit être affecté selon les dispositions légales et statutaires ainsi que les dispositions prises par l'assemble générale ordinaire (AGO). Le résultat peut être :

- affecté aux réserves (légales, réglementées, statutaires et libres) ;
- distribué en dividendes ;
- reporté à nouveau (pour la partie non affectée).

A) Ordre d'affectation du résultat

Le résultat est affecté prioritairement à l'apurement d'un éventuel report à nouveau (RAN) antérieur déficitaire. La dotation à la réserve légale arrive ensuite obligatoirement, tant que le montant de celle-ci n'a pas atteint 10 % du capital social. Puis vient la dotation des réserves réglementées et statuaires.

Définition

Le **bénéfice distribuable** est le montant qu'il est possible d'affecter en réserves libres ou de verser aux actionnaires sous la forme de dividendes.

B) Premier dividende et superdividende

La distribution du résultat revêt deux formes :

- Le montant du premier dividende est défini par les statuts et tient compte du type d'action (actions de préférence, actions ordinaires) et du montant libéré.
- Le montant du superdividende, lui, est identique pour tous les actionnaires.

Le montant restant après affectation aux réserves libres et versements des dividendes est enregistré en report à nouveau (RAN).

4 Dispositifs associant le personnel aux performances

L'intéressement et la participation permettent de verser une rémunération complémentaire aux salariés calculée sur les performances de l'entreprise.

La participation est un dispositif obligatoire pour les entreprises de plus de 50 salariés qui impose aux entreprises de verser une partie de leur résultat aux salariés. Le montant de la réserve spéciale de participation (RSP) est calculé selon une formule imposée par la loi :

$$RSP = \frac{1}{2}(B - 5\,\%\,C) \times \frac{S}{VA}$$

Avec : B : bénéfice fiscal soumis au taux de droit commun ; C : capitaux propres ; S : salaires bruts effectivement payés au cours de l'exercice ; VA : valeur ajoutée.

L'intéressement est un dispositif facultatif dont le montant est calculé selon une formule librement définie par l'entreprise.

Traitement comptable de l'intéressement et de la participation

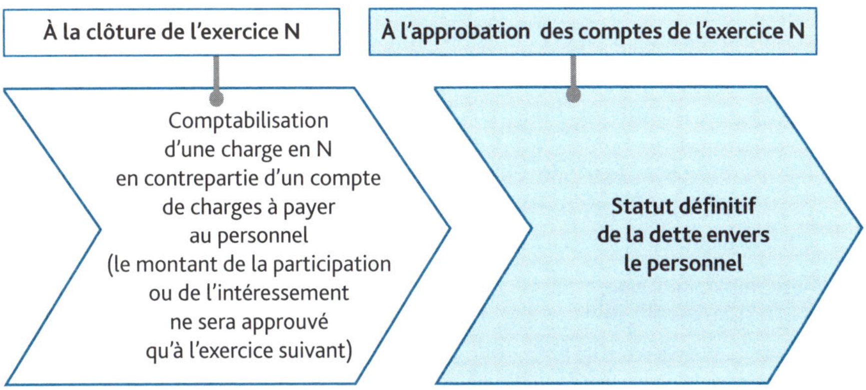

La participation et l'intéressement peuvent être affectés à diverses utilisations, dont les plans d'épargne salariale qui permettent aux salariés de se constituer une épargne accessible au moment de la retraite.

Dossier 1 Création de la société

1.1 Expliquer en quoi les frais de constitution ne répondent pas à la définition d'un actif.

Compétence attendue

Exposer et **appliquer** les règles d'inscription à l'actif, d'évaluation et d'enregistrement des immobilisations corporelles et incorporelles.

Article 211-1 du PCG

- « un actif est un élément identifiable du patrimoine ayant une valeur économique positive pour l'entité, c'est-à-dire un élément générant une ressource que l'entité contrôle du fait d'évènements passés et dont elle attend des avantages économiques futurs. »

⇨ Les frais de constitution ne sont pas des éléments identifiables du patrimoine car ils n'ont pas de substance physique et monétaire, pas plus qu'ils ne sont séparables des activités de l'entité ou ne résultent d'un droit légal ou contractuel. De plus, ils ne génèrent pas d'avantages économiques futurs.

⇨ Ils ne répondent pas à la définition d'un actif.

⇨ Leur inscription à l'actif est une option comptable destinée à permettre à l'entreprise d'étaler la charge sur plusieurs exercices.

1.2 Dans une note destinée aux dirigeants, vous analyserez les risques et opportunités offerts par la méthode choisie de traitement des frais de constitution après avoir rappelé les différents choix possibles.

Compétence attendue

Analyser les opportunités et les risques d'une modalité d'augmentation de capital, et/ou d'affectation du résultat.

> Toulouse, le 21/10/2021
>
> Madame, Monsieur,
>
> Les frais de constitution, frais encourus lors de la création de la société (formalités administratives, publicité légale, honoraires, commissions des intermédiaires, etc.) peuvent être maintenus en charges (méthode de référence) ou inscrits à l'actif et amortis dans un délai de 5 ans. Votre société a fait le choix d'activer ces frais et de les amortir sur un délai maximal de 5 ans. Cette méthode permet ainsi de réduire l'impact sur le résultat comptable l'année de constitution en étalant la charge sur cette durée. L'économie d'impôt est donc également étalée.
>
> L'inconvénient de cette méthode est qu'il ne sera pas possible de distribuer des dividendes tant que ces frais ne sont pas complètement amortis.

1.3 Évaluer et comptabiliser les opérations relatives à la constitution lors de l'exercice 2006.

Compétence attendue

Évaluer et **comptabiliser** les variations de capitaux propres dans les comptes individuels.

Apports en nature = somme des actifs – somme des passifs = 7 000 + 40 000 + 5 000 + 10 000 + 30 000 – 12 000 = 92 000 – 12 000 = 80 000 €

Apports en numéraire : 70 000 €

Type d'apport	Montant	Partie appelée	Partie non appelée
Numéraire	70 000	70 000 × ½ = 35 000	35 000
Nature	80 000	80 000	
Total	150 000	115 000	35 000

		15/10/2006		
45611		Associés – comptes d'apport en société – apports en nature	80 000	
45615		Associés – comptes d'apport en société – apports en numéraire	35 000	
	1012	Capital souscrit – appelé, non versé		115 000
		Promesse d'apport à la constitution, fraction libérée		
		d°		
109		Actionnaires – Capital souscrit, non appelé	35 000	
	1011	Capital souscrit -non appelé		35 000
		Promesse d'apport à la constitution, fraction non appelée		
		17/10/2006		
205		Licences	7 000	
213		Local	40 000	
2184		Mobilier informatique et de bureau	5 000	
2188		Mobilier divers	10 000	
32		Stocks d'autres approvisionnements	30 000	
	164	Emprunts auprès des établissements de crédit		12 000
	45611	Associés – comptes d'apport en nature (soldé)		80 000
		Réalisation des apports en nature		
		20/10/2006		
4671		Autres comptes débiteurs – notaire	35 000	
	45615	Associés – comptes d'apports en société – apports numéraires (soldé)		35 000
		Versement des apports numéraires au notaire		
		d°		
1012		Capital souscrit – appelé, non versé (soldé)	115 000	
	1013	Capital souscrit – appelé, versé		115 000
		Reclassement du capital		

		05/11/2006		
512		Banque	34 430	
6226		Honoraires	350	
6354		Droits d'enregistrement	150	
44566		TVA déductible sur autres biens et services	70	
	4671	Autres comptes débiteurs – notaire (soldé)		35 000
		Réalisation des apports en numéraire et facturation des frais de constitution		
		31/12/2006		
201		Frais de constitution	500	
	721	Production immobilisée – Immobilisations incorporelles		500
		Activation des frais de constitution		
		31/12/2006		
68111		Dotations aux amortissements des immobilisations incorporelles (500/5)	100	
	2801	Amortissements des frais de constitution		100
		Amortissement des frais de constitution		

À défaut d'indication contraire, on considère que les frais de constitution sont amortis sur le délai maximal de 5 ans.

1.4 Compléter le bilan en date du 5 novembre 2006 fourni en annexe A (à rendre avec la copie).

Compétence attendue

Analyser les conséquences de l'option choisie, notamment sur la présentation des comptes annuels, et proposer éventuellement un choix, dans une situation donnée.

Actif		Passif	
Capital souscrit non appelé	35 000	Capital social *dont versé : 115 000*	150 000
Immobilisations incorporelles	7 000	Résultat	–500
Immobilisations corporelles	55 000		
Stocks	30 000		
Créances diverses (TVA)	70		
Banque	34 430	Emprunt	12 000
Total	**161 500**	**Total**	**161 500**

1.5 Évaluer et comptabiliser l'appel du quart supplémentaire de capital.

Compétence attendue

Évaluer et **comptabiliser** les variations de capitaux propres dans les comptes individuels.

Appel d'un quart supplémentaire de capital (en numéraire) soit 70 000 × ¼ ou 35 000 × ½ = 17 500 €

Défaillance de M. HAMON = 750 × 40 × ¼ = 7 500 €

		15/06/2007		
4562		Apporteurs – Capital appelé, non versé	17 500	
	109	Actionnaires : Capital souscrit, non appelé		17 500
		Appel d'une fraction supplémentaire de capital		
		d°		
1011		Capital souscrit – non appelé	17 500	
	1012	Capital souscrit – appelé, non versé		17 500
		Ajustement du capital		
		15/07/2007		
512		Banque	10 000	
4566		Actionnaires défaillants	7 500	
	4562	Apporteurs – Capital appelé, non versé (soldé)		17 500
		Réalisation des apports en numéraire		
		d°		
1012		Capital souscrit – appelé, non versé	10 000	
	1013	Capital souscrit – appelé, versé		10 000
		Reclassement du capital		
		20/08/2007		
512		Banque	18 750	
	4566	Actionnaires défaillants		18 750
		Vente des actions de M. Hamon		
		25/08/2007		
4566		Actionnaires défaillants	250	
	791	Transferts de charges d'exploitation		100
	44566	État, TVA déductible sur ABS		20
	763	Revenus des autres créances		130
		Réalisation des apports en numéraire		
		30/08/2007		
4566		Actionnaires défaillants (18 750 – 7 500 – 250)	11 000	
	512	Banque		11 000
		Versement du solde à M. Hamon		

1012		d° Capital souscrit – appelé, non versé	7 500	
	1013	Capital souscrit – appelé, versé		7 500
		Reclassement du capital		

1.6 Évaluer et décomposer la perte de l'actionnaire défaillant M. Hamon.

Compétence attendue

Évaluer et **comptabiliser** les variations de capitaux propres dans les comptes individuels.

L'actionnaire a versé lors de l'augmentation de capital la moitié de son apport, soit 15 000 €. Lors de la revente de ses actions, la société MOBELEC lui reverse 11 000 €. Il y a donc une perte qui se décompose en deux parties : des frais de 250 € et une moins-value sur les actions de 3 750 €. En effet, les actions sont libérées au ¾ de la valeur nominale soit 30 € mais ont été vendues à 25 € chacune soit une moins-value de 5 € par action, imputée à M. Hamon, soit au total 5 × 750 actions = 3 750 €.

La perte de M. Hamon est donc bien de 3 750 + 250 = 4 000 €.

Montant versé par l'actionnaire : 750 × 40 × 1/2	**15 000**
Montant reçu :	**11 000**
Perte :	**4 000**
• Frais	250
• Moins-value sur les actions : 750 × (40 × 3/4 – 25) = 750 × 5 = 3 750	3 750

1.7 Indiquer les informations à fournir en annexe concernant les opérations relatives au capital.

Compétence attendue

Présenter les informations à fournir en annexe.

Article 832-1

- Méthode de comptabilisation des frais de constitution

Art. 833-11 – Capitaux propres

1 – Capital social

Nombre et valeur nominale des actions et parts sociales :

– émises pendant l'exercice ;

– composant le capital social, le cas échéant, par catégories ;

4 – Variation des capitaux propres

Tableau des divergences constatées entre la variation des capitaux propres au cours de l'exercice et le résultat dudit exercice.

Dossier 2 Affectation du résultat

Présenter l'affectation du résultat de 2021.

Compétence attendue

Exposer et **appliquer** les règles relatives aux opérations de variation des capitaux propres des sociétés selon leur forme juridique.

Résultat net	12 600	
– Report à nouveau débiteur		
= Base de calcul RL	12 600	
– Dotation à la RL	–630	12 600 × 5 % = 630 Plafond (10 % du CS soit 15 000 €) non atteint
+ RAN créditeur	330	
= Bénéfice distribuable	12 300	
– Premier dividende	–5 625	6 000 anciennes actions entièrement libérées : 6 000 × 15 × 6 % = 5 400 € 4 000 nouvelles actions partiellement libérées : 4 000 × 15 × 6 % × ¼ × 3/12 = 225
– Dotations aux réserves facultatives	–1 200	
– Superdividendes	–5 000	Bénéfice restant après 1er dividende et réserve facultative = 12 300 – 5 625 – 1 200 = 5 475 5 475/10 000 = 0,5475 arrondis à 0,5 € Superdividende : 0,5 × 10 000 = 5 000 €
= RAN	475	

2.1 Comptabiliser l'affectation du résultat et du versement des dividendes.

Compétence attendue

Évaluer et **comptabiliser** les variations de capitaux propres dans les comptes individuels.

		21/05/2021		
120		Résultat de l'exercice	12 600	
110		Report à nouveau (N-1) – soldé	330	
	1061	Réserve légale		630
	1068	Autres réserves		1 200
	457	Associés – Dividendes à payer		10 625
	110	Report à nouveau N		475
		Affectation du résultat		

457		15/06/2021 Associés – Dividendes à payer	10 625	
	512	Banque		10 625
		Paiement des dividendes		

2.2 Après avoir rappelé les conditions de paiement des dividendes en actions, vous expliquerez l'intérêt pour une société de procéder au paiement du dividende sous cette forme.

Compétence attendue

Analyser les opportunités et les risques d'une modalité d'augmentation de capital, et/ou d'affectation du résultat.

Les conditions pour le paiement du dividende en actions sont :

- le capital social est intégralement libéré ;
- les modalités de paiement des dividendes par actions doivent être prévues expressément par les statuts ;
- la décision de laisser ce choix aux actionnaires est prise par l'AG statuant sur les comptes de l'exercice clos ;
- le choix est laissé à chaque associé,

Procéder au paiement du dividende sous cette forme permet notamment :

- De limiter les sorties de trésorerie
- D'éventuellement diluer l'actionnariat
- Etc.

Dossier 3 Opérations sur l'appareil productif

3.1 Comptabiliser les opérations relatives au sinistre pour l'exercice 2021.

Compétence attendue

Évaluer et **comptabiliser** les opérations portant sur les immobilisations corporelles et incorporelles à l'entrée et postérieurement à leur entrée.

Stocks : il n'y a rien à faire car ceux-ci seront sortis au moment de l'inventaire.

Entrepôt : il faut déterminer sa valeur nette comptable (VNC) afin de procéder à la sortie de celui-ci du bilan.

VNC de l'entrepôt :

- Valeur brute : 260 000
- Amortissements cumulés :
  - 2019 : 260 000 × 1/20 × 3/12 = 3 250
  - 2020 : 260 000 × 1/20 = 13 000

- 2021 : 260 000 × 1/20 × 9/12 = 9 750
- Total = 26 000

– VNC : 260 000 – 26 000 = 234 000

		30/09/2021		
68112		Dotations aux amortissements des immobilisations corporelles	9 750	
	2813	Amortissements des constructions		9 750
		Amortissement complémentaire entrepôt		
		d°		
2813		Amortissements constructions	26 000	
675		Valeur comptable des éléments d'actifs cédés	234 000	
	213	Constructions		260 000
		Sortie de l'entrepôt du bilan		
		15/11/2021		
615 (1)		Entretien et réparation	1 000	
44566		État, TVA déductible sur ABS	200	
	401	Fournisseurs		1 200
		Réparation de la machine, facture FD20211115306		

(1) S'agissant d'une simple réparation (n'augmentant pas la valeur de l'actif ou les avantages économiques futurs générés par l'actif), la dépense est enregistrée en charges.

Il faut également déterminer l'indemnisation prévue pour chacun des différents éléments :

- Entrepôt : 260 000 × 95 % = 247 000
- Stocks de fournitures : 12 800 × 95 % = 12 160
- Réparation : 1 000
- Total : 260 160 €

		12/2021		
467		Autres débiteurs	260 160	
	775	Produits des cessions d'éléments d'actifs		247 000
	791	Transferts de charges d'exploitation		13 160
		Comptabilisation de l'indemnité d'assurance		

Enfin, il faut déterminer la plus-value fiscale en faisant la différence entre l'indemnité reçue et la valeur nette fiscale de l'immobilisation soit 247 000 – 234 000 = 13 000

L'entreprise étant imposée à l'impôt sur les sociétés (IS) au taux de 25 %, cette plus-value sera imposée : 13 000 × 25 % = 3 250 €. Il faut donc enregistrer une provision pour faire face à cette charge future.

6875		31/12/2021 Dotations aux provisions exceptionnelles	3 250	
	155	Provisions pour impôts		3 250
		Provision pour impôt		

3.2 Déterminer et analyser l'impact du sinistre sur le résultat comptable de l'année 2021 en distinguant l'impact sur le résultat d'exploitation et le résultat exceptionnel.

Compétence attendue

Analyser les conséquences de l'option choisie, notamment sur la présentation des comptes annuels, et proposer éventuellement un choix, dans une situation donnée.

L'impact sur le résultat comptable est le suivant :

PRODUITS D'EXPLOITATION	*13 160*
Transfert de charges d'exploitation	13 160
CHARGES D'EXPLOITATION	*23 550*
Variation de stocks (SI – SF)	12 800
Réparations	1 000
Dotations aux amortissements	9 750
RÉSULTAT D'EXPLOITATION	**–10 390**
PRODUITS EXCEPTIONNELS	*247 000*
PCEA	247 000
CHARGES EXCEPTIONNELLES	*237 250*
Dotations aux provisions exceptionnelles	3 250
VCEAC	234 000
RÉSULTAT EXCEPTIONNEL	**9 750**
RÉSULTAT DE L'EXERCICE	**–640**

Le résultat comptable est de – 640 €. On peut distinguer deux impacts du sinistre :

– Le résultat d'exploitation de – 10 390 € se décompose ainsi :
  - la perte correspond aux 5 % de stocks non indemnisés (12 800 × 5 %) = – 640 €
  - la dotation aux amortissements de 9 750 €

– Le résultat exceptionnel est impacté du montant net d'impôt de la plus-value : soit 247 000 – 234 000 – 3 250 = 9 750 = 13 000 × (1 – 25 %)

3.3 Indiquer les informations relatives à ce sinistre à fournir en annexe.

Compétence attendue

Présenter les informations à fournir en annexe.

Immobilisations : rapprochement entre la valeur comptable à l'ouverture et à la – clôture de l'exercice, faisant apparaître :

- les entrées ;
- les sorties ou mises au rebut ;

⇨ [...]

Tableau des amortissements

Tableau des provisions

3.4 Présenter les écritures de l'exercice 2021 relatives à ce contrat.

Compétence attendue

Évaluer et **comptabiliser** les opérations relatives au rattachement des charges et produits et plus particulièrement celles se déroulant sur plusieurs exercices.

		01/09/2021		
275		Dépôts et cautionnements	1 500	
6122		Redevances de crédit-bail mobilier	1 800	
44566		État, TVA déductible sur ABS	360	
	401	Fournisseurs		3 660
		Redevance de crédit-bail mobilier		
		01/09/2021		
401		Fournisseurs	3 660	
	512	Banque		3 660
		Redevance de crédit-bail mobilier		
		31/12/2021		
486		Charges constatées d'avance (*1 800 × 8/12*)	1 200	
	6122	Redevances de crédit-bail mobilier		1 200
		Redevance de crédit-bail constatée d'avance		

3.5 Présenter, sous forme de tableau, les informations relatives au contrat de location-financement à faire figurer en annexe à la clôture 2022.

Compétence attendue

Présenter les informations à fournir en annexe

Postes du bilan	Valeur d'origine	Redevances		Amortissements		Redevances restant à payer			Prix d'achat résiduel
		De l'exercice	Cumul des exercices précédents	De l'exercice	Cumul des exercices précédents	Jusqu'à 1 an	> 1 an et < 5 ans	> 5 ans	
Matériel de transport	105 000	1 800	1 800	21 000 (1)	7 000 (2)	1 800	3 600 (3)		31 200

(1) 21 000 / 5

(2) 21 000 × 4/12

(3) 1 800 × 2

3.6 Présenter les écritures de l'exercice 2026 relatives à la levée de l'option d'achat.

Compétence attendue

Évaluer et comptabiliser les opérations portant sur les immobilisations corporelles et incorporelles à l'entrée et postérieurement à leur entrée.

		01/10/2026		
2182		Matériel de transport	31 200	
44562		État, TVA déductible sur immobilisations	6 240	
	275	Dépôts et cautionnement versés (soldé)		1 500
	404	Fournisseurs d'immobilisations		35 940
		Levée de l'option		
		31/12/2026		
68112		Dotations aux amortissements des immobilisations corporelles *(31 200 × 1/3 × 3/12)*	2 600	
	28182	Amortissements des matériels de transport		2 600
		Redevance de crédit-bail mobilier		

Dossier 4 Opérations diverses

4.1 Justifier l'existence ou non d'une obligation pour la société MOBELEC de mettre en place d'un dispositif d'intéressement.

Compétence attendue

Exposer et **appliquer** les traitements comptables relatifs au rattachement des charges et des produits.

Contrairement à la participation qui est obligatoire pour toutes les entreprises de plus de 50 salariés, l'intéressement est facultatif. La société MOBELEC n'est donc pas obligée de mettre en place un dispositif d'intéressement. De plus, n'ayant que 25 salariés, elle n'est pas non plus tenue de mettre en place un accord de participation.

4.2 Exposer et justifier le traitement comptable de l'intéressement au 31/12/2021.

Compétence attendue

Exposer et **appliquer** les traitements comptables relatifs au rattachement des charges et des produits.

À la clôture de l'exercice, l'intéressement est enregistré en charge à payer. En effet, il correspond bien à la définition d'un passif :

- Obligation envers un tiers (les salariés du fait de l'accord signé)
- Entraînant une sortie de ressources (l'intéressement)
- Sans contrepartie au moins équivalente attendue (les salariés n'ont pas de contrepartie à fournir pour obtenir l'intéressement).

L'intéressement est enregistré en charge à payer car il existe une légère incertitude sur le montant.

L'intéressement est comptabilisé à la clôture car l'obligation existe avant la clôture de l'exercice et doit être rattachée à l'exercice 2021 car son montant est calculé à partir du RCAI de cet exercice.

Le montant de l'intéressement est de 18 000 × 4 % = 720 € et le forfait social s'élève à 10 % de son montant soit 72 €.

		31/12/2021		
6414		Indemnités et avantages divers	720	
	4286	Personnel – Autres charges à payer		720
		Charge à payer au titre de l'intéressement 2021		
		d°		
645		Charges de sécurité sociale et de prévoyance	72	
	4386	Organismes sociaux – charges à payer		72
		Constatation de la charge à payer au titre du forfait social		

4.3 Comptabiliser le changement lié au montant définitif de l'intéressement au 15/05/2022.

Compétence attendue

Évaluer et **comptabiliser** les opérations relatives au rattachement des charges et produits et plus particulièrement celles se déroulant sur plusieurs exercices.

Le montant de l'intéressement est définitivement connu le 15/05/2022. Il faut donc procéder à un changement d'estimation.

Selon l'article 122-5 du PCG : « Les changements d'estimation n'ont un effet que sur l'exercice en cours et les exercices futurs. L'incidence du changement sur l'exercice en cours est enregistrée dans les comptes de l'exercice. Les changements d'estimation peuvent avoir un effet sur les différentes lignes du bilan et du compte de résultat. »

		15/05/2022		
6414		Indemnités et avantages divers	280	
	4286	Personnel – Autres charges à payer		280
		Changement d'estimation		
		d°		
645		Charges de sécurité sociale et de prévoyance	28	
	4386	Organismes sociaux – charges à payer		28
		Constatation de la charge à payer au titre du forfait social		

4.4 Comptabiliser les opérations relatives à l'affectation de l'intéressement au 15/05/2022.

Compétence attendue

Évaluer et **comptabiliser** les opérations relatives au rattachement des charges et produits et plus particulièrement celles se déroulant sur plusieurs exercices.

		15/05/2022		
4286		Personnel – Autres charges à payer	1 000	
	421	Personnel – Rémunérations dues		903
	431	Sécurité sociale (*1 000 × 9,7 %*)		97
		Approbation de l'intéressement		
		d°		
4386		Organismes sociaux – charges à payer	100	
	431	Sécurité sociale		100
		Forfait social		
		d°		
421		Personnel – Rémunérations dues	903	
	4247	Personnel – Plan d'épargne		451,5
	512	Banque		451,5
		Affectation de l'intéressement		

4.5 Exposer et expliquer le rôle de l'expert-comptable vis-à-vis des subventions et aides auxquelles la société MOBELEC pourrait être éligible.

Compétence attendue

Identifier les modalités d'exercice de la profession, ses missions et ses responsabilités.

L'expert-comptable intervient pour le compte de la société MOBELEC dans le cadre d'une mission contractuelle. En effet, le recours à un expert-comptable n'est jamais obligatoire et résulte donc d'une décision de gestion de la part du dirigeant. Le cadre de la mission est définie par la lettre de mission (document 12).

L'expert-comptable a notamment un devoir d'information et de conseil envers son client : il doit ainsi lui exposer les options qui s'offrent à lui et les obligations auxquels il doit se soumettre.

Laure RAYNAL doit donc informer son client, la société MOBELEC, des aides et subventions auxquelles elle peut prétendre et des conditions et obligations afférentes.

4.6 Exposer et justifier le traitement comptable de chacune de ces aides.

Compétence attendue

Exposer et **appliquer** les traitements comptables relatifs au rattachement des charges et des produits.

Aide	Traitement comptable
Remboursement forfaitaire de frais de formation (mars 2021)	Il s'agit d'un remboursement de diverses charges de formation. Le remboursement ne concernant pas des charges précises, on vient neutraliser leur impact au compte de résultat par le biais du compte 791 – Transfert de charges d'exploitation.
Aide à l'emploi de personnes en situation de handicap (mai 2021)	Ces aides sont assimilées à une subvention d'exploitation (74) car elles permettent de faire face à certaines charges d'exploitation (comme les charges de personnel).
Crédit d'impôt (septembre 2021)	Le crédit d'impôt vient en déduction de l'impôt dû au titre de l'exercice. Il est donc inscrit au crédit du compte 695 ou 699.
Subvention d'exploitation (novembre 2021)	La subvention d'exploitation permet de faire face aux charges d'exploitation (ici entretien des vélos). Elle est enregistrée au compte 74. Elle est ici soumise à TVA car elle est accordée en contrepartie d'un service rendu à l'entreprise qui accorde la subvention.

4.7 Comptabiliser les opérations relatives aux aides reçues par la société MOBELEC en 2021.

Compétence attendue

Évaluer et **comptabiliser** les opérations relatives au rattachement des charges et produits et plus particulièrement celles se déroulant sur plusieurs exercices.

		15/03/2021		
443		Opérations particulières avec l'État	2 625	
	791	Transferts de charges *(15 × 7 × 25)*		2 625
		Remboursement par l'État		
		20/03/2021		
512		Banque	2 625	
	443	Opérations particulières avec l'État		2 625
		Versement des sommes par l'État		
		01/05/2021		
4417		État – Subvention d'exploitation à recevoir	12 000	
	74	Subvention d'exploitation		12 000
		Notification d'attribution d'aides à l'emploi		
		15/05/2021		
512		Banque	12 000	
	4417	État – subvention d'exploitation à recevoir		12 000
		Versement des sommes par l'État		
		20/09/2021		
444x		État – Impôts sur les sociétés	4 000	
	699	Crédit d'impôt		4 000
		Crédit d'impôt		
		30/11/2021		
467		Autres débiteurs	2 400	
	74	Subvention d'exploitation		2 000
	44571	État, TVA collectée		400
		Notification d'attribution de la subvention		
		12/12/2021		
512		Banque	2 400	
	467	Autres débiteurs		2 400
		Versement de la subvention de RéparCyclo		

Sujet type d'examen 4

Sujet

Meymac Jouets

3 h Durée de l'épreuve

1 Coefficient

Document autorisé : liste des comptes du PCG, à l'exclusion de toute autre information.

Matériel autorisé : aucun. En conséquence, tout usage d'une calculatrice est interdit et constituerait une fraude (le sujet est adapté à cette interdiction).

Le sujet se présente sous la forme de **4 DOSSIERS** indépendants :

Dossiers

1. Profession comptable .... 3 points
2. Stock acquis à l'étranger .... 7 points
3. Capitaux propres .... 6 points
4. Subventions d'investissement .... 4 points

Le sujet comporte 10 documents :

Documents

Dossier 1

1. Extrait de la lettre de mission de présentation des comptes annuels de Meymac Jouets

Dossier 2

2. Éléments relatifs à l'acquisition des statues et à leur comptabilisation
3. État des créances et des dettes en devises à la clôture 2022
4. Règlement ANC n° 2018-06 du 5 décembre 2018 relatif aux comptes annuels des personnes morales de droit privé à but non lucratif

Dossier 3

5. Extrait du PV des décisions de l'associé unique du 15 avril 2022
6. Extrait des statuts de la société Meymac Jouets

Dossier 4

7. Extrait du Mémento Francis Lefebvre
8. Extrait de l'Instruction budgétaire et comptable M14
9. Extrait du plan des comptes développé des communes de 500 habitants et plus
10. Exemples illustratifs pour la note de synthèse

Si le texte du sujet, de ses questions ou de la base documentaire vous conduit à formuler une ou plusieurs hypothèses, il vous est demandé de la (ou les) mentionner explicitement dans votre copie. Il vous est demandé d'apporter un soin particulier à la présentation de votre copie. Toute information calculée devra être justifiée. Les écritures comptables devront comporter une date, les numéros et les noms des comptes ainsi que leur libellé.

Meymac Jouets

Dans le cadre de votre stage de fin d'année de deuxième année de DCG, vous venez d'être embauché(e) au sein du cabinet comptable KNL 19, membre de KNL International (leader de l'audit, du conseil et de l'expertise comptable). Le bureau de KNL 19 accompagne les entrepreneurs de TPE/PME pour leur gestion courante (tenue de la comptabilité, établissement des bulletins de paie, secrétariat juridique, déclaration fiscale etc.) et leurs besoins ponctuels à la fois professionnels (évaluation, fusion etc.) et personnels (gestion privée, transmission, etc.). Tous les clients de KNL France basculent vers le 100 % dématérialisé.

Vous intégrez le pôle d'Audrey Dinh, chef de mission comptable à la tête d'une équipe de trois collaborateurs et en charge d'un portefeuille d'une quarantaine de clients, principalement des TPE/PME de l'hôtellerie, de la restauration et du commerce de détail.

Audrey Dinh vous confie le dossier de Meymac Jouets dans lequel le cabinet intervient en qualité d'expert-comptable pour la mission de présentation des comptes. Pour vous familiariser avec ce client, elle vous demande de consulter le classeur numérique relatif à Meymac Jouets. Vous en extrayez les informations suivantes.

Informations juridiques relatives à Meymac Jouets

SIREN	399183327
Forme juridique	SASU (société par actions simplifiée unipersonnelle)
Capital social	• 40 000 € • 400 actions de 100 € de même catégorie entièrement libérées
Création	27/05/1993
Adresse complète	Zone Industrielle de Chemin de Maubech, 19250 Meymac
Présidente de la société	• Jenifer BORIE (depuis le 1er octobre 2009) • Non associée
Effectif au 31/12/2021	18 salariés
Date de clôture d'exercice comptable	31 décembre
Seuils comptables	Petite entreprise

Activité de la société Meymac Jouets

Activité principale	Achat, vente, location de mobiliers, matériels, jouets, textiles concernant l'enfant et l'adulte, mobiliers, matériels, jouets, textiles
Code NAF ou APE	Commerce de détail de jeux et jouets en magasin spécialisé (47.65Z)
Chiffres d'affaires 2021	2 145 729 €

Informations fiscales

TVA intracommunautaire	FR32399183327
Taux de TVA	20 %
Régime d'imposition	Impôt sur les sociétés au taux de 25 %

Capitaux propres 2021

Capital (*dont versé : 40 000*)	40 000
Prime d'émission, de fusion, d'apport	
Écart de réévaluation	
Réserves	
Réserve légale	4 000
Réserves statutaires ou contractuelles	
Réserves réglementées	
Autres réserves	611 673
Report à nouveau	
Résultat net	101 287
SITUATION NETTE	
Provisions réglementées	
Subventions d'investissement	19 500
Total Capitaux propres	**776 460**

Dossier 1 Profession comptable

Base documentaire : document 1

Le premier jour de votre stage, Audrey Dinh est absente. Vous êtes accueilli(e) par Martin, alternant au cabinet et étudiant en DSCG. Vous recevez le mail suivant de votre tutrice.

> Bonjour,
>
> Bienvenu au cabinet, je suis absente ce matin, je fais confiance à Martin pour t'accueillir. Tu travailleras principalement sur le dossier de Meymac Jouets, client historique du cabinet.
> Tu as dû déjà commencer à consulter le dossier numérique de notre client, Meymac Jouets. Prends le temps aussi de regarder la lettre de mission (document 1).
>
> Bonne journée,
> Audrey Dinh, expert-comptable, commissaire aux comptes, KNL 19

Mission

Lors de son retour au cabinet en fin de matinée, Audrey Dinh s'assure que vous avez compris les enjeux de la mission de présentation des comptes pour Meymac Jouets. Pour réaliser cette mission, vous devez :

1.1. Citer deux mesures de simplification en faveur des petites entreprises auxquelles la société Meymac Jouets peut prétendre.

1.2. Préciser le rôle d'une lettre de mission et citer trois éléments obligatoires qui doivent y être mentionnés.

1.3. Après avoir exposé l'objectif principal des missions d'expertise comptable et de commissariat aux comptes, expliquer pourquoi Audrey Dinh ne peut pas être expert-comptable et commissaire aux comptes de la société Meymac Jouets.

1.4. Expliquer les raisons pour lesquelles la société Meymac Jouets a recours au cabinet KNL 19 (deux éléments de réponse sont attendus).

1.5. Expliquer comment le cabinet KNL 19 a estimé ses honoraires pour la mission de présentation des comptes de son client Meymac Jouets.

Dossier 2 Stocks acquis à l'étranger

Base documentaire : documents 2, 3 et 4

La société Meymac Jouets est notamment spécialisée dans la revente de figurines grandeur nature (statues) tirées de films, dessins animés, bandes dessinées et jeux vidéo. Ces statues sont le plus souvent achetées par des collectionneurs.

Après la sortie du dernier épisode de la série *Star Wars*, Meymac Jouets a commandé quatre statues auprès du seul fournisseur accrédité par les studios Disney, l'entreprise Life Size domiciliée à Los Angeles (Californie).

Mission 1

Audrey Dinh vous communique diverses informations relatives à cet achat (document 2). Ces statues n'ont pas encore été vendues à la clôture de l'exercice 2022. Audrey Dinh vous confie l'évaluation et l'enregistrement des statues et vous précise que Meymac Jouets utilise la méthode de l'inventaire intermittent. Pour réaliser cette mission, vous devez :

2.1. Évaluer la valeur d'entrée des statues au bilan.

2.2. Expliquer en quoi consistent un inventaire intermittent et un inventaire permanent.

2.3. Expliquer à quoi correspond la valeur actuelle des statues à la clôture de l'exercice 2022 et justifier la non-comptabilisation d'une dépréciation à la clôture de l'exercice 2022 pour ces statues.

2.4. Comptabiliser les opérations d'inventaire relatives à ces statues pour l'exercice 2022.

Mission 2

Audrey Dinh en accord avec son client a choisi de limiter le montant de la provision pour pertes de change dès que les conditions établies par le PCG sont réunies. Elle vous fournit (document 3) un extrait de l'état des dettes et créances en monnaie étrangère de la société Meymac Jouets et vous demande de réaliser les travaux d'inventaire correspondants. Pour réaliser cette mission, vous devez :

2.5. Définir le principe déontologique qui oblige Audrey Dinh à informer son client des options qui s'offrent à lui. Expliquer les conséquences d'un manquement à ce principe.

2.6. Exposer les règles d'évaluation et de comptabilisation des dettes et créances en monnaies étrangères à la clôture.

2.7. Citer les trois cas de limitation de la provision pour pertes de change.

2.8. Justifier le choix d'Audrey Dinh de limiter le montant de la provision pour pertes de change.

2.9. Évaluer la provision pour pertes de change au 31 décembre 2022.

2.10. Comptabiliser les opérations d'inventaire relatives aux dettes et créances figurant dans le document 3 pour l'exercice 2022.

2.11. Donner les informations relatives aux dettes et créances en monnaie étrangère à faire figurer dans l'annexe des comptes 2022 pour la société Meymac Jouets.

La présidente de Meymac Jouets en accord avec l'associé unique décide de faire don, le 30 mars 2022, à l'association Institut des petits lutins, d'une des statues acquises le 11 décembre 2022 (*Captain American War*). Audrey Dinh estime la valeur de ce don à 1 200 € pour l'association. Cet institut est situé dans la commune de Meymac (Corrèze) et accueille de jeunes déficients visuels. La statue fera partie des gros lots de la tombola annuelle organisée par l'association pour collecter des fonds. Par ailleurs, à la même date, Meymac Jouets a effectué un virement de 800 € à l'association Institut des petits lutins en échange d'une mention sur son site Internet du logo de Meymac Jouets.

Mission 3

Audrey Dinh connaît très bien l'association Institut des petits lutins dont elle gère, à titre bénévole, la comptabilité. Elle vous fournit un extrait du règlement ANC n° 2018-06 (document 4). Pour réaliser cette mission, vous devez :

2.12. Citer le(s) référentiel(s) comptable(s) applicable(s) à l'association.

2.13. Expliquer comment a été estimée la valeur de la statue donnée à l'association.

2.14. Comptabiliser les deux opérations mentionnées dans les comptes de l'association.

Dossier 3 Capitaux propres

Base documentaire : documents 5 et 6

Audrey Dinh vous charge des écritures relatives à l'affectation et à la répartition du résultat 2021 ainsi qu'à l'augmentation de capital. L'assemblée générale relative à l'exercice 2021 s'est tenue le 15 avril 2022. Un extrait du procès-verbal vous est fourni (document 5). La présidente de Meymac Jouets met en paiement les dividendes le 25 mai 2022.

Mission 1

Audry Dinh vous informe aussi qu'à titre exceptionnel, l'associé unique de Meymac Jouets, la SARL Lanssac, a reçu un acompte sur dividendes de 60 000 €, le 21 janvier 2022, conformément à une décision de la présidente de Meymac Jouets en date du 4 janvier 2022. Pour vous aider, vous parcourez également les statuts de Meymac Jouets (document 6).

Pour réaliser cette mission, vous devez :

3.1. Vérifier que l'intégralité du résultat 2021 peut être distribué.

3.2. Comptabiliser l'ensemble des écritures relatives à l'affectation et la répartition du résultat 2021 de la société Meymac Jouets au cours de l'exercice 2022.

3.3. Comptabiliser l'incorporation de réserves au capital de la société Meymac Jouets.

3.4. Déterminer la composition du capital social (nombre d'actions et valeur nominale) à la suite de l'incorporation de réserves.

3.5. Analyser les conséquences de l'incorporation de réserves au capital sur le montant des capitaux propres et justifier le choix de la société Meymac Jouets de procéder à cette augmentation de capital.

Mission 2

L'associé unique de Meymac Jouets est la SARL Lanssac dont Audrey Dinh est également expert-comptable. Audrey Dinh vous charge de la comptabilisation des opérations. Pour réaliser cette mission, vous devez :

3.6. Comptabiliser l'ensemble des opérations relatives à la participation de la SARL Lanssac dans la société Meymac Jouets dans le journal de la SARL Lanssac pour l'exercice 2022.

Dossier 4 Subventions d'investissement

Base documentaire : documents 7, 8, 9 et 10

Au cours de l'exercice 2021, Meymac Jouets a repris l'ancien bar-tabac de la commune de Meymac pour le transformer en café à jeux. Ainsi, comme un café ou salon de thé ordinaire, des boissons et des pâtisseries sont servis aux clients et ils ont aussi à leur disposition des jeux de société. Les clients du café pourront ensuite se rendre à la boutique de Meymac Jouets située en face du café pour acheter les jeux auxquels ils ont joué.

Pour aider la société Meymac Jouets à acquérir ce lieu, le conseil municipal de Meymac lui a alloué une subvention d'investissement de 20 000 € dans un courrier en date du 1er juillet 2021. Le courrier de la commune de Meymac Jouets mentionne une condition résolutoire. En effet, la subvention est subordonnée à l'ouverture du café au 15 janvier 2023.

À la clôture de l'exercice 2022, en raison notamment de la crise sanitaire, les travaux du café à jeux n'ont toujours pas commencé. La société Meymac Jouets juge préférable de repousser l'ouverture du café à une date ultérieure et envisage donc de rembourser la commune de Meymac.

Lors de l'attribution de la subvention d'investissement, la présidente de Meymac Jouets avait choisi d'enregistrer la subvention d'investissement en capitaux propres. C'est la première fois que la société Meymac Jouets a reçu une subvention d'investissement.

Mission 1

Audry Dinh vous confie le dossier relatif à cette subvention d'investissement et vous charge plus particulièrement d'analyser les écritures d'inventaire à comptabiliser à la clôture de l'exercice 2022. Elle vous invite à consulter la position du Mémento Francis Lefebvre (document 7). Pour réaliser cette mission, vous devez :

4.1. Exposer le second traitement comptable applicable aux subventions d'investissement et expliquer si la société Meymac Jouets peut opter pour ce traitement comptable pour établir ses comptes lors d'un futur exercice.

4.2. Vérifier que le remboursement de la subvention prévue en 2022 respecte les conditions d'un passif et caractériser ce passif. Le caractériser.

4.3. Comptabiliser les écritures nécessaires à la clôture de l'exercice 2022.

4.4. Donner les informations relatives aux subventions d'investissement à faire figurer dans l'annexe aux comptes 2021 pour la société Meymac Jouets.

Mission 2

Le cabinet KNL 19 soucieux de diversifier ses activités, cherche à développer son activité de conseil auprès des petites et moyennes villes. Dans cette perspective, Audrey Dinh vous demande de préparer une note sur la comptabilisation des subventions versées par ces collectivités territoriales. À cette fin, vous devez consulter l'instruction budgétaire (M14) ainsi que le plan de comptes fournis (documents 8 et 9) et vous fonder sur des exemples chiffrés (document 10). Pour réaliser cette mission, vous devez :

4.5. Comptabiliser les écritures relatives aux versements des subventions évoquées dans le document 10.

BASE DOCUMENTAIRE

Document 1

Extrait de la lettre de mission de présentation des comptes annuels de Meymac Jouets

Vous souhaitez nous confier la tenue de votre comptabilité à laquelle s'ajouteront toutes les diligences comptables requises dans le cadre de notre mission de présentation des comptes annuels. À ce titre, nous saisirons toutes les pièces comptables que vous nous transmettrez. Nous réaliserons l'ensemble des contrôles normalisés et nous vous présenterons vos comptes lors d'une réunion annuelle de bilan. Pour estimer nos honoraires, nous avons pris en considération les informations que vous avez bien voulu nous communiquer.

Document 2

Éléments relatifs à l'acquisition des statues et à leur comptabilisation

Extrait traduit de la facture d'achat reçue à la livraison, le 11 décembre 2022

Captain America Civil War, statue, taille réelle n° 324/5000 et n° 327/5000
2 × 1 050 = 2 100 $
Les Gardiens de la galaxie – Rocket Raccoon, statue, taille réelle n° 21/500 et n° 37/500
2 × 2 200 = 4 400 $
= 6 500 $
Acompte réglé le 15/09/2022 = – 1 000 $
Reste à payer = 5 500 $

Taux de change	Pour 1 $
15/09/2022	**0,84 €**
11/12/2022	**0,80 €**

Le document douanier mentionne 252 € de droits de douane. Le transporteur a facturé 400 € de frais de livraison. Les frais de manutention sont de 23 €. Les frais administratifs sont estimés à 100 €.

Informations à la clôture

Sur le site Internet de Life Size, il reste très peu de statues similaires à celles qui ont été commandées au dernier trimestre 2022 et leur prix a augmenté en moyenne de 10 %.

Document 3

État des créances et des dettes en devises à la clôture 2022

Tiers	Montant en devises	Montant enregistré (€)	Date de facturation	Échéance	Montant au 31/12/2022 (€)
Fournisseur Jouets Bois	4 000 CHF	3 640	16/11/2022	16/02/2023	3 920
Fournisseur Life Size	5 500 USD	4 400	11/12/2022	11/01/2023	3 520
Client Frenchgames	6 300 USD	5 670	22/12/2022	01/02/2023	5 040

Document 4

Règlement ANC n° 2018-06 du 5 décembre 2018 relatif aux comptes annuels des personnes morales de droit privé à but non lucratif

Article 142-5

Le montant défini dans le cadre d'une convention de parrainage conclue avec des personnes physiques ou morales est comptabilisé au crédit du compte « Parrainages » lors de la réalisation de l'opération.

[...]

Article 211-1

Une contribution volontaire en nature est l'acte par lequel une personne physique ou morale apporte à une entité un travail, des biens ou des services à titre gratuit. Ceci correspond à :

- des contributions en travail : bénévolat, mises à disposition de personnes ;
- des contributions en biens : dons en nature redistribués ou consommés en l'état ;
- des contributions en services : mises à disposition de locaux ou de matériel, prêt à usage, fourniture gratuite de services.

Article 211-2

Les contributions volontaires en nature sont valorisées et comptabilisées si les deux conditions suivantes sont remplies :

- la nature et l'importance des contributions volontaires en nature sont des éléments essentiels à la compréhension de l'activité de l'entité ;
- l'entité est en mesure de recenser et de valoriser les contributions volontaires en nature.

Article 211-3

Les contributions volontaires en nature sont comptabilisées dans des comptes de classe 8 :

- au crédit, les contributions volontaires par catégorie (dons en nature consommés ou utilisés en l'état, prestations en nature, bénévolat) ;
- au débit, en contrepartie, leurs emplois selon leur nature (secours en nature, mises à disposition gratuite de locaux, prestations, personnel bénévole).

Ces éléments sont présentés au pied du compte de résultat dans la partie « Contributions volontaires en nature », en deux colonnes de totaux égaux. [...]

Article 320-1

L'entité utilise le plan de comptes défini à l'article 932-1 du règlement ANC n° 2014-03 relatif au plan comptable général sous réserve des comptes spécifiques énumérés à l'article 320-2.

Article 320-2

[...]

70 – Ventes de produits fabriqués, prestations de services, marchandises

706 – Ventes de prestations de services

7063 – Parrainages

707 – Ventes de marchandises

7073 – Ventes de dons en nature

[...]

...

...
86 – Emplois des contributions volontaires en nature
- 860 – Secours en nature
- 861 – Mises à disposition gratuite de biens
- 862 – Prestations
- 864 – Personnel bénévole

87 – Contributions volontaires en nature
- 870 – Dons en nature
- 871 – Prestations en nature
- 875 – Bénévolat

Document 5

Extrait du PV des décisions de l'associé unique du 15 avril 2022

Deuxième décision

L'assemblée générale décide de mettre en distribution une somme de 120 000 € correspondant :

- au bénéfice de l'exercice, soit 101 287 € ;
- à une somme prélevée sur le compte « Autres réserves » pour 18 713 €.

Cette somme sera attribuée en totalité à l'associé unique à titre de dividendes.

Troisième décision

L'assemblée générale décide d'augmenter le capital d'une somme de 20 000 € par incorporation de réserves et création de nouvelles parts sociales.

Document 6

Extrait des statuts de la société Meymac Jouets

Article 19 – Affectation et répartition du résultat

Sur le bénéfice de l'exercice, diminué, le cas échéant, des pertes antérieures, il est prélevé cinq pour cent au moins pour constituer le fonds de réserve légale. Ce prélèvement cesse d'être obligatoire lorsque le fonds de réserve atteint le dixième du capital social. [...]

Sur le bénéfice distribuable, l'associé unique peut prélever toutes sommes qu'il ou elle juge à propos d'affecter à la dotation de tous fonds de réserves facultatives, ordinaires ou extraordinaires, ou de reporter à nouveau. Le surplus est atribué à l'associé unique sous forme de dividendes.

Article 20 – Paiement des dividendes – Acomptes

Les modalités de mise en paiement des dividendes en numéraire sont fixées par l'associé unique. La mise en paiement des dividendes en numéraire doit avoir lieu dans un délai maximal de neuf mois après la clôture de l'exercice, sauf prolongation de ce délai par autorisation de justice. [...]

Il peut être distribué sur décision du président des acomptes sur dividendes avant l'approbation des comptes de l'exercice.

Document 7

Extrait du Mémento Francis Lefebvre

IV. Subventions d'investissement octroyées à l'entreprise

[...]

b. Condition résolutoire. Si l'entreprise sait qu'elle ne pourra pas respecter ses engagements, elle doit constituer une provision pour risques, égale au maximum au montant rapporté aux résultats de l'exercice et des exercices antérieurs [...].

Document 8

Extrait de l'Instruction budgétaire et comptable M14

Compte 204 – Subventions d'équipement versées

Le compte 204 enregistre :

- les subventions d'équipement versées aux organismes publics (compte 2041 subdivise par type de bénéficiaire) ;
- les subventions d'équipement versées à des personnes de droit privé (compte 2042) ;
- les subventions d'équipement en nature (compte 2044).

La remise d'un bien à titre gratuit ou pour un euro symbolique s'analyse comptablement comme une subvention d'équipement à l'acquéreur et s'impute au compte 20441 ou 20442 en contrepartie du crédit du compte d'immobilisation concerné *(opération d'ordre budgétaire).*

Dans le cadre d'une opération pour le compte de tiers réalisée en qualité de mandataire, la part de financement apportée par la commune donne lieu à la constatation d'une dépense au compte 2044 et d'une recette à la subdivision concernée du compte 45.

Les subventions d'équipement versées sont amorties sur une durée maximale de :

a) Cinq ans lorsqu'elles financent des biens mobiliers, du matériel ou des études auxquelles sont assimilées les aides à l'investissement consenties aux entreprises, non mentionnées au b) et c) ;

b) Trente ans lorsqu'elles financent des biens immobiliers ou des installations ;

c) Quarante ans lorsqu'elles financent des projets d'infrastructures d'intérêt national (exemples : logement social, réseaux très haut débit...).

Le compte 6811 – Dotations aux amortissements des immobilisations incorporelles et corporelles est débite par le crédit du compte 2804 – Subventions d'équipement versées.

Lorsque qu'une subvention d'équipement est totalement amortie, elle est sortie du bilan. Le comptable crédite le compte 204 par le débit du compte 2804 par opération d'ordre non budgétaire.

Document 9

Extrait du plan de comptes développé des communes de 500 habitants et plus

20. Immobilisations incorporelles

204 – Subventions d'équipement versées

2041 – Subventions d'équipement aux organismes publics

2042 – Subventions d'équipement aux personnes de droit privé

20421 – Biens mobiliers, matériel et études

20422 – Bâtiments et installations

20423 – Projets d'infrastructures d'intérêt national

2044 – Subventions d'équipement en nature

20441 – Organismes publics

20442 – Personnes de droit privé

204421 – Biens mobiliers, matériel et études

204422 – Bâtiments et installations

204423 – Projets d'infrastructures d'intérêt national

21. Immobilisations corporelles

218 – Autres immobilisations corporelles

2181 – Installations générales, agencements et aménagements divers

2182 – Matériel de transport

2183 – Matériel de bureau et matériel informatique

2184 – Mobilier

2185 – Cheptel

2188 – Autres immobilisations corporelles

28 – Amortissements des immobilisations

280 – Amortissements des immobilisations incorporelles

2802 – Frais liés à la réalisation des documents d'urbanisme et à la numérisation du cadastre

2803 – Frais d'études, de recherche et de développement et frais d'insertion

2804 – Subventions d'équipement versées

28041 – Subventions d'équipement aux organismes publics

28042 – Subventions d'équipement aux personnes de droit privé

280421 – Biens mobiliers, matériel et études

280422 – Bâtiments et installations

280423 – Projets d'infrastructures d'intérêt national

28044 – Subventions d'équipement en nature

280441 – Organismes publics

280442 – Personnes de droit privé

2804421 – Biens mobiliers, matériel et études

2804422 – Bâtiments et installations

2804423 – Projets d'infrastructures d'intérêt national

•••

…

281 – Amortissements des immobilisations corporelles

2811 – Terrains de gisement

2812 – Agencements et aménagements de terrains

2813 – Constructions

2814 – Constructions sur sol d'autrui

2815 – Installations, matériel et outillage techniques

2817 – Immobilisations corporelles reçues au titre d'une mise à disposition

2818 – Autres immobilisations corporelles

28181 – Installations générales, agencements et aménagements divers

28182 – Matériel de transport

28183 – Matériel de bureau et matériel informatique

51 – Trésor, établissements financiers et assimilés

511 – Valeurs à l'encaissement

515 – Compte au Trésor

68 – Dotations aux amortissements et provisions

681 – Dotations aux amortissements et aux provisions – Charges de fonctionnement courant

6811 – Dotations aux amortissements des immobilisations incorporelles et corporelles

Document 10

Exemples illustratifs pour la note de synthèse

Le 5 janvier 2022, le conseil municipal de Meymac décide d'allouer 10 000 € à une entreprise pour l'aider à acquérir et rénover un ancien bâtiment industriel désaffecté depuis 10 ans. La subvention est versée le jour même.

À la même date, le conseil municipal décide d'offrir deux ordinateurs à l'association Institut des petits lutins. Ces ordinateurs avaient été acquis pour 1 800 € et amortis pour 1 000 € à la date de leur sortie.

Les subventions d'équipement versées sont amorties sur une durée de :

- quatre ans lorsqu'elles financent des biens informatiques ;
- vingt ans lorsqu'elles financent des biens immobiliers.

SAVOIRS ESSENTIELS

1 Profession comptable

	Mission	Honoraire	Lettre de mission	Organisations professionnelles	Responsabilités
Expert-comptable	Mission contractuelle	Libre	Obligatoire	OEC	Disciplinaire, civile et pénale
Commissaire aux comptes	Mission légale	Réglementé		CNCC et H3C	

2 Grands principes déontologiques

Indépendance	Exercice objectif et impartial de la mission sans préjugé ni parti pris et en dehors de toute influence personnelle, financière ou professionnelle.
Confraternité	Absence d'acte ou propos déloyal à l'égard d'un confrère ou susceptible de ternir l'image de la profession.
Secret professionnel	Communication d'informations aux seules personnes autorisées.

3 Critères de définition et de comptabilisation des actifs et des passifs

	Actif	Passif
Définition	• Élément identifiable du patrimoine • Contrôlé par l'entité • Susceptible de générer des avantages économiques futurs	• Obligation existante à la date de clôture • Envers un tiers • Sortie de ressources probable ou certaine • Sans contrepartie au moins équivalente attendue de ce tiers
Comptabilisation	• Bénéficier des avantages économiques futurs • Évaluation de façon fiable	Évaluation de façon fiable

4 Évaluation des actifs

A) À la date d'entrée

Actif acquis : évaluation au coût d'acquisition

Actif produit : évaluation au coût de production

Actif reçu à titre gratuit : valeur vénale

B) À la clôture

Valeur actuelle
= Valeur le plus élevée entre…

PCG, article 214-6

… la valeur vénale :
« montant qui pourrait être obtenu, à la date de clôture, de la vente d'un actif lors d'une transaction conclue à des conditions normales de marché, net des coûts de sortie »

… la valeur d'usage :
« valeur des avantages économiques futurs attendus de son utilisation et de sa sortie »

5 Dettes et créances en monnaie étrangère

Actif	Passif
Créances	Dettes
Écart de conversion – Actif (ECA) : pertes latentes	

Actif	Passif
Créances	Dettes
	Écart de conversion – Passif (ECP) : gains latents

Provision pour perte de change

- Cas général : Provision = Totalité des ECA
- Cas particuliers (PCG, art. 420-6) :
  Provision = ECA – ECP si :
  - dettes et créances dans la même devise et pour une échéance dans le même exercice (position globale de change)
  - dettes et créances couvertes

6 Subventions d'investissement

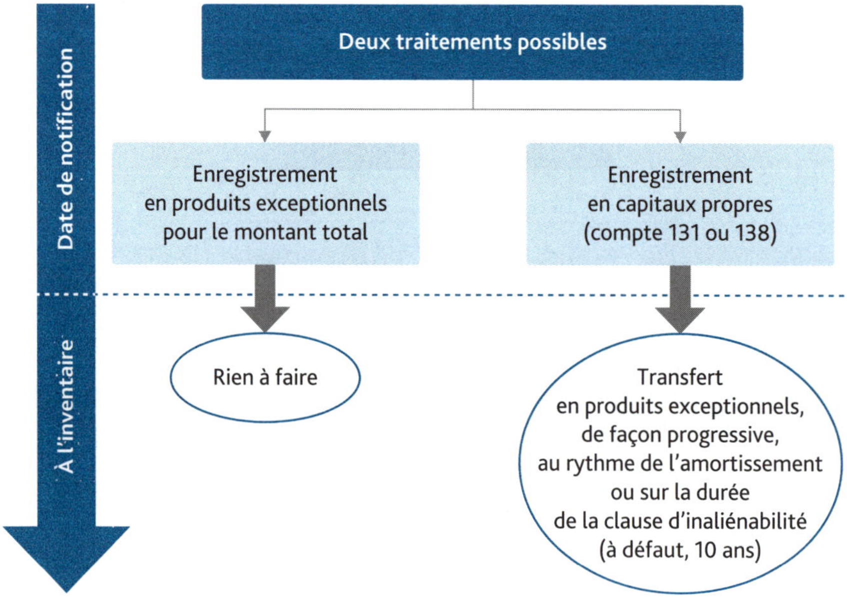

Dossier 1 Profession comptable

1.1 Citer deux mesures de simplification en faveur des petites entreprises auxquelles la société Meymac Jouets peut prétendre.

Compétence attendue

Citer les référentiels comptables applicables en France

DÉCRYPTAGE

À partir d'un contexte professionnel, le candidat doit être capable d'identifier le cadre comptable s'appliquant à l'entité.

Puisqu'elle satisfait aux critères des « petites entreprises », la société Meymec Joues peut pourrait prétendre, au choix, aux mesures de simplification suivantes :

- Présentation simplifiée du bilan, du compte de résultat et de l'annexe.
- Confidentialité du compte de résultat.
- Amortissement des fonds commerciaux sur 10 ans, même en l'absence de preuve d'utilisation limitée.
- Amortissement des immobilisations non décomposées sur leur durée d'usage (et non sur leur durée réelle d'utilisation).
- Valeur brute des composants non identifiés à l'origine égale à leur coût de remplacement.

Deux des trois seuils suivants doivent être respectés par les « petites entreprises » :
Total bilan : ≤ 6 M €
Total CA : ≤ 12 M €
Effectif : ≤ 50

1.2 Préciser le rôle d'une lettre de mission et citer trois éléments obligatoires qui doivent y être mentionnés.

Compétence attendue

Identifier les modalités d'exercice de la profession, ses missions et ses responsabilités

DÉCRYPTAGE

Le candidat doit être capable d'expliquer à quoi sert une lettre de mission et de donner les principaux éléments la constituant.

La lettre de mission est le contrat qui lie le professionnel comptable à son client. Sa rédaction et sa signature sont obligatoires. Elle contient notamment les éléments suivants : la qualification et la description de la mission (objet du contrat), les obligations et responsabilités de chaque partie, le montant des honoraires, la durée de la mission et le cas échéant, un tableau de répartition des tâches entre le client et l'expert-comptable. Elle permet d'organiser la relation entre les parties et la mission le plus efficacement possible, de limiter les situations litigieuses en précisant la répartition des tâches et les obligations de chaque partie et de servir de preuve en cas de litige.

1.3 Après avoir exposé l'objectif principal des missions d'expertise comptable et de commissariat aux comptes, expliquer pourquoi Audrey Dinh ne peut pas être expert-comptable et commissaire aux comptes de la société Meymac Jouets.

Compétences attendues

- **Identifier** les modalités d'exercice de la profession, ses missions et ses responsabilités
- **Appliquer** les règles déontologiques à respecter par les experts-comptables et les commissaires aux comptes, dans une situation donnée

DÉCRYPTAGE

Le candidat doit être capable d'expliquer le rôle respectif de l'expert-comptable et du commissaire aux comptes. Dans un contexte professionnel précis, le candidat doit être capable d'identifier les incompatibilités pouvant exister entre l'entité et ses membres, et le professionnel comptable.

L'objectif principal de la mission d'expertise-comptable est d'établir les états financiers d'une entité alors que l'objectif du commissaire aux comptes est de vérifier la sincérité et la régularité de ces états financiers pour s'assurer qu'ils donnent une image fidèle du résultat et du patrimoine de l'entité.

Audrey Dinh ne peut pas être expert-comptable et commissaire aux comptes de la même société puisqu'il y aurait alors un risque d'autorévision, c'est-à-dire l'hypothèse dans laquelle le commissaire aux comptes se prononcerait sur ses propres travaux en tant qu'expert-comptable. De ce fait, Audrey Dinh ne pourrait exercer de façon objective sa mission et son indépendance pourrait être remise en question.

1.4 Expliquer les raisons pour lesquelles la société Meymac Jouets a recours au cabinet KNL 19 (deux éléments de réponse sont attendus).

Compétence attendue

Identifier les modalités d'exercice de la profession, ses missions et ses responsabilités

DÉCRYPTAGE

Dans un contexte professionnel précis, le candidat doit être capable d'expliquer pourquoi une entité choisit de nommer un expert-comptable et, ou un commissaire aux comptes.

Parmi les raisons justifiant le recours au cabinet KNL 19, citons notamment :

– l'absence d'une équipe comptable salariée de la société ;

– la volonté de s'assurer d'un haut niveau de compétence ;

- le renforcement de la crédibilité des états financiers de Meymac Jouets ;
- les conseils avisés de l'expert-comptable dont pourrait bénéficier l'entreprise.

Seuls deux éléments de réponse sont attendu pour cette question, comme précisé dans l'énoncé. Nous en proposons volontairement d'autres à titre de complément.

1.5 Expliquer comment le cabinet KNL 19 a estimé ses honoraires pour la mission de présentation des comptes de son client Meymac Jouets.

Compétence attendue

Identifier les modalités d'exercice de la profession, ses missions et ses responsabilités

DÉCRYPTAGE

Le candidat doit connaître les modalités de fixation des honoraires de l'expert-comptable ou du commissaire aux comptes.

Les honoraires des experts-comptables sont libres. Ils sont négociés entre le cabinet et son client en fonction des diligences à mettre en place, c'est-à-dire la nature de la mission et sa complexité (taille de l'entité, secteur d'activité particulier notamment).

Dossier 2 Stocks acquis à l'étranger

2.1 Évaluer la valeur d'entrée des statues au bilan.

Compétences attendues

- **Exposer** et **appliquer** les règles d'inscription à l'actif, d'évaluation et d'enregistrement des stocks
- **Évaluer** et **comptabiliser** les opérations portant sur les stocks à l'entrée et postérieurement à leur entrée

DÉCRYPTAGE

« Évaluer » signifie que le candidat doit effectuer un calcul et donc le justifier en rappelant, le cas échéant, le traitement comptable associé.

Les stocks de marchandises sont évalués en principe à leur coût d'acquisition. Ici, il comprend :

- le prix d'achat : 6 500 × 0,80 = 5 200 ;
- les droits de douane : 252 ;
- des frais de livraison : 400 ;
- des frais de manutention : 23.

Soit un coût global d'acquisition de 5 875 €. Les frais administratifs sont exclus car ils ne sont pas directement attribuables à l'acquisition des statues.

NOTRE CONSEIL

Les conditions de règlement étant sans impact sur le coût d'acquisition, vous ne devez pas en tenir compte pour évaluer ce dernier.

2.2 Expliquer en quoi consistent un inventaire intermittent et un inventaire permanent.

Compétence attendue

Exposer et **appliquer** les règles d'inscription à l'actif, d'évaluation et d'enregistrement des stocks

DÉCRYPTAGE

Le candidat doit être en mesure de définir les notions d'inventaire intermittent et permanent.

L'inventaire intermittent consiste à valoriser et à comptabiliser les stocks en début et fin d'exercice. À l'inverse, « un inventaire comptable permanent est une organisation des comptes de stocks qui, par l'enregistrement des mouvements d'entrée et de sortie, permet de connaître de façon constante, en cours d'exercice, les existants chiffrés en quantités et en valeurs » (PCG 1982). À chaque achat ou vente est enregistrée, respectivement, une entrée ou une sortie des stocks.

2.3 Expliquer à quoi correspond la valeur actuelle des statues à la clôture de l'exercice 2022 et justifier la non-comptabilisation d'une dépréciation à la clôture de l'exercice 2022 pour ces statues.

Compétence attendue

Évaluer et **comptabiliser** les opérations portant sur les stocks à l'entrée et postérieurement à leur entrée

DÉCRYPTAGE

Dans un contexte professionnel donné, le candidat doit exposer et appliquer les règles comptables du PCG.

Selon l'article 214-16 du PCG, « la valeur actuelle est la valeur la plus élevée de la valeur vénale ou de la valeur d'usage. [...] La valeur vénale est le montant qui pourrait être obtenu, à la date de clôture, de la vente d'un actif lors d'une transaction conclue à des conditions normales de marché, net des coûts de sortie. [...] La valeur d'usage d'un actif est la valeur des avantages économiques futurs attendus de son utilisation et de sa sortie. »

Dans le cadre d'un stock de marchandises comme les statues, leur valeur actuelle correspond à leur valeur vénale. Cette hausse de prix sur le site du fournisseur laisse supposer que le prix de vente à la clôture sous déduction des frais de commercialisation des statues est bien supérieur à leur coût d'acquisition et donc qu'aucune dépréciation n'est à constater à la clôture.

En effet, d'après l'article 214-17 du PCG, « si la valeur actuelle d'un actif immobilisé devient inférieure à sa valeur nette comptable, cette dernière est ramenée à la valeur actuelle par le biais d'une dépréciation. »

2.4 Comptabiliser les opérations d'inventaire relatives à ces statues pour l'exercice 2022.

Compétence attendue

Évaluer et **comptabiliser** les opérations portant sur les stocks à l'entrée et postérieurement à leur entrée

DÉCRYPTAGE

Comptabiliser implique d'enregistrer les opérations au journal de la société.

La seule opération d'inventaire à comptabiliser est la constatation du stock final :

		31/12/2022		
307		Stocks de marchandises	5 875	
	6037	Variation des stocks de marchandises		5 875
		Constatation du stock final		

2.5 Définir le principe déontologique qui oblige Audrey Dinh à informer son client des options qui s'offrent à lui. Expliquer les conséquences d'un manquement à ce principe.

Compétence attendue

Appliquer les règles déontologiques à respecter par les experts-comptables et les commissaires aux comptes, dans une situation donnée

DÉCRYPTAGE

Dans un contexte professionnel donné, le candidat doit être capable d'exposer et d'appliquer les règles déontologiques des professionnels de la comptabilité.

Le devoir d'information et de conseil oblige tout expert-comptable à expliquer les options comptables existantes et leurs impacts sur les états financiers. Un manquement à ce principe peut entrainer une mise en cause de la responsabilité de l'expert-comptable.

2.6 Exposer les règles d'évaluation et de comptabilisation des dettes et créances en monnaies étrangères à la clôture.

Compétences attendues

- **Caractériser** les différentes catégories de passif
- **Exposer** et **appliquer** les conditions d'inscription au passif

D'après les articles 420-5 et 420-6 du PCG :

– à la clôture de l'exercice, « les créances et les dettes en monnaies étrangères sont converties et comptabilisées en monnaie nationale sur la base du dernier cours du change » ;

- les gains latents et les pertes de change latentes seront, alors, comptabilisés respectivement au passif et à l'actif en écarts de conversion ;
- les pertes de change latentes doivent, alors, être totalement provisionnées sauf en cas de limitation de la provision pour pertes de change.

2.7 Citer les trois cas de limitation de la provision pour pertes de change.

Compétence attendue

Caractériser les différentes catégories de passif

Selon l'article 420-6 du PCG : « Lorsque les circonstances suppriment en tout ou partie le risque de perte, les provisions sont ajustées en conséquence. Il en est ainsi dans les cas suivants :

1. Lorsque l'opération traitée en devises est assortie par l'entité d'une opération symétrique destinées à couvrir les conséquences de la fluctuation du change, appelée couverture de change conformément à l'article 628-6, la provision n'est constituée qu'à concurrence du risque non couvert.
2. Lorsqu'une opération en devise sur laquelle est constatée une perte latente est qualifiée d'instrument de couverture conformément à l'article 628-7, celle-ci ne donne lieu à aucune provision.
3. Lorsque pour des opérations dont les termes sont suffisamment voisins, les pertes et les gains latents peuvent être considérés comme concourant à une position globale de change, le montant de la dotation peut être limité à l'excédent des pertes sur les gains. »

2.8 Justifier le choix d'Audrey Dinh de limiter le montant de la provision pour pertes de change.

Compétences attendues

- **Caractériser** les différentes catégories de passif
- **Exposer** et **appliquer** les conditions d'inscription au passif
- **Analyser** les conséquences d'un choix de comptabilisation, notamment sur la présentation des comptes annuels, dans une situation donnée

DÉCRYPTAGE

Dans un contexte professionnel donné, le candidat doit être capable de donner les avantages d'une méthode comptable par rapport à une autre afin d'expliquer pourquoi la société a choisi cette méthode.

Limiter le montant de la provision pour pertes de change permet de circonscrire l'impact sur le résultat de l'exercice puisque le montant des dotations aux provisions, et donc des charges, est réduit.

2.9 Évaluer la provision pour pertes de change au 31 décembre 2022.

Compétence attendue

Évaluer et **comptabiliser** les opérations portant sur certains passifs à leur entrée et postérieurement à leur entrée

Tiers	Montant enregistré (€)	Montant au 31/12/2022 (€)	Écart de conversion à la clôture (€)	Analyse de l'écart de conversion
Fournisseur Jouets Bois	3 640	3 920	+ 280	ECA
Fournisseur Life Size	4 400	3 520	– 880	ECP
Client Frenchgames	5 670	5 040	– 630	ECA

La perte de change sur le client Frenchgames peut être compensée en totalité par le gain de change sur le fournisseur Life Size. En effet, les conditions relatives à la position globale de change sont respectées : il s'agit de la même devise (USD) et les échéances de la créance et de la dette sont comprises dans le même exercice comptable.

La provision pour pertes de change se monte donc à 280 € (écart de conversion sur la dette envers Jouets Bois).

2.10 Comptabiliser les opérations d'inventaire relatives aux dettes et créances figurant dans le document 3 pour l'exercice 2022.

Compétence attendue

Évaluer et **comptabiliser** les opérations portant sur certains passifs à leur entrée et postérieurement à leur entrée

		31/12/2022		
4762		Différence de conversion – Actif, augmentation des dettes	280	
	401	Fournisseurs		280
		Perte de change latente sur le fournisseur Jouets Bois		
		d°		
401		Fournisseurs	880	
	4772	Différence de conversion – Passif, diminution des dettes		880
		Gain de change latent sur le fournisseur Life Size		
		d°		
4761		Différence de conversion – Actif, diminution des créances	630	
	411	Clients		630
		Perte de change latente sur le client Frenchgames		
		d°		
6815		Dotations aux provisions d'exploitation	280	
	1515	Provisions pour pertes de change		280
		Provision pour perte de change		

2.11 **Donner les informations relatives aux dettes et créances en monnaie étrangère à faire figurer dans l'annexe des comptes 2022 pour la société Meymac Jouets.**

Compétence attendue

Présenter les informations à fournir en annexe

DÉCRYPTAGE

Dans un contexte professionnel donné, le candidat doit être capable de citer les principales informations à faire figurer en annexe. L'annexe aide à la compréhension du compte de résultat et du bilan, il est ainsi nécessaire d'y indiquer les options comptables ainsi que les modes d'évaluation retenus.

Dans l'annexe doivent figurer :

- la nature, le montant et le traitement comptable des écarts de conversion ;
- les modalités de calcul de la provision pour pertes de change si l'entreprise se trouve dans une des exceptions prévues par le PCG (avec justification d'un éventuel changement de méthode) ;
- les créances et les dettes apparaîtront aussi dans l'état des échéances, respectivement dans l'état des créances et des dettes à moins d'un an.

Les provisions pour pertes de change sont aussi mentionnées dans le tableau de variation des provisions.

2.12 **Citer le(s) référentiel(s) comptable(s) applicable(s) à l'association.**

Compétences attendues

- **Citer** les référentiels comptables applicables en France
- **Exposer** les spécificités propres aux associations et aux collectivités territoriales

L'association doit appliquer le PCG (règlement ANC n° 2014-03) sous réserve des dispositions spécifiques prévues dans le règlement ANC n° 2018-06 relatif aux comptes annuels des personnes morales de droit privé à but non lucratif.

2.13 **Expliquer comment a été estimée la valeur de la statue donnée à l'association.**

Compétence attendue

Exposer les principes d'évaluation des actifs

DÉCRYPTAGE

Dans un contexte professionnel donné, le candidat doit être capable d'exposer le principe d'évaluation mis en œuvre.

La statue est donnée, à titre gratuit, à l'association. Elle peut être estimée à sa valeur vénale (montant qui pourrait être obtenu, à la date de clôture, de la vente d'un actif lors d'une transaction conclue à des conditions normales de marché, net des coûts de sortie, PCG – art. 214-6).

2.14 **Comptabiliser les deux opérations mentionnées dans les comptes de l'association.**

Compétences attendues

- **Exposer** les spécificités propres aux associations et aux collectivités territoriales
- **Citer** les principales particularités comptables des associations et des collectivités territoriales
- **Évaluer** et **comptabiliser** les principales opérations.

		30/03/2022		
861		Mise à disposition gratuite de biens	1 200	
	870	Dons en nature		1 200
		Don de statues par Meymac Jouets		
		d°		
512		Banque	800	
	7063	Parrainages		800
		Parrainage de Meymac Jouets		

Dossier 3 Capitaux propres

3.1 **Vérifier que l'intégralité du résultat 2021 peut être distribué.**

Compétence attendue

Exposer et **appliquer** les règles relatives aux opérations de variation des capitaux propres des sociétés selon leur forme juridique

L'intégralité du résultat peut être distribué puisque :
- il est positif ;
- il n'existe pas de report à nouveau (RAN) débiteur ;
- la réserve légale est bien égale à 10 % du capital (4 000 €).

3.2 Comptabiliser l'ensemble des écritures relatives à l'affectation et la répartition du résultat 2021 de la société Meymac Jouets au cours de l'exercice 2022.

Compétence attendue

Évaluer et **comptabiliser** les variations de capitaux propres dans les comptes individuels

		04/01/2022		
1292		Résultat, acompte sur dividendes	60 000	
	457	Associés, dividendes à payer		60 000
		Acompte sur dividendes		
		21/01/2022		
457		Associés, dividendes à payer	60 000	
	512	Banque		60 000
		Versement acompte sur dividendes		
		15/04/2022		
120		Résultat	101 287	
1068		Autres réserves	18 713	
	1209	Résultat, acompte sur dividendes		60 000
	457	Associés, dividendes à payer		60 000
		Répartition et affectation du résultat		
		25/05/2022		
457		Associés, dividendes à payer	60 000	
	512	Banque		60 000
		Mise en paiement des dividendes		

3.3 Comptabiliser l'incorporation de réserves au capital de la société Meymac Jouets.

Compétence attendue

Évaluer et **comptabiliser** les variations de capitaux propres dans les comptes individuels

		15/04/2022		
1068		Autres réserves	20 000	
	101	Capital		20 000
		Augmentation de capital		

3.4 Déterminer la composition du capital social (nombre d'actions et valeur nominale) à la suite de l'incorporation de réserves.

Compétences attendues

- **Évaluer** et **comptabiliser** les variations de capitaux propres dans les comptes individuels
- **Analyser** les conséquences d'un choix de comptabilisation, notamment sur la présentation des comptes annuels, dans une situation donnée

Le capital est composé comme suit :

- Capital social avant augmentation de capital : 400 actions de valeur nominale 100 €
- Augmentation du capital : 20 000 / 100 = 200 actions
- Capital social après augmentation de capital : 600 actions de valeur nominale 100 €

3.5 Analyser les conséquences de l'incorporation de réserves au capital sur le montant des capitaux propres et justifier le choix de la société Meymac Jouets de procéder à cette augmentation de capital.

Compétence attendue

Analyser les opportunités et les risques d'une modalité d'augmentation de capital, et/ou d'affectation du résultat

L'incorporation de réserves au capital n'a aucune conséquence sur le montant des capitaux propres puisqu'il s'agit seulement d'un transfert du compte « réserves » au compte « capital ».

Néanmoins, cette opération permet de :

– renforcer la crédibilité de l'entité grâce à une hausse du capital ;
– entraîner une dilution du capital grâce à l'augmentation du nombre d'actions (l'associé unique envisage éventuellement de céder une partie de ses nouvelles actions) ;
– augmenter le montant des dividendes statutaires à l'avenir (argument non pertinent ici).

3.6 Comptabiliser l'ensemble des opérations relatives à la participation de la SARL Lanssac dans la société Meymac Jouets dans le journal de la SARL Lanssac pour l'exercice 2022.

Compétence attendue

Évaluer et **comptabiliser** les variations de capitaux propres dans les comptes individuels

		04/01/2022		
267		Créances rattachées à des participations	60 000	
	7611	Revenus des titres de participation		60 000
		Acompte sur dividendes Meymac Jouets		
		21/01/2022		
512		Banque	60 000	
	267	Créances rattachées à des participations		60 000
		Versement acompte sur dividendes Meymac Jouets		
		15/04/2022		
267		Créances rattachées à des participations	60 000	
	7611	Revenus des titres de participation		60 000
		Dividendes Meymac Jouets		
		25/05/2022		
512		Banque	60 000	
	267	Créances rattachées à des participations		60 000
		Mise en paiement des dividendes		

L'incorporation de réserves au capital de Meymac Jouets se traduit par la remise d'actions gratuites à la SARL Lanssac. Aucune écriture n'est donc à comptabiliser.

Dossier 4 Subventions d'investissement

4.1 Exposer le second traitement comptable applicable aux subventions d'investissement et expliquer si la société Meymac Jouets peut opter pour ce traitement comptable pour établir ses comptes lors d'un exercice futur.

Compétence attendue

Exposer et **appliquer** les traitements comptables relatifs au rattachement des charges et des produits

Les subventions d'investissement peuvent être, à la date de notification de leur attribution à l'entité, enregistrées :

- pour leur totalité en produits exceptionnels ;
- en capitaux propres et enregistrées progressivement en produits exceptionnels au rythme de l'amortissement pour les immobilisations amortissables ou sur la durée de la clause d'inaliénabilité pour les immobilisations non amortissables (à défaut de clause sur 10 ans).

En vertu du principe de permanence des méthodes, Meymac Jouets peut changer de méthode comptable à condition que « le changement de méthode conduise à fournir une meilleure information financière » (PCG, art. 122-2). En effet, l'étalement des subventions d'investissement n'est pas une méthode de référence.

4.2 Vérifier que le remboursement de la subvention prévue en 2022 respecte les conditions d'un passif et caractériser ce passif. Le caractériser.

Compétences attendues

- **Caractériser** les différentes catégories de passif
- **Exposer** et **appliquer** les conditions d'inscription au passif

DÉCRYPTAGE

Dans un contexte professionnel donné, le candidat doit être capable d'exposer et d'appliquer les conditions d'inscription d'un passif mais aussi d'expliquer le cas échéant à quelle catégorie de passif il se correspond.

Le remboursement futur de la subvention constitue un passif car :

- il existe une obligation de l'entité : l'obligation est contractuelle (une clause contractuelle oblige au remboursement de la subvention si le salon de thé n'est pas ouvert au 15 janvier 2022) ;
- envers un tiers : la commune de Meymac ;
- cette obligation implique une sortie de ressources probable ou certaine : la subvention d'investissement sera remboursée si la condition n'est pas respectée au 15 janvier 2022 ;
- sans contrepartie au moins équivalente attendue de ce tiers : la subvention a déjà été versée puisqu'il faut la rembourser, Meymac Jouets n'attend aucun avantage de ce décaissement.

De plus, ce remboursement répond à la définition d'une provision puisque l'échéance et le montant de ces engagements ne sont pas fixés de façon précise.

4.3 Comptabiliser les écritures nécessaires à la clôture de l'exercice 2022.

Compétences attendues

- **Exposer** et **appliquer** les traitements comptables relatifs au rattachement des charges et des produits
- **Évaluer** et **comptabiliser** les opérations citées et plus particulièrement celles se déroulant sur plusieurs exercices

Au bilan 2021 figure le montant net de la subvention d'investissement (19 500 €). Ainsi, 500 € ont été repris à la clôture de l'exercice 2021, pour la période allant du 1er juillet au 31 décembre 2021. Cette année, la subvention doit être reprise pour 1 000 €.

		31/12/2022		
139		SI inscrite au compte de résultat	1 000	
	777	Quote-part de SI virée au résultat de l'exercice		1 000
		Rattachement de la SI au résultat		
		d°		
6875		Dotations aux provisions exceptionnelles	1 500	
	1518	Autres provisions pour risques		1 500
		Provision pour remboursement subvention		

La dotation est un élément du résultat exceptionnel puisque la subvention d'investissement (SI) a été enregistrée en résultat exceptionnel.

4.4 Donner les informations relatives aux subventions d'investissement à faire figurer dans l'annexe aux comptes 2021 pour la société Meymac Jouets.

Compétence attendue

Présenter les informations à fournir en annexe

Doivent figurer en annexe :

- méthode de comptabilisation des subventions d'investissement (ici, inscription en capitaux propres) ;
- montant de l'engagement donné (ici, 20 000 €) ;
- taux d'amortissement (ici, 1/20) et mode d'amortissement (linéaire) du local ;
- montant de la provision dans le tableau de variation de la provision (ici, dotation de 1 500 € et montant à la clôture de 1 500 €) ;
- nature de l'obligation (ici, remboursement d'une subvention d'investissement accordée sous condition résolutoire) et échéance attendue des dépenses provisionnées (ici, janvier 2023).

4.5 Comptabiliser les écritures relatives aux versements des subventions évoquées dans le document 10.

Opération 1

		05/01/2022		
20422		Subvention d'équipement aux personnes de droit privé, Bâtiments et installations	10 000	
	515	Compte au Trésor		10 000
		Versement subvention d'équipement		
		31/12/2022		
6811		Dotations aux amortissements des immobilisations incorporelles et corporelles	500	
	280422	Amortissements des subventions d'équipement aux personnes de droit privé, Bâtiments et installations		500
		Amortissement de la subvention d'équipement 10 000 / 20		

Opération 2

		05/01/2022		
204421		Subventions d'équipement en nature, biens mobiliers, matériel et études	800	
28183		Amortissements du matériel informatique	1 000	
	2183	Matériel informatique		1 800
		Dons de deux ordinateurs		
		31/12/2022		
6811		Dotations aux amortissements des immobilisations incorporelles et corporelles	200	
	2804421	Amortissements des subventions d'équipement en nature, aux personnes de droit privé, biens mobiliers, matériel et études		200
		Amortissement de la subvention d'équipement 800 / 4		

84162 - (I) - PAP 80° - 314 - NOC - MGS

Dupliprint
733, rue Saint-Léonard, 53100 MAYENNE
OF : 2976910B
Dépôt légal : octobre 2022

Imprimé en France